תלמוד בבלי

מהדורת נאה

יומא חלק ב

Steinsaltz
Center

KOREN

Please note that the number ranges that appear at the bottom of each daf of the Vilna pages indicate the corresponding pages of the Koren Talmud Bavli translation and commentary.

תלמוד בבלי

הוצאת קורן ירושלים

מהדורת נאה

מסכת יומא
דף כח. עד דף מו:

COMMENTARY BY

Rabbi Adin Even-Israel Steinsaltz

EDITOR-IN-CHIEF

Rabbi Dr Tzvi Hersh Weinreb

EXECUTIVE EDITOR

Rabbi Joshua Schreier

STEINSALTZ CENTER
KOREN PUBLISHERS JERUSALEM

אמר *לָהֶם הַמְמוּנֶּה: *צְאוּ וּרְאוּ אִם הִגִּיעַ זְמַן הַשְׁחִיטָה! אִם הִגִּיעַ, אהָרוֹאֶה אוֹמֵר: בַּרְקַאי! *מַתְיָא בֶּן שְׁמוּאֵל אוֹמֵר: הֵאִיר פְּנֵי כָּל הַמִּזְרָח עַד שֶׁבְּחֶבְרוֹן? וְהוּא אוֹמֵר: הֵן. וְלָמָּה הוּצְרְכוּ לְכָךְ? שֶׁפַּעַם אַחַת עָלָה מְאוֹר הַלְּבָנָה, וְדִימּוּ שֶׁהֵאִיר מִזְרָח, וְשָׁחֲטוּ אֶת הַתָּמִיד וְהוֹצִיאוּהוּ לְבֵית הַשְּׂרֵיפָה. הוֹרִידוּ כ״ג לְבֵית הַטְּבִילָה. זֶה הַכְּלָל הָיָה בַּמִּקְדָּשׁ: *בכָּל הַמֵּיסֵךְ אֶת רַגְלָיו טָעוּן טְבִילָה, וְכָל הַמֵּטִיל מַיִם – טָעוּן קִידּוּשׁ יָדַיִם וְרַגְלַיִם.§
גמ׳

אָמַר לָהֶם הַמְמוּנֶּה. הוּא הַסְּגָן: צְאוּ וּרְאוּ. עַל הַחוֹמָה אוֹ עַל הַגַּג: זְמַן הַשְׁחִיטָה. שְׁחִיטַת הַתָּמִיד. כְּלוֹמַר: אִם הֵאִיר הַמִּזְרָח. שֶׁהַשְּׁחִיטָה פְּסוּלָה בַּלַּיְלָה, כִּדְכְתִיב "בְּיוֹם זִבְחֲכֶם" (ויקרא יט): הָרוֹאֶה. זֶה שֶׁעָלָה לַגַּג: בַּרְקַאי. לְשׁוֹן זוֹהַר. כְּמוֹ "לְמַעַן (*הֱיוֹת לָהּ בָּרָק" (יחזקאל כא) "הֵאִירוּ בְרָקִים" (תהלים עז): עַד שֶׁהוּא בְּחֶבְרוֹן. עַד שֶׁנִּרְאֶה הַזּוֹהַר עַד חֶבְרוֹן: וְהוּא אָמַר לָהֶן הֵן. מְפָרֵשׁ בַּגְּמָרָא: לָמָּה הוּצְרְכוּ לְכָךְ. לַעֲלוֹת לַגַּג וְלִרְאוֹת: עָלָה מְאוֹר הַלְּבָנָה. לָמַת תּוֹאַר הַלְּבָנָה סָמוּךְ לְשַׁחֲרִית: וְדִימּוּ. וְחִשְּׁבוּ: וְהוֹצִיאוּהוּ לְבֵית הַשְּׂרֵיפָה. כְּשֶׁהֵבִינוּ שֶׁנִּשְׁחַט בַּלַּיְלָה: הוֹרִידוּ כ״ג כו׳. מְפָרֵשׁ לָהּ בַּגְּמָ׳: מֵיסֵךְ רַגְלָיו. נְקָבִים הַגְּדוֹלִים. וּלְשׁוֹן מֵיסֵךְ – כְּמוֹ אִילָן הַמֵּיסֵךְ עַל הָאָרֶץ (נזיר דף נד:). לְפִי שֶׁהַצָּרִיךְ לִנְקָבִים גְּדוֹלִים כּוֹרֵעַ עַל בִּרְכָּיו (ג) וּמְכַסֶּה גּוּפוֹ אֶת רַגְלָיו, וְכֵן בְּשָׁאוּל כְּתִיב (שמואל א כד) "וַיָּבֹא שָׁאוּל לְהָסֵךְ אֶת רַגְלָיו": קִידּוּשׁ יָדַיִם וְרַגְלַיִם. מִן הַכִּיּוֹר:
גמ׳

הגהות הב״ח

(א) רש״י ד״ה והרי איברים כו׳ הלשון הכא דהא אוקמינן להו לגבי פלוגתיה דרב: (ב) רש״י ד״ה מיסך רגליו כו׳ כורע על ברכיו מכסה את גופו ואת רגליו:

לעיל כז: מנחות ק.

[במנחות ק. איתא מתתיא]

זבחים כ:

[עיין לעמוד כ] **אמר** להם הממונה צאו וראו כו׳. *שנאמר וישכם אברהם בבקר. בפ״ק דפסחים (דף ד. ושם) פריך: ונבדוק מצפרא, מי לא תניא: כל היום כשר למילה, אלא שהזריזין מקדימין שנאמר "וישכם אברהם וגו׳". ותימה: היכי גמר מהכא דאין זריזין מקדימין מאורתא? דלמא מה שאברהם לא עמד בלילה – משום דת״ח לא יצא יחידי בלילה, כדאמר בפרק "גיד הנשה" (חולין דף צא.)! וי״ל: דמש״ה לא היה אברהם נמנע מלהשכים בלילה, כיון דשלוחי מצוה אינן ניזוקין. מיהו, קשה: דהיא גופה דלא יצא יחידי בלילה מ"וישכם אברהם בבקר" יליף התם. ועוד קשיא: כיון דשלוחי מצוה אינן ניזוקין – למה נמנע מלהשכים בלילה מתוך דת״ח אל יצא יחידי? וי״ל: דתרי "וישכם" כתיבי חד בעקידה וחד כשהתפלל על סדום. והכא מייתי קרא דעקידה, הלכך פריך שפיר מינה בפסחים, דאי זריזין מקדימין למצות מאורתא – א״כ אברהם נמי לקדום באורתא שהרי לא היה ירא כלום, חדא – דשלוחי מצוה אינן ניזוקין, ועוד – דשני נעריו עמו הוו. ובפרק "גיד הנשה" (שם) מייתי קרא דסדום, דהתם יחידי הוה, שלא יראו במפלתם של סדום כדאשכחן באשתו של לוט, ולא הוה נמי שליח מצוה, כי לא היה חפץ הקב״ה שישא בעדם רנה ותפלה:
אלא

תוספות ישנים

פ״ג אמר להם הממונה. פירש בקונטרס גם כאן ממונה הוא הסגן ואינו נראה כדפירשתי לעיל אלא אדם אחר היה שהיה ממונה על כך: **מתיא** בן שמואל אומר האיר. פירש״י במנחות פרק שתי הלחם (דף ק.) שהוא היה ממונה על הפייסות והיה אומר כן בבית המקדש ואמנם כן הוא שממונה עליהם היה כדמשמע במסכת שקלים (דף ז.) דקרי ליה ממונה על הפייסות והיה אומר כן בבית המקדש וכן בגמרא דקאמר מתיא בן שמואל על הפייסות וה״ר יב״ן ראיתי שפי׳ מתיא בן שמואל אומר הכי אומר הרואה ואין נראה לרבי דהא מסתמא אותו שהיה ממונה על הפייסות הוא שעומד אקרעא ואומר להם צאו וראו כו׳ וא״כ תפשוט הא דמיבעיא לן בגמרא מי אומר האיר פני מזרח אי דקאי אקרעא אי דקאי אאיגרא ותפשוט דהיינו דקאי אקרעא ובגמרא בברייתא ה״ג מתיא בן שמואל (אומר) הממונה על הפייסות אומר כו׳ דהוא בעצמו היה ממונה על הפייסות כדפי׳ ועוד למה הוזכר ממונה על הפייסות במילתיה דמתיא בן שמואל יותר מבשאר דברי התנאים אלא ע״מ כדפי׳ וגם רבינו מאיר כוותיה גרס:
נלוסיה

ג א מיי' פ"ו מהלכות מילה הלכה ח:
ד ב מיי' פ"ו מהלכות תמידין הלכה ה:
ה ג מיי' פ"ב מהלכות תמידין ומוספין הלכה יב:

גמ' עלה ברקאי. האיר יותר מברק: לשכור פועלים. האי "ויצאו איש למלאכתו" לאו על הפועלים קאי, אלא בעה"ב שהוא משכים ביותר למצוא פועלים לשכור: צלותיה דאברהם. תפלת הערב שלו: מכי משחרי כותלי. חומות הפונות למזרח, שהלבינו מהנץ החמה הבאה מן המזרח ונוגהת עליהן. ובתחילת שבע שעות, שהחמה באמצע הרקיע בראש כל אדם – אינה עושה עמוד, אלא תחתיהן משחירין אותן הכתלים לפי שאין חמה נוגהת אלא בראש הכותל בעוביו, ומיצל חודו של שפת עוביו על זקיפת הכותל ומשחרת, מההיא שעתא נוטים צללי ערב,(ג) וקרוי ערב: אנן מאברהם ניקום וניגמר. *באת ללמדנו להיות זריזין כאברהם? חל להיות בערב שבת. הוצרך למהר תמיד של בין הערבים בכל יכולת, לפי שפסחים נשחטו אחריו, וצריך לצלותן מבעוד יום. ואמרינן התם: מוקמינן ליה אדיניה, מכי ינטו צללי ערב. וקתני: נשחט התמיד בשש ומחצה. ואי מכי משחרי כותלי מיקרי בין הערבים – נשחטיה מכי משחרי, דהיינו מתחלת שבע: דלא מכווני. לא הוו זקופים בגמלוס, ולפי שהחומה היתה רחבה מלמטה, והולכת ומתקצרת ועולה, ולפיכך אין חודו של שפת עוביו למעלה מיצל על זקיפתו להשחירו, עד שתימשך חמה למערב: איצטגנינות. להיות בקי בהליכות המזלות ותחילות השעות, דהכי תניא בבבא בתרא (דף טז:) "וה' ברך את אברהם בכל" – איצטגנינות גדולה היתה בלבו, וכל מלכי מזרח ומערב משכימין לפתחו לשאול במזלות: דולה ומשקה. נוטריקון של דמשק: שבע מצות. שנצטוו לשאר כל בני נח, אבל תורה לא נתנה לו: אפילו עירובי תבשילין. שאינו הלכה למשה מסיני, אלא תקנת סופרים שעתידין לתקן: ואיהו מפשר. פותר החלום. כלומר: הוא שואל הוא משיב? אמר איהו. זה שעל הגג: עד שבחברון. שאלה היא: ואיבעית אימא האי דקאי אארעא. אמר הן. כיצד? אמר הא דקאי אארעא: האיר פני כל המזרח? בלשון שאלה. וזה אומר לו: עד שבחברון האיר. וא"ל האי דקאי אארעא: הן, כך אני שואל. ומצינו בתלמוד ירושלמי (פ"ג ה"א): כדי להזכיר זכות אבות מזכירין חברון: ומי מיחלף. לימוח תימור חמה בלימוח תימור לבנה: תימור של חמה. עלות השחר, שנבקע ונראה כתמר זקוף. לשון "ותמרות עשן" (יואל ג) על שם שזוקף ועולה: יום המעונן. הרקיע קשור בעבים, ואין התימור נראה בעד ערפל אלא במקום פיזור העבים במקומות הרבה, בין עב לעב: שמע מינה. מדקאמר ביום המעונן נבקע במקומות הרבה: יומא דעיבא כוליה שימשא. אפילו במקום צל, שהחמה בוקעת בכל מקום ואינה יוצאת דרך חלון כנגד חלונות שהעבים עומדים בפניה, והיא מתפשטת עליהם ובוקעת בכל פיסוק שבהן: לשטוח עורות. לייבש: לא תלוש. בפסח: זוהמא דשמשא. אותו חום של יום המעונן: דנא דחלא. שפיה סתום יפה שלא יצא ריחו ויחלוש. וכשפותחה נוקב נקב קטן – יוצא שם ריח חזק מאד, כך יום המעונן, מתוך שהחמה מכוסה, וחום שלה כבוש – נוקבת בכח דרך נקב העבים: שברירי דשמשא. "סנורים" (בראשית יט) מתרגמינן שברירי. שמש הנוקבת בכח דרך נקב העבים קטנים. הנותן עיניו כנגד הנקב קשים לו הסנורים יותר מן המסתכל בחמה שבאויר: וסימניך דילפא. קשה דלף היורד על האדם משאם נכנס כל גופו למים: הרהורי

תורה אור

גמ' תניא, ר' ישמעאל אומר: ברק ברקאי. ר"ע אומר: עלה ברקאי. נחומא בן אפקשיון אומר: אף ברקאי בחברון. *מתיא בן שמואל (אומר), הממונה על הפייסות אומר: האיר פני כל המזרח עד שבחברון. רבי יהודה בן בתירא אומר: האיר פני כל המזרח עד בחברון, ויצאו כל העם איש איש למלאכתו. אי הכי נגה ליה טובא! לשכור פועלים קאמרינן. אמר רב ספרא: צלותיה *]דאברהם מכי משחרי כותלי. אמר רב יוסף: אנן מאברהם ניקום וניגמר? אמר רבא: תנא גמר מאברהם, ואנן לא גמרינן מיניה? *דתניא: "וביום השמיני (ויקרא יב) ימול בשר ערלתו" – אמלמד שכל היום כשר למילה, אלא *שהזריזין מקדימין למצות, שנאמר: "וישכם אברהם בבקר ויחבוש(א) וגו'" (בראשית כב). אלא אמר רבא: רב יוסף הא קא קשיא ליה; *דתנן: בחל ערבי פסחים להיות בע"ש – נשחט בשש ומחצה וקרב בשבע ומחצה. ונשחטיה מכי משחרי כותלי!(ב) – מאי קושיא? ודילמא כותלי דבית המקדש בשש ומחצה משחרי, משום דלא מכווני טובא! א"נ: שאני אברהם *דאיצטגנינות גדולה היתה בלבו, [ב"ב טז:] א"נ: משום דזקן ויושב בישיבה הוה. דא"ר חמא בר' חנינא: מימיהן של אבותינו לא פרשה ישיבה מהם. היו במצרים – ישיבה עמהם, שנאמר: "לך ואספת את זקני ישראל" (שמות ג), היו במדבר – ישיבה עמהם, שנאמר: "אספה לי שבעים איש מזקני ישראל" (במדבר יא). אברהם אבינו זקן ויושב בישיבה, שנאמר: "ואברהם זקן בא בימים" (בראשית כד), יצחק אבינו זקן ויושב בישיבה היה שנאמר: "ויהי כי זקן יצחק" (שם כז), יעקב אבינו זקן ויושב בישיבה היה, שנאמר: "ועיני ישראל כבדו מזוקן" (שם מח). אליעזר עבד אברהם זקן ויושב בישיבה היה, שנאמר: "ויאמר אברהם אל עבדו זקן ביתו המשל בכל אשר לו" (בראשית כד), אר"א: שמושל בתורת רבו. "הוא דמשק אליעזר" (בראשית טו) – א"ר אלעזר: שדולה ומשקה מתורתו של רבו לאחרים. אמר רב: *קיים אברהם אבינו כל התורה כולה (קידושין פב.), שנאמר: "עקב אשר שמע אברהם בקולי וגו'" (בראשית כו). א"ל רב שימי בר חייא לרב: ואימא שבע מצות! הא איכא נמי מילה. ואימא שבע מצות ומילה! א"ל: א"כ "מצותי ותורותי" למה לי? אמר (*רב) [נ"ל רבא] ואיתימא רב אשי: קיים אברהם אבינו אפילו עירובי תבשילין, שנאמר: "תורותי" – אחת תורה שבכתב ואחת תורה שבעל פה. § "מתיא בן שמואל אומר וכו' והוא אומר הן". § מאן אמר הן? אילימא הך דקאי אאיגרא – הוא חלים והוא מפשר? אלא, הך דקאי אארעא – מנא ידע? איבעית אימא: הך דקאי אארעא, ואיבעית אימא הך דקאי אאיגרא. איבעית אימא הך דקאי אאיגרא; אמר איהו: האיר פני כל המזרח. וא"ל הך דקאי אארעא: עד שבחברון? וא"ל איהו: הן. ואיבעית אימא הך דקאי אארעא, אמר איהו: האיר פני כל המזרח? וא"ל: עד שבחברון? וא"ל: הן. § "ולמה הוצרכו לכך וכו'". § ומי מיחליף? והתניא, רבי אומר: אינו דומה תימור של לבנה לתימור של חמה, תימור של לבנה – מתמר ועולה כמקל, תימור של חמה – מפציע לכאן ולכאן. תנא דבי רבי ישמעאל: יום המעונן היה, ומפציע לכאן ולכאן. אמר רב פפא, שמע מינה: יומא דעיבא – כוליה שמשא. למאי נפקא מינה – לשטוחי עורות. אי נמי, *לכדדרש רבא (פסחים מב.): גאשה לא תלוש לא בחמה ולא בחמי חמה. אמר *)רב נחמן: *)זוהמא דשימשא קשי משימשא, וסימניך: דנא דחלא. שברירי דשימשא קשו משימשא, וסימניך: דילפא. הרהורי

*) [בע"י אי' זיהרא וכן בערוך ערך זה וז"ל שם זיהרא דשמשא כו' פי' חמות השמש אחר שסר ועבר השמש מאותו המקום וסימנך דנא דחלא כלומר אחר שמריק החומץ ממנו ריחו חזק יותר מן החומץ עצמו]

מסורת הש"ס: [עי' גירס' התוס' מנחות ק. ד"ה מתחילה] | פסחים ז. מגילה כ. | [ר"ה לב:] | פסחים נח. | פסחים מב. | *) בע"י איתא אמר רפרם זיהרא דשימשא כשמשא]

ובערוך פירש הואיל נלמד מאברהם שקיים התורה עד שלא ניתנה ואין לנו ללמוד אלא ממנהג נביאים מפני שנהגו כהלכה [illegible] (ועי' תוס' מו"ק כ. ד"ה מה תם בשם ירושלמי דאין למדין מקודם מתן תורה)

*) [עי' בערוך ערך שחר א' פי' תפלת האבות כולם ולא הזכיר אברהם אלא מפני שהוא עיקר וכתיב ויצא יצחק לשוח בשדה [illegible] ועי' תוס' ברכות כו: ד"ה יצחק]

הגהות הב"ח

(א) גמ' שנאמר וישכם אברהם בבקר ויחבש. נ"ב ס"א וישכם אברהם בבקר אל המקום אשר עמד שם את פני ה'. (בראשית יט): (ב) שם מכי משחרי כותלי ומאי קושיא וכו': (ג) רש"י ד"ה מכי משחרי כו' נוטים צללי ערב נ"ב ירמיה ו':

רבינו חננאל

פ"ג אמר להם הממונה צאו וראו אם הגיע זמן השחיטה כו' תניא ר' ישמעאל אומר ברק ברקאי. כלומר האיר ר' עקיבא אומר עלה האור כו' וכיון שהורה בענין הבוקר הזכיר עוד תפלת הצהרים: אמר רב ספרא צלותיה דאברהם כו' פי' תפלת האבות כולן לא הזכיר אברהם אלא מפני שהוא העיקר ואמר מכי משחרי כתלי. ויש מי שאומר תחלת שעה שביעית משחרי כתלי כלומר כיון שינטו צללי ערב והוא משעה שביעית משיכנם השמש במערב ולמעלן מתחילין הכתלים להשחיר מפני שהלך השמש מן המזרח ובא הצל והיא תפלת הצהרים כדכתיב ערב ובוקר וצהרים אשיחה וגו' וזו השיחה היא תפלה כדכתיב באבות ויצא יצחק לשוח בשדה לפנות ערב. וזו השיחה היא תפלת הצהרים כדת המסורה לו מאביו. ואמר לפנות ערב משעה שיכנס השמש במערב. ובאותה העת מתחילין הכתלים שבמזרח להשחיר. אמר רב יוסף אנן מאברהם נגמור אברהם קיים כלומר אברהם קיים המצות ועדיין לא נתנה התורה ואין לנו ללמוד ממנהג הנביאים אלא כגון דניאל וכיוצא בו מפני שנהגו כהלכה למשה מסיני אחרי שנתנה התורה א"ל רבה והא תנא גמר מאברהם דתניא וביום השמיני וגו' כלומר שאברהם היה מקיים המצות כהלכתן. ואקשינן אי הכי כי תפלת המנחה והיא תפלת הצהרים מכי משחרי כותלי הא קי"ל כי התפלות נתקנו כנגד התמידין. תפלת השחר כנגד תמיד של שחר ותפלת המנחה כנגד תמיד של בין הערבים. ולמה היה תמיד של בין הערבים נשחט בזמן שחל ערב פסח להיות בע"ש בשש שעות ומחצה לא ישחטיה אלא בתר שעה שביעית מכי משחרי כותלי ופרכינן ודלמא כותלי ביהמ"ק בשש ומחצה הוה משחרי משום דהוו מכווני טובא כדגרסינן בתלמוד דא"י בעירובין פרק כיצד מערבין. א"ר יוסי מי שאינו יודע לכוון הרוחות יראה ממקום שהחמה זורחת באחד בתקופת תמוז. עד מקום שהיא זורחת. באחד בתקופת טבת אלו פני מזרח עד כמה יגעו הנביאים הראשונים לעשות שער המזרחי שתהא החמה מצמצמת בו בתקופת טבת ובתקופת תמוז. ד' שמות נקראו לו שער סוד ששם היו הטמאים פורשין הדא הוא דכתיב סורו טמא קראו למו. שער היסוד ששם היו מייסדים ההלכה. שער חרסית שהוא מכוון כנגד זריחת השמש כדכתיב (איוב ט) האומר לחרס ולא יזרח. שער האיתון שמשמש כניסה ויציאה שער התווך שהוא ממוצע בין שני שערים. שער חדש ששם חידשו הסופרים ההלכה. שער העליון שהוא למעלה מעזרה. אי נמי משום דאבות איצטגנינות גדולה היתה בלבם ויודעין לכוון השעות. אי נמי זקנים יושבין בישיבה היו כלומר שכינה עמהם כו'. אמר רב קיים אברהם כל התורה כולה שנאמר עקב אשר שמע אברהם בקולי וגו' תורותי שתים דברי תורה ודברי סופרים: מתיא בן שמואל אמר האי פני כל המזרח עד שבחברון והוא אומר הין מאן אמר הין איבעית אימא הך דקאי אאיגרא א' איהו האיר פני כל המזרח. ואמרו ליה הנך דקיימי בארעא עד שבחברון כלומר אתה רואה עד חברון ואמר להן הין. ואיבעית אימא הך דקאי אארעא. א' ליה הך דקאי באיגרא האיר פני כל המזרח עד שבחברון. וא' ליה הך דקאי בארעא הין

תוספות ישנים

צלותיה דאברהם מכי משחרי כותלי כו'. וא"ת הא אמרינן בפרק תפלת השחר (דף כז:) יצחק תיקן תפלת מנחה שנאמר ויצא יצחק לשוח בשדה י"ל דאחר שתיקנה יצחק היה אומרה גם אברהם כך פירש רבינו תם אי נמי אומר רבי דמ"מ היה אומרה אברהם מתחילה אלא שלא עשאה כלל לכל בני ביתו עד שתיקנה יצחק דאפילו עירובי תבשילין קיים כדאמרינן לקמן: ואנן מאברהם ניקו וניגמר כו'. פירש בקונטרס צלותיה דאברהם כו' ויש לנו ללמוד ממנו ופריך ואנן מאברהם ניקו וניגמור פי' מי יוכל למהר כמותו אמר רבא תנא מאברהם גמר ור"ת פי' ואנן מאברהם ניקו וניגמור והלא חצי שש וחצי שבע חמה עומדת בראש כל אדם ואין זמן תפלה עדיין ואמר רבא תנא מאברהם גמר שבקי בהלכה היה ואע"פ שקודם מתן תורה היה וקאמר רב יוסף הכי קא קשיא ליה דודאי משנה פליגא אדאברהם כי גם כשהיו ממהרין התמיד לא היו ממהרין בתחילת שבע ומשני דילמא שאני כותלי בהמ"ק דלא מכווני פי' שלא רצו בכוונה למהר שחיטת התמיד מתחילת שבע לפי שיראו שוטי פסחים אי חמה עומדת בראש כל אדם ויאמרו כי בעבורם מהרו שחיטת התמיד שלא כהלכתו או שמא יטעו ויקדימוהו ומביאו לבית הפסול אי נמי שאני אברהם דהיה לו אצטגנינות כו' וכל החכמים כמותו יוכלו למהר כמותו ולא כל אדם אי נמי זקן היושב בישיבה היה ולא נלמד כל אדם ממנו. ר"ת. אך יש לתמוה מאי פריך וכי בשביל שיש לנו ללמוד מאברהם שזריזין מקדימין למצות נלמוד ממנו למהר תפלת המנחה שלא כדין: דילמא כותלי בית המקדש כו'. וא"ת מנין לנו שאברהם היה מתפלל מכי משחרי שלא כדין דילמא לא היה מתפלל אלא כדרך שאמרה המשנה דפסחים י"ל דלפנות ערב דיצחק משמע ליה מכי משחרי כותלי. ה"ג בפר"ח דילמא שאני כותלי בית המקדש משום דמכווני טובא ופירש ר' שמואל שלפי שהיו חלקים ביותר ולא היה לשמש מקום להתעכב לא היו ממהרין להשחיר אבל בשאר כתלים יש בליטות הרבה ואין נכון כל כך א) (בבליטת כתלים בשאר כתלים שימהרו להשחיר וגם) מתחילת שבע יש להם להשחיר דאז ערבא שימשא: לא פירשה ישיבה מהן כו'. וכל שכן לאחר מתן תורה שלא פירשה אלא מייתי קראי דאפילו קודם מתן תורה לא פירשה מיהא קרא דאספה לי היה אחר מתן תורה והוה ליה טפי לאתויי קרא דלך ואספת או וקח אתך מזקני ישראל אלא חדא נקט מינייהו: אפילו עירובי תבשילין. לא ידע רבי אמאי נקט הך מנוה אמאי קילא ליה טפי מכולהו:

א) דהגס דבשאר כתלים בליטת כתלים ימהרו להשחיר מ"מ גם וכו' כנ"ל:

ריתא

הִרְהוּרֵי עֲבֵירָה קָשׁוּ מֵעֲבֵירָה, וְסִימָנֵיךְ: רֵיחָא דְּבִישְׂרָא. שִׁילְהֵי דְּקַיְיטָא קַשְׁיָא מִקַּיְיטָא, וְסִימָנֵיךְ: תַּנּוּרָא שְׁגִירָא. אִישְׁתָּא דְּסִיתְוָא קַשְׁיָא מִדְּקַיְיטָא, וְסִימָנֵיךְ: תַּנּוּרָא קְרִירָא. מִיגְמַר בְּעַתִּיקְתָא קַשְׁיָא מֵחַדְתָּא, וְסִימָנֵיךְ: טִינָא בַּר טִינָא. א"ר אַבָּהוּ: מ"ט דְּרַבִּי – דִּכְתִיב: °"לַמְנַצֵּחַ עַל אַיֶּלֶת הַשַּׁחַר" מָה אַיָּלָה זוֹ קַרְנֶיהָ מַפְצִילוֹת לְכָאן וּלְכָאן – אַף שַׁחַר זֶה מַפְצִיעַ לְכָאן וּלְכָאן. (תהלים כב) א"ר זֵירָא: לָמָּה נִמְשְׁלָה אֶסְתֵּר לְאַיָּלָה – לוֹמַר לָךְ: *מָה אַיָּלָה רַחְמָהּ צַר, וַחֲבִיבָה עַל בַּעְלָהּ כׇּל שָׁעָה וְשָׁעָה כְּשָׁעָה רִאשׁוֹנָה – אַף אֶסְתֵּר הָיְתָה חֲבִיבָה עַל אֲחַשְׁוֵרוֹשׁ כׇּל שָׁעָה וְשָׁעָה כְּשָׁעָה רִאשׁוֹנָה. א"ר אַסִּי: לָמָּה נִמְשְׁלָה אֶסְתֵּר לְשַׁחַר? לוֹמַר לָךְ: מָה שַׁחַר סוֹף כׇּל הַלַּיְלָה – אַף אֶסְתֵּר סוֹף כׇּל הַנִּסִּים. וְהָא אִיכָּא חֲנוּכָּה! – *נִיתְּנָה לִכְתּוֹב קָא אָמְרִינַן. הָנִיחָא לְמַאן דְּאָמַר אֶסְתֵּר נִיתְּנָה לִכְתּוֹב, אֶלָּא לְמַאן דְּאָמַר *אֶסְתֵּר לֹא נִיתְּנָה לִכְתּוֹב מַאי אִיכָּא לְמֵימַר? מוֹקִים לָהּ כְּר' בִּנְיָמִין בַּר יֶפֶת אָמַר ר' אֶלְעָזָר. דְּאָמַר רַבִּי בִּנְיָמִין בַּר יֶפֶת אָמַר רַבִּי אֶלְעָזָר: לָמָּה נִמְשְׁלוּ תְּפִלָּתָן שֶׁל צַדִּיקִים כְּאַיֶּלֶת – לוֹמַר לָךְ: מָה אַיָּלָה זוֹ, כׇּל זְמַן שֶׁמַּגְדֶּלֶת קַרְנֶיהָ מַפְצִילוֹת, אַף צַדִּיקִים – כׇּל זְמַן שֶׁמַּרְבִּין בִּתְפִלָּה תְּפִלָּתָן נִשְׁמַעַת.§ "שָׁחֲטוּ אֶת הַתָּמִיד".§ אֵימַת? אִילֵימָא בִּשְׁאָר יְמוֹת הַשָּׁנָה – לָא סַגְיָא דְּלָאו כֹּהֵן גָּדוֹל? אֶלָּא בְּיוֹם הַכִּפּוּרִים – מְאוֹר הַלְּבָנָה מִי אִיכָּא? – הָכִי קָאָמַר: וּבְיוֹם הַכִּפּוּרִים, כִּי אָמַר "בָּרַק בַּרְקַאי" הוֹרִידוּ כ"ג לְבֵית הַטְּבִילָה. *תָּנֵי אֲבוּהּ דְּרַבִּי אָבִין: לֹא זוֹ בִּלְבַד אָמְרוּ, אֶלָּא אַף מְלִיקַת הָעוֹף וּקְמִיצַת מִנְחָה בַּלַּיְלָה תִּשָּׂרֵף. בִּשְׁלָמָא עוֹלַת הָעוֹף – מַאי דַּהֲוָה הֲוָה, אֶלָּא קוֹמֶץ, נַהַדְרֵיהּ

רש"י

הרהורי עבירה. תאוות נשים, קשים להכחיש את בשרו יותר מגופו של מעשה: ריחא דבישרא. המריח בשר ואין לו קשה לו ריח מאד, שמתאוה לו: שילהי דקייטא. אלול, שהוא סוף הקיץ קשה מקייטא, קשה חומו מחום הקיץ של תמוז, לפי שכבר נתחמם כל האויר וגוף הבריות בחום הקיץ שעבר עליו תמיד מתחמם הוא עתה בחום קל ומזיקו: וסימניך תנורא שגירא. תנורא שהוסק ביום פעמים ושלש, חם הוא ונוח להסיקו בעצים מועטים: אישתא דסיתווא. קדחת של ימות החורף(א) מחממות את החולה – כידוע שהוא קשה מאד יותר מקדחת המבערתו בימות הקיץ: וסימניך תנורא קרירא. צריך עצים מרובים להסיקו. אף זה שהאויר צונן והגוף צונן והחולי מבעירו – כידוע שהוא חולי קשה: מיגמר בעתיקתא קשה מחדתא. מי שלמד, והסיח דעתו ושכח – קשה לחזור וללמוד מה ששכח, יותר ממה שלא למד: וסימניך טינא בר טינא. טיט שגובלים אותו מטיט חומר כותל ישן, קשה לגבלו יותר מטיט של עפר חדש: מאי טעמא דרבי. דאמר: תימור של חמה מפלע: אילה זו. לאו דווקא נקט, שהרי אין קרנים לנקיבה*: למה נמשלה אסתר באילת. במס' מגילה (ד' טו:) אמרינן דאסתר אמרה מזמור זה, כיון שהגיעה לבית הצלמים נסתלקה הימנה שכינה, אמרה "אלי אלי למה עזבתני": הניחא למ"ד. פלוגתא במסכת מגילה (דף ז.), איכא למאן דאמר מטמאה את הידים, ואיכא למ"ד דאינה מטמאה את הידים דלאו ספר היא: מוקים לה כרבי בנימין בר יפת. כלומר: דריש להאי שחר כר' בנימין בר יפת: למה נמשלה תפלתן של צדיקים כו'. דהאי שחר לשון תפלה הוא דריש ליה, כמו "רוחי בקרבי אשחרך" (ישעיה כו). למנצח על התפלה שהיא כאילת, שכ"ז שמגדלת קרניה מפצילות, בכל שנה ושנה נוסף בה פיצול אחד: אימת אילימא כו'. קא סלקא דעתיה הורידו כהן גדול לבית הטבילה סיפא דמתניתין הוא, וביום שטעו לשחוט את התמיד בלילה קאמר הורידו כ"ג לבית הטבילה לשחוט תמיד אחרי הטבילה. אימת הוה האי טעות? אי נימא בשאר ימות השנה. דלאו יוה"כ, ובסוף אחד מן החדשים כשהלבנה זורחת סמוך לעלות השחר: לא סגי דלאו כהן גדול. לא דיי עבודת שאר ימים דלאו בכהן גדול: מאור הלבנה מי איכא. לזרוח סמוך לשחר: ה"ק: וביום הכפורים כי אמר ברק ברקאי כו'. והוציאוהו לבית השריפה מסקנא דמילתא הוא. והורידו כ"ג מילתא באפיה נפשיה היא, ומהדר לאורויי בסדר עבודה דיוה"כ. והכי קאמר: כשהרואה אומר ברקאי היו מורידין כ"ג ביוה"כ לבית הטבילה שחרית: לא זו בלבד. לא זבח לבדו שנשחט בלילה אמרו ישרף: אלא אף מליקת העוף וקמיצת המנחה בלילה תשרף. דגמרי להו משחיטה, דמליקת העוף וקמיצת מנחה במקום שחיטת הזבחים הם: מאי דהוה הוה. אי אפשר להחזירה:

הוא

תוספות

אלא אפילו עולת העוף שנמלקה ומנחה שנקמצה תצא לבית השריפה. משמע דמשום דנעשו בלילה. ותימה: תיפוק ליה משום דקרבו קודם לתמיד של שחר, ואמרינן (לקמן דף לד.): מניין שלא יהא דבר קודם לתמיד של שחר – דכתיב "העולה" – עולה ראשונה. וכן בפ"ק דעירובין (דף ג.) דאמר: שלמים ששחטן קודם פתיחת דלתות ההיכל – פסולין, שנאמר "ושחטו פתח אהל מועד" ולמה לי קרא? תיפוק ליה דקודם תמיד שחטן, דכיון דלא נפתחו דלתות היכל – א"כ לא נשחט התמיד. דאע"ג דלא כתיב ביה "ושחטו פתח אהל מועד" – משלמים גמרי' דלא לשחוט ליה אלא בזמן שהוא פתוח, כדתנן בתמיד (דף ל:): לא היה השוחט שוחט עד שהיה שומע קול שער הגדול שנפתח. מיהו, יש לדחות: ההיא כשנפתחו הדלתות ונשחט התמיד, ושוב סוגרו דלתיים. וי"ל: דאיצטריך קרא למיפסל משום שחיטה, דאי משום קודם התמיד – ההוא בהקטרה דווקא איירי, כדמוכח בר"פ "תמיד נשחט" (פסחים דף נח.). ועוד: דכוליה קרא ד"וערך עליה העולה" איירי בהקטרה. ועוד אור"י: דהא דאמר שלא יהא דבר קודם לתמיד – היינו למצוה. והכי איתא בהדיא בפ' "התכלת" (מנחות דף מט:), והא דלא פסלינן בשמעתא משום דהוי קודם פתיחת דלתות ההיכל – י"ל דלא מיפסל אלא בשחיטה, כדכתיב "ושחטו", אבל במליקה וקמיצה – לא. והשתא למאי דאמרינן ד"העולה" עולה ראשונה אינו אלא למצוה, א"כ, "עליה השלם כל הקרבנות" נמי לא הוה אלא למצוה. ותימה: דאמר בס"פ "אלו דברים" (פסחים דף עג:) שחטו ונודע שמשכו הבעלים את ידם – יצא לבית השריפה. ואי אמרת לא בעי עקירה – פסולו מחמת מאי קא הוי – משום דשחטו אחר תמיד של בין הערבים וכו', הא אמרינן דלמצוה בעלמא! וי"ל: אם הקריבו – כשר, אבל אסור להקריב האימורים אחר התמיד, ולהכי יצא הבשר לבית השריפה. וא"ת: ויעלה, וילין אותו בראשו של מזבח! ויש לומר: דסבר כמ"ד לינה מועלת בראשו של מזבח. דפלוגתא דאמוראי היא בפרק "המזבח מקדש" (זבחים דף פז.), ודילמא ההוא אמורא דאמר התם לא בעי עקירה – סבר כוותיה. ואם תאמר: אכתי, אמאי יצא לבית השריפה? נשתרי בשר בזריקת דם בלא הקטרת אימורים, דכיון דלא אפשר להקטירם – נימא עשאום כמי שנטמאו או שאבדו. וכי האי גוונא קאמר בר"פ "תמיד נשחט" (פסחים דף נט.) לר' ישמעאל בנו של ר' יוחנן בן ברוקא, דאמר מחוסר כפורים כל ימות השנה טובל ומייתי כפרתו אחר התמיד ואוכל בקדשים לערב, וקאמר התם דמלינה בראשו של מזבח. ופריך: מכדי כל כמה דלא אתקטרי איברים לא מתאכיל בשר וכו', עד שעשאום כמי שנטמאו אימורים או שאבדו! וי"ל: שאני הכא, דכיון דמשכו הבעלים את ידם לא חזו מעיקרא אימורים להקרבה – הלכך לא משתרי בשר בזריקת דם לחודיה. אבל התם, כיון דהוה חזי להקריבו קודם התמיד, אע"פ שהמתין עד אחר התמיד, והשתא הוא לא מצי לקרוביה – אמרינן שפיר עשאום כמי שנטמאו או שאבדו. אי נמי: התם דשחטו ונודע שמשכו הבעלים ידם – אסור לזרוק הדם מדרבנן, גזירה דילמא אתו להקטיר אחר התמיד. ורבי ישמעאל בנו של רבי יוחנן בן ברוקא לית ליה ההיא גזירה. ולפי תירוץ זה, דכל הקרבן פסול מחמת שאסור לזרוק הדם לכתחילה משום גזירה, ניחא מה שמקשה ריב"א, דבפרק "התכלת" (מנחות דף מט:) משמע דאינו אלא למצוה, ובתוספתא [פ"ד] דפסחים תניא: כל הקדשים שהקריבן קודם תמיד של שחר, או שעכבן אחר תמיד של בין הערבים – פסולין. והשתא, אי אמרינן דההוא פסול דרבנן – ניחא. ועוד, תנן בפרק "תמיד נשחט" (פסחים דף סג.) דקאמר ר"ש: ושאר כל הזבחים ששחטן על החמץ בזמן

פסח

רבינו חננאל

כלומר בתימה כלומר הבט וראה בטוב שלא תטעה: ירושלמי ועד אחד נאמן שנייא היא הכא שאת יכול לעמוד עליו. כלומר כיון שאתה יכול לעבו' עליו הדבר עכשיו אינו משקר. אמר עד אחד נולד בן לפלוני בשבת מלין אותו על פיו. חשכה מוצאי שבת מטלטלין על פיו. ולמה עד שבחברון כדי להזכיר זכות אבות שהן ישנים בחברון. ולמה הוצרכו לכך. פעם אחת עלה מאור הלבנה כו': ירושלמי ומי מחלף מאור הלבנה מתמר ועולה כמקל. ותימור של חמה פוסה על פני כל המזרח. *)ואוקימנא למתניתין יום המעונן הוה והיה אור הלבנה מפצע לכאן ולכאן כלומר היה פוסה על פני כל המזרח. ש"מ מדקתני כי היה אור הלבנה מפצע בכל מקום כך השמש ביום המעונן אורו וכוחו בכל מקום ואפילו במקום שאילו היתה החמה בעולם בזה המקום זו העת צל הוא ואין בו חמה עכשיו ביום המעונן אפילו במקום הצל כח חמה וחמות גם באותו המקום היא. ואסור ללוש ביום המעונן בכל מקום ואפילו במקום הצל. זוהמא דשימשא. פי' חמות השמש אחרי שכבר עבר השמש מאותו מקום. וסימ' דנא דחלא כלומר אחרי שתריק החומץ ממנו ריחו חזק יותר מריח חומץ עצמו. שברירי דשימשא. פי' שמש הנכנס מן החור וכיוצא בו כו'. שילהי דקיטא. פי' אחרית הקיץ כלומר העולם כולו חם ואפילו תוסיף עכשו חמות שורף. אישתא דסיתוא פי' חמות של סתיו אילולי שהיא חזקה [לא היתה] מתגברת על הקרות שיש בעולם. כמין התנור הצונן אילולי שתבעירהו בעצים הרבה ואש חזקה אינו מתחמם: מנא ליה שתימור החמה מפצע לכאן ולכאן שנאמר למנצח על אילת השחר נמשל השחר כאילה מה אילה קרניה מפצילין לכאן ולכאן כך השחר מפצע לכאן ולכאן: ירושלמי א"ר חנינא מאילת השחר עד שיאיר המזרח אדם מהלך ד' מילין. ומשיאיר המזרח עד הנץ החמה אדם מהלך ד' מילין שנאמר השמש יצא על הארץ ולוט בא צוערה וא' לדידי חזי לי ההוא אתרא והוי ד' מילין וכמו השחר עלה ויאיצו המלאכים. היה לו לומר כמו השחר עלה וכתב וכמו מלה דדמיא לחברתה כשם שמשיאיר המזרח מהלך ד' מיל **)שחטו את התמיד והוציאו לבית השרפה פי' טעו ראו תימור של לבנה ודימו שהאיר המזרח ושחטו את התמיד והיה לילה וכתיב את הכבש אחד תעשה בבקר לפיכך נפסל. והוציאוהו לבית השרפה. ואוקימנא למתני' זולתי יוה"כ כי לא תמצא הלבנה עולה למזרח קרוב ליום אלא [בסוף] החדש אלא

*) כך אוקימתא איתא בירושלמי רק בסוגיא זו. **) נראה דצ"ל כך מאילת השחר עד שיאיר המזרח ד' מילין.

[עירובין נג: כ"ב ע"ז:]

[ע' תוס' מגילה ו. ד"ה נאמרה] [מגילה ז.]

[אלא מין אילה קאמר כ"ה בכת"י שבע"ן]

מנחות ק.

הגהות הב"ח

(א) רש"י ד"ה אישתא כו' של ימות החורף המחממת את החולה:

תוספות ישנים

ריחא דבישרא. בשר שמן שקשה להמריח בו ואינו אוכלו יותר מדאכלו: אלא למ"ד לא ניתנה ליכתב כו'. מיהא כולי עלמא מודו דניתנה ליכתב מדרבנן וצריכה ליכתב כולה ותנן נמי קראה על פה לא יצא אלמא מדרבנן צריכה ליכתב ובעינן נמי תפירת חוטין בגידין משולשין כדאיתא במגילה (דף יט.): תצא לבית השריפה. והקשה ריב"א למה לי טעמא משום פסול לילה תיפוק ליה שנעשית לפני שחיטת תמיד דדרשינן העולה עולה ראשונה שלא יקדים דבר לתמיד של שחר ואומר רבי דדילמא לא מיירי אלא בהקטרה שצריך להקדים הקטרת התמיד אי נמי למצוה כדאמרינן בפרק התכלת (דף מט.) גבי אין התמידין מעכבין המוספין ואם תאמר תיפוק לי שנמלקה קודם פתיחת ההיכל ואמרינן בפרק קמא דעירובין (דף ב.) שלמים ששחטן קודם פתיחת ההיכל פסולין כו' ויש לומר שנפתחו כבר קודם שחיטת התמיד אי נמי לא פסלינן אלא שלמים דווקא דכתיב בהו פתח אהל מועד ולא עולת העוף ואף על גב דתנן אין השוחט את התמיד שוחט עד ששומע קול שער הגדול שנפתח י"ל מדרבנן: ומנחה שנקמצה תצא לבית השריפה. וא"ת מאי איריא נקמצה אפילו לא נקמצה נמי כיון שקידשה בכלי נמי תלא לבית השריפה דתנן פרק שני דמעילה (דף ט.) קדשו בכלי הוכשר ליפסול בטבול יום ובמחוסר כפורים ובלינה י"ל דלינה דהתם מיירי בעמוד השחר אבל לינה דהכא מיירי בשקיעת החמה דכיון ששקעה החמה על הקומץ נפסלה בלינה תדע דתנן בפ"ב דמעילה בתר הכי הקומץ והלבונה והקטורת הוכשרו ליפסל בטבול יום ובמחוסר כפורים ובלינה אמאי תנא קומץ כיון דתנא לעיל גבי מנחה אלא ש"מ דאשמועינן גבי קומץ דבשקיעת החמה נפסל הקומץ אי לא תימא דתניי' משום סיפא דקתני וחייבין עליו משום נותר כו' וסברא היא דהוי נפסל בשקיעת החמה דהא קומץ המנחה דומיא דדם דנפסל בשקיעת החמה כדאמרינן בזבחים (דף ט.) ובכמה דוכתי וכההיא בהא דקומץ נמי תנא דם: ומנחה שנקמלה. וא"ת הא אמרינן במנחות (דף מד:) ובריש תענית ומנחתם ונסכיהם בלילה כי האי גוונא פרכינן בפרק שני דתמורה (דף יד.) ומפליג בין מנחת נסכים הבאה עם הזבח לבאה בפני עצמה:

ניהדריה

[פסחים סד.]

ו א מיי' פ"ה מהלכות תמידין הלכה יג:

נהדרה, ונהדר ונקמצה בימממא! הוא תני לה והוא אמר לה: כלי שרת מקדשין אפילו שלא בזמנו. מיתיבי, *"זה הכלל: כל הקרב ביום – קדוש ביום, וכל הקרב בלילה – קדוש(א) בלילה,[א] וכל הקרב בין ביום ובין בלילה – קדוש בין ביום ובין בלילה. קתני מיהת: כל הקרב ביום – קדוש ביום; ביום – אין, בלילה – לא! דילמא אינו קדוש ליקרב, אבל קדוש ליפסל. מתיב רבי זירא: *א"סידר את הלחם ואת הבזיכין אחר השבת, והקטיר את הבזיכין בשבת – פסולה. כיצד יעשה? יניחנו לשבת הבאה, *שאפילו עמדה על השלחן ימים רבים אין בכך כלום. ואמאי? תקדוש ותיפסל! אמר רבא: מאן דקא מותיב – שפיר קא מותיב. ואבוה דר' אבין נמי – מתניתא קאמר, וקסבר: *לילה אין מחוסר זמן, יום מחוסר זמן. כי מטי בי שמשי תקדוש ותפסול! – אמר *רבינא: שקדם וסלקו. מר זוטרא, ואיתימא רב אשי אמר: אפילו תימא בשלא קדם וסלקו, כיון שסדרו שלא כמצותו – נעשה כמו שסדרו הקוף. § "זה הכלל היה במקדש". § בשלמא רגלים – משום ניצוצות, אלא ידים? מאי טעמא? אמר רבי אבא: זאת אומרת

מצוה

רש"י

הוא תני לה. להא *מתניתין, והוא אמר לה האי מימרא מדעתו: כלי שרת מקדשין שלא בזמנו. והקומץ טעון מתן כלי. וכיון שקידש הקומץ בכלי לשם קומץ – אינו חוזר להיות טבל כמנחה שלא נקמצה. ועל כרחיה, מאחר שזה קרוי קומץ – אינך הוו שירים: כל הקרב ביום. כגון המנחות(ב) והלבונה והדם והקטורת: קדוש. בכלי שרת ביום, ויקדש קדושת הגוף: כל הקרב בלילה. כגון מנחת נסכים, דאמר מר (מנחות מד:) "ומנחתם ונסכיהם" – אפילו בלילה: קדוש. בכלי שרת, קדושת הגוף, אם נתנו בהן בלילה: קתני מיהת כל הקרב ביום קדוש ביום אבל בלילה לא. אינו קדוש: ליקרב. להיות כשר ליקרב, אבל קדוש להיות מוכשר באותה קדושה ליפסל בטבול יום ובמחוסר כפורים אם נגע בו, וביוצא אם יצא, ובלינה אם לן. וזו גם היא נפסלת בלינה, דקי"ל בזבחים (דף פז.) עמוד השחר עושה לינה, ונפסלת קמילת לילה, שאין חוזרת עוד לטבלה: פסולה. שלא נסדרה בשבת לעמוד שם שבעת ימים כמשפטם, והרי היא מחוסרת זמן. [*ול"נ דל"ג פסולה, דהא מסקנא דשמעתין לא חשיב סידור יום ראשון סידור אלא כסידרו הקוף, וכמונח בקופסא דמי, ולמה יפסול הלחם בהקטרת הבזיכין? והלא לא קידש השלחן ללחם כלל אא"כ פירקו בשבת הבאה, ויחזור ויסדרנו. והכי מוכח נמי מדקתני "כיצד יעשה" אלמא יש תקנה לדבר. וה"נ גרים בפירוש ר"ח איש רומי: מתיב רבי זירא כו' והקטיר הבזיכין בשבת כיצד יעשה וכו'. ורבותא הוא דנקיט, אע"ג דהקטיר הבזיכין בשבת כמו שרגילין לעשות – יביא בזיכין אחרים ויסדר עם הלחם]: כיצד יעשה יניחנו. על השלחן עד שבת הבאה: תיקדש ותיפסל. כיון דכלי שרת מקדשין שלא בזמנו ליפסל, ויקדש השלחן את הלחם מאחד בשבת ליפסול בסידור שלא בזמנו: אמר רבא האי דקא מותיב שפיר קא מותיב ואבוה דרבי אבין. דמותבי ליה מינייה – לאו שמעתתא דאמוראי אמר, דנימא דאיתותב, אלא מתניתא תנא. ולריכין אנו ליישב דלא ליקשו מתניתא אהדדי. ומרלינהו הכי: קסבר תנא דאבוה דר' אבין לילה לא הוי חסרון זמן, הואיל והיתה ראויה ליקדש בכלי שרת שחרית – הלכך כלי שרת מקדשין הקומץ בלילה: אבל יום מחוסר זמן. דבר שאין זמנו היום עד מחר – והרי הוא מחוסר זמן יום שלם הוי חסרון זמן. וכ"ש זה שאינו זמנו לקדש עד יום השבת: כי מטי בי שמשי. דלילי שבת, שהיא ראויה לקדש מחר – תקדש על השלחן, דקאמרת לילה אין מחוסר זמן, ותיפסל משום סידור לילה, ולשחרית נפסל בלינה: שקדם וסילקו. סמוך לחשיכה ערב שבת: שלא כמצותו. בחסרון זמן: נעשה כמו שסידרו הקוף. שלא מדעתו, שהרי נסדר קודם ליל שבת על השלחן בשעה שהוא מחוסר זמן.(ג) דלא דמי לקומץ שנקמץ בלילה ולחם שנסדר בליל שבת דלאו מחוסר זמן הוא וקדוש ליפסל, (*ועתה בשבת כשמגיע זמן עריכת לחם הפנים, הכהן יכנס שחרית ויסלק, ויסדר שנית) וכשמגיע זמנו אין השלחן מקדשו עד שיסלקנו ממנו, ויחזור ויסדרנו:

מצוה

תוספות

פסח בין לשמן בין שלא לשמן – פטור. ומפרש טעמא בגמ' (שם סד.) דבזמן דמיחייב אזבח לא מיחייב אזבחים. ומאי איצטריך להאי טעמא? תיפוק ליה דפטור משום דזבחים פסולין הן, כיון דשחטן בזמן פסח דהוי בתר תמיד של בין הערבים, כי היכי דפטר התם פסח ששחטו במועד לשמו על החמץ, משום דזבח פסול הוא. אבל למאי דפרישית, דכשנשחט הזבח קודם התמיד של שחר או אחר תמיד של בין הערבים, שאסרו חכמים לזרוק הדם משום גזירה, וממילא מיפסל זיבחא – הוה ניחא. אבל לשון התוספתא משמע דאפילו אם זרק הדם בדיעבד, ועשה כל מצותו – אפילו הכי פסולין. דקתני: שהקריבן, ולא קתני ששחטן. ואי מדרבנן אמאי פסולין? ונראה דפסולין דקאמר – היינו הבשר מלאכול, אבל בעלים נתכפרו. כדאשכחן כי האי גוונא בפ"ב דזבחים (דף כו:): נתנו על גבי הכבש שלא כנגד היסוד וכו' עד פסול. ואמר שמואל: פסול הבשר, אבל בעלים נתכפרו. והיה נראה לדקדק דלא מיפסל אחר התמיד, כדתנן בס"פ "מי שהיה טמא" (פסחים דף לח.): פסח שנתערב בבכור, אם חבורת כהנים – יאכלו. ונתערב מחיים קאמר, מדפריך עלה בגמ': והא אין מביאין קדשים לבית הפסול, אלמא: לא מיפסיל אחר תמיד. מיהו, מלינו לדחות, דפסח דהתם היינו מותר פסח דהוי שלמים, ושחט להו קודם לתמיד של בין הערבים. והא דפריך: והא אין מביאין קדשים לבית הפסול – היינו שממעט באכילת מותר פסח שנאכל לזרים, ואוכלו כבכורים שאינן נאכלים אלא לכהנים, והוה לן למימר ירעה. ולשון חבורה קשה, דמשמע פסח ממש, שנימנין עליו חבורות חבורות. ועוד אמר בפרק "האשה" בפסחים (דף פח:), גבי ה' שנתערבו עורות פסחיהן ונמצא יבלת באחד מהן כו', דפטורין מלעשות פסח שני משום דלא אפשר. ופריך: לייתי פסח וליתני בשלמים. ומאי קושיא? לישני משום דאפילו פסח שני זמניה בתר תמיד, דכתיב ביה "בין הערבים" כמו פסח ראשון. ועוד: דלא חשיב להא התם בפרק "מי שהיה טמא" (שם דף לה.) בדברים שבין ראשון לשני. וא"כ לא אפשר לאתנויי בשלמים, דפסולין אחר תמיד של בין הערבים. וליכא למימר משום דאתי עשה דפסח שיש בו כרת, ודחי עשה דהשלמה דלית ביה כרת, כדאמר בר"פ "תמיד נשחט" (שם נט.), דהא ליכא הכא כרת, דבכל חדא וחדא מינייהו איכא למימר שמא הוא מן הרוב שכבר יצאו. ומיהו, אפילו לא יהא נפסל אחר התמיד קשה, דמ"מ לכתחילה אסור מדאורייתא. ואי אמרינן דפסח שני מצי לאקדומיה לתמיד, כיון דלא כתיב "בערב" אלא "בין הערבים" דהיינו טעמא דפסח ראשון קרב אחר התמיד, דדרשינן יאוחר דבר שנאמר בו "בערב" ו"בין הערבים" לדבר שלא נאמר בו אלא "בין הערבים". אבל פסח שני – הי מינייהו דבעי קדים ועביד ברישא. והא דלא חשיב בהדי דברים שבין ראשון לשני – יש לומר, תנא ושייר. דהא נמי שייר כרת, דאיכא למ"ד (שם דף נג.) חייב כרת על הראשון ולא על השני. ואיכא למ"ד*) נשים בראשון חובה בשני רשות, אז ניחא הא דפריך לייתי וליתני:

נהדריה ונקמציה ביממא וכו' – כלי שרת מקדשין שלא בזמנו. קשה: מנליה דמקדשי שלא בזמנו? והא לא קתני אלא נקמצה, וכיון דאנו מוסיפין על הברייתא שיקדש הקומץ – א"כ נוסיף נמי ונימא דמיירי שהקטיר הקומץ בלילה, ולהכי תצא לבית השריפה. אבל משום קידוש קומץ לחודיה – לא הוי אמרינן תצא לבית השריפה! וי"ל: אי מיירי כשנקמצה וקידש קומציה ותו לא – אז קאמר שפיר ולא זו בלבד דכתיב ביה בהדיא, "ביום זבחכם יאכל", אלא אפילו מליקה. ולא מיבעיא מליקה דדמיא קצת לזבח שכן מיני דמים, אלא אפילו נקמצה וקדש הקומץ בלילה, דאע"ג דלא כתיב בה ביום בהדיא – תצא לבית השריפה, אבל אי הוה אמרינן דהקטיר קומצה – איפכא מיבעיא ליה, דטפי פשיטא לן דהקטרת קומץ ביום ממליקה, דכתיב "זאת התורה לעולה למנחה וגו'" וכתיב בתריה "ביום צותו להקריב". ועיקר לשון הקרבה היינו הקטרה. ומיהו, בתנס דחק רש"י לפרש כן, דבקידוש קומץ איירי. דאיכא למימר דלא נתקדש הקומץ אלא המנחה נתקדשה בכלי ונקמצה בלילה. ופריך: ונהדר הקומץ לדוכתה ונהדר ונקמצה בימתא. ומשני: כיון דהמנחה נתקדשה בכלי – נפסלת בעמוד השחר כדין כל קידוש כלי. וק"ל: בלא נקמצה נמי תצא לבית השריפה כיון דנתקדשה בכלי! וי"ל: אי לא נקמצה לא תצא לבית השריפה בלילה עד שתיפסל בעמוד השחר, אבל השתא דנקמצה בלילה – תצא לאלתר לבית השריפה, ולא בעי עיבור צורה: כמו שסידרו הקוף. הא דלא אמרינן נמי הכי לעיל, כיון שקידשו שלא כמצותו נעשה כמו שנתנו שם הקוף – יש לומר: דהתם נתכוון לקדש, שכסבור היה שהוא יום, דומיא דמתניתין שעלה מאור הלבנה וכו'. אבל הכא, כיון דבכוונה עשה וידע שסידרו שלא כמצותו – נעשה כמו שסידרו הקוף:

*) שם לא.

מצוה

להתקדש בלילה: והקטיר את הבזיכין בשבת פסולה. פירוש הקטרתו פסולה ולא הותר כלל הלחם ע"י הקטרת הבזיכין אבל בפירוש ר"ח ל"ג פסולה אבל אתי שפיר כדפרישית: [illegible]

[illegible]

לא היה זמנם כלל או נמי שאני גבי לחם הפנים שצריך כהן ובגדי כהונה לסדרו וכיון שנעשה שלא כדין הוי כאילו סידרו הקוף אבל גבי מים אין מי יכול להניחם זר בכלי שרת וכן גבי מנחה יכול זר לקדשה בכלי שרת דמקמילה [ואילך] מצות כהונה ולכך לא הוי כמו שסידרו הקוף ואין להקשות על הא דאמרינן הכא כלי שרת אין מקדשין שלא בזמנם מדאמרינן במנחות בפרק ר' ישמעאל (דף עב:) דאפייה שתי הלחם דוחה שבת דקסבר תנור מקדש ואי ג) אפינהו מאתמול בתנור ד) יפסלו בלינה וכן במנחות פרק התכלת (דף נא.) קאמר על מחבת בשמן מלמד שטעונה כלי ואי אפי ליה מאתמול יפסל בלינה ולמה ידחו שבת בשביל זה והלא נעשה כמי שסדרו הקוף כי מטי בי שימשי דהא לאו קושיא היא דכיון דשרינן מן התורה ליתנם בכלי שרת באפייה א"כ מקדש להו תנור בדין כמו בזמנם ויפסלו בלינה אבל קשה מדאמרינן בפרק שתי הלחם רבי יהודה סבר בחול אשכחינהו דקאפו ליה א"ל דרך חול קאפיתו ליה אף כי היום יקדש בכלי אופסיל ליה בלינה והיה לכם לאחות שבת באפייתו ואיך נפסל בלינה הלא כיון שאין זמנו אלא בשבת אין נפסל בלינה וי"ל דלדבריהם קאמר להו לדבריכם שאתם סוברים שדינו לאפות מערב שבת לדידי שאני סובר שדינו ליתנו בכלי שרת מיד שנאפה אופסיל ליה בלינה. הר"ר אלחנן וכן רבי: כל המיסך רגליו טעון טבילה. בכהן המשמש בבית המקדש מיירי והוצרך להסך רגליו באמצע היום דאי בתחילה כבכניסתו לעזרה תנן בסמוך דבלאו הכי צריך טבילה אבל קידוש ידים היינו טעמא דמיסך רגליו דבר מיאוס הוא מאד וצריך לקדש ידיו ורגליו אבל מטיל מים אין זה דבר מיאוס כל כך דאמר בברכות (דף כג:) דאפילו בשעה שמטיל מים יכול לאחוז ספר תורה בידו:

א) נ"ל כיון שנתקדשו: ב) נ"ל מלאן: ג) נ"ל אפי להו: ד) נ"ל איפסלו להו:

מצוה

רבינו חננאל

ביוה"כ הלבנה שוקעת שתי שעות קודם השחר. תני אבוה דר' אבון לא זו בלבד אלא אפילו מנחה שנקמצה בלילה תשרף כלומר כיון שנתקדשה שלא בזמנה נפסלה דכלי שרת מקדשין אפילו שלא בזמנן. ומותבינן עליה הא דתניא זה הכלל כל הקרב ביום קדוש ביום כל הקרב בלילה קדוש בין ביום ובין בלילה הנה הקרב ביום. ביום הוא שמתקדש ואינו קדוש בלילה ודחינן דלמ' אינו קדוש בלילה ליקרב (ביום) אבל קדוש בלילה ונפסל. וגרסינן בתמורה בתחלת יש בקרבנות היחיד וכו' ומנחתם ונסכיהם בלילה כלומר כשרין אפילו בלילה. ואקשינן ונסכין מי מקריבין בלילה והתניא אין לי אלא דברים שדרכן להקרב בלילה כגון אברים ופדרים שמעלן ומקטירן מבוא השמש ומתעכלין והולכין כל הלילה דברים שדרכן להקריב ביום כגון הקומץ והלבונה כו'. אמר רב פפא נזדמנו לו נסכין הבאין בפני עצמן מקדישן ומקריבן בלילה. תניא נמי הכי כל הקרב ביום קדוש ביום כו' אמר רב אדא בר אהבה ועלות השחר פוסלת בהן כאברים מתיב רב זירא סידר את הלחם ואת הבזיכין אחר שבת והקטי' את הבזיכין בשבת [פסולה]. כיצד יעשה יניחנו הלחם על השלחן לשבת הבאה. שאפילו הוא על השלחן אין בכך כלום. וא"ת כלי שרת מקדשין שלא בזמנן יקדש הלחם ויפסל. ולמה הוא כשר לשבת הבאה ועמדה התיובתא ופרקינן לילה אין מחוסר זמן לפיכך נקדש ונפסל יום מחוסר זמן. פי' כתיב ביום השבת ביום השבת יערכנו וכיון שעבר השבת ולא ערכו אלא למחר ביום ראשון נעשה מחוסר זמן ולא קדש כלל אלא מניחו בשלחן וכשיגיע השבת נמצא כאלו עכשיו ערכו ובשבת אחרת מפרקן

תוספות ישנים

ניהדריה והדר נקמלה. וא"ת נהי דכלי שרת אין מקדשין אלא בזמנם מכל מקום א) בנקדשה בכלי שרת מבעוד יום למה לא תיפסל בקמילת לילה לרבנן דבן בתירא בפ"ק דמנחות (דף ו.) דלית להו יחזור ויקמוץ י"ל דהיכא דלא נתקדשה [illegible]

הגהות הב"ח

(א) גמ' וכל הקרב בלילה קדוש בין ביום ובין בלילה כו' כצ"ל ותיבות קדוש בלילה וכל הקרב בין ביום ובין בלילה נמחק: (ב) רש"י ד"ה כל הקרב ביום כגון המנחות. נ"ב עיין ר"פ שני דתמורה דפריך מנחות אמנחות ומשני ליה: (ג) ד"ה נעשה כמו כו' בשעה שהוא מחוסר זמן ועתה בשבת כשמגיע זמנו אין השלחן מקדשו עד שיסלקנו ממנו ויחזור ויסדרנו והכהן יכנס בשבת שחרית ויסלקנו ויסדרנו דלא דמי לקומץ שנקמץ בלילה ולחם שנסדר בליל שבת דלאו מחוסר זמן הוא וקדש ליפסל הס"ד:

גליון הש"ס

תום' ד"ה אלא אפי' עולת העוף שנמלקה וכו'. והא דפריך והא אין מביאין קדשים לבית הפסול. עיין משנה למלך פ"ג ה"ג מהל' תמידין ומוספין

מסורת הש"ס

נ"ל מתניתא · תמורה יד. [מנחות ק.] · מנחות נ. ק. · [זבחים פז.] · [חגיגה ט: וש"נ] · רש"י ישן · [במנחות ק: איתא רבא]

הגהות מהר"ב רנשבורג [א] גמ' וכל הקרב בלילה קדוש בלילה. נ"ב לפרש"י דמנחת נסכים היא הא נמי קדוש בין ביום ובין בלילה ועיין יד דוד שהרגיש מזה ולא ראה דבתמורה י"ד ע"ב הגי' וכל הקרב בלילה קדוש בין ביום ובין בלילה וא"כ רק תרי בבי נינהו וא"ל לבבא הג' דקרב ביום ובלילה קדוש בין ביום ובין בלילה דכ"ש הוא מקרב בלילה וזה ברור ופשוט ולכן אין להשגיח מה דכאן ובמנחות דף ק ע"א ובתמורה דף יד ע"א גרסי' תלתא בבי כי העיקר כהגי' בתמורה דף יד ע"ב:

מצוה לשפשף. מסייע ליה לרבי אמי, דאמר רבי אמי: אסור לאדם שיצא בניצוצות שעל גבי רגליו, מפני שנראה ככרות שפכה, ומוציא לעז על בניו שהן ממזרים. אמר רב פפא: [א]צואה במקומה[א] – אסור לקרות ק"ש. היכי דמי? אי דנראית – פשיטא, אי דלא נראית – *לא ניתנה תורה למלאכי השרת! לא צריכא, דיושב – ונראית, עומד – ואינה נראית. ומאי שנא מצואה על בשרו? *דאיתמר, [ב]צואה על בשרו או שהיו ידיו בבית הכסא, רב הונא אמר: מותר לקרות ק"ש, ורב חסדא אמר: אסור לקרות ק"ש! במקומה – נפיש זוהמא, שלא במקומה – לא נפיש זוהמא. ת"ר, *[ג]הלכה בסעודה: אדם יוצא להשתין מים – נוטל ידו אחת ונכנס. דיבר עם חבירו והפליג – נוטל שתי ידיו ונכנס. וכשהוא נוטל – לא יטול מבחוץ ויכנס, מפני חשד, אלא נכנס ויושב במקומו ונוטל שתי ידיו, ומחזיר הטפיח על האורחין. א"ר חסדא: לא אמרן אלא לשתות, [ד]אבל לאכול – נוטל מבחוץ ונכנס, דמידע ידיע דאנינא דעתיה. אמר רב נחמן בר יצחק: ואנא אפילו לשתות נמי, מידע ידעי דאנינא דעתאי.§ **מתני'** [ה]אין אדם נכנס לעזרה לעבודה אפילו טהור, עד שיטבול. *[ו]חמש טבילות ועשרה קידושין טובל כ"ג ומקדש בו ביום, [ז]וכולן בקדש על בית הפרוה, חוץ מזו בלבד. פרסו סדין של בוץ בינו לבין העם, (קידש ידיו ורגליו).§ ס"א ל"ג

גמ' *שאלו את בן זומא: טבילה זו למה? אמר להם: ומה המשנה מקודש לקודש, וממקום שענוש כרת למקום שענוש כרת – טעון טבילה, המשנה מחול לקודש וממקום שאין ענוש כרת למקום שענוש כרת – אינו דין שטעון טבילה? רבי יהודה אומר: [ח]סרך טבילה היא זו, כדי שיזכור טומאה ישנה שבידו ויפרוש. במאי קא מיפלגי? באחולי

רש"י

מצוה לשפשף בידו. ניצוצות של מי רגלים התלוין על רגליו, שלא יצא בהן חוץ, ונראה ככרות שפכה, שאין מי רגליו מקלחין אלא שותתין, וכרות שפכה אינו מוליד – ויאמרו על בניו שאינם שלו: במקומה. בנקב פי הטבעת – אסור זה לקרות ק"ש: ידיו בבית הכסא. מחילה מפסקת, ובית הכסא לפנים מהמחילה, וזה הכניס ידיו דרך חור שבמחילה: ורב חסדא אמר אסור. משום "כל עצמותי תאמרנה" וגו' (תהלים לה). טעמא משום "כל עצמותי", אבל משום זוהמת הריח – לא. וקשיא לרב פפא מתרווייהו: במקומה נפיש זוהמא. שחמה היא, שלא יצאה לאויר, ולא נתפזר ריחה: הלכה בסעודה. כלומר: הלכה זו אמרו בהלכות סעודה: אדם. שיצא מתוך הסעודה להשתין מים, נוטל ידו אחת, אותה ששפשף בה ניצוצות: והפליג. שהה: נוטל שתי ידיו. דכיון שהפליג שעה אחת או שתים – הסיח דעתו מסעודתו, ולא נזהר לשמור ידיו, והן עסקניות: לא יטול מבחוץ. שלא יאמרו עליו: לא נטל: ומחזיר הטפיח על האורחין. ה"ג לה בתוספתא [פ"ד] דברכות: טפיח – פך שיוצקין ממנו מים על הידים – מחזירו על האורחים המסובין, והשמש מחזירו עליהן, ואומר: יש כאן מי שצריך ליטול? ואין זאת אלא להודיע שנטל זה *שהכניס את ידיו: לא אמרן. דלא יטול בחוץ אלא שאינו צריך עוד לאכול אלא לשתות הוא נכנס, שהיו רגילין להאריך לשתות בשתיה אחר המזון. ומיהו, צריך ליטול שמא יתן פרוסה לתוך פיו: מידע ידיע דאנינא דעתיה. ולא חשדי ליה: **מתני'** לעבודה. לאו דוקא, דאין אדם נכנס לעזרה עד שיטבול. וטעמא מפרש בגמרא: חמש טבילות וכו'. יליף לה בגמרא: על בית הפרוה. על גג לשכת בית הפרוה: חוץ מזו. הראשונה, שאינה באה חובה ליום הכפורים דהא כל יומא נמי איתא. אבל טבילות הבאות חובה ליוה"כ כתיב בהן "במקום קדוש" בעניינא ד"אחרי מות": **גמ'** טבילה זו. של כל שחרית, למה לטהור? ומה המשנה מקודש וכו'. כהן גדול בחמש עבודות ביוה"כ, המשתנות מחוץ לפנים ומפנים לחוץ, ששני המקומות קדש ועל שניהן ענוש כרת הנכנס בטומאה: טעון טבילה. בין עבודה לעבודה, כדיליף בפרקין (דף לב.). וזה הבא מביתו לעזרה, שהוא מחול אל הקדש וכו': סרך טבילה היא זו. אין כאן חובה מן התורה, אלא לסרך ולתפוש בשם טבילה, כדי לעלות על לב שאין טבילה אלא לטמאין, ולתת ללבו אם יש טומאה עליו ויזכור טומאה ישנה שיש עליו ושכחה, ויפרוש מלבא לעזרה היום עד שיעריב שמשו אחר הטבילה, ולא יעבוד היום:

באחולי

תוספות

מצוה לשפשף. תימה: אמאי צריך לשפשף? והא מסתמא קיימא לן *כרבנן דר"א דאסור לאחוז באמה ואמרו ליה רבנן והלא ניצוצות ניתזין על רגליו וכו'. אלמא – דכשאוחז באמה אין ניצוצות ניתזין על רגליו! וי"ל: אעפ"כ, אי אפשר שלא יהו מעט ניתזין על רגליו, דזימנין מישתלי ולאו אדעתיה לאחוז באמה עד לבסוף. אי נמי, דרבנן מודו לבסוף לדברי ר"א, תדע, דבפ' "כל היד" (נדה דף יג.) פריך אשמואל, דאמר ליה לרב יהודה: שיננא אחוז באמה. והתניא ר"א אומר: כל האוחז וכו'. וכן בפרק "כירה" (שבת דף מא.). ואי רבנן פליגי – מאי פריך? מיהו, יש לדחות זה, דאפילו רבנן לא שרו אלא שלא יוציא לעז על בניו – הא לאו הכי לא. והסיא ד"כירה" – לאו משום הכי הוה. והא דרב יהודה – אאיגרא הוה קאי ומשתין למטה, וליכא למימר משום ניצוצות אלא משום לכלוך הכותל, ומשום האי מילתא לא הוו שרו רבנן. מיהו, יש להביא ראיה מדאמרינן פרק "כילד מברכין" (ברכות דף מ.): אין מי רגלים כלים אלא בישיבה ובעפר תיחוח אפילו בעמידה וכו', אבל אוחז באמה לא קאמר. דאע"ג דמסתמא כמו כן כלים. ואמרינן נמי בפרק "כל היד" (נדה דף טז:): ג' שנאתי וכו' וחשיב אוחז באמה ומשתין, ולא הוזכר שם ר"א. אלא ש"מ דחזרו רבנן והודו לר"א. ואע"ג דלא אשכחן בהדיא לא במשנה ולא בברייתא שחזרו – יש לומר כן. וה"נ אשכחן בפרק "כל היד" (שם דף יג:) אמילתא אחריתי, דקאמר ר' טרפון: תקלקל ידו על טיבורו, פי': על שנגע באמתו. אמרו לו: ישב לו קוץ לא יטלנו? משמע דרבנן שרו אפילו בלא קוץ, אלא דהוו מקשי ליה: אודי לן מיהת בישב לו קוץ. ובמתני' דהתם באנשים תיקלך – ומסתמא אתיא נמי כרבנן. דאין סברא לאוקומיה כר"ט, אלמא דחזרו בהן, אע"ג דלא אשכחן לה בהדיא. וא"ת: וכיון דמצוה לשפשף, ויש תקנה לשפשף, מאי קא פרכי ליה רבנן לר"א: אין לו מקום גבוה ואין לו עפר תיחוח מאי? אמר להם: מוטב יוציא לעז על בניו שהן ממזרים ואל יראה רשע שעה אחת לפני המקום. ואמאי לא אמר להו מצוה לשפשף? וי"ל: אם לא יאחוז באמה כלל אז יהיה רוב ניצוצות ניתזים על רגליו, ואפילו אם משפשף יהא ניכר, ויוציא לעז על בניו. וגם יש לו טורח לשפשפן הכל, ומניח*): **אין** אדם נכנס לעבודה אפילו טהור עד שהוא טובל. לאו דוקא לעבודה, אלא אפילו לשחיטה דלאו עבודה היא, מוכח לקמן דבעי טבילה. ואפילו בלאו עבודה, רק שנכנס לעזרה, וכן מוכיח בירושלמי דקאמר: לא סוף דבר לעבודה אלא אפילו שלא לעבודה, וכן מוכח לקמן, כמו שאפרש בסמוך:

ומה המשנה בין קדש לקדש כו'. תימה לי: איכא למפרך מה להתס – שכן רוצה לעבוד עבודה אבל טהור הנכנס שלא לעבודה – מניין? וי"ל: דודאי הק"ו אינו אלא בטהור הנכנס כדי לעבוד. אלא דמדרבנן גזרו אפילו בנכנס שלא לעבוד, גזירה שמא יעבוד. וא"ת אכתי ליפרך: מה ליום הכפורים כשהוא משנה מקודש לקודש – שכן טובל במקום קדוש! די"ל: דבשאר ימות השנה נמי יטבול במקום קדוש מהאי דינא. אבל קשה: אם כן כי קאמר בסמוך במאי קא מיפלגי – לימא דבהא פליגי, דלבן זומא טביל במקום קדוש ולר' יהודה לא. ועוד, דאכתי איכא למפרך: מה ליום הכפורים שהוא חמור, שלא הוכשרה עבודת יום בכהן הדיוט אלא בכהן גדול. או ליפרך: שכן מרובה כפרתו של היום, כדפריך בפ"ק דשבועות (דף ט.). אלא צ"ל דבן זומא לא מחשיב להו פירכות, דאדרבה אלימי אלים לק"ו ע"י כך, ונכנים אותן חומרי בק"ו, ונימא הכי: ומה המשנה מקודש לקודש, אע"פ שטבל כבר טבילה חשובה במקום קדוש, ואע"פ שהוא כהן גדול דקדוש טפי, ואע"פ שהוטלה עליו כל עבודת היום וזריז וזהיר טפי מתוך כך, ומחמת שכפרת היום מרובה – אפ"ה צריך טבילה, המשנה מחול לקודש לא כ"ש. והאי דלא טביל במקום קדוש – סברא הוא, כיון דאכתי לא נתקדש בבגדי קודש שיטבול בחול:

רבי

*) [וע"ע תוס' נדה יג. ד"ה אוחז וד"ה והלא].

עין משפט נר מצוה

ז א ב מיי' פ"ג מהלכות ק"ש הלכה יא [טוש"ע א"ח סי' עו סעיף ה רב אלפס ברכות פ"ג דף יח:]
ח ג ד מיי' פ"ז מהלכות ברכות הל' ח' [טוש"ע א"ח סי' קע סעיף א רב אלפס סוף פ"ח דברכות דף מו:]
ט ה מיי' פ"ה מהלכות ביאת מקדש הלכה ד:
י ו מיי' פ"ב מהל' עבודת יוה"כ הלכה ב:
יא ז ח שם הלכה ג:

רבינו חננאל

ואקשינן כיון שאמרת הלילה אינו מחוסר זמן וכל דבר שמצותו ביום והקדים ונתנו בכלי שרת בלילה נקדש ונפסל. כי מטו לילי שבת יקדש השלחן הלחם ויפסל ודחי רבינא כגון שקדם וסילקו קודם ביאת השמש ע"ש וחזר וסידרו בשבת. רב אשי אמר כיון שסידרו כו'. זה הכלל היה במקדש כו' ואוקימנא המטיל מים צריך קידוש ידים משום דמצוה לשפשף הניצוצות הניתזין על רגליו כשמשתין ורגליו משום הניצוצות עצמן ואיסורא נמי איכא מפני שנראה כאילו מי רגלים אינן יוצאין בקילוח אלא בשתיתה ככרות שפכה. לפיכך ניתזות הניצוצות על רגליו ומי שהוא כרות אינו מוליד ונמצא מוציא לעז על בניו שהן ממזרים. אמר רב פפא צואה במקומה. כלומר [במקום] הטנופת בחורי של אדם שיוצאה ממנו אפילו אם אינה נראית אלא כשיושב לעשות צרכיו אסור לקרות ק"ש כנגדה משום דנפיש זוהמא ולא דמיא לצואה על בשרו: ת"ר הלכה בסעודה אדם יוצא להשתין נוטל ידו אחת ונכנס. דיבר עם חבירו והפליג נוטל ב' ידיו ונכנס. ה"מ לסעודת אכילה *) אבל לשתיה נכנס ויושב במקומו ואח"כ נוטל ידיו: [מתני'] אין אדם נכנס לעבודה אפילו הוא טהור עד שטובל כו'. שאלו לבן זומא כיון שהוא טהור טבילה זו למה. אמר להם ומה כ"ג ביוה"כ שטבל ועשה תמיד של שחר כשיבא לעשות עבודת היום הוא טובל עוד טבילה אחרת **) מפני שצריך טבילה. ור' יהודה אומר סרך טבילה זו. כלומר מנהג החמירו עליו כדי שישים בלבו ואולי יזכור שיש בידו טומאה ויפרוש.

*) ר"ל דה"מ דיטול ליטול מבחוץ לסעודת אכילה.
**) אינו מובן ואולי צ"ל הנכנס לעזרה לעבודה שלא טבל מתחלה אינו דין שצריך טבילה.

מסורת הש"ס

[ברכות כה: קידושין נד. מעילה יז:]
ברכות כה.
[תוספ' ברכות פ"ד]
נ"ל שנכנס
[לעיל יט. לקמן לא. עח. זבחים יט:]
[תוספ' פ"א]

הגהות מהר"ב רנשבורג

[א] גמ' אמר ר"פ צואה במקומה. נ"ב משום דקתני מתני' כל המיסך רגליו טעון טבילה דטעמא שמא נשארה צואה על בשרו להכי מייתי הכא הך דר"פ הגם דעיקר מקומו שייך בפרק מי שמתו ע"ש:

תוספות ישנים

מצוה לשפשף. אומר ר"ת כי מיכן יש ללמוד שהנכנס להשתין מים אין צריך ליטול ידיו אם לא שיפשף ואם שיפשף מיהא נראה דאין צריך לברך על נטילת ידים מידי דהוי אנוגע ידיו במקום הטנופת או היו רגליו מלוכלכות בטיט ובצואה ואפילו אשר יצר לא היה רבינו מאיר רגיל לברך אך רבי רגיל לברך אשר יצר הר"ר אלחנן היה רוצה לחות דהא כל המטיל מים טעון קידוש דמשמע אפי' ליכא כלל ניצוצות דלא פלוג רבנן בקידוש ה"ה גבי א) טבילה אך י"ל דמ"מ נהי דגבי קידוש ידים לא פלוג רבנן נטילה לתפלה מיהא לא מצינו שהצריכו בכל ענין והילכך לא צריך ומיהו היכא דשיפשף ודאי צריך ליטול אותו יד כדאמרינן בסמוך גבי סעודה אדם יוצא להשתין מים נוטל ידו אחת וכו' והוא הדין לתפלה ולדברי תורה אבל אין צריך לברך כדפירשתי: **צואה** על בשרו כו'. במקום שמכוסה (בכובע) מיירי דאי במקום מגולה אפי' על הקרקע צריך להרחיק ד' אמות: **לא** אמרן אלא לשתות. פירש ריב"א דאנוטל ידו אחת קאי צריך ליטול בפנים פן יחשדוהו שלא נטל אבל לאכול נוטל מבחוץ דאין כאן חשד דודאי נטל ב): **אנינא** דעתיה. ליתן פרוסה בתוך פיו אם לא נטל: **אמר** רב נחמן אנא אפילו לשתות מידע ידעי אנינא דעתאי. שלא הייתי שותה בלא נטילה לאחר שיפשוף מי רגלים אבל מתוך פירוש הקונטרס משמע דקאי אהפליג דנוטל שתי ידיו אפילו נכנס לשתות שמא יתן פרוסה לתוך פיו אבל משום שתיה לא דהנוטל ידיו לפירות הרי זה מגסי הרוח מ"מ נראה כדפירש ריב"א ומהך שמעתא שמעינן דכל אדם שהשתין מים ושפשף בידו צריך ליטול מיד אותו יד ששיפשף והיכא דהפליג שעה אחת או שתים לפירוש הקונטרס צריך ליטול שתי ידיו ואע"פ שלא שהה כל כך שילטרך שיחזור ברכה למפרע כדאמרינן בערבי פסחים (דף קב.) ואפילו היכא שנכנס לשתות יש לחוש שמא יתן פרוסה לתוך פיו לפירוש הקונטרס דהכא: **אין** אדם נכנס לעזרה כו'. פירש הקונטרס לעבודה לאו דוקא מיהו בכל הספרים שלנו וגם בפר"ח גרס אין אדם נכנס לעזרה לעבודה ואמאי נקטיה והכי נמי משמע בגמ' דלא מפיק ליה בן זומא אלא מקל וחומר דכהן גדול ביום הכפורים שמשנה מבגדי קדש לבגדי קדש כו' דהיינו לצורך עבודה ואפילו ר' יהודה לא פליג עליה דליכא בינייהו אלא לענין למיקם בעשה אבל אין הכי נמי בעי לצורך עבודה אבל קשה לרבי מדאמרינן בגמרא ומי אית ליה לר' יהודה הך סברא והתניא מצורע עומד וטובל בשער ניקנור ר' יהודה אומר אינו צריך לטבול שכבר טבל כו' ומצורע ודאי לא עביד עבודה י"ל דהכנסת ידיו לבהונות הוי לצורך עבודה אבל קשה לרבי מדאמר לקמן איבעיא ליה מהו שיעשה סכין ארוכה לשחוט בו תיבעי לרבנן עד כאן לא קאמרי רבנן התם אלא דלא עביד עבודה פי' והיינו רבנן דר' יהודה דאמר שם מצורעין טובלין משום דדיישי בטומאה אבל שאר אדם לא מכלל דר' יהודה מצריך לטבול שאר אדם אפילו אין שם עבודה ואומר רבי דכל אדם דמחייב רבי יהודה לטבול מיירי שיש שם כעין עבודה דהכנסת ידים לבהונות כגון סמיכה ותנופה שבעלים נכנסין לסמוך או לקריאה והנחה דביכורים ופשיטא לן דמשכחת לה בכל אדם כגון מכניס ידיו לשחוט והא דאמר בירושלמי לא סוף דבר לעבודה הכי פירושו לא סוף דבר לעבודה גמורה ג) ואפילו למתן בהונות וסמיכה צריך: **ומה** המשנה מקדש לקדש כו'. פי' בקונטרס היינו ממקום קדוש למקום קדוש וקשה והא היינו דמסיק בתר הכי ממקום שענוש כרת למקום כו' ותרי זימני למה לי ועוד ליטנא דמקדש לקדש לא משמע הכי דהוה ליה למימר בין קדש לקדש ע"כ נראה לרבי דמקדש לקדש היינו שמשנה מבגדי קדש לבגדי קדש דהיינו מבגדי זהב לבגדי לבן ומבגדי לבן לבגדי זהב: **אמר** להם קל וחומר ומה המשנה כו'. תימה לריב"א (דמפרש) לבן זומא דמפיק ליה מק"ו ליבעי שני קידושין לפני הטבילה ואחריה כמו כהן גדול ביוה"כ. וי"ל ושמא אין זה אלא גילוי מילתא בעלמא מיהו לפי' הקונטרס דגרס מקדש לקדש לא אבגדי קדש קאי ניחא דלא היו הקידושין אלא צורך פשיטה ולבישה ומיהו למה שפירש לקמן דבן זומא לא אצטריך טבילה מן התורה אלא בכהן שלובש בגדי קדש וכל אדם לא אצטריך אלא מדרבנן אתי שפיר מיהו שלא צריך שני קידושין אך מכל מקום לא אשכחינן

א) נ"ל נטילה. ב) דודאי נטל דאנינא דעתיה וכו'. אמר רב נחמן וכו' הד"א: ג) אלא אפילו:

בְּאַחוּלֵי עֲבוֹדָה קָא מִיפַּלְגִי; לְבֶן זוֹמָא מַחֵיל עֲבוֹדָה, לר"י לָא מַחֵיל עֲבוֹדָה. וּלְבֶן זוֹמָא מִי מַחֵיל? *וְהָתַנְיָא: [א]כֹּהֵן גָּדוֹל שֶׁלֹּא טָבַל וְלֹא קִידֵּשׁ בֵּין בֶּגֶד לְבֶגֶד וּבֵין עֲבוֹדָה לַעֲבוֹדָה – עֲבוֹדָתוֹ כְּשֵׁרָה. אֶחָד כֹּהֵן גָּדוֹל וְאֶחָד כֹּהֵן הֶדְיוֹט, [ב]שֶׁלֹּא קִידֵּשׁ יָדָיו וְרַגְלָיו שַׁחֲרִית וְעָבַד עֲבוֹדָה – עֲבוֹדָתוֹ פְּסוּלָה. אֶלָּא לְמֵיקַם בַּעֲשֵׂה קָא מִיפַּלְגִי; לְבֶן זוֹמָא קָאֵי בַּעֲשֵׂה, לְר' יְהוּדָה לָא קָאֵי בַּעֲשֵׂה. וּמִי אִית לֵיהּ לְר' יְהוּדָה הַאי סְבָרָא? *וְהָתַנְיָא: *[ג]מְצוֹרָע טוֹבֵל וְעוֹמֵד [ד]בְּשַׁעַר נִיקָנוֹר, רַבִּי יְהוּדָה אוֹמֵר: אֵינוֹ צָרִיךְ טְבִילָה שֶׁכְּבָר טָבַל מִבָּעֶרֶב. הַהוּא כִּדְתָנֵי טַעְמָא: שֶׁכְּבָר טָבַל מִבָּעֶרֶב. וּדְקָאָרֵי לַהּ מַאי קָאָרֵי לַהּ?! מִשּׁוּם דְּקָא בָּעֵי לְמִרְמָא אַחֲרִיתֵי עֲלֵיהּ: לִשְׁכַּת הַמְצוֹרָעִין שֶׁשָּׁם מְצוֹרָעִין טוֹבְלִין. ר"י אוֹמֵר: לֹא מְצוֹרָעִין בִּלְבַד אָמְרוּ, אֶלָּא כָּל אָדָם. לָא קַשְׁיָא; הָא דְּטָבֵיל, הָא דְּלָא טָבֵיל. אִי דְּלָא טָבֵיל – הַעֲרֵב שֶׁמֶשׁ בָּעֵי! אֶלָּא, אִידֵי וְאִידֵי דְּטָבֵיל, הָא דְּאַסַּח דַּעְתֵּיהּ, הָא דְּלָא אַסַּח דַּעְתֵּיהּ. אִי אַסַּח דַּעְתֵּיהּ, הַזָּאַת שְׁלִישִׁי וּשְׁבִיעִי בָּעֵי! דְּאָמַר *ר' דּוֹסְתַּאי בַּר מָתוּן אָמַר רַבִּי יוֹחָנָן: הֶסַּח הַדַּעַת צָרִיךְ הַזָּאָה שְׁלִישִׁי וּשְׁבִיעִי. אֶלָּא, אִידֵי וְאִידֵי דְּלָא אַסַּח דַּעְתֵּיהּ, וְלָא קַשְׁיָא; הָא – דְּטָבֵיל עַל דַּעַת בִּיאַת מִקְדָּשׁ, הָא – דְּלָא טָבֵיל עַל דַּעַת בִּיאַת מִקְדָּשׁ. וְאב"א, תָּנֵי: לֹא מְצוֹרָעִין אָמְרוּ אֶלָּא כָּל אָדָם. רָבִינָא אָמַר: רַבִּי יְהוּדָה לְדִבְרֵיהֶם דְּרַבָּנַן קָאָמַר לְהוּ; לְדִידִי – מְצוֹרָע אֵין צָרִיךְ טְבִילָה, לְדִידְכוּ – אוֹדוּ לִי אִיזִי מִיהַת דְּלָא מְצוֹרָעִין בִּלְבַד אָמְרוּ, אֶלָּא כָּל אָדָם. וְרַבָּנַן: מְצוֹרָע דְּדָיֵישׁ בְּטוּמְאָה, כָּל אָדָם לָא דָּיְישִׁי בְּטוּמְאָה. א"ל אַבַּיֵי לְרַב יוֹסֵף: נֵימָא רַבָּנַן דִּפְלִיגִי עֲלֵיהּ דר"י כְּבֶן זוֹמָא סְבִירָא לְהוּ, וְהַאי דְּקָתָנֵי מְצוֹרָע לְהוֹדִיעֲךָ כֹּחוֹ דר"י. אוֹ דִּילְמָא: שָׁאנֵי מְצוֹרָע דְּדָיֵישׁ בְּטוּמְאָה? א"ל: [ה]שָׁאנֵי מְצוֹרָע דְּדָיֵישׁ בְּטוּמְאָה. א"ל אַבַּיֵי לְרַב יוֹסֵף: (*לר"י דְּאָמַר סֶרֶךְ) טְבִילָה (הִיא) זוֹ

חוֹצֵץ

רב"א מ"ז

רש"י

בְּאַחוּלֵי עֲבוֹדָה. אִם לֹא טָבַל שַׁחֲרִית וְעָבַד: **לְבֶן זוֹמָא.** דְּאָמַר דְּאוֹרַיְיתָא הִיא, שֶׁהֲרֵי נִיתַּן ק"ו לִידָּרֵשׁ – הָוְיָא עֲבוֹדָתוֹ מְחוּלֶּלֶת: **לְרַבִּי יְהוּדָה.** דְּאָמַר דְּרַבָּנַן הִיא – לָא מַחֵיל: **וּלְבֶן זוֹמָא מִי מַחֵיל.** וְהָא מִכֹּהֵן גָּדוֹל בְּיוֹם הַכִּפּוּרִים יָלֵיף לָהּ, וְהוּא עַצְמוֹ שֶׁלֹּא טָבַל וְלֹא קִדֵּשׁ בְּיוה"כ בֵּין בִּגְדֵי זָהָב לְבִגְדֵי לָבָן שֶׁהוּא מְשַׁנֶּה בָּהּ – עֲבוֹדָתוֹ כְּשֵׁירָה: **אֶחָד** כ"ג כו' עֲבוֹדָתוֹ פְּסוּלָה. בְּפֶרֶק שֵׁנִי דִּזְבָחִים (דף יט:) יָלְפִינַן, דִּכְשֶׁלֹּא רָחוּץ יָדַיִם וְרַגְלַיִם מְחַלֵּל עֲבוֹדָה: **לְבֶן זוֹמָא קָאֵי עֲלֵיהּ בַּעֲשֵׂה.** מק"ו דכ"ג שֶׁעוֹבֵר בַּעֲשֵׂה, כִּדְכְתִיב (ויקרא טז) "וְרָחַץ[א] אֶת בְּשָׂרוֹ בַּמַּיִם וּלְבֵשָׁם": **וּמִי אִית לֵיהּ לְר' יְהוּדָה הַךְ סְבָרָא.** דְּמַתְנִי', שֶׁיִּהְיוּ כָּל הַנִּכְנָסִין לָעֲזָרָה צְרִיכִין טְבִילָה: **מְצוֹרָע.** בַּשְּׁמִינִי שֶׁלּוֹ, אע"פ שֶׁטָּבַל בַּשְּׁבִיעִי, כִּדְכְתִיב (שם יד) "וְהָיָה בַיּוֹם הַשְּׁבִיעִי יְגַלַּח וגו'" – חוֹזֵר וְטוֹבֵל בַּשְּׁמִינִי כְּשֶׁמֵּבִיא קָרְבְּנוֹתָיו: **וְעוֹמֵד בְּשַׁעַר נִיקָנוֹר.** לְהַכְנִיס יָדָיו וְרַגְלָיו פְּנִים לְמַתַּן בְּהוֹנוֹת מִדַּם הָאָשָׁם וְשֶׁמֶן הַלּוֹג: **כִּדְתָנֵי טַעְמָא שֶׁכְּבָר טָבַל בָּעֶרֶב.** רַבִּי יְהוּדָה לְטַעְמֵיהּ. דְּאָמַר: אֵין טְבִילַת שַׁחֲרִית הַבָּאִים לָעֲזָרָה אֶלָּא לִזְכּוֹר טוּמְאָה יְשָׁנָה, וְזֶה אֵין צָרִיךְ לְכָךְ – שֶׁהֲרֵי טָבַל אֶמֶשׁ לְכָל טוּמְאָה שֶׁעָלָיו: **וּדְקָאָרֵי לַהּ מַאי קָאָרֵי לַהּ.** מִי שֶׁעוֹסֵק בְּמִשְׁנָה זוֹ לַהֲשִׁיב מִמֶּנָּה בְּבֵית הַמִּדְרָשׁ לָמָּה נִתְעַסֵּק? הֲלֹא טַעַם מְפוֹרָשׁ בָּהּ!: **לִשְׁכַּת מְצוֹרָעִין.** לָמָּה נִקְרֵאת לִשְׁכַּת מְצוֹרָעִים: **שֶׁשָּׁם מְצוֹרָעִים טוֹבְלִין.** בִּשְׁבִיל שֶׁמַּכְנִיסִין בְּהוֹנוֹתֵיהֶן לָעֲזָרָה: **אֶלָּא כָּל אָדָם.** הַנִּכְנָס לָעֲזָרָה. מִדְּקָאָמַר 'בִּלְבַד' – מִכְּלָל דְּאִית לֵיהּ טְבִילָה בִּמְצוֹרָע: **דְּלָא טָבֵיל.** מִבָּעֶרֶב לְצָרַעְתּוֹ: **אַסַּח דַּעְתֵּיהּ.** מִשְּׁמִירַת גּוּפוֹ צָרִיךְ הַזָּאָה, שֶׁמָּא נִכְנַס לְאֹהֶל הַמֵּת וְלֹא שָׂם אֶל לִבּוֹ: **לְדִידִי מְצוֹרָע אֵין צָרִיךְ טְבִילָה.** שֶׁכְּבָר טָבַל: **דָּיֵישׁ בְּטוּמְאָה.** אוֹתָהּ טוּמְאָה וְהוּרְגַּל עַד עַכְשָׁיו לִיגַּע בְּטוּמְאָה, לְפִיכָךְ הוּא בְּחַשָׁשׁ טוּמְאוֹת, שֶׁמָּא אַחַר טְבִילָה נָגַע: **נֵימָא רַבָּנַן** דִּפְלִיגִי עֲלֵיהּ דר"י. בְּמַתְנִי' קַמַּיְיתָא, דְּקָתָנֵי מְצוֹרָע טוֹבֵל וְעוֹמֵד וכו', כְּבֶן זוֹמָא סְבִירָא לְהוּ, דְּאָמַר דְּאוֹרַיְיתָא הִיא לְכָל אָדָם. הִילְכָּךְ לָא שְׁנָא טָבַל [א]מִבָּעֶרֶב וְל"ש לֹא טָבַל. וְלָאו הַיְינוּ רַבָּנַן דְּמַתְנִי'. דִּפְלִיגִי עֲלֵיהּ בַּמִּשְׁנָה הִיא, וְשָׁאנֵי מְצוֹרָע דְּדָיֵישׁ בְּטוּמְאָה:

חוֹצֵץ

תוספות

רבי יהודה אומר לא מצורע בלבד אמרו אלא כל אדם. לפרש"י, דפירש לעיל בפ"ק (דף טז:) רב אדא בר אהבה אמר הא מני ר' יהודה היא דתמיד, משום דאשכחן דפליג אסתמי דמדות ומייתי ברייתא דשמעינן ליה לרבי יהודה דאמר מזבח ממולע, וסתמא דמדות לית ליה מזבח ממולע, מהא דהכא הוה מצי לאיתויי דפליג אסתמא דרישא. י"ל: מהא דהכא לא מצי לאיתויי ראיה, דאיכא למימר: שאני הכא דפליג בהדיא במשנה. אבל היכא דלא הוזכרה במשנה דפליג – דילמא לא פליג. להכי מייתי מההיא דמזבח ממולע. ועי"ל: דמהכא לא הוה שמעינן דפליג, דאיכא למימר כולה ר"י היא, ומשום דקתני ברישא שהלשכה קרויה לשכת מצורעין, ופירש למה נקראת כך – לפי ששם מצורעים טובלים, ומעיקרא ניתקנה בשביל זה, קאמר ר"י דלאחר שנתקנה הרגילו לטבול בה כל אדם טהור הרוצה ליכנס לעזרה:

אי דלא טביל הערב שמש בעי. תימה לי: מאי קפריך? הא בימי ספרו אינו אסור ליכנס אלא במחנה שכינה, ולשכת מצורעים לא היתה בקודש, מדנכנסו לה מחוסרי כפורים! י"ל: דהכי פריך: כיון דלא מצי להכניס ידיו לבהונות היום עד שיעריב שמשו, ל"ל דעייל בהר הבית לטבול שם? בשלמא אי בשמיני איירי, וכבר טבל מבע"י – טביל התם כדי שלא יסיח דעת, שיזכור לו להכניס ידיו מיד. אי נמי י"ל: נהי דמדאורייתא מותר ליכנס בהר הבית כל ימי ספרו, מ"מ מדרבנן גזרו שלא יכנס, דבפרק בתרא דנגעים [מ"ג] קאמר דלאחר תגלחת ימי [גמרו] הרי הוא כשרץ, ובפ"ק דכלים [מ"ח] תנן: עזרת נשים מקודשת הימנו שאין שום טבול יום נכנס לשם, ולשכת מצורעים היתה עומדת בעזרת נשים, והיא אחת מארבע לשכות שבארבע מקצעותיה: **היסח** הדעת שלישי ושביעי בעי. טמא שרץ ונבילה, וכל הנך דלא מצרכינן להו הזאת שלישי ושביעי – צ"ל כגון דלא אסחו דעתייהו: **נימא** רבנן דפליגי עליה דר"י כבן זומא ס"ל. פרש"י: ונימא דהני רבנן לאו היינו רבנן דפליגי עליה במדות. ותימה לי: א"כ מאי מספקא ליה לאביי? דפשיטא דלית לן למימר דפליגי ארבנן דמסכת מדות – דאם כן קשה דרבנן אדרבנן, דבכמה דוכתי פריך הכי דר"י אדר"י קשיא, דרבנן אדרבנן ל"ק, ומשני וכו'. ולא משתמיט לשנויי בשום דוכתא תרי רבנן נינהו! אלא נ"ל דאפילו אי ס"ל כבן זומא לא פליגי ארבנן דר"י דמסכת מדות דאיכא למימר נמי התם: הוא הדין שאר כל אדם, והא דנקט מצורעין – משום דעיקר הלשכה נתקנה בשביל כך, שיש בהן צורך לטבול ולהכניס ידיהם לאחר לבהונות. א"נ: נקט מצורע להודיעך כחו דר"י, דפליג ואמר: לא מצורע אמרו אלא שאר כל אדם דוקא. א"נ: דוקא נימא דבהא פליגי, דת"ק סבר דלשאר כל אדם הנכנס לעזרה היה במקום אחר, ור"י סבר דלא מצורעים בלבד טובלין שם בלשכה אלא אף כל אדם הנכנס לעזרה. א"נ, איכא למימר: כולה ר"י היא, ומשום דקאמר מעיקרא שהלשכה נקראת לשכת מצורעים, לפי שניתקנה תחילה לטבילת מצורעים – הוצרך לחזור ולפרש לא מצורע בלבד טעון טבילה, אלא אף שאר כל אדם: **כבן** זומא סבירא להו. הוא הדין דכר"י נמי סבירא להו, דעד כאן לא פליגי בן זומא ור"י אלא אי דאורייתא אי דרבנן, אבל תרוייהו מודו דטהור הנכנס לעזרה בעי טבילה, אלא נקט בן זומא משום דעיקר השאלה נשאלה ממנו, ומשיב דבעי טבילה:

חוצץ

עין משפט נר מצוה

יב א מיי' פ"ב מהלכות עבודת יוה"כ הלכה ג ופ"ה מהלכות ביאת מקדש הלכה ז:

יג ב מיי' פ"ה מהלכות ביאת מקדש הלכה ה:

יד ג מיי' פ"ד מהלכות מחוסרי כפרה הלכה א:

טו ד שם הלכה ב:

טז ה שם הלכה א:

[בנגעים פי"ד מ"ח איתא כזה והגהת הגר"א שם הגיה בתוספתא דלא מייתי הש"ס דהכא המשנה ולפמ"ש התוס' בפסחים קכ:ב ד"ה מיתיבי כו' ניחא דמייתי מבריי' ולא מהמשנה משום דלא נשנית שם שכבר טבל מבערב]

רבינו חננאל

ואם לא טבל ועבד ואומ' רמאי אנפשאי ולא אידכר עבודתו כשרה. ולבן זומא מי שלא טבל מחיל עבודתו. ואקשינן עליה והתניא כ"ג שלא טבל כו' עבודתו כשרה אבל קידוש *) שנאמר ורחצו ידיהם ורגליהם ולא ימותו. אם עבד בלא קידוש עבודתו פסולה. ופרקינן אלא למיקם בעשה שנאמר ורחץ את בשרו במים במקום קדוש ולבש את בגדיו ויצא ועשה את עולתו וגו'. לבן זומא קאי בעשה. כדאמרן כל המשנה צריך טבילה לר' יהודה לא קאי בעשה. ואקשינן וכי ר' יהודה מצריך ליכנס בעזרה בטבילה משום סרך והתניא מצורע טובל ועומד בשער נקנור כדי להזות עליו. ר' יהודה אומר אינו טובל שכבר טבל מבערב ופרק ההוא כדקתני טע' שכבר טבל מבערב כלומר אילו לא טבל בערב היה מצריכו טבילה כטעמיה. ואקשינן וכי ר' יהודה לא אצטריך טבילה למצורע. והתניא לשכת המצורעין ששם מצורעין טובלין ור' יהודה אומ' לא מצורעין בלבד אמרו אלא כל אדם מכלל שגם המצורעין טובלין ופרקינן הא דתני כי ר' יהודה מצריך למצורע טבילה בדלא טביל עדיין כלל. ודחי להאי ולפירוק' נמי דפריק צריך טבילה בדאסח דעתיה דחייש שמא נגע בטומאה ולא ידע גם זו נדחת דהיסח הדעת הזאה שלישי ושביעי בעי. ואמרינן אלא לעולם דלא אסח דעתיה והאי דקתני אינו טובל בשטבל בערב על דעת ביאת מקדש. והאי דקתני צריך טבילה בשלא טבל על דעת ביאת מקדש והאי **) דקתני דקיי"ל כי הטובל לדבר אע"פ שנטהר אינו טהור לחמור ממנו כדתנן במס' חגיגה פ"ב הטובל לתרומה והוחזק לתרומה אסור לקדש. הטובל לקדש והוחזק לקדש אסור לחטאת. איבעית אימא לא תימא בהא מתני' בלבד אלא הכי קתני ר' יהודה אומר לא מצורעים אמרו אלא כל אדם זולתי המצורעין. שהמצורעים גרידא אינו צריך טבילה שכבר טבל. איבעית אימא ר' יהודה בהא מתנית' לדברי' דרבנן קאמר להו לדידי מצורע לא בעי טבילה דהא טבל אלא לדידכו אודו לי דלא מצורעין בלבד אמרו אלא כל אדם כדי שיזכור טומאה ישנה שבידו ויפרש ורבנן לא מצורע שני דדייש בטומאה. ואסיקנא דרבנן דפליגי על ר' יהודה לאו משום דסבירא להו כבן זומא דמצרכי טבילה לכל מאן דעייל מחול לקודש אלא מצורע בלבד משום דדייש בטומאה והאי דאצרכוה טבילה אע"ג

דמדרבנן

*) נראה דל"ל אבל קידוש ידים ורגלים של שחרית שנאמר ורחצו כו'. **) נראה דל"ל והאי דלא מהני דקי"ל כו'.

מסורת הש"ס

זבחים יט: תוספתא דמנחות פ"א [תוספתא פ"א]

[תוספ' נגעים פ"ח]

[זבחים נט. ע"ש]

הגהות הב"ח

(א) רש"י ד"ה ורחץ במים את בשרו ולבשם:

הגהות מהר"ב רנשבורג

[א] רש"י ד"ה נימא רבנן וכו' הלכך ל"ש טבל מבערב וכו'. מלת מבערב נמחק וצ"ב על דעת ביאת מקדש ודוק:

תוספות ישנים

אשכחינן שני קידושין אפילו כ"ג שלובש בגדי קדש אם לא נאמר שנלמד שאר אדם מכהן גדול וכהן שלובש בגדי קדש נילף מהקישא דשאר אדם לענין שלא יצטרך שני קידושין א) בין בגד לבגד פירוש בגדי חול ובגדי קדש ובין עבודה לעבודה מבגדי לבן לבגדי זהב ותרי מילי נינהו ודלא כפירוש הקונטרס: **רבי** יהודה אומר כו'. דלית ליה האי קל וחומר דבן זומא ושמא אית ליה שום פירכא עליה (ע"כ שייך לע"א):

ומי מחיל והתניא כהן גדול כו'. מספקא ליה לרב אחריי"ה מנא ליה דמיתוקמא כבן זומא דילמא ר"י היא וי"ל דהויא פשיטא ליה דמתוקמא ככולי עלמא: **אי** אסח דעתיה הזאת שלישי ושביעי בעי. היינו בטומאת המת מועיל היסח הדעת לענין הזאה אבל בטומאת שרץ ושאר טומאות לא אשכחינן שיהא צריך הזאה בשביל כך: **הא** דטביל על דעת ביאת המקדש כו'. נראה דלבן זומא דיליף לה מקל וחומר לרבנן אפי' דטביל מאתמול על דעת ביאת מקדש צריך עכשיו לחזור ולטבול כמו שצריך כהן גדול ועוד דאמר לקמן

לימא רבנן דאמרי מצורע עומד וטובל ואפילו טבל מבערב והוא הדין שאר כל אדם כבן זומא סבירא להו אלמא דצריך לחזור ולטבול וא"ת אמאי לא קאמר איכא בינייהו דטבל מבערב דלבן זומא צריך טבילה ולר"י לא צריך י"ל דלא אשכחן בהדיא דלבן זומא צריך טבילה שנית ואע"ג דמקל וחומר דכהן גדול נפקא אלא מסברא אמרינן הכי. ריב"א: **כבן** זומא סבירא להו. הכי נמי הוה מצי למימר כרבי יהודה סבירא להו בשאר כל אדם דמצריך טבילה משום טומאה ישנה אלא רבותא נקט דאפילו כבן זומא דמחייב מן התורה סבירא להו או דילמא אפילו מדרבנן לא מצרכי טבילה אפילו בשאר כל אדם: **נימא** רבנן דפליגי עליה דר"י כבן זומא סבירא להו. ואם תאמר הא לא אשכחן דמחייב בן זומא אלא בכהן גדול שלובש בגדי קדש אבל שאר כל אדם לא כדפירש' לעיל יש לומר בן זומא מחייב מדרבנן ומסברא ידע לה תלמודא:

א) הוא התחלת דיבור בפ"ע:

מהו

גמרא

חוּצֵץ אוֹ אֵינוֹ חוּצֵץ? אָמַר לֵיהּ: *כׇּל דְּתַקּוּן – רַבָּנַן כְּעֵין דְּאוֹרַיְיתָא תַּקּוּן. אָמַר לֵיהּ אַבַּיֵי לְרַב יוֹסֵף: *בִּיאָה בְּמִקְצָת שְׁמָהּ בִּיאָה אוֹ לֹא? א״ל: [א]בְּהוֹנוֹת יוֹכִיחוּ, שֶׁהֵן בִּיאָה בְּמִקְצָת, וְתַנְיָא: מְצוֹרָע טוֹבֵל וְעוֹמֵד בְּשַׁעַר נִיקָנוֹר. אִיבַּעְיָא לְהוּ: מַהוּ שֶׁיַּעֲשֶׂה סַכִּין אֲרוּכָּה וְיִשְׁחוֹט? תִּיבָּעֵי לְבֶן זוֹמָא, תִּיבָּעֵי לְרַבָּנַן דִּפְלִיגִי עֲלֵיהּ דְּר׳ יְהוּדָה. תִּבָּעֵי לְבֶן זוֹמָא; עַד כָּאן לָא מְחַיֵּיב בֶּן זוֹמָא אֶלָּא לְגַוָּאֵי, אֲבָל לְבָרָאֵי – לָא. אוֹ דִילְמָא אָתֵי לְאִימְשׁוֹכֵי? תִּיבָּעֵי לְרַבָּנַן דִּפְלִיגִי עֲלֵיהּ דְּרַבִּי יְהוּדָה; ע״כ לָא קָאָמְרִי רַבָּנַן הָתָם – דְּלָא קָא עָבֵיד עֲבוֹדָה, אֲבָל הָכָא דְּקָא עָבֵיד עֲבוֹדָה – לָא. אוֹ דִילְמָא לָא שְׁנָא? – תֵּיקוּ.

§ ״חָמֵשׁ טְבִילוֹת וַעֲשָׂרָה קִידּוּשִׁין טוֹבֵל״. §

ת״ר: *חָמֵשׁ טְבִילוֹת וַעֲשָׂרָה קִידּוּשִׁין טוֹבֵל כ״ג וּמְקַדֵּשׁ בּוֹ בַּיּוֹם, וְכוּלָּן בַּקּוֹדֶשׁ בְּבֵית הַפַּרְוָה, חוּץ מֵרִאשׁוֹנָה שֶׁהָיְתָה בַּחוֹל ע״ג שַׁעַר הַמַּיִם, וּבְצַד לִשְׁכָּתוֹ הָיְתָה. אָמַר אַבַּיֵי: שְׁמַע מִינַּהּ עֵין עֵיטָם גָּבוֹהַּ מִקַּרְקַע עֲזָרָה עֶשְׂרִים וְשָׁלֹשׁ אַמּוֹת. דִּתְנַן: *כׇּל הַפְּתָחִים שֶׁהָיוּ שָׁם גּוֹבְהָן עֶשְׂרִים אַמָּה וְרׇחְבָּן עֶשֶׂר אַמּוֹת, חוּץ מִשֶּׁל אוּלָם. *וְתַנְיָא: °״וְרָחַץ בְּשָׂרוֹ בַּמַּיִם״ (ויקרא טז) – בְּמֵי מִקְוֶה, ״כׇּל בְּשָׂרוֹ״ – [ב]מַיִם שֶׁכׇּל גּוּפוֹ עוֹלֶה בָּהֶן. [ג]וְכַמָּה הֵן – אַמָּה עַל אַמָּה בְּרוּם ג׳ אַמּוֹת. [ד]וְשִׁיעֲרוּ חֲכָמִים מֵי מִקְוֶה אַרְבָּעִים סְאָה. וְהָא

תורה אור

רש״י

חוצץ או אינו חוצץ. לר׳ יהודה, דאמר: מפני סרך טבילה בעלמא היא, פסלה בה חציצה כשאר טבילות או דילמא כיון דאינה באה אלא להזהירו על הטומאה ישנה ולא לטהר בה היא באה לא פסלה בה חציצה? שמה ביאה. לענין טבילה זו, וצריך לטבול אם בא להכניס אחד מאיבריו לעזרה: מהו שיעשה סכין ארוכה. לפטור עצמו מן הטבילה ויעמוד חוץ לעזרה ויושיט ידו לפנים וישחוט מי מיפטר בהכי מן הטבילה או דילמא בעי טבילה. ולענין הכשירה דקרבן לא קא מיבעיא ליה דאף על גב דעמד מבחוץ ושחט כשירה דתניא בזבחים (דף לב.): בן הבקר לפני ה׳ ולא שוחט לפני ה׳: תיבעי לבן זומא. דמחמיר בה: תיבעי לרבנן דפליגי עליה דר״י. ואמרו כל אדם לא בעו טבילה: לגואי. הנכנסים לה: עין עיטם. ממנו באה אמת המים לבית טבילת שער המים שעל החומה. ולפי ענין המקראות נראה לי שהוא מעיין מי נפתוח האמור בספר יהושע (טו) שמשם הגבול משפע ויורד למזרח ולמערב, והוא *הגבול בכל ארץ ישראל, והך מילתא דאביי משום דאמרינן בזבחים (דף נד:) סבור למיבנייה לבית המקדש בעין עיטם, אמרי: ניחתי ביה פורתא, דכתיב (דברים לג) ״ובין כתפיו שכן״ דשמעינן מיניה שהוא גבוה מן הכל. ולא פריש מנא ליה, ופריש ליה אביי הכא: גבוה מקרקע עזרה עשרים ושלש אמות. כמדת גובה שער המים, ובנין כלי של שלש אמות מלמעלה להחזיק ארבעים סאה, שאי אפשר למים לעלות להר שהוא גבוה ממקום שנובעין שם: חוץ משל אולם. שגבהו ארבעים ורחבו עשרים: והאיכא

[פסחים לב: וש״נ] [זבחים לב:] [לעיל יט. לקמן עה. ע״ש] נ״ל הגבול [זבחים נה:] לעיל עז. מדות פ״ב מ״ג עירובין ד: פסחים קט. ע״ש חגיגה יא. [סוכה ו. ב״ק פב. ע״ש]

תוספות

חוצץ או אינו חוצץ. פרש״י דלר״י קא מיבעיא ליה. וקשה לי: דאם כן הוה ליה למימר בהדיא לר״י! אלא נראה, דבין לבן זומא בין לר״י. ובטבילה שהוא טובל כשאינו בא לעבוד אלא ליכנס ביאה ריקנית, דהא מודה בן זומא דלא הויא אלא דרבנן, שמא יעבוד כדפי׳ לעיל. והא דקא מיבעיא ליה הכא חוצץ או אינו חוצץ טפי מבכל טבילות דרבנן, כגון י״ח דבר וכיוצא בהן – יש לומר: משום דהא טבילה מעלה יתירא היא, שהרי טהור גמור הוא, ואין כאן לד חשש טומאה אלא מעלה בעלמא, וחומרא יתירא היא – ולהכי מיבעיא ליה דילמא אינו חוצץ: ותניא מצורע טובל ועומד בשער ניקנור. לפרש״י, שפירש דלרבי יהודה מיבעיא ליה. מאי קא פשיט מהכא? הא ההיא לאו ר״י, דר׳ יהודה פליג עלה לעיל! י״ל: אעפ״כ פשיט שפיר, דמדרבנן דאמרי דעביד מעלה אפילו בשביל ביאת מקצת – ה״נ לר״י בטבילת כל אדם דהויא דרבנן צריך לטבול אפילו לביאת מקצת: או דילמא אתי לאימשוכי. הא דאמר ר״פ ״הכל שוחטין״ (חולין דף ב: ושם) ור״פ ״כל הפסולים״ (זבחים דף לב.) דטמאין במוקדשין לכתחילה לא ישחטו בסכין ארוכה, שמא יגעו בבשר ולא קאמר טעמא דילמא אתי לאימשוכי. ואע״ג דהכא מספקי׳ ליה אי גזרינן דילמא אתי לאימשוכי או לא – הני מילי בטהור, אבל בטמא דאיכא כרת – איכא למיחש טפי! וי״ל: אדרבה, היא הנותנת. התם כיון דטמא הוא זהיר טפי, ולא עייל. אבל טהור – איכא למיחש טפי דילמא אתי לאימשוכי: וכולן בקודש בגג בית הפרוה. תימה לי: והא גגין ועליות לא נתקדשו! וי״ל: גג בית הפרוה היה שוה לקרקע עזרה. דכי האי גוונא משני בסוף פ׳ ״כילד צולין״ (פסחים דף פו.) אהא דפריך מהלשכות הבנויות בקודש ופתוחות לחול תוכן חול וגגותיהן קודש – בשגגותיהן שוין לקרקע עזרה. אבל תימה לי: אי גג בית הפרוה שוה לקרקע עזרה מסיבה למה לי? דאמר בפ״ק (דף יט.): לשכת המדיחין כו׳ עד משם מסיבה עולה לגג בית הפרוה! וי״ל: דגג בית הפרוה, אע״ג דשוה לקרקע עזרה – לא היה לו פתח לעזרה משום לניעות, לפי שכהן גדול טובל שם. אלא היו נכנסין לו דרך לשכת המדיחין שהיתה תחת הקרקע, ומשם מסיבה עולה לגג בית הפרוה. וצ״ל דלשכת המדיחין תוכה קודש, דאי לא תימא הכי – הוה ליה גג בית הפרוה כמו לשכות הבנויות בקודש ופתוחות לחול, דאמר לעיל דתוכן חול. אלא על כרחך לשכת המדיחין שגג בית הפרוה פתוח לה תוכה קודש. ואע״ג דפרישנא דלשכת המדיחין מחילה היא, וא״ר יוחנן בפרק ״כילד צולין״ (פסחים דף פו.) מחילות לא נתקדשו – הא אוקימנא התם להא דרבי יוחנן בפתוחות להר הבית. אבל פתוחות לעזרה – נתקדשו. ואין להקשות: כי פריך התם מהלשכות וכו׳, ואוקמינן בשגגותיהן שוין לקרקע עזרה והדר פריך מסיפא: א״כ הוה ליה מחילות, וא״ר יוחנן מחילות לא נתקדשו. אמאי לא פריך ממתני׳ דפרקין וממתני׳ דמדות כדפי׳? די״ל: מאי נפקא מינה, ההיא דהלשכות נמי מתני׳ היא, בפ״ג דמסכת מעשר שני (מ״ח). ואדרבה, ניחא ליה למיפרך מינה טפי ממתני׳ דהכא ודמדות, לפי שהיא שנויה בסדר זרעים שהוא קודם לסדר מועד וסדר קדשים. ועוד: משום דפריך שתי קושיות מינה מרישא ומסיפא: עין עיטם גבוה מקרקע עזרה כ״ג אמות. תימה לי: ומנלן דבית הטבילה היתה גבוהה שלש אמות? דילמא לא היתה גבוהה אלא אמה. ואורכה שלש אמות, והכהן היה משכיב עצמו בתוכו? אי נמי, לא היתה גבוהה אלא שתי אמות, והכהן גדול יושב וטובל! ויש לומר: מסתמא כל מה שהיו יכולין להקל עליו, משום חולשא דכהן גדול היו עושין, ודרך עמידה היה טובל, כי זה נקל לו יותר לעשות: אמה על אמה ברום שלש אמות. אין לומר דגובהו של אדם מראשו עד רגליו אינו אלא שלש אמות, דא״כ גבי היזק ראייה דבעי ארבע אמות בפ״ק דבבא בתרא (דף ג:) למה לי כולי האי? אלא י״ל דעד כתיפיו הוא שלש אמות. ואף על פי שאין צוארו וראשו מחזיק אמה, כיון דאפיקתיה משלש אמות – אוקמא אארבע אמות. ועוד: דאי אפשר לקרקע שתלקט במלקט ורהיטני, ופעמים שיש גבשושית פחות מג׳ טפחים סמוך לכותל, וזימנין נמי שעומד על אלבעות רגליו ורואה מעבר לכותל. וגבי כוכין, בפרק ״המוכר פירות״ (שם דף ק: ושם) דארכו ארבע אמות – היינו בין ראשו ובין דפי הארון שלמעלה ולמטה. ועוד: לריך שיהא בריוח. והא דסגי הכא גבי מקוה בשלש אמות – היינו משום דכשעומק המים שלש אמות כשנכנס בהן לפו מים על ראשו ועולין למעלה, גם יכול לכוף ראשו קצת עד שיתכסה כל גופו במים. ומה שיש בתרגום של מגילת אסתר: פרשנדתא איצטלב על צליבא דתלת אמין, דלפון איצטלב על צליבא דתלת אמין וכו׳, יש לומר: כולם קטועי ראש היו, שנהרגו ואח״כ נתלו. וכן משמע בפרק ״המצניע״ (שבת דף צב. ושם) דהא דאמר גופו של אדם ג׳ אמות – דלאו היינו עם הראש, דקאמר התם: המוציא משוי למעלה מעשרה – חייב שכן משא בני קהת, דאמר מר: ארון ט׳ וכפורת טפח. וגמירי דכל טונא דמידלי במוטות תילתא מלעיל ותרי תילתי מלתתא. והשתא, אי אמרת בשלמא דעד הכתף הוא שלש אמות דהיינו י״ח טפחים – אז מוכח שפיר כי בכתף ישאו נמצא שהיה מן הארון למטה מן הכתף ו׳ טפחים וב׳ שלישים, נמצא דאכתי היה גבוה מן הקרקע י״א טפחים ושליש. אבל אי הוי עם הראש

עין משפט נר מצוה

יז א מיי׳ פ״ג מהלכות ביאת מקדש הלכה יח:

יח ב ג ד מיי׳ פ״ד מהלכות מקוואות הלכה א סמג עשין רמח טור ש״ע י״ד סי׳ רא סעיף א:

רבינו חננאל

דמדרבנן היא חוצץ כעין דאורייתא. וביאה בעזרה במקצת שמה ביאה. מהו שיעשה זה שלא טבל סכין ארוכה וישחוט בעיא זו עלתה בתיקו: ה׳ טבילות וי׳ קדושין. ת״ר חמשה טבילות וי׳ קדושין כו׳ וכולן בקדש אבית הפרוה. שנאמר ורחץ את בשרו במים במקום קדוש ולבש את בגדיו. חוץ מן הראשונה שהיתה ע״ג שער המים כלומר מקוה היה שם עשוי ע״ג שער המים והיו מימיו נמשכין בו מעין עיטם. כדגרסינן בתלמוד א״י בגמרא דבן קטין עשה י״ב דד לכיור. אריב״ל אמת המים היתה מושכת בו מעין עיטם כו׳ (בו) וגם בזה המקוה היו מימיו נמשכין בו מזה המעין שהיה נקרא עין עיטם. והיה גובה השער כ׳ אמה ובנין המקוה עליו אמה על אמה ברום ג׳ נמצא עין עיטם גבוה מקרקע עזרה כ״ג אמות ויותר כדי שיהא עשוי במורד שיהו המים נשפכין מעין עיטם ויורדין על המקוה שע״ג

תוספות ישנים

מהו שיעשה סכין ארוכה וישחוט כו׳. תיבעי ליה לבן זומא שמצריך טבילה מן התורה לטהור הנכנס לעזרה לפי שמשנה מבגדי חול לבגדי קדש לצורך עבודה וגם ממקום שאין ענוש כרת למקום שענוש כרת ולכך מחמיר מדרבנן ואפילו למצורע לטבול בשמיני שלו להכניס ידיו לבהונות ואע״פ שאינו משנה בגדיו לבגדי קדש אין מכניס ידיו לבהונות ותנוך אוזן ורגל ותיבעי נמי לר״י דפליג אבן זומא ואינו מצריך טבילה לטהור הנכנס לעזרה לעבודה אלא מדרבנן ולכך מיקל גם במצורע בשמיני שלו כדי להכניס ידיו לבהונות כיון שטבל לטהרתו מבערב גם אינו מכניס עכשיו כל גופו: תיבעי לבן זומא עד כאן לא מחייב בן זומא אלא לגוואי כגון מצורע שמכניס ידיו לבהונות אבל לבראי כגון זה ששוחט בסכין ארוכה ואינו מכניס כלל מגופו לא שלא יחייב בן זומא אע״פ שעשה שחיטת הקרבן או דילמא אתי לאימשוכי לפנים ע״י שעוסק בשחיטות [הדבר] השומר בפנים ולכך צריך טבילה כאילו נכנס לפנים לשחוט שאז ודאי היה מחמיר מדרבנן כמו שמחמיר מן התורה אע״פ שגם אז לא היה טובל מן התורה לפי שאינו צריך לשנות א) מבגדי קדש וגם לא למקום שענוש כרת בשביל שחיטת הזבח ואין שייך כאן קל וחומר דבן זומא דמכל מקום מדרבנן היה צריך טבילה ואפילו שלא היה נכנס כולו אלא מכניס ידו לשחוט היה צריך טבילה כמצורע שאינו אלא מכניס ידיו וצריך טבילה מדרבנן ואע״ג דבריש שחיטת חולין לא איכפת לן בטמא השוחט במקדש אלא משום שמא יגע בבשר אבל לאימשוכי ליכנס בפנים לא חיישינן התם היינו טעמא שלפי שהוא טמא נזהר הוא היטב שלא להיכנס משום עון ענוש כרת ולהכי לא אתי לאימשוכי כי הכא. תיבעי לר״י דלא מצריך טבילה למצורע להכנסת ידיו לבהונות דעד כאן לא קאמר ר״י התם אלא דלא עביד עבודה ולכך אין לחוש כלל לאימשוכי שאינו צריך כלל להימשך לפנים אבל הכא דקעביד עבודה שחיטת הזבח השומר בפנים לא יתיר בלא טבילה דחיישינן בהכי דילמא אתי לאימשוכי ויכנס בפנים כל גופו ואורט ואע״ג דהתם בשחיטת חולין לא חיישינן בהכי דילמא אתי לאימשוכי דהתם הוי טעם כדפיר׳ ועוד הייט יכולין לומר לפי שבכאן ביומא מספקא לן אי חיישינן לאימשוכי אי לא לבן זומא ולר״י נמי מספקא לן אי חמיר טפי בשוחט הזבח מבמצורע דמשום דהאי עביד עבודה והאי לא עביד עבודה להכי לא נקט התם בשחיטת חולין טעמא שבכאן שהוא ספק אלא טעם שמא יגע בבשר שהוא ברור דודאי הוא שיש לחוש לכך אי נמי משום דבעי לאסוקי אם שחט ואמר ברי לי כו׳ כדי ליישב ושחיטתן כשרה דיעבד נקט התם טעם דנגיעת בשר ולא נקט טעמא דהכא אבל אין אנו צריכין כאן לטעמים אחרונים הללו כי הטעם הראשון נכון ועיקר ולשמא יגע בבשר ליכא למיחש הכא ביומא כי התם בשחיטת חולין דהתם טמא והכא טהור. לשון רבי. תמיה רבי דבכל דוכתי דאמרינן מכניס ידיו לבהונות למה לו להכניס היד שמאל כלל והא שמא כמ״ד נותן על שמאל ויוצא כשאין לו ימין וידיו דקאמר או זו או זו: תיבעי לר׳ יהודה כו׳. ויש ספרים דגרסי תיבעי לרבנן דפליגי עליה דר״י עד כאן לא קאמרי רבנן התם אלא דלא עביד עבודה ומכאן קשה למאן דפירש לעיל דכל אדם הנכנס לעזרה כו׳ דלצורך עבודה מיירי וי״ל כדפי׳ לעיל וה״ר יוסף פירש עד כאן לא קאמרי רבנן התם אלא דלא עביד עבודה כלומר שאינו עושה עבודה מיד בשעה שנכנס ולכך לא יחייבו קודם כניסה לטבול אבל הכא שעובד לאלתר שמא צריך לטבול אבל לא נראה דהא פשיטא אי אין מצריכין טבילה בנכנס לעזרה לעבודה שלא יצריכו עוד כלל אפי׳ בשירצה לעבוד: אבל הכא דעביד עבודה כו׳. האי דקרי הכא לשחיטה עבודה לא תיקשי אמאי דאמר בכמה דוכתי שחיטה לאו עבודה היא די״ל דלא חשיב עבודה לאצטרך כהן כשאר עבודת הדם ב): חמש טבילות כו׳. בגמרא מפיק ד׳ טבילות מקרא וטבילה זו הראשונה מני נפקא לן מקל וחומר דבן זומא דלעיל ואפי׳ ר׳ יהודה נמי דלית ליה לעיל בשאר ימות השנה בכהן גדול ביום הכפורים עצמו יכול להיות סובר כן דמלתייה הכא כל שכן הכא ושמעינן נמי לקמן לרבי יהודה נמי קל וחומר כי האי גוונא מה בגדי זהב שאין נכנסים בהן לפני ולפנים טעון טבילה כו׳ ואין להקשות למה לא יעשנה בקדש כמו אחרות כי מסתמא יש לו לעשות הראשונה קודם שיכנס למקום שענוש כרת: חמש טבילות ועשרה קידושין. משחיטת התמיד מתחיל כאן אבל קידוש של תרומת הדשן לא חשיב אע״פ שהוא היה בכ״ג כדפירש בפ״ק לעיל לפי שהיה בעוד לילה ועוד שמכאן ואילך היה עושה עבודות על הסדר אבל לאחר תרומת הדשן היה יכול לצאת מן העזרה וכשנכנס צריך טבילה: ש״מ עין עיטם גבוה מקרקע עזרה כ״ג אמות. וא״ת מנא ליה שהמקוה היה גבוה ג׳ אמות ברוחב אמה על אמה דילמא לא היה אלא אמה ברוחב ג׳ אמות וי״ל דא״כ היה כה״ג מיגנדר בטבילותיו וקודם היה להם לתקנו למטה משיטבול כ״ג כ״כ בדוחק ועוד מסתמא היה כמו שאר מקוואות ואע״פ שמעין היה צריך מ׳ סאה לטבילת אדם [illegible]

א) נ״ל לבגדי: ב) ומ״מ עבודה היא דהא בעיא פיים כ״ג.

כדאמר

יט א מיי' פ"ד מהלכות עבודת יוה"כ הלכה א:
כ ב מיי' שם פ"ב הלכה ב:
כא ג מיי' שם פ"ד הלכה א:
כב ד מיי' שם פ"ב הלכה ד:

[וע"ע תוס' פסחים קט: ד"ה אמה]

והא איכא אמה תקרה ואמה מעזיבה! – שערים דבית המקדש, כיון דשישא נינהו – במשהו עבדי להו. והא איכא האיך משהו! – כיון דלא הואי אמתא – לא חשיב לה.§ "פרסו סדין של בוץ וכו'".§ מאי שנא של בוץ? *כדאמר רב כהנא: א כדי שיכיר שעבודת היום בבגדי בוץ. הכא נמי: שיכיר שעבודת היום בבגדי בוץ.§ **מתני'** ב פשט, ירד, וטבל, עלה ונסתפג. הביאו לו בגדי זהב ולבש וקידש ידיו ורגליו. *הביאו לו את התמיד, קרצו, ג ומירק אחר שחיטה על ידו. קבל את הדם וזרקו. נכנס להקטיר קטורת של שחר, ולהיטיב את הנרות, ולהקריב את הראש ואת האברים (א) והחביתין, ואת היין. קטורת של שחר היתה קריבה בין דם לאברים, של בין הערבים בין איברים לנסכים. ד אם היה כ"ג זקן או איסטנים – מחמין לו חמין ומטילין לתוך הצונן, כדי שתפיג צינתן.§ **גמ'** אמרוה רבנן קמיה דרב פפא: הא דלא כר"מ. דאי ר"מ, כיון דאמר: תרי קידושי אלבישה עביד להו, הכא נמי ליעביד תרי קידושי אלבישה. – אמר להו רב פפא: בין לרבנן בין לר"מ חד אפשיטה דבגדי קודש, וחד אלבישה. והכא בהא קא מיפלגי: °"ופשט ורחץ (ורחץ) ולבש" ר"מ סבר: מקיש פשיטה ללבישה, מה לבישה – לובש ואח"כ מקדש, אף פשיטה – פושט ואח"כ מקדש. ורבנן סברי: מקיש פשיטה ללבישה: מה לבישה – כשהוא לבוש מקדש, אף פשיטה – כשהוא לבוש מקדש. אמרו ליה רבנן לרב פפא: ומי מצית אמרת הכי? והתניא: פרסו סדין של בוץ בינו לבין העם, פשט וירד וטבל, עלה ונסתפג, הביאו לו בגדי זהב ולבש, וקידש ידיו ורגליו. רבי מאיר אומר: פשט וקידש ידיו ורגליו, וירד וטבל עלה ונסתפג, הביאו לו בגדי זהב ולבש, וקידש ידיו ורגליו. אמר להו: *אי תניא – תניא. בשלמא לרבי מאיר – היינו דמשכחת לה

עשרה

תורה אור: ויקרא טז

רש"י

והאיכא אמה. עובי תקרה על חלל השער: ואמה מעזיבה. של טיט וחול מגובל יחד, להיות המים נוחין שם, לבד עומק החלל שלש אמות שחשבת: במשהו עבדי ליה. תקרה שלהן: שעבודת היום בבגדי בוץ. שיש היום עליו עבודה שהיא בבגדי בוץ, לפי שאינו רגיל לשרת בלא שמנה בגדים, ויש מהן של זהב כגון ציץ וחשן ואפוד ופעמוני המעיל: **מתני'** ונסתפג. מתעטף באלונטית של בגד לספוג מים שעל בשרו. ונסתפג = ונתקנח: וקידש ידיו ורגליו. מן הכיור, כדיליף לקמן (דף לג.) שצריך לכל חליפות בגדי היום קידוש לפשיטה,(ב) קידוש ללבישה. וטבילה ראשונה זו שהפשיטה של בגדי חול היא – לא הוצרך לקדש על הפשיטה: קרצו. מפרש בגמרא: ומירק אחר. וגמר כהן אחר שחיטה, לפי שאין קבלת הדם כשירה אלא בכהן גדול, וצריך למהר ולקבל: על ידו. בשבילו. כמו "קוצץ אדם ע"י עצמו" (ב"מ דף נג.), אי נמי: על ידו – לשון אחריו, וסמוך לו. והרבה יש בספר עזרא "על ידו החזיק פלוני את החומה" (נחמיה ג): קטורת של שחר(ג) היא היתה קריבה וכו'. בגמ' מפרש: מחמין לו חמין. מבערב יום הכפורים, ומטילין ביום הכפורים לתוך חקק בנין בית טבילתו: שתפיג. להמיר מיד ליגתו במקולת. כמו "ויפג לבו" (בראשית מה) "מפיגין טעמן" (ביצה דף יד.). "וריחו לא נמר" (ירמיה מח) מתרגמינן: וריחו לא פג: **גמ'** רבנן. תלמידי דרב פפא אמרו כך לפניו: הא. מתני', דלא תנן בה שני קידושים בטבילה ראשונה: דלא כר"מ. דפליג במתני' בטבילה שניה, אדרבנן שהיו מקדימין קידוש לפשיטה. והוא הקדים פשיטה לקידוש. דתנן,* ר' מאיר אומר: פשט וקידש, ושמעינן מיניה דס"ל דשני קידושין שהוצרך הכתוב בין בגד לבגד, כדיליף לקמן תרוייהו משום לבישת בגדים המתחלפים תחת הראשונים הוא. וקאמרי, מתני' לאו דכוותיה תנן, דאי ר"מ – בטבילה ראשונה נמי ליבעי תרי קידושי, דהא בגדי קדש הוא בא ללבוש: חד אפשיטה. והלכך, הכא דפשיטה דבגדי חול היא – לא בעיא קידוש, והכא גבי טבילה שניה, שנחלק ר' מאיר להקדים פשיטה לקידוש – לאו משום דס"ל קידוש ראשון[א] שכל טבילה מחמת לבישה בא, אלא בגזירת הכתוב פליגי: ופשט ורחץ ורחץ ולבש. "ופשט את בגדי הבד אשר לבש וגו'" וסמיך ליה "ורחץ את בשרו במים במקום קדוש ולבש את בגדיו" והטיל הכתוב רחיצה בין פשיטה ללבישה, והאי ורחץ דרשינן ליה לקמן לענין קידוש, ויליפינן מיניה תרי קידושי, דשדינן "ורחץ" א"ופשט" וא"ולבש", כאילו כתיב "ורחץ" תרי זימני: ר"מ סבר מקיש. קידוש פשיטה לקידוש של לבישה, מה לבישה – לובש ואח"כ מקדש קידוש השני, כדאמרינן לקמן הכל מודים בקידוש שני כשהוא לבוש מקדש, ויליף לה מקראי, אף קידוש של פשיטה פושט ואח"כ מקדש. ורבנן סברי: מה לבישה, כשהוא לבוש מקדש. ולדברי הכל קידוש בתרא אחר לבישה. אף פשיטה כשהוא לבוש בגדים שהוא בא לפשוט, מקדש ואח"כ פושט: ומי מצית אמרת. דלא מצריך ר"מ אטבילה ראשונה תרי קידושי: והתניא כו'.(ד)[ב] וגם טבילה ראשונה תניא, מדלא מצרכו ליה רבנן אלא חד קידוש. אלא טעמא דר"מ משום דקסבר תרוייהו משום בגדים שהוא לובש הוה: אמר להו אי תניא. בהדיא, דמצריך ליה תרי קידושי – תניא. ומההיא איכא למשמע דטעמא דר"מ משום תרוייהו אלבישה. אבל אי לא אשכחייתו מתני' בהדיא – לא הוה שמעינן ליה מפלוגתא דטבילה שניה, דמתני'(ה) איכא לפרושי כדאמרינן להו:

עשרה

תוספות

הראש י"ח טפחים – והלא הצואר הוא יותר מטפח ושליש, אישתכח דארון למטה מי'! ובפרק "מי שהוציאוהו" (עירובין ד' מח.) נמי אמרינן דמקומו של אדם ד' אמות, ומפרש דגופו ג' אמות, ואמה כדי שיטול חפץ תחת מראשותיו כו' – היינו נמי גופו ג' אמות שלימות, ואמה העודפת בשביל ראשו וכדי שיפשוט ידיו למעלה מראשו. וא"ת: א"כ היה עין עיטם גבוה יותר מכ"ג, שאם לא היה אלא כ"ג, א"כ היו המים יוצאין לחוץ. הא לא קשיא, דודאי עין עיטם לא הוה אלא כ"ג, אבל החקק של בית הטבילה היה גבוה יותר מג' אמות, אף על פי שהמים עולים למעלה כשנכנס לתוכו – לא היו יוצאין לחוץ. אי נמי, אפילו אם היו יוצאים – היו מיד באים אחרים תחתיהן מעין עיטם. ואין להקשות דכיון דאמר בכל דוכתא דמקום האדם הוי רוחב אמה, היכי טביל בכלי שאינו אלא אמה על אמה, דאמתא באמתא היכי יתיב? וי"ל: הא דאמר מקום האדם הוא דהוי רחב אמה – היינו כשהוא לבוש. תדע דגבי כוכין אמרינן רחבו ו' טפחים, ובהם מכניסין הארון והמת בארון*: **כיון** דשישא הוא במשהו עבדי ליה. למעזיבה. וכיון דמעזיבה דשישא דקה היא מאד – לא בעי נמי אמה תקרה, אלא משהו:

כדאמר רב כהנא כדי שיכיר כ"ג שעבודת היום של בוץ. לקמן גבי הביאו לו בגדי לבן. תימה: מאי שנא דאמרה למילתיה אסיפא ולא ארישא? וכ"ל דארישא לא חשש לאומרו, דפשיטא דצריך היכרא, שלא יטעה וילבש כל ח' בגדים כדרך שהוא עושה כל ימות השנה כשהוא פושט בגדי חול שהוא לובש כל ח' בגדים, ולכך פרסו בגדי בוץ כדי שיכיר שהיום אין לו ללבוש בגדי בוץ עם בגדי זהב, אלא בפני עצמם אבל בסיפא שהוא פושט בגדי זהב ויש לו ללבוש בגדים אחרים – סד"א דלא הוה צריך היכרא, דודאי לא אתי למיטעי. ועוד סד"א: כיון דכבר פירסו פעם אחת סדין של בוץ כדי שיכיר וכו' – סגי בהכי, להכי איצטריך רב כהנא לפרש דתרי היכירא הוו עבדי: **ופשט** ורחץ ורחץ ולבש. וה"נ אמרי' בפ' "איזהו נשך" (ב"מ ד' סא.): "את כספך לא תתן לו בנשך ובמרבית" "בנשך ובמרבית לא תתן אכלך". ותימה: דבפ"ק דקידושין (ד' לב:) אמרינן: ות"ק, אי ס"ד כדאמר ר"י הגלילי – לכתוב רחמנא מפני שיבה תקום והדרת, תקום והדרת פני זקן וכו'. ואמאי לא נימא אע"ג דלא כתיב "תקום והדרת" אלא חד זימנא, נימא דקאי לפניו ולאחריו כי הכא! וי"ל: התם לא שייך תקום על פני, אלא על מפני, כמו: "לא אוכל לקום מפניך" (בראשית לא) והדרת לא שייך אמפני אלא על פני, כדכתיב (איכה ה): "פני זקנים לא נהדרו". והויא דחמשה פסוקים שאין להם הכרע – לקמן אפרש, בפרק "הוציאו לו" (דף נב:)

גמירי

רבינו חננאל

שער המים: **פרסו** סדין של בוץ כו'. כדי שיהא זכור שעבודת היום בבגדי בוץ. סוגיא דשמועה זו ה' טבילות וי' קדושין הן לרבנן כשהוא לבוש בגדי קדש בין בגדי זהב בין בגדי לבן עודם בגדי הקדש עליו מקדש ידיו ורגליו ופושט וטובל ועולה ולובש ומקדש ידיו ורגליו ועובד עבודתו. ולר' מאיר תרי קידושי אלבישה עביד להו. כיצד פושט ומקדש וטובל ולובש ומקדש על כל טבילה ב' קדושין מיהו לרבנן בטבילה הראשונה כשפושט בגדי חול ולובש בגדי קודש אינו מקדש אלא קדוש אחד בלבישה בלבד. נשאר להן קדוש אחד תשלום העשרה כשמשלים העבודה כולה וצריך לפשוט בגדי קדש מקדש ידיו ורגליו ואח"כ פושט בגדי קדש ולובש בגד

תוספות ישנים

כדאמר רב כהנא כדי שיכיר שעבודת היום בבגדי בוץ. לקמן בפירקין קאמר לה רב כהנא נמי (גבי א) הך מילתא [גבי סיפא] והא דלא אמרה הכא ב) משום דדרך עבודת תמיד לעשות בבגדי זהב והך דלקמן מיירי בבגדי בוץ ואתי שפיר טפי למימר לקמן מ"מ כולן היו מענין אחד: **פושט** ואח"כ מקדש. דלא מסתברא ליה לרבי מאיר שיעשה הקידוש קודם המעשה שיהא טפל קודם לעיקר ולרבנן לא מסתברא שיעשה קידוש ערום בעזרה אבל לרבי מאיר צריך הוא לעשותו בעזרה אלא שיכסה עצמו בשום דבר ג) ואין קידוש אלא בפנים כדאמר קדש בכלי שרת בחוץ או בכלי חול בפנים ועבד עבודתו פסולה: **מה** לבישה לובש ואח"כ מקדש. כדאמר רב אחא בר יעקב לקמן הכל מודים בקידוש שני שלובש ואח"כ מקדש כו': **אי** תניא תניא. תימה כיון דרבי מאיר פליג ארישא מ"ט לא פליג בהדיא ברישא וי"ל דמההיא ברייתא לא הוה ש"מ יעשה שני קידושין בפשיטה הראשונה שהיה לבוש בגדי קודש תחילה דההיא לעיל מיירי שלובש היה בגדי חול ד):

א) נ"ל כהך: ב) נ"ל משום דבהך עבודה דינה לעשות כו': ג) נ"ל דאין: ד) עיין בריטב"א שהדברים מבוארים שם. ועי' ש"י:

מסורת הש"ס

לקמן לה.

לעיל טו. חולין כט.

[לקמן לד:]

[שבת קטו: וש"נ]

הגהות הב"ח

(א) גמ' את הראש ואת האיברים ואת החביתין: (ב) רש"י ד"ה וקידש כו' קידוש לפשיטה וקידוש ללבישה: (ג) ד"ה קטורת של שחר היתה כו' כנ"ל ותיבת היא נמחק: (ד) ד"ה והתניא כו' וגבי טבילה ראשונה: (ה) ד"ה אמר להו כו' דטבילה שניה דמתני' דאיכא לפרושי:

הגהות מהר"ב רנשבורג

[א] רש"י ד"ה חד אפשיטה וכו' לאו משום דס"ל קידוש ראשון שכל טבילה וכו' נ"ל שלפני כל טבילה וכו': [ב] ד"ה והתניא וכו' וגבי טבילה ראשונה וכו' אלא חד קידוש אלמא טעמא דר"מ וכו' כנ"ל:

למה

תורה אור

עֲשָׂרָה קִידּוּשִׁין. אֶלָּא לְרַבָּנַן, תִּשְׁעָה הָווּ! אָמְרִי לָךְ רַבָּנַן: קִידּוּשָׁא בַּתְרָא – [א]כִּי פָּשֵׁיט בִּגְדֵי קֹדֶשׁ וְלָבֵישׁ בִּגְדֵי חוֹל עָבֵיד לֵיהּ הָתָם. *ת"ר: °"וּבָא אַהֲרֹן אֶל אֹהֶל מוֹעֵד" לָמָּה הוּא בָּא? אֵינוֹ בָּא אֶלָּא לְהוֹצִיא אֶת הַכַּף וְאֶת הַמַּחְתָּה. (*שֶׁכָּל הַפָּרָשָׁה כּוּלָּהּ נֶאֶמְרָה עַל הַסֵּדֶר, חוּץ מִפָּסוּק זֶה. מַאי טַעְמָא? אָמַר רַב חִסְדָּא: גְּמִירִי, *חָמֵשׁ טְבִילוֹת וַעֲשָׂרָה קִידּוּשִׁין טוֹבֵל כֹּהֵן גָּדוֹל וּמְקַדֵּשׁ בּוֹ בַּיּוֹם, וְאִי כְּסִדְרָן – לָא מַשְׁכַּחַתְּ לְהוּ אֶלָּא שָׁלֹשׁ טְבִילוֹת וְשִׁשָּׁה קִידּוּשִׁין. תַּנְיָא, אָמַר ר' יְהוּדָה: מִנַּיִן לְחָמֵשׁ טְבִילוֹת וַעֲשָׂרָה קִידּוּשִׁין שֶׁטּוֹבֵל כֹּהֵן גָּדוֹל וּמְקַדֵּשׁ בּוֹ בַּיּוֹם – ת"ל: "וּבָא אַהֲרֹן אֶל אֹהֶל מוֹעֵד וּפָשַׁט אֶת בִּגְדֵי הַבָּד... וְרָחַץ בְּשָׂרוֹ בַמַּיִם בְּמָקוֹם קָדוֹשׁ וְלָבַשׁ אֶת בְּגָדָיו וְיָצָא וְעָשָׂה" הָא לָמַדְתָּ: שֶׁכָּל הַמְשַׁנֶּה מֵעֲבוֹדָה לַעֲבוֹדָה טָעוּן טְבִילָה. אָמַר רַבִּי: מִנַּיִן לְחָמֵשׁ טְבִילוֹת וַעֲשָׂרָה קִידּוּשִׁין שֶׁטּוֹבֵל כֹּהֵן גָּדוֹל וּמְקַדֵּשׁ בּוֹ בַּיּוֹם – שֶׁנֶּאֱמַר: °"כְּתֹנֶת בַּד קֹדֶשׁ יִלְבָּשׁ וּמִכְנְסֵי בַד יִהְיוּ עַל בְּשָׂרוֹ וּבְאַבְנֵט בַּד יַחְגֹּר וּבְמִצְנֶפֶת בַּד יִצְנֹף בִּגְדֵי קֹדֶשׁ הֵם וְרָחַץ בַּמַּיִם אֶת בְּשָׂרוֹ וּלְבֵשָׁם", הָא לָמַדְתָּ שֶׁכָּל הַמְשַׁנֶּה מֵעֲבוֹדָה לַעֲבוֹדָה – טָעוּן טְבִילָה, וְאוֹמֵר: "בִּגְדֵי קֹדֶשׁ הֵם" – הוּקְשׁוּ כָּל הַבְּגָדִים כּוּלָּן זֶה לָזֶה. וְחָמֵשׁ עֲבוֹדוֹת הֵן: תָּמִיד שֶׁל שַׁחַר בְּבִגְדֵי זָהָב, עֲבוֹדַת הַיּוֹם בְּבִגְדֵי לָבָן, אֵילוֹ וְאֵיל הָעָם בְּבִגְדֵי זָהָב, כַּף וּמַחְתָּה בְּבִגְדֵי לָבָן, תָּמִיד שֶׁל בֵּין הָעַרְבַּיִם בְּבִגְדֵי זָהָב. וּמִנַּיִן שֶׁכָּל טְבִילָה וּטְבִילָה צְרִיכָה שְׁנֵי קִידּוּשִׁין? ת"ל: "וּפָשַׁט וְרָחַץ" "וְרָחַץ וְלָבַשׁ". ר"א בְּרַבִּי שִׁמְעוֹן אוֹמֵר: ק"ו, וּמַה בְּמָקוֹם שֶׁאֵין טָעוּן טְבִילָה – טָעוּן קִידּוּשׁ, מָקוֹם שֶׁטָּעוּן טְבִילָה – אֵינוֹ דִּין שֶׁטָּעוּן קִידּוּשׁ? אִי מַה לְהַלָּן קִידּוּשׁ אֶחָד אַף כָּאן קִידּוּשׁ אֶחָד – ת"ל: °"וּבָא אַהֲרֹן אֶל אֹהֶל מוֹעֵד וּפָשַׁט אֶת בִּגְדֵי הַבָּד אֲשֶׁר לָבַשׁ". *מַה ת"ל "אֲשֶׁר לָבַשׁ"? כְּלוּם אָדָם פּוֹשֵׁט אֶלָּא מַה שֶּׁלָּבַשׁ! אֶלָּא, לְהַקִּישׁ פְּשִׁיטָה לִלְבִישָׁה: מַה לְּבִישָׁה טָעוּן קִידּוּשׁ – אַף פְּשִׁיטָה טָעוּן קִידּוּשׁ. א"ר יְהוּדָה: מִנַּיִן לְחָמֵשׁ טְבִילוֹת וַעֲשָׂרָה קִידּוּשִׁין שֶׁטּוֹבֵל כֹּהֵן גָּדוֹל וּמְקַדֵּשׁ בּוֹ בַּיּוֹם – תַּלְמוּד לוֹמַר: "וּבָא אַהֲרֹן אֶל אֹהֶל מוֹעֵד וְרָחַץ אֶת בְּשָׂרוֹ בַמַּיִם בְּמָקוֹם קָדוֹשׁ" הָא לָמַדְתָּ שֶׁכָּל הַמְשַׁנֶּה מֵעֲבוֹדָה לַעֲבוֹדָה טָעוּן טְבִילָה, אַשְׁכַּחַן מִבִּגְדֵי לָבָן לְבִגְדֵי זָהָב, מִבִּגְדֵי זָהָב לְבִגְדֵי לָבָן מִנַּיִן?

תָּנָא

(ויקרא טז; שם; שם)

רש"י

עֲשָׂרָה קִידּוּשִׁין. לְחָמֵשׁ טְבִילוֹת: תִּשְׁעָה הָווּ. דְּחָסְרָא לֵיהּ טְבִילָה רִאשׁוֹנָה חַד קִידּוּשׁ: אָמְרִי לָךְ רַבָּנַן. קִידּוּשׁ עֲשִׂירִי הֶחָסֵר כָּאן: קִידּוּשָׁא בָּתְרָא. כְּשֶׁגָּמַר עֲבוֹדַת כָּל הַיּוֹם וּפוֹשֵׁט בִּגְדֵי קוֹדֶשׁ, וְלוֹבֵשׁ בִּגְדֵי חוֹל: עָבֵיד לֵיהּ הָתָם. כְּשֶׁבָּא לִפְשׁוֹט בִּגְדֵי קוֹדֶשׁ. דִּלְדִידָן סְבִירָא לָן קִידּוּשׁ חַד אַפְּשִׁיטָה וְחַד אַלְּבִישָׁה. וּלְר' מֵאִיר לָא מְקַדֵּשׁ מִידֵי, שֶׁהֲרֵי אֵינוֹ בָּא לִלְבּוֹשׁ בִּגְדֵי קוֹדֶשׁ: וּבָא אַהֲרֹן אֶל אֹהֶל מוֹעֵד. נֶאֱמַר אַחַר שֶׁגָּמַר הַקְטָרָה וּמַתַּן דָּמִים פַּר וְשָׂעִיר: לָמָּה הוּא בָּא. אֶל הַהֵיכָל? הֲרֵי גָּמַר עֲבוֹדוֹתָיו. אַף בְּמִקְרָא זֶה לֹא פֵּירֵשׁ מַה יַּעֲשֶׂה לְשָׁם: אֵינוֹ בָּא אֶלָּא לְהוֹצִיא כַּף וּמַחְתָּה. שֶׁהִנִּיחַ בֵּין הַבַּדִּים, כִּדְכְתִיב "וְנָתַן אֶת הַקְּטֹרֶת עַל הָאֵשׁ וגו'": שֶׁכָּל הַפָּרָשָׁה. נֶאֶמְרוּ הַמִּקְרָאוֹת עַל סֵדֶר הָעֲבוֹדוֹת(א) הַמִּתְחַלְּפוֹת כְּסִידְרָן בַּפָּרָשָׁה כָּךְ סֵדֶר עֲבוֹדָתָם, חוּץ מִמִּקְרָא זֶה שֶׁכָּתַב הוֹצָאַת כַּף וּמַחְתָּה עִם עֲבוֹדוֹת הַפְּנִימִיּוֹת, וְלֹא הִפְסִיק עֲבוֹדַת אֵילוֹ וְאֵיל הָעָם בֵּינְתַיִים, וְהָיָה לוֹ לִכְתּוֹב בִּתְחִילָּה "וְיָצָא וְעָשָׂה אֶת עוֹלָתוֹ וגו'" וְאַח"כ "וּבָא אַהֲרֹן" לְהוֹצִיא כַּף וּמַחְתָּה וְאַח"כ "וּפָשַׁט אֶת בִּגְדֵי הַבָּד וְהִנִּיחָם שָׁם" וְרָחַץ אֶת בְּשָׂרוֹ בַּמַּיִם וְלָבַשׁ אֶת בְּגָדָיו שְׁמוֹנָה שֶׁל כָּל הַשָּׁנָה, וְעָשָׂה הַמּוּסָפִין וְתָמִיד שֶׁל בֵּין הָעַרְבַּיִם: מַאי טַעְמָא. צָרִיךְ לְהַפְסִיק בְּאֵילוֹ וְאֵיל הָעָם בֵּין עֲבוֹדַת הַיּוֹם לְהוֹצָאַת כַּף וּמַחְתָּה: אָמַר רַב חִסְדָּא גְּמִירִי. הֲלָכָה לְמֹשֶׁה מִסִּינַי: חָמֵשׁ טְבִילוֹת. בּוֹ בַּיּוֹם: וְאִי כְּסִידְרָן. שֶׁל עֲבוֹדוֹת כְּתִיב מִקְרָא זֶה: לָא מַשְׁכַּחַתְּ בְּהֶן אֶלָּא שָׁלֹשׁ טְבִילוֹת. אַחַת לְתָמִיד שֶׁל שַׁחַר, וְאַחַת בֵּינוֹ וּבֵין עֲבוֹדַת הַיּוֹם כּוּלָּהּ עִם הוֹצָאַת כַּף וּמַחְתָּה, וְאַחַת בֵּין הוֹצָאַת כַּף וּמַחְתָּה לְאֵילוֹ וְאֵיל הָעָם וְעִמָּהֶם הַמּוּסָפִין וְתָמִיד שֶׁל בֵּין הָעַרְבַּיִם, לְפִיכָךְ צָרִיךְ לְהַפְסִיק אֵילוֹ וְאֵיל הָעָם בֵּין עֲבוֹדַת הַיּוֹם לְהוֹצָאַת כַּף וּמַחְתָּה, וְהוֹצָאָתָן תַּפְסִיק בֵּין אֵילוֹ וְאֵיל הָעָם לְתָמִיד שֶׁל בֵּין הָעַרְבַּיִם – הֲרֵי חָמֵשׁ: תָּמִיד שֶׁל שַׁחַר בְּבִגְדֵי זָהָב, עֲבוֹדַת הַיּוֹם בְּבִגְדֵי לָבָן, אֵילוֹ וְאֵיל הָעָם בְּבִגְדֵי זָהָב עַל הַמִּזְבֵּחַ הַחִיצוֹן, הוֹצָאַת כַּף וּמַחְתָּה בְּבִגְדֵי לָבָן, וּמוּסָפִין וְתָמִיד שֶׁל בֵּין הָעַרְבַּיִם בְּבִגְדֵי זָהָב: וְלָבַשׁ אֶת בְּגָדָיו. שְׁמוֹנָה בְּגָדִים הַמְיוּחָדִים לוֹ כָּל יְמוֹת הַשָּׁנָה: מֵעֲבוֹדָה לַעֲבוֹדָה. מֵעֲבוֹדַת פְּנִים לַעֲבוֹדַת חוּץ. וְה"ה מִחוּץ לִפְנִים. וּלְקַמָּן מְסַיֵּים מִילְּתֵיהּ, וְקָתָנֵי: חָמֵשׁ עֲבוֹדוֹת הָווּ, הֲרֵי חָמֵשׁ טְבִילוֹת: כְּתוֹנֶת בַּד קוֹדֶשׁ יִלְבָּשׁ וְרָחַץ בַּמַּיִם וגו'. הֲרֵי כְּשֶׁהוּא מְשַׁנֶּה מֵעֲבוֹדַת הַתָּמִיד לְהַתְחִיל בַּעֲבוֹדַת הַיּוֹם שֶׁהִיא פְּנִימִית, כִּדְכְתִיב בַּתְרֵיהּ "וְלָקַח אֶת שְׁנֵי הַשְּׂעִירִים וגו'" וְכוּלֵּיהּ עִנְיָינָא: וְאוֹמֵר בִּגְדֵי קֹדֶשׁ הֵם. בְּתוֹךְ מִקְרָא זֶה עַצְמוֹ(ב) לִדְרוֹשׁ יֵשׁ לָךְ שָׁלֹשׁ תֵּיבוֹת הַלָּלוּ, שֶׁהֵן יְתֵירוֹת כּוּלָּן. וּלְקַמֵּיהּ מְפָרֵשׁ מַאי דָּרְשָׁה: וְחָמֵשׁ עֲבוֹדוֹת הֵן. אַתְיָא בֵּין לְרַבִּי בֵּין לר"י: ת"ל וּפָשַׁט וְרָחַץ וגו'. הַךְ מִילְּתָא רַבִּי קָאָמַר לָהּ. דְּגָמַר טְבִילוֹת מִ"וְרָחַץ בַּמַּיִם" דִּכְתִיב בְּבִגְדֵי לָבָן, וְאַיְּיתַר לֵיהּ הַאי קְרָא דר"י, וְדָרֵישׁ לָהּ לְקִידּוּשִׁין וּפָשַׁט וְרָחַץ וְרָחַץ וְלָבַשׁ – הֵטִיל הַכָּתוּב "וְרָחַץ" בֵּין וּפָשַׁט וְלָבַשׁ, לִיתֵּן רְחִיצָה לִפְשִׁיטָה וּרְחִיצָה לִלְבִישָׁה: מַה מָּקוֹם שֶׁאֵין טָעוּן טְבִילָה. כָּל יְמוֹת הַשָּׁנָה, הַבָּא לַעֲבוֹד אֵין טָעוּן טְבִילָה מִן הַתּוֹרָה אֶלָּא מִדִּבְרֵי סוֹפְרִים, לִזְכּוֹר טוּמְאָה יְשָׁנָה: טָעוּן קִידּוּשׁ. דִּכְתִיב (שמות מ) "בְּבוֹאָם אֶל אֹהֶל מוֹעֵד וּבְקָרְבָתָם אֶל הַמִּזְבֵּחַ יִרְחָצוּ": מָקוֹם שֶׁטָּעוּן טְבִילָה. בְּיוה"כ, לְכָל חֲלִיפוֹת בְּגָדִים: מַה לְּבִישָׁה טָעוּן קִידּוּשׁ. דְּנָפְקָא לָן מִק"ו מִטְּבִילָה, כְּדַאֲמַרַן. וּמִ"וּפָשַׁט וְרָחַץ" לָא דָּרֵישׁ ר"א בְּר"ש שֶׁטָּעוּן קִידּוּשִׁין, דְּמִיבָּעֵי לֵיהּ לִטְבִילָה(ג) לְהַחֲלִיף בְּבִגְדֵי זָהָב, כְּר' יְהוּדָה:

(לקמן ע:) [נ"ל וכל] [לקמן עא. וש"נ] [זבחים יט:] לקמן עא.

תוספות

גמירי חמש טבילות וכו'. תימה לי: אי הלכתא, קרא למה לי לקמן? וי"ל: אי לאו קרא הוה אמינא חמש טבילות יטבול אפילו בזה אחר זה כולם ביחד, להכי אצטריך קרא דכשהוא משנה מעבודה לעבודה עביד להו. ואי לאו הלכתא – הוה אמינא אינו משנה מעבודה לעבודה אלא ג' פעמים, דהוו להו ג' טבילות ותו לא: **ואי** כסדרן לא משכחת להו ה' טבילות. וא"ת: ומנלן דהאי קרא שלא על הסדר נאמר טפי משאר קראי? דילמא קטורת דיום הכפורים שלא על הסדר נאמר, ומשכחת לה ה' עבודות: תמיד של שחר בבגדי זהב, קטורת דיוה"כ בבגדי לבן, אילו ואיל העם בבגדי זהב, עבודת היום בבגדי לבן, מוספין ותמיד של בין הערבים בבגדי זהב! וי"ל: אם איתא דלא הוה הפסק בין הוצאת כף ומחתה לעבודת היום שלפניה – למה נאמר בה "ובא אהרן"? והא התם קאי! אלא ש"מ: משום דאפסקה בעבודה חיצונה, להכי כתב "ובא". וא"ת: א"כ לימא משום דכתיב "ובא אהרן" – ש"מ שלא על הסדר נאמר, ומאי איצטריך רב חסדא למימר טעמא משום דגמירי ה' טבילות? וי"ל: דה"א גזירת הכתוב הוא שיוציא כף ומחתה לאחר גמר עבודת פנים, ושוב חוזר לפנים ופושט את בגדי הבד ומניחם שם, ושוב יוצא ועושה אילו ואיל העם ומוספין ותמיד של בין הערבים. וא"ת: ואימא דהאי "ובא אהרן" לאו להוציא כף ומחתה. אלא להפסיק בעבודת פנים, ונימא ובא אהרן להקטיר קטורת או להזאת פר ושעיר, ואי משום ה' טבילות, נימא דמפסיק באילו ואיל העם בין קטורת להזאות, אבל הוצאת כף ומחתה מנלן דעבודה היא, להצריך לה טבילה בפני עצמה? י"ל: משום דבכר כתב בכולהו עבודות היום 'ובא' 'והביא' אבל הוצאת כף ומחתה לא כתיב, להכי איכא למימר דבהוצאת כף ומחתה איירי: **ומה** במקום שאין טעון טבילה טעון קידוש וכו'. ליכא למימר: טמא ליכנס לעזרה יוכיח, שטעון טבילה ואין טעון קידוש! די"ל: מה להתם – שאינו עובד, תאמר ביוה"כ שהוא רוצה לעבוד: **מה** לבישה טעון קידוש אף פשיטה. ואם תאמר: והא לבישה גופה בק"ו אתיא, ובעיא היא בפרק "איזהו מקומן" (זבחים דף נ:) למ"ד בתר מלמד אזלינן, אי דבר הבא בק"ו חוזר ולמד בהיקש בקדשים! וי"ל: דהני מילי בקדשים כגון קרבנות גופייהו:

תנא

רבינו חננאל

חול: אמר רב חסדא גמירי ה' טבילות וי' קדושין כ"ג טובל ומקדש בו ביום ואם תעשה העבודות כמה דכתיבי קראי בשחר כשיוצא לעשות תמיד של שחר בגדי זהב צריך טבילה כמו בכל יום ויום כדכתיב בבואם אל אהל מועד *) ירחצו מים ולא ימותו או בגשתם אל המזבח לשרת להקטיר אשה לה'. הנה טובל בתמיד של שחר. בא לעשות עבודת היום בבגדי לבן צריך טבילה אחרת כדכתיב כתונת בד קודש ילבש ומכנסי בד יהיו על בשרו וגו' עד בגדי קודש הם ורחץ במים את בשרו ולבשם הנה ב' טבילות. ולובש בגדי לבן ועובד כל עבודת היום. וכתיב ובא אהרן אל אהל מועד ופשט את בגדי הבד אשר לבש בבואו אל הקודש והניחם שם ורחץ את בשרו במים במקום קדוש. הנה ג' טבילות. ולבש את בגדיו ויצא ועשה את עולתו ואת עולת העם וגו' שלמה עבודת יוה"כ בין עבודת פנים בין עבודת חוץ אלא ובא אהרן אל אהל מועד שלא על הסדר הוא כתוב. וכך סידור הענין תמיד של שחר בבגדי זהב. עבודת היום בבגדי לבן. אילו ואיל העם בבגדי זהב על מזבח החיצון. ואח"כ ובא אהרן אל אהל מועד להוציא את הכף ואת המחתה בבגדי לבן. תמיד של בין הערבים והקטרת והנרות בבגדי זהב. הנה ה' עבודות. וכל המשנה מעבודה לעבודה צריך טבילה הנה ה' טבילות. ומנ"ל שעל כל טבילה ב' קדושין שנאמר ופשט ורחץ ורחץ ולבש דרוש הרחיצה עם הפשיטה ועם הלבישה כלומר תן רחיצה לפשיטה ותן רחיצה ללבישה. פי' מקום שאין טעון טבילה כגון בשעת העלאת אברין לכבש וכן מן הכבש למזבח וכיוצא

*) הדבר צ"ע דהלא קרא בקידוש מיירי אבל בטבילה דשחרית אינו מפורש בכתוב כלל ועי' לעיל ל' דלר"י אינו אלא סרך טבילה ומדרבנן ומנוה לייקב.

עין משפט נר מצוה

כג א מיי' פ"ב מהלכות עבודת יוה"כ ה"ב:

הגהות הב"ח

(א) רש"י ד"ה אינו בא כו' על סדר העבודות המתחלפות כסידרן: (ב) ד"ה ואומר בגדי קדש הם. בתוך מקרא זה עצמו יש לך שלש תיבות הללו שכן יתירות לדרוש כו' ולקמיה מפרש: (ג) ד"ה מה לבישה כו' דמיבעי ליה לטבילה כשבא להחליף מבגדי לבן לבגדי זהב כר' יהודה:

גליון הש"ס

תוס' ד"ה מה לבישה וכו' כגון קרבנות גופייהו. עי' לעיל דף ג ע"ב תוס' ד"ה ולבש.

תוספות ישנים

למה הוא בא. כי אין לומר שבא שם כדי לפשוט בגדיו ולהניחם לפנים דהא ודאי מסתמא אין מצוה להניח בגדיו ולפושטם לפנים דוהניחם שם אינו משמע שיניחם שם אלא של

תנא

ישתמשו בהם עוד דהא איכא נמי לאמר שכשרין לכהן הדיוט: ה"ג וכל הפרשה. ול"ג שבכל הפרשה: **גמירי** חמש טבילות כו'. לאו הכי גמירי להו דחמש הן דמקרא נפקא אלא שינוי עבודות גמירי להו וממילא יש בין כל אחת ואחת טבילה אבל בהלכה למשה מסיני לא הוזכר טבילות: **מקום** שטעון טבילה אינו דין שטעון קידוש. וליכא למימר דאדרבה טבילה במקום קידוש דכיון שיש טבילה לא יצטרך קידוש דהא טבילה אינה במים קדושים כמו קידוש שהיה במי הכיור: **מה** לבישה טעון קידוש כו'. פי' בקונטרס כדאמר בק"ו דלבישה טעון קידוש ואין נראה לר' שמואל דדבר הלמד בק"ו אי חוזר ומלמד בהיקש איבעיא לן בפרק איזהו מקומן (דף נ:) למה א) דאית ליה לרב פפא דהתם ולא איפשיטא אלא ה"פ מה לבישה של שחרית טעון קידוש כדאמרינן לעיל ונפיק לן מקרא דלקמן בשמעתין בבואם אל אהל מועד ובקרבתם אל המזבח ירחצו וגו' ור"ת אומר דלאו קושיא היא דכל אותם שאומר שם בתלמוד בריש איזהו מקומן אינו אלא בקדשים דוקא ולא בגדי קודש:

א) נ"ל דלית.

כַּפָּרָתָן

כד א מיי' פ"ד מהלכות עבודת יוה"כ הלכה א:

כה ב מיי' פ"א מהלכות שחיטה הלכה ט סמג עשין כג טור ש"ע י"ד סי' כא סעיף א:

כו ג מיי' פ"א מהלכות עבודת יוה"כ הלכה ב:

תורה אור

תָּנָא דְּבֵי רַבִּי יִשְׁמָעֵאל: קַל וָחוֹמֶר, מַה בִּגְדֵי זָהָב שֶׁאֵין כֹּהֵן נִכְנָס בָּהֶן לִפְנַי וְלִפְנִים – טָעוּן טְבִילָה, בִּגְדֵי לָבָן שֶׁנִּכְנָס בָּהֶן לִפְנַי וְלִפְנִים – אֵינוֹ דִּין שֶׁטָּעוּן טְבִילָה? אִיכָּא לְמִפְרַךְ: מַה לְּבִגְדֵי זָהָב – שֶׁכֵּן כַּפָּרָתָן מְרוּבָּה. אֶלָּא, נָפְקָא לֵיהּ מִדְּרַבִּי. אָמַר רַבִּי: מִנַּיִן לְחָמֵשׁ טְבִילוֹת וַעֲשָׂרָה קִידּוּשִׁין שֶׁטּוֹבֵל כֹּהֵן גָּדוֹל וּמְקַדֵּשׁ בּוֹ בַּיּוֹם – ת"ל: "כְּתֹנֶת בַּד קוֹדֶשׁ יִלְבָּשׁ", הָא לָמַדְתָּ שֶׁכָּל הַמְשַׁנֶּה מֵעֲבוֹדָה לַעֲבוֹדָה שֶׁטָּעוּן טְבִילָה. אַשְׁכַּחַן מִבִּגְדֵי זָהָב לְבִגְדֵי לָבָן, מִבִּגְדֵי לָבָן לְבִגְדֵי זָהָב מִנַּיִן? תָּנָא דְּבֵי רַבִּי יִשְׁמָעֵאל: ק"ו, מַה בִּגְדֵי לָבָן שֶׁאֵין כַּפָּרָתָן מְרוּבָּה – טְעוּנִין טְבִילָה, בִּגְדֵי זָהָב שֶׁכַּפָּרָתָן מְרוּבָּה – אֵינוֹ דִּין שֶׁטְּעוּנִין טְבִילָה? אִיכָּא לְמִפְרַךְ: מַה לְּבִגְדֵי לָבָן – שֶׁכֵּן נִכְנָס בָּהֶן לִפְנַי וְלִפְנִים. הַיְינוּ דְּקָתָנֵי: וְאוֹמֵר "בִּגְדֵי קוֹדֶשׁ הֵם וְרָחַץ אֶת בְּשָׂרוֹ בַּמַּיִם וּלְבֵשָׁם". וְחָמֵשׁ עֲבוֹדוֹת הֵן: תָּמִיד שֶׁל שַׁחַר בְּבִגְדֵי זָהָב, עֲבוֹדַת הַיּוֹם בְּבִגְדֵי לָבָן, אֵילוֹ וְאֵיל הָעָם בְּבִגְדֵי זָהָב, כַּף וּמַחְתָּה בְּבִגְדֵי לָבָן, תָּמִיד שֶׁל בֵּין הָעַרְבַּיִם בְּבִגְדֵי זָהָב. וּמִנַּיִן שֶׁכָּל טְבִילָה וּטְבִילָה צְרִיכָה ב' קִידּוּשִׁין – תַּלְמוּד לוֹמַר: "וּפָשַׁט וְרָחַץ" "וְרָחַץ וְלָבַשׁ". הַאי בִּטְבִילָה כְּתִיב! אִם אֵינוֹ עִנְיָן לִטְבִילָה, דְּנָפְקָא לֵיהּ מִ"בִּגְדֵי קֹדֶשׁ הֵם" – תְּנֵהוּ עִנְיָן לְקִידּוּשׁ. וְלִיכְתְּבֵיהּ רַחֲמָנָא בִּלְשׁוֹן קִידּוּשׁ! הָא קמ"ל דִּטְבִילָה כְּקִידּוּשׁ, מַה קִּידּוּשׁ – בְּמָקוֹם קָדוֹשׁ, אַף טְבִילָה – בְּמָקוֹם קָדוֹשׁ. וְרַבִּי יְהוּדָה, קִידּוּשׁ מְנָא לֵיהּ? – נָפְקָא לֵיהּ מִדְּרַבִּי אֶלְעָזָר בְּר' שִׁמְעוֹן. אָמַר רַב חִסְדָּא: הָא דְּרַבִּי, מַסְּפְקָא מִדְּר' מֵאִיר וּמַסְּפְקָא מִדְּרַבָּנַן. מַסְּפְקָא מִדְּרַבָּנַן – דְּאִילּוּ רַבָּנַן אָמְרִי כְּשֶׁהוּא לָבוּשׁ מְקַדֵּשׁ, וְאִיהוּ אָמַר כְּשֶׁהוּא פּוֹשֵׁט מְקַדֵּשׁ. וּמַסְּפְקָא מִדְּר' מֵאִיר, דְּאִילּוּ ר"מ אָמַר: הַךְ קִידּוּשׁ בָּתְרָא – כְּשֶׁהוּא לָבוּשׁ מְקַדֵּשׁ, וְאִיהוּ אָמַר – כְּשֶׁהוּא פּוֹשֵׁט מְקַדֵּשׁ. *אָמַר רַב אַחָא בַּר יַעֲקֹב: הַכֹּל מוֹדִין בְּקִידּוּשׁ שֵׁנִי שֶׁלּוֹבֵשׁ וְאַחַר כָּךְ מְקַדֵּשׁ, מ"ט – דְּאָמַר קְרָא: °"אוֹ בְגִשְׁתָּם אֶל הַמִּזְבֵּחַ" מִי שֶׁאֵינוֹ מְחוּסָּר אֶלָּא גִּישָׁה, יָצָא זֶה שֶׁמְּחוּסָּר לְבִישָׁה וְגִישָׁה. א"ל רַב אַחָא בְּרֵיהּ דְּרָבָא לְרַב אַשִׁי: לָא רַב חִסְדָּא אִית לֵיהּ דְּרַב אַחָא, וְלָא רַב אַחָא אִית לֵיהּ דְּרַב חִסְדָּא. דְּאִם כֵּן – לְרַבִּי הָווּ לֵיהּ חֲמֵיסַר קִידּוּשִׁין.§ "הֵבִיאוּ לוֹ אֶת הַתָּמִיד קְרָצוֹ וכו'".§ מַאי קְרָצוֹ? אָמַר עוּלָּא: לִישָּׁנָא דְּקַטְלָא הוּא. אָמַר רַב נַחְמָן בַּר יִצְחָק: מַאי קְרָא: °"עֶגְלָה יְפֵהפִיָּה מִצְרַיִם קֶרֶץ מִצָּפוֹן בָּא בָא". מַאי מַשְׁמַע? כִּדְמְתַרְגֵּם רַב יוֹסֵף: מַלְכָּא יָאֵי הֲוָה מִצְרַיִם, עַמְמִין קָטוֹלִין מִצִּיפּוּנָא יֵיתוּן עֲלַהּ. קְרָצוֹ בְּכַמָּה? אָמַר עוּלָּא: בְּרוֹב שְׁנַיִם. וְכֵן אָמַר ר' יוֹחָנָן: אבְּרוֹב שְׁנַיִם. וְאַף רֵישׁ לָקִישׁ סָבַר בְּרוֹב שְׁנַיִם. *דְּאָמַר רֵישׁ לָקִישׁ, וְכִי מֵאַחַר שֶׁשָּׁנִינוּ: ברוּבּוֹ שֶׁל אֶחָד כְּמוֹהוּ, לָמָּה שָׁנִינוּ: רוֹב אֶחָד בָּעוֹף וְרוֹב שְׁנַיִם בִּבְהֵמָה? לְפִי שֶׁשָּׁנִינוּ: הֵבִיאוּ לוֹ אֶת הַתָּמִיד, קְרָצוֹ וּמֵירֵק אַחֵר שְׁחִיטָה עַל יָדוֹ, וְקִיבֵּל אֶת הַדָּם וּזְרָקוֹ. יָכוֹל לֹא מֵירֵק יְהֵא פָּסוּל. יָכוֹל לֹא מֵירֵק יְהֵא פָּסוּל?! אִם כֵּן הָוְיָא לֵיהּ עֲבוֹדָה בְּאַחֵר, (*וּתְנַן:) *גכָּל עֲבוֹדוֹת יוֹם הַכִּפּוּרִים אֵינָן כְּשֵׁרוֹת אֶלָּא בּוֹ! הָכִי קָאָמַר: יָכוֹל יְהֵא פָּסוּל מִדְּרַבָּנַן,

* [נ"ל ותניא]

(שמות ל; ירמיה מו; זבחים יט:; חולין כט:; [לקמן עג. חולין כט: הוריות יב:]; [לקמן מב. ד"ה שחיטה])

כַּפָּרָתָן מְרוּבָּה. שֶׁמְּשַׁמֵּשׁ בָּהֶן כָּל יְמוֹת הַשָּׁנָה. אֲבָל עֲבוֹדַת פְּנִים דְּיוֹם הַכִּפּוּרִים – אֵינָהּ מְכַפֶּרֶת אֶלָּא עַל טוּמְאַת מִקְדָּשׁ וְקָדָשָׁיו, כִּדְאָמְרִינַן בִּשְׁבוּעוֹת (דף ז:): נָפְקָא לֵיהּ מִדְּרַבִּי. "כְּתוֹנֶת בַּד קֹדֶשׁ יִלְבָּשׁ וְרָחַץ בַּמַּיִם וּלְבֵשָׁם": א"ר וכו'. לְפָרוּשֵׁי מַתְנִיתָא דִּלְעֵיל קָא מְהַדַּר: הַיְינוּ דְּקָתָנֵי. בְּמִילְּתָא דְּרַבִּי, וְאוֹמֵר בִּגְדֵי קֹדֶשׁ הֵם. וְהָכִי דָּרֵישׁ לֵיהּ: תָּלָה הַכָּתוּב טַעַם הַטְּבִילָה בִּשְׁבִיל שֶׁהֵם בִּגְדֵי קֹדֶשׁ, לְלַמֶּדְךָ שֶׁכָּל חֲלִיפוֹת בִּגְדֵי קֹדֶשׁ בּוֹ בַּיּוֹם טְעוּנִין טְבִילָה, וּבִגְדֵי זָהָב גַּם הֵם קֹדֶשׁ: הַאי בִּטְבִילָה כְּתִיב. דְּהָא כְּתִיב "בְּשָׂרוֹ": הָכִי גָּרְסִינַן: אִם אֵינוֹ עִנְיָן לִטְבִילָה דְּנָפְקָא מִבִּגְדֵי קֹדֶשׁ הֵם תְּנֵהוּ לְעִנְיַן קִידּוּשׁ: הָא קמ"ל. מִדְּאַפְּקֵיהּ בִּלְשׁוֹן טְבִילָה דְּיָלְפִינַן טְבִילָה מִינֵּיהּ: מַה קִּידּוּשׁ בְּמָקוֹם קָדוֹשׁ. כִּדְכְתִיב בֵּיהּ "בְּמָקוֹם קָדוֹשׁ", אַף טְבִילוֹת הַבָּאוֹת מֵחֲמַת מַחְלְפוֹת הַיּוֹם – בְּמָקוֹם קָדוֹשׁ. אֲבָל טְבִילָה רִאשׁוֹנָה לָא יָלְפַתְּ מִינֵּיהּ, דְּהָא לָאו דְּאוֹרַיְיתָא הִיא: וְר' יְהוּדָה. דְּמַסְּקָא לֵיהּ לְהַאי קְרָא לִטְבִילַת בִּגְדֵי זָהָב, לָא דָּרֵישׁ "בִּגְדֵי קֹדֶשׁ הֵם", קִידּוּשׁ מְנָא לֵיהּ? אָמַר רַב חִסְדָּא כו'. קָסָבַר רַב חִסְדָּא דַּוְקָא ק"ר וּפָשַׁט וְרָחַץ וְרָחַץ וְלָבַשׁ, שְׁנֵי קִידּוּשִׁין בֵּין פְּשִׁיטָה וּלְבִישָׁה, אֶחָד לִפְנֵי טְבִילָה וְאֶחָד לְאַחֲרֶיהָ קוֹדֶם לְבִישָׁה: מַסְּפְקָא מִדְּר' מֵאִיר. מוּגְלֵאת הִיא מִכְּלָל דְּבָרָיו שֶׁל ר"מ, לָא סְבִירָא לֵיהּ כְּר"מ. דְּאע"ג דְּאָמְרִינַן בְּמַתְנִיתִין פָּשַׁט וְקִידֵּשׁ יָדָיו וְרַגְלָיו, דְּס"ל קִידּוּשׁ שֶׁלִּפְנֵי הַטְּבִילָה אַחַר פְּשִׁיטָה הוּא – פָּלֵיג עֲלֵיהּ מִיהָא בְּקִידּוּשׁ שֵׁנִי, דְּקָאָמַר אַחַר לְבִישָׁה הוּא, כִּדְקָתָנֵי בָּרַיְיתָא דְּר"מ לְעֵיל: לָבַשׁ קִידֵּשׁ יָדָיו וְרַגְלָיו: הַכֹּל מוֹדִים. וַאֲפִילּוּ רַבִּי, שֶׁהַקִּידּוּשׁ הַסָּמוּךְ לִפְנֵי הָעֲבוֹדָה – כְּשֶׁהוּא לָבוּשׁ מְקַדְּשׁוֹ: לָא רַב חִסְדָּא. דְּאָמַר מִילְּתֵיהּ דְּרַבִּי דַּוְקָא בָּעֵי שְׁנֵי קִידּוּשִׁין בֵּין פְּשִׁיטָה לִלְבִישָׁה: אִית לֵיהּ דְּרַב אַחָא. דְּאָמַר קִידּוּשׁ אַחַר לְבִישָׁה בָּעֵינַן: לָא רַב אַחָא. דְּבָעֵי קִידּוּשׁ סָמוּךְ לַעֲבוֹדָה: אִית לֵיהּ דְּרַב חִסְדָּא. דְּבָעֵי לְרַבִּי שְׁנֵי קִידּוּשִׁין כְּשֶׁהוּא עָרוֹם. דְּאִם כֵּן דְּאִית לְהוּ כַּהֲדָדֵי – הָוֵו לֵיהּ לְרַבִּי ג' קִידּוּשִׁין בְּכָל טְבִילָה, ב' כְּשֶׁהוּא עָרוֹם וְאֶחָד כְּשֶׁהוּא [לָבוּשׁ]: בְּרוֹב שְׁנַיִם. הֶכְשֵׁר שְׁחִיטָה בִּמְלוֹאוֹ: וְכִי מֵאַחַר שֶׁשָּׁנִינוּ. בִּשְׁחִיטַת חוּלִּין "וְרוּבּוֹ שֶׁל אֶחָד כָּמוֹהוּ" – מִמֵּילָא שָׁמְעִינַן רוֹב שְׁנַיִם כִּשְׁנַיִם: לָמָּה שָׁנִינוּ. בַּהֲדֵיהּ רוֹב אֶחָד בָּעוֹף וכו': יָכוֹל יְהֵא פָּסוּל מִדְּרַבָּנַן. הוֹאִיל וְכָל עַצְמוֹ לְדָם הוּא צָרִיךְ – פָּסוּל. וְכִי תְּנַן רוּבּוֹ שֶׁל אֶחָד כָּמוֹהוּ – בְּחוּלִּין תְּנַן: לְכָךְ

תנא דבי ר' ישמעאל ק"ו מה בגדי זהב כו'. תימה: ותנא דבי רבי ישמעאל גופיה, הכא גמר בגדי לבן מבגדי זהב, ולקמן תנא דבי רבי ישמעאל [איפכא! וי"ל: דתנא דבי רבי ישמעאל] גמר טבילה מבגדי לבן לבגדי זהב כר"י, ומבגדי זהב לבגדי לבן כרבי. וקאמר: למה לי תרי קראי – ניכתוב חד וניתי אידך מיניה. והיינו דקא דייק הי ניכתוב? אי כתב בבגדי זהב – לא אתו בגדי לבן בקל וחומר. ומה בגדי זהב וכו', דאיכא למיפרך. וכן איפכא: **נפקא** ליה מדרבי אלעזר ברבי שמעון. ואם תאמר: אם כן מאי איצטריך לעיל למימר דר"י נפקא ליה מדרבי טבילה בבגדי לבן? ניתי נמי מדר' אלעזר ברבי שמעון להיקשא דמקיש פשיטה ללבישה, ונימא הכי: מה לבישה דבגדי זהב שהוא לובש טעון טבילה כדנפקא ליה לר"י מ"ורחץ". אף בגדים שהוא פושט (בהם) שהם של לבן, כשהוא לובשן יהא טעון טבילה? וי"ל: אי אמרינן היקישא כי האי גוונא – אז לא מלינו למיגמר מיניה קידוש לפשיטה, דנימא הכי: מה שהוא לובש שהם של זהב, כשהוא לובשן טעון קידוש, אף של לבן שהוא פושט כשהוא לובשן טעון קידוש. ולא צריכא להאי דרשא, דהאי קידוש ללבישת בגדי לבן מק"ו אתיא, כמו קידוש לבגדי זהב, וא"כ לא הוה דרשינן היקישא אלא לטבילת בגדי לבן. אבל קידוש לפשיטה לא הוה נפקא לן. הילכך איצטריך קרא לטבילה, וממילא דרשינן היקישא לקידוש, כדאמרן לעיל: **אם** כן **הויא** לה עבודה באחר. ה"נ הוה מצי למיפרך: אם כן הוי לה שחיטה בשנים, כיון דאם לא מירק פסול, ואם שנים שוחטין זבח אחד אפילו בזה אחר זה – פסול, כדמוכח בפרק "השוחט" (חולין דף כט.). וא"ת: ומאי קשיא ליה מעבודה באחר? הא בפ' "טרף בקלפי" (לקמן דף מב.) איכא מאן דמכשיר אפילו שחיטת פרו בזר. ואפילו מאן דפוסל – היינו דוקא פרו, דאתי לחובת היום דקאי עליה אהרן וחוקה, אבל תמיד דלא שייך לחובת יום הכפורים – לא קאי עליה אהרן וחוקה בשחיטה, כיון דלאו עבודה היא! ויש לומר: דמכל מקום פסול מדרבנן. וי"מ: משום דמריקה לורך קבלה. ולא נהירא, דמי עדיף מיעוט סימן בתרא מרוב קמא? ועוד י"מ: כיון דהא דאמר שחיטה לאו עבודה היא – היינו כמו שפירש רבינו יעקב מאורליינ"ש* לפי שנוהגת אף בחולין, והאי מירוק אינו מעכב' בחולין, א"כ הוי עבודה, ולא יהא כשר אלא בו: למה

רבינו חננאל

בהן מן העבודות טעון קדוש ידים ורגלים וכו' בגדי זהב כפרתן מרובה כל השנה כולה בגדי לבן פעם [אחת] בשנה. דבי ר' ישמעאל מפיק לכל טבילה ב' קדושין. ובא אהרן אל אהל מועד ופשט וגו' ורחץ את בשרו ולבש תן רחיצה לפשיטה ורחיצה ללבישה ואקשינן האי ורחץ טבילת כל בשרו כדכתיב ורחץ את בשרו במים. ופרקינן אם אינו ענין לטבילה דנפקא ליה לטבילה מורחץ דכתיב בענין כתונת בד קודש. תנהו ענין זה הפסוק לקידוש ונכתביה רחמנא בלשון קדוש כלומר הוה ליה לקרא למכתב ורחץ ידיו ורגליו שהן לשון קדוש וגמר קדוש בפשיטה מן הלבישה. מ"ט כתב ורחץ את בשרו שהוא לשון טבילה ללמד כי *)הקידוש כטבילה מה טבילה ממקום קדוש אף קידוש במקום קדוש. ור' יהודה גמר ב' קדושין לכל טבילה בק"ו כר' אלעזר ב"ר שמעון. אמר רב חסדא הא דרבי דדריש ופשט ורחץ ורחץ ולבש כלומר אחר שיפשוט בגדיו והוא עומד ערום מקדש ידיו ורגליו וטובל ועודנו ערום עוד מקדש ידיו ורגליו ואח"כ לובש נמצא לרבי ב' קדושין שעל הפשיטה ושעל הלבישה כשהוא ערום מקדש לפיכך אמרינן הא דרבי לא כרבנן דהא רבנן תרי קדושי כשהוא לבוש מקדש ולא כר' מאיר דאילו ר' מאיר מצריך ב' קדושין חד אפשיטה כשהוא ערום. מיהו השני שהוא על הלבישה אחר הלבישה מקדש. כדתנן ר' מאיר אומר פשט קידש ידיו ורגליו הביאו לו בגדי לבן ולבש וקידש ידיו ורגליו ומצאו לר' מאיר ה' קדושין פשוט וה' לבוש ור' אומר שניהם כשהוא פשוט מקדש לפיכך הא דרבי מפקא מדרבנן ומפקא מדר' מאיר. אמר רב אחא בר יעקב הכל מודים בקדוש שלאחר הטבילה כשהוא לבוש מקדש דאמר קרא בבואם אל אהל מועד ירחצו מים ולא ימותו או בגשתם אל המזבח לשרת. מי שאינו מחוסר שירות אחר קידוש ידים ורגלים אלא גישה אל המזבח. וא"ת פשוט מקדש יצא זה שמחוסר לבישה וגישה. ואסיקנא רב חסדא לית ליה הא דרב אחא בר יעקב דאמר הכל מודים דקידוש בתרא כשהוא לבוש מקדש. ולא רב אחא בר יעקב אית ליה הא דרב חסדא דא"כ הוו לרבי בה' טבילות בכל טבילה ב' קדושין כשהוא פשוט וקידוש אחר כשהוא לבוש הרי על כל טבילה ג' קדושין נמצא בה' טבילות ט"ו קידושין: **הביאו** את התמיד קרצו. פי' קרצו שחטו כדכתיב קרץ מצפון. קרצו ברוב שנים כלומר שחטו ברוב שני סימנים הושט והקנה הוכשר ואפילו בקדשים ולית ביה שמץ פסול אפילו מדרבנן ומפני מה שנינו ומירק אחר שחיטה על ידו מכלל שאע"פ ששחט כ"ג רוב שנים צריך אחר למרק. כלומר להשלים לחתוך מיעוט הסימנים הנשארים משום דמצוה למרק. כלומר מצוה לחתוך תשלום הנותר בסימנים ולא נחתך.

*) בגמ' הגי' להיפך דטבילה בקידוש ודברי רבינו צ"ע דבקידוש לא צריכנן להקישא דבהדיא כתיב במקום קדוש וצ"ע.

גליון הש"ס

גמ' מי שאינו מחוסר אלא גישה. כעין זה חולין דף קלה ע"א וש"נ:

תוספות ישנים

תנא דבי ר' ישמעאל ק"ו. ולקמן קאמר ליה איפכא ותנא דבי רבי ישמעאל ידע שיש להקשות לאידך גישא ולאידך גישא ויש לו פסוקים ללמוד: **שכן** כפרתן מרובה כו'. פי' שכן מכפרים הרבה כל השנה כולה ובקונטרס פי' שמכפרים על כל עבירות של (אשם זב וחטאת) כל השנה לא אתי שפיר דהא איכא שעיר המשתלח שקבלתו ווידויו היו בבגדי לבן מבחוץ שמכפר על כל עבירות. ריב"א. האי דקאמר הכא ק"ו אליבא דרבי יהודה אע"ג דלית ליה לעיל ק"ו דר"א דילמא הייט דמשום דיוה"כ גופיה אית לן למיעבד ק"ו וחדא מילתא היא כלפי' לעיל: **הביאו** לו תמיד. אע"פ שיש שאר עבודות שהם לפני שחיטה ואינן כשרות אלא בכה"ג כדאמר לקמן (מ"מ א) נקט בהדי התמיד מילתיה: **להיטיב** את הנרות. שתי נרות ואליבא דרבנן דאמרי בפ"ק (דף יד:) דבקטרת מפסיק להו: **את** הראש והאברים. ראש לא הוי בכלל אברים כדתניא ונתח אותה לנתחיה ולא את הראש שכבר הותז בשחיטה: **ואת** התביכים. ומנחה וסולת בכלל חביתים: **לישנא** דקטלא. ולפי שלא גמר כל שחיטתה נקט האי לישנא: **דכל** עבודות יום הכפורים אינן כשרות אלא בו. ומדרבנן אפילו שחיטה ב) מיירי ולא בתרומת הדשן דמקמה כל כך לא שייכא לעבודת התמיד:

א) נ"ל נקט תמיד מילתא דתקיבלא עפי: ב) אפי' שחיטה הס"ד ואח"כ מה"ד מסדר מערכה וכו' ולא מיירי בתה"ד דמקמה דלא שייכא כ"כ לעבודת התמיד כצ"ל ועי' ש"י.

קודמת

לכך שנינו: רוב אחד בעוף ורוב שנים בבהמה – וכי מאחר דאפילו פסולא מדרבנן ליכא, למה לי למרק? מצוה למרק. אביי *מסדר מערכה משמיה דגמרא, ואליבא דאבא שאול: [א]מערכה גדולה קודמת למערכה שניה של קטורת, מערכה שניה של קטורת קודמת לסידור שני גזירי עצים, וסידור שני גזירי עצים קודם לדישון מזבח הפנימי, ודישון מזבח הפנימי קודם להטבת חמש נרות, והטבת חמש נרות *קודם לדם התמיד, [נ"ל קודמת] ודם התמיד קודם להטבת שתי נרות, והטבת שתי נרות *קודם לקטורת, וקטורת *קודם לאברים, [ב]ואברים למנחה, ומנחה לחביתין, [ל"ג קודם] וחביתין לנסכין, ונסכין למוספין, *ומוספין לבזיכין, ובזיכין לתמיד של בין הערבים, שנאמר: °"והקטיר עליה חלבי השלמים" – [ויקרא ו] *[ג]עליה השלם כל הקרבנות כולן. אמר מר: "מערכה גדולה קודמת למערכה שניה של קטורת", מנא לן? דתניא: *°"היא העולה על מוקדה על המזבח כל הלילה" – [שם] זו מערכה גדולה, "ואש המזבח תוקד בו" – זו מערכה שניה של קטורת. [פסחים נט. לקמן לד. ע"ש] ואיפוך אנא! מסתברא, מערכה גדולה עדיפא – שכן כפרתה מרובה. אדרבה, מערכה שניה עדיפא, שכן מכניסין ממנה לפנים! אפי' הכי, כפרתה מרובה עדיפא. ואיבעית אימא: אי לא משכח עצים למערכה שניה מי לא מעייל ממערכה גדולה? "מערכה שניה של קטורת קודמת לסידור שני גזירי עצים", מנא לן? דכתיב: °"ובער עליה הכהן עצים בבקר בבקר" [שם] "עליה" – ולא על חברתה, (א) מכלל דאיתא לחברתה. והאי "עליה" מיבעי ליה לגופיה! תרי "עליה" כתיבי. "סידור שני גזירי עצים קודם לדישון מזבח הפנימי", אע"ג דהכא כתיב "בבקר בבקר" והכא כתיב "בבקר בבקר" – אפי' הכי מכשיר עדיף. מכשיר מאי ניהו – שני גזירי עצים, והא אמרת שני גזירי עצים למערכה גדולה אזלי! אמר רבי ירמיה: שום עצים. רבינא אמר: הואיל והתחיל במערכה – גומר. רב אשי אמר: אי לא משכח עצים למערכה שניה – מי לא מעייל ממערכה גדולה? "ודישון מזבח הפנימי קודם להטבת חמש נרות", מאי טעמא? אמר אביי: גמרא גמירנא, סברא לא ידענא. ורבא אמר: כריש לקיש. דאמר *)ריש לקיש: [ד]אין מעבירין על המצות.

*) [לקמן נח: ע. פסחים סד: מגילה ו: מנחות סד. ע"ש]

וכי

רש"י

לכך שנינו כו'. ממשנה יתירא, חדא בחולין וחדא בקדשים, מדקאמר ר"ש בן לקיש דלפרושה הך דסדר יומא תנן לה דשחיטת חולין, שמע מינה 'קרלו' דהכא – ברוב שנים: מצוה למרק. כדי להוציא את הדם יפה: אביי מסדר מערכה משמיה דגמרא. מנה סדר עבודות של כל יום ויום: משמיה דגמרא. דכוליה ישיבה דרבנן דבי מדרשא: ואליבא דאבא שאול. דאמר בפ"ק: *הטבת כל הנרות קודמות (לכל) "לקטורת": [דף יד:] מערכה גדולה. שעליה יקטירו כל (ב)הקטרות: קודמת. לסדר לפני המערכה שניה שעושין בקרן מערבית דרומית, משוך מן הקרן ד' אמות לצד צפון, כדתנן במסכת תמיד (דף כט.): [לעיל דף יד:] של קטורת. שממנה הותין גחלים להכניס למזבח פנימי שחרית וערבית, להקטיר עליה קטורת תמיד, פרס שחרית ופרס בין הערבים: לסידור שני גזירין. שמסדרין על מערכה גדולה. וכולהו טעמי מפרש לקמיה: לדם התמיד. לשחיטה ולזריקה: קטורת. של מזבח הפנימי קודמת לאברים, להקטיר אברי התמיד על מזבח החיצון: למנחה. מנחת נסכו של תמיד(ג) ונסכיהן, דכתיב (במדבר כח) "ועשירית האיפה סולת למנחה וגו'": לנסכין. לנסך יינו של תמיד: ונסכין למוספין. אם שבת הוא: שנאמר והקטיר עליה חלבי השלמים. ודרש ליה לשון השלמה; עליה על העולה, תמיד של שחר האמורה בראש המקרא, שנאמר "וערך עליה העולה" והקטיר והוסיף והשלים אחריה כל הקרבנות, ולא על שבין הערבים. למד על תמיד של בין הערבים שהוא אחרון לכל הקרבנות: מוקדה. לשון מדורת עצים, וכן 'תוקד': זו מערכה שניה. ולימדך שתהא על מזבח החיצון, ומשם יכניסו גחלים על הפנימי: ואיפוך. להקדים מערכה של קטורת[א](ד) [וקרא] כסידורה דהא בהקטר כל הלילה קאי: כפרתה מרובה. שעליה מקטירים כל הקטרות, חוץ מן הקטורת לפנים להיכל: מי לא מעייל כו'. נמצאת אף הגדולה ראויה לפנים: ובער עליה. אמערכה גדולה קאי, דסמיך ליה וערך עליה(ה) עלים, ב' עצים: ולא על חברתה. של קטורת: והכא כתיב. "בבקר בבקר בהיטיבו את הנרות יקטירנה" (שמות ל) קאי למידרשיה אדישון פנימי ואהטבה והקטורת, כדכתיב "יקטירנה", ואין קטורת אלא לאחר דישון: מכשיר עדיף. המכשיר ומתקן את הדבר הזה קודמו. ועצים מכשירי קטורת הם שהרי עצים הן המכשירין את הקטורת: מכשיר מאי ניהו. מכשיר דהכא במאי עסקת – בשני גזירי עצים: והא למערכה גדולה אזלי. ואינם מכשירי קטורת: שום עצים. אף על גב דהני לאו לקטורת אזלי, שם עצים מכשירי קטורת הן: גמרא גמירנא. שכן סידרן: סברא לא ידענא. לתת טעם לדבר מדעתי: אין מעבירין. הפוגע במצוה לא יעבור ממנה. ונפקא לן במכילתא מ"ושמרתם" את המצות", קרי ביה את המצות – לא תמתין לה שתחמיץ ותיישן:

וכי

תוספות

למה לי למרק. תימה: והלא אפי' בחולין מוכח בפרק "השוחט" (חולין דף כז.) שיש לשחוט לכתחילה כל הסימנין ולא סגי ברובא, דילמא לא אתי למיעבד רובא! וי"ל: ה"מ – בחד גברא, אבל בתרי גברי, דכבר שחט כ"ג ונסתלק, אי אתי אחרינא וממרק – נראה כשהייה, ונראה כאילו נשחט אזבח בשנים, הוה לן למיסר למרק! ומשני: מצוה למרק, כדי לקבל כל הדם:

אביי מסדר מערכה כו'. תימה לי: אמאי לא קא חשיב נמי תרומת הדשן, דהויא נמי תחילת עבודה דיממא? וי"ל: משום דזימנין מקדימין אותה מאשמורת הראשונה ומחצות, הלכך לא קא חשיב לה, שהיה הפסק גדול בינה ובין הני דקא חשיב. אבל הנך דקא חשיב – היו רגילין לעשותן בזה אחר זה. אי נמי יש לומר: תרומת הדשן עיקר מצותה רק בלילה, אבל הני, אי בעי למעבדינהו ביממא – הרשות בידם:

מכלל דאיכא חבירתה. תימה לי: אם כן למה לי קרא דלעיל "ואש המזבח תוקד בו" למערכה שניה? תיפוק ליה מהאי קרא! וי"ל: דאי מהכא הוה אמינא: יעשו מערכה שניה על מזבח הפנימי כדרך שעושין מערכה גדולה על מזבח החיצון, כיון דאתיא לצורך קטורת דמזבח הפנימי, להכי איצטריך "ואש המזבח תוקד בו" – על מזבח החיצון במקום מערכה גדולה:

אפילו הכי מכשיר עדיף. תימה לי: לימא טעמא משום דתדיר ושאינו תדיר תדיר קודם, וסידור גזירין הוא תדיר טפי, שהוא פעמים בכל יום, ודישון מזבח הפנימי אינו אלא פעם אחת! ויש לומר: דלא גמרינן מ"מלבד עולת הבוקר אשר לעולת התמיד" דתדיר קודם אלא היכא דתרוייהו שוו, דזו וזו מתנה דומיא דתמידין ומוספין. אבל כל כי האי גוונא דחד הוי עבודת מתנה וחד עבודת סילוק – לא:

אין מעבירין על המצות. בפרק "איזהו מקומן" (זבחים דף נא.) גבי שירי הדם היה שופך על יסוד מערבי, קאמר בגמרא: מ"ט – דכתיב (ויקרא ד): "אל יסוד מזבח העולה אשר פתח אהל מועד" – ההוא דפגע ביה ברישא. ומשמע, משום דאין מעבירין על המצות, אבל רש"י ל"ג ההוא דפגע ביה ברישא, אלא מ"פתח אהל מועד" קא גמר לה, דיסוד מערבי של מזבח הוי כנגד הפתח. וכן משמע התם בגמרא גבי שירי הדם היה שופך על יסוד דרומי, ומפרש משום דילמד ירידתו מן הכבש ליציאתו מן ההיכל; מה יציאתו מן ההיכל – בסמוך לו, דהיינו יסוד מערבי, אף ירידתו מן הכבש בסמוך לו – דהיינו יסוד דרומי. ואי מאין מעבירין על המצות קא יליף לפנימיים דנשפכין על יסוד מערבי, אמאי פשיטא ליה [טפי] בפנימיים שהן ביסוד מערבי מבחילון ביסוד דרומי? הא אידי ואידי שייך בהו טעמא דאין מעבירין על המצות. וכן משמע ר"פ "קדשי קדשים" (שם דף נח:) דפריך: שירי הדם בהדיא כתיב בהו "אשר פתח אהל מועד". ואם תאמר: ולמה לי קרא, אמאי לא נפקא מדריש לקיש דאין מעבירין על המצות? ויש לומר: דלא שייכא דריש לקיש אלא היכא דבעינן למעבד תרוייהו, שיש להקדים ההוא דפגע ביה ברישא, אבל היכא דלא עבדינן אלא חד – לא גמרינן מיניה, ונעביד לתדיר לחודיה, ולא נעביד לשאינו תדיר: [ועי' תוס' מגילה ו: ד"ה מסתבר]:

עבורי

רבינו חננאל

אביי מסדר מערכה משום דגמרא אליבא דאבא שאול דתניא מערכה גדולה קודמת למערכה שניה של קטורת ומערכה שניה כו' עד עליה השלם כל הקרבנות. מערכה גדולה קודמת למערכה שניה של קטורת ואוקימנא מערכה גדולה קודמת שכן כפרתה מרובה. פי' הקרבנות חטאות ואשמות וכיוצא בהן כולן למערכה גדולה עולין לפיכך קודמת. מערכה שניה של קטורת קודמת לסידור ב' גזירי עצים מדהוה לקרא למכתב ובער עצים וכתיב ובער עליה שמעינן מינה מכלל שיש שם מערכה אחרת והזהירה התורה עליה ולא על האחרת שיש שם סידור ב' גזירין קודמין לדישון מזבח הפנימי ואע"ג דכתיב בבקר בבקר בהיטיבו את הנרות יקטירנה הנה [כתיב] ב' בבקר וכתיב נמי ובער עליה הכהן עצים בבקר בבקר ב' בקרים השקולין הן. אפי' הכי המכשיר עדיף והם הגחלים שאילו אין הגחלים הקטורת לא היתה מתקטרת. לפיכך העצים אע"פ שהגזירין אינן עולין למערכה של קטורת. אסיק שום עצים קודמין לדישון מזבח הקטורת ודישון מזבח הפנימי קודם להטבת ה' נרות. דקי"ל אין מעבירין על המצות והכהן הבא להיכל והולך ממזרח למערב בהיכל כי פגע ברישא במזבח הזהב פגע ברישא. כדתניא בהדיא כי השלחן בצפון והמנורה בדרום והמזבח נתון ביניהם. משוך קימעא כלפי חוץ. ולמה הוא משוך כלפי חוץ דבעינן שלחן נוכח המנורה. דחזו להדדי. וכיון שמושך המזבח מעט כלפי חוץ נמצא צד השלחן והמנורה הנוטה למערב רואין זו את זו. אמר רבא ש"מ מדריש לקיש אין מעבירין על המצות.

עין משפט נר מצוה

כז א מיי' פ"ו מהל' תמידין הלכה א:
כח ב מיי' שם הלכ' ה:
כט ג מיי' פ"א שם הלכה ג:
ל ד מיי' פ"ד מהל' תפילין הלכה ח:

תוספות ישנים

קודמת לשני גזרי עצים. נ"ע דאמאי לא קתני סידורי עצים בסדר התמיד במסכת תמיד: **עליה** השלם כל הקרבנות כולם. לכאורה משמע דלמצוה הוא דהוי הכי כדדרשינן נמי לקמן העולה עולה ראשונה ואמרינן במנחות בפרק התכלת (דף מט:) דלמצוה וקשה לרבי מדתנן בפסחים בסוף פרק אלו דברים שחטו ונודע שמשכו בעלים את ידיהם וכו' ותני עלה בחול ישרף מיד כו' ודייק פסולו מחמת מאי הוי אי מחמת ששחטו אחר התמיד של בין הערבים פסולו מחמת דבר אחר וטעון עיבור צורה אלמא אינו ראוי כלל להקרבה מדקרי ליה פסול וטעון עיבור צורה ויש לדחות דעליה השלם איכא פסול שעבר על עשה דהשלמה ואינו ראוי עוד להקרבה באותו יום אבל לא יהא דבר קודם לתמיד של שחר הוי למצוה בעלמא שביום זה לאחר התמיד מיד ראוי להקרבה ולכך לא מיפסל בהכי וקשה לרבי מדתניא בתוספתא דפסחים (פ"ד) כל הקדשים שהקריבן [קודם] לתמיד השחר פסולין משמע שלא היו קריבין כלל וי"ל דבקרבנות יחיד מיירי כגון נדרים ונדבות א"נ י"ל דפסולין הוו מדרבנן והכי משמע מדנקט בפסחים בפרק תמיד נשחט דליכא פסול אחר תמיד של בין הערבים אלא מדרבנן דתנן (דף סג.) ר' שמעון אומר השוחט פסח בי"ד על החמץ לשמו חייב ושאר כל הזבחים בין לשמן בין שלא לשמן פטור ומפרש בגמרא טעמא דכל היכא דמיקרי ביה זבח לא מיחייב אזבחי ואין הטעם צריך תיפוק ליה משום שהן פסולין אחר התמיד שכל שחיטת הפסח אחר התמיד והוי כפסח במועד לשמו דפטר ר' שמעון התם אלא ש"מ דליכא פסולא אלא מדרבנן ועוד ראיה מדאמר בתמיד נשחט (דף סב:) וכן השוחט אחרים לשם פסח בזמנו רבי אליעזר פוסל ור' יהושע מכשיר ואמאי מכשיר כיון שנשחט לשם פסח א"כ נשחט אחר תמיד הערב אלא ש"מ דליכא פסולא אלא מדרבנן עוד ראיה מדתנן בפ' מי שהיה טמא (דף צח.) נתערב בבכורות אם חבורות הכהנים יאכלו והיאך שחטום אחר התמיד אלא ש"מ דכשרים מן התורה אחר שחיטת התמיד אך יש לדחות דאיירו כולן קודם שחיטת התמיד כדתנן בתמיד נשחט (דף סא.) שחטו קודם לתמיד כשר וא"ת למה פסל בעליה השלם אפילו מדרבנן והלא יכול להעלותו ולהלינו בראשו של מזבח כדאמרי' בריש תמיד נשחט י"ל דלא אמרינן הכי אלא לצורך כגון גבי מחוסר כפורים פרק תמיד נשחט (דף נט.). מ"ר. אך קשה לרבי מדאמרינן בפרק בתרא דראש השנה (דף ל:) פעם אחת נשתהו העדים וקלקלו הלוים בשיר וקאמר שאמרו שיר של חול עם התמיד של בין הערבים ואמאי נקט שקלקלו הלוים בשיר ותיפוק ליה שקלקלו במוסף שלא הקריבוהו כל עיקר י"ל שהקריבוהו אחר תמיד של בין הערבים דאתי עשה דרבים ודחי עשה דהשלמה וה"ר אלחנן היה אומר שהיו יכולין להקריב מוספין אחר תמיד של בין הערבים כיון שאירע כן ממילא דהא תנן בפ' התכלת (מנחות מט.) התמידין אין מעכבין המוספין והמוספין אין מעכבין כו' ומפרש התמידין של שחר אם לא קרבו אין מעכבין המוספין שלאחריהן והמוספין שלא קרבו אין מעכבין התמידין של בין הערבים שלאחריהן אלא יכולין ליקרב התמידין תחילה כי אין לפרש דקאי על תמיד השחר שהמוספין שלא קרבו [אין] מעכבין אותו כי זהו דבר פשוט שלא יעכבוהו אלא ש"מ כדפרי' ואם כן הכא נמי כיון שקרב אח"כ תמיד הערב היו יכולין להקריב אח"כ המוספין ואין כאן שום קלקול מוספין ועוד נראה לי דכיון דאין פסול זה אלא מדרבנן ומן התורה כשר אם הקריב אחר תמיד של בין הערבים גם עכשיו הוא כשר להקריב כיון שקרב התמיד. מ"ר. ור' יעקב מקורבי"ל תירץ דבמוספין לא קלקלו לפי שקרב על התנאי תמיד של בין הערבים שאם יבואו עדים יהיה לחובה ואם לאו יהא לתמיד וא"ת למה נתקלקלו בשיר והלא היו יכולין לאומרו על כבש האחר הבא י"ל דאמנו לגבי קאמר דנתקלקלו לפי שלא אמרו השיר על המוסף שהיה להם לאומרו אבל קשה קצת דקאמר [illegible] ונסכים

הגהות הב"ח

(א) גמ' דכתיב ובער עליה הכהן כו' מכלל דאיתא לחברתה. נ"ב בשעה שמסדר שני גזירין וק"ל: (ב) רש"י ד"ה מערכה גדולה כו' כל הקטרות: (ג) ד"ה למנחה מנחת נסכו של תמיד דכתיב כו' כצ"ל ותיבת ונסכיהן נמחק: (ד) ד"ה ואיפוך כו' של קטורת וקרא דלאו כסידורה: (ה) ד"ה ובער עליה כו' וערך עליה העולה הס"ד ואח"כ מה"ד עלים כו':

גליון הש"ס

תד"ה אביי וכו' אי בעי למעבדינהו ביממא. עיין לעיל דף כו ע"ב תוס' ד"ה תרומת. שם ד"ה מכלל. עיין לקמן דף מ"ה ע"ב. שם ד"ה אין מעבירין וכו' דלא שייכא דריש לקיש. עיין מג"א סי' קמז ס"ק י"ח:

הגהות מהר"ב רנשבורג

(א) רש"י ד"ה ואיפוך. להקדים מערכה של קטורת. נ"ב עי' ש"י בל' מלת ... וכו' ושם מגלן ... כוונת רש"י בזה:

תורה אור

וְכִי עָיֵיל לַהֵיכָל – בַּמִּזְבֵּחַ פָּגַע בְּרֵישָׁא. דְּתַנְיָא: [א]שֻׁלְחָן בַּצָּפוֹן, *מָשׁוּךְ מִן הַכּוֹתֶל שְׁתֵּי אַמּוֹת וּמֶחֱצָה, וּמְנוֹרָה בַּדָּרוֹם מְשׁוּכָה מִן הַכּוֹתֶל שְׁתֵּי אַמּוֹת וּמֶחֱצָה, מִזְבֵּחַ מְמוּצָּע וְעוֹמֵד בָּאֶמְצַע וּמָשׁוּךְ כְּלַפֵּי חוּץ קִימְעָא. וְנוֹקְמֵיהּ לַהֲדַיְיהוּ! כֵּיוָן דִּכְתִיב: "וְאֶת הַמְּנוֹרָה נֹכַח הַשֻּׁלְחָן" (שמות כו) בְּעִינַן דְּחָזוּ אַהֲדָדֵי. אָמַר רָבָא, ש"מ מִדְּרֵישׁ לָקִישׁ: [ב]עֲבוּרֵי דְּרָעָא אַטּוֹטֶפְתָּא – אָסוּר. הֵיכִי עָבֵיד – מִדְּרָעָא לְטוֹטֶפְתָּא. "וַהֲטָבַת חָמֵשׁ נֵרוֹת קוֹדֶם לְדַם הַתָּמִיד, וְדַם הַתָּמִיד קוֹדֶם לַהֲטָבַת שְׁתֵּי נֵרוֹת". מַאי טַעְמָא? אָמַר אַבַּיֵי: הַהוּא "בַּבֹּקֶר בַּבֹּקֶר" דִּשְׁנֵי גְּזִירֵי עֵצִים דְּלָא צְרִיכִי – שַׁדְיֵינְהוּ לְהָכָא, חַד שַׁדְיֵיהּ לַהֲטָבַת חָמֵשׁ נֵרוֹת דְּלִיקַדְּמֵי לְדַם הַתָּמִיד, וְחַד שַׁדְיֵיהּ לְדַם הַתָּמִיד דְּנַקְדְּמֵיהּ לַהֲטָבַת שְׁתֵּי נֵרוֹת, חַד שַׁדְיֵיהּ לַהֲטָבַת חָמֵשׁ נֵרוֹת דְּלִיקַדְּמֵי לְדַם הַתָּמִיד, דְּהָכָא תְּלָתָא וְהָכָא תְּרֵי. וְחַד שַׁדְיֵיהּ לְדַם הַתָּמִיד דְּנַקְדְּמֵיהּ לַהֲטָבַת שְׁתֵּי נֵרוֹת. אע"ג דְּהָכָא תְּרֵי וְהָכָא תְּרֵי – מְכַפֵּר עָדִיף. אֲמַר לֵיהּ רַב פַּפָּא לְאַבַּיֵי, וְאֵימָא: חַד שַׁדְיֵיהּ לְדִישּׁוּן מִזְבֵּחַ הַפְּנִימִי דְּנַקְדְּמֵיהּ לְדַם הַתָּמִיד, דְּהָכָא תְּלָתָא וְהָכָא תְּרֵי, וְחַד שַׁדְיֵיהּ לְדַם הַתָּמִיד דְּנִקְדּוֹם לַהֲטָבַת חָמֵשׁ נֵרוֹת, דְּאַף עַל גַּב דְּהָכָא תְּרֵי וְהָכָא תְּרֵי, מְכַפֵּר עָדִיף! אִם כֵּן אַפְסוֹקֵי בְּמַאי מַפְסְקַתְּ לְהוּ? הָנִיחָא לְרֵישׁ לָקִישׁ דְּאָמַר: לָמָּה מְטִיבִין וְחוֹזְרִים וּמְטִיבִין – *כְּדֵי לְהַרְגִּישׁ כָּל הָעֲזָרָה כּוּלָּהּ, שַׁפִּיר. אֶלָּא לְרַבִּי יוֹחָנָן, דְּאָמַר: "בַּבֹּקֶר בַּבֹּקֶר" חַלְּקֵהוּ לִשְׁנֵי בְקָרִים, מַאי אִיכָּא לְמֵימַר! אֲמַר לֵיהּ רָבִינָא לְרַב אַשִׁי: הַאי "בַּבֹּקֶר בַּבֹּקֶר" דְּעֵצִים מִי מַיְיתַר? הָא מִיבָּעֵי לֵיהּ לְגוּפֵיהּ, דְּקָאָמַר רַחֲמָנָא: נִקְדְּמוּ לְמַעֲרָכָה שְׁנִיָּה שֶׁל קְטוֹרֶת! אֲמַר לֵיהּ: וְלָאו מִי אוֹקִימְנָא "עָלֶיהָ" – וְלֹא עַל חֲבֶרְתָּהּ, מִכְּלָל דְּאִיתָהּ לַחֲבֶרְתָּהּ. מַאי שְׁנָא דְּעָבֵיד הֲטָבַת חָמֵשׁ נֵרוֹת בְּרֵישָׁא? נַעֲבֵיד הֲטָבַת שְׁתֵּי נֵרוֹת בְּרֵישָׁא! כֵּיוָן דְּאַתְחִיל בְּהוּ – עָבֵיד רוּבָּ'. וְנַעֲבֵיד שִׁית! אָמַר קְרָא: "בְּהֵיטִיבוֹ אֶת הַנֵּרוֹת יַקְטִירֶנָּה" (שם ל) וְאֵין נֵרוֹת פְּחוּתוֹת מִשְּׁתַּיִם. "וַהֲטָבַת שְׁתֵּי נֵרוֹת קוֹדֶמֶת לִקְטוֹרֶת", דְּאָמַר קְרָא: "בְּהֵיטִיבוֹ אֶת הַנֵּרוֹת" וַהֲדַר "יַקְטִירֶנָּה". "וּקְטוֹרֶת לְאֵבָרִים", דְּתַנְיָא: יוֹקְדָם דָּבָר שֶׁנֶּאֱמַר בּוֹ "בַּבֹּקֶר בַּבֹּקֶר" לְדָבָר שֶׁלֹּא נֶאֱמַר בּוֹ אֶלָּא "בֹּקֶר" אֶחָד בִּלְבַד. "וְאֵבָרִים לְמִנְחָה", דְּתַנְיָא: מִנַּיִין *שֶׁלֹּא יְהֵא דָּבָר קוֹדֵם לְתָמִיד שֶׁל שַׁחַר,

ת"ל

עבורי דרעא אטוטפתא. פרש"י: להניח תפילין בראש קודם שיניח תפילין של יד אסור, דקא מעביר על מצות תפילין של יד, דפגע ברישא בזרוע קודם שיגיע לראש. וקשה לפי' דמאי איריא מדריש לקיש? תיפוק ליה מדאמר בפרק "הקומץ רבה" (מנחות דף לו.): כשהוא מניח – מניח של יד ואח"כ של ראש, דכתיב "וקשרתם לאות על ידך" והדר "והיו לטוטפות בין עיניך"! ומפרש רבינו תם בשם רב האי גאון ז"ל: דאיירי בשעה שחולץ תפילין ומניחן בתיק, שלא יעביר אותן של יד ויתנס בתיק תחילה ואח"כ של ראש למעלה, דא"כ כשיבא להניח יפגע בשל ראש תחילה, ויצטרך להעביר על המצות, משום דשל יד יש להניח תחילה כדפי'. לפיכך צריך להניח בתיק של ראש תחילה ואח"כ של יד למעלה. ורבי אליהו ז"ל מפרש: דלענין משמוש איירי, דחייב אדם למשמש בתפילין כל שעה, *ק"ו מציץ, והשתא קאמר דבשל יד ממשמש תחילה משום דפגע בהן ברישא, ואח"כ ממשמש בשל ראש: **ואימא** חד שדייה לדישון מזבח הפנימי דנקדמיה לדם התמיד. וא"ת: ניסדי תרוייהו 'בבקר' אדם התמיד דניקדום לדישון מזבח הפנימי, דהכא תלתא והכא תרי! וי"ל: דהא לאו סברא היא דניסדי תרוייהו אהיכא דלא כתב אלא חד, ואדישון פנימי דכתיב ביה תרי לא ניסדי מידי, יליבא בארעא וגיורא בשמי שמיא? אי נמי י"ל: דא"כ לא לכתוב גבי גזירין אלא חד "בבקר" ונשדייה אדם התמיד דנקדים לדישון מזבח הפנימי, ואע"ג דהכא תרי והכא תרי – מכפר עדיף. ומדכתיב תרי "בבקר" – ש"מ דאיצטריך למימר דנישדי חד אדישון מזבח הפנימי: **הכא** תלתא והכא תרי. אין להקשות: הא טובא "בבקר בבקר" כתיבי בתמיד בפרשת "ואתה תצוה" ובפרשת "פינחס". די"ל: הני כולהו כחד חשיב להו, כיון דלא כתיבי בהדי הדדי כמו בגזירין ונרות, דכתיב "בבקר בבקר", והוי כמו פרשה שנאמרה ונשנית: **יוקדם** דבר שנאמר בו בבקר בבקר לדבר שלא נאמר בו אלא בבקר. דאע"ג דאמר לעיל דתמיד כתיב ביה תרי "בבקר", היינו דם התמיד דווקא. וקשה לי: נימא תרי 'בבקר' דגזירי עלים, חד שדייה אדם התמיד דנקדמיה לדישון הפנימי, דאע"ג דהכא תרי והכא תרי – מכפר עדיף. וחד שדייה אאברי תמיד דניקדמו להטבת שתי נרות, דאע"ג דהכא תרי והכא תרי – נקדמו כי היכי דליהוי הפסק בנרות, דרחמנא אמר ליפסקינהו. ואי לא מפסיק להו באברים – במאי מפסיק להו? וי"ל: דאינו סברא לשווי תרוייהו בבקר בתמיד, כדפרישית לעיל. ואע"ג דחד בדם וחד באברים – מ"מ כיון דבחד זיבחא הוא – לא מסתבר לומר כן:

העולה

וְכִי עָיֵיל לַהֵיכָל בַּמִּזְבֵּחַ פָּגַע בְּרֵישָׁא. קוֹדֶם שֶׁיַּגִּיעַ לַמְּנוֹרָה, שֶׁהַמִּזְבֵּחַ מָשׁוּךְ כְּלַפֵּי מִזְרָח קִימְעָא: מָשׁוּךְ מִן הַכּוֹתֶל. מְרוּחָק מִן הַכּוֹתֶל לְפוֹנִי שְׁתֵּי אַמּוֹת וּמֶחֱצָה, שִׁיעוּר דֶּרֶךְ שְׁנֵי כֹּהֲנִים זֶה אֵצֶל זֶה הַמְסַדְּרִין שְׁתֵּי מַעַרְכוֹת שֶׁל לֶחֶם הַפָּנִים בְּשַׁבָּת. וּמִלְוָותוֹ לְסַדְּרָן וּלְסַלְּקָן יַחַד. וְאַרְבָּעָה נִכְנָסִין, שְׁנַיִם מִצַּד זֶה שֶׁל שֻׁלְחָן לְסַלֵּק אֶת הַמַּעֲרָכָה הַיְשָׁנָה שֶׁל לֶחֶם הַפָּנִים, וּשְׁנַיִם מִצַּד זֶה לְסַדֵּר הַחֲדָשָׁה: [מנחות לט.] מְשׁוּכָה מִן הַכּוֹתֶל שְׁתֵּי אַמּוֹת וּמֶחֱצָה. כְּמִדַּת הַשּׁוּלְחָן, דְּהָא כְּתִיב (שמות כו) "נֹכַח הַשֻּׁלְחָן" זֶה כְּנֶגֶד זֶה: כְּלַפֵּי חוּץ. כְּלַפֵּי מִזְרָח לְצַד פֶּתַח הַהֵיכָל: לוֹקְמָא בַּהֲדַיְיהוּ. מְכוּוָּן בֵּינַיְיהוּ וְלָמָּה נִמְשָׁךְ לַחוּץ? מִדְּרֵישׁ לָקִישׁ. דְּאָמַר: אֵין מַעֲבִירִין עַל הַמִּצְוֹת: עֲבוּרֵי דְּרָעָא אַטּוֹטֶפְתָּא. לַעֲבוֹר תְּפִילִּין שֶׁבַּזְּרוֹעַ בִּשְׁבִיל תְּפִילִּין שֶׁל רֹאשׁ אָסוּר, דְּהָא בַּזְּרוֹעַ פָּגַע תְּחִילָּה: הֵיכִי עָבֵיד מִדְּרָעָא לְטוֹטֶפְתָּא. מִן הַזְּרוֹעַ יָבֹא עַל רֹאשׁ, יַנִּיחַ שֶׁבַּזְּרוֹעַ תְּחִילָּה וְאַחַ"כ יַנִּיחַ שֶׁל רֹאשׁ: בַּבֹּקֶר בַּבֹּקֶר דִּשְׁנֵי גְּזִירִין. דְּלֹא צָרִיךְ, דְּהָא אֲמַרַן מַכְשִׁיר עָדִיף: שַׁדְיֵינְהוּ לְהָכָא. שֶׁזּוֹ מִדָּה בַּתּוֹרָה: דָּבָר שֶׁאֵינוֹ עִנְיָן לוֹ תְּנֵהוּ עִנְיָן לַחֲבֵירוֹ: דְּהָכָא תְּלָתָא וְהָכָא תְּרֵי. הָכָא תְּלָתָא – בַּהֲטָבַת נֵרוֹת כְּתִיב "בַּבֹּקֶר בַּבֹּקֶר" וְהַאי דְּשָׁדֵינַן עֲלֵיהּ חַד – הָא תְּלָתָא. וּבַתָּמִיד כְּתִיב (שמות כט) "אֶת הַכֶּבֶשׂ הָאֶחָד תַּעֲשֶׂה בַבֹּקֶר" וְהַאי דְּשָׁדֵינַן עֲלֵיהּ, כִּדְאָמַר חַד שְׁדֵי לְדַם הַתָּמִיד: אע"ג דְּהָכָא תְּרֵי וְהָכָא תְּרֵי. הָנֵי מְכַפְּרֵי, שֶׁהָעוֹלָה מְכַפֶּרֶת עַל עֲשֵׂה וְעַל לֹא תַעֲשֶׂה שֶׁנִּיתַּק לַעֲשֵׂה, לְקַמָּן בְּפִירְקִין (דף לו.): א"כ. דְּמַקְדְּמַתְּ לֵיהּ לְדַם הַתָּמִיד אַפְסוֹקֵיהּ בְּמַאי פָּסְקַתְּ לַהֲטָבַת הַנֵּרוֹת לְחַבָּא שָׁאוּל, כֵּיוָן דְּאִית לֵיהּ מֵיטִיב וְאַחַ"כ יַקְטִיר, דַּם הַתָּמִיד תַּקְדִּים וְהַקְּטוֹרֶת תְּאַחֵר, וּבְאֵיזוֹ עֲבוֹדָה תַּפְסִיקוּ? וְא"ת: מַאי אִיכְפַּת לָךְ? הָנִיחָא לְר"ש בֶּן לָקִישׁ דְּאָמַר אֵין הַפְסָקָתָן אֶלָּא לְהַרְבּוֹת הֶרְגֵּשׁ – מַהֲלַךְ פְּסִיעוֹת וְקוֹל תְּחִילַּת עֲבוֹדוֹת בָּעֲזָרָה: שַׁפִּיר. יֵשׁ לְךָ לוֹמַר יַפְסִיק בֵּינֵיהֶם לְהַמְתִּין בֵּין אֵלּוּ לְאֵלּוּ לָצֵאת וְלִיכָּנֵס, וְלֹא תְּהֵא עֲבוֹדָה בֵּינְתַיִים: אֶלָּא לְרַבִּי יוֹחָנָן. דְּדָרֵישׁ "בַּבֹּקֶר בַּבֹּקֶר" בְּהֵיטִיבוֹ חַלְּקֵהוּ לְב' נֵרוֹת לִשְׁנֵי בְקָרִים אֵלּוּ יִקְדְּמוּ לַעֲבוֹדָה אַחַת, אַלְמָא: יֵשׁ עֲבוֹדָה בֵּינֵיהֶם. וְהָא לֵיכָּא לְמֵימַר אַפְסָקֵיהּ בְּדִישּׁוּן מִזְבֵּחַ הַפְּנִימִי – דְּא"כ דְּמַקְדִּים הֲטָבַת ה' נֵרוֹת לְדִישּׁוּן הֲוָה לֵיהּ מַעֲבִיר עַל הַמִּצְוֹת. וַעֲבוֹדָה תּוּ לֵיכָּא לְהַקְדִּים מְקוֹמָהּ לִתְתָהּ בֵּינֵיהֶם, שֶׁכּוּלָּם סְדוּרוֹת כָּאן ע"פ הַמִּקְרָאוֹת: לְדָבָר שֶׁלֹּא נֶאֱמַר בּוֹ אֶלָּא בֹּקֶר אֶחָד. הַתָּמִיד נֶאֱמַר בּוֹ "תַּעֲשֶׂה בַבֹּקֶר". וְא"ת: הָא שָׁדֵינַן עֲלֵיהּ חַד מֵהָנָךְ דִּשְׁנֵי גְּזִירִין! אַדַּם הַתָּמִיד הוּא דְּשָׁדֵינַן עֲלֵיהּ וְלֹא עַל הָאֵבָרִים. וְאִם תֹּאמַר: מְכַפֵּר עָדִיף – אֵין כַּפָּרָה אֶלָּא בְּדָם: מִנַּיִין שֶׁלֹּא יְהֵא דָּבָר. יִתֵּן עַל מַעֲרָכָה גְּדוֹלָה קוֹדֶם לְאֵבְרֵי הַתָּמִיד:

ת"ל

עין משפט נר מצוה

לא א מיי' פ"ח מהל' בית הבחירה הל' ז':

לב ב מיי' פ"ד מהל' תפילין הלכה ח:

רבינו חננאל

אלא המצוה שאדם פוגע בה תחלה צריך לעשות ואח"כ יעשה המצוה שאחריה להקדים התפלין שעל הראש ולהעביר שעל בידו והוא שעל הזרוע אסור לפי כשפוגע תחלה בתפלה של זרוע פגע ברישא. פי' גאון עבורי דדרעא אטוטפתא אסור *) דהכין אמור רבנן כשהוא חולץ חולץ של יד ואחר כך חולץ של ראש מניחה בכים למעלה ממנה. ותחתיה מונחת תפלה של יד. וקאמר ש"מ מדריש לקיש שאסור להעביר את של זרוע שהיא למטה על טוטפת של ראש שהוא למעלה להניחה תחלה פי' גאון הניחא לריש לקיש דאמר למה מטיבין וחוזרין ומטיבין כדי להרגיש העזרה היינו דמשכחת ג' בקרים בהטבת חמש נרות (מגופיה) [ב' בגופיה] וא' בסידור ב' גזירין אלא לר' יוחנן דאמר בבקר בבקר חלקהו לב' בקרים ומש"ה מטיבין ה' נרות והדר מטיבין ב' נרות ליכא בה' נרות אלא ב' בקרים חד דגופיה וחד מסידור ב' גזירי עצים ולא אפריק הדין קושיא. אלו דברי הגאון זלה"ה: **הטבת** ה' נרות קודם לדם התמיד מ"ט אמר אביי ובער עליה הכהן עצים בבקר [בבקר] דכתיב בסידור ב' גזירין לא צריך דהא גמרינן דמקדים סידור ב' גזרי עצים **) למערכה גדולה קודם מערכה שניה של קטרת מעליה ולא על חברתה כו' הלכך מופנה הוא ולא צריך בהאי עניינא שדינהו חד להטבת ה' נרות דנקדמיה לדם התמיד וחד לדם התמיד דנקדים להטבת ב' נרות. בהטבת הנרות כתיב בבקר בבקר בהיטיבו את הנרות הוספת לו אחד בה' נרות נמצאו בן שלשה ובתמיד כתיב את הכבש אחד תעשה בבקר אע"פ שמוסיף לו בקר אחד נמצא בזה שנים ובזה ג' ומי שיש בו ג' בקר קודם למי שיש לו ב' ודם התמיד קודם להטבת ב' נרות מכפר עדיף פי' התמיד. ואתא רב פפא לדחויה הא דאביי ואמר הכי אימא הני בבקר בבקר דב' גזירי עצים דלא צריכי חד שדייה לדישון מזבח הפנימי כו' ודחיא א"כ שאתה מקדים דם התמיד להטבת הנרות כולם במאי מפסקת להו לנרות הניחא לר"ל דאמר אין הפסקת הנרות חובה אלא כדי להרגיש את העזרה בלבד היינו דלא חיישינן לאפסוקינהו אלא לר' יוחנן דאמר בבקר בבקר בהיטיבו את הנרות חלקם לב' בקרים. הנה מן התורה צריך להפסיקם מאי איכא למימר ונדחו דברי רב פפא ועמדו דברי אביי שבודאי אי אפשר שלא להפסיקם וראינו לרבותינו הגאונים בזה פירוש אחר ויש עליו תשובה לפיכך לא כתבנוהו מיהו נשאר לדקדק למה מטיב חמש וזורק הדם ומטיב אח"כ השנים ופשוטה היא קטרת קודמת

*) לכאורה נראה דצ"ל חולץ של ראש ואח"כ של יד ומניחה בכים וכו' וכ"ה במנחות. **) דברי רבינו הוא מסולל הבנה בכאן ואולי דצ"ל דמקדים סידור וכו' על המערכה גדולה תיקף אחר מערכה שניה וכו' ועדיין דברי רבינו צריך ישוב.

מסורת הש"ס

[מנחות לט.]

[לעיל כד:]

פסחים נח: ב"ק קיא. תמיד כח: מנחות מט.

תוספות ישנים

ונסכיהם בלילה ומנחתם ונסכיהם אפילו למחר י"ל דתכיבה מצוה בשעתה ולא רצו לאחרה כל כך א): **ואיפוך** אנא. לאו אקרא אתי דהיא העולה על מוקדה על כרחין במערכה גדולה מיירי אלא אשאר מערכות מיירי שמסדרין קודם השניה וקראי אין מוקדם ומאוחר אי נמי תוקד בו משמע ליה דמעיקרא קאמר והיא העולה קאי: **מערכה** שניה של קטורת קודמת לשני גזירין. דאע"ג דשני גזירין הן ביום כיון שכשרים גם בלילה הוה ס"ד לאקדומינהו: **תרי** עליה כתיבי. דאפילו תאמר דערך עליה העולה לשלא יהא דבר [קודם] לתמיד של שחר מ"מ אכתי איכא קרא אחרינא דערך עליה ועלי' דחלבי השלמים ועליה השלם דרשינן מהשלמים אי נמי איפכא: **אפילו** הכי מכשיר עדיף. דסברא היא שהאיך יעשה (כל) המצוה אם לא יתקן מכשיריה תחילה ועוד שבלא גחלים לא יוכלו להקטיר אבל בלא דישון יוכלו להקטיר וא"ת ואמאי לא קאמר טעם דאין מעבירין על המצות וסידור שני גזירין דעל המזבח החיצון קודם דפגע ביה ברישא כדאמרינן לקמן האי טעמא ומניעו למימר דלאביי קיימינן הכא דלא ידע בסמוך האי טעמא אי נמי כיון שהיה צריך להביאן מלשכת העצים ואינס שם על מזבח לא מיקרי מעבירין אבל אין נראה לומר כן אלא אומר רבי הואיל ודישון מזבח הפנימי מצות פנים היא עדיפא טפי ב): **ונוקמיה** להדייהו. משמע שיש לו למזבח להיות עומד ביניהם מדפריך ונוקמיה בהדייהו ולא פריך ולא נוקמיה התם כלל וצריך עיון מנ"ל דאית ליה לאוקמיה בהדייהו: **עיבורי** דרעא אטוטפתא אסירא. פי' בקונטרס לאחר תפילין של זרוע בשביל תפילין של ראש אסור ואין נראה לרבי דהא מקרא נפקא לן בפ' הקומץ רבה (מנחות לו.) ולטוטפות בין עיניך כל זמן שבין עיניך יהו שתים ואם כן על כרחו יקדים של יד על כן נראה לרבי כפי' ר"ח בשם הגאון עבורי דרעא אטוטפתא כלומר כשחולץ תפילין להניחם בכים אסור להעביר של זרוע תחילה להניעם בכים תחת אותו של ראש שהרי למחר כשיבא ליטלם כדי להניחם ימצא של ראש למעלה והוא יש לו להניח בכים אותו של זרוע למעלה משום דבהו פגע ברישא כשמניחם תחילה ולהאי פירושא ל"ג היכי עביד מאדרעא אטוטפתא ורבינו יהודה שמע בשם ה"ר אליהו דקאי אהא דאמרינן בפ' קמא (דף ז:) חייב למשמש בתפילין ק"ו מציץ כו' וקאמר כשממשמש חייב למשמש של זרוע תחילה דבדרעא פגע תחילה וגרס שפיר היכי עביד מדרעא לטוטפתא פי' ממשמש של זרוע ואחר כך של ראש: **בבקר** בבקר דשני גזירי עצים דלא צריכי. וא"ת ואמאי לא צריכי אימא דהוו בלילה י"ל דהוה מצי למיכתב ביום. ה"ר יוסף: **שדינהו** חד להטבת חמש נרות דנקדמיה לדם התמיד דהכא תלתא והכא תרי. בלאו הכי נקדמו לדם התמיד דבדם התמיד ליכא אלא חד והכא חד והכא תרי אלא משום דקבעי למישדי חד אתמיד צריך למישדי חד אנרות וא"ת נוקי תרוייהו אדם תמיד וליהוו תלתא וליקדום י"ל דתרי אחד לא שדינן אבל חד שדינן שפיר וא"ת אפילו לא כתיב אלא חד בבקר גבי תמיד ידעינן שפיר שקודם להטבת שתי נרות דאם לא כן במאי מפסקא להו דהכי פריך לה בסמוך י"ל דמ"מ יקדמו כיון שכתיב שני בבקר בכן דאע"ג דהוה קשיא לן במאי מפסיק להו הכי נמי הוה קשיא לן למה תקדים התמיד כיון דליכא אלא חד בבקר וא"ת מ"מ לא ליכתוב כלל בבקר בתמיד דהשתא אין לנו להקדים הטבה משום דכתיב בבקר בבקר לדם התמיד כיון דאין משמע מדם שיאוחר על כרחך יקדים להטבת שתי נרות דא"כ במאי מפסקא להו י"ל דס"ד דבקטורת מפסיק להו והא דכתב בהיטיבו הנרות הכי קאמר בעידן הטבה תהא מקטיר קטורת אבל לקמן כי קאמר במאי מפסיק לא מני למימר דבקטורת מפסיק להו דלית לן לאפוקי קרא דיקטירנה ממשמעו דמשמע דלאחר הטבה תהא קטורת כיון דאיכא למדרש הכי והכי: **אימא** חד שדייה לדישון מזבח הפנימי דנקדים לדם התמיד. אבל לא הוי מצי למימר שדייה לדם התמיד דתקדום לדישון דאע"ג דהכא תרי והכא תרי מכפר עדיף הא ליכא למימר דא"כ אידך למאי אתא אי להקדים דישון להטבת חמש נרות לזה אין צריך דפשיטא דאין מעבירין על המצות כדאמר לעיל: **מכפר** עדיף. וא"ת אמאי לא אמרינן בטעמא דמכפר עדיף אפילו אין כתוב כלל בבקר כדאמרן לעיל גבי שני גזירין דכיון דמכשיר עדיף לא צריך אפילו חד בבקר לאקדומינהו י"ל דאין הכי נמי אבל כיון דכתיב חד בבקר בתמיד אי לא הוה שדינן ביה אכתי חד הייתו אומרים שיוקדם דבר שנאמר בו בבקר בבקר לדבר שלא נאמר בו אלא בבקר דעדיף האי טעמא מטעמא דמכפר עדיף: **הניחא** לריש לקיש כו'. פי' בקונטרס דמסקנא דמילתא דאביי היא הניחא לריש לקיש דפרכת לי שפיר אלא לרבי יוחנן במאי מפסקא להו כיון דהפסקה מן התורה ורבינו חננאל פירש בשם הגאון דמילתא באפי נפשה היא הניחא לריש לקיש דמנינן לאוקמי בבקר בבקר דנרות לאקדומי לדם התמיד דהכא תלתא והכא תרי כדאמרן אלא לר' יוחנן דאמר חלקהו כו'

א) כתו' שם מבואר הענין יותר ע"ש ועיין ש"י: ב) עד כאן שייך לעמוד הקודם:

ת"ל: °"וְעָרַךְ עָלֶיהָ הָעֹלָה", וְאָמַר רָבָא: *א "הָעוֹלָה" הִיא עוֹלָה רִאשׁוֹנָה. "וּמִנְחָה לַחֲבִיתִּין" – "עוֹלָה וּמִנְחָה". "וַחֲבִיתִּין לִנְסָכִים" – שׁוּם מִנְחָה. "וּנְסָכִים לְמוּסָפִין" – "זֶבַח וּנְסָכִים", "וּמוּסָפִין לְבָזִיכִין". וְהָתַנְיָא: בָּזִיכִין קוֹדְמִין לְמוּסָפִין! תַּנָּאֵי הִיא. אָמַר אַבַּיֵי: מִסְתַּבְּרָא כְּמַאן דְּאָמַר *ב מוּסָפִין קוֹדְמִין לְבָזִיכִין, לָאו מִי אָמְרַתְּ "בַּבֹּקֶר בַּבֹּקֶר" לְהַקְדִּים, הָכָא נַמִי 'בַּיּוֹם' 'בַּיּוֹם' – לְאַחֵר. מ"ט דְּמַאן דְּאָמַר בָּזִיכִין קוֹדְמִין לְמוּסָפִין? גָּמַר 'חוּקָּה' 'חוּקָּה' מֵחֲבִיתִּין. אִי מֵהָתָם גָּמַר, לִיגְמְרַהּ כּוּלַּהּ מִילְּתָא מֵהָתָם! לְהָכִי אַהֲנֵי 'בַּיּוֹם' 'בַּיּוֹם' לְאַחֵר. § "קְטוֹרֶת שֶׁל שַׁחַר הָיְתָה קְרֵיבָה בֵּין דָּם לְאֵיבָרִים וכו'". § מַנִּי? אִי רַבָּנַן – בֵּין דָּם לְנֵרוֹת מִיבָּעֵי לֵיהּ, אִי אַבָּא שָׁאוּל – בֵּין נֵרוֹת לְאֵיבָרִים מִיבָּעֵי לֵיהּ! לְעוֹלָם רַבָּנַן הִיא, וּבְסִידְרָא לָא קָא מַיְירֵי. § "וְשֶׁל בֵּין הָעַרְבַּיִם הָיְתָה קְרֵיבָה בֵּין אֵיבָרִים לִנְסָכִים וכו'". § מְנָא הָנֵי מִילֵּי? אָמַר ר' יוֹחָנָן: דְּאָמַר קְרָא °"כְּמִנְחַת הַבֹּקֶר וּכְנִסְכּוֹ תַּעֲשֶׂה" מָה מִנְחַת הַבֹּקֶר – קְטוֹרֶת קוֹדֶמֶת לִנְסָכִים, אַף כָּאן – קְטוֹרֶת קוֹדֶמֶת לִנְסָכִים. אִי מָה לְהַלָּן קְטוֹרֶת קוֹדֶמֶת לְאֵיבָרִים, אַף כָּאן קְטוֹרֶת קוֹדֶמֶת לְאֵיבָרִים? מִי כְּתִיב "כְּאֵיבְרֵי הַבֹּקֶר"? "כְּמִנְחַת הַבֹּקֶר" כְּתִיב, כְּמִנְחַת הַבֹּקֶר וְלֹא כְּאֵיבְרֵי הַבֹּקֶר.א] תָּנוּ רַבָּנַן: °"וְנִסְכּוֹ רְבִיעִית הַהִין". יְלַמֵּד שֶׁל שַׁחֲרִית מִשֶּׁל עַרְבִית. רַבִּי

תורה אור: ויקרא ו | במדבר כח | שם

רש"י

ת"ל ועָרַךְ עָלֶיהָ הָעֹלָה וגו'. הָעוֹלָה מַשְׁמַע תְּהֵא רִאשׁוֹנָה, דְּאִי לְאוֹרוּיֵי בְּעָלְמָא אָתָא שֶׁיַּקְטִירוּ עָלֶיהָ עוֹלָה וּשְׁלָמִים – נִכְתּוֹב וְעָרַךְ עָלֶיהָ: עוֹלָה וּמִנְחָה. "לְהַקְרִיב אִשֶּׁה לַה' עוֹלָה וּמִנְחָה זֶבַח וּנְסָכִים דְּבַר יוֹם בְּיוֹמוֹ" (ויקרא כג) עוֹלָה וּמִנְחָה – לִימֶּדְךָ שֶׁתְּהֵא מִנְחַת הָעוֹלָה אַחַר הָעוֹלָה מִיָּד, וְלֹא יַפְסִיקוּ חֲבִיתִּין בֵּין עוֹלָה לְמִנְחַת הַתָּמִיד: שׁוּם מִנְחָה. הוֹאִיל וַחֲבִיתִּין אַף הֵן מִנְחָה, וְהִזְקִיקָם הַכָּתוּב עִם הַתָּמִיד, דִּכְתִיב בָּהּ (במדבר כח) "וַעֲשִׂירִית הָאֵיפָה סֹלֶת לְמִנְחָה תָּמִיד" אַף הִיא תְּהֵא סְמוּכָה לַתָּמִיד אַחַר מִנְחַת נְסָכִים, כִּדִכְתִיב "עוֹלָה וּמִנְחָה": זֶבַח וּנְסָכִים. לָמְדוּ שֶׁלֹּא יַפְסִיק קָרְבָּן אַחֵר בֵּין זֶבַח לִנְסָכִים: תַּנָּאֵי הִיא. רַבִּי יִשְׁמָעֵאל וְרַבִּי עֲקִיבָא פְּלִיגִי בָּהּ בִּפְסָחִים בְּפֶרֶק "תָּמִיד נִשְׁחָט" (דף נח.): בַּיּוֹם. "בְּיוֹם הַשַּׁבָּת יַעַרְכֶנּוּ" (ויקרא כד), וּלְשׁוֹן בַּיּוֹם מַשְׁמַע בְּאוֹר עִצּוּם הַיּוֹם, וְלֹא בְּבָקְרוֹ: חוּקָּה חוּקָּה. בַּחֲבִיתִּין כְּתִיב (שם ו) "חָק עוֹלָם לַה' כָּלִיל תָּקְטָר" וּבְבָזִיכִין כְּתִיב (שם כד) "קֹדֶשׁ קָדָשִׁים הוּא לוֹ מֵאִשֵּׁי ה' חָק עוֹלָם" וְאַכּוּלַּהּ מִילְּתָא קָאֵי, וְגָמְרִינַן מִינֵּיהּ שֶׁמַּקְדִּים לְמוּסָפִין כַּחֲבִיתִּין: וְלִיגְמְרַהּ לְכוּלַּהּ מִילְּתָא. לְהַקְדִּימָן אַף לַנְּסָכִים: אִי רַבָּנַן. דְּאָמְרִי בְּפ' קַמָּא (דף טו.): בַּקְּטֹרֶת מַפְסִיק לַהֲטָבַת נֵרוֹת: בֵּין דָּם לְנֵרוֹת מִיבְּעֵי לֵיהּ. בֵּין עֲבוֹדַת הַדָּם לַעֲבוֹדַת הַנֵּרוֹת קוֹדֶם שֶׁיִּגְמְרֵם: לְעוֹלָם רַבָּנַן הִיא. נִיחָא לֵיהּ לְאוֹקְמָהּ כְּרַבָּנַן: וּבְסִידְרָא לָא קָא מַיְירֵי. לָא דַּק: בֵּין אֵיבָרִים לִנְסָכִים. לְמִנְחַת נְסָכִים: כְּמִנְחַת הַבֹּקֶר. תְּהֵא מִנְחַת עֶרֶב: מָה מִנְחַת הַבֹּקֶר. תְּהֵא מְאוּחֶרֶת לַקְּטֹרֶת, שֶׁהֲרֵי אַף אֵיבָרִים מְאוּחָרִים לָהּ: אַף מִנְחַת הָעֶרֶב. קְטֹרֶת קוֹדֶמֶת לָהּ: מִי כְּתִיב כְּאֵיבְרֵי הַבֹּקֶר. כֵּן יִהְיֶה אֵיבְרֵי הָעֶרֶב, וְתִידּוּק מִינַּהּ: מָה אֵיבְרֵי הַבֹּקֶר מְאוּחָרִים לַקְּטֹרֶת אַף אֵיבְרֵי הָעֶרֶב מְאוּחָרִים לָהּ: כְּמִנְחַת הַבֹּקֶר. תְּהֵא מִנְחַת הָעֶרֶב: וְלֹא כְּאֵיבְרֵי הַבֹּקֶר. אֵיבְרֵי הָעֶרֶב: וְנִסְכּוֹ רְבִיעִית הַהִין לַכֶּבֶשׂ הָאֶחָד. גַּבֵּי תְּמִידִין כְּתִיב, וְלִימֵּד עַל הָאֶחָד שֶׁטָּעוּן נְסָכִים. וּמַיְהוּ "הָאֶחָד" הוּא שֶׁל עַרְבִית, דְּהָא מִינֵּיהּ סָלֵיק דִּכְתִיב לְעֵיל מִינֵּיהּ "וְאֵת הַכֶּבֶשׂ הַשֵּׁנִי תַּעֲשֶׂה בֵּין הָעַרְבַּיִם וַעֲשִׂירִית הָאֵיפָה סֹלֶת וגו' עֹלַת תָּמִיד הָעֲשׂוּיָה וגו' וְנִסְכּוֹ רְבִיעִית הַהִין": יְלַמֵּד שַׁחֲרִית מִשֶּׁל עַרְבִית. מָה זֶה טָעוּן נְסָכִים – אַף זֶה טָעוּן נְסָכִים: רַבִּי

תוספות

העולה עולה ראשונה. תימה: למה לי קרא? תיפוק ליה מ"מלבד עולת הבקר אשר לעולת התמיד" דנפקא לן מיניה בפרק "כל התדיר" (זבחים דף פט.): כל התדיר מחבירו קודם את חבירו! וכי תימא דההוא למוספין, והאי לנדרים ונדבות ואריכי, דמוספין [קבוע] להם זמן ונדרים ונדבות שכיחי בכל יום, והא בפרק "התכלת" (מנחות דף מט.) מייתי לקרא ד"העולה" לתמידין קודמין למוספין, דקאמר: היכי דמי הא דתנן התמידין אינן מעכבין המוספין – אילימא דלית ליה, ולקדם, והתניא "העולה" כו'. ועוד קשה טפי: דבס"פ "הגוזל קמא" (ב"ק דף קיא.) דרש מדכתיב (במדבר ה): "מלבד איל הכפורים" מכלל דכסף ברישא, ופריך: אלא מעתה "מלבד עולת הבקר" מכלל דמוספין ברישא? והתניא "העולה" וכו'! הוה ליה למיפרך ממתני' ד"כל התדיר" (זבחים דף פט.), דאדרבה ממלבד גופיה דרשינן איפכא. וליכא למימר נמי דאיצטריך "מלבד" לצבור שאין להם תמידין ומוספין אלא כדי אחד מהם, דהא מתני' דכל התדיר לא איירי כולה אלא בלקדם, דומיא דדם חטאת קודם לדם עולה דקתני התם בהדה! וליכא למימר נמי: חד למצוה וחד לעכב, דעיכובא ליכא, כדאמר בפרק "התכלת" (מנחות דף מט.)! וי"ל: ד"העולה" עולה ראשונה להקדמה דהקטרה, דקרא בהקטרה איירי. וקרא ד"מלבד" להקדמת שחיטה ש"תעשו את אלה" בעשיית דם איירי. והשתא ניחא, דמייתי בפ' "התכלת" (ג"ז שם) מ"העולה" לאשמעי' בהקטרה דלא תנן בפ' "כל התדיר" (זבחים דף פח.) דתמיד קודם. אי נמי, משום הוה ס"ד דמקשה שהוא מעכב, הלכך פריך מברייתא, דלשון "שלא יהיה דבר קודם" משמע טפי עיכובא מלישנא דמתני' ד"כל התדיר" וניחא נמי דלא מייתי ב"הגוזל קמא" מההיא ד"כל התדיר" לאוכוחי [על "מלבד איל הכפורים" דלא הוי] כסף ברישא, דאיכא למימר לעולם כסף ברישא והדר איל כסדר שנכתבו בפרשה אבל ב"כל התדיר" איירי בעשיית דם. וה"ק קרא "מלבד עולת הבקר" שעשיתם עבודת הדם, כבר "תעשו את אלה". אבל הקטרה דכתיב מקמי קרא דמלבד תהא קודם התמיד, דכולי קראי דקמיה בהקטרה משתעי, דכתיב בהו (במדבר כח) "אשה ריח ניחוח". להכי אצטריך לאיתויי העולה, דאפילו בהקטרה תמיד קודם, אע"ג דהקטר מוספין כתיב ברישא – אפ"ה תמיד קודם, הכא נמי נימא, דאע"ג דכסף כתיב ברישא – איל הכפורים קדים. מיהו, תימה: למה לי קרא ד"העולה" וד"מלבד" לאשמועינן דתמידין קודמין למוספין? תיפוק ליה דבתמידין כתיב "בבקר" ובמוספין כתיב "ביום", ויוקדם דבר שנאמר בו "בבקר" לדבר שנאמר בו "ביום" ואמרי' נמי מוספין בשש – ואז אינו בקר! וי"ל: דאי לאו קרא דהעולה – הייתי מאחרין הקטרת התמיד עד אחר הקטרת המוסף, כדמשמע "בהגוזל קמא" (ב"ק דף קיא.), מדכתיב "מלבד", ו"תעשה בבקר" – הוה מוקמינן ליה לעבודת דם. אבל קשה עדיין: כיון דכתיב "העולה" לאפוקי מההיא סברא, למה לי קרא ד"מלבד" לאשמועינן דתמיד קודמת למוספין בעבודת דם? תיפוק ליה מדכתיב "בבקר" בתמיד ובמוספין "ביום"! וי"ל: דאיצטריך "מלבד" למיגמר בעלמא, דבכל מקום תדיר ושאינו תדיר תדיר קודם. דמאי טעמא כתב "אשר לעולת התמיד"? פשיטא דעולת הבקר היא עולת התמיד, אלא טעמא קא יהיב קרא למילתיה: מאי טעמא אמרי לך מלבד עולת הבקר שהיא תקדום – לפי שהיא עולת התמיד, וכל דבר שהוא תדיר קודם לדבר שאינו תדיר. וכן משמע בפ' "כל התדיר" דגמר מהכא בכל דוכתא, דקתני: כל התדיר מחבירו קודם כו' עד "שנאמר מלבד":

העולה עולה ראשונה. י"מ שהיא עולת התמיד שכתובה ראשונה לכל הקרבנות בפרשת פינחס. אי נמי, קסבר: עולה שהקריבו אבותינו לפני הר סיני עולת תמיד הואי והיא היתה ראשונה לכל הקרבנות ליבור, ופלוגתא היא בפ"ק דחגיגה (דף ו.), דאיכא למ"ד עולת תמיד הוה ואיכא למ"ד עולת ראייה הוה. (ועי' תוס' ב"מ נה.):

חביתין לנסכים שום מנחה. הא דלא קאמר טעמא משום דבחביתים כתיב "מחליתה בבקר" – משום דבנסכים כתיב נמי 'בבקר' "כמנחת הבקר וכנסכו" (במדבר כח):

נסכים למוספין זבח ונסכים. תימה לי: אמאי לא קאמר טעמא יוקדם דבר שנאמר בו "בבקר" לדבר שנאמר בו "ביום", ובלאו הכי איצטריך קרא לזבח ונסכים לדרשא אחריתי, בפרק "התודה" (מנחות דף עט.): אין הנסכים מתקדשין אלא בשחיטת הזבח, שנאמר "זבח ונסכים"! וי"ל: דאיצטריך למילף מהאי קרא כדי ליישב אותו אפי' למאן דאמר בזיכין קודמין למוספין אע"ג דהכא כתיב 'ביום' והכא כתיב תרי 'ביום', אלמא דלא משמע ליה ביום לאחר, להכי מייתי קרא ד"זבח ונסכים". אין להקשות מנלן דמנחה קודמת לנסכים, אי משום דכתב "עולה ומנחה" – אימא דנסכים קודמין למנחה, דכתיב "זבח ונסכים". דהא לא קשה כלל, דבכל דוכתא כתיב מנחה ברישא ואח"כ נסכים, ובההוא קרא גופיה כתיב מנחה ברישא, דכתיב "עולה ומנחה זבח ונסכים":

לעולם רבנן היא. הא דלא קאמר אי בעית אימא רבנן, אי בעית אימא אבא שאול, ובסידרא לא קא מיירי – י"ל: משום דרישא דלא כאבא שאול, דקתני: ונכנס להקטיר קטורת ולהיטיב הנרות, כדאמר בפ"ק (דף יד:):

רבינו חננאל

לאברי התמיד שהקטורת כתיב בה בבקר בבקר והתמיד אין כתיב בו אלא בקר אחד. אברי התמיד קודמין למנחה שאין לך דבר קודם על המערכה לתמיד של שחר שנאמ' וערך עליה העולה ואמר רבא העולה בלשון ידוע כי היא עולה ראשונה. מנחה לחביתין שנאמר עולה ומנחה. כלומר אחר העולה מנחה. חביתין לנסכין. פי' מצאנו שהמנחה קודמת לנסכין שנאמר עולה ומנחה זבח ונסכים והחביתין אע"פ שאינן מנחת זבח הן מנחת כהן שנאמר על מחבת בשמן לפיכך אמר כל ששם מנחה עליה קודמת לנסכין. נסכין למוספין שנאמר זבח ונסכים כלומר התמיד ועמו נסכין ואחריו המוספין מוספין קודמין לבזיכין ראע"ג דאיכא למימר בזיכין גמרי חק חק מן החביתין כתיב בבזיכין קדש קדשים הוא לה' מאשי ה' חק עולם וכתיב בחביתין והכהן המשיח תחתיו מבניו יעשה אותה חק עולם לה' כליל כשם שקודמין החביתין למוספין כך קודמין הבזיכין. כיון דכתיב בבזיכין ביום השבת ביום השבת ובמוספין אינו כתיב אלא וביום השבת פעם אחת אהוי ריוח ביום שכתב בבזיכין לאחר: קטרת של שחר היתה קרבה בין דם לאברים כו' אוקימנא כרבנן כדתנן כל שבעת הימים הוא זורק את הדם ומקטיר את הקטורת ומטיב את הנרות הנה הקטורת בין דם לנרות ומתניתין דהכא לא דקדק לשנותם על הסדר והא דאבא שאול פשוטה היא כדמסדר המערכה אביי משמא דגמרא אליבא דאבא שאול. ותני נרות קודמין לקטורת וקטורת קודמת לאברים הנה הקטורת בין נרות לאברים וקטורת של בין הערבים קריבה בין אברין לנסכין גמר מן הקטורת של שחר מה הקטורת של שחר כתיב בה בבקר בבקר בהיטיבו את הנרות יקטירנה הנה בבקר בבקר מקטיר ואחר הקטורת [מקטיר אברי] התמיד ומנחתו ונסכו. כך תמיד של בין הערבים אחר הקטורת נסכין ואקשינן כיון שאתה למד תמיד של בין הערבים מתמיד של שחר למוד אותו לכל דבר ותהיה הקטורת קודמת אפילו לאברים ודחינן מי כתיב כאברי הבקר וכנסכו כתיב למנחה ולנסך הקישו ולא לאברים: ת"ר ונסכו רביעית ההין יין וגו' ילמד של שחרית משל ערבית נסוך היין דההוא קרא בשל

עין משפט נר מצוה

לג א מיי' פ"ו מהל' תמידין הלכה ג:
לד ב מיי' פ"ו מהל' תמידין הלכה יא:

מסורת הש"ס

[פסחים נח. כתובות קו: ב"ק קיא. ב"מ נה. זבחים קג: מנחות מט. תמיד כח:]
[פסחים נח.]

הגהות מהר"ב רנשבורג

[illegible]

תוספות ישנים

כו' א"כ לא כתיב בהן בבקר בבקר בהטבת חמש נרות ועלתה בקושיא ואם תאמר לריש לקיש היכי אתיא ליה שפיר קושיא דרב פפא כיון שמן התורה אין חובה להפסיק י"ל דלהרגיש העזרה הוי מן התורה דאי לא תימא הכי שהוא מה"ת היכן אנו לוקחין זה מדעתנו שיש לנו להפסיק באמצע עבודה וצ"ע מנלן: **חלקהו** לשני בקרים. תימה לה"ר יוסף מנא ליה לר' יוחנן הך דרשה אימא דחד בבקר דשני גיזרין שדייה אדם תמיד דלקדום להטבת כל הנרות אע"ג דהכא תרי והכא תרי מכפר עדיף וחד שדייה אדישון מזבח הפנימי דליקדמיה לדם התמיד דהכא תלתא והכא תרי ובבקר בבקר דהטבה איכא למימר דקדמי לאברים דלא כתיב בהו אלא חד בבקר ותירץ ה"ר אלחנן דלהא לא נריך קרא דעל כרחיה קטורת קודם לאברים כדתניא יוקדם דבר שנאמר בו בבקר בבקר כו' ונרות לקטורת קדמי כדכתיב בהיטיבו את הנרות יקטירנה והיטיבו והדר יקטירנה וא"כ נרות קדמי לאברים ולרבנן נמי דדרשי בעידנא דמטיב נרות תהא מקטיר קטורת א) (ובדם התמיד) מפסיק להו מ"מ בעל כרחיה קטורת קודם לאברים מדכתב באברים חד ובקטורת כתיב תרי ואם כן נרות קדמי אבל הקשה ריב"א כי למה לא נאמר דבבקר בבקר דשני גזירין דלא נריכי חלקהו לשני בקרים שמתחילה יניח אחד מהן ויפסיק בדישון מזבח הפנימי ואח"כ יעשה האחר ותירץ דובער עליה וגו' בבקר בבקר משמע ליה בלא הפסקה אבל גבי נרות משמע הפסקה כדכתיב בבקר בבקר בהיטיבו את הנרות ולא כתב בהיטיב את הנרות דבהיטיבו את הנרות משמע ליה בתוך ההטבה יקטירנה ואין זו קושיא כל כך כיון [דמכשיר] עדיף כדאמר לעיל אין להפסיק סידור שני גזירין בדישון מזבח אבל בנרות אין שום תימה אי מפסיקין להו ותי' ראשון תי' ה"ר יוסף על קושיא ראשונה ועוד תירץ ה"ר יוסף על קושיא אחרונה מדכתב בהיטיבו את הנרות ולא כתב המנורה משמע שיש בהן הפסקה: **והדר** יקטירנה. ואע"ג דלעיל מקדים דישון להטבה היינו משום דאין מעבירין על המצות הלכך בדישון מקדמינן דבבקר בבקר נמי קאי עליה כדפי' בקונטרס משום דאין מעבירין והקטרת מאחרינן משום דמשמע והדר יקטירנה: **קטורת** לאברים כו'. והא לא מניעו לאקדומי לכל מילי דתמיד אפילו לדם דהא דם הוא עיקר עבודה ומכפר עדיף ועוד דאם כן כל נרות קדמי מהאי טעמא ובמאי מפסיק להו*: **העולה** עולה ראשונה כו'. פי' הקונטרס היא תהא ראשונה ואין נראה [דמנא] לן דבתמיד מיירי ועל כן נראה כמו שפי' הקונטרס בפרק תמיד נשחט האמורה ראשונה בפרשת פינחס קשם סדר כל הקרבנות וי"מ ראשונה שאין מחנכין המזבח אלא בתמיד של שחר וי"מ דעולה שהקריבו ישראל במדבר עולת תמיד הואי ואין נראה דהא פלוגתא היא (בחגיגה דף ו.) דאיכא למ"ד עולת ראיה הואי: **העולה** עולה ראשונה. ואע"ג דהקטר איברים ופדרים כל הלילה קודם לתמיד סוף עבודה דיממא דאתמול היא ודישון מזבח הפנימי ותרומת הדשן וסידור המערכה אין אלו עבודות בגוף הקרבן: **העולה** עולה ראשונה. וא"ת למה לי' קרא דשלמים שנשחטו קודם פתיחת ההיכל דפסולין מושחטו פתח אהל מועד תיפוק לי שנשחטו קודם תמיד והם לא היו שוחטין תמיד עד שהיו שומעין קול השער הגדול שנפתח כדתנן בתמיד י"ל כשסגרו לאתות ההיכל אחר שנשחט תמיד אי נמי י"ל לא הוה העולה דהכא אלא למנוה כדאמרינן בפרק התכלת (דף מט:) הלכך איצטריך קרא דשלמים דפסולין תימה אמאי לא מפיק מקרא דמלבד

א) נ"ל ובקטורת:

* ע"כ שייך לדף הקודם

רבי אומר: ערבית משל שחרית. בשלמא לרבנן – האי בתמיד של בין הערבים כתיב,(א) אלא ר' מ"ט? אמר רבה בר עולא: אמר קרא: "לכבש האחד" איזהו כבש שנאמר בו אחד – הוי אומר זה תמיד של שחר. (במדבר כח) ורבנן: *מאי "אחד" – מיוחד שבעדרו. ורבי: מ"ומבחר *נדריך" (דברים יב) נפקא. ורבנן: חד בחובה וחד בנדבה, וצריכי.§ "אם היה כ"ג זקן או איסטנים וכו'".§ תניא, א"ר יהודה: [א]עששיות של ברזל היו מחמין מערב יוה"כ, ומטילין לתוך צונן, כדי שתפיג צינתן. והלא מצרף! אמר רב ביבי: שלא הגיע לצירוף. אביי אמר: אפי' תימא שהגיע לצירוף, [ב]דבר שאין מתכוין מותר. ומי אמר אביי הכי? *והתניא: "בשר ערלתו" (ויקרא יב) – [ג]אפי' במקום שיש שם בהרת יקוץ, דברי ר' יאשיה. והוינן בה: קרא ל"ל? ואמר אביי: לר' יהודה, דאמר דבר שאין מתכוין אסור! הני מילי בכל התורה כולה, אבל הכא – צירוף דרבנן הוא.§ **מתני'** הביאוהו לבית הפרוה, ובקדש היתה, פרסו סדין של בוץ בינו לבין העם, [ד]קידש ידיו ורגליו ופשט. ר"מ אומר: פשט, קידש ידיו ורגליו. ירד וטבל, עלה ונסתפג, הביאו לו בגדי לבן, לבש, וקידש ידיו ורגליו. בשחר היה לובש פלוסין של שנים עשר מנה, בין הערבים הנדויין*) של שמונה מאות זוז, דברי ר' מאיר. וחכמים אומרים: בשחר היה לובש של שמונה עשר מנה, ובין הערבים של שנים עשר מנה – [ה]הכל שלשים מנה. אלו(ג) משל ציבור, [ו]ואם רצה להוסיף – מוסיף משלו.§

גמ'

*) [עי' תוס' לה. ד"ה הנדווין]

רש"י

רבי אומר של ערבית משל שחרית. ד"לכבש האחד" אדשחרית קאי, שנאמר בו "את הכבש אחד תעשה בבקר": וצריכי. יש לך נוטה שהנדבה צריך לייפותה כדי שתתרצה לדורון והקבלת פנים, ויש לך נוטה לומר שהחובה המוטלת צריך לפרוע חובו משלם: עששיות. חתיכות עבות. כמו "עשת שן" (שיר ה). ואף לשון חכמים: מנורה באה מן העשת (מנחות דף כח.). מסי"ם בלע"ז: והלא מצרף. הנותן ברזל מן האש למים מצרפו – מחזקו ומקשהו: שלא הגיע לצירוף. כבר היה מלובן במקלת. אף על פי שהיו *)נותנין בלילה בתוך גחלים לוחשות אינו מלובן כל כך שיהא לו חיזוק ע"י מים: מי אמר אביי הכי. דדבר שאינו מתכוין מותר: קרא ל"ל. "בשר" לרבות המנוגע. דמלי למכתב "ימול ערלתו" וכתב "בשר" – לרבות בשר האמור בנגעים (ויקרא יג) "אדם כי יהיה בעור בשרו". ל"ל קרא, הא דבר שאינו מתכוין הוא? ואמר אביי וכו'. אלמא ס"ל לאביי דקרא מסייע ליה לר' יהודה, מדאצטריך קרא למישרייה: בכל התורה. באיסורא דאורייתא, כגון קוצץ בהרת, דכתיב (דברים כד) "השמר בנגע הצרעת" ואמר מר: בקוצץ בהרתו הכתוב מדבר. "ואין שבות במקדש" לא גרסינן, דהא תלה טעמא באין מתכוין: **מתני'** הביאוהו לבית הפרוה. לטבול טבילה שניה, שהיא טעונה מקום קדוש, כדפרישית לעיל*: ר"מ אומר. פשט תחלה ואחר כך קידש, והא פרישית לעיל *פלוגתייהו: בשחר. בגדים שלובש בטבילה זו היו מפשתן של(ג) מדינת פילוסין, שהוא חשוב ומעולה: ובין הערבים. בגדים שלובש להוצאת כף ומחתה: הנדוין. שהיו מפשתן של ארץ הינדוין, והיא ארץ כוש, כדמתרגם יונתן בן עוזיאל (ירמיה יג): "היהפוך כושי עורו" – הינדוואה:

*) נ"ל נתונין

תוספות

רבי אומר של ערבית משל שחרית. נ"ל: דאיכא בינייהו ליבור שלא היו להם נסכים אלא לאחד מהן, למאן דאמר דגמר של ערבית משל שחרית – א"כ שחרית עיקר ויקריבוס שחרית, ולמאן דאמר גמר שחרית מערבית – יקריבוס ערבית: **הני** מילי באיסורא דאורייתא **אבל הכא** צירוף דרבנן. ה"ג רש"י. ולא גרסי' אין שבות במקדש. ומפרש: כיון דאפי' אי הוה מתכוין – ליכא איסורא דאורייתא. כי לא מיכוין – לא גזרו ביה רבנן אפילו במדינה. וקשה לר"י: דא"כ משמע דבצירוף דרבנן לא אסר ר' יהודה, ובפרק "כירה" (שבת דף מא:) משמע דאסר, דקאמר אביי גופיה התם: המיחם שפינה ממנו מים – לא יתן לתוכו מים כל עיקר מפני שמצרף. ור' יהודה היא, דאמר דבר שאין מתכוין אסור. מיהו, הא לא קשיא, דמצי לשנויי: דצירוף עששיות דווקא דרבנן, שאינם כלים, ועומדין לעשות מהם כלים לבסוף, וצירוף דהשתא לאו היינו גמר מלאכתו. אבל מיחם, שהוא כלי, וצירוף שלו הוא גמר מלאכתו – הוי דאורייתא. מיהו קשה: דבס"פ "כירה" (שם דף מו:) אמרי': כל היכא דכי קא מיכוין איכא איסורא דאוריי', כי לא מיכוין – גזר ר"ש וכל היכא דכי קא מיכוין ליכא איסורא דאוריי', כי לא מיכוין לא גזר. פי': כגון גורר מטה וספסל וכסא דהויא חורש כלאחר יד. א"כ ר' יהודה דפליג עליה – אסר אפי' בכי האי גוונא, דכי מיכוין ליכא איסורא דאורייתא. ועוד: מאי פריך מבהרת דלא מצי למיפרך אלא מברייתא וממילתא דאביי דאיתמר עלה, ליפרך ממתני' דפ"ב דמסכת ביצה (דף כג:): ר' יהודה אומר כל הכלים אין נגררין, חוץ מן העגלה מפני שהיא כובשת. אלמא: דבר שאין מתכוין – אסור. נהי דמצי למימר דניחא ליה למיפרך דאביי אדאביי, טפי הוה ליה לאתויי ממילתא דר' יהודה דמתני' בהדיא! ועוד: שהוא מוחק כל הספרים דגרס בהו "הני מילי בכל התורה כולה אבל הכא צירוף דרבנן ואין שבות במקדש". על כן נראה לר"י: אביי אמר אפי' תימא שהגיע לצירוף – דבר שאין מתכוין מותר, פירוש: מן התורה. ואע"ג דמדרבנן אסור – אין שבות במקדש. ופריך: מי אמר אביי דדבר שאין מתכוין לא מיתסר אלא מדרבנן? והתניא וכו' ומדאיצטריך קרא – ש"מ דדבר שאין מתכוין אסור מדאורייתא! ומשני: הני מילי בכל התורה כולה אסור שאין מתכוין כמתכוין, אבל הכא – פירוש בשבת, דכתיב ביה "מלאכת מחשבת" – בעינן שיחשב לעשות המלאכה שהוא עושה, הלכך צירוף דהכא הוי כלא מתכוין דרבנן, ואין שבות במקדש. ויש ספרים דגרסינן בהו בהדיא: אבל הכא מלאכת מחשבת אסרה תורה, וזה כפר"י. והשתא אוכחן דלר' יהודה דבר שאין מתכוין מותר מדאורייתא גבי שבת. ותימה: דבפרק "ספק אכל" (כריתות דף כ:) אמר רב אשי: כגון שנתכוין לכבות העליונות והובערו התחתונות מאיליהן, ור"א בר צדוק סבר לה כר' יהודה דאמר: דבר שאין מתכוין אסור. אלמא: לר' יהודה דבר שאין מתכוין חייב מה"ת! ויש לומר דהתם פסיק רישיה הוא, שא"א בשום ענין כשכותה שלא יובערו התחתונות, וכיון דהוי פסיק רישיה, כמתכוין דמי ואע"ג דלא צריך להבערתו והויא לה מלאכה שאינה צריכה לגופה – סבר לה נמי בהא כר' יהודה, דאמר מלאכה שאינה צריכה לגופה חייב עליה. והא דפטר ליה ר"ש – לאו משום דלא חשיב ליה מלאכת מחשבת, דהא כי היכי דלר' יהודה הויא מלאכת מחשבת – הכי נמי לר"ש כיון דהוי פסיק רישיה. ועוד: דר' שמעון מחייב מקלקל בהבערה אע"ג דבשאר מלאכות פטור משום מלאכת מחשבת, כדאיתא בספ"ק דחגיגה (דף י.). ומתעסק נמי, דפטור בשאר מלאכות מטעם מלאכת מחשבת – מחייב ר' שמעון בחבורה והבערה, כדאמר פ' "ספק אכל" (כריתות דף יט:): הנח לתינוקות, הואיל ומקלקל בחבורה חייב – מתעסק נמי חייב. אלא היינו טעמא דרבי שמעון דפטר – משום דבעינן מלאכה הצריכה לגופה דילפינן ממשכן, ואפילו בחבורה והבערה ס"ל דבעינן צריכה לגופה, כדמוכח בר"פ "אלו הן הנחנקין" (סנהדרין דף פה.). והאי דנקט בכריתות לישנא דמתכוין ואין מתכוין ולא נקט: הא ר' יהודה דאמר מלאכה שאין צריכה לגופה חייב עליה הא ר' שמעון – משום רבותא דר' יהודה נקט ליה, דאע"פ שאין מתכוין להבעיר התחתונות, מאחר שהוא פסיק רישיה – חייב, דסד"א דר' יהודה לא מחייב מלאכה שאינה צריכה לגופה אלא בדבר שהוא מתכוין בידים, כגון מפיס מורסא שהוא מתכוין לפתח, וכן חס על הנר שמתכוין לכבות, ומוציא המת במטה וכן כולם, שמתכוין לעשות המלאכה בידים אלא שאינה צריכה לגופה. אבל בדבר שאין מתכוין לעשות בידים, כגון נתכוין לכבות העליונות והובערו התחתונות מאיליהן. דלא נתכוין למלאכת הבערה כלל אלא לכיבוי, אע"ג דהוה פסיק רישיה – סד"א דלא ליחייב ר' יהודה, קמ"ל. אבל בההיא דבתר הכי, דחותה את הגחלים להתחמם בהן והובערו מאיליהן – לא נקט לישנא דאין מתכוין, אלא משני: הא ר' יהודה דאמר מלאכה שאינה צריכה לגופה חייב עליה, הא ר"ש דאמר פטור. אע"ג דאין כוונתו להבעיר מדפטר בה ר"ש, מ"מ הרי להתחמם הוא עושה, אלא אינו מתכוין להבעיר אלא למשוך הגחלים אצלו להתחמם בהן, ואינו צריך שיובערו יותר ממה שהם בוערים כבר, ודבר שאין מתכוין לא הוי אלא היכא דקשה לו בהבערתה, דהיינו כשבא לכבות – התם שייך להזכיר אין מתכוין לרבותא דר' יהודה. ור' שמעון שרי ליה משום דהוי ליה מלאכה שאינה צריכה לגופה. ואף על גב דבפ' "הבונה" (שבת דף קג.) אמר: התולש עולשין, אם לאכילה – כגרוגרת, אם לייפותה – בכל שהוא, ופריך: אטו כולהו לאו לייפות קרקע נינהו? ומשני: לא נצרכה אלא לרבי שמעון, דאמר דבר שאין מתכוין מותר. ופריך: והא אביי ורבא דאמרי

רבינו חננאל

ערבית כתיב שנאמר ואת הכבש השני תעשה בין הערבים ואחר כך כתיב ונסכו רביעית ההין וגו' כלומר כל מה שכתוב בפרשה אחר זה בתמיד של בין הערבים הוא דכתיב ורבי סבר כיון דכתב ונסכו רביעית ההין לכבש האחד חזר בתמיד של שחר מדכתיב אחד שבכב"מ בתמיד של שחר כתיב אחד בתמיד של בין הערבים כתיב שני. מאי ת"ק לר' משמעות דורשין איכא בינייהו: **ואם** היה כה"ג זקן וכו' תניא א"ר יהודה עששית של ברזל היו מחמין מערב יוה"כ ומטילין בצונן כדי שתפוג צינתן ואקשינן והלא מצרף כלומר והלא נמצא מכבה ריתוח האש במים וצירוף זה כאותו הצירוף שחלקו בו ר' יוחנן ור"ל בתחלת פ' השוכר את הפועלים בענין הסייף והסכין והפגיון כו'. ואמרינן עלה מאימתי גמר מלאכתן ר' יוחנן אמר משיצרפנו בכבשן ור"ל אמר משיצחצחו במים והוא כעין כיבוי. ומצאנוהו מפורש בתלמוד א"י. תני א"ר יהודה עשתות של ברזל היו מרתיחין כו' ולא נמצא כמכבה ביוה"כ ואוקמיה התם ר' יהודה סבר שאין תולדת אש כאש כלומר כיבוי ריתוח הברזל תולדת אש היא לפיכך אינו כריבוי האש וזהו שאמר רב ביבי בר אביי שלא הגיע לצירוף כלומר לא היו מרתיחין אותן ריתוח הרבה אביי אמר אפילו הגיע לצירוף דבר שאין מתכוין כי האי גוונא מתיר ר' יהודה ואקשינן על אביי ומי אמר אביי הכי ר' יהודה סבר דבר שאין מתכוין מותר איני והא תניא וביום השמיני ימול בשר ערלתו ואפילו במקום שיש בהרת בערלה יקוץ דברי ר' יאשיה כלומר אע"ג שהזהירה תורה שלא לקוץ הצרעת כדכתיב השמר בנגע הצרעת וקי"ל כל מקום דכתיב השמר פן ואל הרי הן בלא תעשה. בכאן מותר למול אע"פ שהוא קוצץ הבהרת בעת שמוהל והוינן בה למה לי קרא פשיטה דבר שאין מתכוין הוא ופירק אביי כי איצטריך קרא לר' יהודה דאמר דבר שאין מתכוין אסור

עין משפט נר מצוה

לה א מיי' פ"ב מהל' עבודת יוה"כ הל' ד:

לו ב מיי' פ"ח מהל' שבת הלכה ה סמג לאוין סה טוש"ע א"ח סי' שכ סעיף ח:

לז ג מיי' פ"ח מהלכות מילה הלכה ט ופ"י מהלכות טומאת צרעת הלכה ה סמג עשין כח טוש"ע י"ד סי' רסו סעיף ח:

לח ד מיי' פ"ב מהל' עבודת יוה"כ הל' ב:

לט ה ו מיי' פ"ח מהל' כלי מקדש הל' ג:

מסורת הש"ס

[לקמן ע. מגילה כח.]

[נ"ל נדריכם]

שבת קלג.

הגהות הב"ח

(א) גמ' בשלמא לרבנן האי בתמיד של בין הערבים כתיב נ"ב אין להקשות לרבנן דזה קאי אתמיד של בין הערבים א"כ ל"ל הא לחזור וכתב בסוף הפ' ואת הכבש השני תעשה בין הערבים כו' די"ל דאתי לדר"ש דדריש בספרי ע"ש דל"ל שני שני לגז"ש דתמיד יקדים לפסח וע' בפ' תמיד נשחט דגמרא דריש זה שם מקרא אחר הלא בסוף מקשה גמ' על אותו לימוד ע"ש וק"ל: (ב) מתני' הכל שלשים מנה אלו (משל צבור) תא"מ ונ"ב ס"א טוטל מן ההקדש: (ג) רש"י ד"ה בשחר כו' של מדינת פילוסין נ"ב תרגום ירושלמי רעמסס פילוסא:

תוספות ישנים

דמלבד עולת הבקר כדמפקינן מיניה בזבחים בפרק כל התדיר (דף פ"ט.) דתמידין קודמין למוספין וכי תימא דקרא דהכא איירי בנדרים ונדבות דלא קדמי לתמיד של שחר ולא שמעינן להו ממוספין קשה דהא בפ' התכלת מפיק מהעולה דקדמי תמידין למוספין ועוד ק' על ההיא דכל התדיר מדקאמר בסוף הגוזל קמא (קיא.) הביא גזילו עד שלא הביא אשמו יצא מנהגי מילי אמר רבא דאמר קרא מלבד איל הכפורים אלא מעתה מלבד עולת הבקר אשר לעולת התמיד הכי נמי דמוספין קדמי וכי תימא הכי נמי והא אמר רבא העולה עולה ראשונה ואמאי לא אייתי קרא דמלבד עולת הבקר דמתני' דפרק כל התדיר דמינה מוכח דתמידין קדמי ואומר רבי דמההיא קרא דפרק כל התדיר לא שמעינן אלא עבודת הדם דתמידין קדמי למוספין דכתיב מלבד עולת הבקר אשר לעולת התמיד תעשו את אלה היינו עשיית הדם שהוא עיקר כפרה אבל הקטרה שהיא כתובה למעלה ממלבד עולת הבקר הוה אמינא דהקטרת המוספין קודמת לתמיד דכתיב והקרבתם אשה עולה ריח וגו' ומנחתם וגו' מלבד עולת הבקר דהתם מסתבר טפי דהקטרה שהיא כתובה למעלה ממלבד עולת הבקר תקדם להקטרת אברי התמיד וזריקת דם התמיד תקדם לזריקת דם המוספין והשתא איצטריך קרא דהעולה עולה ראשונה להקדים הקטרת אברי תמיד להקטרת אברי המוספין ולהכי מייתי ליה בהגוזל קמא ובפרק התכלת דמיירי בהקטרה מיהו א) במנחה היה לו להביא המשנה עם מילתא דרבא אלא לפי שהמשנה היתה ידועה לכל לא הוצרך להביאה והקשה ה"ר יעקב דאורליינש על תירוץ רבי דהא בלאו קרא דהעולה ידעינן שפיר דהקטרה של תמידין קודם לשל מוספין דתדיר ושאינו תדיר תדיר קודם כדנפקא לן בפרק כל התדיר מקרא דמלבד ואי משום דהקטרה דמוספין כתובה קודם לשל תמידין מה בכך הכי נמי כתיבי מוספי ראש השנה [מקמי] מלבד עולת החדש ואמרינן בפרק כל התדיר דמוספי ראש חדש קדמי ואומר רבי שאין זו קושיא דהא מקרא דהעולה שמעינן שאין לאחר דס"ד שיוכל לאחר הקטרה משום דכתיב מלבד כדמשמע בהגוזל קמא דממלבד דריש לאחר האשם וה"ר יעקב תירץ דאיצטריכו קרא דהעולה וקרא דמלבד דמהעולה שמעינן דתמידין קודמין ומקרא דמלבד שמעינן [בכל דוכתא] דכל תדירי קדמי לשאינו תדיר ואין נראה לה"ר אלחנן דהא לא שמעינן מקרא דמלבד אלא מקרא דכאלה תעשו ליום מפיק ליה רבי אלעזר התם בפ' כל התדיר וא"ת למה הביא במשנה דפרק כל התדיר קרא דמלבד יותר מקרא דהעולה דמיירי בהקטרה לפי' רבי דהא אותה משנה מיירי בהקדמת אברי תמיד שקודמ' לאברי מוסף מדקמפליג התם אח"כ בין אברי חטאת שאינן קודמין לאברי עולה ב) (ובין דם חטאת שיקדם) לדם עולה ולענין תמיד לא מפליג ש"מ דמיירי בין בהקטרה בין בעבודת הדם יש לומר דתנא לא נחית (כולי האי) לפרושי כולי האי אלא שדם התמיד יקדום למוספין והוא הדין הקטרה וא"ת לפי מה שפי' לעיל דתעשו דכתיב גבי מלבד אעבודת הדם הא דדרשינן בפרק כל התדיר מועשה את האחד חטאת ואת האחד עולה שדם חטאת קודם לדם עולה וקא מסיק יכול תהא קודמת לכל

א) נ"ל במנחות: ב) כמו שקודם דם חטאת:

דאמרי תרוייהו: מודה רבי שמעון בפסיק רישיה ולא ימות. ומשני: לא נצרכה, דעביד בארעא דחבריה שאינו נהנה כלום, ומכל מקום אסור לכתחילה, כמו שאפרש בסמוך, אלא שאין חייב חטאת. ומשמע: הא בארעא דידיה – חייב חטאת, ואע"ג דאין מתכוין לייפות קרקע – חייב, כיון דהוי פסיק רישיה ונהנה הוא, ולא דמי לחותה את הגחלים להתחמם בהן והובערו מאליהן, דהוי מלאכה שאינה צריכה לגופה ופטור לרבי שמעון שאין נהנה כלל בהבערה זו, שבלא תוספת הבערה יש כל כך גחלים שיוכל להתחמם בהן, וא"כ בברור לא נתכוון להבעיר, אבל בההיא ד"הבונה" (שבת דף קג.) כיון שהוא נהנה – אנן סהדי שהוא מתכוין לייפות. מיהו קשה: דבשמעתין משמע דדבר שאין מתכוין, אפי' פסיק רישיה לא הוי דאורייתא לעניין שבת אליבא דר' יהודה, דע"כ צירוף עששיות פסיק רישיה הוא, מדפריך עלה מההיא דבהרת, אפי' הכי אמר דמדרבנן הוא ובההיא [דכריתות] מחייבין לרבי יהודה, בההיא דהחותה את הגחלים שנתכוון לכבות העליונות והובערו התחתונות אף ע"ג דלא מתכוין להבעיר התחתונות! וי"ל: דצירוף עששיות לא הוי פסיק רישיה, ואפילו הכי פריך שפיר, מדמשני אביי לא צריכא אלא לר' יהודה דאמר דבר שאין מתכוין אסור – מכלל דלא שאני ליה בין מתכוין לשאין מתכוין, דאי שני ליה – אפילו כרבי שמעון אתיא. ונהי דלבסוף הדר ביה, כדמשמע בפרק "ר' אליעזר דמילה" (שם דף קלג:), מ"מ מדמשני הכי מעיקרא מכלל דלרבי יהודה דבר שאין מתכוין אסור מדאורייתא אע"ג דלא הוי פסיק רישיה. ובערוך* פי' בע"א ההיא ד"הבונה": לא צריכא דעביד בארעא דחבריה, כיון שאין נהנה כלל בייפוי קרקע חבירו – שרי אפילו לכתחילה, אע"ג דהוה פסיק רישיה. והא דאמר מודה רבי שמעון בפסיק רישיה – ה"מ בדבר שהוא נהנה, כגון בארעא דידיה וקוצץ בהרת בנו שהוא נהנה, ומתוך כך התיר ברזא הכרוכה בפשתן למשוך ממנו בשבת, אע"ג דקא עביד סחיטה והוי פסיק רישיה – הואיל ואינו נהנה באותה סחיטה, דקא אזיל לאיבוד ומותר. ולאו ראיה היא מההיא דקעביד בארעא דחבריה דלשתרי לכתחילה, דהתם לעניין חיוב חטאת קאמר, דאין חייב חטאת, ומיהו איכא למימר דאסור לכתחילה. ועוד הביא הערוך ראייה לדבריו מדאמר פ' "ר' אליעזר דמילה" (גם זה שם): ואביי אליבא דרבי שמעון, האי בשר מאי עביד ליה? באומר אבי הבן לקוץ בהרת בנו הוא מתכוין. ופריך: ואי איכא אחר – ליעביד, כדריש לקיש. ומשני: דליכא אחר. אבל אי איכא אחר היה מותר לכתחילה אלמא שרי רבי שמעון פסיק רישיה לכתחילה בדבר שאינו נהנה. ואין זו ראיה, דהא דמוקי ליה אביי באומר אבי הבן כו' היינו מקמי דשמע מרבא דמודה רבי שמעון בפסיק רישיה, כדקא מסיק התם לבתר דשמע מרבא סברה, ולהכי פריך. ואביי אליבא דר"ש כיון דפליג אף בפסיק רישיה, וא"כ לא שנא פסיק רישיה משאר שאינו מתכוין, האי "בשר" מאי עביד ליה? אבל למאי דמסיק דלאביי נמי מודה בפסיק רישיה – ל"ש אביו ל"ש אחר. ועוד: מה ראיה היא מהתם? דילמא התם מדאורייתא שרי, אבל מדרבנן איכא למימר דאסור. מיהו, איכא למימר דהכי מייתי ראיה: כיון דבשאר [איסורי] דלא בעינן מלאכת מחשבת – מותר מן התורה, אין סברא לאסור גבי שבת אפי' מדרבנן. ודאי, אי בשאר איסורי אסור מדאורייתא משום דלא בעינן בהו מלאכת מחשבת – אז היה ראוי לגזור גבי שבת מדרבנן, להשוותו לשאר איסורי, אע"ג דמדאורייתא שרי משום מלאכת מחשבת. מיהו, למאי דפרישית דלבסוף הדר ביה, וס"ל דמודה ר"ש בפסיק רישיה, ובקציצת בהרת אסור מדאורייתא – אע"ג דלא מיכוין, וא"כ בשבת אסרינן לכתחילה – ל"ש אביו ול"ש אחר. ואדרבה, משם קשה לפי' הערוך. מדלא קאמר אלא: לאביי האי "בשר" מאי עביד ליה, אבל לרבא דסבירא ליה מודה ר"ש בפסיק רישיה – לא שני ליה בין אביו בין אחר, כיון דסבירא ליה בשבת דמדרבנן [אסור] פסיק רישיה – אע"ג דמדאורייתא שרי משום מלאכת מחשבת, מכלל דבשאר איסורי – אסור מדאורייתא. ועוד מייתי ראייה מפרק "כל כתבי" (שם דף קיז.): דשקיל ליה בברזי, ואע"ג דמודה ר"ש בפסיק רישיה, הואיל ואין נהנה – מותר. ואינו ראייה, כמו שפי' שם רש"י, דלאו מלאכה היא, דאין דרך הפשט בכך. עוד יש לפרש: דשקיל ליה בחתיכות קטנות כל כך שאין בהם באחת מהן לעשות קמיע, הלכך לא חשיב עור, ואין זה הפשט. עוד הביא ראיה מדאמר פ' "לולב הגזול" (סוכה דף לג.): אין מתיכונין אותו די"ט, משום ר' אלעזר בר"ש אמר: ממעט. ופריך: הא קא מתקן מנא! ומשני: הכא במאי עסקינן – שליקטן לאכילה, ודבר שאין מתכוין מותר, ופריך: והא מודה ר"ש בפסיק רישיה! לא צריכא דאית ליה הושענא אחריתי, דמאחר שאינו נהנה בדבר – מותר, אע"ג דהוי כפסיק רישיה. ואין לדחות ולומר: מאחר דאית ליה הושענא אחריתי לא הוי מתקן, כיון דאינו מתקנה לשם מצוה – דאם כן מאי דוחקיה למימר: ר' אלעזר בר"ש סבר ליה כאבוה דאמר דבר שאינו מתכוין מותר? אפי' כר' יהודה מצי לאוקמי מהאי טעמא. מיהו, יש לדחות: מאחר שאותו תיקון אפילו במתכוין אינו אסור אלא מדרבנן. °למיעוט ענביו אין נראה תיקון כל כך שיחשב תיקון מן התורה לא גזרו ביה רבנן, כיון שאין נהנה. ולדברי הערוך אתי שפיר הא דאמר בפ' "כל התדיר" (מנחות דף לא:): המתנדב יין מביא ומזלפו על גבי האישים. ופריך: והא קא מכבה! ומוקי לה כר"ש, דאמר דבר שאין מתכוין מותר, ואפי' דהוי פסיק רישיה, שאי אפשר לזלף על גבי האישים שלא יכבה – מתיר ר"ש לכתחילה, מאחר שאין נהנה. מיהו אין נראה דברי הערוך: דהא מפיס מורסא כדי להוציא ממנה לחה – פטור אבל אסור, *אי לאו משום צערא דאינשי, אע"פ שאינו נהנה כלל ואינו מתכוין כלל לבנין הפתח. וכן קשה ממחט של יד ליטול בה את הקוץ, ומפרש לה בסנהדרין (דף פה.) אליבא דר"ש דאמר מלאכה שאינה צריכה לגופה פטור עליה, ודוקא משום צערא דגופה, הא לאו הכי – לא, אע"ג דלא מיכוין לעשות חבורה כי אם להוציא הקוץ. ולפי זה, צריכין אנו ליישב ההיא ד"כל התדיר" דלאו פסיק רישיה הוא, שמזלפו בטיפים דקות. אי נמי, על גבי האיברים, דאפשר שלא יכבה את האש*: **פרווה** אמגושא. פי' בערוך, וזה לשונו: יש מן החכמים שאומרים כי חפר מחילה תחת הקרקע בקדש עד שיראה עבודת כהן גדול, והרגישו הכהנים בחפירה, ומצאוהו, וקראו אותה הלשכה על שמו: *)**הנדווין** של ח' **מאות זוז**. לא ידענא אמאי לא קאמר של ח' מנה, כדקאמר ברישא של י"ב מנה. ועוד ק"ל: אמאי לא קא תני במילתיה דר"מ שהן עשרים מנה, כדקתני בסיפא במילתייהו דרבנן שהן שלשים מנה? מיהו, הא לא קשה, דמשום דברישא לא תנא כולה מילתא בלשון מנה – להכי לא קתני נמי בסיפא בסך הכל לא בלשון מנים ולא בלשון זוזים. מיהו (ממנה) היא גופה תימה לי: אמאי לא קתני ברישא הכל בלשון מנים? וליכא למימר דח' מאות זוז דקאמר, זוזי פשיטי נינהו, כי ההיא דס"פ "אע"פ" (כתובות דף סד:) ונותן לה כליס של נ' זוז, דמפרשה התם* נ' זוזי פשיטי, זוזי מדינה שהן שמינית של דינרי צורי. וכן ההיא דפ' "מציאת האשה" (שם דף סז.) דהמשיא יתומה לא יפחות לה מנ' זוז. חדא – דמאי נפקא מינה? ולימא הנדווין של מנה, סך הכל י"ג מנה. ועוד, מסתמא בזוזי צורי איירי, דהוו להו של שחרית עדיפי מנייהו רק שליש, דומיא דרבנן. ושמא י"ל: אין הלשון נופל בטוב לומר שמונה מנה: **בד** בד בד. נראה לי: חד לגופיה, וחד "בד" לשון לבד, שאין לובש עמהן בגדי זהב כדרך שהוא עושה כל ימות השנה, ו"בד" שלישי לומר: יותר טוב מבד של שאר ימות השנה, והרביעי לומר שטוב משל ערבית. אי נמי, "בד" שלישי ורביעי מידרש הכי: "בד" המובחר שבבד:

ניחוש

תורה אור

גמ' מאי פרוה? אמר רב יוסף: *פרוה אמגושא. § "פרסו סדין של בוץ". § מאי שנא של בוץ? *אמר רב כהנא: כדי שיכיר שעבודת היום בבגדי בוץ. § "בשחר היה לובש פלוסין של שמונה עשר וכו'". § ותנא מניינא אתא לאשמועינן? הא קמ"ל: דבציר מהני לא נעביד. הא אי בציר מהני וטפי אהני – לית לן בה. דכולי עלמא מיהת דשחר עדיפי, מנא לן? אמר רב הונא בריה דרב עילאי, אמר קרא: °'בד' 'בד' 'בד' 'בד' – מובחר בבד. מיתיבי

ויקרא טז

גמ' פרווה אמגושא. מכשף אחד בנאה, ושמו פרווה: תנא מניינא אתא לאשמועינן. דקתני הכל שלשים מנה, וכי אין אנו יודעין ששמונה עשר ושנים עשר הרי שלשים? הא קמ"ל. להכי הדר כיילינהו, לאשמועינן דהא דשלשים מנה סך הכל הוא דיהיב שיעורא ליטול מן ההקדש, ובציר משלשים מנה לא ליעביד סך הכל: הא אי בציר מהני. דשחרית משמונה עשר, וטפי אהני דערבית משנים עשר – לית לן בה: בד בד. ארבעה זימני כתיב בלבישת בגדי שחרית, למימר דהוי, 'בד' 'בד' – המובחר בבד: מיתיבי

[חולין סב:] [לעיל לח:] [ערך סבר וערך פסק] [שבת קז.] [וע"ע תום' שבת מח: ד"ה מיחס] [שייך לעיל במשנה] [דף סה:]

גליון הש"ס

תום' ד"ה הנ"מ באיסורא כו'. דמיעוט ענביו אין נראה תיקון כ"כ. ע' מרדכי רפ"ג דסוכה שכתב דהוא דאורייתא:

רבינו חננאל

ופרקינן אליבא דאביי הני מילי דסבר ר' יהודה דבר שאין מתכוין אסור בכל התורה אבל הכא ביוה"כ צירוף כי האי גוונא דרבנן היא מ"ט לאו מלאכה שצריכה לגופ' היא. ובשבת מלאכת מחשבת אסרה תורה. פי' פרוה שם אדם מגושי ויש מן החכמים שאומרים כי חפר מחילה תחת הקרקע בקודש עד שיראה עבודת כ"ג ביו"כ והרגישו הכהנים בחפירה באותו מקום וחפרו ומצאוהו ונקראת אותה הלשכה על שמו: פרסו סדין של בוץ ולמה של בוץ אמר רב כהנא שיכיר שעבודת היום בבגדי בוץ. פילוסין והנדווין שניהן לשון מלבוש הן בלשון [יון]. הכל ל' מנה כלומר אילו נוטל מן ההקדש כו' ולדברי הכל של שחר מעולין משל ערבית

תוספות ישנים

לכל מעשיה והיכי תיקדום לכל מעשיה מועשה הא לא משמע ועשה אלא אעבודת הדם כלפרי' וי"ל דה"פ יכול יקדמו כל מעשה עולה א) לכל חטאת דדם עולה יקדים חובה מועשה והקטרה תקדים ב) לכל חטאת אם ירצה ת"ל ופר השני ועוד י"ל דכיון דגלי קרא דועשה שדם חטאת קדים לכל עולה ואשכחן בתמידין הקודמין למוספין שאין חילוק בין עבודת אברים לדם והוא הדין הכא נמי כיון דגלי גלי וקצת קשה לי למאי דאמר בזבחים כיון דגלי גלי לא אמרינן ועוד י"ל דמוהקריב את אשר לחטאת ראשונה ג) דרשינן (זבחים דף ז') חזהו רל חטאות קודמות לעולה הבאה עמהם איכא למישמע שיהו כל מעשה חטאות קודמין לכל עולה ואפילו להקטרה ועוד יש לומר ד) דכלל משמעות דעשיה דקרא דמלבד עולת הבקר אשר לעולת התמיד תעשו את אלה איתא להקטרה בכלל עבודת הדם כל כמה דליתא קרא לאפוקיה ממשמעותיה וכן במשמעות של ועשה האחד חטאת שהזכרנו למעלה אבל לכך הולך לכתוב העולה עולה ראשונה להקדים הקטרת התמיד להקטרת המוסף אע"ג דכתיב מלבד כדי שלא נמעט משם הקטרת התמיד שלא תקדים על ידי שמלבד שכתב אחר הקטרה הוה משמע להקדים הקטרת המוספין ומעתה העולה עולה ראשונה גלי לן הכא שלא נלמוד איחור כמה שיהיה כתב בשום מקום מלבד לבסוף כמו מלבד איל הכפורים כי אין משמעות

העולה לאקדומי תמידין שיהיה לבסוף כל כך פשוט שיהיה איחור שיש לנו לומר שלא נלמוד לזה דגלי ביה הנהו דלא גלי ביה והשתא לא תיקשי כלל מתעשה בבקר ומועשה האחד חטאת אך קשה לרבי למה לי ... כדדרשינן מיניה בפרק התכלת תיפוק לי דבהקטרת תמיד כתיב בבקר ובמוספין כתיב וביום כדאמרינן הכא קטורת קודם לאברים יוקדם דבר שנאמר בו בבקר לדבר שלא נאמר בו אלא בבקר בלבד וא"כ ... דלא כתב במוספין אלא וביום וגבי אברי תמיד כתב בבקר על כרחין להקדים בא ותירץ ה"ר אלחנן דס"ד דמוספין קדמי לפי שכן באין לחובת היום אי לא דרשא דהעולה ורבי תירץ דכיון דכתיב העולה עולה ... ושמעינן ליה דקפיד רחמנא אעבודת דם ואהקטרה מהשתא אית לן לאוקמי בבקר דתמיד בהקטרה כמו בשחיטה אבל אי לאו העולה לא הוה מוקמינן בבקר אלא גבי שחיטה ולא הוה ידעינן הקטרה של תמיד ... דלא קאי בבקר אלא אאברים אבל קשה לרבי על הא דאמרינן בסמוך זבח ונסכים מלמד שהנסכים קודמין למוספין ולמה לי קרא תיפוק לי דגבי נסכים כתיב בבקר דכתיב אשר לעולת הבקר ומנחתם ונסכיהם ... מוספין כתב וביום דמשמע לאחר כלפריסית ונראה לרבי לתרץ הא קושיא והא דלעיל דודאי יש לנו להקדים דבר שנאמר בו בבקר לדבר שלא נאמר בו אלא בבקר בלבד דבבקר שני בא להקדים אבל היכא שלא ... אלא בבקר אחד בלבד מגיעו למימר שלא בא להקדים למוספין אלא בא לומר שזמן תמיד בבקר ודין מוספין להיות ביום והיינו בשש שעות כדאמרינן בתמיד נשחט ולקבוע זמן אתי ולהכי איצטריך זבח ונסכים ... רבי כי מיכן יש ללמוד שמוספין יכולין להיות בבקר מדאיצטריך קרא לנסכים קודמין למוספין הא ליכא קרא מוספין קודמין לנסכים אע"פ שבנסכים כתב בבקר וה"ה תפלת מוסף שיכולה להיות בבקר ואמרינן נמי ... (דף ד:) לא לוליי אוניש גלותא דמוסף ביחיד בריש שתא (אלא) בתלת שעי קמייתא כו' אלמא מותר להקדים ואמרינן בירושלמי בפרק תפלת השחר א"ר יוחנן אני ראיתי ר' ינאי מתפלל בשוקא של ציפורי ומהלך ד' ... וחוזר ומתפלל של מוספים מיהו עיקר מנותו בשש שעות או בשש ומחצה שהוא עילומו של יום כדפי' בריש תמיד נשחט ואם לא התפלל יכול להתפלל תפלת מוספין כל היום כדדרשינן בתמורה (דף יד.) (ובפ"ק) ... דמגילה (דף כ:) מלמד שכל היום כשר למוספין וא"כ אמאי קאמר ר' יוחנן בפרק תפלת השחר (דף כח.) המתפלל תפלת המוספין לאחר שבע נקרא פושע ה) אמאי לא קאמר אחר שש כיון שאין מנותו אלא בשש או ... ומחצה שהוא עילומו של יום כדמשמע בריש תמיד נשחט וי"ל שאין העולם בקיאין בחלקי שעה ולהכי נקט שבע אי נמי חצי שעה היו שוהין להתפלל על הקרבן שיתקבל ברצון אחר שיקריבוהו ... אומר רבי שאין להשוות ביום הכפורים להתפלל תפלת מוספין אחר שבע כיון שמגעת תפלת המנחה לתפלת המוספין עבר יש לך להקדים תפלת המוספין דא"ר יוחנן בפרק כל התדיר ובתפלת השחר

[illegible]

[illegible]

עין משפט נר מצוה

מ א מיי' פ"ח מהל' כלי המקדש הל' ז:
מא ב מיי' פ"א מהל' ת"ת הלכה ח:
מב ג מיי' פ"ב מהל' עבודת יוה"כ הל' ו ופ"ד הלכה א:

מיתיבי: "ולבשו בגדים אחרים ולא יקדשו את העם בבגדיהם" מאי לאו "אחרים" – חשובין מהן! – לא, "אחרים" – פחותים מהן. תני *רב הונא בר יהודה, ואמרי לה רב שמואל בר יהודה: אאחר שכלתה עבודת ציבור, כהן שעשתה לו אמו כתונת לובשה ועובד בה עבודת יחיד, ובלבד שימסרנה לציבור. *פשיטא! מהו דתימא: ניחוש שמא לא ימסרנה יפה יפה, קמ"ל. אמרו *עליו על רבי ישמעאל בן פאבי שעשתה לו אמו כתונת של מאה מנה, ולובשה, ועובד בה עבודת יחיד, ומסרה לציבור. אמרו עליו על ר' אלעזר בן חרסום שעשתה לו אמו כתונת משתי ריבוא, ולא הניחוהו אחיו הכהנים ללובשה, מפני שנראה כערום. ומי מתחזי? והאמר מר: *חוטן כפול ששה! אמר אביי: כחמרא במזגא. ת"ר: בעני ועשיר ורשע באין לדין, לעני אומרים לו: מפני מה לא עסקת בתורה? אם אומר: עני הייתי וטרוד במזונותי אומרים לו: כלום עני היית יותר מהלל? אמרו עליו על הלל הזקן שבכל יום ויום היה עושה ומשתכר בטרפעיק, חציו היה נותן לשומר בית המדרש, וחציו לפרנסתו ולפרנסת אנשי ביתו. פעם אחת לא מצא להשתכר, ולא הניחו שומר בית המדרש להכנס. עלה ונתלה וישב על פי ארובה כדי שישמע דברי אלהים חיים מפי שמעיה ואבטליון. אמרו: אותו היום ערב שבת היה, ותקופת טבת היתה, וירד עליו שלג מן השמים. כשעלה עמוד השחר אמר לו שמעיה לאבטליון: אבטליון אחי! בכל יום הבית מאיר, והיום אפל, שמא יום המעונן הוא? הציצו עיניהן וראו דמות אדם בארובה, עלו ומצאו עליו רום שלש אמות שלג. פרקוהו, והרחיצוהו, וסיכוהו, והושיבוהו כנגד המדורה. אמרו: ראוי זה לחלל עליו את השבת. עשיר אומרים לו: מפני מה לא עסקת בתורה? אם אומר עשיר הייתי וטרוד הייתי בנכסי אומרים לו: כלום עשיר היית יותר מרבי אלעזר? אמרו עליו על רבי אלעזר בן חרסום שהניח לו אביו אלף עיירות ביבשה, וכנגדן אלף ספינות בים, ובכל יום ויום נוטל נאד של קמח על כתיפו ומהלך מעיר לעיר וממדינה למדינה ללמוד תורה. פעם אחת מצאוהו עבדיו ועשו בו אנגריא. אמר להן: בבקשה מכם, הניחוני ואלך ללמוד תורה! אמרו לו: חיי רבי אלעזר בן חרסום שאין מניחין *אותך! ומימיו לא הלך וראה אותן, אלא יושב ועוסק בתורה כל היום וכל הלילה. רשע אומרים לו: מפני מה לא עסקת בתורה? אם אמר: נאה הייתי וטרוד ביצרי*) (היה) אומרים לו: כלום **)נאה היית מיוסף? אמרו עליו על יוסף הצדיק: בכל יום ויום היתה אשת פוטיפר משדלתו בדברים, בגדים שלבשה לו שחרית לא לבשה לו ערבית, בגדים שלבשה לו ערבית לא לבשה לו שחרית. אמרה לו: השמע לי! אמר לה: לאו. אמרה לו: הריני חובשתך בבית האסורין. אמר לה: °"ה' מתיר אסורים" – הריני כופפת קומתך – °"ה' זוקף כפופים", – הריני מסמא את עיניך – °"ה' פוקח עורים". נתנה לו אלף ככרי כסף לשמוע אליה "לשכב אצלה להיות עמה" ולא רצה *לשמוע אליה. *"לשכב אצלה" – בעוה"ז, "להיות עמה" – לעוה"ב. נמצא, הלל מחייב את העניים, רבי אלעזר בן חרסום מחייב את העשירים, יוסף מחייב את הרשעים.§ **מתני'** *גבא לו אצל פרו, ופרו היה עומד בין האולם ולמזבח, ראשו לדרום ופניו למערב, והכהן עומד במזרח ופניו למערב. וסומך שתי ידיו עליו ומתודה. וכך היה אומר: אנא השם! עויתי, פשעתי, חטאתי לפניך, אני וביתי. אנא השם! כפר נא לעונות ולפשעים ולחטאים שעויתי ושפשעתי ושחטאתי לפניך אני וביתי, ככתוב בתורת משה עבדך: °"כי ביום הזה יכפר וגו'". והן עונין אחריו: ברוך שם כבוד מלכותו לעולם ועד.§

גמ'

*) [נ"ל הייתי] **) בע"י כלום היה טרוד ביצרו יותר מיוסף וכו'

תורה אור: יחזקאל מד; תהלים קמו; שם; שם; ויקרא טז

[לעיל כה. ע"ש] [ר"ה ז. ב"מ קיח.] [תוספתא פ"א] [לקמן עא:] ע"ז ה. סוטה ג: [עי' בע"י] [זבחים כ.] גי' יכו' ונתודה

רש"י

מיתיבי גרסינן ברישא, והדר גרסינן: תני רב שמואל: מיתיבי ולבשו בגדים אחרים. ולא גרסינן "וקרבו אל אשר לעם" דההוא קרא לא גבי שירות כתיב אלא גבי בגדים שאכלו בהן, ולא אפשר לאוקומי ביוה"כ. אלא מהאי קרא מותיב "ובצאתם אל חצר החיצונה וגו'" דאיכא לאוקומי ביוה"כ, דכתיב לעיל מיניה "והיה בבואם אל שערי החצר הפנימית(א) ולא יעלה עליהם צמר" הא ודאי ביום הכפורים כתיב, דאי בשאר ימות השנה – הא איכא מעיל דכוליה תכלת, וחושן ואפוד דאית ביה תכלת. וכתיב בתריה "ובצאתם אל החצר החיצונה יפשטו את בגדיהם וגו' ולבשו בגדים אחרים" וקא סלקא דעתיך דהכי קאמר: וכשיחזור ויכנס שם בין הערבים ילבש בגדי בד אחרים ולא את הראשונים, ומשום דלא רמזה משה באורייתא, והילכתא הוו גמירי לה, אתא יחזקאל ואסמכיה אקרא. "ולא יקדשו את העם" דכתיב בסיפא מילתא אחריתי היא, וכשיתערבו עם העם – ילבשו בגדי חול: מאי לאו אחרים חשובין מהן. דאי לאו לעילויינהו, למה לי למכתב אחרים, דמשמע שלא יהיו דומין לראשונים? לא פחותין מהן. לפי שעבודה הראשונה חשובה ומכפרת, וזו אינה אלא לפנות את המקום, שאין כבוד שיהיו מונחין שם. לפיכך שינה הכתוב בבגדים לפחות: עבודת יחיד. הוצאת כף ומחתה, שאינה צריכה לציבור, אלא לפי שמוטלת עליו לפנות את המקום, לפיכך קורא לה עבודת(ב) יחיד: ובלבד שימסרנה לציבור. דסוף סוף מעבודת ציבור היא. כך נראה בעיני, ואני שמעתי: 'עבודת יחיד' מקרא פרשה דתנן [במתני'] (לקמן דף סח:): קורא באיצטלית לבן משלו. וקשיא לי בגויה: דלא תנן התם ובלבד שימסרנה לציבור: פשיטא. דעובד בה, כיון דאמרת מוסרה לציבור,(ג) דציבור היא: משתי ריבוא. מנה: האמר מר חוטן. של בגדי כהונה כפול ששה לקמן בפרק "בא לו" (דף עא:): כחמרא במזגא. כיין הנראה מתוך לכלי זכוכית, ואע"פ שהזכוכית עבה. כך היה הפשתן מוזהב, ונראה בשרו מתוכה: לעני אומרים וכו'. כלומר: אם באו ב"ד שלמעלה לחייב עניים ע"י הלל, ועשירים ע"י ר' אלעזר, וטרודי היצר על ידי יוסף – יש פתחון פה לבעל הדין לחייבם: טרפעיק. סלע מדינה, שהוא חצי דינר. כך מפורש בכתובות (סד.): פירקוהו. פירקו משוי השלג מעליו: אנגריא. עבודת שר העיר. ועבודת עצמו היתה, והם אינם מכירים בו וסבורים שהוא מיושבי העיירות שלו, שעבודת אדוני הארץ מוטלת עליהם: משדלתו. מפתה אותו. "כי יפתה" מתרגמינן "ארי ישדל" (שמות כב): שלבשה לו. בשבילו: **מתני'** ראשו לדרום ופניו למערב. מפרש בגמרא שעוקם ראשו לצד ההיכל. וקא בעי טעמא אמאי לא מוקי ליה להדיא זנבו למזרח וראשו למערב: והכהן עומד במזרח. אחוריו למזרח:

תוספות

ניחוש שמא לא ימסרנה יפה יפה קמ"ל. ואפי' לרבנן דרבי יוסי בפרק "הבית והעליה" (ב"מ דף קיח.) דסבירא להו שומרי ספיחים בשביעית נוטלין שכרן מתרומת הלשכה, ורבי יוסי אומר: אף הרוצה להתנדב בחנם – עושה. וקאמר דפליגי במיחש דילמא לא מסר לצבור יפה, דרבנן סברי: חיישינן. הכא מודו, דאנן סהדי דכ"ג מסר ליה יפה, שהוא גדול בתורה ויודע שיש למסור יפה. ועוד, כיון שכל כבוד כהונה הוא שלו – מסר ליה יפה, אגב חביבות שעובד בה. וכן לבן בוכרי, דאמר בפרק "הקומץ רבה" (מנחות דף כא:): כל כהן ששוקל – אינו חוטא. ופריך: כיון דלכתחילה לא מיחייב לאיתויי, כי קא מייתי מעייל חולין לעזרה! ומשני: דמסר ליה לצבור. איכא למימר: אפילו את"ל דסבירא ליה כרבנן דפ' "הבית והעליה" (ב"מ דף קיח.) בההיא אפי' רבנן מודו, כיון שכל ישראל מביאין שקלים, אינהו נמי נהי דפטירי – מסרי לצבור יפה יפה. ועוד: כיון שכל ריוח הקרבנות הבאים מן השקלים שלהם הוא – גמרי ומסרי יפה: **אנא** השם. בירושלמי יש: דבראשונה אמר אנא השם, ובשניה אנא בשם כפר נא וכו':

נוקמיה

רבינו חננאל

תנא אחר שכלתה עבודת צבור כהן שיש לו כתונת לובשה ועובד בה עבודת יחיד ובלבד *)שלא ימסרנה לצבור יפה יפה. ישמעאל בן פאבי עשתה לו אמו כתונת בק' מנה כו'. וכן ר' אלעזר בן חרסום לבש כתונת משתי רבוא. ואע"ג שהיו החוטין כפולין ששה היה נראה מתוכה כערום. ולפיכך לא הניחוהו הכהנים לעבוד בה: **ירושלמי** מילא אותה ר' אלעזר בן חרסום מים וסובב את המזבח ז' פעמים: תנו רבנן עני ועשיר ורשע באין לדין כו' עד ונמצא הלל מחייב את העניים ור' אלעזר בן חרסום את העשירים ויוסף את הרשעים: **ירושלמי** בתחלת זה הפרק תני ישן טעון טבילה נתנמנם טעון קידוש ידים ורגלים ואוקמוה שם שסמך בכותל וישן. ותני ר' חייא אין ישיבה בעזרה אלא למלכי בית דוד. וריש לקיש. ולא אפילו למלכי בית דוד והאי דכתיב ויבא המלך דוד וישב לפני ה' שישב עצמו בתפלה. תני עור שעיבדו לשום קמיע מותר לכתוב עליו מזוזה רשב"ג אוסר תני העושה כלי עד שלא נשתמש בו הדיוט מותר לגבוה. אבל משנשתמש בו הדיוט אסור לגבוה. אבנים שחצבם לשום מת אסורין בהנאה לשום חי ולשום מת מותרין בהנאה. הזורק כלי לפני מטתו של מת לתוך ד' אמות אסור בהנאה חוץ לד' אמות מותר בהנאה: **מתני'** בא לו אצל פרו ופר היה עומד בין האולם ולמזבח כו'.

*) נראה דצ"ל ובלבד שימסרנה לציבור ולא חיישינן שמא לא ימסרנה יפה יפה.

תוספות ישנים

ובעינא נמי למימר לעיל שעבודת לילה הוא ובתמיד [illegible]

הגהות הב"ח

(א) רש"י ד"ה מיתבי ולבשו כו' אל שערי החצר הפנימית בגדי פשתים ילבשו ולא יעלה עליהם כו' ובצאתם אל החצר החיצונה וגו' יפשטו את כו' והלכתא הוו גמירי להו אתא יחזקאל: (ב) ד"ה עבודת יחיד כו' וד"ה ובלבד כו' הד"א: (ג) ד"ה פשיטא כו' מוסרה לצבור ושל צבור היא:

גליון הש"ס

רש"י ד"ה מיתיבי וכו' אתא יחזקאל ואסמכיה אקרא. וכעין מה דאיתא בתענית דף י"ז ע"ב:

בע"י שאין מניחין לך הלך נתן להם ממון הרבה כדי שיניחו אותו ומימיו וכו'

[illegible] אחד יתירא בשביל זה מה יש לחוש אם שתק מאחד והוה קאי אצל ערבית וילמד שחרית מערבית וקא' כ"ל דמשום דדין הוא יותר שילמד ערבית משחרית וגם מצינו שמגלה בשחרית ללמד על [illegible]
[illegible] אחר לעיל כמנחת הבקר וכנסכו תעשה וגו'. מ"ש: **חד** בחובה וחד בנדבה וצריכי. והא דאמרינן לקמן בפרק בא לו (דף ע:) שני אילים הן אחד האמור כאן ואחד האמור בחומש הפקודים ומאי [illegible]
[illegible] עדרו וחד בחובה וחד בנדבה וצריכי ההוא ר' אלעזר בר"ש לאו היינו רבנן דהכא דלדידהו מקרא אחר נפק אלא סבירא להו כרבי דהתם ור' אלעזר בר"ש כרבי דהכא: **אפילו** תימא כשהגיע לצירוף דבר [illegible]
[illegible] מותר. וכגון דלא הוי פסיק רישיה ואפילו בפסיק רישיה (לא) מיתוקמא וכגון שאין הכלי שלו וכדאמרינן בהבונה (דף קג.) לא צריכא דקעביד בארעא דחבריה מיהו לר' יהודה מיהא יכול להיות אסור מטעם [illegible]
[illegible] צריכה לגופה דחייב עליה לר' יהודה דהכא ובהבונה לא איירי אלא לר"ש דוקא: **ומי** אמר אביי הכי והאמר כו'. וא"ת מאי פריך מדברת דהוי פסיק רישיה לצירוף דלא הוי פסיק [illegible]
[illegible] לר' יהודה בכלי דחבריה משום מלאכה שאינה צריכה לגופה כדפיר' ותירץ ה"ר אלחנן דהכי פריך מדאסור מן התורה דבר שאין מתכוין בפסיק רישיה יש לנו לאסור מסתמא מדרבנן אפי' [illegible]
[illegible] רך לאביי לא הוה ידע מעיקרא חילוק בין פסיק רישיה ללא פסיק רישיה כדאמרינן באם לא הביא (שבת דף קלג.) ואע"ג דרבי יהודה מחייב במלאכה שאינה צריכה לגופה היינו כגון [illegible]
[illegible] צריך לגופה כגון הורג נחשים ועקרבים [עי' מגנ"ע] בס"פ כל כתבי הקודש (דף קכא:) אבל הכא שאינו מתכוין לצרף היה סבור שאין בה חיוב מלאכה שאינה צריכה לגופה ומכל מקום פריך [illegible]
[illegible] ר' יהודה לאסור מן התורה בפסיק רישיה וה"ה הכא ודוחק הוא זה לומר שיטעה התלמוד בכך ותירוץ ה"ר אלחנן נכון ועיקר: **הני** מילי בכל התורה כולה אבל הכא לצירוף דרבנן [illegible]
[illegible]

א) נ"ל ספינה ממנו. ב) נ"ל דאמאי פריך ליה מדאמר. ג) נ"ל לכבות.

מאן שמעת ליה דאמר בין אולם ולמזבח. קרוי צפון לשחיטת קדשי קדשים, מאלי פתח ההיכל ולצפון, בין האולם למזבח.(ג) דתנן במתני': "ופרו היה עומד בין האולם ולמזבח" ותנן בפרק דלקמן (דף מא:) שבמקום וידוי שחטו, דקתני בה לו אצל פרו שניה וסמך שתי ידיו כו' שחטו וקיבל במזרק כו'*: וכנגד כל המזבח כולו. שלשים ושתים אמה שכנגד המזבח בצפון קרוי צפון לשחיטת קדשי קדשים. אבל שלא כנגד המזבח לצד מערב ולצד מזרח, אע"פ שהוא צפון העזרה – אינו צפון לשחיטה, דבעינן על ירך המזבח, כדכתיב (ויקרא א) "ושחט אותו על ירך המזבח צפונה": אף בין האולם למזבח. כל חלק צפוני לצד מערב, אע"פ שאינו ירך ממש, אבל חלק צפוני שמן המזרח ולמזבח(ד) לא (שמן מזבח): רבי מוסיף. אף כל צפון העזרה שבאחת עשרה אמה של מקום דריסת רגלי הכהנים עד כותל מזרחי של עזרה: אבל מן החליפות ולפנים. רוחב האולם עודף על רוחב ההיכל ט"ו אמה לצפון, וכנגדו לדרום, ומשך אותו עודף אינו אלא עשר אמות ממזרח לצד מערב, ואותו עודף קרוי בית החליפות, שהיו בהן עשרים וארבע חלונות חלון לכל משמר ששם גונזים סכינים של קודש. וסכין קרוי חילוף בלשון ערבי. והאויר שאחורי אותו עודף למערב, והאויר שבין צפון כותל העודף לבין כותל העזרה קרוי לפנים מן החליפות: הכל מודים שפסול. דכיון שאין המזבח נראה שם – אינו קרוי ירך המזבח: לימא. דוקא רבי אלעזר ברבי שמעון היא, ולא רבי: השתא ר' אדרבי יוסי מוסיף וכו'. כלומר: מאי תיבעי לך? פשיטא דלאו דוקא קא אמרי. וכי(ה) רבי דמוסיף את צפון של צד מזרח שהוא מרוחק מקדושת היכל אדרבי יוסי הוא דמוסיף לה, אבל דרבי אלעזר לית ליה? אפשר לומר כן המרוחק כשר והמקורב פסול? אנן הכי קאמרינן. כלומר: הא ודאי פשיטא לן דרבי נמי אית ליה בין האולם ולמזבח צפון, והאי דקא אמרי מתני' לימא דלא כרבי – הכי קשיא לן: דתנא דמתניתין לית ליה דרבי דמכשיר כל צפון העזרה, דאי כרבי – למה לי לקרוביה לבין האולם ולמזבח? נוקמיה בחלק צפוני(ו) דכל העזרה, באיזה מקום שירצה: אלא מאי רבי אלעזר ברבי שמעון נוקמיה בין כותל מזבח צפוני לכותל עזרה צפונית. דהא לכולי עלמא עיקר צפון דירך המזבח ממש התם הוא: אלא מאי אית לך למימר. אמאי מקרב ליה כולי האי: משום חולשא דכהן. שלא יכבד עליו משוי מזרק הדם מרחוק: לרבי נמי. אע"ג דכל עזרה כשירה בצפון שלא מקרב ליה לצד הפתח משום חולשא דכהן: ונוקמיה להדיא. אחוריו למזבח ופניו להיכל: שמא ירביץ גללים. וגנאי הוא להראות בית הרעי שלו לצד המזבח, והכי שפיר טפי, להיות זנבו לצפון וראשו לדרום, נמצא זנבו שלא כנגד המזבח, שאינו מושכו לצד דרום כל אורך הפר, אלא שיהא מקצת גופו בין האולם ולמזבח: כיצד סומך. כל סמיכת קדשי קדשים: עומד בצפון. שקדשי קדשים טעונין צפון: ופניו למערב. ואחוריו למזרח: והסומך. הבעלים: עומד במזרח. אחוריו למזרח: עון חטאת. אותו חטא שהוא מביא עליו: ועל עולה עון לקט שכחה ופאה. שאין להן וידוי. הכי גרסינן לה בתוספתא דמנחות (פ"י). ולא גרסינן בה מעשר עני, דהא יש לו וידוי "וגם נתתיו ללוי" – זה מעשר ראשון, "ליתום ולאלמנה" – זה מעשר עני (מעשר שני פ"ה משנה י): רבי עקיבא אומר אין עולה באה כו'. טעמא מפרש בתוספתא: על מה עולה באה? אם על כריתות ומיתות ב"ד – הרי עונשן חמור, אם על לא תעשה – הרי עונשן חמור, מלקות. הא אין עולה באה אלא על עשה, ועל לא תעשה שניתק לעשה, שאין לוקין עליו: בלאו

[לקמן מג.] [זבחים כ.] [תוספתא מנחות פ"י]

גמ' מאן שמעת לי' דאמר בין האולם ולמזבח, צפון – רבי אלעזר ברבי שמעון היא. דתניא: *איזהו צפון – מקיר של מזבח צפוני ועד כותל העזרה, וכנגד כל המזבח כולו צפון, דברי ר' יוסי בר' יהודה. ר' אלעזר בר"ש מוסיף אף בין האולם ולמזבח. ארבי מוסיף אף מקום דריסת רגלי הכהנים ואף מקום דריסת רגלי ישראל. אבל מן החליפות ולפנים – הכל מודים שפסול. לימא רבי אלעזר ברבי שמעון היא ולא רבי? אפילו תימא רבי;(א) ורבי, השתא אדרבי יוסי ברבי יהודה מוסיף, אדרבי אלעזר ברבי שמעון לא מוסיף? אנן הכי קא אמרינן: אי רבי היא – נוקמיה בכולה עזרה! אלא מאי – רבי אלעזר ברבי שמעון היא, ונוקמיה בין מזבח ולכותל! אלא מאי אית לך למימר – משום חולשא דכהן גדול, לרבי נמי – משום חולשא דכהן גדול. § "ראשו לדרום ופניו למערב". § היכי משכחת לה? אמר רב: בעוקם את ראשו. ונוקמיה להדיא! אמר אביי: גזירה שמא ירביץ גללים. תנו רבנן: *בכיצד סומך הזבח? עומד בצפון ופניו למערב, והסומך עומד במזרח ופניו למערב, ומניח שתי ידיו בין שתי קרנות של זבח,* ובלבד שלא יהא דבר חוצץ בינו לבין הזבח ומתודה; על חטאת עון חטאת, ועל אשם עון אשם, ועל עולה עון לקט שכחה ופאה(ב) ומעשר עני, דברי רבי יוסי הגלילי. רבי עקיבא אומר: גאין עולה באה אלא על עשה, ועל לא תעשה שניתק לעשה. במאי קא מיפלגי? אמר ר' ירמיה: בלאו

מנחות צג:

נוקמיה בין המזבח ולכותל. תימה: מאי קס"ד דהמקשה דקאמר לימא דלא כרבי? כיון דלר"א בר"ש נמי קשה, נוקמיה בין המזבח כולו! ויש לומר: דס"ד, דבשלמא לר"א בר"ש כיון דעל ירך המזבח הוי מקום ננסין וטבעות ושולחנות – לא מוקמי ליה התם שאין לשם מקום פנוי כולי האי, ועוד: שמא ירבין גללים, ואצל המזבח גנאי הוא. אבל לר' – לוקמיה רחוק משם אצל הפתח. ומכל מקום מהדר ליה דטפי הוה עדיפא לאוקמיה אצל המזבח מלקרבו כל כך להיכל, אלא משום חולשא דכהן גדול:

ומעשר עני. לא ידענא אמאי לא גרס ליה רש"י, דאף על גב דבתוספתא דמנחות ליתא, דילמא ברייתא אחריתי היא. ואי משום דיש לו וידוי כדכתיב: "וגם נתתיו ללוי לגר וגו'" – מ"מ כיון דאין לו וידוי בפני עצמו אלא אגב מעשר שני, כמו תרומה, דאין מתודה עליה בפני עצמה, כדתנן במסכת ביכורים (פ' ב' משנה ג) ומייתי לה בפרק *("הזהב" דף נג). ובמסכת מעשר שני (פ"ה משנה י) תנא: "וגם נתתיו" – לרבות את התרומה וכו', להכי מתודה נמי עון מעשר עני על העולה. ועוד, דוידוי דהתם היינו כשעשה כדין, והכא מתודה עון מעשר עני:

על עשה ועל לא תעשה שניתק לעשה. לא ידענא אמאי לא קא חשיב כל לאוי דלא לקו עלייהו, כגון לאו שבכללות, ולאו שאין בו מעשה. ונראה לי מדכתיב (ויקרא א) "ונרצה לו" – משמע שיש לו תקנה ורצוי במקום אחר, והיינו עשה, שבידו לתקן לעשות סוכה ותפילין וכיוצא בהן. ואם עבר יום או יומים – עולה מכפרת עליו, וכן לא תעשה הניתק לעשה, וכן על חייבי מיתות ועל חייבי כריתות וחייבי לאוין חמורין היתה מכפרת, אלא שיש להן כפרה אחרת, שעונשן חמור, אבל הני – אין להם ריצוי ותקנה במקו' אחר: לאו

מג א מיי' פ"ה מהל' בית הבחירה הל' טז:
מד ב ג מיי' פ"ג מהל' מעשה הקרבנות הלכה יד:

רבינו חננאל

מתניתין דלא כריב"י דתניא ושחט אותו על ירך המזבח צפונה. איזהו צפון המזבח הכשר בשחיטת קדשי קדשים מקיר צפוני עד כותל עזרה צפוני כנגד כל המזבח דברי ר' יוסי ב"ר יהודה ר' אלעזר בר' שמעון מוסיף כלפי המערב אף בין לאולם ולמזבח ר' מוסיף מקצה המזבח ולחוץ כ"ב אמה והם מקום דריסת הכהנים י"א אמה ומקום דריסת רגלי ישראל [י"א] אמה נמצאת לר' יוסי ב"ר יהודה צפון ל"ב אמה בלבד והוא ארך המזבח ולר' אלעזר ב"ר שמעון אורך נ"ד אמה הנה משנתנו אינה לר' יוסי ב"ר יהודה דהא לית ליה מקום כשר לשחיטה אלא כנגד המזבח בלבד ומתני' קתני שחיטת הפר בין האולם ולמזבח ולר' נמי ליתה דהא אפילו מכנגד המזבח ולרוץ ונמצא לר' כשר בשחיטה ע"ו אמה והוא מכותל מזרחי עד כותל ההיכל נוקמיה בכל העזרה ואמר אלא מתני' ראב"ש לוקמי' בין מזבח לכותל העזרה ולדברי הכל צפון הוא אלא למה קרבו לשחטו קרוב להיכל לפי זשר': חלישית יש בו אינו יכול לבוא בדם הפר מרחוק כך לרבי אע"פ שכל העזרה כולה כשר הוא משום חולשה דכ"ג קרבו. מקום בית החליפות הן ט"ו אמה שהאולם עודף מפה ומפה על ההיכל וכותליו ותאיו וכתליו והמסיבה וכותליה: ראשו לדרום ופניו למערב אוקימנא בעוקם ראשו של פר ולמה לא היה מעמידו *) (אחריו למערב) שפתח ההיכל במערב גזירה שמא ישליך גללים: ת"ר כיצד סומך הזבח עומד בצפון ופניו למערב בעוקם והסומך עומד במזרח וכו'. ומתודה על חטאת עון חטאת ועל אשם עון אשם ועל עולה עון לקט שכחה ופאה ומעשר עני דברי ר' יוסי הגלילי ר' עקיבא אומר אין עולה באה אלא על עשה ועל ל"ת שניתק לעשה ואמרינן ר' יוסי הגלילי נמי הכי קאמר דכולהו ל"ת שניתק לעשה

*) נראה דצ"ל אחוריו למזבח וראשו למערב שפתח ההיכל וכו'.

הגהות הב"ח

(א) גמ' אפילו תימא רבי והשתא רבי אדר' יוסי בר' יהודה מוסיף: (ב) שם ועל עולה עון לקט שכחה ופאה (ומעשר עני) תא"מ ונ"ב רש"י לא גרס ליה: (ג) רש"י ד"ה מאן שמעת כו' בין האולם למזבח קשיתו דתנן במתני' ופרו: (ד) ד"ה אף בין האולם כו' שמן המזרח למזבח לאו שמן מזבח: (ה) ד"ה השתא רבי כו' קא אמרי וכי אפשר דרבי למוסיף את: (ו) ד"ה אלא הכי כו' נוקמיה בחלק צפוני של העזרה:

תוספות ישנים

יין (דף פא:) גבי תלוש קאמר חייב ועל כרחיה מדרבנן קאמר כמו שהוכיח לשם וק"ל א) מש"ה. או אומר רבי לדבר שאין מתכוין דהתם לא הוי כדבר שאין מתכוין בשאר התלמוד דהתם כולי עלמא מחייבי משום דהוי פסיק רישיה דכיון דמחתה לגחלים עליונות כדאיתא התם אי אפשר שלא יבעיר וניחא ליה נמי בחותה הבערה אלא לר' שמעון פטור דהויא מלאכה שאינה צריכה לגופה דפטור ורבי יהודה מחייב בדבר שאין מתכוין ב) ביה דהוי אינה צריכה לגופה והא דקרי ליה אין מתכוין לפי שלא נעשית מחשבתו שנתכוין ג) לכסות והבעיר אבל שאר מתכוין אינו אסור לר' יהודה אלא מדרבנן וא"ת אי במלאכה שאינה צריכה לגופה פליגי מאי שנא בתר הכי דקאמר ת"ר החותה גחלים בשבת להתחמם בהם והובערו מאליהן חייב ותניא אידך פטור ומוקי לה הא כמ"ד מלאכה שאצ"ל חייב והא כמ"ד פטור אמאי נקט הכא לישנא דמלאכה שאינה צריכה לגופה טפי מלעיל י"ל דבקמייתא דלא מיכוין כלל אלא לכסות דהוי איפכא ממלאכה שעושה קרי ליה דבר שאין מתכוין אבל בבתרייתא קרי מלאכה שאינה צריכה לגופה כמו בכל התלמוד לפי שכוונה יש בדבר וא"ת כי פריך בפ"ק דפסחים (דף יא:) מאי שנא גבי חמץ דגזר רבי יהודה דילמא אתי למיכל מיניה מאי שנא גבי קירלוף דלא גזר אטו קירוד ומשני לחם בלחם מיחלף כו' ואמאי לא משני ליה משום דבקירוד אפילו (לא) עביד ליה ליכא איסורא אלא מדרבנן כיון שאינו מתכוין ולכך לא גזר אבל חמץ במועד איכא כרת י"ל דעדיפא מיניה קמשני התם הקשה ריב"א מדאמרינן בפרק כירה (ד' מב.) מכבין גחלת של מתכת ברשות הרבים דמשמע הא ברשות היחיד אסור מדרבנן והכא שרינן להטיל עששיות חמות ותירץ דאין שבות במקדש ואין זו נראה דהתם מיירי בגחלת שיוצא מתחת יד הגפח אבל הכא אינו חם כל כך והרי הוא כמו מיחם שפינהו דפרק כירה (דף מא.) דלא אסרינן ליה משום כיבוי:

פילוסין והנדוין. פר"ח מלבושין הן בלשון ערבי ובת"כ מפיק מקרא לשנות בגדי לבן לערב דקתני מנין לרבות כלים אחרים לבין הערבים ת"ל ולבש את בגדי הבד וקרא יתירא הוא לדרשה: (ע"כ שייך לדף ל"ד ע"ב):

אמר קרא בד בד. בפ' שני דזבחים (דף יח:) נמי דריש בד שיהיו חדשים ושיהיו של בוץ: (ע"כ שייך לדף ל"ה ע"א): מאי לאו אחרים חשובים. וא"ת הא מיירי ביליא דלפני ולפנים ואותם ודאי הן חשובים שמשנה לבגדי זהב י"ל דולבשו בגדים אחרים משמע ליה שכל היום ילבשו בגדים אחרים ואם תאמר מנא ליה דנימא חשובים מהם נהי דלא דמי להוצאות הדשן דנימא פחותים חשובים מיהו מנין לנו דילמא כאותם דוקא י"ל דומיא דבגדי זהב שלובש כשיולא מבית קדשי הקדשים שהן חשובים ומסתמא כן יהו כל אחרים: לובשה ועובד בה עבודת יחיד. הולאת כף ומחתה כפי' הקונטרס והא דקתני במשנה אלו משל ציבור היינו אם הוא רוצה אבל הרוצה עושהו משלו לכבוד ולתפארת: ובלבד שימסרנה לציבור. שצריך שיהא משל ציבור כדתניא בת"כ בגדי קדש בנין אב לכל בגדי כהן שיהו מקודש ודוקא בעבודת ציבור אבל בעבודת יחיד אינו יכול לעשות אע"פ שמוסרה לציבור ולא ידע רבינו יהודה מאי שנא מקטורת שיכולין להקטיר אם עשאה יחיד ומסרה לציבור: רשע אומרים לו מפני מה לא עסקת בתורה. כדאמרינן בסנהדרין (דף ז.) שאין תחילת דינו של אדם אלא על דברי תורה: (ע"כ שייך לדף ל"ה ע"ב):

מאן שמעת ליה בין האולם ולמזבח צפון. [דסומכין] במקום ששוחטין בצפון כדתניא בת"כ וסמך ושחט במקום שסומכין שוחטין: אלא מאי אית לך למימר משום חולשא דכהן גדול. וא"ת נוקמיה בין ד) אולם למזבח במקום שראוי לשחיטה י"ל דחיישינן שמא ירבין גללים: ובלבד שלא יהא דבר חוצץ. בת"כ מפיק ליה מקרא דוסמך ידו על ראשו ולא ידו על גב ידו וכל שכן דבר אחר שחוצץ וגמרינן נמי בת"כ מוסמך אהרן את שתי ידיו מלמד שהסמיכה בשתי ידים ודריש נמי בת"כ פרשת ויקרא וסמך ידו על ראש הפר לרבות פר יוה"כ לסמיכה: ועל עולה עון לקט שכחה ופאה שאין להם וידוי. ה"ג בקונטרס ובתוספתא (דמנחות פ"י) ולא גרס מעשר ה) שני לפי שיש לו וידוי וגם נתתיו ללוי זה מעשר ראשון לגר ליתום ולאלמנה זה מעשר עני כך פי' בקונטרס ואין נראה לרבי דבכולהו נמי אית להו וידוי כדתנן במעשר שני בערתי הקדש זה מעשר שני ונטע רבעי נתתיו ללוי זה מעשר ראשון וגם נתתיו זו תרומה לגר ליתום ולאלמנה זה מעשר עני ולקט שכחה ופאה ו) אין מעכבין את הוידוי פי' שאין עיקר אלא על מעשר שני בלבד והיינו שאין להם וידוי דתוספתא כלומר אינו צריך ואין בהם עיכובא כמו במעשר שני וא"כ גרס שפיר מעשר עני ועוד קשה מאי שייך וידוי דהכא להני דמעשר שני התם מיירי בודאי שעשה כהלכה כדכתיב לא עברתי ממצותיך וגו' אבל כאן אינו מתוודה אלא על מה שעבר עליהם ולא עשאם כדין ותנן נמי לא אכלתי באוני ממנו אכלו באנינות אינו יכול להתוודות ואיך יתכפר לו אם לא יתוודה על ז) חטאתו ע"כ נראה דל"ג שאין להם וידוי בתוספתא דלא שייך מידי הכא וכן פי' ה"ר יוסף:

עון לקט כו'. אכתי איכא טובא שניתוקים לעשה אלא בא להשמיענו שאלו ניתוקים לעשה:

א) במקום הזה יש גירסאות שונות בספרים שונים ועי' בש"י: ב) נ"ל בזה: ג) נ"ל לכבות: ד) נ"ל סותל: ה) נ"ל עני: ו) נ"ל אע"פ שאין: ז) נ"ל שולתו:

בְּלָאו דִּנְבֵילָה קָא מִיפַּלְגִי, ר"ע סָבַר: לָאו מְעַלְּיָא הוּא, וְרַבִּי יוֹסֵי הַגְּלִילִי סָבַר: לָאו לָאו מְעַלְּיָא הוּא. **אַבָּיֵי** אָמַר: דְּכ"ע לָאו דִּנְבֵילָה – לָאו מְעַלְּיָא הָוֵי, וְהָכָא בְּ"תַעֲזוֹב" קָא מִיפַּלְגִי. דְּרַבִּי עֲקִיבָא סָבַר: "תַּעֲזוֹב" – מֵעִיקָּרָא מַשְׁמַע, וְרַבִּי יוֹסֵי הַגְּלִילִי סָבַר: הַשְׁתָּא מַשְׁמַע. ת"ר: *כֵּיצַד מִתְוַדֶּה? "עָוִיתִי פָּשַׁעְתִּי וְחָטָאתִי", וְכֵן בְּשָׂעִיר הַמִּשְׁתַּלֵּחַ הוּא אוֹמֵר: °"וְהִתְוַדָּה עָלָיו אֶת כָּל עֲוֹנֹת בְּנֵי יִשְׂרָאֵל וְאֶת כָּל פִּשְׁעֵיהֶם לְכָל חַטֹּאתָם" (ויקרא טז), וְכֵן בְּמֹשֶׁה הוּא אוֹמֵר: °"נֹשֵׂא עָוֹן וָפֶשַׁע וְחַטָּאָה" (שמות לד) דִּבְרֵי ר' מֵאִיר. וַחֲכ"א: *עֲוֹנוֹת – אֵלּוּ הַזְּדוֹנוֹת, וְכֵן הוּא אוֹמֵר: °"הִכָּרֵת תִּכָּרֵת הַנֶּפֶשׁ הַהִיא עֲוֹנָה בָהּ" (במדבר טו), *פְּשָׁעִים – אֵלּוּ הַמְּרָדִים, וְכֵן הוּא אוֹמֵר: °"מֶלֶךְ מוֹאָב פָּשַׁע בִּי" (מלכים ב ג) וְאוֹמֵר °"אָז תִּפְשַׁע לִבְנָה בָּעֵת הַהִיא" (שם ח), לְכָל חַטֹּאתָם – אֵלּוּ הַשְּׁגָגוֹת, וְכֵן הוּא אוֹמֵר: °"נֶפֶשׁ כִּי תֶחֱטָא בִשְׁגָגָה" (ויקרא ד). וּמֵאַחַר שֶׁהִתְוַדָּה עַל הַזְּדוֹנוֹת וְעַל הַמְּרָדִים חוֹזֵר וּמִתְוַדֶּה עַל הַשְּׁגָגוֹת? [א]אֶלָּא כָּךְ הָיָה מִתְוַדֶּה: חָטָאתִי וְעָוִיתִי וּפָשַׁעְתִּי לְפָנֶיךָ אֲנִי וּבֵיתִי וכו'. וְכֵן בְּדָוִד הוּא אוֹמֵר: °"חָטָאנוּ עִם אֲבוֹתֵינוּ הֶעֱוִינוּ הִרְשָׁעְנוּ" (תהלים קו) וְכֵן בִּשְׁלֹמֹה הוּא אוֹמֵר: °"חָטָאנוּ (*וְהִרְשַׁעְנוּ וּמָרָדְנוּ)" (מלכים א ח) וְכֵן בְּדָנִיֵּאל הוּא אוֹמֵר: °"חָטָאנוּ (*וְהֶעֱוִינוּ) וְהִרְשַׁעְנוּ וּמָרָדְנוּ" (דניאל ט) *אֶלָּא מַהוּ שֶׁאָמַר מֹשֶׁה: "נֹשֵׂא עָוֹן וָפֶשַׁע וְחַטָּאָה"? אָמַר מֹשֶׁה לִפְנֵי הקב"ה: רבש"ע, בְּשָׁעָה שֶׁיִּשְׂרָאֵל חוֹטְאִין לְפָנֶיךָ וְעוֹשִׂין תְּשׁוּבָה – עֲשֵׂה לָהֶם זְדוֹנוֹת כִּשְׁגָגוֹת. אָמַר רַבָּה בַּר שְׁמוּאֵל אָמַר רַב: הֲלָכָה כְּדִבְרֵי חֲכָמִים. פְּשִׁיטָא, *יָחִיד וְרַבִּים הֲלָכָה כְּרַבִּים! מַהוּ דְּתֵימָא: מִסְתַּבֵּר טַעֲמֵיהּ דְּר' מֵאִיר, דְּקָמְסַיַּיע לֵיהּ קְרָא(א)[א] דְּמֹשֶׁה, קמ"ל. הַהוּא דִּנְחֵית קַמֵּיהּ דְּרַבָּה, וַעֲבַד כְּר"מ. א"ל: שָׁבְקַתְּ רַבָּנַן וַעֲבַדְתְּ כְּר"מ? א"ל: כְּר"מ סְבִירָא לִי כִּדְכְתִיב בְּסֵפֶר אוֹרַיְיתָא דְּמֹשֶׁה. [יומא נז] § ת"ר: *"וְכִפֶּר" – בְּכַפָּרַת דְּבָרִים הַכָּתוּב מְדַבֵּר. אַתָּה אוֹמֵר בְּכַפָּרַת דְּבָרִים, אוֹ אֵינוֹ אֶלָּא כַּפָּרַת דָּמִים? הֲרֵי אֲנִי דָּן: נֶאֶמְרָה כָּאן כַּפָּרָה, וְנֶאֶמְרָה לְהַלָּן כַּפָּרָה. מַה כַּפָּרָה הָאֲמוּרָה בְּשָׂעִיר – דְּבָרִים, אַף כַּפָּרָה הָאֲמוּרָה בְּפָר – דְּבָרִים. וְאִם נַפְשָׁךְ לוֹמַר, הֲרֵי הוּא אוֹמֵר: °"וְהִקְרִיב אַהֲרֹן אֶת פַּר הַחַטָּאת אֲשֶׁר לוֹ וְכִפֶּר בַּעֲדוֹ וּבְעַד בֵּיתוֹ" (ויקרא טז) – וַעֲדַיִין לֹא נִשְׁחַט הַפָּר. מַאי וְאִם נַפְשָׁךְ לוֹמַר? וְכִי תֵּימָא: נֵילַף מִשָּׂעִיר הַנַּעֲשֶׂה בִּפְנִים שֶׁכַּפָּרָתוֹ בְּדָמִים – הֲרֵי הוּא אוֹמֵר "וְכִפֶּר", וַעֲדַיִין לֹא נִשְׁחַט הַפָּר.
וּמִנַּיִן

רש"י

בְּלָאו דִּנְבֵילָה קָא מִיפַּלְגִי. דִּכְתִיב עֲשֵׂה אַחֲרָיו: "לַגֵּר אֲשֶׁר בִּשְׁעָרֶיךָ תִּתְּנֶנָּה וַאֲכָלָהּ" (דברים יד). וּמִיהוּ, עַל כָּרְחָךְ אֵין זֶה נִיתָּק לַעֲשֵׂה, דְּהָא נְתִינָתָהּ לַגֵּר אִי אֶפְשָׁר לְאַחַר שֶׁעָבַר עַל לֹא תַּעֲשֶׂה שֶׁל אֲכִילָה. וְעַל כָּרְחָךְ עֲשֵׂה מֵעִיקָּרָא מַשְׁמַע "לֹא תֹאכְלוּ כָל נְבֵלָה" אֶלָּא לַגֵּר תִּתְּנֶנָּה וְלֹא תֹּאכְלוּהָ: **רַבִּי עֲקִיבָא סָבַר לָאו מְעַלְּיָא הוּא.** וְלוֹקִין עָלָיו, וְלָאו דְּלֶקֶט שִׁכְחָה וּפֵאָה נַמִי, עֲשֵׂה דְּבָתְרֵיהּ מֵעִיקָּרָא מַשְׁמַע. וְהָכִי קָאָמַר קְרָא (ויקרא יט) "וְלֶקֶט קְצִירְךָ לֹא תְלַקֵּט" אֶלָּא לֶעָנִי תַּעַזְבֶנּוּ וְלֹא תְּלַקְּטֶנּוּ, וְלָקֵי עֲלֵיהּ וְאֵין עוֹלָה בָּאָה עָלָיו: **ור' יוֹסֵי הַגְּלִילִי סָבַר.** לָאו דִּנְבֵילָה, אע"ג דְּעַל כָּרְחָךְ עֲשֵׂה דְּבָתְרֵיהּ מֵעִיקָּרָא מַשְׁמַע, הוֹאִיל וּבָתְרֵיהּ דְּלָאו כְּתִיב – אֵין לוֹקִין עָלָיו, דְּלָא דָּמֵי לְלָאו דַּחֲסִימָה, וּבָאָה עָלָיו עוֹלָה. וְלָאו דְּלֶקֶט שִׁכְחָה וּפֵאָה נַמִי, אֲפִילּוּ אָמְרִינַן דַּעֲשֵׂה דְּבָתְרֵיהּ מֵעִיקָּרָא(ב) הוּא מַשְׁמַע, לָא לָקֵי עֲלֵיהּ: **אַבָּיֵי אָמַר דְּכ"ע לָאו דִּנְבֵילָה.** דְּע"כ עֲשֵׂה דְּבָתְרֵיהּ מֵעִיקָּרָא מַשְׁמַע, וְלָאו מְעַלְּיָא הָוֵי, וּמַלְקִינַן עֲלֵיהּ: **וְהָכָא בְּתַעֲזוֹב.** הַכָּתוּב אַחַר לָאו שֶׁל לֶקֶט שִׁכְחָה וּפֵאָה קָא מִיפַּלְגִי: **רַבִּי יוֹסֵי סָבַר הַשְׁתָּא מַשְׁמַע.** אַחַר שֶׁלִּיקֵּט וְעָבַר עַל לֹא תַּעֲשֶׂה נִתְּקוֹ הַכָּתוּב לַעֲשֵׂה, וְצִוָּהוּ לְעוֹזְבוֹ שָׁם לֶעָנִי וְלַגֵּר, וּלְפִיכָךְ אֵין לוֹקִין עָלָיו: **וְר"ע סָבַר.** מֵעִיקָּרָא, קוֹדֶם לְקִיטָה קָאֵי עֲשֵׂה. וְלָקֵי עֲלֵיהּ, דְּלָא נִיתָּק לַעֲשֵׂה וְאֵין עוֹלָה בָּאָה עָלָיו: **וְכֵן בְּשָׂעִיר הַמִּשְׁתַּלֵּחַ הוּא אוֹמֵר.** עֲוֹנוֹת תְּחִילָּה, וְאַחַ"כ פְּשָׁעִים, וְאַחַר כָּךְ חֲטָאִים: **הַמְּרָדִים.** הָעוֹשֶׂה לְהַכְעִיס: **מֶלֶךְ מוֹאָב פָּשַׁע בִּי.** מָרַד בִּי: **אָז תִּפְשַׁע לִבְנָה.** מָרְדוּ יוֹשְׁבֵי לִבְנָה עַל מֶלֶךְ יְהוּדָה: **חוֹזֵר וּמִתְוַדֶּה כו'.** בִּתְמִיָּה; אִם עַל זְדוֹנוֹת יִמְחֲלוּ לוֹ, אֵין צָרִיךְ לְבַקֵּשׁ שׁוּב עַל הַשְּׁגָגוֹת! **עֲשֵׂה לָהֶן זְדוֹנוֹת כִּשְׁגָגוֹת.** וְהָכִי קָאָמַר: נוֹשֵׂא עָוֹן וָפֶשַׁע כְּחַטָּאת שׁוֹגֵג: **דְּקָא מְסַיֵּיע לֵיהּ קְרָא.** דְּוִידּוּי יוה"כ גּוּפֵיהּ: **הַהוּא דִּנְחִית.** שְׁלִיחַ צִבּוּר, שֶׁמְּסַדֵּר בִּתְפִלָּתוֹ שֶׁל יוֹם הַכִּפּוּרִים סֵדֶר עֲבוֹדוֹתָיו שֶׁל כֹּהֵן גָּדוֹל עַל שֵׁם "וּנְשַׁלְּמָה פָרִים שְׂפָתֵינוּ" (הושע יד): **וְכִפֶּר.** מַה שֶּׁאָמוּר בְּפָרוֹ "וְכִפֶּר בַּעֲדוֹ וּבְעַד בֵּיתוֹ" (ויקרא טז) דִּבְרֵי וִידּוּי: נֶאֱמַר לְהַלָּן בְּשָׂעִיר הַמִּשְׁתַּלֵּחַ "יָעֳמַד חַי לִפְנֵי ה' לְכַפֵּר עָלָיו" (שם): **וְאִם נַפְשָׁךְ לוֹמַר.** לְהָשִׁיב תְּשׁוּבָה עַל גְּזֵירָה שָׁוָה זוֹ, לוֹמַר שֶׁאֵין "וְכִפֶּר" אֶלָּא בְּמַתַּן דָּמִים, עַל כָּרְחָךְ מִינֵּיהּ וּבֵיהּ תֵּיפּוֹק לָךְ דְּלָא אֶפְשָׁר לְמֵימַר הָכִי, שֶׁהֲרֵי הוּא אוֹמֵר "וְהִקְרִיב אַהֲרֹן אֶת פַּר הַחַטָּאת אֲשֶׁר לוֹ וְכִפֶּר בַּעֲדוֹ וּבְעַד בֵּיתוֹ" וְאַחַר כָּךְ "וְשָׁחַט אֶת פַּר הַחַטָּאת וגו'" עַל כָּרְחָךְ, וְ"כִפֶּר בַּעֲדוֹ" – וַעֲדַיִין לֹא נִשְׁחַט, אַלְמָא: כַּפָּרָה זוֹ בִּדְבָרִים הִיא: **מַאי אִם נַפְשָׁךְ לוֹמַר.** מֶה הָיָה לְהָשִׁיב לוֹ דְּאִיצְטְרִיךְ לֵיהּ טַעְמָא אַחֲרִינָא: **וְכִי תֵּימָא נֵילַף.** הַאי וְכִפֶּר, מִכַּפָּרָה דִּכְתִיבָא בְּשָׂעִיר הַפְּנִימִי, דִּכְתִיב "וְכִפֶּר עַל הַקֹּדֶשׁ מִטֻּמְאֹת בְּנֵי יִשְׂרָאֵל" וְהַהִיא בְּמַתַּן(ג) הִיא, דְּבָתַר מַתַּן דָּמִים כְּתוּבָה, וְעוֹד שֶׁאֵין בּוֹ וִידּוּי:
יכול

תוספות

לאו דנבילה איכא בינייהו. ה"נ הוי מצי למימר טריפה, דכתיב (שמות כב): "ובשר בשדה טריפה לא תאכלו לכלב תשליכון אותו", וליכא למימר לכולי עלמא לא לקי אההוא לאו דטריפה, דהוי ליה לאו שבכללות, דאיצטריך לבשר קדשים שיצאו חוץ למחיצה ולהוציא העובר את ידו קודם שחיטה בפרק "בהמה המקשה" (חולין דף סח.), דהא לטריפה דכתיב בהדיא לא הוי לאו שבכללות, כדמשמע בר"פ "כל שעה" (פסחים דף כד.) גבי נותר וגבי נא ומבושל *וע"ש. ולענין קדשים ועובר הוא דהוי לאו שבכללות. והא דאמר בפרק "אלו הן הלוקין" (מכות דף יח.*) גבי זר שאכל את העולה חוץ לחומה לפני זריקה, ופריך: ולילקי נמי משום "ובשר בשדה טרפה לא תאכלו"! התם לאו מלקות ממש קאמר, אלא איסורא בעלמא, כדמוכח סוגיא דהתם דאיסורא קאמר. וי"ל לתרץ: דלהכי לא קאמר טריפה, דאפילו רבי יוסי הגלילי לא חשיב ניתוק, כיון דלא ניתק כל מה שבלאו, דבלאו [כולל] נמי קדשים שיצאו חוץ למחיצתן, ואהנך לא קאי לכלב תשליכון. ואע"פ כן מצאתי בספר אחד: לאו דנבילה וטריפה איכא בינייהו. אבל תימה לי: אמאי לא קאמר לקט שכחה ופאה איכא בינייהו? ופליאה גדולה מאד דשבק לקט שכחה ופאה דאיירי בהו, ונקט נבילה! וי"ל: דמעיקרא בעי למימר דנבילה איכא בינייהו, וכיון דאשכחן מילתא אחריתי דאיכא בינייהו – איכא למימר דלתרוייהו מכפרת על לקט שכחה ופאה. לרבי יוסי הגלילי דלא הזכיר ניתוק בדבריו מכפר אע"ג דלאו ניתוק גמור הוא, ושמעיה ר' עקיבא דסבירא ליה כל לאו שכתב עשה אחריו אע"ג דלאו ניתוק הוא לתקן אחריו הלאו לאחר שעבר עליו עולה מכפרת עליו, ותנא לקט שכחה ופאה והוא הדין לנבילה. וקאמר ליה רבי עקיבא: בלקט שכחה ופאה מודינא לך, דלדידי סבירא לי דהוי ניתוק גמור לתקן הלאו אחר שעבר עליו, דסבירא לי כרבי ישמעאל דאמר פרק "הגוזל קמא" (ב"ק דף צד.): מצות פאה להפריש מן הקמה, לא הפריש מן הקמה כו', עד רבי ישמעאל אומר אף מפריש מן העיסה. ומפרש התם דאפילו את"ל דשינוי קונה – הכא חייב משום דכתיב "תעזוב" יתירא, אלמא: אפילו אחר שעבר הלאו לגמרי אמר קרא תעזוב ותפטר. אם כן הוה ליה ניתוק גמור. אבל נבילה – לא. אבל בתר הכי דקאמר דלכולי עלמא בעי ניתוק גמור – אז צריך לומר דלקט שכחה ופאה איכא בינייהו, שאל"כ מאי בינייהו? א"נ, דמעיקרא ס"ד דלכולי עלמא תעזוב להבא משמע, וניתוק גמור הוא, מיהו רבי עקיבא שמעיה לת"ק דאפילו אי לא הוי ניתוק מכפר, מדלא הזכיר בהדיא ניתוק לעשה – אם כן הוא הדין נבילה:

עין משפט נר מצוה

מה א מיי' פ"ב מהל' עבודת יוה"כ הל' ו ופ"א מהלכות תשובה הלכה א:

[שם מח:]

[וע"ש תוס' ד"ה ולילקו משום בשר]

רבינו חננאל

ניגהו כגון דכתיב ופרט כרמך לא תלקט לא תעשה. ניתק לעשה לעני ולגר תעזוב אותם האידנא. ואמרינן בלאו דנבלה פליגי דכתיב ביה לגר אשר בשעריך תתננה ואכלה ר' יוסי הגלילי סבר לא דמו להני אלא ההוא לאו מעליא הוא. ור"ע סבר האי נמי לאו שניתק לעשה הוא דכל תנא בתרא לטפויי קאתי. אביי אמר בתעזוב פליגי ר' עקיבא סבר מעיקרא משמע ואינו לא תעשה שניתק לעשה אלא כגון לא תותירו ממנו עד בוקר והנותר ממנו וגו' אבל הני לא. ור' יוסי הגלילי סבר תעזוב השתא משמע כלומר לא תלקט ואם לקטת תעזבהו השתא: ת"ר כיצד מתודה. אומר עויתי פשעתי חטאתי כו'. וחכ"א חטאתי עויתי פשעתי כו' ואסיקנא אמר רבה בר שמואל אמר רב הלכתא כחכמים. ואע"פ דר' מאיר מסייע ליה קרא וההוא מרבנן דנחת קמיה דרבא ועבד כר' מאיר ואמר כדכתיב בספר אורייתא דמשה הלכתא כחכמים ולא משגחינן להני כלהו דהא איפרקן כולהו ופשוטין הן:
ירושלמי תנא כיצד מתודים אומר עויתי פשעתי חטאתי כו'. א"ר חגי בראשונה אומרים אנא השם ובשניה אומרים אנא בשם ואמר והתודה עליו את כל עונות בני ישראל דברי ר' מאיר וחכ"א עונות אלו הזדונות כו' ומתני' בתרווייהו קתני אנא השם. וקיי"ל כמתני' דלגבי ר' לא משגחינן ברבי חייא דאמר [יבמות מג וכי] ר' לא שנא ר' חייא מנא ליה. ועוד יש לומר כיון *)שאין בתוספתא אלא עויתי פשעתי בלא הזכרת אנא השם בתחלה כלל בא ר' חגי לומר בראשונה ובשניה מזכיר בשניהן אנא השם והרואה טעה: **ירושלמי** חד אסי אמר לר' פנחס תא נמסור לך השם א"ל לית אנא יכול דאנא אכיל מעשר ואמר רב דרגיל בשם לא יכיל מיכול מבר נש כלום. **)ואסיקנא לא מסרינן ליה לרמאין: **ת"ר** וכפר בכפרת דברים כלומר הכפרה בוידוי או אינו אלא בדמים כדכתיב כי הדם הוא בנפש יכפר נאמר כפרה בפר ונאמר כפרה בשעיר המשתלח מה כפרה האמורה בשעיר המשתלח בכפרת דברים והוא הוידוי אף כפרה בפר וידוי ואם יש לך לומר למוד כפרה כפרה משעיר הנעשה בפנים שהוא כפרת הדם הרי הוא אומר והקריב וכיפר ועדיין לא נשחט נתברר כי כפרה זו כפרה בדברים

*) לפנינו בתוספתא איתא בהדיא אנא השם עויתי וכו' ואולי דלפני רבינו לא היה הגי' כן בתוספתא ועי' ברא"ש פ"ח דהביא דברי רבינו ז"ל אלו ע"ש. **) עי' במד"ר קהלת על פסוק את הכל עשה יפה בעתו ע"ש היטיב.

מסורת הש"ס

[תוספ' פ"ב]

[כריתות כה:]

[שבועות יב:]

[צ"ל והעוינו רשענו]

צ"ל ועוינו

[ועל קרא דהתודה דמייתי ר"מ לא הביאו עיין תוי"ט פ"ד מ"ב ד"ה לשונות]

[כריתות ע. וש"נ]

הגהות הב"ח

(א) גמ' דקמסייע ליה קרא (דמשה) תא"מ ונ"ב מרש"י משמע דל"ג ליה: (ב) רש"י ד"ה ור' יוסי הגלילי כו' עשה דבתריה מעיקרא משמע לא קאי כו' כצ"ל ותיבת הוא נמחק: (ג) ד"ה וכי תימא כו' והיא במתן דמים היא דבתר:

גליון הש"ס

גמ' בלאו דנבילה. עיין חולין דף פ ע"ב תוס' ד"ה הנח למחוסר זמן:

הגהות מהר"ב רנשבורג

[א] גמ' מהו דתימא מסתבר טעמיה דר"מ דקמסייע ליה קרא דמשה. מלת דמשה נמחק ונ"ב מרש"י ד"ה דקמסייע וכו' מוכח דלא גרים למשה וכ"כ בעל תאוה לעינים ובעל ש"י:

תוספות ישנים

בלאו דנבילה קמיפלגי. דאין זה לאו גמור כלאו דחסימה לפי שכתוב בו לגר אשר בשעריך תתננה וגו' וא"ת אמאי לא הוי לאו מעליא וכי משום דאיכא עשה מיגרע גרע דהכי מסיק בפרק בתרא דמכות (דף טו.) דלא דמי ללאו שניתק לעשה דלנתוקי לאוין הוא דאתא י"ל דלתרץ [לר"י] הוא דקאמר התם הכי אבל מ"מ יכול להיות דגרע טפי בהכי אע"ג דלא גרע כמו לאו הניתק לעשה גמור כמו שפירשתי בחולין בפרק אותו ואת בנו ובפ"ק דתמורה:

בלאו דנבלה קמיפלגי. ובתעזוב כולהו מודו דמעיקרא משמע כפי' בקונטרס וקשה לרבי דאמרינן בהגוזל קמא (דף צד.) ובפרק קמא דתמורה (דף ו.) ובפרק בתרא דמכות (דף טז:) מצות פאה להפריש מן הקמה לא הפריש מן הקמה יפריש מן העומרים כו' ואמאי כיון דמעיקרא משמע ואינו מנתקי לעשה אם עבר וליקט ואין נראה לומר דמדלבנן חייב דהא בפרק בתרא דמכות (שם) מוכח מינה דלאו דלקט שכחה ופאה ניתק לעשה וגם אין לומר דפליג אהני תנאי דהכא מדפריך (שם) מהך ברייתא דמצות פאה על רבי יוחנן דהתם דאמר אין לנו [אלא] זאת ועוד אחרת משמע דכולי עלמא מודו ליה מיהו יש לומר סוגיא דמכות כמ"ד בסמוך תעזוב להבא משמע וה"נ משמע בפרק קמא דראש השנה (דף ז:) דלהבא משמע דקאמר שעובר על לקט שכחה ופאה בבל תאחר וחייב להחזיקן דליכא למימר דלא מיירי אלא בשליקטן לצורך עניים שלא היו בעיר ולא נתכוין לעבור דהא פשיטא שהיה פטור כדאמרינן בהזרוע (דף קלד:) לעני ולגר תעזוב אותם ולא לעורבים ולא לעטלפים אבל אין נראה לרבי לפרש דכולי עלמא מודו בתעזוב דלהבא משמע א) בסוגיא דמכות ובלאו דנבלה פליגי לחוד דא"כ הוה מוקי פלוגתייהו דלא איירי בה כלל ולא מוכח מילתא כלל דבהא פליגי אבל לפי' אתי שפיר דפליגי נמי בלקט שכחה ופאה ור' ירמיה דנקט בלאו דנבלה לפרושי מילתייהו נקטה דהא ודאי מעיקרא הוא לכ"ע ה"נ הוה מצי ת"ק למינקט נבלה אלא דלא חשיב כי רוכלא: **עשה** זדונות כשגגות. וכן יש נמי לפרושי לקרא דוהתודה עליו שהתוודה עליו שיעשה פשעים ועונות ב) עליהם כחטאתם: **הלכה** כדברי חכמים. מיכן י"ל בוידוי יוה"כ תחילה חטאתיו עונותיו ופשעיו:
מה

א) נ"ל כסוגיא: ב) נ"ל שלהם:

ומנין שבאנא? נאמר כאן כפרה ונאמר להלן בחורב כפרה. מה להלן באנא אף כאן באנא. ומנין שבשם? נאמר כאן כפרה ונאמרה בעגלה ערופה כפרה, מה להלן בשם אף כאן בשם. אמר אביי: בשלמא חורב מעגלה ערופה לא יליף מאי דהוה הוה. אלא עגלה ערופה תיליף מחורב! וכי תימא: ה"נ – והתנן: הכהנים אומרים: °"כפר לעמך ישראל" ואילו באנא לא קא אמר! קשיא.§ "והן עונין אחריו".§ תניא, רבי אומר: °"כי שם ה' אקרא הבו גודל לאלהינו". אמר להם משה לישראל: בשעה שאני מזכיר שמו של הקב"ה אתם הבו גודל. חנניה בן אחי ר' יהושע אומר: °"זכר צדיק לברכה", אמר להם נביא לישראל: בשעה שאני מזכיר צדיק עולמים – אתם תנו ברכה.§

מתני' בא לו למזרח העזרה לצפון המזבח, הסגן מימינו, וראש בית אב משמאלו. ושם שני שעירים, וקלפי היתה שם ובה שני גורלות. של אשכרוע היו, ועשאן בן גמלא של זהב, והיו מזכירים אותו לשבח. בן קטין עשה י"ב דד לכיור, שלא היה לו אלא שנים; ואף הוא עשה מוכני לכיור, שלא יהיו מימיו נפסלין בלינה. מונבז המלך היה עושה כל ידות הכלים של יוה"כ של זהב. הילני אמו עשתה נברשת של זהב על פתח(א) היכל, ואף היא עשתה טבלא של זהב שפרשת סוטה כתובה עליה. נקנור נעשו נסים לדלתותיו, והיו מזכירין אותן לשבח.§

גמ' מדקאמר לצפון המזבח – מכלל דמזבח לאו בצפון קאי, מני? ראב"י היא, דתניא: °"צפונה לפני ה'" – שיהא צפון כולו פנוי, דברי ראב"י. והא רישא ר"א בר"ש היא! כולה ראב"י היא, ותני בבין האולם ולמזבח.§ "הסגן בימינו וראש בית אב בשמאלו".§ אמר רב יהודה: המהלך לימין רבו הרי זה בור. תנן: הסגן בימינו וראש בית אב בשמאלו. ועוד תניא: *) שלשה שהיו מהלכין בדרך, הרב באמצע, גדול בימינו, וקטן משמאלו. וכן מצינו בשלשה מלאכי השרת שבאו אצל אברהם: מיכאל באמצע, גבריאל בימינו, ורפאל בשמאלו. תרגומא רב שמואל בר פפא קמיה דרב אדא: כדי שיתכסה בו רבו. והתניא: המהלך כנגד רבו – הרי זה בור, אחורי רבו – הרי זה מגסי הרוח! דמצדד אצדודי.§ "וקלפי היתה שם ובה שני גורלות".§ ת"ר: °"ונתן אהרן על שני השעירם גורלות" [גורלות] – של כל דבר. יכול יתן שנים על זה ושנים על זה – ת"ל: "גורל [א]אחד לה' וגורל[ב] אחד לעזאזל", **) אין כאן לשם אלא גורל אחד ואין כאן לעזאזל אלא אחד. יכול יתן של שם ושל עזאזל על זה, ושל שם ושל עזאזל על זה – ת"ל: "גורל אחד [לה'" – אין כאן לה' אלא אחד ואין כאן לעזאזל אלא א']. א"כ מה ת"ל גורלות? שיהיו שוין, שלא יעשה אחד של זהב ואחד של כסף, אחד גדול ואחד קטן. "גורלות של כל דבר" פשיטא! לא צריכא לכדתניא: לפי שמצינו בציץ שהשם כתוב עליו והוא של זהב, יכול אף זה כן – ת"ל: 'גורל' 'גורל' ריבה. ריבה של זית, ריבה של אגוז, ריבה של אשכרוע.§ "בן קטין עשה שנים עשר דד לכיור וכו'".§ תנא: *כדי שיהיו שנים עשר אחיו הכהנים העסוקין בתמיד מקדשין ידיהן ורגליהן בבת אחת. תנא: שחרית, במילואו מקדש ידיו ורגליו מן העליון, ערבית בירידתו מקדש ידיו ורגליו מן התחתון.§ "ואף הוא עשה מוכני לכיור וכו'".§ מאי מוכני? אמר אביי: גילגלא דהוה משקעא ליה.§ "מונבז המלך עשה כל ידות הכלים וכו'".§ נעבדינהו לדידהו דדהב!

אמר

**) אין כתיב לה' אלא על א' ואין כתיב כו' כצ"ל [וכ"א בילקוט]

*) מס' דרך ארץ פ"ד [עירובין נד:]

רש"י

ומנין שבאנא. יהא וידוי זה: **נאמר כפרה בחורב.** במעשה עגל (שמות לב) "אולי אכפרה בעד חטאתכם": **מה להלן באנא.** "אנא חטא העם הזה וגו'": **ומנין שבשם.** אנא ה': **בעגלה ערופה.** "כפר לעמך ישראל אשר פדית ה'" (דברים כא): **בשלמא חורב מעגלה לא יליף.** לומר שיהא שם הזכרת השם: **מאי דהוה הוה.** כבר עבר ואי אפשר לחזור: **אלא עגלה ערופה ניליף מחורב.** ותיבעי אנא: **והתנן.** בהדיא מעשה עגלה ערופה במסכת סוטה (דף מו.) הכהנים אומרים כו': הכי גרסינן: בשעה שאני מזכיר שמו של הקב"ה כו': **מתני' בא לו למזרח.** חוזר אחוריו לצד מזרח סמוך לפתח, שלא היו מכניסין השעירים(ב) להגריל אלא שיהיו בתוך חלל העזרה, כדכתיב (ויקרא טז) "והעמיד אותם לפני ה'" אבל לא לקרבן כל כך לצד ההיכל, עד שהוא בא לשוחטו היו מקריבין אותו, כדתנן לקמן (דף נג:) הביאו לו את השעיר שחטו וכו': **לצפון המזבח.** כלומר משוך מכנגד המזבח לצד צפון, שיהא כנגד אויר שאין מזבח לצפון, דאע"ג דלא שחיט ליה הכא – מ"מ כל מעשיו טעונין צפון, ואשמועינן שאין צפון כנגד מזרחו של מזבח: **קלפי.** אשקור"ן בלע"ז: **של אשכרוע.** ברוש: **יהושע בן גמלא.** כשנתמנה בכהונה גדולה: **בן קטין.** כ"ג היה: **עשה י"ב דד.** ליציאת המים: **מוכני.** מפרש בגמרא: גלגל לשקעו(ג) בו בבור, שיהו מימיו מחוברים למימי הבור. ואי לא הוו מיפסלי בלינה, לפי שקדשו בכלי. ולא כבוד קדשים הוא ליפסל מים קדושים: **נברשתא.** מנורה, ודומה לו בספר (דניאל ה) "לקבל נברשתא דדהבא" במעשה בלשאצר: **שפרשת סוטה כתובה עליה.** ולא יצטרך להביא תורה לכתוב ממנו מגילת סוטה במקדש: **נקנור נעשו נסים לדלתותיו.** שם האיש נקנור, ויש שלו מפורש בגמרא: **גמ' מדקאמר לצפון המזבח.** שהולך למושכו מכנגד המזבח ולצפון: **מכלל דמזבח לאו בצפון הוי קאי.** אין כלום מן המזבח בצפון העזרה, ואי הוו קיימי כנגד מזרחה של מזבח פורתא – לאו בצפון קיימי: **צפונה על ירך המזבח.** צפונה לשון אויר משמע, כך ה'(ד) יתירה אל צפון, שהוא האויר הפנוי: **והא רישא ר"א בר"ש(ה).** דאמר מזבח מקצתו בצפון, שהכשיר שחיטת הפר בין האולם ולמזבח: **כולה ראב"י** (ו)**ותני.** ברישא: פר היה עומד בבין האולם ולמזבח סמוך לבין האולם ולמזבח אלא מקלוע צפונית של מזבח, שהיה מקרבן אצל הפתח בכל יכולת משום תולשא דכהן. ויותר מכאן לא יכול לקרבן[א] דאי מעייל ליה כנגד מזרח המזבח – לאו בצפון הוא: **הרי זה בור.** אפי' בדרך ארץ אינו בקי: **ג' שהיו מהלכין בדרך.** לא ילכו זה אחר זה אלא בשורה אחת. וכן מצינו במלאכי השרת, מדכתיב (בראשית יח) "שלשה נצבים עליו" – מכלל שבשורה אחת הוו קיימי זה אצל זה. דאי זה אחר זה קיימי – אין זה נצבים עליו, אלא ראשון: **כדי שיתכסה בו רבו.** הא דקתני מימינו לא שילך אצלו, אלא מאחוריו. ומיהו, גדול לימין וקטן לצד שמאל אלא גדול, ושניהם אחורי הרב ממש: ה"ג: והתניא המהלך כנגד רבו הרי זה בור אחורי רבו הרי זה מגסי הרוח: **דמצדד אצדודי.** לא אצל ממש ולא אחורי ממש, אלא שיכסה בו רבו מקצת לצד רבו: **יכול יתן שנים על זה ושנים על זה.** והכי קאמר קרא: ונתן על כל אחד משניהם גורלות דמשמע שנים: **ת"ל גורל אחד לה'.** אין כתיב שם אלא על אחד מהם, ואין כתיב עזאזל אלא על אחד מהם: **יכול יתן של שם ושל עזאזל על זה.** לקיים ונתן גורלות שנים על כל אחד משניהם, ואיזה שירצה יעשה לשם: **ת"ל אחד.** ממשמע שנאמר "גורל לה'" יודע אני שהוא "אחד" וכי כתיב אחד – לדרשה כתביה: **יכול אף זה כן.** גורל שהשם כתוב עליו: **לדידהו.** לכלים:

בידות

תוספות

יכול יתן שנים על זה. משמע דהכי פי': שנים שכתוב עליהם לשם יתן על של שם, ושני של עזאזל על של עזאזל, אבל בירושלמי פריך אהא דקאמר יכול יתן של שם ושל עזאזל על זה ועל זה, ולאו דא היא קמייתא! משמע דב' על זה וב' על זה היינו של שם ועזאזל על זה ועל זה. ומתרץ הכי: יכול משהוא נותן של שם על של שם ושל עזאזל על של עזאזל יחליף ויתן של שם על של עזאזל ושל עזאזל על של שם: **ת"ל** גורל גורל ריבה. מיהו, תימה לי: דמעיקרא קאמר דמ"גורלות" נפקא לן והדר מייתי ברייתא דמ"גורל" "גורל" נפקא ליה! ועוד: דלעיל דרשינן מדכתיב "גורלות" שיהו שניהן שוין! וי"ל: דהא דקתני גורלות של כל דבר – לאו ממשמעות דגורלות נפקא ליה, אלא ה"ק תנא: גורלות שאמרה תורה – של כל דבר הן, לאו מהכא נפקא, אלא מגורל גורל ריבה:

יכול יתן של שם ושל עזאזל על זה כו'. פירש"י: ויברור איזה שירצה לשם, ואיזה שירצה לעזאזל. וא"ל לפרש כן, דנמצא שלא היה הגורל קובעת אלא השם, וקרא כתיב "ועשהו חטאת" ודרשינן מיניה בפרק "טרף בקלפי" (לקמן מ:) דלא השם עושהו חטאת אלא הגורל. אלא נ"ל לפרש: יכול יתן של שם כו' כמו שיש בירושל' לאחר שנתן של שם על של שם, ושל עזאזל על של עזאזל, יחליף ויתן של זה על של זה, לקיים מה שנאמר גורלות דמשמע גורלות על כל א'. אי נמי: לאחר שנקבעו יביא עוד ב' גורלות של שם ושל עזאזל, ויניח של שם על של שם, ושל עזאזל על של עזאזל:

אמר

עין משפט נר מצוה

מו א מיי' פ"ט מהל' רוצח הלכה ג:
מז ב מיי' פ"ג מהל' עבודת יוה"כ הל' ב:
מח ג שם הלכה ה:
מט ד ה מיי' פ"ג מהל' בית הבחירה הלכה יח ופ"ה מהלכות בית המקדש הל' יח:
נ ו מיי' פ"ו מהלכות ת"ת הל' ה טוש"ע י"ד סי' רמב סעיף יז:
נא ז מיי' שם פ"ה הל' ו טוש"ע שם סעיף טז:
נב ח ט מיי' פ"ג מהל' עבודת יוה"כ הל' א:
נג י מיי' פ"ג מהלכות בית הבחירה הל' יח:

מכילתא פ' בא

רבינו חננאל

(היא שנינו) [הא דשנינו] במשנתנו סידור הוידוי אנא השם כו'. ומנ"ל כתיב הכא כפרה וכפר בעדו ובעד ביתו. וכתיב בחורב כפרה שנאמר אתם חטאתם חטאה גדולה ועתה אעלה אל ה' אולי אכפרה בעד חטאתכם וכתיב וישב משה אל ה' ויאמר אנא חטא העם הזה חטאה וגו' מה להלן בחורב וידוי כפרה באנא אף הכא באנא. ומנ"ל כי הוידוי בשם גמר כפרה מעגלה ערופה מה להלן בעגלה ערופה בשם שנאמר כפר לעמך ישראל אשר פדית ה' ואל תתן דם נקי וגו' אף כפרה האמורה כאן בשם. ואקשינן דתגמור עגלה ערופה מחורב בכפרה מכפרה שתהא אנא בוידוי ועלתה בקושיא: תניא רבי אומר כי שם ה' אקרא הבו גודל לאלהינו אמר משה לישראל בשעה שאני מזכיר את שמו של הקב"ה אתם המקשיבים ושומעין הבו גודל לאלהינו כלומר אמרו בשכמל"ו: **ירושלמי** כשהיה כ"ג מזכיר את השם הקרובים היו נופלין על פניהם והרחוקים אומרים בשכמל"ו: **בא** לו למזרח העזרה לצפון המזבח וכו' ודייקינן ממתני' מדקא' לצפון המזבח מכלל דמזבח לאו בצפון קאי מני ר' אליעזר בן יעקב היא דאוקימנא בפרקין קמא דרובא דמזבח בדרום קאי אליבא דר' אליעזר בן יעקב והוא מפורש בזבחים תחלת פרק איזהו מקומן של זבחים דתניא ר' אליעזר בן יעקב אומר צפונה *)שהוא פנוי מן הכלים ואפי' ממזבח והא רישא דמתני' דקתני בא לו אצל פרו ופר היה עומד בין האולם ולמזבח אוקימנא לר' אליעזר בר' שמעון ופרקינן כולה ר' אליעזר בן יעקב היא ותני בבין האולם ולמזבח ולא בין האולם ולמזבח ממש כלומר לא צריכין צפון ממש: הסגן מימינו אמר רב יהודה המהלך לימין רבו הרי זה בור. ואקשינן עליה ממתני' דקתני הסגן מימינו ומדתניא ג' שהיו מהלכין בדרך הרב באמצע גדול מימינו וקטן משמאלו וכן מצינו במלאכים מיכאל באמצע גבריאל מימינו רפאל משמאלו ופרקינן לא בצידו שהוא כנגדו ממש שהעושה כן הרי זה בור וגם המהלך אחורי רבו הרי זה גס רוח אלא דמצדד אצדודי פי' מקצתו כנגדו ומקצתו לאחוריו: **ירושלמי** חמשה דברים היה הסגן משמש א' הסגן מימינו ב' הסגן אומר לו אישי כ"ג הגבה ימינך ג' בתמיד אחז הסגן בימינו והעלהו ד' חניף חסגן בסודרין ה' לא היה מתמנה בכהונה גדולה עד שהוא נעשה סגן וקלפי היתה שם ובה ב' גורלות של אשכרוע מהו אשכרוע ספקינן: י' פעמים היה כ"ג מזכיר השם בו ביום ששה בפר ג' בשעיר ואחד בגורלות הקרובים היו נופלים על פניהם והרחוקים היו אומרים בשכמל"ו ואלו ואלו לא היו זזין משם עד שהיה מתעלם מהם שנאמר זה שמי לעולם לעלם כתיב: **בראשונה** היה אומר בקול רם משרבו הפריצים היה אומרו בקול נמוך: **בן** קטין עשה י"ב דד לכיור כו' תני כדי שיהו י"ב אחיו הכהנים העסוקים בתמיד מקדשי' ידיהן ורגליהן בבת אחת כבר פירשנוהו למעלה כי בפיים השני בתמיד של שחר י"ג זכין בו הוא

*) שם בזבחים נ"ע איתא שיהא פנוי מכלום ואפי' ממזבח.

סוטה מו. | דברים כא | שם לב | משלי י | [זבחים נט.] | [חולין לג.] | ויקרא ח | שם יז | ס"א

הגהות הב"ח

(א) גמ' נברשת של זהב על פתח של היכל: (ב) רש"י ד"ה בא לו כו' שלא היו מכניסין השעירים בין האולם למזבח להגריל אלא: (ג) ד"ה מוכני כו' גלגל לשקעו בבור כצ"ל ותיבת לשקעו נמחק: (ד) ד"ה צפונה כו' כך ה' ייתי אל צפון: (ה) ד"ה והא רישא כ"ש היא לאמר: (ו) ד"ה כולה ראב"י היא ותני כלדין אולם:

הגהות הגר"א

[א] גמ' ושנים על זה ת"ל גורל (אחד) תז"מ: [ב] שם וגורל (אחד) תז"מ:

גליון הש"ס

גמ' הרב באמצע. עיין מנחות דף לח ע"ב תד"ה ליכותאי: שם יכול יתן שנים על זה. עיין חגיגה דף ג ע"א תד"ה חרש ובפר"ח א"ח סי' תרלד ובכפר בני חייא שם ובגורל אבן באבן שהם מגילה דף ז ע"א:

תוספות ישנים

[illegible]

אמר אביי: בידות סכינין. מיתיבי: אף הוא עשה כני כלים, ואוגני כלים וידות כלים וידות סכינין של יום הכפורים של זהב! – תרגומא אביי בקתתא דנרגי וחציני.§ "הילני אמו עשתה נברשת של זהב וכו'".§ תנא: *בשעה שהחמה זורחת ניצוצות יוצאין ממנה, והכל יודעין שהגיע זמן קריאת שמע. מיתיבי: [א]הקורא את שמע שחרית עם אנשי משמר ואנשי מעמד – לא יצא, מפני שאנשי משמר משכימין ואנשי מעמד מאחרים. אמר אביי: *לשאר עמא דבירושלים.§ "ואף היא עשתה טבלא".§ שמעת מינה: *כותבין מגילה לתינוק להתלמד בה! אמר ר"ל משום רבי ינאי: [ב]באלף בית. מיתיבי: כשהוא כותב – רואה וכותב מה שכתוב בטבלא! אימא: רואה וכותב כמה שכתוב בטבלא. מיתיבי: כשהוא כותב – רואה וכותב מה שכתוב בטבלא, ומה כתוב בטבלא – °"אם (במדבר ה) שכב איש אותך [ואם לא שכב]" "אם שטית" "אם לא שטית"! התם בסירוגין

בידות סכינין. שאי אפשר לעשות סכינין עצמן של זהב: כני כלים. בסיסי מושבן: ואוגני כלים. בית אחיזתן: וידות סכינין וידות כלים. קתני סכינין וקתני כלים: בקתתא דנרגי וחציני. ידות הקרדומות ומגלות: ניצוצות. זהרורית, שהחמה זורחת מן המזרח ונוטה על פתח ההיכל שהוא לצד מערבי: שהגיע זמן ק"ש. כדתניא (ברכות דף כו.) מצותה עם הנץ החמה: שאנשי משמר. שהכהנים שהעבודה מוטלת עליהם מקדימין לקרותה קודם היום – שמא תמשך עליהן העבודה וימנעו לקרות: ואנשי מעמד. ישראל העומדים בשליחות הצבור על הקרבן, שנאמר (במדבר כח) "תשמרו להקריב לי" מלמד שיהיו משמרים ועומדים על קרבנם. [תוספ' פ"ב] הכי דריש ליה בספרי ובמסכת תענית (דף כו.): מאחרין. לקרות עד כלות עבודת התמיד: לשאר עמא. הבאים בעזרה, הוא סימן להודיע זמן קריאת שמע: שמע מינה כו'. (שבת קיד:) ופלוגתא היא במסכת גיטין בפרק הניזקין (דף ס.): (גיטין ס.) באלף בית. אותיות של ראשי התיבות: כשהוא כותב. כהן הכותב את המגילה להשקותה: כמה שכתוב בטבלא. לפי סימני האותיות: בסירוגין

אמר אביי לשאר עמא דבירושלים. תימה: דאביי גופיה אמר בפרק קמא דברכות (דף ט:): לקריאת שמע כוותיקין, דא"ר יוחנן: וותיקין גומרין אותה עם הנץ החמה, והיינו קודם הנץ, כדמשמע בפרק "מי שמתו" (שם דף כב:), דתנן גבי בעל קרי ירד: לטבול אם יכול לעלות ולהתכסות עד שלא תהא הנץ החמה – יעלה ויקרא, וקאמר בגמרא (דף כה:): לימא תנן סתמא כר"א דאמר עד הנץ החמה! אפילו תימא ר' יהושע, דילמא כוותיקין. דא"ר יוחנן כו'. אלמא דגומרין אותה עם הנץ החמה – היינו קודם הנץ. דמוקי מתניתין דהתם, דמוכחא דצריך לקרותה קודם הנץ כוותיקין. ועוד קשה, על מה אנו סומכין שאנו קורין אותה אחר הנץ הרבה. דאע"ג דא"ר יהושע עד ג' שעות, ואמר רב יהודה אמר שמואל התם: הלכה כר' יהושע, נראה דהלכה כאביי דאמר לק"ש כוותיקין, דהוא בתרא. ואומר ר"י: דוותיקין נמי מודו דזמנה עד ג' שעות, אע"פ שהיו ממהרין לקרותה עם הנץ החמה. וכן משמע בפ' "מי שמתו" (שם דף כה:) דקאמר: אפילו תימא ר' יהושע דילמא כוותיקין כו'. משמע בהדיא שהם סוברים כרבי יהושע. ואביי נמי לא נקט לק"ש כוותיקין אלא לומר דאע"ג דהלכה כאחרים לק"ש – צריך לאחרו מעט עד סמוך להנץ כוותיקין, כדי לסמוך גאולה לתפלה. ומן הדין זמן ק"ש מתחיל כאחרים, ונמשך זמנה עד ג' שעות כרבי יהושע. אלא שוותיקין מקדימין למצות ומשכימין לקרותה קודם הנץ, כדי שתהא תפלה ביום אחר הנץ, כדכתיב (תהלים עב): "ייראוך עם שמש" שהוא אחר זריחת השמש. ומן הדין היה להקדימה כאחרים, שאז הוא זמן קימה. וכן לתפילין, כדקאמר התם *לתפלה כאחרים. פירוש: לתפילין, שאז הוא זמן קימה, ותו לא חיישינן שמא יפיח בהן, אלא שמאחרין ק"ש מעט עד סמוך להנץ כדי לסמוך גאולה לתפלה, ונמצא מתפלל ביום. וכן משמע בירושלמי דקאמר: מאן דאמר כדי שיהא רואה את חבירו ברחוק ד' אמות ויכירנו כו' עד אבל אמרו מצותה עד הנץ החמה כדי שיסמוך וכו'. ובפרק "תפלת השחר" [ובברכות ט: אי' לתפילין] (דף כט:) משמע דקאי "ייראוך עם שמש" אתפלה, גבי מתפלל עם דמדומי חמה, דכתיב "ייראוך עם שמש" וגו'. ואל תתמה דעם הנץ החמה מפרשינן קודם, ו"עם שמש" מפרשינן אחר זריחה, ד"עם" משמע בסמוך לו או מלפניו או מלאחריו. והשתא, למאי דפרישית ניחא דקאמר הכא לשאר עמא דבירושלים. דמצוה היא להקדים עם הנץ כוותיקין, ולפי שאין הכל בקיאין לעשות כוותיקין – נקבע אותו זמן מיד אחר זריחה לשאר עמא דבירושלים, שאין יודעין לכוין כוותיקין. וא"ת: והא אמרינן בפ"ק דברכות (דף ח:), א"ר שמעון בן יוחי משום ר"ע: פעמים שאדם קורא ק"ש ב' פעמים ביום, אחת קודם הנץ החמה ואחת לאחר הנץ החמה ויוצא בה, אחת משום לילה ואחת משום יום. ופסיק רבי יהושע בן לוי כוותיה. אלמא: קודם הנץ לילה הוא, ותחלת זמנה דיום הוי אחר הנץ החמה כמתניתין דהכא! וי"ל: אפילו אי פליג רבי יהושע בן לוי אאביי – קיימי לן כאביי, דהוא בתרא. ועוד, י"ל: דלא פסיק רבי יהושע בן לוי כר' שמעון אלא בהא, דסבר קודם הנץ יוצא בשל לילה, כדמוכח בתר הכי, דקאמר: מכללא אתמר, דההוא זוגא דרבנן דאשתכור כו'. אבל במה שמתחיל זמנו דיום אחר הנץ – בהא לא פסיק כלל. אי נמי, י"ל: דאפילו רבי שמעון מודה שזמן ק"ש של יום קודם הנץ, והא דלא קאמר פעמים שאדם קורא ק"ש שתי פעמים קודם הנץ ויוצא בשל יום ובשל לילה, דהוה רבותא טפי – יש לומר דבעי לאשמועינן שאין יוצא בשל לילה אחר הנץ. ואפילו נאמר דרבי שמעון סבר דזמן ק"ש אחר הנץ – אין להעמיד מתניתין דהכא כוותיה, ודלא ככל הני תנאי. דאם כן – הוה ליה לגמרא לדקדק ולאוקמי כוותיה בהדיא. ורבינו תם פירש דזמן ק"ש הוי אחר הנץ החמה, כמתניתין דהכא, וכרבי שמעון. והוותיקין היו ממהרין שלא כדין קודם הנץ החמה בשביל חובת התפלה, כדי לסמוך גאולה לתפלה שתהא עם שמש. אע"ג דתפלות כנגד תמידין תקנום, והתמיד היה קודם הנץ בעמוד השחר – מ"מ זמן תפלה בשעת הנץ. והיינו דפריך בפרק "תפלת השחר" (ברכות דף כו.), ורמינהו: מצותה עם הנץ החמה כדי שיסמוך כו', פירוש: ולא עד חצות, אלמא דעיקר חביבות התפלה בשעת הנץ. ולהכי קורין ק"ש שלא כדין בשביל חביבות התפלה. ולהכי לא פריך ליה גבי ק"ש – שהיה יודע שהיו קורין אותו שלא כדין בשביל חביבות, וממהרין אותו קודם זמנו שהוא אחר הנץ, כמתניתין דהכא וכר"ש שאמר משום ר"ע. וקשה: דמצותה עם הנץ החמה משמע דזה עיקר מצות ק"ש. עוד קשה לומר שלא יהא הלכה כאביי דהוא בתרא. מיהו, רבינו תם פי' דאביי נמי הכי ס"ל. והא דקאמר לק"ש כוותיקין – סימנא בעלמא. כלומר: סמוך להנץ כוותיקין, ולא כוותיקין לגמרי, דאילו וותיקין מקדימין, ואנו מאחרין אחר הנץ. ועוד הביא ראיה מפרק שני דמגילה (דף כ.): וכן שומרת יום כנגד יום לא תטבול עד הנץ החמה, וכולן שעשו משעלה עמוד השחר – כשר. אלמא: דבר שזמנו ביום מצותו אחר הנץ. והרב פור"ת פירש כפר"י. וה"ר חננאל פירש: דוותיקין גומרין אותה עם הנץ החמה מיד. ומפרש "גומרין" – קורין, ומפרש "ייראוך עם שמש" – היינו קבלת מלכות שמים דהיינו ק"ש. וקשה: דלישנא דכדי שיסמוך גאולה לתפלה משמע דאיירי בעיקר תפלה. ועוד, דקרא ד"ייראוך עם שמש" מוקמי ליה גבי תפלה בפרק "תפלת השחר". ועוד, דלשון גומרין משמע *שמתחילין לקרות [וע' תוס' סוכה מז: ד"ה כאן במקדש] קודם הנץ ומכוונין כך שגומרין אותה בתחלת הנץ כדי שיתפללו בתחלת הנץ: אם שכב אם לא שכב. בפרק "הניזקין" (גיטין דף ס.) מייתי לה, וגרסינן התם בכל הספרים: "אם שכב" "אם לא שכב" "ואם שטית" "ואם לא שטית" אע"ג דקראי לאו הכי [כתיבי] דברישא כתיב "[אם לא שכב] ואם לא שטית", ואם שכב לא כתיב כלל: *בסירוגין הא דאמר בפרק שני דמגילה (דף יח:): אסור לכתוב אפילו אות אחת שלא מן הכתב, כיון דכתיבי ראשי תיבות וראשי פסוקים, ועוד שהיא פרשה קטנה – שרי, כדשרינן התם תפילין ומזוזות משום דמיגרס גריסן: (שייך לקמן לח.) דלא

נד א מיי' פ"א מהל' ק"ש הלכה יב:
נה ב מיי' פ"ז מהלכות ס"ת הל' יד טוש"ע י"ד סי' רפג סעיף ב:

רבינו חננאל

וי"ב *) הרי י"ג מקדש הוא ואחריו מקדשי' הי"ב כל אחד מדד אחד נמצאו י"ב מקדשין בבת אחת: תנא שחרית במילואו כלומר בעליית הכיור מבית שיקועו והוא מלא מקדשין מן הדד העליון ערבית שחסרו מי הכיור מקדשין מן התחתון. מוכני גלגל. והוא כדתנן בסוף עירובין וממלאין מבור הגולה בגלגל בשבת ודייקנן במקדש אין במדינה לא. דאולודי קלא בשבת אסור וזה יש לו קול. כדתנן עד שהיו שומעים קול העץ שעשה בן קטין מוכני לכיור והן א' הגיע כו' ומפורש בפ' שני בשחיטת קדשים (דף כח) והוא שהיה מושך ומסלק הכיור מלא מים מתוך הים שעשה שלמה שהיה משוקע בו כל הלילה שלא יפסלו מימיו בלינה וגרסי' בירושלמי הים הזה בית טבילה לכהנים היה שנא' (דה"ב ד) והים לרחצה לכהנים בו ואקשינן ולאו כלי הוא ופרקינן כההיא דאריב"ל אמת המים היתה מושכת לו מעין עיטם והיו רגלי השוורים פחותים כרמונים מחלפין תשעה ועשרים א"ר סימון אלו הסכינים כדתניא במס' מדות היא היתה נקראת בית החליפות ששם היו גונזים את סכיניהם. פרק ב' בשחיטת קדשים. ת"ר כיצד מצות קידוש מניח ידו הימנית על רגלו הימנית וידו השמאלית על רגלו השמאלית ומקדש ר' יוסי בר' יהודה אומר מניח ב' ידיו זו ע"ג זו וב' רגליו זו ע"ג זו ומקדש אמרו לו הפלגתה אי אפשר לעשות כן שפיר אמרו ליה אמר רב יוסף וחביריו מסייעו מאי בינייהו אמר אביי (מה) [עמידה מן] הצד איכא בינייהו ומ"ט לא מקדשי מיושב דאמר קרא לעמוד לשרת מעומד: הילני עשתה נברשת של זהב. פי' נברשת נר כדתרגמי' (צפניה א) אחפש את ירושלים בנרות כמה דבלשין בנברשתא כגון מנורת זהב כדכתיב (דניאל ה) לקבל נברשתא: ירושלמי תרין אמוראין חד אמר מנרתא וחד אמר קונברתא תרגם עקילס לקבל נברשתא לקבל למפרס: תנא בשעה שהחמה זורחת כמין נצוצות יוצאות ממנה ויודעין העם שבירושלים הוותיקין שזו עונת גמירת ק"ש אבל אנשי משמר היו משכימין וקורין קודם זו העת. כדתנן בתמיד אמר להם הממונה צאו וראו אם הגיע זמן השחיטה אם הגיע הרואה אומר ברקאי כו' ואותה העת שחטו התמיד וניתחוהו והעלוהו לכבש ובאו ללשכת הגזית לקרות את שמע ואנשי המעמד מאחרין לפיכך תני הקורא את שמע עם אנשי משמר ואנשי מעמד לא יצא שאנשי משמר משכימין ואנשי מעמד מאחרין: אף היא עשתה טבלא כו' ודייקינן מינה שכותב מגילה לתינוק כלומר כותבין לו פרשה מן התורה להתלמד בה ולא אמרינן אסור עד שיכתוב כל התורה כולה ואוקימנא באלף בית ובסירוגין וכבר

*) דברי רבינו נ"ע דהא השוחט לא הי' צריך קידוש כלל דכשר בזר וכ"כ הרע"ב. וע"ל כ"ה ב':

תוספות ישנים

שם כבוד מלכותו לעולם ועד. בתענית בפרק (אלו) סדר תעניות (דף טז:) אמרינן דאין עונין אמן במקדש ומפיק ליה מקראי התם והנהו לא מייתי הכא בגמ' משום דקאי אהזכרת השם ככתבו: בא לו למזרח עזרה. לצד שער נקנור כפי' בקונטרס שלא היה רוצה להכניסן ממש בעזרה לפניס בצד המזבח (להחזירן) שזה היה גנאי [להחזיר] והכי משמע לישנא מדלא קאמר בצפון המזבח והכי תניא בת"כ על השעירים מעמידין אותם בשער נקנור דכתיב והעמיד אותם לפני ה' פתח אהל מועד וכתיב בתריה ונתן אהרן על שני השעירים גורלות וגו': מדקאמר לצפון המזבח מכלל דמזבח לאו בצפון קאי. דהא פשיטא על יכך המזבח נפונה בצפון עזרה קאמר דאפילו ר' יוסי בר' יהודה דלא מכשר לעיל אלא כנגד המזבח היינו משום דצריך יכך המזבח ואם כן אם מזבח בצפון קאי לא הוה צריך צפון המזבח: והאמרת ר"א בר"ש היא. דמכשר בין האולם למזבח אלמא מן המזבח היה בצפון וא"ת אמאי לא מוכח דלא כר' אלעזר בר"ש מדקאמר למזרח עזרה דהיינו בשער נקנור כפי' רש"י מן המזבח ולחוץ ור' אלעזר לא מכשר אלא מן המזבח ולמעלה כנגד בין האולם ולמזבח וכי תימא למזרח העזרה לאו היינו בשער נקנור ממש אלא מקום דריסת רגלי הכהנים כלפי צפון המזבח א"כ אתיא שפיר כר"א בר"ש דדילמא לא נקט לצפון המזבח אלא לאפוקי מדרבי [וי"ל] דודאי מלמזרח העזרה דלא כר"א בר"ש היא ומ"מ כרבי מיתוקמא אבל לצפון המזבח אתא לאפוקי מדרבי ור"א בר"ש דנקט משום דאיירי בבין האולם למזבח אבל נראה לרבי דהא למזרח עזרה לא אתא מ"מ לאפוקי מר"א בר"ש דהא הגרלה בצפון לא אשכחן בקרא אלא מדרבנן היא כדי להזכיר ששחיטתו של שעיר בצפון ולפי זה יכול לעשות הגרלה בצפון העזרה כלפי מזבח כיון שאין טעון צפון להגריל אלא מדרבנן טוב לעשותה שם מלהכניסו בצד המזבח א) ולאוירו ועוד אומר רבי דלא אשכחן הגרלה בצפון כפירש"י אלא נראה דודאי לא קפדינן אצפון אלא בלפני ה' דבהגרלה כתיב והעמיד אותם לפני ה' וגו' ונתן אהרן על שני השעירים גורלות וגו' ודייק מדקתני לצפון המזבח מכלל דמזבח לאו בצפון קאי דאי בצפון קאי לא היה צפונו לפני ה' כנגד הפתח ופריך והאמרת ר"א בר"ש היא דאמר בין האולם למזבח צפון ומדלא מפרש עד כמה ש"מ מזבח כולו בצפון דלא דמי [לדרבי] דמוסיף אף מקום דריסת רגלי כהנים ולא פירש דוקא צפון דהתם ליכא למיטעי אבל בבין האולם ולמזבח אי לא מכשר ליה כוליה הוה ליה לפרושי וכיון שכל המזבח בצפון לא הוי צפון המזבח לפני ה' לעולם ר' אליעזר בן יעקב ותני בבין האולם ולמזבח אבל לא בעי למימר בין האולם ולמזבח ממש וכגון שסוף המזבח בצפון ולא כולו דוקא למ"ד לעיל בפ"ק שאינו לא כולו ב) כדאמר ולא כולו בצפון אלא דהוי כר"א בר"ש במאי דמכשר צפון דבין האולם ולמזבח דהא לעיל במסקנא בפ"ק אוקמא כר' אליעזר בן יעקב ולא אשכחן תנא שסובר דסופו בצפון אלא כולו בדרום קאי כדאית ליה הכא אך נ"ע אם יש תנא שסובר כך ועוד למה היה לו לילך בין האולם ולמזבח מאחר שאפילו היה בין האולם ולמזבח בצפונית מערבית של מזבח היה כנגד פתח ההיכל ולא תיקשי למאי דפריך דר"א בר"ש סבר דכוליה מזבח בצפון קאי אמאי לא חשיב ליה בזבחים פרק קדשי קדשים בהדי שאר תנאי ור"י הגלילי דאית להו דכולה מזבח בצפון קאי דה"נ איכא תנא אחרינא באותו פרק ולא מייתי ליה התם: שלשה שהיו מהלכין בדרך כו'. קשה לרבי דהכא משמע שצריכין לכבד זה לזה וה"נ משמע פרק במה בהמה יוצאה (שבת נח:) גבי חמור שעסקיו רעים כגון זו מהו לצאת בפרומביא בשבת ואיתו בברכות בפרק שלשה שאכלו (דף מז.) תניא אין מכבדין לא בדרכים ולא בגשרים אלא בפתח שיש בו מזוזה ומסקינן בפתח הראוי למזוזה ואומר רבי דבמקום שהולכין מתחלה יחד ויצאו מבתיהם יחד ללכת לדרך אחד מכבדין זה את זה אבל היכא שהולך כל אחד ואחד לדרכו ופגעו זה בזה אין מכבדין והמלאכים מתחילה נסעו יחד לבוא לבית אברהם: יכול יתן של שם ושל עזאזל על זה כו'. פי' כבר מיעטנו שלא ישים שניס של שם על [של] שם וכו' של עזאזל על [של] עזאזל יכול יתן כו' וא"ת איזה גורל יהיה זה אם ישים של שם ושל עזאזל על כל אחד י"ל תחילה יגריל כהלכה ואח"כ יקיים מצות נתינה ליתן שניהם על כל אחד וכן מפרש בירושלמי: גורלות

א) נ"ל ולהחזירו: ב) נ"ל בדרום:

נו א מיי' פ"ז מהלכות ס"ת הל' יד טוש"ע י"ד סי' רפג סעיף ג:
נז ב מיי' פ"ה מהל' בית הבחירה הל' ה:

בסירוגין. "אם לא שכב" אחריו ראשי תיבות עד סוף המקרא, "ואת כי שטית" ואחריו ראשי תיבות עד סוף המקרא, "יתן ה' אותך" ואחריו ראשי תיבות עד סוף המקרא "ובאו המים" ואחריו ראשי תיבות[א] (אם שכב ואת כי שטית): להביא דלתות. לשער המזרח של העזרה ושל נחושת היו: נחשול. סערה: והטילוה לים. להקל לספינה: וכרכה. חבקה: לנמלה. פורט"ו, מקום שהספינות נמשכות שם ליבשה: רהיטנו. לשון דלת, שהוא רץ ונועל רץ ופותח: אלא ברית ים. כאילו כרתו ברית זו עם זו. ויש אומרים: ברית ים: נשתנו. כשהעשירו: קלניתא. מוזהקת, וכן שם מין נחושת, והוא נחושת קלל: מתני' בן לוי. כלומר מן הלוים: (ב) פרק. הכרעת קול נעימה: על מעשה הכתב. קושר ד' קולמוסין בד' אצבעותיו וכותב שם בן ארבע אותיות כאחד: גמ' שבאו לרדות. מן התנור: שהללו. מן אלכסנדריא, לפי שלא יודעים לרדות מן התנור שלא יהא נשבר, לפי שהוא עשוי כמין תיבה(ג) פרולה כמין ספינה, היו יראים לדבקס מכפנים לתנור ואופין אותן מבחוץ: כפלו להם שכרם. מתרומת הלשכה: ועל דבר זה מזכירים אותם לשבח שמעולם כו': לפטם. לכתוש הסמנין ולערבם יפה, כמו שנאמר (שמות ל) "ממולח": להעלות עשן. שלא היו מכירין בעשב שהוא מעלה את העשן זוקף ומתמר כמקל: מיעט כבודם. בחורבן ביתו: מעלה עשן. עשב שהוא מעלה עשן ראיתי כנגדי: מגילת סמנין. שכתובין בה שמות סמני הקטורת: מכאן אמר בן עזאי. ממעשה בית גרמו ובית אבטינס שבקשו חכמים לדחותם ממקומם ולא יכלו: (ד) בשמך יקראוך. לא ידאג אדם לומר: פלוני יקפח פרנסתי. כי על כרחך, בשם יקראוך לבא ולשוב במקומך: ומשלך

[תוספת' פ"ב]

בסירוגין.§ "ניקנור נעשו נסים לדלתותיו".§ ת"ר: *מה נסים נעשו לדלתותיו? אמרו: כשהלך ניקנור להביא דלתות מאלכסנדריא של מצרים, בחזירתו עמד עליו נחשול שבים לטבעו. נטלו אחת מהן והטילוה לים, ועדיין לא נח הים מזעפו. בקשו להטיל את חברתה, עמד הוא וכרכה, אמר להם: הטילוני עמה! מיד נח הים מזעפו. והיה מצטער על חברתה. כיון שהגיע לנמלה של עכו – היתה מבצבצת ויוצאה מתחת דופני הספינה. ויש אומרים: בריה שבים בלעתה והקיאתה ליבשה ועליה אמר שלמה: °"קורות בתינו ארזים רהיטנו ברותים". אל תיקרי "ברותים" אלא *ברית ים.

שיר א

[בע"י בריתים אלא תיבה וזה הוא כפי' ראשון של רש"י]

[מדות פ"ב מ"ג] *לפיכך, כל השערים שהיו במקדש נשתנו להיות של זהב, חוץ משערי ניקנור, מפני שנעשו בו נסים. ויש אומרים: *מפני שנחושתן מוצהבת היתה. ר' אליעזר בן יעקב אומר: בנחשת קלוניתא היתה, והיתה מאירה כשל זהב.§ מתני' ואלו לגנאי: של בית גרמו לא רצו ללמד על מעשה לחם הפנים, של בית אבטינס לא רצו ללמד על מעשה הקטורת, הוגרס בן לוי היה יודע פרק בשיר ולא רצה ללמד, בן קמצר לא רצה ללמד על מעשה הכתב. על הראשונים נאמר: °"זכר צדיק לברכה" ועל אלו נאמר: °"ושם רשעים ירקב".§ גמ' ת"ר: *בית גרמו היו בקיאין במעשה לחם הפנים ולא רצו ללמד. שלחו חכמים והביאו אומנין מאלכסנדריא של מצרים, והיו יודעין לאפות כמותן ולא היו יודעין לרדות כמותן. שהללו מסיקין מבחוץ ואופין מבחוץ, והללו מסיקין מבפנים ואופין מבפנים. הללו פיתן מתעפשת, והללו אין פיתן מתעפשת. כששמעו חכמים בדבר אמרו: כל מה שברא הקב"ה – לכבודו בראו, שנאמר: °"כל הנקרא בשמי ולכבודי בראתיו" וחזרו בית גרמו למקומן. שלחו להם חכמים ולא באו. כפלו להם שכרן – ובאו. בכל יום היו נוטלין שנים עשר מנה, והיום עשרים וארבעה. *ר' יהודה אומר: בכל יום עשרים וארבעה, והיום ארבעים ושמונה. אמרו להם חכמים: מה ראיתם שלא ללמד? אמרו להם: יודעין היו של בית אבא שבית זה עתיד ליחרב, שמא ילמוד אדם שאינו מהוגן וילך ויעבוד עבודה זרה בכך. ועל דבר זה מזכירין אותן לשבח: מעולם לא נמצאת פת נקיה ביד בניהם, שלא יאמרו ממעשה לחם הפנים זה ניזונין, לקיים מה שנאמר: °"והייתם נקיים מה' ומישראל".§ "של בית אבטינס לא רצו ללמד על מעשה הקטורת".§ ת"ר: *בית אבטינס היו בקיאין במעשה הקטורת ולא רצו ללמד. שלחו חכמים והביאו אומנין מאלכסנדריא של מצרים, והיו יודעין לפטם כמותם ולא היו יודעין להעלות עשן כמותן. של הללו מתמר ועולה כמקל, של הללו מפציע לכאן ולכאן. וכששמעו חכמים בדבר אמרו:(א) כל מה שברא הקב"ה לכבודו בראו, שנאמר: *°"כל פעל ה' למענהו" וחזרו בית אבטינס למקומן. שלחו להם חכמים ולא באו, כפלו להם שכרן ובאו. בכל יום היו נוטלין שנים עשר מנה, והיום עשרים וארבעה. ר' יהודה אומר: בכל יום עשרים וארבעה והיום ארבעים ושמונה. אמרו להם חכמים: מה ראיתם שלא ללמד? אמרו: יודעין היו של בית אבא שבית זה עתיד ליחרב, אמרו: שמא ילמוד אדם שאינו מהוגן, וילך ויעבוד עבודה זרה בכך. ועל דבר זה מזכירין אותן לשבח: מעולם לא יצאת כלה מבושמת מבתיהן, וכשנושאין אשה ממקום אחר מתנין עמה שלא תתבסם, שלא יאמרו ממעשה הקטורת מתבסמין, לקיים מה שנא': "והייתם נקיים מה' ומישראל". תניא, אמר ר' ישמעאל: פעם אחת הייתי מהלך בדרך, ומצאתי אחד מבני בניהם, אמרתי לו: אבותיך בקשו להרבות כבודן, ורצו למעט כבוד המקום – עכשיו כבוד מקום במקומו, ומיעט כבודם. אמר ר' עקיבא: (*פעם אחת) סח לי ר' ישמעאל בן לוגא: פעם אחת יצאתי אני ואחד מבני בניהם לשדה ללקט עשבים, וראיתי (*ששחק ובכה). אמרתי לו: מפני מה בכית? אמר לי: כבוד אבותי נזכרתי. ומפני מה שחקת? אמר לי: שעתיד הקב"ה להחזירה לנו. ומפני מה נזכרת? אמר לי: מעלה עשן כנגדי. הראהו לי! אמר לי: שבועה היא בידינו שאין מראין אותו לכל אדם. אמר ר' יוחנן בן נורי: פעם אחת מצאתי זקן א' ומגילת סממנין בידו, אמרתי לו: מאין אתה? אמר לי: מבית אבטינס אני. ומה בידך? אמר לי: מגילת סממנין. הראהו לי! אמר לי: כל זמן שבית אבא היו קיימין – לא היו מוסרין אותו לכל אדם, ועכשיו – הרי הוא לך והזהר בה. וכשבאתי וסחתי דברי לפני ר"ע אמר לי: מעתה אסור לספר בגנותן של אלו. מכאן אמר בן עזאי: בשמך יקראוך, ובמקומך יושיבוך, ומשלך

[שם]
משלי י / שם
שקלים פ"ה [תוספ' פ"ב]
ישעיה מג
[עיין הגדה זו בע"י ותמצא שם כמה שנויים]
במדבר לב
[תוספתא פ"ב]
משלי טז
[פי' פעל ה' ונתן חכמה לזה יותר מזה למענהו כדי שלא תהא המלאכה אלא במי שהוא חפץ ערוך בשם ר"ח בערך פעל]
[בע"י ליתא]
[נ"ל שבכה ושחק וכ"ה בע"י]

רבינו חננאל

פירשנוה בגטין: ואלו לגנאי בית גרמו לא רצו ללמד על מעשה לחם הפנים ולא היו יוודעים לרדות פי' רדן בשולי המחתה [בתמיד פו] וכמו שאומרים [שבת קיז] יצא רדיית הפת שהיא חכמה ואינה מלאכה וכן בן אבטינס דברים פשוטין הן. כל פעל ה' למענהו. פי' פעל ה' ווחן חרחה לזה יותר מזה למענהו כדי שלא יהיה המלאכה אלא במי שחפץ: מעלה עשן. הסם שנותן בקטורת מעלה עשנה כמקל שאינה מפצעת לכאן ולכאן. וכיון שהגיד ר' יוחנן בן נורי מה שא"ל אותו זקן שהיה מבית אבטינס. א"ר עקיבא כיון שכוונתם לש"ש היתה אסורה לספר בגנותן וכן אמר בן עזאי בשמך יקראוך ובמקומך יושיבוך

תוספות ישנים

גודלות של כל דבר. ואין זה אלא דברי התנא דלאו מגורלות נפיק אלא מקרא דגורל גורל ריבה כדמפרש בברייתא' דבסמוך: דהוו משקען ליה בגלגלא. פר"ח ומפרש בפ"ב דשחיטת קדשים (דף כא.) שהיה מוסך ומדלה הכיור מלא מים מן הים שעשה שלמה שהיה בו כל הלילה שלא יפסלו מימיו בלינה וגרסי' בירושלמי הים היה בית הטבילה לכהנים שנאמר הים לרחצה לכהנים כו' ואקשינן לאו כלי הוא ופרקינן כהסיא דא"ר יהושע בן לוי אמת המים היתה מושכת לו מעין עיטם והיו רגלי השוורים פתוחים כרמונין ולא ידענא אם היה ים של שלמה בבית שני*): בקתתא דנרגי ותליני. וא"ת כני כלים ואוגני כלים גופייהו תיקשי לך ליעבדו לכלים גופייהו של זהב י"ל שמתחילה היו של זהב הכלים עצמן והיו רגילין לעשות הכלים ואוגנין פתוחים מן גוף הכלי אבל בידות הכלים אין לומר כן שאין לעשותן של כסף בשתוף הכלי של זהב. ה"ר יוסף**): עמד נחשול כו'. לא מפני שעשה עבירה כשהלך למצרים כדאמרינן בספרי לגור שם אי אתה חוזר אבל אתה חוזר לסחורה ולכיבוש הארץ: והללו פתן מתעפשת. ואע"פ שהיה הלחם חם כיום הלקחו מ"מ מה שאפשר בידי אדם לא היה הקב"ה רוצה לתקן: שנאמר כל פעל ה' למענהו. הכא לא מייתי קרא דלכבודי בראתיו שאין כל כך גנאי אם היה מפלע ואין זה אלא יתרת בעלמא דבעינן משום דכתיב כל פעל וגו': ה"ג בספרים ישנים ובכמה ספרים ומה ראית והזכרת מעלה א) העשן כנגדו. פי' אותו עשב שמעלה עשן כנגדו ואינו מפלע לכאן ולכאן אלא מתמר ועולה כמקל ראיתי שלא היה שום אדם מכיר אלא הם אבל עשב אחר שעשנו מעלה עשן היו מכירין אנשי אלכסנדריא שאם חיסר בקטורת חייב מיתה דלספרים שמוגה בהם מעלה עשן כנגדי אין הלשון מכוון דהוה ליה למימר ראיתי או מעלה עשן אלא מיהו יש ספרים שכתוב בם במסכת שקלים (פרק ה) מעלה עשן עומד לנגדי ובתוספתא (דיומא פ"ב) כתוב ראיתי כנגדי מיהו אותם ספרים דגרסי גירסא ראשונה יש לפרש כדפרישית ויש תוספתא שנאמר בה מעלה עשן לנגדי ולא כתוב בה לא עומד ולא ראיתי ודומה שהגיהו עומד או ראיתי לתקן הלשון וכדפרישית עיקר. ה"ר אלחנן:

*) ע"כ שייך לדף לז ע"א. **) *ע"כ שייך לדף ל"ז ע"ב. א) נ"ל תמרו:

הוגרם

הגהות הב"ח

(א) גמ' כל מה שברא הקב"ה לכבודו בראו שנאמר כל פעל ה' למענהו נ"ב וקשה למה להם טעם זה ת"ל משום מעלה עשן דהוה ליה ביאה ריקנית ואם חיסר אחת מכל סממניה חייב כדאיתא פ' ה' דף נ"ג: (ב) רש"י ד"ה פרק בשיר הכרעת קול: (ג) ד"ה שהללו כו' כמין תיבה פרולה או כמין ספינה רוקדת היו יראים לדבקס: (ד) ד"ה בשמך יקראוך כלומר לא ידאג וכו' על כרחם בשמך יקראוך לבוא ולישב במקומך:

הגהות מהר"ב רנשבורג [א] רש"י ד"ה בסירוגין וכו' (אם שכב ואת כי שטית) נ"ב הש"י יצחק עשה ממנו דבור בפ"ע וקאי אדלעיל בסוף העמוד דאמר הש"ס אם שכב ומפרש רש"י דהיינו מה דכתיב ואת כי שטית דאם שכב לא כתיב בקרא. יעוש"ה כי האמת שח:

וּמִשֶּׁלְּךָ יִתְּנוּ לָךְ. אֵין אָדָם נוֹגֵעַ בַּמּוּכָן לַחֲבֵירוֹ, *וְאֵין מַלְכוּת נוֹגַעַת בַּחֲבֶרְתָּהּ אֲפִי' כִּמְלֹא נִימָא.§ "הוֹגְרַס בֶּן לֵוִי וכו'".§ תַּנְיָא: כְּשֶׁהוּא נוֹתֵן קוֹלוֹ בִּנְעִימָה מַכְנִיס גּוּדָלוֹ לְתוֹךְ פִּיו, וּמַנִּיחַ אֶצְבָּעוֹ בֵּין הַנִּימִין, עַד שֶׁהָיוּ אֶחָיו הַכֹּהֲנִים נִזְקָרִים בְּבַת רֹאשׁ לַאֲחוֹרֵיהֶם. ת"ר: בֶּן קַמְצָר לֹא רָצָה לְלַמֵּד עַל מַעֲשֵׂה הַכְּתָב. אָמְרוּ עָלָיו שֶׁהָיָה נוֹטֵל ד' קוּלְמוֹסִין בֵּין אֶצְבְּעוֹתָיו, וְאִם הָיְתָה תֵּיבָה שֶׁל ד' אוֹתִיּוֹת – הָיָה כּוֹתְבָהּ בְּבַת אַחַת. אָמְרוּ לוֹ: מָה רָאִיתָ שֶׁלֹּא לְלַמֵּד? כּוּלָּן מָצְאוּ תְּשׁוּבָה לְדִבְרֵיהֶם, בֶּן קַמְצָר לֹא מָצָא תְּשׁוּבָה לִדְבָרָיו. עַל הָרִאשׁוֹנִים נֶאֱמַר: °"זֵכֶר צַדִּיק לִבְרָכָה" וְעַל בֶּן קַמְצָר וַחֲבֵירָיו נֶאֱמַר: °"וְשֵׁם רְשָׁעִים יִרְקָב". מַאי "וְשֵׁם רְשָׁעִים יִרְקָב"? אָמַר ר' אֶלְעָזָר: רַקְבִּיבוּת תַּעֲלֶה בִּשְׁמוֹתָן, *דְּלָא מַסְקִינַן בִּשְׁמַיְיהוּ. מְתִיב רָבִינָא: מַעֲשֶׂה בְּדוֹאֵג בֶּן יוֹסֵף שֶׁהִנִּיחוֹ [אָבִיו] בֵּן קָטָן לְאִמּוֹ. בְּכָל יוֹם הָיְתָה אִמּוֹ מוֹדַדְתּוֹ בִּטְפָחִים וְנוֹתֶנֶת מִשְׁקָלוֹ(א) שֶׁל זָהָב לְבֵית הַמִּקְדָּשׁ, וּכְשֶׁגָּבַר אוֹיֵב טְבָחַתּוּ וַאֲכָלַתּוּ, וְעָלֶיהָ קוֹנֵן יִרְמְיָה: °"אִם תֹּאכַלְנָה נָשִׁים פִּרְיָם עוֹלְלֵי טִפּוּחִים", מְשִׁיבָה רוּחַ הַקֹּדֶשׁ וְאוֹמֶרֶת: "אִם יֵהָרֵג בְּמִקְדַּשׁ ה' כֹּהֵן וְנָבִיא"! חֲזִי מַאי סְלֵיק בֵּיהּ. אָמַר ר' אֶלְעָזָר: צַדִּיק – מֵעַצְמוֹ, וְרָשָׁע – מֵחֲבֵירוֹ. צַדִּיק מֵעַצְמוֹ, דִּכְתִיב: "זֵכֶר צַדִּיק לִבְרָכָה", וְרָשָׁע מֵחֲבֵירוֹ, דִּכְתִיב: "וְשֵׁם רְשָׁעִים יִרְקָב". אֲמַר לֵיהּ *רָבִינָא לְהַהוּא מֵרַבָּנַן דַּהֲוָה מְסַדֵּר אַגַּדְתָּא קַמֵּיהּ: מְנָא הָא מִילְּתָא דְּאָמוּר רַבָּנַן "זֵכֶר צַדִּיק לִבְרָכָה"? א"ל דְּהָא כְּתִיב: "זֵכֶר צַדִּיק לִבְרָכָה" – מִדְּאוֹרַיְיתָא מְנָא לָן? דִּכְתִיב: °"וַה' אָמָר הַמְכַסֶּה אֲנִי מֵאַבְרָהָם אֲשֶׁר אֲנִי עֹשֶׂה" וּכְתִיב: °"וְאַבְרָהָם הָיוֹ יִהְיֶה לְגוֹי גָּדוֹל וְעָצוּם". מְנָא הָא מִילְּתָא דְּאָמוּר רַבָּנַן "שֵׁם רְשָׁעִים יִרְקָב"? א"ל: דְּהָא כְּתִיב "וְשֵׁם רְשָׁעִים יִרְקָב". מִדְּאוֹרַיְיתָא מְנָא לָן? דִּכְתִיב: °"וַיֶּאֱהַל עַד סְדֹם", וּכְתִיב "וְאַנְשֵׁי סְדֹם רָעִים וְחַטָּאִים לַה' מְאֹד". אָמַר ר' אֶלְעָזָר: צַדִּיק *דָּר בֵּין שְׁנֵי רְשָׁעִים וְלֹא לָמַד מִמַּעֲשֵׂיהֶם, רָשָׁע דָּר בֵּין שְׁנֵי צַדִּיקִים וְלֹא לָמַד מִמַּעֲשֵׂיהֶם. צַדִּיק דָּר בֵּין שְׁנֵי רְשָׁעִים וְלֹא לָמַד מִמַּעֲשֵׂיהֶם – עוֹבַדְיָה, רָשָׁע דָּר בֵּין שְׁנֵי צַדִּיקִים וְלֹא לָמַד מִמַּעֲשֵׂיהֶם – זֶה עֵשָׂו. (*אָמַר) ר' אֶלְעָזָר: מִבִּרְכָתָן שֶׁל צַדִּיקִים אַתָּה לָמֵד קְלָלָה לָרְשָׁעִים, וּמִקִּלְלָתָן שֶׁל רְשָׁעִים אַתָּה לָמֵד בְּרָכָה לַצַּדִּיקִים. מִבִּרְכָתָן שֶׁל צַדִּיקִים אַתָּה לָמֵד קְלָלָה לָרְשָׁעִים, דִּכְתִיב: °"כִּי יְדַעְתִּיו לְמַעַן אֲשֶׁר יְצַוֶּה וגו'" וּכְתִיב בַּתְרֵיהּ: °"וַיֹּאמֶר ה' זַעֲקַת סְדֹם וַעֲמֹרָה כִּי רָבָּה". וּמִקִּלְלָתָן שֶׁל רְשָׁעִים אַתָּה לָמֵד בְּרָכָה לַצַּדִּיקִים, דִּכְתִיב: "וְאַנְשֵׁי סְדֹם רָעִים וְחַטָּאִים לַה' וַה' אָמַר אֶל אַבְרָם אַחֲרֵי הִפָּרֶד לוֹט מֵעִמּוֹ". (*אָמַר) ר' אֶלְעָזָר: אֲפִי' בִּשְׁבִיל צַדִּיק אֶחָד עוֹלָם נִבְרָא, שֶׁנֶּאֱמַר: °"וַיַּרְא אֱלֹהִים אֶת הָאוֹר כִּי טוֹב" *וְאֵין טוֹב אֶלָּא צַדִּיק שֶׁנֶּאֱמַר: °"אִמְרוּ צַדִּיק כִּי טוֹב". (*אָמַר) ר' אֶלְעָזָר: כָּל הַמְשַׁכֵּחַ *דָּבָר מִתַּלְמוּדוֹ גּוֹרֵם גָּלוּת לְבָנָיו, שֶׁנֶּאֱמַר:(א) "וַתִּשְׁכַּח תּוֹרַת אֱלֹהֶיךָ אֶשְׁכַּח בָּנֶיךָ גַּם אָנִי". ר' אַבָּהוּ אָמַר: מוֹרִידִין אוֹתוֹ מִגְּדוּלָּתוֹ, שֶׁנֶּאֱמַר:(ב) "כִּי אַתָּה הַדַּעַת מָאַסְתָּ וְאֶמְאָסְךָ מִכַּהֵן לִי". אָמַר ר' חִיָּיא בַּר אַבָּא אָמַר ר' יוֹחָנָן: *אֵין צַדִּיק נִפְטָר מִן הָעוֹלָם עַד שֶׁנִּבְרָא צַדִּיק כְּמוֹתוֹ, שֶׁנֶּאֱמַר: °"וְזָרַח הַשֶּׁמֶשׁ וּבָא הַשָּׁמֶשׁ" עַד שֶׁלֹּא כָּבְתָה שִׁמְשׁוֹ שֶׁל עֵלִי זָרְחָה שִׁמְשׁוֹ שֶׁל שְׁמוּאֵל הָרָמָתִי, (*אָמַר) ר' חִיָּיא בַּר אַבָּא א"ר יוֹחָנָן: רָאָה הַקָּדוֹשׁ בָּרוּךְ הוּא שֶׁצַּדִּיקִים מוּעָטִין, עָמַד וּשְׁתָלָן בְּכָל דּוֹר וָדוֹר, שֶׁנֶּא' °"כִּי לַה' מְצוּקֵי אֶרֶץ וַיָּשֶׁת עֲלֵיהֶם תֵּבֵל". (*אָמַר) ר' חִיָּיא בַּר אַבָּא א"ר יוֹחָנָן: אֲפִילּוּ בִּשְׁבִיל(ג) צַדִּיק אֶחָד הָעוֹלָם מִתְקַיֵּים, שֶׁנֶּאֱמַר: °"וְצַדִּיק יְסוֹד עוֹלָם". ר' חִיָּיא דִּידֵיהּ אָמַר, מֵהָכָא: °"רַגְלֵי חֲסִידָיו יִשְׁמוֹר". "חֲסִידָיו" – טוּבָא מַשְׁמַע! אָמַר רַב נַחְמָן בַּר יִצְחָק: חֲסִידוֹ כְּתִיב. (*אָמַר) ר' חִיָּיא בַּר אַבָּא אָמַר ר' יוֹחָנָן: כֵּיוָן שֶׁיָּצְאוּ רוֹב שְׁנוֹתָיו שֶׁל אָדָם וְלֹא חָטָא – שׁוּב אֵינוֹ חוֹטֵא, שֶׁנֶּאֱמַר: "רַגְלֵי חֲסִידָיו יִשְׁמוֹר". דְּבֵי ר' שֵׁילָא אָמְרֵי: כֵּיוָן שֶׁבָּאָה לְיָדוֹ דְּבַר עֲבֵירָה פַּעַם רִאשׁוֹנָה וּשְׁנִיָּה וְאֵינוֹ חוֹטֵא – שׁוּב אֵינוֹ חוֹטֵא, שֶׁנֶּאֱמַר: "רַגְלֵי(ד) חֲסִידָיו יִשְׁמוֹר". אָמַר(ה) רֵישׁ לָקִישׁ,(ו) מַאי דִּכְתִיב: °"אִם לַלֵּצִים הוּא יָלִיץ וְלַעֲנָוִים יִתֶּן חֵן". בָּא לִטַּמֵּא – פּוֹתְחִין לוֹ, בָּא לִטַּהֵר – מְסַיְּיעִין אוֹתוֹ. תָּנָא דְּבֵי רַבִּי יִשְׁמָעֵאל: מָשָׁל לְאָדָם שֶׁהָיָה מוֹכֵר נֵפְט וַאֲפַרְסְמוֹן, בָּא

א) הושע ד ב) שם ג) [עי' חגיגה יב:] ד) הקרי חסידיו והכתיב חסידו ה) ע"ז נה. שבת קד. מנחות כט: ו) [בע"י ר' שמעון בן לוי:]

רש"י

וּמִשֶּׁלְּךָ יִתְּנוּ לָךְ. כְּלוֹמַר: לֹא מִשֶּׁלָּהֶם(ב) הוּא מַתָּנָה, אֶלָּא מְזוּנוֹת קְצוּבִים לָךְ מִן הַשָּׁמַיִם: וְאֵין מַלְכוּת נוֹגַעַת בַּחֲבֶרְתָּהּ. מִשֶּׁהִגִּיעַ זְמַן הַמַּלְכוּת לִיפּוֹל וְתַעֲמוֹד אַחֶרֶת – לֹא יְאַחֵר זְמַן כִּמְלֹא נִימָא, אֶלָּא מִי שֶׁזְּמַנָּהּ לִיפּוֹל בַּלַּיְלָה נוֹפֶלֶת בַּלַּיְלָה, שֶׁנֶּאֱמַר (דניאל ה) "בֵּיהּ(ג) בְּלֵילְיָא אִתְקְטִיל בֵּלְשַׁאצַּר" וְשֶׁזְּמַנָּהּ בַּיּוֹם נוֹפֶלֶת בַּיּוֹם שֶׁנֶּאֱמַר (יחזקאל ל) "וּבִתְחַפְנְחֵס חָשַׂךְ הַיּוֹם": לְבֵין הַנִּימִין. בֵּין חֲלִיקַת נִימַת הַשָּׂפָה, נֶגֶד מְחִיצַּת הַחוֹטֶם: נִזְקָרִים בְּבַת רֹאשׁ. נִרְתָּעִין מֵהַכְרָעַת הַקּוֹל: רַקְבִּיבוּת. רדולי"א, חֲלוּדָה,(ד) כִּכְלִי בַּרְזֶל שֶׁאֵין מִשְׁתַּמְּשִׁין בּוֹ: דְּלָא מַסְּקִי בִּשְׁמַיְיהוּ. לֹא יִקְרָא אָדָם לִבְנוֹ שֵׁם אָדָם רָשָׁע: מוֹדַדְתּוֹ בִּטְפָחִים. לֵידַע כַּמָּה נוֹסַף בּוֹ מִיּוֹם לְיוֹם, וְנוֹתֶנֶת הַמִּשְׁקָל אוֹמֶד הַתּוֹסֶפֶת: כֹּהֵן וְנָבִיא. זְכַרְיָה בֶּן יְהוֹיָדָע הַכֹּהֵן. אַלְמָא מַסְּקִינַן בִּשְׁמַיְיהוּ, דְּהָא דּוֹאֵג הָאֲדוֹמִי רָשָׁע הָיָה, וְזֶה קְרָאוֹ לַתִּינוֹק בִּשְׁמוֹ: חֲזֵי מַאי דִּסְלֵיק בֵּיהּ. רְאֵה מֶה עָלְתָה בּוֹ, שֶׁנִּשְׁחַט: צַדִּיק מֵעַצְמוֹ. ע"י מַעֲשָׂיו נִזְכָּר לְטוֹבָה: רָשָׁע אַף ע"י חֲבֵירוֹ. נִזְכָּר לְרָעָה: שֵׁם רְשָׁעִים. וְלֹא כְּתִיב שֵׁם רָשָׁע: הַמְכַסֶּה אֲנִי מֵאַבְרָהָם. וְכֵיוָן שֶׁהִזְכִּיר שְׁמוֹ בֵּרְכוֹ, וְסָמִיךְ לֵיהּ "וְאַבְרָהָם הָיוֹ יִהְיֶה וגו'": עוֹבַדְיָה. הָיָה דָּר בֵּין אַחְאָב וְאִיזֶבֶל: מִבִּרְכָתָן שֶׁל צַדִּיקִים כו'. בְּמָקוֹם שֶׁהקב"ה מְבָרֵךְ אֶת הַצַּדִּיקִים, שָׁם מְקַלֵּל אֶת הָרְשָׁעִים: וַיַּרְא אֶת הָאוֹר. רָאָה בְּדַעְתּוֹ לְהִתְקַיֵּים הָאוֹר שֶׁל עוֹלָם בִּשְׁבִיל הַצַּדִּיק שֶׁהוּא טוֹב: וַיָּשֶׁת עֲלֵיהֶם תֵּבֵל. פִּיזְּרָן בְּכָל הַדּוֹרוֹת, לִהְיוֹת שָׁתוֹת וְקִיּוּם וִיסוֹד לְקַיֵּים תֵּבֵל: רַגְלֵי חֲסִידָיו. בִּשְׁבִיל חֲסִידָיו, כְּמוֹ "וַיְבָרֶךְ ה' אוֹתְךָ לְרַגְלִי" (בראשית ל): שׁוּב אֵינוֹ חוֹטֵא שֶׁנֶּא' רַגְלֵי חֲסִידָיו יִשְׁמוֹר. סוֹפֵי חֲסִידָיו יִשְׁמוֹר: פַּעַם רִאשׁוֹנָה וּשְׁנִיָּה כו'. רַגְלֵי חֲסִידָיו מִשֶּׁהִנְהִיג בְּחֶסֶד שְׁנֵי רְגָלִים כְּמוֹ "זֶה שָׁלֹשׁ רְגָלִים" (במדבר כב) פְּעָמִים, יִשְׁמוֹר אוֹתוֹ מִן הַחֵטְא: כֵּיוָן שֶׁבָּא אָדָם לִטַּמֵּא.(ה) לִהְיוֹת רָשָׁע: פּוֹתְחִין לוֹ. פֶּתַח הַטּוּמְאָה לִיכָּנֵס(ו) בּוֹ, מַסְפִּיקִין בְּיָדוֹ, וְאֵין מוֹנְעִין מִמֶּנּוּ מִן הַשָּׁמַיִם לְעַכְּבוֹ: אִם לַלֵּצִים הוּא יָלִיץ. אִם לַלֵּצִים הוּא בָּא לְהִתְחַבֵּר – הוּא יָלִיץ, לֹא יִמְנְעוּהוּ וְלֹא יַעַזְרוּהוּ: אִם לַעֲנָוִים. הוּא בָּא לְהִתְחַבֵּר – יִתֵּן לוֹ חֵן מִי שֶׁבְּיָדוֹ לִיתֵּן: בָּא

תוספות

דלא מסקי בשמייהו. בפרק בתרא דכתובות (דף קד:) גבי שני דייני גזירות(ו) אדמון וחנן בן אבישלום גרים ר"ת: אבישלום. משום דאמר ר"מ בחלק (סנהדרין דף קג:): אבשלום אין לו חלק לעוה"ב. ואשכחן שם אדם אבישלום, כדכתיב: (*אביה) בת אבישלום. וכן בפ"ק דשבת (דף יב:) גרסי': הלל ושבנא, דשבנא רשע היה. וי"מ: דתרי שבנא הוו, כדכתיב בישעיה (כב): "לך בוא אל הסוכן הזה אל שבנא אשר על הבית" וכתיב בתריה "מה לך פה" וגו' משמע שהיה רשע, וכתיב בתריה *"ויהי כשמוע המלך חזקיהו ויקרע וגו'" עד "ואת שבנא הסופר ואת (ח) הזקנים מתכסים בשקים", אלמא אחר הוא. וכיון דאחד היה צדיק – מסקינן בשמיה. מיהו, נראה דהכל אחד. דעל כרחך ההוא שבנא בתרא, שנתכסה בשק כשחירף רבשקה במעשה דסנחריב רשע הוה, כדמשמע בפרק "זה בורר" (סנהדרין כו) אבל אין מוקדם ומאוחר בתורה. ואף ע"ג דהכא קרי ליה "סופר"(ט) והכא "על הבית" – על כרחך הכל אחד, כדפרישית:

הדרן עלך אמר להם הממונה

רבינו חננאל

ומשלך יתנו לך. אין מלכות נוגעת בחברתה ולא אדם במוכן לחבירו כמלא נימא: הוגדוס בן לוי היה יודע פרק בשיר כלומר אומנות וגם זה הביא טעם לדבריו אבל בן קמצר לא מצא תשובה בו'. פי' ושם רשעים ירקב. שאין אדם נקרא בזה השם ומצליח. א"ר אלעזר צדיק מעצמו. כלומר כשנזכר הצדיק מתברך הוא בעצמו כדכתיב זכר צדיק לברכה. רשע אפילו מזכיר רשע אחד מתקללין כל הרשעים שנאמר ושם רשעים ירקב ומנ"ל מן התורה שהצדיק כיון שהוא נזכר מתברך שנאמר וה' אמר המכסה אני מאברהם וגו' כיון שהזכירו בירכו מיד שנאמר ואברהם היו יהיה לגוי גדול וגו' וכן הרשע כיון שהזכיר ויאהל עד סדום כתיב ואנשי סדום רעים וחטאים וגו' צדיק דר בין שני רשעים עובדיה דר בין אחאב ואיזבל ולא למד ממעשיהם. ועשו הרשע דר בין יצחק ורבקה ולא למד ממעשיהם. וברכת הצדיק גורמת זכרון הרשעים שנאמר למען הביא ה' על אברהם את אשר דבר עליו. וכתיב בתריה ויאמר ה' זעקת סדום ועמורה וגו' וכן קללת הרשעים גורמת זכרון הצדיקים בברכה שנאמר ואנשי סדום רעים וחטאים וגו' וכתיב בתריה ויאמר ה' אל אברם אחרי הפרד לוט מעמו עד קום התהלך בארץ לארכה ולרחבה כי לך אתננה. בשביל צדיק אחד העולם נברא שנאמר וירא אלהים כי טוב וגו' וכל המשכח דבר אחד מתלמודו גורם גלות לבניו שנאמר ותשכח תורת אלהיך אשכח בניך גם אני. אין צדיק נפטר עד שנברא צדיק כמותו שנאמר וזרח השמש וגו' ראה הקב"ה כי הצדיקים מועטין ושתלן בכל דור ודור שנאמר כי לה' מצוקי ארץ וישת עליהם תבל ואפילו בשביל צדיק אחד העולם מתקיים שנאמר וצדיק יסוד עולם. וכן מי שיצאו רוב שנותיו בלא חטא או מי שבא לידו דבר עבירה פעם ופעמים ולא חטא שוב אינו חוטא שנאמר רגלי חסידיו ישמור חסידו כתיב אם ללצים הוא יליץ בא ליטמא פותחין לו ולענוים יתן חן בא ליטהר מסייעין לו:

[גבי אביה (מלכים א ע"ו) ושם אמו מעכה]

[ברכות מח: שבת ל. מו"ק כח. תענית ה.]

משלי י

[בע"י מאי היא אמר רבינא דלא וכו']

איכה ב

[בע"י רב הממונא]

בראשית יח

שם

שם יג

[סנהדרין לט:]

[נ"ל ואמר]

שם יח

שם

[נ"ל ואמר]

שם א

[חגיגה יב:]

ישעיה ג

[נ"ל ואמר]

[עי' אדר"נ ספכ"ג]

קדושין עב:

קהלת א

[נ"ל ואמר]

שמואל א ב

[נ"ל ואמר]

משלי י

שמואל א ב

[נ"ל ואמר]

משלי ג

תוספות ישנים

הוגרס בן לוי כו'. בתוספתא (שם) מפרש נמי עליה ששאלו לו מה ראית אמר להם יודעין בית אבא כו': **לא** מצא תשובה לדבריו. דגבי ע"ז לא שייך כבוד של כתיבה אלא שהם היו כותבין כך לפי שסבירא להו שאסור לספר בכתיבתו כמו שמליטו במסכת סופרים (פרק ה' הלכה ו'): **מעשה** בדואג כו'. וא"ת למ"ד [סנהדרין קד.] אין אברהם מגיל את ישמעאל ואית ליה למימר שלא עשה ישמעאל תשובה ואיך קראו לשם לדיק י"ל דישמעאל הקב"ה קראו כך ומסקינן בשמיה שפיר. ה"ר אלחנן: **מדאורייתא** מנלן. דליכא מידי דלא רמזה משה באורייתא כדאמרינן בתענית (דף ט.): **רגלי** חסידיו ישמור. וא"ת הרי יוחנן כ"ג (ברכות כט.) ששימש בכהונה גדולה שמונים שנה ולבסוף נעשה לדוקי י"ל דודאי אם בא ליטמא אין טועין לפניו לגמרי אלא הרבה מכריעין אותו מכאן ואילך בלא עמל ליטהר ולהתקדש. מ"ר:

הדרן עלך אמר להם הממונה

טרף

הגהות הב"ח (א) גמ' מודדתו בטפחים ונותנת משקלו זהב כצ"ל ותיבת של נמחק: (ב) רש"י ד"ה ומשלך כו' כלומר לא משלהם יתנו לך מתנה אלא מזונות הקצובים לך: (ג) ד"ה ואין. בליליא קטיל כצ"ל: (ד) ד"ה רקביבות רדולי"א חלודה דהויא בכלי ברזל: (ה) ד"ה כיון כו' לטמא ולהיות רשע: (ו) ד"ה פותחין כו' ליכנס בה כלומר מספיקין בידו ואין מונעין אותו מן השמים: (ז) תוס' ד"ה דלא כו' שני דייני גזרות היו בירושלים אדמון וחנן כו' כדכתיב אביה בן אבישלום וכן בפ"ק דשבת גרס שבנא איש ירושלים דהוי נמי שם אדם כדאמר בסוטה אלא כשבנא וכהלל ולא גרסי' ושבנא דשבנא רשע הוה וי"מ: (ח) בא"ד ואת זקני הכהנים מתכסים: (ט) בא"ד דהכא קרי ליה סופר והתם על הבית:

גליון הש"ס **גמ'** מדאורייתא מנא לן. עיין רש"י בחומש ר"פ נח: **שם** א"ר נחמן בר יצחק חסידו כתיב. כעין זה לקמן דף עה ע"ב ומגילה דף טו ע"ב: **תוס'** ד"ה דלא מסקי בשמייהו. גרים ר"ת אבישלום. עיין מגילה דף י' ע"ב תוס' ד"ה רבה בר עפרן:

בא. הלוקח, למדוד נפטו. מפני שריחו רע, אומר לו המוכר: מדוד לעצמך: מטמטמת. אוטמת וסותמת מכל חכמה: ונטמתם. חסר א': מטמאין אותו הרבה. מניחין אותו ליטמא הרבה. והכי קאמר קרא: אל תטמאו בהן, ואם תטמאו – סוף ונטמתם: והתקדשתם. מעט, והייתם קדושים – הרבה, הבא ליטהר מסייעין אותו:

בא למדוד נפט, אומר לו: מדוד אתה לעצמך. בא למדוד אפרסמון, אומר לו: המתן לי עד שאמדוד עמך, כדי שנתבסם אני ואתה. תנא דבי רבי ישמעאל: עבירה מטמטמת לבו של אדם, שנאמר: °"ולא תטמאו בהם ונטמתם בם" (ויקרא יא) אל תקרי "ונטמאתם" אלא "ונטמטם". תנו רבנן: (*"אל) תטמאו בהם ונטמתם בם", אדם מטמא עצמו מעט – מטמאין אותו הרבה, מלמטה – מטמאין אותו מלמעלה, בעולם הזה – מטמאין אותו לעולם הבא. תנו רבנן: °"והתקדשתם והייתם קדושים" (שם) – אדם מקדש עצמו מעט – מקדשין אותו הרבה, מלמטה – מקדשין אותו מלמעלה, בעולם הזה – מקדשין אותו לעולם הבא.§

הדרן עלך אמר להם הממונה

*טרף [א]בקלפי והעלה שני גורלות, אחד כתוב עליו 'לשם' ואחד כתוב עליו 'לעזאזל'. הסגן בימינו וראש בית אב משמאלו. אם של שם עלה בימינו – הסגן אומר לו: אישי כהן גדול הגבה ימינך. *ואם של שם עלה בשמאלו ראש בית אב אומר לו אישי כ"ג הגבה שמאלך. נתנן על שני השעירים, [ב]ואומר: "לה' חטאת" – רבי ישמעאל אומר: לא היה צריך לומר "חטאת", אלא "לה'". והן עונין אחריו: ברוך שם כבוד מלכותו לעולם ועד.§ **גמ'** למה לי טרף בקלפי? כי היכי דלא ניכוין ולישקול. אמר רבא: [ג]קלפי של עץ היתה, ושל חול היתה, ואינה מחזקת אלא שתי ידים. מתקיף לה רבינא: בשלמא אינה מחזקת אלא שתי ידים – כי היכי דלא ליכוין ולישקול. אלא של חול – נקדשה! אם כן הוה לה כלי שרת של עץ, °[ד]וכלי שרת דעץ לא עבדינן. ונעבדה דכסף, ונעבדה דזהב! *התורה חסה על ממונן של ישראל. מתניתין דלא כי האי תנא; דתניא, רבי יהודה אומר משום רבי אליעזר: הסגן וכהן גדול מכניסין ידן בקלפי, אם בימינו של כהן גדול עולה – הסגן אומר לו: אישי כהן גדול הגבה ימינך, ואם בימינו של סגן עולה – ראש בית אב אומר לו לכהן גדול: דבר מילך. וניומא ליה סגן! כיון דלא סליק בידיה – חלשא דעתיה. במאי קא מיפלגי? מר סבר: ימינא דסגן עדיף משמאליה דכהן גדול, ומר סבר: כי הדדי נינהו. ומאן האי תנא דפליג עליה דרבי יהודה – רבי חנינא סגן הכהנים הוא. דתניא, *רבי חנינא סגן הכהנים אומר: למה סגן(א) מימינו, שאם אירע בו פסול בכהן גדול – נכנס סגן ומשמש תחתיו. תנו רבנן: ארבעים שנה ששמש שמעון הצדיק היה גורל עולה בימין, מכאן ואילך פעמים עולה בימין פעמים עולה בשמאל. והיה לשון של זהורית מלבין, מכאן ואילך פעמים מלבין פעמים אינו מלבין. *והיה נר מערבי דולק, מכאן ואילך פעמים דולק פעמים כבה. והיה אש של מערכה מתגבר, ולא היו כהנים צריכין להביא עצים למערכה חוץ משני גזירי עצים, כדי לקיים מצות עצים. מכאן ואילך – פעמים מתגבר פעמים אין מתגבר, ולא היו כהנים נמנעין מלהביא עצים למערכה כל היום כולו. ונשתלחה ברכה בעומר ובשתי הלחם ובלחם הפנים, וכל כהן שמגיעו כזית יש אוכלו ושבע, ויש אוכלו ומותיר. מכאן ואילך נשתלחה מאירה בעומר ובשתי הלחם ובלחם הפנים, וכל כהן מגיעו *כפול, *הצנועין מושכין את ידיהן והגרגרנין נוטלין ואוכלין. ומעשה באחד שנטל חלקו וחלק חבירו, והיו קורין אותו בן חמצן

רש"י

טרף בקלפי. שנינו בפרק שלמעלה (דף לז.): וקלפי היתה שם: טרף. פתאום, בטריפה ובחטיפה: והעלה שני גורלות. אחד בימין ואחד בשמאל, והשעירים עומדים אחד לימין ואחד בשמאל, ונותן גורל שעולה בימין לשעיר של ימין: והן עונין אחריו. כשמזכיר את השם: **גמ'** דלא ניכוין. שלא יתמשמש להבין במשמושו איזה של שם ויטלנו בימין, לפי שהוא סימן יפה כשהוא עולה בימין: ושל חול היתה. אינה מקודשת: התורה חסה כו'. שנאמר (ויקרא יד) "וצוה הכהן ופנו את הבית וגו'" על מה חסה תורה – על פכין של כלי חרס שאין להם טהרה במקוה. א"כ חסה על ממון קל, כ"ש על ממון חשוב, א"כ חסה על ממונן של (*גירועין) קל וחומר על ממונן של צדיקים: **ואם בימינו של סגן עלה ראש בית אב אומר לו לכהן גדול דבר מילך.** דבר דברך: "לה' חטאת": **כיון דלא** סליק בידיה. דכהן גדול, ובידיה דסגן סליק, חלש דעתיה דכהן גדול אי אומר לו סגן: למה סגן מימינו כו'. שהולך תמיד לימינו כך אמרו בשם ר' יצחק הלוי. ואני שמעתי מרבינו יצחק בר יהודה: למה סגן ממונה – שאם יארע פסול. אבל כל זמן שלא יארע בו פסול – אין הסגן עובד שום עבודה עולם: לשון של זהורית. אחר סריק ומשוך כמין לשון, וצבוע אדום, וקושרין אותו בראש שעיר המשתלח והיה מלבין מאליו, והוא סימן שמחל הקב"ה לישראל, שנאמר (ישעיה א) "אם יהיו חטאיכם כשנים כשלג ילבינו": והיה נר מערבי דולק. לאחר שכבו שאר כל הנרות, ואע"פ שממנו מתחיל להדליק ערבית – בו היה מסיי' הטבת נרות שחרית, והוא עדות שהשכינה שורה בישראל. כדכתיב "מחוץ לפרוכת העדות" ואמרינן במסכת שבת (דף כב:): עדות היא לכל באי עולם שהשכינה שורה בישראל. ואמרינן (שם): מאי עדות – זה נר מערבי, שנותן בה שמן כמדת חברותיה וממנה היה מתחיל ובה היה מסיים, ואיזהו נר מערבי? למאן דאמר (מנחות דף צח:) שבעת הנרות סדורים מזרח ומערב – קרי נר מערבי נר שני שסמוך לראשון שבמזרח, כדתנן (תמיד פ"ו משנה א): (ב)נכנס אחד ומצא שתי נרות מזרחיות דולקות וכו'. למאן דאמר כו' צפון ודרום נתונין – היו אמצעיתן פניו מסובין כלפי מערב, והוא קרוי מערבי. ושאר הנרות מצדדין פניהם כלפי אמצעי, כדכתיב (במדבר ח) "אל מול פני המנורה", היא אמצעית, יאירו נרות של ששה קנים: והיה אש המערכה מתגבר. ודולק מאליו בלא תוספת עצים, ולא היו צריכין להביא עצים משסדרוהו שחרית: חוץ משני גזירין. של בין הערבים, שהן חובה, כדאמרי(ג) בפרקין לעיל: נשתלחה מאירה. שאינו משביע: וכל כהן מגיעו כפול. שאינו כזית. מאחר שראו שאינו משביע – הצנועין מושכין את ידיהם), ובימי שמעון את מי שמגיע כפול לא היו מושכין ידיהם: *)(ואם יותיר לא היו מושכין את ידיהן
*) רש"א מ"ז

תוספות

טרף בקלפי וכו'. וקראו אותו חמצן כל ימיו. אף ע"פ שגם גרגרנין אחרים חוטפים ואוכלים כמותו, האי דקראו אותו חמצן טפי מאחריני י"ל: לפי שהוא חטף מחמצן אחר. אי נמי: אחרים לא הקפידו כשהיו חוטפין זה מזה, אבל זה – כשזה חטף מידו הקפיד:

וליר

עין משפט נר מצוה

א א מיי' פ"ג מהלכות עבודת יוה"כ הל' א:
ב ב מיי' שם פ"ב הל' ו:
ג ג מיי' שם פ"ג הל' א:
ד ד מיי' פ"א מהלכות בית הבחירה הל' יח:

[פי' ערבב ערוך וכ"כ הרשב"ם ב"ב קכב. ד"ה טרף עירבבם כמו בילים טרופות]

רבינו חננאל

תנו רבנן והתקדשתם והייתם קדושים אדם מקדש עצמו מעט מקדשין אותו הרבה

הדרן עלך אמר להם הממונה

פ"ד טרף בקלפי והעלה ב' גורלות. פי' טרף ערבבם. כי היכי שלא יתכוין ויעלה שם שם בימינו. אמר רבה קלפי של עץ ושל חול היתה שאין עושין כלי שרת של עץ ואינה מחזקת פיה אלא ב' ידים כדי שלא יתכוין. הא דתני ר' יהודה הסגן וכ"ג מכניסין ימינם בקלפי כו'. ר' חנניה סגן הכהנים חולק עליו ואומר למה סגן *)ממונה שאם אירע פסול בכ"ג משמש תחתיו אבל כל זמן שלא אירע בו פסול אינו משמש כלל: **ת"ר** [מ'] שנה ששמש שמעון הצדיק היה הגורל עולה בימין ולשון זהורית מלבן. והיה נר מערבי דולק והיתה אש של מערכה מתגברת והיתה [ברכה] בעומר ובשתי הלחם ובלחם הפנים כו' מעשה באחד שחטף חלק חבירו והיו קורין אותו חמסן.
*) כ"ה גי' רבינו ז"ל למה סגן ממונה וכן הוא הגי' להדיא בסוטה מ"ב ע"א וכ"מ ג"כ בנזיר מז וע"ש בתוס' ד"ה למה.

תוספות ישנים

טרף בקלפי. בת"כ מפיק מקרא דבעינן קלפי דקתני התם אשר עלה עליו הגורל לה' יכול יתן על גביו ת"ל אשר עלה עליו שעלה לשמו מתוך קלפי ובירושלמי לא סוף דבר קלפי אלא אפילו קלתות ולמה אמרו קלפי כדי לעשות פומבי לדבר ויביא שני חוטין אחד שחור ואחד לבן ויקשור עליהם ויאמר זה לשם וזה לעזאזל ת"ל גורל לה' שיהא ניכר לה' וגורל לעזאזל שיהא ניכר לעזאזל וכן פריך משני צרורות אחד שחור ואחד לבן ומשני הכי דבעינן כתיבה ממש: **ואומר** לה' חטאת. הקשה ה"ר אלחנן אמאי לא קאמר חטאת לה' שיזכיר השם מאוחר כדאמרינן בפ"ק דנדרים (דף י.) לא לימא איניש לה' קרבן אלא קרבן לה' דילמא פשע ומדכר שם שמים לבטלה ואומר רבי דשאני הכא דכתיב אשר עלה עליו הגורל לה' [והדר] ועשהו חטאת: **אינו** צ"ל חטאת אלא לה'. דהכי משמע ליה לישנא דקרא אשר עלה עליו הגורל לה' ועשהו שלא יזכיר יותר: **כי** היכי דלא נכוין ונישקול. וא"ת א"כ לא עשה מצות הגרלה י"ל דודאי לפי שהוא רוצה שיביא של שם בשל ימין מטריד ושוכח להגריל: **אלא** של חול אמאי ליקדשיה. לפי שכבוד המצוה בשל קדש וא"ת לרב יהודה דאמר מצות ליהנות ניתנו (בר"ה דף כח.) כיון שעושה בשל קדש מצוה שיכול לעשות בשל חול דהגרלה לאו עבודה היא אם כן יהנה משל קדש יש לומר כיון שכבוד המצוה הוא יכול לעשות בשל קדש: **א"כ** הוה ליה כלי שרת כו'. וא"ת איך הוא כלי שרת והלא כלי שרת גמורין עבודתן מחנכתן וזה אין בו שום עבודה דהגרלה לאו עבודה היא ואיך יהיה כלי שרת י"ל דה"ק הוה ליה כלי שרת שיראו העולם שהוקדש ויסברו שיכולין לקדש בו מנחה או לקבל דם בשעת טורך ויבא לעשות כלי שרת של עץ וכלי שרת של עץ לא עבדינן דפלוגתא היא דרבי ור' יוסי בר' יהודה בסוכה פרק החליל (דף נ:) ובמנחות (דף כח:) ורבי פוסל ואפילו לרבי יוסי בר' יהודה דמכשר מדרבנן מיהא לכתחילה בעינן של מתכות: **הסגן** אומר לו כו'. וא"ת עלה בימין הסגן למה אין אומר לו הגבה ימינך י"ל שלא היה טרוד ככ"ג ולא ישכח ועוד שהיה מבייש כ"ג תימה לרבי איך מכניס הסגן ידו להגריל והא מסקינן לקמן בשמעתין דלר' יהודה הגרלה מעכבת ואם עבודה היא אינה כשרה אלא בכ"ג ואומר רבי שאין כל כך עבודה שהרי ע"י כ"ג מתבררין השעירין ואמרי' נמי הגרלה לאו עבודה היא ואע"ג דאמרינן לקמן מת אחד מהם מביא חבירו שלא בהגרלה כר"ש אבל לרבנן דידיה מגריל מ"מ אין ההגרלה חשובה כל כך עבודה אבל התם הוי טעמא משום דלא הגריל כלל על האחד אבל אין לומר שעבודתו מחנכתו לסגן זה בכ"ג שא"כ לא ישמש עוד אלא בח' כלים: **כי** הדדי נינהו. וכשרה עבודה זו בשמאל כמו הוצאת כף ומחתה בכ"ג דיה"כ שצריך לו שתי ידים לפי שא"א בעבודה אלא הוא: **למה** סגן מימינו. הקשה ה"ר אלחנן כי משוח מלחמה היה משמש בח' כלים ומוזהר על [האלמנה] ככ"ג והרבה דברים יש בו ככ"ג לקמן בפרק בא לו (דף עב:) לרב דימי דהתם ואם כן למה היו ממנים סגן הכהן ואשכחן שממנין סגן אף בבית ראשון שהיה שם משוח מלחמה כדאמר' בנזיר פ' כ"ג (דף מז:) דבעי התם סגן ומשוח מלחמה הי מנייהו עדיף כו' ואומר רבי דמשוח מלחמה היה קנת איבה הואיל ומעתה משמש בח' בגדים כמותו: **שמגיעו** כפול הצנועין מושכין ידיהם. אומר רבי דדוקא מגיעו כפול אבל בכזית לא היו מושכין ידיהם כי דימו לקיים מצות אכילה אבל כאן לא היה מצות אכילה לגמרי כיון שאין שם אלא כפול ולא היו שביעין וא"ת היכא דמגיעין [כפול ושביעין] כדאמרינן בריש פסחים (דף ג:) איך מיקיימא מצות אכילה י"ל דלא בעי כזית לגמרי אלא כזית עדיף ותשיבא אכילה ולכולם לא היו יכולין לחלק בשוה: **והגרגרנין** חולקין. חוטפין ואוכלין כדמפרש בפ"ב דקידושין (דף נג.):

מסורת הש"ס

[נ"ל ולא]
גיר' יעב' ואם בשמאלו עלה ראש ב"א וכו'
[נ"ל גרי עין]
[לקמן מג: ר"ה כז. מנחות עו: פו: פח: פט. חולין מט: עו.]
[נזיר מז: ע"ש סוט' מב. ע"ש]
[תוספ' סוטה פי"ג]

גליון הש"ס

גמ' וכלי שרת דעץ לא עבדינן. סוכה דף נ' ע"ב:
בע"י כפול מצרי קדושין נג. [חולין קלג.]

הגהות הב"ח

(א) גמ' למה סגן מימין שאם אירע: (ב) רש"י ד"ה והיה נר כו' כדתנן נכנס ומצא שתי נרות מזרחיים דולקים וכו' למאן דאמר צפון ודרום נתונין היה האמצעי פניו מוסב כלפי מערב וכו' פני המנורה הוא אמצעי יאירו: (ג) ד"ה חוץ משני כו' כדאמרינן בפירקין לעיל. נ"ב דף כ"ו ולא הבנתי דהרי אף בשחרית הן חובה כדמבואר שם ובדף כ"ז:

ה א מיי' פ"ב מהלכות עבודת יוה"כ הל' ו:
ו ב שם פ"ג הל' ג:

חמצן עד יום מותו. אמר רבה בר (*בר) שילא: מאי קרא – °"אלהי פלטני מיד רשע מכף מעול וחומץ". רבא אמר: מהכא – °"למדו היטב דרשו משפט *אשרו חמוץ" אשרו חמוץ ואל תאשרו חומץ. *תנו רבנן: אותה שנה שמת בה שמעון הצדיק אמר להם: בשנה זו הוא מת. אמרו לו: מניין אתה יודע? אמר להם: בכל יום הכפורים *היה מזדמן לי זקן אחד לבוש לבנים ועטוף לבנים, נכנס עמי ויצא עמי. והיום נזדמן לי זקן אחד לבוש שחורים ועטוף שחורים, נכנס עמי ולא יצא עמי. אחר הרגל חלה שבעה ימים ומת, *ונמנעו אחיו הכהנים מלברך בשם. ת"ר: ארבעים שנה קודם חורבן הבית לא היה גורל עולה בימין, *ולא היה לשון של זהורית מלבין, ולא היה נר מערבי דולק, והיו דלתות ההיכל נפתחות מאליהן, עד שגער בהן רבן יוחנן בן זכאי. אמר לו: היכל היכל! מפני מה אתה מבעית עצמך? יודע אני בך שסופך עתיד ליחרב, וכבר נתנבא עליך זכריה בן *עדוא °"פתח לבנון דלתיך ותאכל אש בארזיך". אמר רבי יצחק בן טבלאי: למה נקרא שמו לבנון – שמלבין עונותיהן של ישראל. אמר רב זוטרא בר טוביה: למה נקרא שמו יער, דכתיב: °"בית יער הלבנון" – לומר לך: מה יער מלבלב אף בית המקדש מלבלב. *דאמר רב הושעיא: בשעה שבנה שלמה בית המקדש נטע בו כל מיני מגדים של זהב, והיו מוציאין פירות בזמניהן, וכיון שהרוח מנשבת בהן היו נושרין פירותיהן, שנאמר: °"ירעש כלבנון פריו" ומהן היתה פרנסה לכהונה. וכיון שנכנסו גוים להיכל – יבשו, שנאמר: *°"ופרח לבנון אומלל", ועתיד הקב"ה להחזירה לנו, שנאמר: °"פרוח תפרח ותגל אף גילת ורנן כבוד הלבנון נתן לה". § "ונתנן על שני השעירים". § *תנו רבנן: [א]עשר פעמים מזכיר כהן גדול את השם בו ביום: ג' בוידוי ראשון, וג' בוידוי שני, ושלשה בשעיר המשתלח, ואחד בגורלות. *וכבר אמר *השם ונשמע קולו ביריחו. אמר רבה בר בר חנה: מירושלים ליריחו עשרה פרסאות, וציר דלתות ההיכל נשמע בשמונה תחומי שבת. עזים שביריחו היו מתעטשות מריח הקטורת, נשים שביריחו אינן צריכות להתבשם מריח קטורת, *כלה שבירושלים אינה צריכה להתקשט מריח קטורת. אמר רבי[א] (יוסי בן[ב] דולגאי): עזים היו לאבא[ג] בהרי[ד] (מכמר) והיו מתעטשות מריח הקטורת. אמר רבי חייא בר אבין אמר רבי יהושע בן קרחה: סח לי זקן אחד: פעם אחת הלכתי לשילה, והרחתי ריח קטורת מבין כותליה. אמר ר' ינאי: [ב]עליית גורל מתוך קלפי – מעכבת, הנחה – אינה מעכבת. ורבי יוחנן אמר: אף עלייה אינה מעכבת. אליבא דרבי יהודה, דאמר: *דברים הנעשין בבגדי לבן מבחוץ לא מעכבא – כולי עלמא לא פליגי דלא מעכבא. כי פליגי – אליבא דר' נחמיה. מ"ד מעכבא – כר' נחמיה, ומאן דאמר לא מעכבא – הני מילי עבודה, הגרלה לאו עבודה היא. איכא דאמרי: אליבא דרבי נחמיה דאמר מעכבא – כולי עלמא לא פליגי דמעכבא, כי פליגי – אליבא דר' יהודה. מאן דאמר לא מעכבא – כרבי יהודה, ומאן דאמר מעכבא – שאני הכא *דתנא ביה קרא "אשר עלה" "אשר עלה" תרי זימני. מיתיבי: מצוה להגריל, ואם לא הגריל – כשר. בשלמא להך לישנא דאמרת: אליבא דרבי יהודה כולי עלמא לא פליגי דלא מעכבא – הא מני רבי יהודה היא. אלא

(תהלים עא) (ישעיה א) (זכריה יא) (מלכים א ז) (תהלים עב) (נחום א) (ישעיה לה) [תוספתא פ"ב]

א) תמיד ל: ב) [שם איתא אליעזר בן דגלאי] ג) במשנה שבמשניות איתא בהרי ובמשנה שבגמרא אי' בערי] ד) [נ"ל מכוור וכ"א במשנה דביומתן ובירושלמי במדבר (לב) ארץ יעזר מתרגמי' ארעא דמכוור] וכן גרס הערוך בערך הר אולם בערך מכבר גרסתו מכבר:

תורה אור

חמצן. גזלן: אשרו חמוץ. החזיקו הגזל: ולא חומץ. לא שייך הכא אלא [בסנהדרין] (דף לה.), שלמדנו מכאן שמזקקין לתובע תחילה: מלברך בשם. מלברך ברכת כהנים את העם בשם המפורש, שלא היו כדאי: נפתחות מאליהן. סימן לאויבים לבא וליכנס: וכבר נתנבא עליך. שהפתיחה זו היא סימן לחורבן: שלשה בוידוי ראשון. של פר: "אנא השם חטאתי" "אנא השם כפר" "לפני ה' תטהרו": ואחד בגורלות. "לה' חטאת": וכבר אמר. כלומר: וכבר היה מעשה שהלך קולו עד יריחו: כלה. דרכה להתקשט בבשמים: בהרי מכמר. שם המקום: והרחתי ריח קטרת. מקטורת שנעשה בו בעוד המשכן בשילה: עליית גורל מתוך קלפי מעכבת. עבודה. שאין השעירים מתפרשין זה לשם וזה לעזאזל אלא ע"פ הגורל, לפיכך צריך לראות איזה עלה בימין ויהא שעיר של ימין נקבע בו, ואי זה עלה בשמאל ויהא שעיר של שמאל נקבע בו: אבל הנחה. של גורל על השעיר אינה מעכבת, אפילו לא הניחו עליו. שהרי הוקבע של ימין בגורל שעלה בימין וכן שעיר השמאל לגורל שמאל: אף עלייה אינה מעכבת. ואם יקרא הכהן שם חטאת על האחת ושם עזאזל על חבירו – הוקבעו בלא הגרלה, שאין הגרלה מעכבת, אלא שחיסר מצוה: אליבא דרבי יהודה כו'. בפרק "הוציאו לו" (לקמן דף ס.) פליגי ר' יהודה ור' נחמיה אם שינה בסדר עבודות, להקדים את המאוחר, ואמר ר' נחמיה: כל סדר העבודות שנעשות בבגדי לבן, בין בפנים כגון לפני לפנים, בין מבחוץ כגון בהיכל או בעזרה – מעכב, ד"חוקה" דכתיבא בעניינא ד"אחרי מות" עלייהו כתיבא. ור' יהודה אומר: לא כתיבא "חוקה" אלא בדברים הנעשים בבגדי לבן מבפנים, הלכך הגרלה שהיא אינה נעשית מבפנים אלא מבחוץ, לר' יהודה דאמר אדברים שנעשים מבחוץ לא כתיבא חוקה: דכולי עלמא לא פליגי. דאפילו ר' ינאי מודה דלר' יהודה לא מעכבא, דהא לא כתיב בהו עיכובא: כי פליגי אליבא דרבי נחמיה. דאמר חוקה אכל דברים הנעשים בבגדי לבן כתיבא. וזו בבגדי לבן היא, כדכתיב בעניינא: הני מילי. דכתיב חוקה לעיכובא בעבודה הוא דאתא לעיכובא (*עד כאן לא אמר רבי נחמיה דכתיב חוקה בעבודה לעכובא – כגון חתיית גחלים מן המזבח, ושחיטת פר, דעבודות נינהו ופסולות בכהן אחר, אבל הגרלה, דלאו עבודה היא, שכשרה בסגן למאן דאמר לעיל הסגן וכ"ג מכניסין ידיהן של ימין בקלפי – אימא הכא מודה ר' נחמיה דלא מעכבא): כולי עלמא לא פליגי דמעכבא. דקאמר: חוקה עלייהו כתיב: שאני הכא דתנא בה קרא. אף על גב דחוקה לאו עלה קיימא, לעכב – מעכבא, שהרי שנה עליו הכתוב לעכב. ומקרא יתירה נפקא לה עיכובא:
אלא

[נ"ל רב וכ"א בקדושין נג.]
[סנהדרין לה.]
מנחות קט: [תוספ' סוטה פי"ג]
[וע' תוס' מנחות קט: ד"ה נזדמן]
[הטעם לזה ע' תוס' סוטה לח. ד"ה הרי]
[ר"ה לא:]
[נ"ל עדו דבריש זכריה כתיב זכריה בן ברכיה בן עדו הנביא וכ"א בע"י]
לעיל כח:
בע"י הביא הקרא גוער בים וגו' והוא רישא דקרא של ופרח לבנון אומלל
לעיל כ: [אנא]
[ע' תוס' כתובות סו: ד"ה לא נאמרו]
רש"א מ"ז
לקמן ס. [זבחים מ.]
[מנחות יט: וש"נ]

וציר דלתות ההיכל היה נשמע בשמונה תחומי שבת. תימה: דבמסכת תמיד פ"ג (משנה ח) תנן: מיריחו היו שומעין קול שער גדול שנפתח, ומוכח התם דהוא שער היכל. ויש לומר דצירי דלתות לא היו נשמעין אלא ח' תחומי שבת, אבל השער עצמו נשמע ביריחו. אי נמי: מתוך ח' תחומי שבת היו מרגישין קול צירי הדלתות, שכל אדם יכול להרגיש שהוא קול צירים, ומיריחו היו שומעין קול הברה בעלמא, אבל מי שלא היה יודע לא היה מרגיש מה קול היה זה. וכן פירשתי ספ"ק (דף כ. ד"ה "והיה") גבי גביני כרוז:

כלה שבירושלים לא היתה צריכה להתבשם מריח הקטרת. תימה: דאמר פרק "כל שעה" (פסחים דף כו.): קול ומראה וריח אין בהן משום מעילה. ודייק: מעילה הוא דליכא, הא איסורא – איכא, מאי לאו לאותן העומדין בפנים דלא איפשר וקא מיכוון. ואביי: לאותם שבחוץ. א"כ לאביי היו עושין איסור בכל יום! ויש לומר: אינו אסור אלא שלא יקרבו עצמן לעזרה כדי להריח יותר:

דתנא ביה קרא אשר עלה כו'. ומאן דאמר לא מעכבת, סבירא ליה כיון דלא כתב צווי, אע"ג דתנא ביה קרא לא מעכבא, מידי דהוה אבלילה, דתנן (מנחות דף יח:): אם לא בלל – כשר, אע"ג דכמה זימנין כתיב בלילה בלילה. אלא כיון דלא כתיב בלשון צווי – לא מעכבא. ולמאן דאמר מעכבא – לא דמי לבלילה, דשאני הכא דאהני חוקה קצת, כיון דמחוקה גמרינן לעיכובא לשאר מילי שבפרשה – גמרינן נמי מינה להגרלה, כיון דתנא בה קרא כל דהו:

תני

רבינו חננאל

וכל אותן מ' שנה היה מזדמן לו ביוה"כ זקן לבוש לבנים ועטוף לבנים נכנס ויוצא עמו. ואותה שנה שמת נזדמן לו זקן לבוש שחורים ועטוף שחורים נכנס עמו ולא יצא עמו. וכיון שראה כך אמר בשנה זו מת חלה אחר הרגל (ח') [ז'] ימים ומת ונמנעו אחיו הכהנים מלברך בשם. ארבעים שנה [קודם] חורבן הבית היו דלתות ההיכל נפתחות מאליהן עד שגער בהן ריב"ז ואמר כבר נתנבא עליה זכריה בן עידו ואמר פתח לבנון דלתיך (אשר בארץ) נקרא לבנון מפני שמלבין עונותיהם של ישראל נקרא יער שהיה מלבלב ומוציא פירות כיער: **ת"ר** י' פעמים מזכיר כ"ג השם בו ביום. ג' בוידוי ראשון וג' בוידוי שני וג' בשעיר המשתלח וא' בגורלות וכבר אמר אנא השם בקול נמוך ואח"כ הרים קולו ונשמע קולו ביריחו א"ר יוחנן מירושלים עד יריחו י' פרסאות. תנא ציר ההיכל הזה נשמע בח' תחומי שבת כו'. א"ר ינאי עליית גורל מתוך קלפי מעכבת. הנחה על ב' השעירים אינה מעכבת ור' יוחנן אמר אפי' עלייה אינה מעכבת. ומה נתינה דכתיב ונתן אהרן אינה מעכבת עליה דלא כתוב בה והעלה הכהן לא כ"ש שאינה מעכבת ואם הקדים מעשה לחבירו כגון שחיטת הפר אם הקדימה להגרלה אינה מעכבת אליבא דר' יהודה דאמר דברים הנעשין בבגדי לבן בחוץ לא מעכבי כ"ע לא פליגי אליבא דר' נחמיה כו'. חלוקת ר' יהודה ור' נחמיה מפורשת באחרית פרק הוציאו לו את הכף. וכולי עלמא וידוי הפר והשעיר והגורלות עלייתן ונתינתן על השעירים וחפינת הקטורת ונתינת על הכף וחתיית הגחלים בבגדי לבן בחוץ הן. איכא דאמרי אליבא דר' נחמיה דאמר מעכבה כ"ע לא פליגי כלומר ר' ינאי ור' יוחנן מודו דמעכבה כי פליגי אליבא דר' יהודה. ר' יוחנן כ"ר יהודה ור' ינאי אמר לך בהא אפילו ר' יהודה מודה דעליית גורל אע"פ שהיא בחוץ מעכבה מדכתיב ב' פעמים אשר עלה הכתוב שנה עליו לעכב מיתיבי לר' ינאי מצוה להגריל *)כשר

תוספות ישנים

נכנס עמי ויצא עמי. בירושלמי פריך והכתיב וכל אדם לא יהיה באהל מועד ודרשינן אפילו אותם שכתוב בהם ופניהם פני אדם ומתרץ כבוד הקדוש ברוך הוא היה: **עשר** פעמים מזכיר כ"ג את השם כו'. היינו השם המפורש דאי שם של ד' אותיות היה מזכיר כמה פעמים ביום בתפלתו וכן מפרש נמי בירושלמי: **וציר** דלתות ההיכל היה נשמע עד ח' תחומי שבת. ופליגא אהך משנה דתמיד דקתני דמיריחו היו שומעין קול שער הגדול שנפתח כדפרי' לעיל בפ"ק (דף כ: ד"ה והיה): **כלה** שבירושלים אינה צריכה להתבשם. אבל כלה שביריחו צריכה להתבשם שהכלות מתבשמות יותר משאר נשים. ושל בית אבטינס דאמרו לעיל (דף לח.) שהיו מתנין לנשותיהן שלא יתבשמו יש לומר שלא היו עומדין בירושלים וגם רחוק מיריחו היו והא דאמרינן בכתובות פרק מציאות האשה (דף סו:) החתן מקבל עליו עשרה דינרים לקופה של בשמים בירושלים פי' שהיו מתבשמות יותר משאר נשים י"ל שעשירות שבהן היו מתבשמות אע"פ שלא היו צריכות וא"ת ואיך היו מריחין והא אמרינן בפסחים בפרק כל שעה (דף כו.) קול ומראה וריח אין בהן מעילה ומוקי לה התם אחר שתעלה תימרתו הא איסורא מיהא איכא י"ל דהוי כמו לא אפשר ולא קמכוין דהא ממילא היתה כל העיר מתבשמת אבל איסורא איכא כשמתכוין ומהאי טעמא נמי [טפי] איכא למיסר קודם שתעלה תימרתו ובית אבטינס נמי כשהיו מפטמין היה מותר להריח מהאי טעמא דפרישית ה"ר אלחנן. ורבי אומר כי בית אבטינס היו סותמין נחיריהם יפה שלא היו מריחין בשעת פיטום כדתניא בכל שעה (שם) והמריח בה פטור אלא שמעל אך א"צ דניחא כדפי': **בהרי** מכמר. הרי הגלעד בתרגום של כתובים טורי מכמר פי' דרכן של עזים להיות רצות א) כדכתיב כעדר העזים שגלשו מהר גלעד: **הנחה** אינה מעכבת. וא"ת להאי לישנא קמא דלית ליה עלייה מעכבא מטעמא דתנא ביה קרא אלא מטעמא דסבר ליה כרבי נחמיה מנא ליה דלא מעכבא הנחה הלא בהדיא כתיב ונתן אהרן על שני השעירים גורלות ולקמן נמי בשמעתין פשיטא לן דצריך הנחה לכל הפחות למצוה ולמה לא תעכב וי"ל הואיל והם כבר מבוררין שניהם אין סברא שתעכב ההנחה ותימה היכי חשיב הכא הגרלה דברים הנעשין בבגדי לבן מבחוץ והא בסוף הוציאו לו חשיב חפינה דברים הנעשים בבגדי לבן בפנים הואיל וצורך פנים הוא ותירץ ה"ר אלחנן דשאני הגרלה שהיא כמו כן צורך חוץ לשעיר המשתלח ועוד תירץ דטעמא דהגרלה לאו עבודה היא מהני לענין זה הטעם דצורך פנים כפנים דמי ואפילו נחשוב שחיטה כצורך פנים לר' יהודה כמו חפינה בסוף פרק הוציאו לו כדפירש"י על פלוגתא דר' יהודה ור' נחמיה דלקמן ואע"ג דשחיטה לאו עבודה היא מכל מקום שחיטה עדיפא דשייך בה פגול וחייבין עליה בחוץ אבל הגרלה אינה רק במקום ב) קריאה ולא שייכא מידי לעבודה ורבי תירץ דהגרלה נמי חוץ היא לשעיר הנעשה בפנים לשחיטה וקבלה שעושין תחילה:

א) נ"ל שם: ב) נ"ל קריאת שם:

אֶלָּא לְהַךְ לִישָּׁנָא דְּאָמְרַתְּ: פְּלִיגִי, בִּשְׁלָמָא לְמַאן דְּאָמַר לָא מְעַכְּבָא, הָא מַנִּי – ר' יְהוּדָה הִיא. אֶלָּא לְמ"ד מְעַכְּבָא הָא מַנִּי? תָּנֵי: מִצְוָה לְהַנִּיחַ. ת"ש: מִצְוָה לְהַגְרִיל וּלְהִתְוַדּוֹת, לֹא הִגְרִיל וְלֹא הִתְוַדָּה – כָּשֵׁר. וְכִי תֵּימָא הָכִי נַמִּי לְהַנִּיחַ – אֵימָא סֵיפָא "רַבִּי שִׁמְעוֹן אוֹמֵר: לֹא הִגְרִיל כָּשֵׁר, לֹא הִתְוַדָּה – פָּסוּל". מַאי לֹא הִגְרִיל? אִילֵימָא לֹא הִנִּיחַ – מִכְּלָל דְּרַבִּי שִׁמְעוֹן סָבַר הַגְרָלָה מְעַכְּבָא? *וְהָתַנְיָא: מֵת אֶחָד מֵהֶן – מֵבִיא חֲבֵירוֹ שֶׁלֹּא בְּהַגְרָלָה, דִּבְרֵי רַבִּי שִׁמְעוֹן! ר' שִׁמְעוֹן *לֹא יָדַע מַאי קָאָמְרִי רַבָּנַן, וְהָכִי קָאָמַר לְהוּ: אִי הַגְרָלָה הַגְרָלָה מַמָּשׁ קָא אֲמָרִיתוּ – פְּלִיגְנָא עֲלַיְיכוּ בַּחֲדָא, אִי הַגְרָלָה דְּקָאָמְרִיתוּ הַיְינוּ הַנָּחָה – פְּלִיגְנָא עֲלַיְיכוּ בְּתַרְתֵּי.(א) ת"ש: פַּר מְעַכֵּב אֶת הַשָּׂעִיר, וְשָׂעִיר אֵין מְעַכֵּב אֶת הַפָּר בְּמַתָּנוֹת שֶׁבִּפְנִים. בִּשְׁלָמָא פַּר מְעַכֵּב אֶת הַשָּׂעִיר – דְּאִי אַקְדְּמֵיהּ לַשָּׂעִיר מִקַּמֵּי פַּר לָא עֲבַד וְלֹא כְּלוּם, אֶלָּא שָׂעִיר אֵין מְעַכֵּב אֶת הַפָּר מַאי נִיהוּ? אִילֵימָא דְּאִי אַקְדֵּים מַתָּנוֹת דְּפַר בַּהֵיכָל מִקַּמֵּי מַתָּנוֹת דְּשָׂעִיר בִּפְנִים – חוּקָּה כְּתִיב בְּהוּ. אֶלָּא לָאו – דְּאַקְדֵּים מַתָּנוֹת דְּפַר בִּפְנִים מִקַּמֵּי הַגְרָלָה, וּמִדְּסִדְרָא לָא מְעַכְּבָא – עִיקָּרָא הַגְרָלָה נַמִּי לָא מְעַכְּבָא! – [א]לָא, דְּאַקְדֵּים מַתָּנוֹת דְּפַר בַּמִּזְבֵּחַ מִקַּמֵּי מַתָּנוֹת דְּשָׂעִיר בַּהֵיכָל. וְרַבִּי יְהוּדָה הִיא, דְּאָמַר: דְּבָרִים הַנַּעֲשִׂין בְּבִגְדֵי לָבָן בַּחוּץ, לָא מְעַכְּבִי. וְהָא בְּמַתָּנוֹת שֶׁבִּפְנִים קָתָנֵי! – אֶלָּא, הָא מַנִּי – רַבִּי שִׁמְעוֹן הִיא, דְּאָמַר: הַגְרָלָה לָא מְעַכְּבָא. וְאִיבָּעֵית אֵימָא: לְעוֹלָם רַבִּי יְהוּדָה הִיא, וּנְהִי דְּבְסִדְרָא לָא מְעַכְּבָא – הַגְרָלָה מִיהָא מְעַכְּבָא. וְאָזְדוּ לְטַעְמַיְיהוּ; דְּתַנְיָא: יָעֳמַד

רש"י

אלא להך לישנא דאמרת. אליבא דרבי יהודה פליגי, ואמר רבי ינאי: מעכבא, וכל שכן לרבי נחמיה. הא מני? לא רבי יהודה ולא רבי נחמיה: **תני מצוה להניח.** ואם לא הניח כשר.(ב) ודהא כולי עלמא מודו דבנתינה לא תנא בה קרא, אלא חדא זימנא הוא דכתיב "ונתן אהרן" וגו'. אבל בעלייה תנא בה קרא, דכתיב "והקריב אהרן את השעיר אשר עלה עליו וגו'" וכתיב "והשעיר אשר עלה"(ג): **ולהתודות.** על שעיר המשתלח, כדכתיב "והתודה עליו וגו'": **אילימא לא הניח.** כההוא הוא דקאמר רבי שמעון כשר, אבל עלייתו מתוך קלפי – אית ליה לרבי שמעון דמעכבא: **והתניא מת אחד מהן.** לאחר הגרלה, דאי אפשר עוד להגריל אלא אם כן יביא שנים אחרים, וילך אחד לאיבוד, כדאמרי' בפ' "שני שעירי" (לקמן דף סב.): מביא אחד מן השוק תחת זה שמת ויהא חבירו של זה העומד(ד) ואין צריך להגריל: **רבי שמעון לא ידע כו'.** לעולם לא הגריל דקאמר תנא קמא כשר – לא הניח הוא, ודקשיא לך היכי קאמר ר"ש עלה לא הגריל כשר, אי הגרלה זו היינו הנחה, משמע דאי לא עלה – פסול לרבי שמעון, לא תקשי. דלא הגריל דקאמר ר' שמעון לא הגריל ממש קאמר, ולא הוה ידע דלא הגריל דקאמר ת"ק אהנחה הוא דקאי, והכי קאמר להו ר' שמעון לרבנן: אי לא הגריל כשר דקאמריתו היינו בעלייה, דהוא הגרלה ממש – פליגנא עלייכו בחדא, בלא התודה: **ואי הגרלה דקאמריתו היינו הנחה.** אבל עלייה לדידכו מעכבא – פליגנא בתרתי, דלדידי הגרלה לא מעכבא כלל, והוידוי מעכב. ולקמן מפרש טעמא דתרוייהו בוידוי: **פר מעכב את השעיר.** אם הקדים אחת מן העבודות של שעיר המאוחרות לשל פר, ועשאה קודם לפר הפר שהוא ראוי ליקדם לה – מעכבא ופוסלה, ואינה עולה לו, וצריך לחזור ולעשותה לאחר הפר.(ה) וסדר עבודותיהן כך היא בפרשה: בתחילה מתודה על הפר וידוי ראשון, ואח"כ מגריל על השעיר, ואחר כך מתודה על הפר וידוי שני, ושוחטו, ומכניס כף ומחתה ונותן את הקטורת על האש (וגו'), ונותן מדם הפר על הכפורת, ואחר כך שוחט את השעיר, ונותן ממנו על הכפורת, ואחר כך נותן מדם הפר על הפרוכת, ואחר כך מדם השעיר, ואחר כך מערב דמים ונותן על מזבח הפנימי: **אבל השעיר אינו מעכב את הפר.** אם הקדים עבודת הפר, והוא מן המאוחרות לשל שעיר, ועשאה לפני שעיר – אין השעיר שהיה ראוי ליקדם לה פוסלה: **במתנות שבפנים.** קאמרי, דסדר הפר מעכב את השעיר: **אי אקדמיה לשעיר.** על בין הבדים מקמי פר – לא עשה כלום: **אלא שעיר אינו מעכב את הפר מאי ניהו.** איזה עבודה מצינו בשעיר הקודמת לשל פר במתנות פנים, דנימא עלה שאם שינה להקדים את של פר לפניה אין השעיר הראוי ליקדם לה פוסלה: **בהיכל.** על הפרוכת: **חוקה כתיבא בהו.** דהא אפילו רבי יהודה מודה, דאדברים הנעשין בפנים כתיב חוקה, והרי שינה זה בעבודות פנים שהרי הקדים לה את של חוץ שהיא מאוחרת לה: **אלא לאו דאקדים מתנות דפר בפנים מקמי הגרלה.** דשעיר, דעל כרחך אינך מוצא עבודות שעיר קודם מתנות דפר בפנים אלא זו, וקתני דלא מעכבא: **ומדסידרא לא מעכבא הגרלה נמי לא מעכבא.** אפילו עקר לה לגמרי. אלמא: איכא למאן דאמר הגרלה לא מעכבא, וקשיא למאן דאמר אפילו לרבי יהודה מעכבא, וכל שכן לרבי נחמיה, הא מני? **דאקדים מתנות דפר.** על מזבח הפנימי, כדכתיב (ויקרא טז) "ולקח מדם הפר ומדם השעיר וגו'" והיה לו לאחרו עד גמר מתנות הפרוכת: **ונהי דבסדרא לא מעכבא.** הגרלה, דהא לרבי יהודה לא כתיבה חוקה אדברים הנעשים בחוץ, הגרלה מיהא כי עקר לה לגמרי – מעכבא,(ו) דתנא בה קרא, כדאמרן: **ואזדו לטעמייהו.** אפלוגתא דלא התודה קאי, ומיקמי "תא שמע פר מעכב את השעיר" גרסינן ליה:

תוספות

תני מצוה להניח. ה"נ הוה מצי לשנויי: הא מני – רבי שמעון היא דאמר: הגרלה לא מעכבא, ואח"כ מצאתי ברייתא זו שנויה בתוספתא [פ"ג] וסמוך לה שנויה פלגותא דבסמוך דרבי יהודה ורבי שמעון יעמד חי וכו', ומסיק דברי רבי יהודה, ורבי שמעון אומר וכו' ומדסיפא ר"ש – רישא נמי רבי שמעון: **הא** דקאמר תני מצוה להניח אינו מגיה הברייתא, אלא פרושי קא מפרש: מאי לא הגריל – לא הניח הגורל: **רבי** שמעון לא ידע. ואם תאמר: לימא דשפיר ידע. ולא הגריל דרבי שמעון היינו עלה, כי היכי דמפרשי נמי השתא ללא הגריל דידיה עלה, אע"ג דלא הגריל דרבנן מספקא ליה אי הוי הניח או עלה? וי"ל: אי רבי שמעון פשיטא ליה דלא הגריל דרבנן היינו לא הניח – א"כ הוה ליה למימר איהו לא עלה הגורל, אבל השתא ניחא, משום דמספקא ליה דילמא רבנן אמרי לא עלה וקרו ליה לא הגריל – נקט נמי לא הגריל: **ואזדו** לטעמייהו דתניא יעמד חי כו'. פרש"י: דאוידוי קאי. ואמר שיש לגרוס אותו לעיל, קודם ת"ש פר מעכב את השעיר. ול"נ כגירסת הספרים, וקאי אהגרלה. ומשום דקאמר אי בעית אימא ר"ש דאמר הגרלה לא מעכבא, ואי בעית אימא רבי יהודה נהי דבסידרא לא מעכבא הגרלה מעכבא, היכא דלא עלה הגורל כלל כו' ואזדו לטעמייהו דכי היכי דפליג ר' יהודה ארבי שמעון היכא דלא עלה הגורל מעולם – הכא נמי פליג היכא דעלה הגורל ומת המשתלח קודם מתן דמים דשעיר הפנימי. דסבירא ליה לרבי יהודה ישפך הדם ויביא שנים אחרים ויגריל עליהם בתחילה. דתניא: "יעמד חי" עד מתי יהא זקוק לחיות – עד מתן דמים של חבירו. ו"לכפר עליו" דקרא הוי פירוש עד שיכפרו בחבירו. ור' שמעון סבר: אין צריך, ו"לכפר עליו" – אשעיר המשתלח קאי, וה"ק: "והשעיר אשר עלה עליו הגורל לעזאזל יעמד חי" עד שיכפר עליו בוידוי, ואם מת קודם וידוי – מביא אחר בלא הגרלה, ואם מת אחר וידוי – אין צריך להביא אחר אף ע"פ שלא שילחו עדיין, דשילוח אינו מעכב. ואם מת המשתלח קודם וידוי וקודם זריקת דמי חבירו – יזרק הדם של חבירו, ומביא שעיר אחר בלא הגרלה ומתודה עליו, ולא יגריל אפילו למצוה, דאין הגרלה אלא בשנים, כדכתיב "על שני השעירים". ואם היה מביא שנים – היה צריך לשפוך הדם או לאבד את השני *(עמו) שיעלה עליו הגורל לשם, וכמו שפירש' דלרבי יהודה כשמת המשתלח צריך להביא שנים אחרים ולהגריל עליהם בתחילה. הכי תנן לקמן בפרק "שני שעירי" (ד' סב.): ומסיים עלה והשני ירעה עד שיסתאב, רבי יהודה אומר תמות, ועוד א"ר יהודה: מת המשתלח – ישפך הדם. ובת"כ נמי איכא בהדיא: מת אחד מהם משהגריל – יביא שנים אחרים ויגריל, דברי רבי יהודה. ומהאי קרא נפקא לן לרבי יהודה דמיד בתר פלוגתא דרבי יהודה ורבי שמעון גרסינן התם לשלח אותו, שאם נשפך הדם – ימות המשתלח, מת המשתלח – ישפך הדם. והאי מילתא אתאן לרבי יהודה, דרבי שמעון סבירא ליה מת אחד מהן מביא חבירו בלא

רבינו חננאל

והא ר' ינאי דאמר דברי הכל עליית גורל מעכבת הא מתניתא כמאן מוקים לה. ודאי לא תימא מצוה להגריל דמשמע עליית גורל מתוך קלפי אלא אימא מצוה להניח ואם לא הניח כשר: **ת"ש** מצוא להגריל ולהתודות לא הגריל ולא התודה כשר. [רש"א לא הגריל כשר] לא התודה פסול האי דקתני ר' שמעון לא הגריל מהו אם תאמר לא הניח הוא כמו שהעמדת הברייתא האחרת מכלל דר' שמעון הנחה לא בעי הגרלה בעי והתניא בהדיא מת אחד מהן מביא חבירו שלא בהגרלה. דברי ר' שמעון ודחי ר' ינאי הכי לעולם הגרלה זו הנחה היא. ור' שמעון לא ידע האי הגרלה דתנו רבנן מאי היא והכי קאמר להו אי האי דקאמריתו מצוה להגריל הנחה (זו) היא וזו היא מצוה אבל עליית הגורל מעכבת פליגנא עלייכו בתרתי שהגרלה אינה מעכבת ואם לא התודה פסול ואי הגרלה עליית גורל קאמריתו שהיא מצוה בהא מודינא לכו דהגרלה אע"פ שאינה מעכבת מצוה מיהא איתא ופליגנא עלייכו בהתודה שאם לא התודה פסול ת"ש פר מעכב את השעיר. ושעיר אינו מעכב את הפר כו' סדר עבודת יוה"כ מתודה בפרו ומגריל ונותן הגורלות על השעירים ומתודה שמה בעדו ובעד ביתו בפרו ושוחטו ונותן הדם למי שממרס בו וחותה בגחלים וחופן הקטורת ומכנים ומקטיר וחוזר ולוקח דם הפר ממי שממרס בו ומכנים ומזה על הכפורת ולפני הכפורת ויוצא ושוחט השעיר ומכנים דם השעיר ומזה כאשר הזה מדם הפר וחוזר ונוטל דם הפר ומזה ממנו אחת למעלה וז' (למטה) פעמים בהיכל על פני הפרוכת ויוצא ונותנו למי שממרס בו ונוטל דם השעיר ומזה ממנו כאשר הזה מדם הפר ויוצא ומערה דם הפר לתוך דם השעיר ומזה על המזבח *)פי' כמתנות שבפנים בשלמא פר מעכב לשעיר שאם הקדים הזאת השעיר להזאת הפר לא עשה כלום משום דמתנות שבפנים הן ולדברי הכל מתנות של בפנים מעכבי אלא שעיר אינו מעכב לפר מאי ניהו שאם (ניהו) הקדים הזאות של פר בהיכל קודם הזאות השעיר לפני ולפנים חוקה כתיבה ובעינן הדברים ככתבן אלא דאי אקדים מתנות של פר בפנים קודם שיגריל בשעיר מה שעשה עשוי ומדכסידרן [של] ההגרלה אינה מעכבת מכלל שאינה עבודה ואע"פ שלא יגריל כלל כשר. קשיא לר' ינאי ודחי ואמר הא ר' יהודה היא וכגון שהקדים דם הפר במזבח קודם מתנות של שעיר בהיכל וכיון דעבודות חוץ מקדש הקדשים היא אע"ג שהיא בבגדי לבן לר' יהודה לא מעכבה ואקשי' והא מתנות של בפנים קתני ופריק אלא לעולם הגרלה היא והא מני ר"ש היא קסבר הגרלה אינה מעכבת כלל **) עמדה כי לר"ש הגרלה לא מעכבא כלומר ההגרלה אינה מעכבת שחיטת הפר אלא אם שחט מה שעשה עשוי ויגריל

*) אולי צ"ל פי' במתנות שבפנים בהזאות שמזה בפנים. **) כ"ל כי להאיבעיא אימא עמדה הסוגיא כי לר"ש וכו'.

מסורת הש"ס

לקמן סג: [כריתות כח. תמורה ו:]

[גיטין לז: תמורה לב:]

הגהות הב"ח

(א) גמ' היינו הנחה פליגנא עלייכו בתרתי ואזדו לטעמייהו דתניא יעמד חי לפני ה' וכו' בכפרת דברים הכתוב מדבר ת"ש פר מעכב את השעיר ושעיר וכו' הגרלה מיהא מעכבא ת"ש שאלו תלמידיו כו' כצ"ל: (ב) רש"י ד"ה תני מצוה כו' כשר דבהא כ"ע מודו כו' (ג) בא"ד והשעיר אשר עלה ולא תנא ביה קרא אלא לעכב הס"ד: (ד) ד"ה מביא כו' של זה העומד אלמא אין צריך: (ה) ד"ה פר מעכב כו' וצריך לחזור ולעשותה לאחר הפר אבל השעיר אינו מעכב את הפר אם הקדים וכו' שעיר שהיה ראוי ליקדם לה פוסלה וסדר עבודותיהן כך היא בפרשה וכו' ואחר כך מערב הדמים ונותן על מזבח הפנימי הס"ד ומה"ד במתנות שבפנים הוא דקאמרינן דסדר: (ו) ד"ה ונהי דבסדרא לא מעכבא כו' לגמרי מעכבא דתנא בה קרא:

הגהות הגר"א

[א] גמ' (לא דאקדים כו' עד שבפנים קתני תא"מ (ועי' כת"י):

תוספות ישנים

מביא חבירו עמו שלא בהגרלה דברי ר"ש. וא"ת א"כ אמאי קאמר לעיל תני מצוה להניח לוקמה כר"ש וי"ל דאכתי לא ידע למילתיה דר"ש ועוד דניחא ליה לאוקמה אליבא דכ"ע שאין זו סברא דנימא דר"ש לא ידע אי רבנן הגרלה קאמרי או הנחה קאמרי. ריב"א: **מקמי** מתנות דשעיר בפנים חוקה כתיב ביה. דאע"ג דחוקה לא כתיבא אלא בבגדי לבן הנעשים בפנים לר' יהודה מכל מקום בסדר עבודות של פנים כתיב חוקה ואין להפסיקן בעבודת חוץ: **ומדסדרן** לא מעכבא הגרלה נמי לא. ואע"ג דאמרינן לקמן פרק הוציאו לו (דף ס.) דאם הקדים מעשה לחבירו לר' יהודה מה שעשה עשוי בדברים הנעשין בבגדי לבן כגון מתנות שבהיכל ואע"פ שכן מעכבות ואפילו שיריים אמרינן אם כילה כיפר אם לא כילה לא כיפר הרי איכא קרא שמעכבין הן עצמן מטעמי' דוכלה מכפר אבל אין סדרן מעכב דלא כתיב ביה חוקה אבל הכא כיון דמתנות דפר הם בפנים וכתיב בהו חוקה והגרלה היא גם היא צורך פנים אם היא חשיבה לעכב ודאי היה הסדר מעכב אלא ודאי מדסידרא לא מעכבא הגרלה נמי לא מעכבא: **דאקדים** מתנות דפר דמזבח מקמי מתנות שעיר בהיכל. וא"ת אמאי לא תני נמי פר אין מעכב את השעיר בכהאי גוונא כגון דהקדים מתנות שעיר בהיכל מקמי מתנות דפר בהיכל דתרווייהו דברים הנעשים בבגדי לבן בחוץ נינהו ואין הסדר מעכב וי"ל דעדיפא מינה פריך והא מתנות שבפנים קאמר: **דאמר** הגרלה לא מעכבא. ואע"ג דמצי משכח שעיר מעכב את הפר כגון [illegible]

משכח דאין שעיר מעכב הפר: **נהי** דבסידרא לא מעכבא הגרלה מיהא מעכבא. והשתא הדר ביה ממאי דס"ד מעיקרא דאי אקדים מתנות דפר בהיכל מקמי דשל שעיר בפנים חוקה כתיבא ביה דהוה פשיטא ליה לעיל דאע"פ דדברים הנעשים בבגדי לבן מבחוץ [לא] מעכבי לר' יהודה [וכ"ש] סדרן דלא מעכבא מ"מ כיון שמאחר סדר פנים ומפסיק בו מעכב דכתיב ביה חוקה השתא מיהא לית ליה הך סברא דאי אית ליה ה"נ כתיבא חוקה שעושה מתנות שבפנים מקמי הגרלה וא"ת אמאי לא משני [דאקדים] מתנות דפר בהיכל מקמי מתנות דשעיר [בפנים י"ל דהגרלה] דקאי עליה נקט (מהגרלה הוה קאי) והא דאמר שלא לקמן בפרק הוציאו לו (דף סא.) שעיר ששחטו קודם מתן דמו של פר לא עשה ולא כלום ליכא לפרושי האי טעמא הואיל ומאחר עבודת פנים וחוקה כתיבא ביה אלא הוי טעמא לצורך פנים דמי ושחיטה גופא צורך פנים היא ונמצא שהפיך סדר עבודת פנים והאי טעמא קאמר נמי התם על מילתא אחריתי אבל בהגרלה אע"פ לצורך פנים מ"מ לא חיישינן כדפרישית לעיל [ואע"ג] דמעכבא ועוד אומר רבי כי י"ל דלא הדר ביה ממאי דאמר לעיל דודאי דהקדמת מתנות דפר [בהיכל] לשל שעיר בפנים שמפסיק במתנות פר ושעיר שבפנים כתיבא חוקה אבל אם מקדים מתנות דפר בפנים מקמי הגרלה שאינו מפסיק מתנות בשום דבר בהא לא כתיבא חוקה [ואם [illegible]

לכפר

ז א מיי' פ"ד מהלכות עבודת יוה"כ הל' ח:
ח ב מיי' שם פ"ה הל' ו:

גמרא

תורה אור

*"יַעֲמַד חַי לִפְנֵי ה' לְכַפֵּר עָלָיו" (ויקרא טז) עַד מָתַי יְהֵא זָקוּק לַעֲמוֹד חַי – עַד שְׁעַת מַתַּן דָּמוֹ שֶׁל חֲבֵירוֹ, דִּבְרֵי רַבִּי יְהוּדָה. רַבִּי שִׁמְעוֹן אוֹמֵר: [א]עַד שְׁעַת וִידּוּי דְּבָרִים. בְּמַאי קָא מִיפַּלְגִי? כִּדְתַנְיָא: "לְכַפֵּר" – בְּכַפָּרַת דָּמִים הַכָּתוּב מְדַבֵּר, וְכֵן הוּא אוֹמֵר: "וְכִלָּה מִכַּפֵּר אֶת הַקֹּדֶשׁ" (שם), מַה לְּהַלָּן בְּכַפָּרַת דָּמִים – אַף כָּאן בְּכַפָּרַת דָּמִים, דִּבְרֵי רַבִּי יְהוּדָה. ר' שִׁמְעוֹן אוֹמֵר: "לְכַפֵּר עָלָיו" – [ב]בְּכַפָּרַת דְּבָרִים הַכָּתוּב מְדַבֵּר. ת"ש, *שָׁאֲלוּ תַּלְמִידָיו אֶת רַבִּי עֲקִיבָא: עָלָה בִּשְׂמֹאל מַהוּ שֶׁיַּחֲזוֹר לְיָמִין? אָמַר לָהֶן: אַל תִּתְּנוּ מָקוֹם לַצְּדוֹקִים *לִרְדּוֹת. טַעְמָא – דְּאַל תִּתְּנוּ מָקוֹם לַצְּדוֹקִים לִרְדּוֹת, הָא לָאו הָכִי – מְהַדְרִינַן לֵיהּ, וְהָא אָמְרַתְּ הַגְרָלָה מְעַכְּבָא, וְכֵיוָן דִּקְבַעְתֵּיהּ שְׂמֹאל הֵיכִי מְהַדְרִינַן לֵיהּ? – אָמַר רָבָא: הָכִי קָאָמְרִי, עָלָה הַגּוֹרָל בִּשְׂמֹאל מַהוּ שֶׁיַּחֲזִירוּ לוֹ וְלִשְׂעִירוֹ לְיָמִין? אָמַר לָהֶם: אַל תִּתְּנוּ מָקוֹם לַצְּדוֹקִים לִרְדּוֹת. ת"ש: אִילּוּ נֶאֱמַר אֶת הַשָּׂעִיר אֲשֶׁר עָלָיו – הָיִיתִי אוֹמֵר: יַנִּיחֶנּוּ עָלָיו, ת"ל: "עָלָה" כֵּיוָן שֶׁעָלָה – שׁוּב אֵינוֹ צָרִיךְ. לְמַאי? אִילֵימָא לְמִצְוָה – מִכְּלָל דְּהַנָּחָה מִצְוָה נַמִי לָא? אֶלָּא לָאו – לְעַכֵּב, וּשְׁמַע מִינַּהּ: הַגְרָלָה – מְעַכְּבָא, הַנָּחָה – לָא מְעַכְּבָא. אָמַר רָבָא, הָכִי קָאָמַר: אִילּוּ נֶאֱמַר "אֲשֶׁר עָלָיו" הָיִיתִי אוֹמֵר יַנִּיחֶנּוּ עָלָיו עַד שְׁעַת שְׁחִיטָה, ת"ל: "אֲשֶׁר עָלָה", כֵּיוָן שֶׁעָלָה שׁוּב אֵינוֹ צָרִיךְ. ת"ש: "וְעָשָׂהוּ חַטָּאת" (שם) – *הַגּוֹרָל עוֹשֵׂהוּ חַטָּאת, וְאֵין הַשֵּׁם עוֹשֵׂהוּ חַטָּא'. שֶׁיָּכוֹל, וַהֲלֹא דִּין הוּא: וּמַה בְּמָקוֹם שֶׁלֹּא קִידֵּשׁ הַגּוֹרָל – קִידֵּשׁ הַשֵּׁם, מָקוֹם שֶׁקִּידֵּשׁ הַגּוֹרָל – אֵינוֹ דִּין שֶׁיְּקַדֵּשׁ הַשֵּׁם? ת"ל: "וְעָשָׂהוּ חַטָּאת" – הַגּוֹרָל עוֹשֶׂה חַטָּאת, וְאֵין הַשֵּׁם עוֹשֶׂה חַטָּאת.

סתם

רש"י

יעמד חי. על כרחך ללמדנו שאם מת חטה צריך להביא אחר. דאי לא – למאי אתא? אם תאמר שלא ישלחנו עד לאחר מתן דמים – ליכתוב: יעמד לפני ה' לכפר עליו, חי למה לי? אלא, שאם מת – צריך להביא אחר: ועד מתי הזקיקו להיות חי עד שעת מתן דמים של חבירו. דכתיב "לכפר" עד שיכפר בדמו של חבירו. אבל משעת מתן דמים ואילך, אע"פ שעדיין לא התודה לפי סדר המקראות "וכלה מכפר וגו'" (ויקרא טז) "וסמך אהרן וגו'". אם מת אין צריך אחר, אלמא: וידוי לא מיעכב: רבי שמעון אומר כו'. כדפריש טעמא לקמן. ואני שמעתי: ואזדו לטעמייהו בהגרלה מיעכבא ולא מיעכבא, ואי אפשר להעמידה: וכן הוא אומר וכלה מכפר את הקודש. הוא מתן דמים, והקריב את השעיר החי – עד כאן צריך להיות חי: לכפר עליו. בכפרה המוטלת עליו הכתוב מדבר, והוא הוידוי: עלה בשמאל. גורל שם: אל תתנו מקום לצדוקים. תלמידים החולקים על התורה לרדות ולמשול בהן, לקפח אתכם בדברים, שיאמרו: לפי רצונם הם עושים הכל: הא לאו הכי מהדרינן. של עזאזל לשם: כיון שעלה. מתוך קלפי, ויודע איזו לשם ואיזו לעזאזל, [א](א) שוב אינו צריך להיות מונח עליו ואפילו למצוה. אבל עלייה והנחה מצוה (היא) מיהא איכא: ואין השם. אם קרא לו שם בלא גורל: במקום שלא קידש הגורל. בשאר קרבנות הצריכין פירוש, כגון קיני זבין וזבות ויולדות, שאחד מהן חטאת ואחד מהן עולה שלא קידש הגורל, אם כתב על שני גורלות על אחד חטאת ועל א' עולה ונתנן עליהם – לא מצינו שהגורל קובעם, ולא יכול לשנותן: קידש השם. מאחר שקרא לזו חטאת ולזו עולה אין הכהן רשאי לשנותן, כדאמרינן לקמן (דף מא.) מ"ולקחה שתי תורים או שני בני יונה אחד לעולה ואחד לחטאת" – בשעת לקיחה הן נקבעין זו לעולה וזו לחטאת, (ג) כאן שמצינו שהגורל קובען, אינו דין שהשם קובען:

סתם

תוספות

בלא הגרלה. אלא ודאי רבי יהודה היא, ודריש "יעמד חי" – כדי לכפר בו, כיון שאם מת המשתלח לא יוכל לכפר עוד בחבירו אלא ישפך הדם. ודריש נמי לכפר עליו – לשלח אותו, שאם רוצה לשלח אותו אינו יכול לשלחו אלא אם כן כפר בחבירו, אבל אם נשפך הדם ימות המשתלח. וכיון דלר' יהודה מיעכבי אהדדי, וצריך להביא שנים אחרים כל היכא דקרינן ביה "ולקחו שני השעירים" קרי ביה נמי "ונתן על שני השעירים גורלות". אבל לר' שמעון, דדריש עד שעת כפרת דברים, דאינן תלויין זה בזה, אלא שעיר המשתלח תלוי במעשה שבגופו ואם נשפך הדם לא ימות המשתלח אלא יתודה עליו, כיון שהוא חי מביא אחר שלא בהגרלה, דלא קרינן ביה ולקח את שני השעירים – לא קרינן ביה נמי "ונתן על שני השעירים גורלות". וא"ת: אם כן תיקשי מכאן למ"ד אליבא דר' יהודה דהגרלה לא מעכבא! וי"ל: דאיכא למימר הא דישפך הדם כשמת המשתלח – לאו היינו משום הגרלה, אלא משום דבעינן "ולקח את שני השעירים" שיהו ניקחין כאחת. א"נ, כיון דהוקבעו כבר כאחת, אם מת אחד מהן – גם השני ידחה. הלכך צריך להביא אחרים, וכיון דלא סגי דלא מייתי אחריני – מגריל עליהם למצוה. ולר' שמעון למצוה נמי לא, כיון דסבירא ליה דאינו מביא אלא אחד, אין שייך בו הגרלה:

כיון דקבעתיה שמאל כו'. ולא בעי לאוקמא ר"ע כרבי שמעון, כיון דר' יהודה ור' נחמיה נמי היו תלמידיו, כדאיתא בפרק "הבא על יבמתו" (דף סב:):

ועשהו חטאת הגורל עושהו חטאת וכו'. וא"ת: ניהדר ונילף בעלמא מהכא שיקדש הגורל מק"ו, ומה במקום שלא קדש השם קדש הגורל במקום שקדש השם – א"ד שיקדש הגורל! וי"ל: דכי היכי דדרשינן מ"ועשהו חטאת" הגורל עושהו חטאת ואין השם עושהו חטאת, כל שכן דנדרוש ועשהו חטאת – לזה ולא לאחר. תדע, דבפ"ק דקדושין (דף טו:) אמרינן גבי עבד עברי הנמכר לגוי שיהא נגאל בשש מק"ו: ומה מי שאין נגאל בגאלה, פי' בקרובים, כגון עבד עברי הנמכר לישראל, נגאל בשש, מי שנגאל בגאלה אינו דין שיהא נגאל בשש? ומשני: ת"ל "בגאלה" – בגאלה הוא נגאל ואינו נגאל בשש, ופריך: ואי ס"ד יליף שכיר שכיר, אמאי אינו נגאל בגאלה? נילף שכיר שכיר! ומשני: שאני התם דאמר קרא "יגאלנו" – לזה ולא לאחר. אלמא, אף על גב דפשיטא ליה דדרשינן מיעוטא דיגאלנו לזה ולא לאחר, ולהכי לא ילפינן נמכר לישראל בק"ו מנמכר לגוי, אפילו הכי הוה יליף נמכר לגוי ליגאל בשש בק"ו, ולא קא ממעט ליה מיגאלנו, ולמידרש דודו ובן דודו או משאר בשרו יגאלנו ולא בדבר אחר. אבל תימה: מאי שנא דהכא ממעטינן תרוייהו מועשהו דהכא לא מקדש השם, ובעלמא לא מקדש הגורל, והתם לא ממעט מיגאלנו אלא דבעלמא לא מהני גאולת קרובים, אבל דהכא אינו נגאל בשש – יליף לה מקרא אחרינא, מ"ואם לא יגאל באלה" באלה הוא נגאל ואינו נגאל בשש? ושמא יש לומר: דשאני הכא, דכיון דכתיב "ועשהו חטאת" וכתב נמי "חוקה" אתא ועשהו דכתיב בגורל לגלויי אחוקה דקאי נמי אהגרלה, דאע"ג דלרבי יהודה חוקה לא קיימא אהגרלה, ועשהו מגלי לן דחוקה נמי קאי אהגרלה. א"נ, משום דתנא ביה קרא תרי זימני "אשר עלה" "אשר עלה", ובהא נמי ניחא מאי דק"ל דמסיק תיובתא למ"ד הגרלה לא מעכבא, אבל למ"ד מעכבא ניחא. ואמאי? לדידיה נמי תיקשי: דהכא יליף עיכובא מועשהו ואיהו יליף ליה לעיל מדתנא ביה קרא. ולמאי דפרישית ניחא, דאי לאו 'ועשהו' דמשמע מיעוטא, אע"ג דתנא ביה קרא הוה דרשינן ק"ו לומר דהגרלה לא מעכבא, כיון דלא תנא ביה קרא בלשון צווי, להכי איצטריך ועשהו. ואי לא תנא ביה קרא לא הוה דרשינן 'ועשהו' אלא למעוטי דלא מהני הגרלה בעלמא, כי ההוא ד'יגאלנו' כדפירש' להכי איצטריך דתנא ביה קרא. מיהו, בלאו הכי מצי למימר דלא פריך למ"ד מעכבא, דאיכא למימר טעמיה מהכא והא דקאמר טעמא לעיל משום דתנא ביה קרא – אין זה מדבריו, אלא בעל הגמרא קא מפרש לטעמא הכי, למאי דלא ידע אכתי ברייתא דועשהו. וכי האי גוונא יש בפ"ג דשבועות (דף כה.) גבי פלוגתא דרב ושמואל בשבועה שזרק פלוני צרור ליס*:

מה במקום שלא קידש הגורל כו'. הקשה מורי הר"ר שמואל בר מנחם זצ"ל: היכי גמר מהכא? והא יום הכפורים דבר שהיה בכלל כל הקרבנות שקידש בהם השם, ויצא לידון בדבר החדש בגורל, אי אתה יכול להחזירו לכללו. ולכולי עלמא איהו לא גמר מכלליה ב"איזהו מקומן" (זבחים מט.)! ונראה לי: דאפילו יצא לידון בדבר החדש – גמרי מהדדי בקל וחומר או במה מצינו, אם אין להשיב. אבל אם יש להשיב – לא גמרינן. אבל דבר שהיה בכלל ויצא מן הכלל ללמד על עצמו יצא כו' כמו הבערה וכיוצא בה – גמרינן מיניה, אפי' אם יש להשיב אין משיבין כמו על ג"ש והיקש שאין משיבין עליהן. תדע דבפרק קמא דיבמות (דף ז.) פריך: מאי איצטריך עליה למיסר ערוות לייבם? מהיכא תיתי דלישתרו, דאיצטריך עליה למיסר. קא ס"ד: תיתי מאשת אח, דהוה ליה דבר שהיה בכלל ויצא ללמד וכו'. ופריך: הא לא דמי אלא ליצא לידון בדבר החדש וכו', עד אלא סד"א תיתי אחות אשה במה מצינו מאשת אח, והשתא כיון דאמר כבר דהוה ליה דבר החדש היכי הדר תו קאמר תיתי מאשת אח? אלא על כרחך מעיקרא הוה ס"ד למימר דניגמר מאשת אח כמו מדבר שהיה בכלל ויצא ללמד, דאפילו איכא פירכא לא פרכינן, ופריך: והלא דבר החדש הוא, ואם כן אי איכא למיפרך – לא גמרינן מיניה. והדר קאמר: ואע"ג דדבר החדש הוא ניגמר מיניה במה מצינו, דהא ליכא למיפרך מיניה מידי. ולהכי פריך: מי דמי התם חד איסורא הכא תרי איסורי. והיינו פירכא, וכיון דאיכא למיפרך – לא גמרינן מיניה, כיון דדבר חדש הוא:

סתם

רבינו חננאל

ולעולם בעי הגרלה על ב' השעירים ואזדו לטעמייהו דתניא יעמד חי עד מתי יהא זקוק להיות חי עד שעת מתן דמו של חבירו דברי ר' יהודה דייק מדקתני של חבירו מכלל שהיה לו חבר בהגרלה ונתברר שזה לה' וזה לעזאזל. ר' שמעון אומר עד שעת וידוי דברים כלומר עד שיתודה עליו שאפילו לא הוגרל עליו ולא היה לו חבר בגורל כשר. במאי פליגי כדתניא בכפרת דברים הכתוב מדבר כו' פשוטה היא שאלו את ר' עקיבא עלה הגורל הכתוב בו לה' בשמאל ונתברר העומד בשמאלו כנגדו הוא חטאת לה' ושל ימין לעזאזל כו' ותריצנה הכי מהו שיחזור *)של שמאל לימין והגורל של שמאל לימין שנמצא הגורל שהוא לה' בימין ויניחהו על [השעיר] שהחזירו לימין. ואמר להו אל תתנו מקום למינים לרדות. כלומר כיון שתעשו כן יאמרו כי עזאזל רשות אחרת היא מיהו אחת גדולה לפיכך הוצרך לכבדו בימין שהיא משובחת והן אינן יודעין כי גזרת הקב"ה הן ואין להן להרהר על זה. ת"ש ועשהו חטאת הגורל עושה חטאת ואין השם עושה חטאת. פי' אין קריאתך על השעיר שם חטאת בלא גורל קובעהו חטאת אלא הגורל קובעו שנאמר והקריב אהרן את השעיר אשר עלה עליו הגורל לה' ועשהו חטאת כלומר עליית הגורל לה' הוא עשהו חטאת וזו הברייתא היא שנויה סתמא בתורת כהנים שנקרא ספרא מפני שהוא ויקרא לבדו וקי"ל כר' יוחנן דאמר בפרק אלו הנחנקים בתחלתו סתם משנה ר"מ סתם תוספתא ר' נחמיה

*) נ"ל דל"ל מהו שיחזור השעיר שעומד בשמאל לימין וכו'.

תוספות ישנים

לכפר בכפרת דמים הכתוב מדבר. והכיא ברייתא לעיל (דף לו:) דילפא וידוי בפר משעיר המשתלח מה להלן כפרת דברים אף כאן כפרת דברים הא דלא כר' יהודה ור' יהודה הוה יליף ליה מדמסיק לעיל הרי הוא אומר והקריב וכפר ועדיין לא נשחט הפר: **אף** כאן בכפרת דמים. וא"ת אמאי לא יליף מפר דלעיל שהוא כפרת דברים כדאסיקנא לעיל מוהקריב וכפר יש לומר דעיקר כפרה בדם ואית לן למילף טפי כפרת דמים מכפרת דברים: **אלא** לאו לעכב וש"מ הגרלה מעכבא. וקשיא למ"ד דאפילו לר' נחמיה לא מעכבא ולמ"ד לא [מעכבא] לר' יהודה יש להקשות ספיר כדלקמן: **ואין** השם עושה חטאת. ומ"מ [צריך] לקרות [שם] שאומר לה' חטאת כדאמרינן לעיל כדתניא בתורת כהנים אלא שהגורל הוא עושה החטאת: **ומה** במקום שלא קידש הגורל כו'. וא"ת בשאר מקומות מק"ו ומה במקום שקידש הגורל לא קידש השם כדמפקינן ליה מועשהו חטאת מקום שלא קידש הגורל אינו דין שלא יקדש השם י"ל דאיכא שום קרא דמרבי שיקדש השם ושמא מולקח ועשה לאין נפקא: **ת"ל** ועשהו חטאת כו'. וא"ת דמפיק מהכא דהגרלה מעכבא והא מפיק ליה לעיל מאשר עלה אשר עלה תרי זימני דתני ביה קרא לעכב י"ל דאי לאו אשר עלה הוה מפקינן מועשהו חטאת מעכבא קמ"ל אשר עלה דוקא עלייה ואי לא כתיב אלא אשר עלה לא הוה מפלגינן נמי בין עליית גורל להנחה כתב רחמנא ועשהו ואייתר ליה אשר עלה לגלויי [דדוקא] עלייה מעכבת:

א) נ"ל כו':

מסורת הש"ס

[לקמן סה. עה. תוספתא פ"ג]
[תוספתא פ"ב]
[ע' ערוך ערך רדו פי' ע"ז]
קדושין יז. חולין כד. [כריתות כח.]
[וע"ע תוס' נדה לב: ד"ה כין]

הגהות הב"ח

(א) רש"י ד"ה כיון שעלה כו' ואיזה לעזאזל הכי מהדר ליה והא שוב אינו צריך: (ב) ד"ה קידש השם כו' וזו לחטאת הס"ד ואח"כ מה"ד מקום שקידש הגורל כיון שמצינו שהגורל קובען כו':

הגהות מהר"ב רנשבורג

[א] רש"י ד"ה כיון שעלה וכו' ואיזו לעזאזל כצ"ל הס"ד ואח"כ מתחיל הדבור שוב. ועי' ש"ס:

*סתם סיפרא מני – רבי יהודה, וקא תני: הגורל עושה חטאת ואין השם עושה חטאת, אלמא: הגרלה מעכבא. תיובתא דמאן דאמר הגרלה לא מעכבא! תיובתא. *אמר רב חסדא: [א]אין הקינין מתפרשות אלא או בלקיחת בעלים או בעשיית כהן. אמר רב שימי בר אשי: מ"ט דרב חסדא – דכתיב: °"ולקחה" °"ועשה" או בלקיחה או בעשייה. מיתיבי: *"ועשהו חטאת" – הגורל עושה חטאת ואין השם עושה חטאת. שיכול, והלא דין הוא: ומה במקום שלא קידש הגורל – קידש השם, מקום שקידש הגורל – אינו דין שיקדש השם? ת"ל "ועשהו חטאת" – הגורל עושה חטאת, ואין השם עושה חטאת. והא הכא, דלאו שעת לקיחה ולאו שעת עשייה היא, וקתני דקבע! אמר רבא, הכי קאמר: מה במקום שלא קידש הגורל, ואפילו בשעת לקיחה, ואפילו בשעת עשייה – קידש השם בשעת לקיחה ובשעת עשייה, מקום שקידש הגורל שלא בשעת לקיחה ושלא בשעת עשייה – אינו דין שיקדש השם בשעת לקיחה ובשעת עשייה? ת"ל: "ועשהו חטאת" – הגורל עושה חטאת, ואין השם עושה חטאת. ת"ש: מטמא מקדש עני והפריש מעות לקינו, והעשיר, ואח"כ אמר: אלו לחטאתו ואלו לעולתו – מוסיף ומביא חובתו מדמי חטאתו, ואין מוסיף ומביא חובתו מדמי עולתו. והא הכא, דלאו שעת לקיחה ולאו שעת עשייה היא, וקתני דקבע! אמר רב ששת: ותסברא?! והאמר ר' אלעזר אמר ר' הושעיא: מטמא מקדש עשיר והביא קרבן עני – [ב]לא יצא. וכיון דלא יצא – היכי קבע? אלא מאי אית לך למימר – שכבר אמר מעניותו, ה"נ – שכבר אמר משעת הפרשה. ולר' חגא א"ר יאשיה, דאמר: יצא, מאי

ויקרא יב; שם טו. תורה אור

סתם סיפרא. תורת כהנים רבי יהודה היא. הכי קאמר בסנהדרין (דף פו.). והא בתורת כהנים היא, דהא קרא בספר ויקרא כתיב: **אין הקינין מתפרשות.** איזו לעולה ואיזו לחטאת, אלא או בלקיחת בעלים כו'. אם כשקנאן אמר: זה אני לוקח לעולה ואת זה לחטאת – שוב אין הכהן יכול לשנותן בעשייתן. ואם שינה – פסול. ואם כשקנאן לא פירש, אף על פי שקרא להם שם [לאחר מיכן] – אין שם חל עליהם. ויכול הכהן לשנותן: ולקחה ועשה. ביולדת כתיב "ולקחה שתי תורים או שני בני יונה אחד לעולה ואחד לחטאת" וכן במצורע וגבי זב[א] "ועשה הכהן אחד חטאת ואחד עולה" אלמא: או בשעת לקיחה נקבעין, או בשעת עשייתן, אבל ביני ביני – לא: והא הכא כו'. מדקתני כאן[ב] שקידש הגורל אינו דין שיקדש השם, וקא סלקא דעתיה דקידוש השם בשעת קידוש גורל קאמר, שאינו לא שעת לקיחה ולא שעת עשייה. הכי גרסינן: והא הכא דלאו שעת לקיחה ולאו שעת עשייה היא, וקתני דקבע: **מטמא מקדש.** הנכנס למקדש טמא, והוא בקרבן עולה ויורד. עשירות ודלות ודלי דלות האמורה אצל שבועת בטוי ושבועת קול אלה, והתם נמי כתיב (ויקרא ה) "או[ג] נפש כי תגע וגו'" ואוקמינן לה בשבועות (דף ז.) בטומאת מקדש וקדשיו, שאחר שנטמא נכנס למקדש או אכל קדשים: והעשיר. וצריך להביא בעשירות: ואחר כך. חולק המעות, ופירש ואמר: אלו לחטאתו ואלו לעולתו. אע"ג שאין קרבן עני עכשיו עליו חובה אלא קרבן עשיר, ואין בקרבן עשיר [עולה אלא] חטאת בהמה, כשבא לב"ד, יאמרו לו ב"ד: קרבן עשיר תביא: מוסיף. מביתו עד דמי בהמה, ומביא חובתו בהמה מדמים שקרא להם שם חטאת: ואין מוסיף ומביא. חטאת בהמה מדמי עולתו, שאין יכול לשנותן למעות שהפרישן שקרא להן שם עולה, ליקח מהן חטאת: **והא הכא.** דלאחר שהפרישן פירש, ואין זו לא לקיחה ולא עשייה: וקתני דקבע. עליהם השם ואין רשאי לשנותן: **ותסברא.** הך מתרלתא היא, והאמר ר"א וכו'. וכיון דאין קרבן עני ראוי לו אפילו בדיעבד, היכי קבע ליה שם עולה עלייהו משהעשיר? הרי אינו מחוייב עולה: **אלא מאי אית לך למימר.** על כרחך מיבעיא לשבושה, ולמימר דהאי ואח"כ דקתני, שיבוש הוא, אלא הכי מיבעיא ליה למיתני: ואמר אלו לחטאת ואלו לעולה, ואח"כ העשיר. דבשעת שקבען הוה קרבן חזי, ליה וכיון דעל כרחך משבשתא היא – לרב חסדא נמי הכי תרליה שכבר אמר משעת הפרשה. ותני הכא: מטמא מקדש עני שהפריש מעות לקינו ואמר בשעת הפרשה אלו לחטאת ואלו לעולה, ואח"כ העשיר – מוסיף ומביא, דהפרשה במעות כשעת לקיחת העופות: **ולרבי חגא.** דאמר: מטמא מקדש עשיר והביא קרבן עני יצא, ומשום הא לא משבשו, ומתרלתא היא, וכיון דחזי ליה האי קרבן בדיעבד – מאי למיתני דקבע: מאי

סתם סיפרא מני רבי יהודה. תימה לר"י: בפ"ק דקדושין (ד' יד.) דפריך: וכל היכא דכתיב חוקה לא דרשינן קל וחומר, והא גבי יוה"כ וכו' עד וטעמא דכתיב ועשהו חטאת – הא לאו הכי דרשינן קל וחומר. והשתא מאי פריך? והא סתם סיפרא רבי יהודה, ולדידיה חוקה לא קיימא אהגרלה![ד] ותירץ רבינו שמשון מקוצי: דפריך מדאיצטריך "זאת" ו"אחת" לקמן בפרק "הוציאו לו" (דף ס:) למעוטי דלא קיימא חוקה אדברים הנעשים בבגדי לבן בחוץ – ש"מ דדרשינן ק"ו אפי' היכא דכתיב חוקה. דאי לא תימא הכי – לשתוק מיניה. מאי אמרת אי לא כתב "זאת" ו"אחת" הוה אמינא דחוקה קיימא אכל מילי – א"כ כיון דהוה קיימא נמי אהגרלה א"כ לשתוק מ"ועשהו" אלא ע"כ אי לא כתב "ועשהו" ה"א אע"ג דחוקה הוה קיימא אכל מילי, הגרלה מיהא לא מעכבא מק"ו. אלמא, אע"ג דכתיב חוקה דרשינן ק"ו. אבל קשה על תירוץ זה: דאפילו כי קיימא חוקה אכל מילי, ולא הוה דרשינן קל וחומר היכא דכתב חוקה, לא סגי דלא כתב "ועשאו" למעוטי [ה]בעלמא שלא יקדש הגורל, כדפי' לעיל. ועוד: אפילו קיימא "חוקה" אכל מילי, איצטריך 'ועשהו' לגורל, דהגרלה לאו עבודה היא. [ו]ויכילנא לשנויי דלאו דווקא נקט התם חוקה, דעיכובא אחרינא איתא דתנא ביה קרא תרי זימני, דהוי כמו חוקה. והכי פריך: וכל היכא דכתב עיכובא לא דרשינן ק"ו? והא גבי יוה"כ דכתיב גורל וכתיב חוקה, דמשמע עיכובא לרבי נחמיה ולרבי יהודה איכא עיכובא אחרינא דתנא ביה קרא. וטעמא דכתב רחמנא, "ועשהו" – הא לאו הכי הוה דרשינן קל וחומר, אע"פ שהיה ראוי לדרוש "אשר עלה" "אשר עלה" לעיכובא. אף על גב דלא כתב בלשון צווי, ונראה כמו סיפור דברים בעלמא, מכל מקום כיון דכתיב חוקה היה סברא לומר דמעכבא מכח חוקה ומכח תרי "אשר עלה" אלא דאתא קל וחומר ועקר ליה מהאי סברא, ואוקמינן חוקה לשאר מילי ו"אשר עלה" "אשר עלה" אמרינן סיפור דברים בעלמא הוא. הכא נמי גבי יבמה דכתיב "ככה" לעיכובא נימא קל וחומר דתנא בגט, ועיכובא ד'ככה' לשאר מילי:

מטמא מקדש וכו'. הא דלא נקט שמיעת קול דכתיב ברישא, יש לומר: מילתא דשכיחא טפי נקט:

ולרבי חגא אמר רבי יאשיה דאמר יצא מאי איכא למימר. וכולי עלמא אית להו דרב חסדא, דאין הקינין מתפרשות וכו': והאי

ט א מיי' פ"ה מהל' פסולי המוקדשין הלכה יא:
י ב מיי' פ"י מהלכות שגגות הלכה יג ופ"ה מהל' מחוסרי כפרה הלכה י:

[עירובין לו: וש"נ]
כריתות כח. עירובין לז. נזיר כו:
[כריתות כח.]

הגהות הב"ח
(א) רש"י ד"ה ולקחה כו' במצורע וגבי זב וכתיב גבי כהן ועשה הכהן את האחד חטאת ואת האחד עולה: (ב) ד"ה והא הכא כו' מדקתני כאן מקום שקידש הגורל: (ג) ד"ה מטמא כו' או נפש אשר תגע: (ד) תוס' ד"ה סתם כו' ולדידיה חוקה לא קיימא אהגרלה. נ"ב כדאיתא פרק הוציאו לו: (ה) בא"ד לא סגי דלא כתיב ועשהו למעוטי שלא יקדש הגורל בעלמא כדפירש' לעיל: נ"ב בדף הקודם ד"ה ועשהו: (ו) בא"ד ויכילנא לשנויי. נ"ב ר"ל על קושיא הנ"ל ועיין קדושין דף י"ד:

גליון הש"ס
גמרא שכבר אמר מעניותו. עיין חולין דף לב ע"ב ול"ע:

רבינו חננאל
סתם סיפרא ר' יהודה סתם סיפרי ר' שמעו' וקא מפרש דהגרלה מעכבא דקתני הגורל עושה חטאת ואין השם עושה חטאת והוא לר' יהודה ועלתה בתיובתא למאן דמוקים לרבי יהודה דסבר הגרלה לא מעכבא והוא רבי יוחנן: **ירושלמי** הכתיבה שעל הגורלות חקוקים הן: אמר רב חסדא אין הקינין מתפרשות אלא בלקיחת בעלים או בעשיית כהן פי' קינין התורים ומבני היונה נקראין קינין. כגון כי יקרא קן צפור לפניך כלומר עופות מהן קרבן שמביאין מן העופות כגון הזב והזבה והיולדת וכיוצא בהן שמביאין תורים ובני יונה. וכתיב בהו אחד לעולה ואחד לחטאת בא רב חסדא לפרש שאינן מתפרשות איזו היא חטאת ואיזו היא עולה אלא או בשעה שלקחום בעליהן אם יפרש זו לחטאת וזו לעולה או אם לקחם סתם הכהן בשעת עשייתן כלומר בשעה שרוצה להקריבם יאמר זה לחטאת וזה לעולה ודייק רב חסדא דכתיב בזב וביום השמיני יקח לו שתי תורים וגו' וכן בזבה דכתיב וביום השמיני תקח לה שתי תורים וגו' הנה לקיחה בבעלים ובכהן כתב ועשה הכהן את האחד חטאת ואת האחד עולה כלומר הפרשתם בבעלים בלקיחה אבל בכהן בעשייה כדכתיב קראי ואותיבנן עליה מן השעיר שאינה עת ההגרלה לא שעת לקיחה כי מאתמול הם בלקיחתם ולא שעת עשייה שעדיין נשאר לו אחר ההגרלה שחיטת הפר והקטרה והזאת דם הפר ואחר כך יעשה השעיר ותני בברייתא בכי האי גוונא דמקדש השם כלומר אם יאמר זה חטאת כי קראו שם חטאת נקדש לחטאת אע"פ שאינה לא שעת לקיחה ולא עשייה ותריץ לה רבה הכי ומה שלא קידש הגורל אפילו בשעת לקיחה ובשעת עשייה קידש השם בשעת עשייה וכו': **ת"ש** מטמא מקדש עני. פי' אדם שנטמא כדכתיב או נפש כי תגע בכל דבר טמא או בנבלת חיה טמאה וגו' ונעלם ממנו ונכנס למקדש אם הוא עשיר מביא חטאתו כשבה או שעירה ואם אין ידו משגת מביא ב' תורים או ב' בני יונה ואם היה בשעה שנכנס למקדש והוא טמא עני והקדיש מעות לקינין והוא עני בעניותו והעשיר אח"כ ואמר כשאקנה מהן תורים או בני יונה יהיו אלו המעות (אלו) לחטאת ואלו לעולה ועכשיו רוצה להביא קרבן עשיר כשבה או שעירה מוסיף מעות אחרות משלו על אותן המעות שהפרישן לקנות בהן תור של חטאת וקונה בהן חטאת בהמה אבל דמי עולתו נקדש כבר משעה שהפרישן לקנות בהן תור לעולה קדושת עולה ואין משנין מקדושת עולה לקדושת חטאת וכזו השמועה כולה כמות שהיא בכאן כך היא בסוף מסכת כריתות עולה כולה כליל למזבח והחטאת הדם והחלבים למזבח והבשר לכהנים ואקשינן והא הכא עת שאמר אלו לחטאתי ואלו לעולתי לאו שעת הפרשה היא דהא אחר שהעשיר קתני ואח"כ אמר אלו לחטאתי ואלו לעולתי ולא שעת עשייה נמי דהא עכשיו עדיין רוצה לקנות בהמה ולהקריבה וקתני דקבע הואיל ואילו הקדים ועשה עודנו עני כבר נפטר בקבעו ומתמה רב ששת ותסברא כלומר [האיך] אפשר להעמיד ברייתא זו כי אחרי שהעשיר אמר (לו) אלו לחטאתי ואלו לעולתי והא [אמר] ר' אלעזר מטמא מקדש עשיר כו' פי' מטמא מקדש שהיה עני והעשיר והביא קרבן עני לא יצא וכיון דלא יצא היכי קבעו וזה כיון שעדיין לא הפריש והעשיר כיון שהעשיר נתחייב בקרבן עשיר והוא חטאת בהמה כיון שנתחייב בחטאת בהמה אם הביא קינין לא יצא וכיון שאילו הביא קינין לא יצא כן גם אם הפריש קינין והוא עשיר לא נתקדשו ולמה תני כי דמי החטאת נקבעו לקדושת חטאת ודמי העולה נקבעו לקדושת עולה ופרקי' אלא מאי אית לך למימר לתרוצה כר' אלעזר הא מתניתא שכבר אמר מעיקרא כלומר בעודנו עני אמר אילו הקינין שלי שכבר נתקדשו אם הקריבן אחרי שהעשיר אעפ"י שכבר קדשן מקודם לכן לא יצא וכו' כן גם זו הברייתא הכין תירוצא מטמא מקדש והוא עני והפריש מעות לקינין ואמר בשעת הפרשה אלו המעות לחטאתי ואילו לעולתי והעשיר

תוספות ישנים
סתם ספרא מני ר' יהודה כו' אלמא הגרלה מעכבא כו'. ותימה לרבי דאמרינן בפ"ק דחולין (דף כז.) וכל היכא דכתב חוקה לא דרשינן ק"ו והא גבי יה"כ דכתיב גורל וחוקה ודרשינן ק"ו דתניא כו' הוה אמינא גורל לאו דוקא מי לא כתיב ביה קרא לעכב ומאי קאמר והא אמרן הכא דסתם ספרא ר' יהודה ולר' יהודה לא כתיב חוקה דהא בדברים הנעשין בבגדי לבן בחוץ קאמר ר' יהודה בפרק הוציאו לו (דף ס.) דלא כתיבא חוקה אלא בדברים של פנים וי"ל דלא מוקי הך ברייתא דוקא כר' יהודה אלא אתיא נמי כוותיה משום סתם ספרא וכר' נחמיה [נמי] מיתוקמא דלא מפליג [בחוקה] אבל קשה הא על כרחיה לא מיתוקמא הך ברייתא כר"ש דאית ליה לעיל הגרלה לא מעכבא כלל ה"נ שמא אתיא דלא כר' נחמיה י"ל דודאי מני למימר הא מני ר' יהודה היא דלית ליה חוקה בדברים הנעשים בבגדי לבן מבחוץ אלא ניחא לתלמודא התם לאוקמי אפילו כר' נחמיה ודרך התלמוד לתרץ לדבריו כל מה שיכול: **שיכול** והלא דין הוא. שיכול גרס רב שמואל ול"ג והלא דין הוא שאינו מביא ק"ו אלא לסתור הדרשא אבל שיכול גרסי' דמשמע שיכול להיות בענין אחר אם אין שם פסוק וכן ישנו בת"כ אבל במקום שיש ק"ו להאי גיסא ולהאי גיסא הייתו יכולין לקיים את שניהם: **והא** הכא דלאו שעת לקיחה היא ולא שעת עשייה כו'. והיינו בקינין דלא שייך בהו שתי קרבנות ממין אחד וחובה אחת אלא בקינין וא"ת והא גבי נזיר משכחת לה שחייב חטאת עולה ושלמים והפריש שתי בהמות ובהנהו איכא לאוקמי ברייתא ולא בקינין דכתב ולקח א"כ יש להעמידו בחייב עולה וחטאת ואומר אלו לחובתי ולא פירש ואח"כ בא לפרש ואומר רבי דפשיטא ליה לתלמודא דכולהו ילפי מקינין אלא לא נקט רב חסדא אלא הנהו דכתיב ביה קרא: **הכי** קאמר ומה במקום כו'. אבל לא הוה מצי למימר דהכי יליף ומה במקום שלא קידש הגורל קידש השם בשעת לקיחה ובשעת עשייה מקום שקידש הגורל שלא בשעת לקיחה ועשייה אינו דין שיקדש השם נמי שלא בשעת לקיחה ועשייה דהא דיו לבא מן הדין להיות כנדון ואינו יכול כאן זה השם לקדש יותר משם דעלמא שזה למד הימנו שאינו מקדש אלא בשעת לקיחה ועשייה: **מטמא** מקדש עני. ה"נ הוה מצי למימר שבועת ביטוי שגם הוא בקרבן עולה ויורד אבל מצורע חלוק מדינם כדלקמן בסמוך: **מוסיף** ומביא חובתו מדמי חטאתו ואין מוסיף ומביא חובתו מדמי עולתו. בפ' בתרא דכריתות (דף כח.) מפרש טעמא:

אימא

יא א מיי' פ"ה מהל' פסולי המוקדשין הלכה י:
יב ב מיי' פ"ד מהלכות עבודת יוה"כ הל' א:
יג ג מיי' פ"ג מהלכות פרה הלכה ב:

תורה אור

מַאי אִיכָּא לְמֵימַר? לָא תֵּימָא: וְאח"כ אָמַר, אֶלָּא אֵימָא: וְאַחַר כָּךְ לָקַח וְאָמַר. לָקַח מוֹסִיף וּמֵבִיא חוֹבָתוֹ מַאי נִיהוּ – דְּפָרֵיק לֵיהּ, וְהָא א אֵין פִּדְיוֹן לָעוֹף! אָמַר רַב פַּפָּא: כְּגוֹן שֶׁלָּקַח פְּרִידָה אַחַת. אִי עוֹלָה זְבַן – מוֹסִיף וּמֵבִיא חוֹבָתוֹ מִדְּמֵי חַטָּאתוֹ, וְהַאי עוֹלָה אָזְלָא לִנְדָבָה. אִי חַטָּאת זְבַן – אֵין מוֹסִיף וּמֵבִיא חוֹבָתוֹ מִדְּמֵי עוֹלָתוֹ, וְהַאי חַטָּאת אָזְלָא לְמִיתָה. גּוּפָא, א"ר אֶלְעָזָר א"ר הוֹשַׁעְיָא: מְטַמֵּא מִקְדָּשׁ עָשִׁיר וְהֵבִיא קָרְבַּן עָנִי – לֹא יָצָא, וְרַבִּי חַגָּא א"ר הוֹשַׁעְיָא: יָצָא. מֵיתִיבִי: *מְצוֹרָע עָנִי שֶׁהֵבִיא קָרְבַּן עָשִׁיר – יָצָא, עָשִׁיר שֶׁהֵבִיא קָרְבַּן עָנִי – לֹא יָצָא! שָׁאנֵי הָתָם דִּכְתִיב: °"זֹאת". אִי הָכִי רֵישָׁא נַמִי! הָא רַבֵּי רַחֲמָנָא "תּוֹרַת". וְהָתַנְיָא: "תּוֹרַת" – לְרַבּוֹת מְצוֹרָע עָנִי שֶׁהֵבִיא קָרְבַּן עָשִׁיר, יָכוֹל אֲפִילּוּ עָשִׁיר שֶׁהֵבִיא קָרְבַּן עָנִי – ת"ל: "זֹאת". וְנֵילַף מִינָּהּ! מִיעֵט רַחֲמָנָא °"וְאִם דַּל הוּא".§ (ויקרא יד) (שם)

מתני' ב קָשַׁר לָשׁוֹן שֶׁל זְהוֹרִית בְּרֹאשׁ שָׂעִיר הַמִּשְׁתַּלֵּחַ, וְהֶעֱמִידוֹ כְּנֶגֶד בֵּית שִׁילּוּחוֹ, וְלַנִּשְׁחָט כְּנֶגֶד בֵּית שְׁחִיטָתוֹ. בָּא לוֹ אֵצֶל פָּרוֹ שְׁנִיָּה, וְסוֹמֵךְ שְׁתֵּי יָדָיו עָלָיו *וּמִתְוַדֶּה. וְכָךְ הָיָה אוֹמֵר: אָנָּא הַשֵּׁם! (*חָטָאתִי עָוִיתִי וּפָשַׁעְתִּי) לְפָנֶיךָ אֲנִי וּבֵיתִי, וּבְנֵי אַהֲרֹן עַם קְדוֹשֶׁךָ. אָנָּא הַשֵּׁם! כַּפֶּר נָא לָעֲוֹנוֹת וְלַפְּשָׁעִים וְלַחֲטָאִים שֶׁעָוִיתִי וְשֶׁפָּשַׁעְתִּי וְשֶׁחָטָאתִי לְפָנֶיךָ אֲנִי וּבֵיתִי וּבְנֵי אַהֲרֹן עַם קְדוֹשֶׁךָ! כַּכָּתוּב בְּתוֹרַת מֹשֶׁה עַבְדֶּךָ: °"כִּי בַיּוֹם הַזֶּה יְכַפֵּר עֲלֵיכֶם לְטַהֵר אֶתְכֶם מִכֹּל חַטֹּאתֵיכֶם לִפְנֵי ה' תִּטְהָרוּ". וְהֵן עוֹנִין אַחֲרָיו: בָּרוּךְ שֵׁם כְּבוֹד מַלְכוּתוֹ לְעוֹלָם וָעֶד.§ (שם טז)

גמ' אִיבַּעְיָא לְהוּ: "וְלַנִּשְׁחָט" אַקְּשִׁירָה קָאֵי אוֹ אַהַעֲמָדָה קָאֵי? ת"ש, דְּתָנֵי רַב יוֹסֵף: קָשַׁר לָשׁוֹן שֶׁל זְהוֹרִית בְּרֹאשׁ שָׂעִיר הַמִּשְׁתַּלֵּחַ וְהֶעֱמִידוֹ כְּנֶגֶד בֵּית שִׁילּוּחוֹ, וְלַנִּשְׁחָט כְּנֶגֶד בֵּית שְׁחִיטָתוֹ שֶׁלֹּא יִתְעָרֵב זֶה בָּזֶה, וְלֹא יִתְעָרֵב בַּאֲחֵרִים. אִי אָמְרַתְּ בִּשְׁלָמָא אַקְּשִׁירָה קָאֵי – שַׁפִּיר, אֶלָּא אִי אָמְרַתְּ אַהַעֲמָדָה קָאֵי – נְהִי דְּבַחַבְרֵיהּ לָא מִיעָרַב, דְּהַאי קְטִיר בֵּיהּ וְהַאי לָא קְטִיר בֵּיהּ – בַּאֲחֵרִינֵי מִיהַת מִיעָרַב! אֶלָּא לָאו שְׁמַע מִינָּהּ – אַקְּשִׁירָה קָאֵי, שְׁמַע מִינָּהּ.

א"ר יִצְחָק: שְׁתֵּי לְשׁוֹנוֹת שָׁמַעְתִּי, אַחַת שֶׁל פָּרָה וְאַחַת שֶׁל שָׂעִיר הַמִּשְׁתַּלֵּחַ. אַחַת צְרִיכָה שִׁיעוּר, וְאַחַת אֵינָהּ צְרִיכָה שִׁיעוּר, וְלָא יָדַעְנָא הֵי מִינַּיְיהוּ. אָמַר רַב יוֹסֵף: נֵיחֲזֵי אֲנַן; שֶׁל שָׂעִיר הַמִּשְׁתַּלֵּחַ דְּבָעֵי חֲלוּקָה – בָּעֵי שִׁיעוּר, וְשֶׁל פָּרָה דְּלָא בָּעֵי חֲלוּקָה – לָא בָּעֵי שִׁיעוּר. מַתְקִיף לָהּ רָמִי בַּר חָמָא: דְּפָרָה נַמִי בָּעֵי כּוֹבֶד! א"ל רָבָא: כּוֹבֶד – תַּנָּאֵי הִיא. וּדְפָרָה לָא בָּעֵי חֲלוּקָה? אֵיתִיבֵיהּ אַבָּיֵי: *)כֵּיצַד הוּא עוֹשֶׂה, *ג כּוֹרְכָן בִּשְׁיָרֵי לָשׁוֹן! אֵימָא: בִּזְנַב לָשׁוֹן. א"ר חָנִין אָמַר רַב: עֵץ אֶרֶז, וּשְׁנִי תוֹלַעַת שֶׁקְּלָטָתַן שַׁלְהֶבֶת – כְּשֵׁרָה. מֵיתִיבִי: נִתְהַבְהֵב הַלָּשׁוֹן – מֵבִיא לָשׁוֹן אַחֵר וּמְקַדֵּשׁ! אָמַר אַבָּיֵי: ל"ק; כָּאן – בְּקוֹלַחַת, כָּאן – בְּנִכְפֶּפֶת. רָבָא אוֹמֵר: 'כּוֹבֶד' תַּנָּאֵי הִיא; דְּתַנְיָא: לָמָּה כּוֹרְכָן, כְּדֵי שֶׁיִּהְיוּ כּוּלָּן בַּאֲגוּדָּה אַחַת, דִּבְרֵי רַבִּי. *רַבִּי אֶלְעָזָר בְּרַ' שִׁמְעוֹן אוֹמֵר: כְּדֵי שֶׁיְּהֵא בָּהֶן כּוֹבֶד, וְיִפְּלוּ לְתוֹךְ שְׂרֵיפַת הַפָּרָה. כִּי אֲתָא רַב דִּימִי א"ר יוֹחָנָן: שָׁלֹשׁ לְשׁוֹנוֹת שָׁמַעְתִּי, אַחַת שֶׁל פָּרָה, וְאַחַת שֶׁל שָׂעִיר הַמִּשְׁתַּלֵּחַ, וְאַחַת שֶׁל מְצוֹרָע. אַחַת מִשְׁקַל עֲשָׂרָה זוּז, וְאַחַת מִשְׁקַל שְׁנֵי סְלָעִים, וְאַחַת מִשְׁקַל שֶׁקֶל, וְאֵין לִי לְפָרֵשׁ. כִּי אֲתָא רָבִין פֵּירְשָׁהּ מִשְּׁמֵיהּ דְּרַבִּי יוֹנָתָן:

שֶׁל

*) [כיצד הוא עושה ליתא במשנה דפרה]

רש"י

מאי איכא למימר. והא הכא לאו בשעת לקיחה, ולאו שעת עשייה הוא, וקבע ליה: **לא תימא ואחר כך אמר אלא ואח"כ לקח ואמר.** זו לחטאת וזו לעולה, דעבדי תנאי דמחסרי תיבה אחת על ידי שכחה, ומיחלף להו בין ואחר כך לקח, לואחר כך אמר: ופרכינן לקח. אם כן מוסיף ומביא חובתו בהמה מדמי חטאתו מאי ניהו? הרי אינו מעות, שכבר לקח העוף: דפריק ליה. ומוציאו לחולין, ומוסיף מביתו וקונה מן המעות בהמה: **והא אין פדיון לעוף.** דהכי תנן במסכת מנחות (דף ק:): אבל העופות והלבונה והכלי שרת אין להם פדיון, שלא נאמר אלא בבהמה: **כגון [שלקח] פרידה אחת.** גוזל אחד לקח מן הצבורין דמעות, והכי קאמר תנא: אי עולה זבן – הני מעות דקיימי חטאת ניניהו, ומוסיף עליהן ומביא חובתו, והאי עולה דזבן – אזלא לנדבה: **אי חטאת זבן.** הוקבעו מעות צבור השני לעולה על ידי לקיחה זו, ואין מוסיף עליהן ומביא מהן חובתו, אלא מביא מן המעות עולת נדבה, והחטאת שלקח תמות, ומביתו יביא מעות ויקח בהמה: **שאני מצורע.** דכתיב (ויקרא יד) "זאת תהיה תורת המצורע" ולא אחרת: **רישא נמי.** עני שהביא קרבן עשיר: **התם הא רבי רחמנא**(א). תורה אחת לכל המצורעין, כולן יוצאין בקרבן עשיר: **והתניא.** בניחותא: **ונילף מינה.** לטמא מקדש: **ואם דל הוא.** מיעוט הוא, מצורע הוא דעשיר שהביא קרבן עני לא יצא, אבל שאר חייבי קרבן עולה ויורד – לא: **מתני' כנגד בית שילוחו.** כנגד שער שהוליכוהו בו: **ולנשחט.** מפרש בגמרא: **גמ' אקשירה קאי.** דקושר לו לשון כנגד צוארו: **או אהעמדה קאי**(ב). והכי קאמר: ואת שעיר החטאת העומד לשחיטה מעמיד כנגד מקום בית שחיטתו: **שפיר.** דתו לא מערבי אהדדי, שזה קשור בראשו וזה בצוארו. ולא באחרים, שאלו קשור עליהן לשון – ושל אחרים אינו קשור: **אלא אי אמרת.** "ולנשחט" אהעמדה הוא דקאי, ומשום [א]דקשירת שעיר המשתלח לחודיה קאמר, שלא יתערבו זה בזה ולא באחרים. בשלמא במשתלח – לא מיערב(ג) שעיר הפנימי דהאי קטיר ביה והאי לא קטיר ביה, אלא באחריני אמאי לא מיערב שעיר הפנימי? הא שעיר פנימי ואחרים אין לשון קשור עליהם: **שתי לשונות שמעתי.** על שתי לשונות של זהורית שמעתי חילוק ביניהם, אחת של פרה אדומה, שכתוב בה (במדבר יט) "ולקח הכהן עץ ארז ואזוב ושני תולעת": **אחת צריכה שיעור.** ושיעורה מפרש לקמן: **ואחת אין צריכה שיעור.** שכשירה בכל שהוא: **דבעי חלוקה.** כדתנן לקמן (דף סז.): מה היה עושה המשלח את השעיר – חולק לשון זהורית, חציו קשר בסלע וחציו קשר בין קרניו: **בעי כובד.** שתהא כבדה ותפול לתוך עומק האור, כדכתיב (שם) "אל תוך שרפת הפרה": **תנאי היא.** לקמן בשמעתין: **כיצד הוא עושה.** במסכת פרה (פ"ג משנה יא) תנן לה: **כורכן.** לעץ ארז ואזוב: [**בשירי הלשון.** מדקתני שירי – מכלל דאיכא תוו]: **בזנב הלשון.** סרוקה במסרק, ונעשית קלרה לראש האחד כמין זנב: **שקלטתן שלהבת.** ולא נפלו לתוך שריפת הפרה, אלא נתהבהבו באויר: **ומקדש.** כלומר: ונותן שם. כל מעשה פרה קרי לה קידוש: **בקולחת.** אש שיש עליה עמוד שלהבת זקוף למעלה כקלח של עשב גבוה. צריך להביא אחר. והא דאמר רבי חנין כשירה – בנכפפת, אש שהלהבת(ד) נמוכה וכפופה וסמוכה לגחלתה, וקרינן ביה "אל תוך": **שיהיו כולן באגודה אחת.** דבעינן שיהו נלקחין בבת אחת דכתיב "ולקח עץ ארז ואזוב ושני תולעת": **ואחת של מצורע.** דכתיב ביה נמי "ושני תולעת ואזוב": **ואין לי לפרש.** ואיני יודע לפרש איזו גדולה ואיזו קטנה ואיזו בינונית:

של

תוספות

והאי עולה אזלא לנדבה. לאו לנדבת צבור קאמר, לקיץ המזבח, דהאמר בפ"ק דשבועות (דף יב:) דאין מקיצין בעולת העוף, אלא לנדבת יחיד קאמר. מיהו, הלשון קשה, דקאמר אזלא לנדבה, דבכל דוכתא אמרינן לנדבה – היינו לשופרות לנדבת צבור! וי"ל: הא דאין מקיצין בעולת העוף – היינו דאין לוקח לכתחילה מן המעות של הנדבה עופות להקיץ, אבל אי מתרמי ממילא כי הכא – מקילין בו.* אבל קשה: אמאי לא מייתי ליה עולת יחיד, כי ההיא דתנן בנזיר פרק "מי שאמר הריני נזיר ושמע" (דף כד.): האשה שנדרה בנזיר והפרישה את בהמתה והפר לה בעלה וכו', עד החטאת תמות, העולה תקרב עולה, ושלמים יקרבו שלמים! וי"ל: שאני התם, כיון דכבר הפרישה כל קרבנותיה – הוקבעו לה לשמה, אבל הכא דלא לקח כל קרבנותיו – לא הוקבע לו, להכי אזלא לנדבת צבור. אי נמי נ"ל: דהכא קאמר סתמא אזלא לנדבה, ולא קאמר תקרב עולה כדקאמר התם, לפי שאין נפקותא בדבר ואין חילוק בין עולת העוף הבאה בשביל צורך לאותה שהיא באה נדבת צבור, דאידי ואידי אין טעונין סמיכה ולא נסכים, דעוף אין טעון נסכים ולא סמיכה. אבל עולת בהמה שהיא באה בשביל יחיד – טעונה נסכים משלו, ואם היא קרבן אנשים – טעון סמיכה. וכשהיא באה נדבת צבור – נסכיה קריבין משל צבור ואין טעון סמיכה, ואם היה כהן – עבודתה ועורה שלו כשהיא באה בשביל יחיד. אבל כשבאה נדבת צבור – עבודתה ועורה לאנשי משמר. הכי מפורש בתמורה בפרק "ואלו קדשים" (דף כ:). ואף על גב דאיכא נפקותא לענין עבודתה שמקריבה אפילו במשמר שאינו שלו, כיון דאם אין כהן לא נפקא מיניה מידי – קאמר סתמא אזלא לנדבה:

שלש לשונות. הא דלא נקט נמי של שעיר הפנימי נ"ל משום דההיא לא הוה אלא כדי שלא יתערב – לא הוה לה שיעור כלל, אבל הני, כיון דיש בהן צורך – הוה להו שיעור. וזה של שעיר המשתלח היה בו צורך לידע אם הלבין, כדכתיב "כשלג ילבינו" (ישעיה א):

כי

[ועי' תוס' תמורה כג: ד"ה ובבא]

רבינו חננאל

והעשיר עכשיו מוסיף ומביא חטאתו מדמי חטאתו כו' ולר' חגא דאמר יצא תריץ הכי לא תימא ואח"כ אמר אלא אימא ואח"כ לקח כלומר קנה אחד אם מדמי העולה קנאו ונשארו דמי החטאת מוסיף על אלו המעות וקונה כשבה או שעירה ואם בדמי החטאת קנה זה העוף הנקנה לחטאת אזלא למיתה ובדמי העולה קונה מהן עולה נדבה: גופא אמר רבי אלעזר א"ר הושעיא מטמא מקדש עשיר והביא קרבן עני לא יצא ור' חגא א"ר יאשיה יצא. מיתיבי מצורע עני שהביא קרבן עשיר יצא ועשיר שהביא קרבן עני לא יצא תיובתא לר' חגא ופריק שני מצורע דכתיב ביה זאת תהיה כלומר זאת כמו שהוא עכשיו אם הוא עשיר לא יביא קרבן עני כמו שהוא כתוב לא תוסיף ולא תגרע. ואקשינן אי הכי רישא נמי והוא עני שהביא קרבן עשיר אמאי יצא קרי ביה זאת תהיה ועכשיו עני הוא ודחינן רבי רחמנא תורת כלומר תורת המצורע בג' בהמות ב' כבשים וכבשה. והנה תניא כך דתניא תורת לרבות מצורע עני שהביא קרבן עשיר יכול אף עשיר שהביא קרבן עני יצא ת"ל זאת כלומר זאת לעשיר שלא יפחות העשיר מג' בהמות ואקשינן וגילף ר' חגא מינה כי כל עשיר שהביא קרבן עני לא יצא ופריק ר' חגא שני מצורע דמיעט רחמנא ואם דל הוא כלומר המצורע אם הוא דל יביא בדלות ואם הוא עשיר *) (לאו זה לבדו). אבל שאר אפילו עשיר שהביא קרבן עני יצא דתניא [בתו"כ בפ' מצורע] ואם דל הוא שומע אני דל ממה שהיה עשיר בן ק' מנה ונעשה עכשיו בן נ' מנה ת"ל ואין ידו משגת או ואין ידו משגת יש לו ואינו מוצ' ליקח ת"ל ואם דל הוא הא עד שיאמרו ב' כתובים ואם לאו לא שמענו לפיכך אמרנו שבא ואם דל [הוא] שהוא כתו' במצורע להוציא שאר חייבין שאפילו אינו דל והביא קרבן עני יצא: קשר של זהורית כו' איבעיא להו האי דקתני במתנית'

*) אינו מובן ואולי נ"ל ואם הוא עשיר לא יצא אם הביא בדלות אבל שאר חייבין אפי' עשיר וכו'.

תוספות ישנים

אימא ואחר כך לקח ואמר. וה"ה נמי לקח ואמר אחר כך ולא נקט ואח"כ לקח ואמר אלא לאשמועינן דילא דמקבע א"כ יצא אם הביא קרבן עני וה"ה הוה מצי למינקט מטמא מקדש עשיר והפריש מעות לקינין ואח"כ לקח ואמר כו' לר' חגא דסבר דקבע לקח ואמר אף כשהוא מפרישה בעשיר אלא אורחא דמילתא נקט מטמא עני שאותו רגיל להפריש לקינין אבל לר' אלעזר א"ר הושעיא דאמר לא יצא לא מצי למינקט הכי דכיון דלא יצא לא קבעי ואפילו העני אח"כ קאמר ר' אלעזר בפרק בתרא דכריתות (שם) הואיל ונדחה ידחה: **איבעיא** להו ולנשחט אקשירה קאי. ובית שחיטתו היינו מקום ששוחטין אותו שם: **של** שעיר המשתלח דבעי חלוקה. פי' חציו בסלע וחציו בין קרניו כדתנן לקמן וכפי' רש"י וה"ה אמאי לא תני שלש ולחשוב לשון של שעיר של שם כדאמרינן לעיל יש לומר שלא היה שם אלא חוט שני בעלמא משום הכירא ואי הוה מפרש דחלוקה היינו שנותנין חציו בשעיר של שם אתי שפיר דלא חשיב לה אלא חד אלא כפי' רש"י תנן לקמן בהדיא: **פרה** נמי בעיא כובד וי ואע"פ שכורכין לעץ ארז ואזוב מ"מ כל זמן שיש כובד עלי טפי: **כובד** נמי תנאי היא. ור' יצחק אליבא דאמר דלא בעי כובד איירי: **שקלטתן** שלהבת. וכגון שנתחו קודם שנפלו בתוך עיקר השרפה והאי לישנא דקלטתן שייך בשני תולעת יותר מכל האחרים: **כאן** בקולחת כאן בנכפפת. פירש"י דבקולחת שהאש גבוה לא הוה תוך שרפה ובנכפפת הויא תוך שריפה ואין נראה לרבי דבקולחת נמי יש לחלק בין זרק מתוך גובה האש לזרק סמוך לקרקע דהוי תוך השרפה ובקולחת משמע שאין לחלק ונראה לרבי לפרש איפכא דבקולחת הוי תוך השרפה אבל נכפפת הולכת האש וזזה ממקומה ואין זה שרפה: **כדי** שיהו כולן באגודה

[נגעים פי"ד מי"ב]

גיר' ירושלמי ונתודה

[נ"ל עויתי פשעתי חטאתי וכ"ה במשנה שבמשניות ובמשנה לעיל לה: ובמשנה דלקמן מו. וכ"ה בירושלמי] וכ"ה בס"י

הגהות הב"ח

(א) רש"י ד"ה התם הא רבי רחמנא תורת תורה אחת: (ב) ד"ה או אהעמדה קאי. נ"ב ולנשחט דקאמר ואת שעיר החטאת: (ג) ד"ה אלא אי אמרת כו' לא מיערב בשעיר הפנימי: (ד) ד"ה בקולחת כו' בנכפפת אש שלהבתה שלה נמוכה:

הגהות מהר"ב רנשבורג

[א] רש"י ד"ה אלא אי אמרת וכו' דקשירת שעיר המשתלח נ"ל קשירה:

פרה פ"ג מי"א

[ועיין תוספות לקמן מב. ד"ה כי אתא לגרסי' רבי יונתן]

יד א מיי׳ פ״ג מהלכות פרה הלכה ב:
טו ב מיי׳ פ״ג מהלכות עבודת יום הכפורים הלכה ז:
טז ג מיי׳ פי״א מהל׳ טומאת צרעת הלכה א סמג עשין רלו רלז:
יז ד מיי׳ פ״א מהלכות פרה הלכה יא ופ״ד הלכה יז:

תורה אור

אשֶׁל פָּרָה – מִשְׁקַל עֲשָׂרָה זוּז, בוְשֶׁל שָׂעִיר הַמִּשְׁתַּלֵּחַ – מִשְׁקַל שְׁנֵי סְלָעִים, גוְשֶׁל מְצוֹרָע – מִשְׁקַל שֶׁקֶל. אָמַר ר׳ יוֹחָנָן: פְּלִיגִי בָּהּ ר״ש בֶּן חֲלַפְתָּא וְרַבָּנַן בְּפָרָה; חַד אָמַר: מִשְׁקַל עֲשָׂרָה, וְחַד אָמַר: מִשְׁקַל שֶׁקֶל. וְסִימָנִיךְ: *אֶחָד הַמַּרְבֶּה וְאֶחָד הַמַּמְעִיט. אָמַר לֵיהּ ר׳ יִרְמְיָה מְדִיפְתִּי לְרָבִינָא: לֹא בְּפָרָה פְּלִיגִי, אֶלָּא בְּשָׂעִיר הַמִּשְׁתַּלֵּחַ פְּלִיגִי. וְהַהוּא יוֹמָא נָח נַפְשֵׁיהּ דְּרַבְיָא בַּר קִיסִי, וְאַנַּחוּ בָּהּ סִימָנָא: רַבְיָא [בַּר] קִיסִי מְכַפֵּר כְּשָׂעִיר הַמִּשְׁתַּלֵּחַ. אָמַר ר׳ יִצְחָק: שְׁתֵּי שְׁחִיטוֹת שָׁמַעְתִּי, אַחַת שֶׁל פָּרָה וְאַחַת שֶׁל פָּרוֹ, אַחַת כְּשֵׁרָה בְּזָר וְאַחַת פְּסוּלָה בְּזָר, וְלָא יָדַעְנָא הֵי מִינַּיְיהוּ.[א] אִיתְּמַר, שְׁחִיטַת פָּרָה וּפָרוֹ, רַב וּשְׁמוּאֵל; חַד אָמַר: פָּרָה – פְּסוּלָה, פָּרוֹ – כְּשֵׁרָה. וְחַד אָמַר: *פָּרוֹ – פְּסוּלָה, פָּרָה – כְּשֵׁרָה. תִּסְתַּיֵּים דְּרַב הוּא דְּאָמַר פָּרָה פְּסוּלָה, *דְּאָמַר רַבִּי זֵירָא:[א] דשְׁחִיטַת פָּרָה בְּזָר פְּסוּלָה. וְאָמַר רַב עֲלָהּ: אֶלְעָזָר וְחוּקָּה שָׁנִינוּ בָּהּ. וְרַב, מַאי שְׁנָא פָּרָה – דִּכְתִיב אֶלְעָזָר וְחוּקָּה, פָּרוֹ נַמִי – הָא כְּתִיב אַהֲרֹן וְחוּקָּה! – *שְׁחִיטָה לָאו עֲבוֹדָה הִיא. אִי הָכִי, פָּרָה נַמִי! – שָׁאנֵי פָּרָה *דְּקָדְשֵׁי בֶּדֶק הַבַּיִת הִיא. וְלָאו כֹּל דְּכֵן הוּא? אָמַר רַב שִׁישָׁא בְּרֵיהּ דְּרַב אִידִי: מִידֵּי דַּהֲוָה אַמַּרְאוֹת נְגָעִים, דְּלָאו עֲבוֹדָה הִיא וּבָעֲיָא כְּהוּנָּה. וְלִשְׁמוּאֵל דְּאָמַר פָּרוֹ פְּסוּלָה, מַאי שְׁנָא פָּרוֹ – דִּכְתִיב אַהֲרֹן וְחוּקָּה, פָּרָה נַמִי הָא כְּתִיב אֶלְעָזָר וְחוּקָּה – שָׁאנֵי הָתָם, דִּכְתִיב: °״וְשָׁחַט אוֹתָהּ לְפָנָיו״ – *שֶׁיְּהֵא זָר שׁוֹחֵט וְאֶלְעָזָר רוֹאֶה. וְרַב: שֶׁלֹּא יַסִּיחַ דַּעְתּוֹ מִמֶּנָּה, – וּשְׁמוּאֵל, שֶׁלֹּא יַסִּיחַ דַּעְתּוֹ מְנָא לֵיהּ? נָפְקָא לֵיהּ °מִ״וְשָׂרַף אֶת הַפָּרָה לְעֵינָיו״. וְרַב: חַד בִּשְׁחִיטָה וְחַד בִּשְׂרֵיפָה. וּצְרִיכָא; דְּאִי כְּתַב רַחֲמָנָא בִּשְׁחִיטָה – מִשּׁוּם דִּתְחִילַּת עֲבוֹדָה הִיא, אֲבָל שְׂרֵיפָה אֵימָא לָא – צְרִיכָא. וְאִי כְּתַב רַחֲמָנָא בִּשְׂרֵיפָה – מִשּׁוּם דְּהַשְׁתָּא הוּא דְּמִתְכַּשְׁרָא פָּרָה, אֲבָל שְׁחִיטָה אֵימָא לָא – צְרִיכָא. לְמַעוּטֵי מַאי? אִילֵימָא לְמַעוּטֵי[ב] אֲסִיפַת אֶפְרָהּ וּמִילּוּי מַיִם לְקִידּוּשׁ, לְמִשְׁמֶרֶת

(במדבר יט; שם; [לקמן מג.])

רש״י

שֶׁל פָּרָה מִשְׁקַל עֶשֶׂר זוּז. דְּבָעֲיָא כּוֹבֶד: שֶׁל שָׂעִיר. דְּבָעֲיָא חֲלוּקָה, מִשְׁקַל שְׁנֵי סְלָעִים, וְדַיֵּיהּ בְּכָךְ: שֶׁל מְצוֹרָע. דְּלָא הָא וְלָא הָא – סַגִּי לֵיהּ בְּשֶׁקֶל: הָכִי גָּרְסִינַן: פְּלִיגִי בָּהּ ר״ש בֶּן חֲלַפְתָּא וְרַבָּנַן בְּפָרָה: וְסִימָן. שֶׁלֹּא תִּטְעֶה לוֹמַר שֶׁאֶחָד הָיָה אוֹמֵר מִשְׁקַל שְׁנֵי סְלָעִים, מִשְׁנָה זוֹ תְּהֵא לְךָ סִימָן, שֶׁשָּׁנִינוּ (מנחות דף קי.): אֶחָד הַמַּרְבֶּה וְאֶחָד הַמַּמְעִיט, וּבִלְבַד שֶׁיְּכַוֵּין לִבּוֹ לַשָּׁמַיִם. בְּסִימָן זֶה תִּזְכּוֹר לוֹמַר שֶׁהָאֶחָד נָתַן בָּהּ שִׁיעוּר הַמַּרְבֶּה מִכּוּלָּן, וְהָאֶחָד נָתַן בָּהּ שִׁיעוּר וְקָא מְמַעֵט מִכּוּלָּן, אֲבָל שִׁיעוּר בֵּינוֹנִי לֹא הוּזְכַּר כָּאן: לֹא בְּפָרָה פְּלִיגִי. בִּלְשׁוֹן שֶׁל פָּרָה: וְהַהוּא יוֹמָא. דְּאִיפְלִיגִי בָּהּ, נָח רַבְיָא בַּר קִיסִי – שֵׁם חָכָם: מְכַפֵּר. מִיתַת צַדִּיקִים מְכַפֶּרֶת, כִּדְאָמַר בְּעָלְמָא (מועד קטן דף כח.): לָמָּה נִסְמְכָה מִיתַת אַהֲרֹן לְבִגְדֵי כְהוּנָּה – לוֹמַר לְךָ: מַה בִּגְדֵי כְהוּנָּה מְכַפְּרִין אַף מִיתַת צַדִּיקִים מְכַפֶּרֶת: שֶׁל פָּרוֹ. פַּר כֹּהֵן גָּדוֹל שֶׁל יוה״כ: אֶלְעָזָר וְחוּקָּה. אֶלְעָזָר כְּתִיב בָּהּ ״וּנְתַתֶּם אוֹתָהּ אֶל אֶלְעָזָר הַכֹּהֵן וגו׳״ (במדבר יט) וּכְתִיב (שם) ״זֹאת חֻקַּת הַתּוֹרָה״ וְכָל הֵיכָא דִּכְתִי׳ חוּקָּה – עִיכּוּבָא הוּא: אַהֲרֹן וְחוּקָּה. דִּכְתִיב (ויקרא טז) ״וְהִקְרִיב אַהֲרֹן אֶת פַּר הַחַטָּאת אֲשֶׁר לוֹ וְכִפֶּר וגו׳״ ״וְשָׁחַט אֶת פַּר הַחַטָּאת אֲשֶׁר לוֹ וגו׳״ וּכְתִיב בְּ״אַחֲרֵי מוֹת״ בְּעִנְיָנָא (שם): ״וְהָיְתָה זֹאת לָכֶם לְחֻקַּת עוֹלָם לְכַפֵּר עַל בְּנֵי יִשְׂרָאֵל״: שְׁחִיטָה לָאו עֲבוֹדָה הִיא. וְלָא קַיְימָא חוּקָּה אַשְּׁחִיטָה: שָׁאנֵי פָּרָה דְּקָדְשֵׁי בֶּדֶק הַבַּיִת הִיא. כְּלוֹמַר אֵין בָּהּ קְדוּשַּׁת הַמִּזְבֵּחַ. אֶלָּא קְדוּשַּׁת דָּמִים בְּעָלְמָא, שֶׁהֲרֵי שְׁחִיטָתָהּ בְּהַר הַמִּשְׁחָה, הִלְכָּךְ אֵין לַדּ עֲבוֹדוֹת נֶחְלָקוֹת בָּהּ וְכָל הָעֲבוֹדוֹת שָׁווֹת בָּהּ: וְלֹא כָּל דְּכֵן הוּא. בִּתְמִיָּה: אַשְּׁחִיטַת פָּרוֹ דִּקְדוּשַּׁת הַגּוּף הִיא – לָא כְּתִיבָא חוּקָּה, וְאַשְּׁחִיטַת פָּרָה כְּתִיבָה חוּקָּה וּמִיפַּסְלָא בְּזָר?!: אַמַּרְאוֹת נְגָעִים. דִּכְתִיב (ויקרא יג) (*״כְּנֶגַע נִרְאָה) וְהוּבָא אֶל אַהֲרֹן הַכֹּהֵן״: וְשָׁחַט אוֹתָהּ לְפָנָיו. מִדִּכְתִיב לְפָנָיו – מִכְּלָל דְּהַשְּׁחִיטָה לָאו אַאֶלְעָזָר קָאֵי אֶלָּא, וְשָׁחַט אוֹתָהּ אַחֵר לִפְנֵי אֶלְעָזָר: וְרַב. לְעוֹלָם אֶלְעָזָר שׁוֹחֲטָהּ, וּמַאי לְפָנָיו – שֶׁלֹּא יַסִּיחַ דַּעְתּוֹ מִשְּׁמִירָתָהּ: דְּהַשְׁתָּא הוּא דְּמִתְכַּשְׁרָא פָּרָה. שֶׁהֲרֵי כָּל עַצְמָהּ אֵינָהּ עֲשׂוּיָה אֶלָּא לְאֶפְרָהּ: לְמַעוּטֵי מַאי. דְּלָא פָּסֵיל בָּהּ הֶיסֵּחַ הַדַּעַת בְּמַעֲשֵׂה פָּרָה: אֲסִיפַת אֶפְרָהּ. ״וְאָסַף אִישׁ טָהוֹר וגו׳״ (במדבר יט): וּמִילּוּי מַיִם. לָתֵת *לְתוֹךְ אֵפֶר לְהַזּוֹת: לְקִידּוּשׁ. הִיא נְתִינַת מַיִם *עַל הָאֵפֶר, וּמְעָרְבָן יַחַד: לְמִשְׁמֶרֶת

תוספות

כי אתא רבין פירשה משמיה דר׳ יונתן של פרה משקל י׳ סלעים. משום כובד אע״ג דר׳ יונתן לא חייש לכובד, כדאמר רבא תנאי היא, דלר׳ יונתן לית ליה כובד – שמא רבין ס״ל כשינויא דאביי דאמר כאן בקולחת כאן בנכפפת. ואפי׳ לספרים דגרסי כי אתא רבין פירשה משמיה דר׳ יוחנן צריך לתרץ כן, דמ״מ אליבא דר׳ יונתן פירשה, דאיהו אמר ג׳ לשונות שמעתי. אי נמי י״ל: ג׳ לשונות שמעתי דקאמר אליבא למאן דאית ליה כובד, ושמעתי קאמר, וליה לא סבירא ליה:

שחיטה לאו עבודה היא. בכל דוכתא פרש״י משום דכשירה בזר. ותימה הוא: דבפ״ק דזבחים (דף יד:) פריך והרי שחיטה דא״א לבטלה, וכשירה בזר! ומשני: שחיטה לאו עבודה היא. והשתא מה תשובה היא זו שהרי הקשה שהיה לה ליפסל בזר כיון דא״א לבטלה! ופירש רבינו יעקב מאורליינ״ש: דלאו עבודה היא – דנוהגת אפי׳ בחולין. וקשה: א״כ מאי פריך עלה התם, והאמר רב שחיטת פרה בזר פסולה? בשלמא לפרש״י – פריך שפיר, אבל לפירוש רבינו יעקב – מאי פריך? נהי דשחיטת פרה פסולה בזר – מ״מ לאו עבודה היא, כיון דנוהגת נמי בחולין. והיה נראה ליישב פרש״י כן ולפרש: שחיטה לאו עבודה היא, כיון דהוכשרו בה כל הפסולין ואפי׳ נשים ועבדים וטמאים – מסתמא לא חשיבא עבודה לפני המקום מאיזה טעם שיהא, או משום דנוהגת נמי בחולין, או משום טעמא אחרינא. והדר פריך: מנא לך דלאו עבודה היא – מדהוכשרו בה כל הפסולין, והלא יש שחיטה שהיא פסולה בזר כגון שחיטת פרה! ורבינו שמשון מפרש: לאו עבודה – דגבי קבלה בעינן שהמקבל יעמוד בפנים, ובשחיטה אם עמד והושיט ידו לפנים ושחט – כשר, כדדרשינן בפרק ״כל הפסולין״ (שם דף לב:): ״בן הבקר לפני ה׳״. והוא בעצמו הקשה: לשמעון התימני, דפליג התם ואמר שיהו ידיו של שוחט לפנים מן הנשחט מאי איכא למימר? מיהו מצי למימר דאפי׳ לשמעון התימני שחיטה לאו עבודה היא, שהרי בקדשי קדשים צריך שיעמוד המקבל בצפון, כדדרשינן בפרק ״איזהו מקומן״ (שם דף מח.) מ״ולקח״ לו יקח, ובשוחט לא בעינן שיעמוד השוחט בצפון. וכי פריך בפ״ק דזבחים (דף יד:) ובפ״ק דמנחות (דף ו.): והאמר רב שחיטת פרה בזר פסולה, ומשני: שאני פרה דקדשי בדק הבית היא – תימה: ליפרך מפרו של אהרן למאן דאמר פסולה בזר, ולא הוה מצי לשנויי הכי! ואמר לי מורי הרב ר׳ שמואל בר שלמה בשם הר׳ יוסף קלנון ז״ל: דמהתם ליכא למיפרך, דהתם לאו משום דעבודה היא – דהא פסולה אפי׳ בשאר הכהנים, אלא בכ״ג לחודיה, אלא גלי רחמנא דבעינן בעלים, מידי דהוה אסמיכה דלאו עבודה היא, דבעינן בעלים: **שאני** פרה דקדשי בדק הבית היא. והכי נמי אמרינן בפ״ק דזבחים (דף יד:) ובפ״ק דמנחות (דף ו:) ובפ״ק דשבועות (דף יא:). וקשה מכאן לפרש״י, שפירש ברים פ׳ ״אין מעמידין״ (ע״ז דף כג: ושם) גבי ש״מ פרה קדשי מזבח היא, דאי קדשי בדק הבית היא, מי מיפסלא ביוצא דופן, אלמה תניא ופסולה ביוצא דופן, ור״ש מכשיר? אלא מעתה תיפסל ברביעה. אלא שאני פרה, הואיל והמום פוסל בה – דבר ערוה ועבודה זרה פוסל בה. ופרש״י דלרבנן קדשי מזבח היא, ולהכי מיפסלא ברביעה וביוצא דופן. ולר״ש קדשי בדק הבית היא, ולהכי לא מיפסלא ביוצא דופן. והאי דמודה ר״ש דמיפסלא ברביעה, משום דכיון דהמום פוסל בה דבר ערוה ועבודה זרה פוסלין בה. וקשה לפי׳, דא״כ כל סתמי דהתלמוד בכמה דוכתי דקאמר פרה קדשי בדק הבית היא – כר״ש ולא כרבנן? ושם מפורש. ובפרק קמא דחולין (דף יא. ד״ה מנלן), בשמעתא דמנא הא מילתא דאזלי בתר רובא, הארכתי:

למעוטי מאי אילימא למעוטי אסיפת אפרה כו׳. תימה לי: מאי קאמר למעוטי מאי? וכי חובה הוא שיש לי למעט? וליכא למימר משום דהוי שחיטה ושריפה שני כתובים הבאים כאחד ואין מלמדין. דאדרבה, אינן באין כאחד – דהא מילרך צריכי. ונראה דע״כ היסח הדעת לא פסיל בכולהו, דאי פסיל בכולהו – מאי איצטריך למיכתב בשחיטה ובשריפה דלא אתו מהדדי? ליכתביה גבי אסיפת אפרה או מילוי מימיה או בנתינת מן האפר, שאינן תחילת עבודה ולא עבודה, דהשתא הוא דמתכשרה פרה, וניתו כולהו וניגמר מינה. למאי הילכתא כתביה בתרתי שיש בכל חדא מילתא דחשיבותא? אלא שמע מינה למעוטי עבודה שאין לה שום חשיבותא, דלא פסל בה היסח הדעת, והיינו דקאמר למעוטי מאי:

רבינו חננאל

ולנשחט (כנשחט) כנגד בית שחיטתו (קשר) [פי׳ דקשרו] גם בשעיר הנעשה בפנים לשון של זהורית בצוארו כנגד בית שחיטתו כמו של קשר בראש שעיר המשתלח או דילמא העמידו לנשחט כנגד בית שחיטתו. ופשטנה *)קשר בצוארו של שעיר הנעשה בפנים. לשון של זהורית כו׳ פי׳ שירי לשון כגון שחלקו ונטל ממנו והנותר נקרא שירי לשון. ופריק אימא כרכם בזנב הלשון כלומ׳ הלשון הזה הוא ארוך והקצר היוצא ממנו נקרא זנב ומחזיר וכורך בו. כי אתא רב דימי א״ר יונתן ג׳ לשונות של זהורית שמעתי והוא שכתוב בתורה ושני תולעת של פרה אחת ושל שעיר המשתלח אחת ושל מצורע אחת. של פרה שנאמר ולקח הכהן עץ ארז ואזוב ושני תולעת והשליך אל תוך שרפת הפרה. של שעיר הא דתנן קשר לשון של זהורית בראש שעיר המשתלח. של מצורע שנאמר ולקח למטהר שתי צפרים חיות טהורות ועץ ארז ושני תולעת ואזוב אחת משקלה עשרה זוז ואחת משקלה ב׳ סלעים. ואחד משקלה שקל ואין לי לפרש. מצאנו בתלמ׳ א״י כי עשרה זוזין הן ב׳ סלעים ומחצה וכך כתוב [שם] ר׳ שמואל בר נחמני בשם ר׳ יונתן ג׳ לשונות הן של שעיר בסלע של מצורע בשקל של פרה בב׳ סלעים. ר׳ חונייא דבית חיוורן ר׳ אבא בר זבדא בש״ר שמעון בן חלפתא של פרה בב׳ סלעין ומחצה ואית דמפקין לה לישנא בעשרה זוזין חלוקת ר׳ שמעון בן חלפתא ודב׳ בתלמ׳ א״י **)היא ותנן בסוף כריתות המפריש ב׳ סלעים כו׳ עד לקח בהן ב׳ אילים לחולין אחד יפה ב׳ סלעים ואחד יפה עשרה זין היפה ב׳ סלעים יקרב לאשמו והשני למעילתו כו׳ ופרשוה בגמ׳ דהאי עשרה זין אינון ב׳ סלעים וחומשיהן והן ב׳ סלעים וחצי סלע דהוא חומשא מלבר. איתמר שחיטת פרה אדומה ושחיטת פר כ״ג ביוה״כ בזה פליגי רב ושמואל חד אמר פרה פסולה ופרו כשר. וחד אמר פרו פסול ופרה כשרה ואסיק׳ רב אמר שחיטת פר יוה״כ בכשרה בזר דשחיטה לאו עבודה היא אבל שחיטת פרה בזר פסולה מ״ט אלעזר וחוקה כתיב בה אלעזר הכהן והוציא אותה אל מחוץ למחנה ושחט אותה לפניו ואע״ג דשחיטה בכל

*) אולי צ״ל דקשרו קשר גם בצוארו וכו׳. **) היא מובן ואולי צ״ל ותנן וכו׳

הגהות הגר״א

[א] גמ׳ דאמר ר׳ זירא. נ״ב אמר רב: [ב] שם אילימא למעוטי מילוי מים וקידוש כו׳ ... אלא למעוטי אסיפת אפרה והבלעת עד כו׳ כנ״ל:

הגהות מהר״י לנדא

א] גמרא איתמר שחיטת פרה ופרו. מיי׳ פ״א מהלכות פסולי המוקדשין הלכה ב:

[ברכות ה: יח. שבת נו. שבועות טו. מנחות קי.] [יבמות לג:] [מנחות ו: זבחים יד: סח. ע״ש] [זבחים יד: סח: מנחות ה. ו:] [ע״ז כג: שבועות יא: זבחים יד: מנחות ו: בכורות כה. תמורה כ.] [נ״ל לתוכה] [ועי׳ תוספות לקמן מג. ד״ה הכל כשרין כו׳]

תוספות ישנים

[illegible]

יח א ב מיי' פ"ד מהל' פרה הלכה יז סמג עשין רלג:
יט ג שם פ"ו הל' ב:
כ ד מיי' שם פ"י הלכה ו:
כא ה מיי' שם פ"א הלכה יא:
כב ו מיי' שם פ"ד הל' ב סמג עשין שם:

°"לְמִשְׁמֶרֶת לְמֵי נִדָּה" כְּתִיב. אֶלָּא לְמַעוּטֵי הַשְׁלָכַת עֵץ אֶרֶז וְאֵזוֹב וּשְׁנִי תוֹלַעַת דְּלָאו גּוּפָהּ דְּפָרָה נִינְהוּ. אִיתְּמַר, שְׁחִיטַת פָּרָה בְּזָר, ר' אַמִי אָמַר: כְּשֵׁרָה, וְר' יִצְחָק נַפָּחָא אָמַר: פְּסוּלָה. עוּלָּא אָמַר: כְּשֵׁרָה, וְאָמְרִי לַהּ: פְּסוּלָה. מְתִיב ר' יְהוֹשֻׁעַ בַּר אַבָּא לְסַיּוּעֵיהּ לְרַב: אאֵין לִי אֶלָּא הַזָּאַת מֵימֶיהָ שֶׁאֵין כְּשֵׁרִין בְּאִשָּׁה כְּבְאִישׁ, וְאֵין כְּשֵׁרִין אֶלָּא בַּיּוֹם, מִנַּיִן לְרַבּוֹת שְׁחִיטָתָהּ, וְקַבָּלַת דָּמָהּ, וְהַזָּאַת דָּמָהּ, וּשְׂרֵיפָתָהּ, וְהַשְׁלָכַת עֵץ אֶרֶז וְאֵזוֹב וּשְׁנִי תוֹלַעַת – ת"ל: "תּוֹרָה". יָכוֹל שֶׁאֲנִי מַרְבֶּה אַף אֲסֵיפַת אֶפְרָהּ וּמִילּוּי מַיִם וְקִידּוּשׁ – ת"ל: "זֹאת". וּמָה רָאִיתָ לְרַבּוֹת אֶת אֵלּוּ וּלְהוֹצִיא אֶת אֵלּוּ? אַחַר שֶׁרִיבָּה הַכָּתוּב וּמִיעֵט, אָמַרְתָּ: הֲרֵי אָנוּ לְמֵדִין כּוּלָּן מֵהַזָּאַת מֵימֶיהָ, מָה הַזָּאַת מֵימֶיהָ – אֵינָן כְּשֵׁרִין בְּאִשָּׁה כְּבְאִישׁ וְאֵין כְּשֵׁרִין אֶלָּא בַּיּוֹם, אַף אֲנִי אָבִיא שְׁחִיטָתָהּ וְקַבָּלַת דָּמָהּ וְהַזָּאַת דָּמָהּ וּשְׂרֵיפָתָהּ וְהַשְׁלָכַת עֵץ אֶרֶז וְאֵזוֹב וּשְׁנִי תוֹלַעַת, הוֹאִיל וְאֵין כְּשֵׁרִין בְּאִשָּׁה כְּבְאִישׁ – אֵין כְּשֵׁרִין אֶלָּא בַּיּוֹם, וּמוֹצִיא אֲנִי באֲסֵיפַת אֶפְרָהּ גוּמִילּוּי מַיִם וְקִידּוּשׁ, הוֹאִיל וּכְשֵׁרִין בְּאִשָּׁה כְּבְאִישׁ – כְּשֵׁרִין נַמִי בַּיּוֹם וּבַלַּיְלָה. וְהַאי מַאי תְּיוּבְתָּא? אִילֵימָא מִדִּפְסוּלִין בְּאִשָּׁה פְּסוּלִין נַמִי בְּזָר – הַזָּאַת מֵימֶיהָ תּוֹכִיחַ, דשֶׁפְּסוּלִין בְּאִשָּׁה וּכְשֵׁרִין בְּזָר! אָמַר אַבַּיֵי, הַיְינוּ תְּיוּבְתֵּיהּ: אִשָּׁה מַאי טַעְמָא – אֶלְעָזָר וְלֹא אִשָּׁה, זָר נַמִי – אֶלְעָזָר וְלֹא זָר. אָמַר עוּלָּא: כָּל הַפָּרָשָׁה כּוּלָּהּ, מַשְׁמַע מוֹצִיא מִיָּד מַשְׁמַע, וּמַשְׁמַע מִמֵּילָא: °"וּנְתַתֶּם אוֹתָהּ אֶל אֶלְעָזָר הַכֹּהֵן" – אוֹתָהּ לְאֶלְעָזָר וְלֹא לְדוֹרוֹת לְאֶלְעָזָר. אִיכָּא דְאָמְרִי: לְדוֹרוֹת בְּכֹהֵן גָּדוֹל, וְאִיכָּא דְאָמְרִי הלְדוֹרוֹת בְּכֹהֵן הֶדְיוֹט. בִּשְׁלָמָא לְמ"ד לְדוֹרוֹת בְּכֹהֵן הֶדְיוֹט – שַׁפִּיר, אֶלָּא לְמַאן דְּאָמַר לְדוֹרוֹת בְּכֹהֵן גָּדוֹל – מְנָא לֵיהּ? גָּמַר 'חוּקָּה' 'חוּקָּה' מִיּוֹם הַכִּפּוּרִים. "וְהוֹצִיא אוֹתָהּ" – שֶׁלֹּא יוֹצִיא אַחֶרֶת עִמָּהּ, כִּדְתְנַן: *ולֹא הָיְתָה פָּרָה רוֹצָה לָצֵאת – אֵין מוֹצִיאִין עִמָּהּ שְׁחוֹרָה, שֶׁלֹּא יֹאמְרוּ שְׁחוֹרָה שָׁחֲטוּ. וְאֵין מוֹצִיאִין עִמָּהּ אֲדוּמָּה – שֶׁלֹּא יֹאמְרוּ שְׁתַּיִם שָׁחֲטוּ. *ר' אוֹמֵר: לֹא מִן הַשֵּׁם הוּא זֶה אֶלָּא מִשּׁוּם שֶׁנֶּאֱמַר: °"אוֹתָהּ" – לְבַדָּהּ. וְת"ק, הָא כְּתִיב "אוֹתָהּ"! מַאן ת"ק – ר"ש הִיא, *)דְּדָרֵישׁ טַעְמֵיהּ דִּקְרָא. מַאי בֵּינַיְיהוּ? אִיכָּא בֵּינַיְיהוּ דְּאַפִּיק

*) [קדושין סח: וש"נ]

רש"י

למשמרת למי נדה. משמע דצריכי שימור עד שיזה מהן: לסיועיה לרב. דאמר: פרה שחיטתה בזר פסולה: הזאת מימיה אין כשירה באשה. לקמן מפרש לה: ואין כשירה אלא ביום. דכתיב (במדבר יט) "הוא יתחטא בו ביום השלישי": מניין לרבות שחיטתה וקבלת דמה והזאת דמה ושריפתה והשלכת עץ ארז ואזוב ושני תולעת. דלא יהיו כשרין אלא ביום. דאילו לענין באשה כבאיש (א) אינו אצטריך לרבויי, דכולהו כתיב בהו או אלעזר או כהן: והזאת דמה. "אל נוכח פני אהל מועד שבע פעמים": ת"ל תורה. "זאת חקת התורה" (שם) תורה אחת לכל עבודתה: ת"ל זאת. את הכתוב כאן קיים, ואל תוסיף: אחר שריבה הכתוב ומיעט. ולא פירש מאי ריבה ומאי מיעט, מעתה לא מסרן אלא להתבונן בה את האמת ואת הישר: אמרת הרי אנו למידין כולן מהזאת מימיה. שפסול הלילה מפורש בו: שאין כשרים באשה כבאיש. כדלקמן: "ולקח אזוב וטבל במים איש טהור וגו'" (שם): והאי מאי תיובתיה. לשמואל, אי נימא מדקתני שחיטה פסולה באשה פסולה נמי בזר: אשה מאי טעמא. מנא ליה דשחיטה פסולה באשה? בשלמא קבלת דמה והזאת דמה – כתיב "ולקח אלעזר הכהן מדמה" – היינו קבלה, "והזה אל נוכח פני אהל מועד" – היינו הזאתה, ושריפה נמי לעיל מיניה כתיב כהן, והדר ושרף את הפרה לעיניו דאלעזר, והשלכת עץ ואזוב כהן כתיב, אלא שחיטה מהיכא? אלעזר ולא אשה. ועל כרחך "ושחט אותה לפניו" – אאלעזר קא דריש ליה תנא כרב, דאי שיהא אחר שוחט ואלעזר רואה כדדריש שמואל – מהיכא ממעט אשה? אלא מאלעזר דריש ליה תנא, וכי היכי דממעט אשה מהכא – ממעטינן נמי זר: כל הפרשה כולה. של פרה, כמו שעבודותיה סדורות זו אחר זו: משמע מוציא מיד משמע ומשמע ממילא. כשתדקדק בה אינך יכול להשוות שיטת הפרשה בשוה, שיהיו כל מקראותיה שוים זה עם זה, אלא יש בהן שמשמע מקרא זה מוציא מכלל משמע מקרא שלפניו, מה שפסל זה הכשיר זה, או מה שהכשיר זה פוסל זה,[א] ויש בה מקראות משמעות שמתקיימין מאליהן משמעותו, שהמשמע עומד במקומו ואינו מוציא מכלל חבירו. ולפי סידורן יש לך להבין מהו המוציא מכלל חבירו, ומי משמע ממילא. ועכשיו דורש והולך את כולה: לאלעזר. שהוא סגן: בשלמא למאן דאמר לדורות בכהן הדיוט שפיר. דכיון דלא קבע לה קרא בהדיא סגן או כהן גדול – כל כהנים כשרין בה: שלא יאמרו שתים שחטו. וקי"ל שכל מלאכות הנעשות עמה פוסלות אותה, כדתנן (פרה פ"ד משנה ד'): כל העוסק בפרה מתחילה ועד סוף פוסלין אותה במלאכה, ולקמן (דף מג.) נמי אמרינן: "ושחט אותה" – שלא ישחוט אחרת עמה: משום שנאמר אותה. "והוציא אותה": דדריש טעמא דקרא. דבבא מציעא (דף קטו.): אלמנה עשירה – ממשכנין אותה, עניה – אין ממשכנין אותה, מפני שאתה צריך להחזיר לה, ואתה משיאה שם רע בשכינותיה:

תוספות

למשמרת למי נדה כתיב. תימה לי: א"כ מאי איצטריך קרא בשחיטה ובשריפה? ובהכי תיתי אדא מתרתי ותלת. וליכא למימר דאין הכי נמי דלא צריכי, אלא הוו להו שני כתובין הבאין כאחד ואין מלמדין. והא דקאמר למעוטי השלכה – משום דג' כתובים הבאין כאחד ואין מלמדין. אדא: דמשמע דקאמר אלא למעוטי השלכת עץ ארז, [דומיא] דלמעוטי אסיפת אפרה דמעיקרא דההוא מכח יתור קאמר, ולא מכח ג' כתובים הבאין כאחד, כדפרישית. ועוד: אי מכח ג' כתובים קא ממעט השלכת עץ ארז – א"כ מאי איצטריך למימר טעם לדבר דלאו גופה דפרה נינהו? וי"ל: דשחיטה לא אתיא מכולהו, דמה לכולהו – שאין נוהגין בחולין, תאמר בשחיטה דלאו עבודה היא שנוהגת בחולין. ולהכי נאמר דלא מיפסל היסח הדעת כמו בחולין ושריפה נמי לא אתיא מכולהו – דמה לכולהו דין הוא שיפסול בהן היסח הדעת דחזו מיד להזאה, דמיד בשעת שחיטה מקבל הדם כדי להזות, וכן באסיפת אפרה ומילוי מימיה [וקידוש] ראוין לאלתר להזאה. משא"כ בשריפה. ואסיפת אפרה ומילוי מימיה וקידוש – איצטריך למיכתב בהו 'למשמרת', דמכולהו לא אתו, דמה לכולהו – שפסולים באשה ובלילה. ואין להקשות: אמאי איצטריך למיכתב בכל שלשתן באסיפת אפרה ומילוי מים וקידוש? [לכתוב] בחד מינייהו, וניתו אינך מיניה! די"ל: דאיזה מהם שלא היה נכתב הייתי ממעטו, ולא הייתי ממעט השלכת עץ ארז כדממעטינן השתא, כיון דהני כשירין באשה כבאים, והשלכת עץ ארז פסול באשה:

אף אני אביא שחיטה וכו' עד והשלכת עץ ארז. תימה לי, אמאי לא קאמר: מה הזאת מימיה מיוחדת, דעבודת גופה דפרה נינהו, אף כל דגופה דפרה. ונרבי אסיפת אפרה ומילוי מימיה וקידוש, ונמעט השלכת עץ ארז ואזוב דלאו גופה דפרה נינהו. דה"נ אמרינן לעיל גבי היסח הדעת! וי"ל: דסברא הוא לרבויי השלכת עץ ארז ואזוב ושני תולעת טפי מאסיפת אפרה ומילוי מימיה וקידוש, כיון דהנהו כשירים אפי' באשה, והנך חשיבי כולי האי דקבעי להו כהן. ולעיל נמי, גבי היסח הדעת, אי לאו דפסיל קרא היסח הדעת בהדיא באסיפת אפרה ומילוי מים וקידוש – הוה מוקמינן בהן מיעוטא, ולא בהשלכת עץ ארז. תדע, דקאמר לעיל מעיקרא אילימא למעוטי אסיפת אפרה כו':

רבינו חננאל

מקום כשרה בזר ואפילו בפר יוה"כ דשחיטה לאו עבודה היא שני הכא דכתב ושחט אותה מידי דהוה אמראות נגעים דלאו עבודה היא ובעיא כהן להורות לטמא או לטהר הכא נמי בשחיטת פרה אדומה אע"ג דלאו עבודה היא בעיא כהן [דכתיב] חוקה שנאמר זאת חוקת התורה וגו' ושמואל א' שחיטת פרו פסולה בזר מ"ט אהרן וחוקה כתי' ביה אבל שחיטת פרה אדומה כשר בזר שנא' ושחט אותה לפניו דייק לפניו ומשמע לפניו שיהא זר שוחט ואלעזר רואה ורב לפניו מבעי לי' שלא יסיח דעתו ממנו ללמד כי היסח הדעת פוסל בה ושמואל אמר שלא יסיח דעתו ממנה מלעיניו מפיק ליה שנא' ושרף את הפרה לעיניו ורב הזהיר בשחיטה והזהיר בשרפה על הסח הדעת וצריכי כו'. ושמואל אמר בחדא סגיא לפניו להכשיר שחיטתה בזר הוא דאתא ולרב הוי רבוי אחר רבוי למעוטי מאי אתיין ואסיקנ' למעוטי השלכת עץ ארז ואזוב ושני תולעת דלאו גופא דפרה נינהו אבל אסיפת אפר למילוי המי' וקידוש שהוא נתינת אפר במים היסח הדעת פוסל בהן מ"ט למשמרת למי נדה כתיב כלומר צריכין שימור שלא יסיח דעתו מתיב רב יהושע לסייעו לרב אין לי אלא הזאת מימיה שאין כשרין אלא ביום מנ"ל לרבות שחיטתה וקבלת דמה והזאת דמה ושרפתה והשלכת עץ ארז ואזוב ושני תולעת שאין כשרין אלא ביום ת"ל חקת התורה יכול שאני מרבה אף אסיפת אפרה ומילוי מים וקידוש שלא יהיו כשרים אלא ביום ת"ל זאת. ומה ראית לרבות את אלו ולהוציא את אלו אחר שריבה הכת' התורה ומיעט זאת. אמרת הרי אנו למידין כולן מהזאת מימיה מה הזאת מימי' מיוחדין שאין כשרין באשה כבאיש דתנן [פרה פי"ב מי"כ] הכל כשרין להזות חוץ מטומטום ואנדרוגינוס ואשה. תינוק שאין בו דעת האשה מסעדתו כו' ואין כשרין אלא ביום שנא' והזה הטהור על הטמא ביום השלישי וביום השביעי אף אני אביא

הגהות הב"ח

(א) רש"י ד"ה מנין כו' באשה כבאיש לא איצטריך לרבויי:

הגהות מהר"ב רנשבורג

[א] רש"י ד"ה משמע מוציא מיד משמע וכו' ויש בה מקראות משמעות שמתקיימין ממילא משמעותו שהמשמע כו'. נ"ל ויש בה משמעות מקראות שמתקיימין ממילא שהמשמע הראשון כ"כ הש"י:

פרה פ"ג מ"ז

[במשנה איתא רבי יוסי אומר לא משום זה אלא משום שנא' והוציא אותה לבדה. אמנם מפרש"י דהכא ד"ה משום וכו' מוכח דהיה לפניהם כגר' הספר]

תוספות ישנים

דופן אפילו לר"ש וכ"ת ר"ש לית ליה כו' אלא שאני פרה הואיל ומום פוסל בה כו' משמע שסותר טעמא דחטאת קרייה רחמנא ובא לומר דלר"ש דמכשיר ביוצא דופן הויא קדשי בדק הבית ולרבנן הוי קדשי מזבח והשתא קשה דבשמעתין דהכא משמע דקדשי בדק הבית היא אפילו לרבנן דר"ש וכן בספ"ק דשבועות (דף יא:) קאמר גבי פרה נפדית על כל פסול שבה כו' שאני פרה דקדשי בדק הבית היא מקמי דלוקי לה התם כר"ש וגם בכל שיטת התלמוד דאמרינן פרה קדשי בדק הבית בפ"ק דזבחים (דף יד:) ובפרק א) המזבח מקדש ובפ"ק דמנחות (דף ו:) ובפ"ג דבכורות (דף כה.) [גבי] ר' יוסי בן המשולם ובתמורה פרק אלו קדשים וכי נעמיד כל התלמוד דלא כרבנן דר"ש ע"כ נראה לרבי דה"פ התם אלא מעתה תפסל ב) כזבח כלומר כיון דפסל' בה רביעה בין לר' אליעזר דהתם לעיל בין לרבנן דידיה אי מטעם דקדשי מזבח אי מטעם דחטאת קרייה רחמנא תיפסל ביוצא דופן אלמה תניא כו' ור"ש מכשיר ומסתמא אינו חולק על ר"א ורבנן ג) ורבותיו דפסלי לה לעיל ברביעה והוא יכשירנה אלא הואיל ומום פוסל בה כו' כלומר לעולם קדשי בדק הבית היא לכ"ע ולר"ש [הוי] טעמא משום [הואיל] דמום פוסל בה כו' ולרבנן טעמא משום דחטאת קרייה רחמנא והשתא א"ש הא דאמרינן בפ"ק דחולין גבי מנא לן דאזלינן בתר רובא דחטאת קרייה רחמנא דהיינו כרבנן דר"ש ומיהו אף ר"ש גופיה יכול להודות שם בעותה דרשא דהא בספרי מפקינן נמי פסול בגופה דהוי פסול שלא לשמה ומיהו י"ם דגרסי גירסא אחרת במס' ע"ז פרק אין מעמידין ומשמע מינה כפירוש ראשון אלא מעתה תיפסל ביוצא דופן כו' עד מודה ר"ש לענין קדשים שאינו קדוש ואלא מאי קדשי מזבח היא תיפסל ביוצא דופן אלמה תניא ור"ש מכשיר האי מאי [illegible]

ואפילו לפי הספרים שכתוב בהם אלא שפיר אתא דאליבא דר"ש חוזר: ורב חד בשחיטה וחד בשריפה וצריכי. תימה לרב דאית ליה לקמן דאפילו כהן הדיוט כשר מהזאה ואילך לוקמא לקרא כפשטיה שיהיה כהן שורף ואלעזר רואה י"ל דאה"נ אלא ניחא ליה למידרשינהו כולהו בחדא גוונא. ה"ר אלחנן, והא דתניא בספרי ושרף את הפרה לעיניו שיהא אחר שוחט ואלעזר רואה היינו דלא כרב ושמואל דהכא: למעוטי מאי. וא"ת למה יש לנו לומר שבא למעט אדרבה אית לן למילף מינייהו י"ל שהמקשה היה יודע דדרשינן היסח הדעת מלמשמרת אלא לא הוה ידע דמוקמינן ליה לאסיפת אפרה ומילוי מים וקידוש א"כ הוה מיבעיא ליה דהא קרא דלמשמרת והני תרי קראי שני כתובין הבאים כאחד נינהו ועל כרחין באו למעט. ריב"א (ע"כ שייך לע"א): למשמרת כתיב בהו. דמילוי מים וקידוש נפקי מלמשמרת למי נדה ואסיפת אפרה נפקא ליה מואסף איש טהור וגו' והיתה לעדת בני ישראל למשמרת וגו': אלא למעוטי השלכת עץ ארז כו'. דאי לאו מיעוטא הוה ס"ד לרבויינהו מתורה או מק"ו דאסיפת אפרה ומילוי מים דאמרינן לקמן שכשירין באשה כבאיש ובלילה כביום כ"ש השלכה שאינה כשירה בכל אלו וגם בעיא כהן ולכך צריך קרא למעוטי: ה"ג אין לי אלא הזאת מימיה שאין כשירין אלא ביום כו'. וכן בפירוש ר"ח ול"ג שאין כשירין באשה כבאיש ואין כשירין אלא ביום: מנין לרבות שחיטתה כו'. וא"ת ל"ל קרא שאין שחיטתה כשירה אלא ביום תיפוק ליה דחטאת קרייה רחמנא דלעיל פירש גבי פסול גופה דסבירא לכ"ע דחטאת קרייה רחמנא י"ל דלענין כמה דברים לא אמרינן דחטאת קרייה רחמנא דהא תנא בתוספתא (דפרה פ"ג) שחטה היום ושרפה למחר כשירה. ה"ר אלחנן: מה [illegible]

גמרא

דאפיק חמור בהדה. "ושחט אותה" – שלא ישחוט אחרת עמה. "לפניו", לרב – *שלא יסיח דעתו ממנה, לשמואל – שיהא זר שוחט ואלעזר רואה. "ולקח אלעזר הכהן מדמה באצבעו" לשמואל – לאהדוריה לאלעזר, לרב – הוי *מיעוט אחר מיעוט, *ואין מיעוט אחר מיעוט אלא לרבות, דאפילו כהן הדיוט. "ולקח הכהן עץ ארז ואזוב ושני תולעת", לשמואל – דאפי' בכהן הדיוט, לרב – אצטריך, סלקא דעתך אמינא: כיון דלאו גופה דפרה נינהו – לא ליבעי כהן, קא משמע לן. "וכבס בגדיו הכהן" – [א]בכיהונו. "וטמא הכהן עד הערב" – כהן בכיהונו, לדורות. הניחא למאן דאמר לדורות בכהן הדיוט – שפיר, אלא למאן דאמר לדורות בכהן גדול, השתא כהן גדול בעינן – בכיהונו מיבעיא?! אין, *מילתא דאתיא בקל וחומר טרח וכתב לה קרא. "ואסף איש טהור את אפר הפרה והניח"; [ב]"איש" – להכשיר את הזר, "טהור" – להכשיר את האשה, "והניח" – מי שיש בו דעת להניח, יצאו חרש שוטה וקטן, שאין בהן דעת להניח. תנן התם: *[ג]הכל כשרין לקדש, חוץ מחרש שוטה וקטן. ר' יהודה מכשיר בקטן, ופוסל באשה ובאנדרוגינוס. מאי טעמא דרבנן? דכתיב: "ולקחו לטמא מעפר שריפת החטאת" הנך דפסלי לך באסיפה – פסלי לך בקידוש, והנך דאכשרי לך באסיפה – אכשרי לך בקידוש. – ורבי יהודה: אם כן לימא קרא 'ולקח' מאי 'ולקחו' דאפי' קטן דפסלי לך התם, הכא כשר. אשה מנא ליה? "ונתן" ולא ונתנה. ורבנן, אי כתב רחמנא 'ולקח' 'ונתן', ה"א: עד דשקיל חד ויהיב חד, [ד]כתב רחמנא "ולקחו". ואי כתב רחמנא 'ולקחו' 'ונתנו' – הוה אמינא: עד דשקלי תרי ויהבי תרי, כתב רחמנא: 'ולקחו' 'ונתן', דאפילו שקלי תרי ויהיב חד. "ולקח אזוב וטבל במים איש טהור" לרבנן: איש ולא אשה, טהור – להכשיר את הקטן. ולר' יהודה: איש ולא קטן, טהור להכשיר את האשה. מיתיבי: *[ה]הכל כשרין להזות חוץ מטומטום, ואנדרוגינוס, ואשה. וקטן (שיש) בו דעת – אשה מסיעתו ומזה.

ולא

רש"י

דאפיק חמור בהדה. דלתנא קמא שרי, דליכא שמא יאמרו, לרבי אסור, דהא 'אותה' כתיב: ולקח אלעזר הכהן. בקבלת דמה: לשמואל. דדייק "לפניו" לומר שהזר כשר לשחיטה, איצטריך למיכתב בקבלת דמה אלעזר לאהדורה לאלעזר. דאי כתב ולקח מדמה (*והזה באצבעו) – הוה משמע דאשוחט קאי: לרב. נמי דאמר שחיטה באלעזר היא – לא הוה ליה למיכתב בקבלה אלעזר, וכי כתיב – הוי מיעוט אחר מיעוט, לאלעזר ולא אחר, ואין מיעוט אחר מיעוט כו': ולקח הכהן עץ ארז לשמואל. דאמר קבלה והזאה באלעזר הואי, כתיב בה כהן לאכשורי השלכת עץ ארז בכהן הדיוט. דהוי האי משמע מוציא מיד משמע, וכן כל הני דאמרינן. ולרב דמכשר קבלה בכהן הדיוט – הוי האי משמע ממילא, ואינו מוציא מכלל מקרא שלפניו. ואיצטריך למיכתב ביה כהן, דאי כתב ולקח עץ ארז ולא כתיב כהן – הוה אמינא: ולקח – כל מי שירצה, ולא הוה מוקמינן ליה אכהן דקבלה, סלקא דעתך אמינא הואיל ולאו גופה כו': הכהן בכיהונו. האי כהן קרא יתירא הוא, דלא הוה ליה למיכתב אלא "וכבס בגדיו וגו'" ואנא ידענא(א) דאהא דאיירי ביה קאי, אלא למסמך כהן אבגדיו. כלומר: שבבגדי כהונה נעשית, ולא בבגדי חול: וטמא הכהן עד הערב. ללמד על פרה הנעשית לדורות שצריכה בגדי כהונה: הניחא למאן דאמר. לעיל, לדורות בכהן הדיוט, ולא גמר חוקה(ב) מיום הכפורים – איצטריך למיכתב כהן הכא, ללמד על של דורות שתעשה בבגדי כהונה: איש להכשיר הזר. משום דלעיל מיניה איירי בכהן, כתיב הכא 'איש' להכשיר את הזר, דאי כתב ואסף את אפר הפרה – הוה אמינא [א] כהן, דלעיל מיניה איירי בכהן, כתב הכא איש: להכשיר את האשה. דאי למעוטי טמא פשיטא, דחטאת קרייה רחמנא: לקדש. לתת מים על האפר בכלי חרס: ולקחו לטמא. בתר "ואסף איש טהור" כתיב, זו היא עבודה שאחר אסיפה, וכתיב ולקחו – (ג)אותם הנאמרים באסיפה, זר ואשה, ולא חרש שוטה וקטן: א"כ. הואיל אדלעיל קאי, נימא ולקח, דהא גבי אסיפה בלשון יחיד כתביה: אשה מנא ליה. וכן אנדרוגינוס, משום ספק אשה: ורבנן. אמרי לך: לעולם אדלעיל קאי, והא דלא כתיב ולקח לשון יחיד – דאי כתיב ולקח ונתן הוי אמינא עד דשקיל חד האפר והוא עצמו יתנהו על המים, כתיב ולקחו – דאפילו שקלי תרי: ולקח אזוב. דכתיב בהזאת מימיה, והיא עבודה שאחר הקידוש: לרבנן. דאמרי: הקידוש נעשה באותן של אסיפה, ובאסיפה כתיב "איש טהור" דהיינו זר ואשה על כרחך איש טהור דהכא לאו לאכשורי זר ואשה ולמיפסל קטן, ולהוי משמע ממילא – דאם כן לשתוק קרא מיניה ונכתוב ולקח אזוב וטבל במים והזה, ואנא ידענא דבההוא דלעיל מיניה קאי. וכי כתבינא למדרש איש ולא אשה – על כרחך משמע זה מוציא מיד משמע: טהור להכשיר קטן. דפסליה בקידוש: ולרבי יהודה. דאמר: אשה פסולה בקידוש וקטן כשר, אתא האי למימרא איפכא: 'איש' – ולא קטן, 'טהור' – להכשיר אשה. דע"כ ליכא למימר דמשמע ממילא דאם כן לישתוק מיניה:

כיון

תוספות

לרב הוי מיעוט אחר מיעוט ואין מיעוט אחר מיעוט אלא לרבות. על כרחך צ"ל לרבות כהן הדיוט שיהא כשר בקבלה והזאה, אבל בהולאה ושחיטה דווקא אלעזר, דהא לכולהו ליכא אמרינן לעיל 'אותה' לאלעזר. והא דאמר ר' זירא אמר רב לעיל: שחיטת פרה בזר פסולה, דמשמע הא בכהן כשירה, ואפי' בכהן הדיוט? יש לומר: לדורות קאמר, וסבירא ליה כההוא לישנא ד'אותה' לאלעזר הכהן, הא לדורות – בכהן הדיוט:

הכל כשרין לקדש. פירש רש"י: המים על האפר. ובמסכת פרה בכמה דוכתי משמע שהיו נותנין האפר על המים, והא דכתיב: "ולקחו לטמא מעפר שריפת החטאת ונתן עליו מים חיים אל כלי" דמשמע מים על האפר[ב] – יש לפרש *"ונתן עליו" בשבילו יתן מים חיים אל כלי. ואדרבה משמע שהמים נוגעים בכלי, והאפר נותן עליהם מלמעלה:

מאי ולקחו לטמא דאפילו קטן דפסלי לך התם הכא כשר. והא דמכשיר טפי בקטן מבחרש ושוטה – יש לומר: משום דאתי לכלל דעת:

ונתן ולא נתנה. אע"ג דכל התורה כולה בלשון זכר נאמרה, ואפילו הכי לא ממעטינן אשה אלא היכא דכתיב איש בהדיא, יש לומר: דשאני הכא מדשני קרא בדיבוריה דכתיב 'ולקחו' לשון רבים והדר כתיב 'ונתן' – להכי דרשינן ולא ונתנה [וע"ע תוס' יבמות עב: ד"ה ונתן]:

עד דשקיל חד ויהיב חד. פי': ההוא גופיה דשקיל ליה, מערב ליה במים(ד):

הכל כשירין להזות חוץ מטומטום ואנדרוגינוס כו'. תימה לי: דהני תרי משניות דהכל כשרין לקדש ולהזות מיתנן במסכת פרה (פ"ה מ"ד ובפי"ב מ"י), מ"ש דבקידוש לא קתני טומטום בהדי אשה ואנדרוגינוס, כדקתני גבי הזאה? וי"ל: דת"ק דרבי יהודה נמי פסיל ליה לטומטום לקדש מפני שהוא ספק ערל, כדאמר בפ' "הערל" (יבמות עב:): טומטום שקידש – קידושו פסול, מפני שהוא ספק ערל, וערל שקידש קידושו פסול. אנדרוגינוס שקידש – קידושו כשר, מפני שהוא ספק אשה. רבי יהודה פוסל באשה ואנדרוגינוס – ות"ק דרבי יהודה דמתניתין היינו ת"ק דרבי יהודה דברייתא דפרק "הערל" (גם זה שם) דסבירא ליה כר' עקיבא דמרבי לערל כי טמא. והא דלא קתני ת"ק חוץ מטומטום – יש לומר אין למידין מן הכללות אפילו במקום שנאמר בהן חוץ, ותנא חוץ מחרש שוטה וקטן ושייר ערל וטמא וטומטום. והא דלא פריך ממתניתין למאן דאמר ערל שהזה הזאתו כשירה ופריך מברייתא – י"ל: משום דבברייתא קתני בהדיא דהזאתו פסולה, להכי ניחא ליה למיפרך מינה:

אשה מסעדתו. בפרק בתרא דמסכת פרה *)בתוספתא מפרש: כילד מסעדתו אוחזת לו המים, אפילו בשעת הזאה. ולא מבעיא בשעת טבילת האזוב, דהזאה חשיב טפי רבותא מטבילת האזוב, משום דקרא דמכשרי' מיניה קטן – בטבילה כתב, דכתיב: "וטבל במים איש טהור" ודרשינן מיניה: טהור – להכשיר הקטן, וילפינן הזאה מטבילה, דאיתקשו להדדי, כדאיתא בסוף פרק ב' דמגילה (דף כ.). ובמתניתין דפרק בתרא דפרה (משנה י) מסיים עלה: ואם אחזה בידו, אפילו בשעת הזייה – פסול. ור"י מסימפונ"ט גימגם בזה, דבתוספתא משמע דהזאה הוי רבותא

*) [ליתא בתוספתא] [ואולי צ"ל בסיפא וכן לקמן גימגם בזה דבתוספתא צ"ל דבסיפא ועיין בר"ש]

עין משפט נר מצוה

כג א מיי' פ"א מהלכות פרה הלכה יב:
כד ב מיי' שם פ"ד הלכה יז:
כה ג מיי' שם פ"ו הלכה ב:
כו ד מיי' שם פ"ז הלכה א:
כז ה מיי' שם הלכה ו:

מסורת הש"ס

רש"א מ"ז
[לעיל מב.]
[ע' תוס' לקמן ס. ד"ה תרי מיעוטי]
שבת קלו. ערכין ג. יבמות עב: פרה פ"ה מ"ד
פרה פי"ב מ"י ערכין ג.
[מגילה כ. כ"ב פו: ב"ק יד. סנהדרין עו. פו. מכות ט: שבועות ז: מנחות ע: סז. חולין קלב.]
[עי' סוטה טז: ובתמורה יב: ולע"ג וכן תמה התוי"ט פ"א מ"ה דתמורה והניח בהפלא' וכן תמה מהרש"א בסוטה טז: ד"ה גמרא ורבנן כו']

הגהות הב"ח

(א) רש"י ד"ה הכהן כו' ואנא ידענא דהא אכהן לאיירי ביה: (ב) ד"ה הניחא כו' ולא גמר חוקה חוקה מיוה"כ: (ג) ד"ה ולקחו כו' וכתי' ולקחו אותם שנכשרו באסיפה זר ואשה: (ד) תוס' ד"ה עד כו' מערב ליה במים. נ"ב ע' ביבמות דף עב ע"ב דיבור זה להדיא:

גליון הש"ס

תוס' ד"ה ונתן וכו' אלא היכא דכתיב איש בהדיא. עיין סוכה דף כח ע"ב תוס' ד"ה השוה:

הגהות מהר"ב רנשבורג

[א] רש"י ד"ה איש להכשיר וכו' ה"א כהן דלעיל וכו' נ"ל ה"א אכהן קאי לעיל. וכו': [ב] תוס' ד"ה הכל כשרין לקדש וכו' יש לפרש ונתן עליו. נ"ב עשו"ת ח"ל סי' קנ"ד:

רבינו חננאל

אביא שחיטה וקבלת דמה כו' הא מתניתא כר' ישמעאל דמכשיר אסיפת אפרה באשה דתניא ואסף איש טהור איש להוציא את הקטן טהור להביא את האשה דברי ר' ישמעאל רבי עקיבא אומר איש להוציא את האשה. הזאת מימיה כשרין בזר דתנן הכל כשרין להזות כו' ודייקינן מינה שחיטתה מ"ט אינה כשרה באשה משום דכתיב ונתתם אותה אל אלעזר הכהן וגו' וכתיב ושחט אותה לפניו ואמרינן אלעזר ולא אשה נימא אלעזר ולא זר מיהא תיובתא לשמואל וסייע לרב. אמר עולא כל הפרשה כולה משמע מוציא מיד משמע כלומר מה שמרבה זה המקרא ממעט האחר מה שממעט האחר מרבהו האחר ונתתם אותה אל אלעזר הכהן אלעזר היה באותה העת סגן וא' אותה הפרה נעשית בסגן אבל לדורות אינה נעשית בסגן אלא או כ"ג או בכהן הדיוט והוציא אותה שלא יוציא אחרת עמה הנה אותה של נתינה מיעטה הסגן ואותה של הוצאה מיעטה אחרת ושחט אותה לפניו לרב כדאיתיה ולשמואל כדאיתיה ולקח אלעזר הכהן מדמה ללמד שהזאה באלעזר ולרב דאמר כי השחיטה נמי באלעזר הוי מיעוט אחר מיעוט והיא שחיטה באלעזר ולא בזר. הזאה באלעזר ולא בזר מיעוט אחר מיעוט לרבות כהן הדיוט *) פי' כהן בכיהונו בלא מים ולא טמאה בכיהונו בטכסים הכהונה בבגדים שהוא מתוקן לעבודה. ואסף איש טהור את אפר הפרה והניח להכשיר הזר כלומר כל איש ואפי' זר טהור להכשיר את האשה והניח מי שיש בו דעת להניח לפסול חרש שוטה וקטן. תנן התם במס' פרה פרק ה' הכל כשרים לקדש חוץ מחשו"ק ר' יהודה מכשיר בקטן ופוסל באשה ובאנדרוגינוס מ"ט דרב דכתיב ולקחו לטמא מעפר שריפת החטאת ונתן עליו מים חיים אל כלי איתקוש נתינת מים חיים אל כלי לעפר שרפה מה עפר שרפה הכל כשרין באסיפה חוץ מחשו"ק אף קדושין כן ור"י אמר לך א"כ היה לך לכתוב ולקח לטמא דשמעינן הוא שאסף את האפר הוא שיטול ויתן מים החיים אל כלי לקדש מ"ט כתיב ולקחו ללמד דאפילו קטן דפסול באסיפה כשר בקידוש ולקח אזוב וטבל במים איש טהור לרבנן דמכשירי אשה בקידוש פסלי הכא בהזאה את האשה טהור להכשיר הקטן דפסלי בקידוש לר' יהודה איש ולא קטן טהור להכשיר את האשה מה שהכשיר בקידוש והוא הקטן פסלו בהזאה ומה שפסל בקידוש הכשיר בהזאה ואקשינן איני והתנן בפרה בפרק האחרון בסופו הכל כשרין להזות

*) נראה לנ"ל וכבס בגדיו הכהן כהן בכיהונו פי' בכיהונו.

תוספות ישנים

(דף לב.) חתך לדעת עמה בכוונה דברי הכל פסולה שלא בכוונה דברי הכל כשירה אבל שחיטה היא פוסלת אפי' אין מתכוין לה מגזירת הכתוב למאן דמכשיר התם שחט אחרת שחיטה כשאין מתכוין כלאמרינן התם שחט אחרת בכוונה דברי הכל פרה פסולה בבהמה כשירה בלא כוונה לר' נתן דמכשיר שחיטת בהמה שלא בכוונה פרה פסולה בבהמה כשירה ולרבנן דפסלי שחיטה שלא בכוונה פרה כשירה בבהמה פסולה. בתוספות ריב"א: **שלא** ישחוט עמה אחרת. והיינו עמה ממש בסכין ארוכה דלאו לאחריה א) מאי איכא: **כהן** גדול בעינן. ק"ו הוא שצריך בכל עבודותיה בגדי כהונה: **ונתן** ולא ונתנה. ומיותר הוא ומלשון זכר לא דייק שכל התורה כולה בלשון זכר נאמרה: **כתב** רחמנא ולקחו ונתן דאפילו שקלי תרי ויהיב חד. דאי כתבינהו תרווייהו בלשון יחיד ה"א דהכי עדיף טפי דשקיל חד ויהיב חד מדשקלי תרי ויהיב חד ב) (ואמרינן דאי) הוה כתיבה בתרווייהו לשון רבים הוה ס"ד דרבים עדיפי וה"ל השתא דכתב בלקיחה תרי ובנתינה חד [לאו] לאשמועינן דדוקא בעינן תרי בלקיחה אלא משמע ליה לתלמודא שבא לומר דלא קפדינן בין תרי לחד ובין אותו שעשה הלקיחה לאדם אחר ואי הוה כתב ונתנו ולקח ה"א דנתינה עדיפא ובעינן תרי: **אשה** מסייעתו ומזה. במסכת פרה (פי"ב מ"י) תנן אשה מסייעתו ומזה ואוחזת לו במים וטובל ומזה פירוש שלא אחזה אלא במים דוקא

א) נ"ל היכא דעת מיהא איכא. ב) נ"ל ואי.

209–211

וְלָא פָּלֵיג רַבִּי יְהוּדָה! אָמַר אַבָּיֵי: כֵּיוָן דְּאָמַר מָר מַשְׁמַע מוֹצִיא מִיַּד מַשְׁמָע וּמַשְׁמַע מִמֵּילָא – פָּלֵיג. °״וְהִזָּה הַטָּהוֹר עַל הַטָּמֵא״ ״טָהוֹר״ – *מִכְּלָל שֶׁהוּא טָמֵא, לִימֵּד עַל טְבוּל יוֹם [א]שֶׁכָּשֵׁר בְּפָרָה. אָמַר ר׳ אַסִּי: כִּי הָווּ בָּהּ ר׳ יוֹחָנָן וְרֵישׁ לָקִישׁ בְּפָרָה, *לָא מַסְקִי מִינָּהּ אֶלָּא כְּמַאי דְּמַסִּיק תַּעֲלָא מִבֵּי כְּרָבָא, אֶלָּא אָמְרִי: מַשְׁמַע מוֹצִיא מִיַּד מַשְׁמַע, וּמַשְׁמַע מִמֵּילָא.[א] תָּנֵי תַּנָּא קַמֵּיהּ דְּר׳ יוֹחָנָן: כׇּל הַשְּׁחִיטוֹת כְּשֵׁירוֹת בְּזָר, חוּץ מִשֶּׁל פָּרָה. אֲמַר לֵיהּ ר׳ יוֹחָנָן: °פּוּק תְּנֵי לְבָרָא! לֹא מָצִינוּ שְׁחִיטָה בְּזָר פְּסוּלָה. וְר׳ יוֹחָנָן, לָא מִיבַּעְיָא לְתַנָּא דְּלָא צָיֵית – אֶלָּא אֲפִי׳ לְרַבֵּיהּ לָא צָיֵית. דְּאָמַר ר׳ יוֹחָנָן מִשּׁוּם ר״ש בֶּן יְהוֹצָדָק: שְׁחִיטַת פָּרָה בְּזָר – פְּסוּלָה. וַאֲנִי אוֹמֵר: כְּשֵׁירָה. לֹא מָצִינוּ שְׁחִיטָה שֶׁפְּסוּלָה בְּזָר.§ ״בָּא לוֹ אֵצֶל פָּרוֹ שְׁנִיָּה״.§ מ״ש בְּוִידּוּי רִאשׁוֹן דְּלָא אָמַר ״וּבְנֵי אַהֲרֹן עַם קְדוֹשֶׁךָ״ וּמ״ש בְּוִידּוּי שֵׁנִי דְּאָמַר ״וּבְנֵי אַהֲרֹן עַם קְדוֹשֶׁךָ״? – *תָּנָא דְּבֵי ר׳ יִשְׁמָעֵאל: כָּךְ הִיא מִדַּת הַדִּין נוֹתֶנֶת, מוּטָב יָבֹא זַכַּאי וִיכַפֵּר עַל הַחַיָּיב. וְאַל יָבֹא חַיָּיב וִיכַפֵּר עַל הַחַיָּיב.§ **מתני׳** [ב]שְׁחָטוֹ וְקִבֵּל בְּמִזְרָק אֶת דָּמוֹ, וְנוֹתְנוֹ לְמִי שֶׁהוּא מְמָרֵס בּוֹ עַל הָרוֹבֶד הָרְבִיעִי שֶׁבַּהֵיכָל כְּדֵי שֶׁלֹּא יִקְרוֹשׁ. *נָטַל מַחְתָּה וְעָלָה לְרֹאשׁ הַמִּזְבֵּחַ, וּפִנָּה גֶּחָלִים אֵילָךְ וְאֵילָךְ, וְחוֹתֶה *מִן הַמְעוּכָּלוֹת הַפְּנִימִיּוֹת, וְיָרַד וְהִנִּיחָהּ עַל הָרוֹבֶד הָרְבִיעִי שֶׁבָּעֲזָרָה. [ג]בְּכׇל יוֹם הָיָה חוֹתֶה בְּשֶׁל כֶּסֶף וּמְעָרֶה בְּתוֹךְ שֶׁל זָהָב, וְהַיּוֹם חוֹתֶה בְּשֶׁל זָהָב וּבָהּ הָיָה מַכְנִיס. בְּכׇל יוֹם חוֹתֶה בְּשֶׁל אַרְבַּעַת קַבִּין וּמְעָרֶה(א) לְתוֹךְ שְׁלֹשֶׁת קַבִּין, וְהַיּוֹם חוֹתֶה בִּשְׁלֹשֶׁת קַבִּין, וּבָהּ הָיָה מַכְנִיס. ר׳ יוֹסֵי אוֹמֵר: בְּכׇל יוֹם חוֹתֶה בְּשֶׁל סְאָה וּמְעָרֶה בְּתוֹךְ שְׁלֹשֶׁת קַבִּין, וְהַיּוֹם חוֹתֶה בִּשְׁלֹשֶׁת קַבִּין וּבָהּ הָיָה מַכְנִיס. בְּכׇל יוֹם הָיְתָה כְּבֵדָה וְהַיּוֹם קַלָּה, בְּכׇל יוֹם הָיְתָה יָדָהּ קְצָרָה וְהַיּוֹם אֲרוּכָּה, בְּכׇל יוֹם הָיָה זְהָבָהּ יָרוֹק וְהַיּוֹם אָדוֹם, דִּבְרֵי רַבִּי מְנַחֵם. בְּכׇל יוֹם מַקְרִיב פְּרַס בְּשַׁחֲרִית וּפְרַס בֵּין הָעַרְבַּיִם, [ד]וְהַיּוֹם מוֹסִיף מְלֹא חׇפְנָיו. בְּכׇל יוֹם הָיְתָה דַּקָּה וְהַיּוֹם דַּקָּה מִן הַדַּקָּה, [ה]בְּכׇל יוֹם כֹּהֲנִים עוֹלִין בְּמִזְרָחוֹ שֶׁל כֶּבֶשׁ וְיוֹרְדִין בְּמַעֲרָבוֹ (ב)*וְהַיּוֹם כ״ג עוֹלֶה בָּאֶמְצַע וְיוֹרֵד בָּאֶמְצַע. ר׳ יְהוּדָה אוֹמֵר: לְעוֹלָם כֹּהֵן גָּדוֹל עוֹלֶה בָּאֶמְצַע וְיוֹרֵד בָּאֶמְצַע. בְּכׇל יוֹם כֹּהֵן גָּדוֹל מְקַדֵּשׁ יָדָיו וְרַגְלָיו מִן הַכִּיּוֹר *)וְהַיּוֹם מִן הַקִּיתוֹן שֶׁל זָהָב, ר׳ יְהוּדָה אוֹמֵר: לְעוֹלָם כ״ג מְקַדֵּשׁ יָדָיו וְרַגְלָיו מִן הַקִּיתוֹן שֶׁל זָהָב. בְּכׇל יוֹם הָיוּ שָׁם אַרְבַּע מַעֲרָכוֹת וְהַיּוֹם חָמֵשׁ, דִּבְרֵי רַבִּי מֵאִיר. רַבִּי יוֹסֵי אוֹמֵר: [ו]בְּכׇל יוֹם שָׁלֹשׁ, וְהַיּוֹם אַרְבַּע. רַבִּי יְהוּדָה אוֹמֵר: בְּכׇל יוֹם שְׁתַּיִם וְהַיּוֹם שָׁלֹשׁ.§ **גמ׳** וְהָכְתִיב °״וְכׇל אָדָם לֹא יִהְיֶה בְּאֹהֶל מוֹעֵד״! אָמַר רַב יְהוּדָה: תְּנִי [ז]שֶׁל הֵיכָל. תָּנוּ רַבָּנַן: ״וְכׇל אָדָם לֹא יִהְיֶה בְּאֹהֶל מוֹעֵד״ יָכוֹל

*) [עי׳ תוספות לקמן מז: ד״ה והיום]

רש"י

כֵּיוָן דְּאָמַר כו׳. דְּאַתְּ עַל כָּרְחָךְ לָא מָצֵית לְמֵימַר כְּהַאי[ב] דְּמַשְׁמַע מִמֵּילָא הוּא, וְעַל כָּרְחָךְ פְּלִיגִי: וְהִזָּה הַטָּהוֹר. הַאי טָהוֹר יְתֵירָא הוּא, דְּהָא בְּטָהוֹר קָאֵי: מִכְּלָל שֶׁהוּא טָמֵא. שֶׁיּוֹצֵא מִכְּלָל טוּמְאָה: כִּי הָווּ. כִּי מְדַקְדְּקִי: לָא מַסְקִי מִינֵּיהּ. כְּלוֹמַר: לֹא הָיוּ מַעֲלִין מִתּוֹכָהּ דְּבַר חִידּוּשׁ לִהְיוֹת יְכוֹלִין לֶאֱחוֹז בְּשִׁיטָתָהּ לְהַשְׁווֹת שֶׁיְּהֵא מִקְרָאוֹתֶיהָ כּוּלָּם מוֹצִיאִים זֶה מִיַּד זֶה, אוֹ כּוּלָּם מִתְקַיְּימִים זֶה אַחַר זֶה: כְּמָה דְּמַסִּיק תַּעֲלָא מִבֵּי כְּרָבָא. כְּמָה שֶׁמַּעֲלֶה הַשּׁוּעָל בְּרַגְלָיו כְּשֶׁדּוֹרֵס עַל שְׂדֵה נִיר: מִדַּת הַדִּין נוֹתֶנֶת. כְּלוֹמַר: כָּךְ יָפֶה לוֹמַר, שֶׁאַחַר שֶׁהִתְוַדָּה עַל עַצְמוֹ וִיהֵא זַכַּאי רָאוּי לְכַפֵּר עַל אֲחֵרִים: **מתני׳** לְמִי שֶׁהָיָה מְמָרֵס בּוֹ. מֵיגֵס בּוֹ: שֶׁלֹּא יִקְרוֹשׁ. כְּשֶׁיִּשְׁהֶה עַד שֶׁתֵּעָשֶׂה עֲבוֹדַת הַקְּטוֹרֶת, כְּמוֹ שֶׁמְּסוּדָּרוֹת בַּפָּרָשָׁה: עַל הָרוֹבֶד הָרְבִיעִי. כׇּל הָרִצְפָּה עֲשׂוּיָה שׁוּרוֹת שׁוּרוֹת טַבְלָאוֹת אַבְנֵי שַׁיִשׁ, וְכׇל שׁוּרָה וְשׁוּרָה קְרוּיָה רוֹבֶד. וְקָא סָלְקָא דַּעֲתִיהּ דְּעַל שׁוּרָה רְבִיעִית שֶׁמִּפֶּתַח הַהֵיכָל וְלִפְנִים קָאָמַר(ג): מַחְתָּה. גֶּחָלִים, וְהִכְנִיס עַד שֶׁיַּחְפּוֹן קְטוֹרֶת וְיִתֵּן לְתוֹךְ הַכַּף, וְאַח״כ יַכְנִיס כַּף וּמַחְתָּה לִפְנִים: בְּכׇל יוֹם. כְּשֶׁחוֹתֶה גֶּחָלִים מִמַּעֲרָכָה שְׁנִיָּה שֶׁל קְטוֹרֶת לְהַכְנִיס עַל הַמִּזְבֵּחַ הַפְּנִימִי לִקְטוֹרֶת שַׁחֲרִית וְעַרְבִית: חוֹתֶה בְּשֶׁל כֶּסֶף. מְפָרֵשׁ טַעְמָא בַּגְּמָ׳: וְהַיּוֹם חוֹתֶה וכו׳. טַעְמָא דְּיוה״כ בְּכוּלְּהוּ מִשּׁוּם חוּלְשָׁא דְּכֹהֵן גָּדוֹל: וְהַיּוֹם אֲרוּכָּה. כְּדֵי שֶׁיִּתֵּן יָדוֹ לְמַטָּה מִזְּרוֹעוֹ, וּתְהֵא זְרוֹעוֹ מְסַיְּיעָתוֹ: פְּרַס. חֲצִי מָנֶה: מוֹסִיף מְלֹא חׇפְנָיו. שֶׁמַּכְנִיס לִפְנַי וְלִפְנִים, לְבַד מִפְּרַס שַׁחֲרִית וְשֶׁל עַרְבִית הַנִּיתָּן עַל מִזְבֵּחַ הַפְּנִימִי: וְהַיּוֹם דַּקָּה מִן הַדַּקָּה. זוֹ שֶׁהָיָה מַכְנִיס לִפְנַי וְלִפְנִים הָיָה מַחְזִיר עֶרֶב יוה״כ לַמַּכְתֶּשֶׁת, וְשׁוֹחֲקָהּ הָדֵק: בְּכׇל יוֹם כֹּהֲנִים. הָעוֹלִים לַמִּזְבֵּחַ עוֹלִים בִּשְׂפַת מִזְרָחוֹ שֶׁל כֶּבֶשׁ, שֶׁהַמִּזְרָח הוּא לִימִין הָעוֹלֶה, שֶׁהֲרֵי פָּנָיו לַצָּפוֹן כְּשֶׁעוֹלֶה בַּכֶּבֶשׁ שֶׁהוּא בַּדָּרוֹם, וְכֵיוָן דְּכׇל תְּחִילַּת פִּינּוֹתָיו לְיָמִין – אֵין נָאֶה שֶׁיְּהֵא מַקִּיף שֶׁלֹּא לְצוֹרֶךְ, וְרוֹחַב הַכֶּבֶשׁ שֵׁשׁ עֶשְׂרֵה אַמָּה. עוֹלֶה בַּמִּזְרָח, וּמַקִּיף אֶת הַמִּזְבֵּחַ לַעֲבוֹדָתוֹ, וְיָרֵד לְצַד שְׂמֹאל בִּשְׂפַת מַעֲרָב: וְהַיּוֹם. כֹּהֵן גָּדוֹל מַרְאֶה כְּבוֹדוֹ וְחִיבָּתָן שֶׁל יִשְׂרָאֵל שֶׁהוּא שְׁלוּחָן, וְעוֹשֶׂה עַצְמוֹ כְּבֶן בַּיִת. וְאִם בָּא לַעֲלוֹת לַמִּזְבֵּחַ לְהַקִּיף כְּגוֹן לְמַתַּן דָּמִים תְּמִידִין וּמוּסָפִין, וְאֵילוֹ וְאֵיל הָעָם – מַקִּיף אֶת כׇּל הַכֶּבֶשׁ, לְצוֹרֶךְ וְשֶׁלֹּא לְצוֹרֶךְ: אַרְבַּע מַעֲרָכוֹת כו׳. מְפָרֵשׁ בַּגְּמָרָא: **גמ׳** וְהָא כְּתִיב וְכׇל אָדָם וגו׳. וּמוֹקְמִינַן לָהּ לְקַמָּן בִּשְׁמַעְתִּין בִּשְׁעַת הַקְּטוֹרֶת, וְאַתְּ אָמַרְתְּ מְמָרֵס בּוֹ עַל הָרוֹבֶד רְבִיעִי שֶׁבַּהֵיכָל: תְּנֵי שֶׁל הֵיכָל. כְּשֶׁיּוֹצֵא מִן הַהֵיכָל לָעֲזָרָה מוֹנֶה אֶת הָרוֹבְדִין, וְהָוֵי הַאי רְבִיעִי לַהֵיכָל:

תוספות

רבותא טפי להכשיר, ואם כן במתניתין גבי פסול הוה ליה למיתני אפי׳ בשעת טבילה! ונראה לי דלא קשיא: דהא דפסלינן היכא דהאשה אחזה בידו – היינו משום דהוי כאילו האשה עשתה אותו, והא ודאי הוי פשוט טפי לפסול אשה בטבילה מבהזאה, דקרא דממעטינן מיניה אשה – בטבילה כתיב. ולגבי הכשר קטן, הויא רבותא טפי בהזאה, משום דקרא דמכשרינן מיניה קטן – בטבילה כתיב: **ולא** פליג ר׳ יהודה. תימה הוא דבתוספתא דמסכת פרה *תניא בהדיא: ר׳ יהודה[א] מכשיר בקטן! ושמא המקשה לא שמיע ליה הברייתא: **לימד** על טבול יום שכשר בפרה. תימה: למה לי קרא? מהיכא תיתי לפוסלו? אי משום דחטאת קרייה רחמנא – הא הזאה לאו עבודה היא, כיון שזר כשר בה. ואי משום דכתב טובא טהור בפרשה ״ואסף איש טהור״ ״וטבל במים איש טהור״ – הא אצטריך לדרשא כולהו, בשמעתין! וי״ל: ס״ד מדכתיב: ״והניח במקום טהור״ – בעינן נמי גברא שיהא טהור גמור, קא משמע לן. ואם תאמר: והיכי גמרינן שאר עבודות דפרה דפסול בזר *מהזאה? איכא למיפרך: מה להזאה – שכשירה בזר! וי״ל: דאפי׳ הכי, כיון דעיקר טהרה בהזאה קאתי, ואכשר בה רחמנא טבול יום – כל שכן בשאר עבודות. וא״ת: ואימא לרבות מחוסר כפורים אבל טבול יום לא? וי״ל: דמוקמינן קרא בטומאה דאותה פרשה, כגון טומאת מת דלא שייכא בה כפרה. והכי אמרינן בפ״ב דזבחים (דף יז:): דלמאן דאמר במחוסר כפורים כשירה – קסבר טומאה דכל התורה כולה, וכיון דמכשרינן טמא מת דאיירי באותה פרשה – ה״ה כל טבול יום, אפילו אותו שמחוסר כפרה. ומאן דאמר מחוסר כפורים פסול – קסבר: טומאה דאותה פרשה, דהיינו טבול יום דמת, דלאו מחוסר כפרה. אבל דזב ומצורע – לא, אפילו העריב שמשו, כיון דמחוסר כפורים: **אמר** רב יהודה תני של היכל. והא דאמר לקמן דפורשין נמי מבין האולם ולמזבח – הא מסקינן לקמן דה״מ בשעת הקטרה דהיכל, ובשעת מתן דמים דהיכל, אבל בשעת הקטרה לפני ולפנים – לא. והכא איירי בהקטרת קטרת דלפני ולפנים. ומיד אחר הקטרת קטרת דלפני ולפנים נטל הדם מיד הממרס. ולקמן, כי בעי לאוכוחי דפורשין מבין האולם ולמזבח אף בשעת הקטרה דלפני ולפנים מברייתא דר׳ יוסי, הוה מצי לאוכוחי ממתניתין דאין פורשין, והוה ליה למימר: אדמקשת לי מברייתא דר׳ יוסי – תביא לי סייעתא ממתניתין! וי״ל: דממתניתין לא הוה מצי לאיתויי סייעתא, דאיכא למימר כיון דהפרשה דמבין האולם ולמזבח אינה אלא מדרבנן, דמדאורייתא אין פורשין אלא מאהל מועד, לא גזרו אלא על העומדים שם שלא לצורך. וא״ת: א״כ אמאי לא קאמר דהא מילתא איכא נמי בין היכל לבין האולם ולמזבח, דאילו מהיכל פרשינן אפי׳ לצורך – ומבין האולם ולמזבח לא פרשינן אלא שלא לצורך? וי״ל: דהמקשן דלקמן סבירא ליה דאפי׳ מהיכל נמי לא פרשינן לצורך עבודה, והוא לא היה מגיה במתניתין מידי, אלא הוה תני שבהיכל, דכיון דלצורך עבודה הוא – שרי אף בהיכל:

עין משפט נר מצוה

כח א מיי׳ פ״א מהל׳ פרה הלכה יג:
כט ב מיי׳ פ״ד מהל׳ עבודת יוה״כ הלכה א:
ל ג מיי׳ שם פ״ב הלכה ה:
לא ד מיי׳ שם פ״ד הלכה ה:
לב ה ו מיי׳ שם פ״ב הלכה ה:
לג ז מיי׳ שם פ״ד הלכה א:

[פי״א]

[להכשיר טבול יום כ״ה שם ביבמות כתום׳ ותוי״ט פ״ג דפרה מ״ז ד״ה במעורבי]

[עי׳ תוס׳ זבחים סד. ד״ה מן וכו׳ דכתבו דלא גרס הכא מן המאוכלות הפנימיות עתי״ט]

רבינו חננאל

להזות חוץ מטומטום ואנדרוגינוס ואשה וקטן כו׳ ולא פליג ר׳ יהודה ומכשיר באשה וטומטום. ופרקינן כיון דאמר מר כל הפרשה כולה משמע מוציא מיד משמע דבר ברור הוא מה שפסלו בפסוק אחד הכשירו בפסוק אחר. והזה הטהור על הטמא טהור מכלל שהוא טמא טמא לתרומה בלבד. לימד על טבול יום שכשר בפרה פי׳ הטהור מכל טומאה והוא שהוזה עליו וטבל ולא נשאר עליו אלא הערבת שמש לאכילת תרומה כדתניא בספרי ולקח אזוב וטבל במים איש טהור רבי עקיבא אומר טהור למה נאמר עד שלא יאמר יש לי בדין ומה אם האוסף האפר בעינן טהור המזה לא כ״ש. הא מה ת״ל טהור שהוא טהור מכל טומאה ואיזה זה זה טבול יום. מכדי כתיב ולקח אזוב וטבל במים איש טהור והזה על האהל וגו׳ והזה הטהור על הטמא הוי מיעוט אחר מיעוט טהור ולא טבול יום טהור ואין מיעוט אחר מיעוט אלא לרבות אפי׳ טבול יום לימד שכל טהור שבפרה טבול יום הוא: ר׳ יוחנן אומר שחיטת פרה בזר כשרה ואע״ג דתני תנא קמיה פסולה לא צאית ליה ואפי׳ לרביה דאמר שחיטת פרה בזר פסולה *) אלא אמר אי לא צאית לא מצינו שחיטה פסולה בזר. בא לו אצל פרו שניה כו׳ תנא דבי ר׳ ישמעאל כך מדת הדין נוהגת יבא זכאי ויכפר על

*) נראה דצ״ל בזר פסולה לא נאית אלא אמר לא מצינו וכו׳.

מסורת הש"ס

[יבמות עג. זבחים יז:]

[גיטין נט:]

[שבועות יד.]

לקמן מז. זבחים סד. [תמיד כח:]

[גיר׳ ירושל׳ ורמב״ם והיום עולים באמצע ויורדים באמצע וכ״ה גיר׳ גמר׳ לקמן מה. בפיסקא והיום וכו׳]

הגהות הב"ח

(א) מתני׳ בשל ארבעת קבין ומערה בתוך של שלשת קבין והיום חותה בשל שלשת קבין כצ״ל וכן בסמוך: (ב) שם ויורדין במערבו (והיום כ״ג עולה באמצע ויורד באמצע) תא״מ ונ״ב ס״א והיום עולין באמצע ויורדים באמצע וכן הוא ברמב״ם: (ג) רש״י ד״ה על הרובד כו׳ ולפנים קאמר הס״ד ואח״כ מה״ד וחותה את הגחלים והניחם:

הגהות הגר"א

[א] תום׳ ד״ה ולא. מכשיר. נמחק ונ״ב פוסל (וז״ש התוספו׳ ושמא המקשה כו׳ וע׳ בא״ר פי״ב דפרה מתני׳ י׳):

גליון הש"ס

גמרא פוק תני לברא. שבת דף קו ע״א עירובין דף ט ע״א ביצה דף יב ע״ב:

הגהות מהר"ב רנשבורג

[א] גמ׳ תני תנא קמיה דר׳ יוחנן כל השחיטות כשרות בזר מיי׳ פ״א מהל׳ פסה״מ הלכה כ: [ב] רש״י ד״ה כיון דאמר וכו׳ דמשמע ממילא הוא. נ״ב דא״כ לשתוק מיני׳ וכמ״ש רש״י בדבור הקודם סוף ע״א:

תוספות ישנים

דוקא אבל אם אחזה בידו הזאתו פסולה: **לימד** על טבול יום שכשר בפרה. בפרק שני דזבחים (דף יז:) מפרש אמאי לא אמרינן מחוסר כפורים דוקא: ***בא** לו אצל פרו שניה כו׳ עד אני וביתי ובני אהרן כו׳. וא״ת למה נ״ל כאן אני וביתי כיון שאמרו בוידוי קמא וכ״ת כיון שבא בשביל הכהנים יש לכלול עצמו עמהם והא לקמן (דף סו.) גבי שעיר המשתלח איכא מ״ד שמכפר על הכהנים ואפ״ה אינו מזכיר בוידוי עליו אלא ישראל ושמא כיון שנתודה כבר על פר זה עונותיו מזכיר עצמו פעם שנית עליו כיון שלא נשחט הפר ולא נגמרה כפרתו עדיין אבל בשעיר המשתלח אין להזכיר כהנים כיון שנשחט כבר הפר שנתודה עליו ואם מכפר הם עוד עליהם

* שייך למשנה מא ע״ב

יְכוֹל אַף בְּכָל הַעֲזָרָה. לֹא יְהֵא אָדָם עוֹמֵד כְּשֶׁהַכֹּהֵן מַקְטִיר קְטֹרֶת לִפְנַי וְלִפְנִים: אֵין לִי אֶלָּא בִּשְׁעַת הַקְטָרַת קְטוֹרֶת. לְקַמֵּיהּ מְפָרֵשׁ מַאי מַשְׁמַע: הֱוֵי אוֹמֵר זוֹ הַקְטָרַת קְטֹרֶת. דְּאִילּוּ מַתַּן דָּמִים אֵין שָׁוֶה בְּכוּלָּם, שֶׁהַפַּר מְכַפֵּר עָלָיו וְעַל הַכֹּהֲנִים, וְהַשָּׂעִיר עַל יִשְׂרָאֵל: עַל לָשׁוֹן הָרַע. כִּי הַהִיא דְּקֹרַח לָשׁוֹן הָרָע הֲוָה, דִּכְתִיב (במדבר יז) "אַתֶּם הֲמִתֶּם אֶת עַם ה'" וּסְתָם לָשׁוֹן הָרַע בַּחֲשַׁאי הוּא: מִבֵּין הָאוּלָם וְלַמִּזְבֵּחַ. מִכָּל אֲוִיר כ"ב אַמּוֹת שֶׁבֵּינֵיהֶם: ל"ש אֶלָּא בִּשְׁעַת הַקְטָרָה דְּהֵיכָל. דְּמִזְבֵּחַ הַפְּנִימִי שַׁחֲרִית וְעַרְבִית, שֶׁהֲרֵי סָמוּךְ לוֹ: אֲבָל בִּשְׁעַת הַקְטָרָה דְּלִפְנַי וְלִפְנִים. מֵהֵיכָל שֶׁהוּא סָמוּךְ לוֹ פָּרְשֵׁי, אֲבָל מִבֵּין הָאוּלָם וְלַמִּזְבֵּחַ שֶׁהוּא מְרוּחָק – לֹא פָּרְשֵׁי: בִּשְׁעַת מַתַּן פַּר כֹּהֵן מָשִׁיחַ. הַבָּא עַל אַחַת מִכָּל הַמִּצְוֹת, שֶׁטָּעָה בְּהוֹרָאַת עַצְמוֹ וְעָשָׂה, וּמַתַּן דָּמוֹ עַל הַפָּרוֹכֶת וְעַל מִזְבַּח הַזָּהָב: וּשְׂעִירֵי עֲבוֹדָה זָרָה. לְצִיבּוּר שֶׁעָבְדוּ ע"ז בְּהוֹרָאַת בֵּית דִּין, מְבִיאִים פַּר לְעוֹלָה וְשָׂעִיר לְחַטָּאת, כִּדְכְתִיב בְּפָרָשַׁת "שְׁלַח לְךָ אֲנָשִׁים" (שם טו), וְאוֹתוֹ שָׂעִיר מַתַּן דָּמוֹ עַל הַפָּרוֹכֶת, וְאֵינוֹ נֶאֱכָל, כִּדְיָלְפִינַן בְּסִיפְרָא וְסִיפְרֵי וּבְמַסֶּכֶת זְבָחִים (דף מז.): הָא מַה מַּעֲלָה יֵשׁ כו'. הַאי הָא כְּמוֹ הֲרֵי, כְּלוֹמַר: מֵעַתָּה [מַה] מַּעֲלָה יֵשׁ בַּפְּרִישָׁה בֵּין הֵיכָל לְבֵין אוּלָם וְלַמִּזְבֵּחַ? בֵּין בִּשְׁעַת הַקְטָרָה כו'. קָא סָלְקָא דַּעְתֵּיהּ בֵּין בִּשְׁעַת הַקְטָרָה דְּלִפְנַי וְלִפְנִים, בֵּין שֶׁלֹּא בִּשְׁעַת הַקְטָרָה דְּלִפְנַי וְלִפְנִים, אֶלָּא בִּשְׁעַת מַתַּן דָּמִים דְּלִפְנַי וְלִפְנִים: וּמִבֵּין אוּלָם וְלַמִּזְבֵּחַ אֵין פּוֹרְשִׁין. מִשּׁוּם לִפְנַי וְלִפְנִים אֶלָּא בִּשְׁעַת הַקְטָרָה, אֲבָל לֹא בִּשְׁעַת מַתַּן דָּמִים: מַאי לָאו כו'. כִּדְפָרֵישִׁית: לֹא בִּשְׁעַת הַקְטָרָה דְּהֵיכָל. קָאָמַר, דְּפוֹרְשִׁים מִבֵּין הָאוּלָם וְלַמִּזְבֵּחַ. וְהָכִי קָתָנֵי: כְּשֵׁם שֶׁפּוֹרְשִׁים מִבֵּין הָאוּלָם בִּשְׁעַת הַקְטָרָה דְּהֵיכָל, כָּךְ פּוֹרְשִׁין בִּשְׁעַת מַתַּן פַּר כֹּהֵן מָשִׁיחַ, דַּהֲוֵי נַמִי בַּהֵיכָל: אִי הָכִי. דִּכְשֵׁם שֶׁפּוֹרְשִׁין בִּשְׁעַת הַקְטָרָה אַהֵיכָל קָאֵי, וְלֹא אַדְּלִפְנַי וְלִפְנִים – הָא מַה מַּעֲלָה יֵשׁ, בִּתְמִיָּה: וְכִי אֵין עוֹד מַעֲלָה אֶלָּא הָא?! דְּשֶׁלֹּא בִּשְׁעַת הַקְטָרָה דְּלִפְנַי לִפְנִים, דְּקָתָנֵי שֶׁבַּהֵיכָל פּוֹרְשִׁין בֵּין בִּשְׁעַת הַקְטָרָה בֵּין דְּהֵיכָל בֵּין לִפְנַי לִפְנִים בֵּין שֶׁלֹּא בִּשְׁעַת הַקְטָרָה אֶלָּא בִּשְׁעַת מַתַּן דָּמִים, בֵּין דְּהֵיכָל בֵּין לִפְנַי וְלִפְנִים, וּמִבֵּין הָאוּלָם וְלַמִּזְבֵּחַ לֹא פָּרְשִׁינַן שֶׁלֹּא בִּשְׁעַת הַקְטָרָה, דְּהִיא שְׁעַת מַתַּן דָּמִים דְּלִפְנַי וְלִפְנִים, אֶלָּא בִּשְׁעַת הַקְטָרָה דְּהֵיכָל. דְּהָא אֲפִילּוּ בִּשְׁעַת הַקְטָרָה יֵשׁ מַעֲלָה, דְּאִילּוּ מֵהֵיכָל פָּרְשֵׁי כו': הָא קָתָנֵי. בִּנְיחוּתָא, ה"נ קָאָמַר. הַאי(ג) שֶׁלֹּא בִּשְׁעַת הַקְטָרָה דְּקָאָמַר – שֶׁלֹּא בִּשְׁעַת הַקְטָרָה דְּהֵיכָל קָאָמַר, אֶלָּא בִּשְׁעַת הַקְטָרָה הִיא לִפְנַי לִפְנִים: בֵּין בִּשְׁעַת הַקְטָרָה. [דְּהֵיכָל] וְהָא שֶׁלֹּא בִּשְׁעַת הַקְטָרָה דְּקָתָנֵי – תָּנָא שֶׁלֹּא בִּשְׁעַת הַקְטָרָה דִּידֵיהּ, אֶלָּא בִּשְׁעַת הַקְטָרָה דְּלִפְנַי וְלִפְנִים:

בקדושה

תורה אור

יָכוֹל אֲפִי' בָּעֲזָרָה – ת"ל: "בְּאֹהֶל מוֹעֵד". אֵין לִי אֶלָּא בְּאֹהֶל מוֹעֵד שֶׁבַּמִּדְבָּר, שִׁילֹה וּבֵית עוֹלָמִים מִנַּיִן? ת"ל: "בַּקּוֹדֶשׁ". אֵין לִי אֶלָּא בִּשְׁעַת הַקְטָרָה, בִּשְׁעַת מַתַּן דָּמִים מִנַּיִן – ת"ל: "בְּבוֹאוֹ לְכַפֵּר". אֵין לִי אֶלָּא בִּכְנִיסָתוֹ, בִּיצִיאָתוֹ מִנַּיִן – ת"ל: "עַד צֵאתוֹ". "וְכִפֶּר בַּעֲדוֹ וּבְעַד בֵּיתוֹ וּבְעַד כָּל קְהַל יִשְׂרָאֵל" – כַּפָּרָתוֹ קוֹדֶמֶת[א] לְכַפָּרַת בֵּיתוֹ, כַּפָּרַת בֵּיתוֹ קוֹדֶמֶת לְכַפָּרַת אֶחָיו הַכֹּהֲנִים, וְכַפָּרַת אֶחָיו הַכֹּהֲנִים קוֹדֶמֶת לְכַפָּרַת כָּל קְהַל יִשְׂרָאֵל. אָמַר מָר: אֵין לִי אֶלָּא בִּשְׁעַת הַקְטָרָה. מַאי מַשְׁמַע? אָמַר רָבָא, וְכֵן א"ר יִצְחָק בַּר אַבְדִּימִי, וְכֵן א"ר אֶלְעָזָר: אָמַר קְרָא: (ויקרא טז) "וְכִפֶּר בַּעֲדוֹ וּבְעַד בֵּיתוֹ וּבְעַד כָּל קְהַל יִשְׂרָאֵל" אֵיזֶהוּ כַּפָּרָה שֶׁשָּׁוָה לוֹ[ב] וּלְבֵיתוֹ וּלְאֶחָיו הַכֹּהֲנִים וּלְכָל קְהַל יִשְׂרָאֵל – הֱוֵי אוֹמֵר זֶה הַקְטָרַת הַקְּטוֹרֶת. וּקְטוֹרֶת(א) מְכַפֶּרֶת?! אִין, דְּהָא תָּנֵי ר' חֲנַנְיָא: *לָמַדְנוּ לַקְּטוֹרֶת שֶׁמְּכַפֶּרֶת, שֶׁנֶּאֱמַר (במדבר יז) "וַיִּתֵּן אֶת הַקְּטוֹרֶת וַיְכַפֵּר עַל הָעָם". וְתָנָא דְּבֵי ר' יִשְׁמָעֵאל: עַל מָה קְטוֹרֶת מְכַפֶּרֶת – עַל לָשׁוֹן הָרָע, יָבֹא דָּבָר שֶׁבַּחֲשַׁאי וִיכַפֵּר עַל מַעֲשֵׂה חֲשַׁאי. תְּנַן הָתָם: *אפּוֹרְשִׁין מִבֵּין הָאוּלָם וְלַמִּזְבֵּחַ בִּשְׁעַת הַקְטָרָה. א"ר אֶלְעָזָר: בלֹא שָׁנוּ אֶלָּא בִּשְׁעַת הַקְטָרָה דְּהֵיכָל, אֲבָל בִּשְׁעַת הַקְטָרָה דִּלְפְנַי לִפְנִים, מֵהֵיכָל – פָּרְשִׁי, מִבֵּין הָאוּלָם וְלַמִּזְבֵּחַ – לָא פָּרְשִׁי. מְתִיב רַב אַדָּא בַּר אַהֲבָה וְאָמְרִי לַהּ כְּדִי: ר' יוֹסֵי אוֹמֵר כְּשֵׁם שֶׁפּוֹרְשִׁין מִבֵּין הָאוּלָם וְלַמִּזְבֵּחַ בִּשְׁעַת הַקְטָרָה גכָּךְ פּוֹרְשִׁין בִּשְׁעַת מַתַּן פַּר כֹּהֵן מָשִׁיחַ וּפַר הֶעְלֵם דָּבָר שֶׁל צִיבּוּר, וּשְׂעִירֵי עֲבוֹדָה זָרָה.(ב) הָא מַה מַּעֲלָה יֵשׁ בֵּין הַהֵיכָל לְבֵין הָאוּלָם וְלַמִּזְבֵּחַ? אֶלָּא, שֶׁבַּהֵיכָל פּוֹרְשִׁין בֵּין בִּשְׁעַת הַקְטָרָה וּבֵין שֶׁלֹּא בִּשְׁעַת הַקְטָרָה, וּמִבֵּין הָאוּלָם וְלַמִּזְבֵּחַ – אֵין פּוֹרְשִׁין אֶלָּא בִּשְׁעַת הַקְטָרָה. בִּשְׁעַת הַקְטָרָה מִיהָא פָּרְשִׁי, מַאי לָאו – בִּשְׁעַת הַקְטָרָה דִּלְפְנַי לִפְנִים! לָא, בִּשְׁעַת הַקְטָרָה דְּהֵיכָל. – אִי הָכִי, הָא מַה מַּעֲלָה וְתוּ לָא? הָא אִיכָּא הָא מַעֲלָה: דְּאִילּוּ מֵהֵיכָל פָּרְשִׁי בֵּין בִּשְׁעַת הַקְטָרָ' דִּידֵיהּ בֵּין בִּשְׁעַת הַקְטָרָה דִּלְפְנַי לִפְנִים, וְאִילּוּ מִבֵּין הָאוּלָם וְלַמִּזְבֵּחַ לָא פָּרְשִׁי אֶלָּא בִּשְׁעַת הַקְטָרָה דְּהֵיכָל! הָא קָתָנֵי: אֶלָּא שֶׁבַּהֵיכָל פּוֹרְשִׁין בֵּין בִּשְׁעַת הַקְטָרָה וּבֵין שֶׁלֹּא בִּשְׁעַת הַקְטָרָה, וּמִבֵּין הָאוּלָם וְלַמִּזְבֵּחַ אֵין פּוֹרְשִׁין

אֶלָּא

בשילה ובית עולמים מניין. וכי האי גוונא אמרינן לקמן בפרק "הוציאו לו" (דף נג.) גבי מעלה עשן, ובפרק "שני שעירי" (לקמן דף סז:) תניא: (*מדבר) [נ"ל במדבר] המדברה – לרבות נוב וגבעון שילה ובית עולמים. ובפרק שני דסוטה (דף טז. ושם) גבי עפר סוטה "ומן העפר אשר יהיה בקרקע המשכן" קאמר: שילה ובית עולמים מניין וכו', ובפ"ב דשבועות (דף טז:) דקאמר: מכדי מקדש איקרי משכן, ומשכן איקרי מקדש, לימא או אידי ואידי משכן או אידי ואידי מקדש. אלמא אע"ג דמקדש איקרי משכן ומשכן איקרי מקדש – איצטריך תרי קראי, חד למקדש וחד למשכן, ולא גמירי מהדדי. וקשה: דבפרק קמא דחולין (דף כד.) גבי שנים שפוסלים בלוים, קאמר: יכול אף בשילה ובית עולמים כן, ת"ל (*זאת) [נ"ל לעבוד עבודת עבודה]. ובפ"ק דעירובין (דף ב.): שלמים ששחטן קודם פתיחת דלתות ההיכל פסולין, במקדש מנא לן – אשכחן מקדש דאיקרי משכן! וי"ל: בההיא דעירובין שמא איכא שום פסוק להשוות מקדש למשכן לההיא מילתא, וכן בפ' קמא דחולין. ובתר דמעטינן שילה ובית עולמים (*מזאת) [נ"ל מלעבוד]. אז נוקי אותו פסוק לדרשא אחריתי, וריב"א גרס בפרק שני דשבועות: תרי קראי למה לי? ולי נראה: אע"ג דמקדש איקרי משכן כו' – אפי' הכי בההיא דשבועות דאיירי לענין טומאה סד"א לחלק בינייהו, כיון דחלוקין הן לענין טומאה, דאי כתב מקדש – ה"א דין הוא דטמא שנכנס למקדש חייב, שהרי איסורו איסור עולם. ואפילו בתר דנפיל מחילה חייבין על המקום משום טומאה. אבל במשכן לאחר שנסעו משם ופירקוהו והעמידוהו במקום אחר – אין חייבין על מקומו הראשון. ואי כתב משכן – ה"א: דין הוא שחייב עליו לפי שנמשח בשמן המשחה, ואסור ליגע בו בטומאה אפילו כשהוא מפורק. אבל אבני היכל שנשברו – מותר ליגע בהם בטומאה. ובהא נמי מיתרצא, הא דמצרכינן קרא בפרק "היה מביא" (סוטה דף טז.) לרבות בית עולמים, משום דאפקיה קרא בלשון טומאה דכתיב: "ונסתרה והיא נטמאה" וכל הלכות ספק טומאה גמרינן מסוטה, להכי סד"א כיון דמקדש ומשכן חלוקים לענין טומאה כדפרי', לענין טומאת סוטה נמי יהא חילוק ביניהם. ותדע דהיינו טעמא דאיסי בן יהודה *דמצריך [סוטה טז:] קרא לרבות שילה ובית עולמים, מדפליג עליה התם איסי בן מנחם ואמר אינו צריך, ק"ו הוא: ומה בטומאות קלות לא חילק הכתוב בין שילה ובית עולמים, טומאת אשה חמורה לא כ"ש. פירוש טומאות קלות: הנכנס למשכן ולמקדש בטומאת הגוף חייב כרת אתרווייהו, אע"ג דיש חילוק ביניהן כדפרישית, אפילו הכי השוה אותם לענין כרת הנכנס להם, ומשום האי חילוק אין נראה לו לחלק. *ומדבר [נ"ל ובמדבר] המדבר סד"א דווקא במשכן כשהיו ישראל במדבר, סמוכין למדבר. ודמעלה עשן משום דכתיב בההוא קרא אהרן. והאי קרא דשמעתא סד"א משום דכתיב אהל מועד ולא איקרי אהל מועד אלא במדבר, ומקרא יתירה הוא דלא הוה צריך למיכתב אלא "וכל אדם לא יהיה בבאו לכפר בקדש" וסד"א דאתא למעוטי שילה ובית עולמים. ובתר דמרבינן שילה ובית עולמים, אהל מועד דכתב רחמנא – למעוטי עזרות איצטריך:

כך פורשין בשעת מתן פר כהן משיח. ה"נ הוה מצי למימר בשעת מתן פר ושעיר של יוה"כ בהיכל, אלא לא פסיקא ליה משום דיש מהן נמי לפני לפנים: **מה** מעלה יש בין היכל וכו'. טובא איכא, דמזבח הזהב ומנורה ושלחן ומתן דמים בהיכל מה שאין כן בין האולם ולמזבח. אלא לענין פרישה קאמר: **מאי** לאו בשעת הקטרה דלפני ולפנים. תימה לי: מ"ש דגזרו לפרוש מבין האולם ולמזבח בשעת הקטרה דלפני ולפנים ולא בשעת הזאה? והא בין הקטרה בין הזאה מחד קרא נפקא לעיל! וי"ל: בהקטרה דכתב בקרא בהדיא, טפי גזרו בה רבנן, ולא בהזאה דמייתורא ד'לכפר' נפקא:

דאילו

לכולהו וכן בפ"ב דשבועות (דף טז:) גבי נכנס למקדש בטומאה לא ילפינן מקדש ממשכן ומצריך קרא לתרוייהו וכן לקמן בפ' הוציאו לו (דף נג.) גבי אין לי אלא עיקר מעלה עשן עלה מעלה עשן מנין ת"ל וכסה אין לי אלא אהל מועד שבמדבר שילה ובית עולמים מנין ת"ל וכסה וכן נמי לקמן בפרק ב' שעירים (דף סז:) המדבר המדברה לרבות נוב וגבעון שילה ובית עולמים וכן בפ' שני דסוטה (דף טז.) בקרקע המשכן איסי בן יהודה אומר לרבות נוב וגבעון שילה ובית עולמים ואילו בסוף פ"ק דחולין (דף כד.) בשמעתא דלוים פוסלים בשנים קאמר יכול בשילה ובית עולמים כו' ת"ל לעבוד כו' משמע אי לאו מיעוטא הוה יליף שילה נוב וגבעון ובית עולמים מאהל מועד וכן בפ"ק דערובין (דף ב.) שלמים ששחטן קודם פתיחת דלתות ההיכל פסולין שנאמר ושחטו פתח אהל מועד וקאמר התם דמקדש איקרי משכן ומשכן איקרי מקדש ולא צריך קרא לרבויי כל הני ואומר רבי דהכי נמי בפ"ק דחולין יש שם הרבה פסוקים שהיו מרבים שילה ובית עולמים דומיא דמשכן אי לאו קרא התם דממעט להו והיא דריש ערובין נמי יש בפסוק הרבה פתח אהל מועד כתיבי דמרבי שילה ובית עולמים ואיכא למימר דלשום דרשא איצטריך ואני שמעתי בשם ה"ר חיים דכל היכא שהדבר אינו תלוי בקדושת מקום כגון בפ"ק דחולין שאין שם אלא שיר ופתיחת דלתות ונעילתם והיא דערובין דמיירי בפתיחת דלתות ההיכל ואין הטעם תלוי בקדושה נ"ל שפיר מחד קרא אבל הני דמכילתין ודשבועות ודסוטה כולהו תלויות בקדושת המקום. ול"ע ועל ההיא דסוטה שהבאתי שמרבה שם נוב וגבעון שילה ובית עולמים מוחק שם רש"י שילה ונוב וגבעון משום דק"ל והלא שילה משכן גמור היה למה הולך הפסוק לרבותו ועוד בנוב וגבעון לא היו משקין סוטות שהרי אין מנחה קריבה בבמה כדאמרינן בזבחים ובמגילה ואין נראה לרבי למחוק הספרים דהא שילה לא היה ממש משכן שהיה לו בית של אבנים למטה ויריעות למעלה ואיכא נמי למאן דאמר בפרק בתרא דזבחים (דף קיח.) מנחה קריבה בבמה ונוב וגבעון במה הואי ואדרבה היה לו להקשות יותר מנוב וגבעון שהיה ממש משכן שלא מצינו שהיה לו בית של אבנים למטה מיהו הא נמי לאו קושיא היא דרחמנא אמר משכן ממש שיהא עומד בקדושתו כמשפטו שיהא הארון בבית קדשי הקדשים ובנוב וגבעון לא היה ארון אלא בקרית יערים וזה פי' רש"י בסוטה: **כפרתו** קודמת לכפרת ביתו. ותימה והלא נעשית העבודה הכל בבת אחת ומתי כפרת ראשון ומתי כפרת השני ופי' רבינו שמואל דנ"מ הא דאמרינן בפ' בתרא (דהוריות יג.) דקרבן כהן קודם לקרבן ישראל ולהאי צריך האי קרא אך כפרתו קודמת לכפרת אחיו הכהנים לא אתי שפיר וכן לכפרת ביתו ואי הוה אמרינן דלענין וידוי של פר מיירי דתניהו ענין לשם אתי שפיר שצריך לומר תחלה אני וביתי ובני אהרן עם קדושך כי אם לא היה פסוק היה לו להזכיר בפעם שנייה מיהו שבטו תחלה א): **יבא** דבר שבחשאי כו'. תימא לריב"א ממה הוא בחשאי יותר ממתן דמים שהיו גם שם פורשין ודוחק לי לפרש שבמתן דמים היה מונה אחת כו' אבל קטרת היה לגמרי בשתיקה וי"ל דאע"ג

א) עיין שם בהוריות היטב בגמ'. וע"ע בש"י.

מסורת הש"ס: [ערכין טז. זבחים פח:] | כלים פ"א מ"ט

עין משפט נר מצוה:

לד א ב ג מיי' פ"ג מהל' תמידין הל' ג ופ"ד מהלכות עבודת יום הכפורים הלכה ב:

רבינו חננאל

על החייב כו': פי' על הרובד הרביעי של היכל מבחוץ. ת"ר וכל אדם לא יהיה באהל מועד בבואו לכפר בקדש עד צאתו ודרישנה דפריש אפילו בשעת הקטרה. ומיבעיא לן כפרה בהקטרה מנ"ל ואמרינן מדכתיב הכא כפרה שנאמר לכפר בקודש וכתיב ביו"כ וכפר בעדו ובעד ביתו ובעד כל קהל ישראל איזהו היא כפרה ששוה לו ולביתו ולאחיו הכהנים ולכל ישראל הוי אומר זו הקטורת שאם תאמר כפרת דמים חלוקה כפרתם הוא וביתו ואחיו הכהנים מתכפרים בפרו וכל קהל ישראל בשעיר. וקטורת מי מכפרה אין דכתיב ויתן את הקטורת ויכפר על העם. ותני רב חנניה מיכן למדנו לקטורת שמכפרת ותנא דבי רבי ישמעאל על מה הקטורת מכפרת על לשה"ר יבא דבר שבחשאי ויכפר על מעשה חשאי ועיקר זו השמועה בזבחים סוף פ' המזבח מקדש (פח:) ובערכין פרק יש בערכין להקל ולהחמיר (טז.) ומפרש התם בבירור מבואר כי בגדי כהונה מכפרין דאמר למה נסמכה בגדי כהונה לקרבנות לומר לך מה קרבנות מכפרין אף בגדי כהונה מכפרין. כתונת מכפרת אשפיכות דמים מכנסים מכפרים על ג"ע. מצנפת מכפרת על גסי הרוח. אבנט מכפר [על] הרהורי הלב. מעיל מכפר על לשון הרע. חשן מכפר על הדינין. אפוד מכפר על ע"ז. ציץ מכפר על עזי פנים. קשיא לה"ר אלה"ר ופרקינן לה"ר בצניעות קטורת מכפרת לשה"ר בפרהסיא מעיל מכפר: תנן התם בפרק ראשון במסכת כלים פורשין מבין האולם ולמזבח בשעת הקטרה א"ר אלעזר לא שנו שפורשין מבין האולם ולמזבח אלא [בשעת] הקטרה דהיכל אבל כשמקטיר לפני ולפנים מהיכל פרשי מבין האולם [ולמזבח לא פרשי] ומותבינן עליה מיהא דתני מה מעלה יש [בין ההיכל] לבין האולם ולמזבח אלא שבהיכל פורשין בין בשעת הקטרה בין שלא בשעת הקטרה. ומבין האולם ולמזבח לא פרשי אלא בשעת הקטרה. בשעת הקטרה מיהת פרשי ואפי' בהקטרה דלפני ולפנים ופרקינן

תוספות ישנים

עליהם מ"ש מכל שעירי חטאות שבכל שנה: **שילה** ובית עולמים מנין כו'. הקשה רבי דהכא משמע דצריך קראי

הגהות הב"ח

(א) גמרא הוי אומר זה הקטרת הקטורת וקטורת מי מכפרא: (ב) שם ופר העלם דבר של צבור ושעירי ע"ז ודמים של יוה"כ הא מה מעלה יש כצ"ל ונ"ב כך הוא הגירסא בתוס' שלנו פ"א דכלי' ע"ש: (ג) רש"י ד"ה הא קתני בניחותא ה"נ קאמר האי בשעת הקטרה דקאמר בשעת הקטרה דהיכל קאמר והאי שלא בשעת הקטרה דקאמר שלא בשעת הקטרה דהיכל קאמר אבל בשעת הקטרה היא לפני ולפנים והא שלא בשעת הקטרה דקתני תנא וכו' כצ"ל והד"א:

הגהות הגר"א

[א] גמרא (לכפרת ביתו כפרת ביתו קודמת) תא"מ: [ב] שם (ולביתו) תז"מ:

לה א מיי' פ"ב מהל' עבודת יוה"כ הל' ה:
לו ב מיי' פ"ג מהלכות תמידין הלכה ה:
לז ג מיי' פ"ב מהלכות עבודת יוה"כ הל' ה:

רבינו חננאל

לא הקטרה דהיכל. והא איכא הא מעלה כו' אמר רב אדא בר אהבה ש"מ מעלות דאורייתא והכי גמירי ליה פי' כגון עשר קדושות ששנינו במשנתנו וקדושת כל אחת יש לה מעלה מן האחרת ומעלת ההיכל זולתי מעלה בין (היכל) [אולם] ולמזבח. ואסיקנא אולם ובין האולם ולמזבח חדא קדושה הואי היכל ואולם ב' קדושות הן. מפני מה לא היתה מחתה של זהב בכל יום שהתורה חסה על ממונם של ישראל: תני חדא נתפזרו לו קב גחלים מכבדן לאמה. ותני' אידך קביים בשלמא הא דתני [קב] רבנן היא דתניא כל היום חותה בשל ד' קבין ומערה לתוך מחתה של ג' קבין ומתפזר קב אלא הא דתניא קביים לר' יוסי ליתא דהא ר' יוסי חותה בשל סאה שהיא ו' קבין ומערה בשל ג' קבין קתני נשארו ג' קבין לרבנן נמי ליתא דהא קב נשאר להן. ושנינן לר' ישמעאל בן ר' יוחנן בן ברוקה היא דתני בשל קביים היה מכנים נשארו מן הארבעה קבין [קביים] ובא רב אשי ואוקמה לר' יוסי ואמר הכי קתני ר' יוסי חותה בסאה מדברית. ומערה לתוך ג' קבין ירושלמיות וגרסינן בעירובין פרק כיצד משתתפין בתחומין ת"ר סאה ירושלמית עודפת על של מדברית שתות. בכל יום היתה המחתה כבדה שהיתה גלדה עבה [והיום רך] ולמה היתה היום ידה ארוכה כדי שתהיה ידה תחת זרועו ותמצא מסייעתו. ניאשתיק כיסוי כדאמר *) רבינא בשמש בי הקב מער לו מעישתקי. בכל יום היה זהבה ירוק והיום אדום. אמר רב חסדא ז' זהבים הן. זהב. וזהב טוב. וזהב שחוט. וזהב אופיר. וזהב מופז. וזהב סגור. זהב פרוים.

*) [הלשון משובש בכאן ואולי צ"ל כדאמר בב"ר [פרשה ו] בשמש כי לע"ל הקב"ה מערטלו מנרתקו וכ"ה בערוך ערך נרתק]

תוספות

דאילו מהיכל פרשי בין בקדושה דידיה. הכי פירושא: לדידך לא הוה ליה למתני האי לישנא דבין בשעת הקטרה וכו' אלא הכי איבעי ליה למתני: שבהיכל פורשין בין בקדושה דידיה בין בקדושה דלפני ולפנים, דמשמע בין דקטרת בין דמתן דמים ובין האולם ולמזבח אין פרישה אלא בקדושה דהיכל דקטרת ודמתן דמים, ואמאי נקטיה הקטרת, דמשמע הקטרת ותו לא? בשלמא לדידי דאמרי דפורשין בין האולם ולמזבח אף בשעת הקטרה לפני ולפנים ולא במתן דמים דלפני ולפנים – ניחא הא דנקט הקטרה. ומשני: שם פרישה אחת היא. ותנא הקטרה משום דעיקר קרא איירי בה, וה"ה במתן דמים:

אתיא כפרה כפרה מיוה"כ. תימה לי: בשלמא שעירי עבודה זרה – כתיב בהן כפרה בפרשת "שלח" אבל פר כהן משיח דלא כתב ביה כפרה, אע"ג דאיתקש לפר העלם דבר מנלן? למאן דאמר בפרק "איזהו מקומן" (זבחים דף מ.) דדבר הלמד בג"ש אין חוזר ומלמד בהיקש והא פר העלם גופיה בגזירה שוה דכפרה כפרה גמר! ויש לומר: למאן דאמר בזבחים פרק "בית שמאי" (דף מ:) "לפר" – זה פר העלם, ואע"ג דקרא בדידיה איירי איצטריך למיהוי מאי דאתיא ליה מהיקשא כמאן דכתב בגופיה – לדידיה ניחא הכא, דאיכא למימר כי היכי דאמרינן דאהני לפר זה פר העלם למאי דילפינן ליה בהיקשא מפר כהן משוח, למיהוי כמאן דכתב בגופיה – הכי נמי אהני להאי מילתא דהכא דגמרינן מיוה"כ למיהוי כמאן דכתב בגופיה. ולמאן דאמר 'לפר' – זה פר יום הכפורים, יש לומר דלדידיה לא קשיא, דהא כיון דדריש "ועשה לפר" – זה פר יום הכפורים, "כאשר עשה לפר" – זה פר כהן משיח – הרי איתקשו פר יוה"כ ופר כהן משיח להדדי, וגמר מפר יוה"כ לפרישה. דאף על גב דשעירי עבודה זרה דילפינן להו התם מדכתב "החטאת" בפר העלם, ודרשינן מיניה שעירי עבודה זרה – לא חשיב להו התם כאילו הוקשו לפר כהן משיח, אלא לפר העלם דכתב ביה קרא – שאני התם דהחטאת ייתורא בעלמא הוא, ואין במשמעותו שיהא מוקש לפר כהן משיח. אבל פר כהן משיח ופר יום הכפורים בהילוך לישנא דקרא משמע שהוקשו זה לזה, ועשה לפר זה דהיינו פר כהן, כאשר עשה לפר יום הכפורים. וכן פירש שם ריצב"א אמילתא אחריתי:

בכל יום לא היה לה ניאשתיק. פרש"י: טבעת להשמיע קול, כדכתיב "ונשמע קולו בבואו אל הקודש". ובירושלמי גרסינן: נרתק, שלא יכווה. ונראה לריב"א: כעין נרתק של עור היה עשוי סביב ידה של מחתה לאחוז בה שלא יכווה, משום דכל כלי מתכות חם מקצתו – חם כולו, ולפיכך היה צריך היום נרתק יותר מבשאר ימים, לפי שהיו הגחלים שוהים במחתה זמן מרובה עד שהיתה חמה הרבה, ושוב מוציא אותה שהיא אחת מהעבודות הוצאת כף ומחתה. ופריך בירושלמי: ואינו חולץ? ומשני: קובעו במסמר, כלומר על ידי מסמרין היה נקבע אותו נרתק לבית יד, שיהא בטל ויחשב כגוף המחתה: **זהב** טוב. מפרש בירושלמי: כשצורפים אותו אינו נחסר כלום. זהב מופז – על שם מקומו:

***והיום** מקיתון של זהב. דאמר בפרק שני דזבחים (דף כב.) דבכל כלי שרת מקדש דכתיב: "ירחצו" – לרבות שאר כלי שרת. ריב"א: שייך למשנה לעיל דף מג:

גמרא

תורה אור

אֶלָּא בִּשְׁעַת הַקְטָרָה. וְהָא אִיכָּא הָא מַעֲלָה: דְּאִילּוּ מֵהֵיכָל פָּרְשִׁי בֵּין בִּקְדוּשָּׁה דִּידֵיהּ בֵּין בִּקְדוּשָּׁה דִּלְפְנַי וְלִפְנִים, וְאִילּוּ מִבֵּין הָאוּלָם וְלַמִּזְבֵּחַ לָא פָּרְשִׁי אֶלָּא בִּקְדוּשָּׁה דְּהֵיכָל! אָמַר רָבָא: שֵׁם פְּרִישָׁה אַחַת הִיא. אָמַר מָר: כָּךְ פּוֹרְשִׁין בִּשְׁעַת מַתַּן פַּר כֹּהֵן מָשִׁיחַ, וּפַר הֶעְלֵם דָּבָר שֶׁל צִבּוּר, וּשְׂעִירֵי עֲבוֹדָה זָרָה. מְנָא לַן? א"ר פְּדָת: אָתְיָא כַּפָּרָה כַּפָּרָה מִיּוֹה"כ. אָמַר רַב *אַחָא בַּר אַהֲבָה: שְׁמַע מִינַּהּ מַעֲלוֹת דְּאוֹרַיְיתָא, וְהָכִי גְּמִירִי לְהוּ. דְּאִי ס"ד דְּרַבָּנַן – מַאי שְׁנָא בֵּין הָאוּלָם וְלַמִּזְבֵּחַ – דִּילְמָא מִיקְרוּ וְעָיְילִי, מִכּוּלָּהּ עֲזָרָה נַמִי נִפְרְשׁוּ דִּילְמָא מִיקְרוּ וְעָיְילִי! בֵּין הָאוּלָם וְלַמִּזְבֵּחַ, כֵּיוָן דְּלָא מַפְסִיק מִידֵּי – לָא מִינְכְּרָא מִילְּתָא, עֲזָרָה כֵּיוָן דְּאִיכָּא מִזְבֵּחַ הַחִיצוֹן דְּמַפְסִיק – מִינְכְּרָא מִילְּתָא. [עירובין] אָמַר רָבָא: ש"מ *קְדוּשַּׁת אוּלָם וְהֵיכָל חֲדָא מִילְּתָא הִיא, דְּאִי ס"ד שְׁתֵּי קְדוּשּׁוֹת נִינְהוּ – אוּלָם *גּוּפֵיהּ גְּזֵירָה, וְנֵיקוּם וְנִגְזוֹר גְּזֵירָה לִגְזֵירָה? [ביצה ג. וש"נ] לָא, אוּלָם וּבֵין הָאוּלָם וְלַמִּזְבֵּחַ חֲדָא קְדוּשָּׁה הִיא, הֵיכָל וְאוּלָם שְׁתֵּי קְדוּשּׁוֹת. § "בְּכָל יוֹם הָיָה חוֹתֶה בְּשֶׁל כֶּסֶף וכו'". § מ"ט? *הַתּוֹרָה חָסָה עַל מָמוֹנָן שֶׁל יִשְׂרָאֵל. § "וְהַיּוֹם חוֹתֶה בְּשֶׁל זָהָב וּבָהּ הָיָה מַכְנִיס". § מ"ט? א מִשּׁוּם חוּלְשָׁא דְּכ"ג. § "בְּכָל יוֹם בְּשֶׁל אַרְבַּעַת קַבִּין וכו'". § תָּנָא: *נִתְפַּזְּרוּ לוֹ ב קַב גֶּחָלִים – מְכַבְּדָן לָאַמָּה. [תמיד לג.] תָּנֵי חֲדָא: קַב, וְתַנְיָא אִידָךְ: קַבַּיִים. בִּשְׁלָמָא הַךְ דְּתָנֵי קַב – רַבָּנַן, אֶלָּא הַךְ דְּתָנֵי קַבַּיִים מַנִּי? לָא רַבָּנַן וְלָא רַבִּי יוֹסֵי! אָמַר רַב חִסְדָּא: רַבִּי יִשְׁמָעֵאל בְּנוֹ שֶׁל ר' יוֹחָנָן בֶּן בְּרוֹקָה הִיא. דְּתַנְיָא, ר' יִשְׁמָעֵאל בְּנוֹ שֶׁל ר' יוֹחָנָן בֶּן בְּרוֹקָה אוֹמֵר: בְּשֶׁל קַבַּיִים הָיָה מַכְנִיס. רַב אַשִׁי אָמַר: אֲפִילּוּ תֵּימָא רַבִּי יוֹסֵי, וְהָכִי קָאָמַר: בְּכָל יוֹם הָיָה חוֹתֶה בְּשֶׁל סְאָה מִדְבָּרִית, וּמְעָרֶה לְתוֹךְ שְׁלֹשֶׁת קַבִּין יְרוּשַׁלְמִיּוֹת. § "בְּכָל יוֹם הָיְתָה כְּבֵידָה וְהַיּוֹם קַלָּה". § תָּנָא: בְּכָל יוֹם הָיְתָה גִּלְדָּהּ עָבֶה, וְהַיּוֹם רַךְ. בְּכָל יוֹם הָיְתָה קְצָרָה וְהַיּוֹם אֲרוּכָּה. מ"ט – ג כְּדֵי שֶׁתְּהֵא זְרוֹעוֹ שֶׁל כ"ג מְסַיַּיעְתּוֹ. תָּנָא: *בְּכָל יוֹם לֹא הָיָה לָהּ נִיאַשְׁתִּיק, וְהַיּוֹם הָיָה לָהּ נִיאַשְׁתִּיק, דִּבְרֵי בֶּן הַסְּגָן. § "בְּכָל יוֹם הָיָה זְהָבָהּ יָרוֹק". § א"ר חִסְדָּא: שִׁבְעָה זְהָבִים הֵן: זָהָב, וְזָהָב טוֹב, °וּזְהַב אוֹפִיר, וְזָהָב מוּפָּז, וְזָהָב שָׁחוּט, וְזָהָב סָגוּר, וּזְהַב פַּרְוַיִם. זָהָב וְזָהָב טוֹב – דִּכְתִיב: °"וּזְהַב הָאָרֶץ הַהִוא טוֹב", [בראשית ב] זְהַב אוֹפִיר – דְּאָתֵי מֵאוֹפִיר, זָהָב מוּפָּז – שֶׁדּוֹמֶה

רש"י

בקדושה. מתן דמים: שֵׁם פְּרִישָׁה אַחַת.(א) כּוּלָּהּ חֲדָא מַעֲלָה הִיא, דְּמֵהֵיכָל פָּרְשִׁי [מִשּׁוּם] לִפְנַי וְלִפְנִים בֵּין בִּשְׁבִיל הַקְטָרָה וּבֵין בִּשְׁבִיל מַתַּן דָּמִים, וּמִבֵּין הָאוּלָם וְלַמִּזְבֵּחַ לָא [פָּרְשִׁי] בִּשְׁבִיל לִפְנַי לִפְנִים כְּלָל. וְכֵיוָן דְּאַשְׁמוֹעִינַן דְּמִשּׁוּם הַקְטָרָה דִּלְפְנַי וְלִפְנִים לָא פָּרְשִׁי – לָא אִיצְטְרִיךְ לְאַשְׁמוֹעִינַן מִשּׁוּם מַתַּן דָּמִים: מַעֲלוֹת דְּאוֹרַיְיתָא. מַעֲלוֹת שֶׁמָּנוּ חֲכָמִים בַּמִּשְׁנָה בְּמַסֶּכֶת כֵּלִים פ"ק (משנה ח), דְּקָאָמַר הָתָם: הַר הַבַּיִת מְקוּדָּשׁ מִירוּשָׁלַיִם, וְהַחֵיל מֵהַר הַבַּיִת, וְעֶזְרַת נָשִׁים מִן הַחֵיל, וְעֶזְרַת יִשְׂרָאֵל מִשֶּׁל נָשִׁים, וְשֶׁל כֹּהֲנִים מִשֶּׁל יִשְׂרָאֵל, וּבֵין הָאוּלָם וְלַמִּזְבֵּחַ מִן הָעֲזָרָה, וְהַהֵיכָל מִבֵּין הָאוּלָם וְלַמִּזְבֵּחַ – דְּאוֹרַיְיתָא נִינְהוּ, הֲלָכָה לְמֹשֶׁה מִסִּינַי, וְהָכִי גְּמִירִי לְהוּ. הִלְכָּךְ, לְעִנְיַן פְּרִישָׁה(ב) נַמִי, דִּקְרָא לָא אִיצְטְרִיךְ פְּרִישָׁה אֶלָּא מֵהֵיכָל כְּדִכְתִיב "וְכָל אָדָם לֹא יִהְיֶה בְּאֹהֶל מוֹעֵד" וְאָתוּ רַבָּנַן וּגְזוּר בֵּין הָאוּלָם וְלַמִּזְבֵּחַ – דִּילְמָא מִיקְרֵי וְעָיֵיל לַהֵיכָל, וְלֹא נִמְשְׁכָה שְׁאָר עֲזָרָה לְאוֹתָהּ גְּזֵירָה, שֶׁהֲרֵי בֵּין אוּלָם וְלַמִּזְבֵּחַ קְדוּשָּׁה אַחַת הִיא וּשְׁאָר כָּל הָעֲזָרָה קְדוּשָּׁה אַחַת. וּבֵין הָאוּלָם לַמִּזְבֵּחַ גּוּפָהּ גְּזֵירָה, וְהָוְיָא לָהּ שְׁאָר עֲזָרָה גְּזֵירָה לִגְזֵירָה. וְאִי סָלְקָא דַּעְתָּךְ מַעֲלוֹת דְּקָתָנֵי הָתָם דְּרַבָּנַן נִינְהוּ, אֲבָל מִדְּאוֹרַיְיתָא בֵּין הָאוּלָם וְלַמִּזְבֵּחַ, וְכָל הָעֲזָרָה חֲדָא קְדוּשָּׁה, הִיא מ"ש כו': מִכּוּלָּהּ עֲזָרָה נַמִי [נִפְרְשׁוּ]. מִשּׁוּם הָא גְּזֵירָה גּוּפָהּ, דְּהָא כּוּלָּהּ חֲדָא גְּזֵירָה: ש"מ. מִדְּגָזַר בֵּין הָאוּלָם וְלַמִּזְבֵּחַ פְּרִישָׁה: קְדוּשַּׁת הֵיכָל וְאוּלָם חֲדָא הִיא. וְאוּלָם נַמִי אֹהֶל מוֹעֵד מִקְרֵי, וְעָבֵיד הַרְחָקָה לִפְרוֹשׁ מִבֵּין הָאוּלָם וְלַמִּזְבֵּחַ(ג) פְּרִישָׁה לְכָל הָעֲזָרָה, דִּילְמָא עָיֵיל לָאוּלָם וְקָא עָבַר אַלֹּא יִהְיֶה בְּאֹהֶל מוֹעֵד: אוּלָם וּבֵין הָאוּלָם וְלַמִּזְבֵּחַ חֲדָא הִיא. וְכִי גָּזוֹר אוּלָם אַטּוּ הֵיכָל אִימְשִׁיךְ הָאֲוִיר דְּבֵין הָאוּלָם בְּהַהִיא גְּזֵירָה: חָסָה עַל מָמוֹנָן. וַאֲנַן נַמִי חָסֵינַן, וַחֲתִיַּית גֶּחָלִים שׁוֹחֶקֶת אֶת הַכְּלִי וּמְחַסַּרְתּוֹ: מִשּׁוּם חוּלְשָׁא. שֶׁטּוֹרַח הוּא לְעָרוֹת מִכְּלִי אֶל כְּלִי: קַב גֶּחָלִים. כְּשֶׁמְּעָרֶה שֶׁל אַרְבַּעַת קַבִּין לְתוֹךְ שֶׁל שְׁלֹשָׁה מִתְפַּזֵּר לוֹ קַב גֶּחָלִים, הוּא מְכַבְּדוֹ לְתוֹךְ אַמָּה – סִילוֹן שֶׁל עֲזָרָה הַיּוֹצֵאת לְנַחַל קִדְרוֹן: וְלֹא רַבִּי יוֹסֵי. דְּאִי ר' יוֹסֵי, שְׁלֹשָׁה מִתְפַּזְּרִין: בְּשֶׁל קַבַּיִין הָיָה מַכְנִיס. וְחוֹתֶה בְּשֶׁל ד' קַבִּין, כְּרַבָּנַן שֶׁאָמְרוּ בְּשֶׁל ד' קַבִּין הָיָה חוֹתֶה: סְאָה מִדְבָּרִית. שֵׁשֶׁת קַבִּין מִדְבָּרִיּוֹת, וּכְשֶׁבָּאוּ לִירוּשָׁלַיִם הוֹסִיפוּ שְׁתוּת עַל הַמִּדּוֹת וְנַעֲשׂוֹת שֵׁשֶׁת קַבִּין מִדְבָּרִיּוֹת חָמֵשׁ יְרוּשַׁלְמִיּוֹת, וּכְשֶׁחוֹתֶה בְּשֶׁל סְאָה מִדְבָּרִית וּמְעָרֶה לְתוֹךְ שְׁלֹשֶׁת קַבִּין יְרוּשַׁלְמִיּוֹת – נִתְפַּזְּרוּ לוֹ(ד) קַבַּיִין יְרוּשַׁלְמִיּוֹת: הָיָה גִּלְדָּהּ עָבֶה. דּוֹפְנָהּ עָבֶה, לְכָךְ הָיְתָה כְּבֵדָה: רַךְ. דַּק: נִיאַשְׁתִּיק. טַבַּעַת בְּרֹאשָׁהּ, שֶׁמְּקַשְׁקֵשׁ וּמַשְׁמִיעַ קוֹל, מִשּׁוּם "וְנִשְׁמַע קוֹלוֹ בְּבֹאוֹ" וגו' (שמות כח): וּזְהַב הָאָרֶץ הַהִוא טוֹב. מִכְּלָל דְּאִיכָּא זָהָב סְתָמָא: שֶׁדּוֹמֶה

[לעיל לט. וש"נ]

[תוספתא פ"ב] [ושם איתא הגיר' ושתיק]

הגהות הב"ח

(א) רש"י ד"ה שם פרישה אחת היא. כולה חדא מעלה היא דמהיכל פרשי בין בשביל הקטרה ובין בשביל מתן דמים דלפני ולפנים ומבין האולם ולמזבח לא בשביל כנ"ל: (ב) ד"ה מעלות כו' הלכך לענין פרישה דקרא נמי לא איצטריך: (ג) ד"ה קדושת היכל כו' לפרוש מבין האולם ולמזבח דילמא עייל לאולם כו' כנ"ל ותיבות פרישה לכל העזרה נמחק: (ד) ד"ה סאה כו' נתפזרו לו ב' קבין ירושלמיות:

גליון הש"ס

גמרא וזהב אופיר. מלכים א' י' י"א. זהב מופז. מ"א י' י"ח. זהב שחוט. מ"א י' ט"ז. זהב סגור. מ"א י' כ"א. זהב פרוים. דה"י ב' ג' ו': **רש"י** ד"ה קב גחלים. לתוך אמה סילון. עיין לקמן דף מו ע"ב תוד"ה כי פליגי:

תוספות ישנים

דמתן דמים נמי בחשאי מ"מ קאמר שפיר על קטרת יבא דבר שבחשאי שהרי אין כפרתו מפורשת על מה כמו במתן דמים שכפרתן מפורשת לדבר אחד כך פי' ה"ר אלחנן וריב"א פי' דלהכי קרי ליה חשאי טפי ממתן דמים לפי שהוא בשתיקה אבל במתן דמים היה מונה אחת שתים כו': **פורשין** היו מבין האולם ולמזבח בשעת הקטרה כו'. ואע"ג דבשעת מתן דמים נמי פרשי כדלקמן בסמוך משום דקטרת היה בכל יום נקט קטרת וגם יש פעמים שפורשין בקטרת ואין פורשין בשעת מתן דמים כדלקמן בסמוך: **הא** מה מעלה יש כו'. הא פשיטא דמעלה יש שאין יכול לילך בהיכל אלא לצורך דאית ביה אזהרה בפ' הקומץ רבה (דף כז.) אלא הכא איירי בפרישה שהיא לצורך עבודה: **בשעת** הקטרה מיהא פרשי מאי לאו בלפני ולפנים. ואע"ג דהשתא לא ידעי טעמא מאי דבהקטרה פורשין אפילו משל לפני ולפנים ובמתן דמים אין פורשין אלא [משל היכל] מ"מ הך ברייתא קשיא ליה לר' אלעזר: (ע"כ שייך לע"א): **אתיא** כפרה כפרה. תימה אמאי לא מיבעי ליה בקטרת מנא לן דפורשין בשעת הקטרה דהיכל דהא לא אשכחן פרישה אלא בקטרת דלפני ולפנים אבל בקטרת דהיכל שהוא כמו מתן דמים לא אשכחן מיהא פרישה ריב"א וי"ל כיון דקטרת הוי דבר שבחשאי יש [לפרוש] גם בשביל הקטרה דהיכל: **ש"מ** מעלות דאוריי'. פרש"י כל מעלות השנויות במסכת כלים (פ"א) מהר הבית ואילך ואין נראה לרבי דהא קתני התם עזרת נשים מקודשת ממנו שאין טבול יום נכנס לשם כו' והוא מדרבנן החצר החדשה שחדשו בה דברים ואמרו טבול יום לא יכנס למחנה לויה ול"ל [דכמת] לבד מעזרת נשים קאמר דהיא מדאוריי' דהא בסוטה (דף כ:) גבי הוציאוה שלא תטמא העזרה משמע שאפי' טמא מת או מת יכול ליכנס שם אלא יש לפרש מעלות דמחנה שכינה או מעלות השנויות בין האולם למזבח דמס' כלים הוי דאורייתא: **ש"מ** מעלות דאורייתא. פי' ר"ש מעלות אחרות דקדושות שמצינו בכ"מ בעזרה דקילי מבין האולם ולמזבח דאורייתא ולהכי גזור רבנן בין האולם למזבח שהוא קדוש יותר מן התורה דאי אמרת דרבנן נינהו שאינו קדוש יותר מן עזרה כלל אלא מדרבנן בעזרה נמי ליגזור ואין נראה לריב"א דהא מעלות טובא איכא ביניהם דאע"ג דרבנן נינהו החמירו בין האולם ולמזבח יותר משאר עזרה ה"נ החמירו בו יותר ועוד דקתני התם א"ר יוסי בחמשה דברים בין האולם למזבח שוה להיכל שאין בעלי מומין ופרועי ראש ושתויי יין ושלא רחוץ ידים ורגלים נכנסים לשם ופורשין מבין האולם למזבח משמע שכל אלו המעלות שוות וכולהו מדרבנן ופי' ריב"א ש"מ הני מעלות דאורייתא נינהו וגמרא גמירי להו הכי דפורשין דאי אמרת דרבנן נינהו ובין האולם למזבח גזרה שלא יכנס בהיכל בעזרה נמי ליגזור מיהו אומר רבי כי יכול ר"ש לדחות דבחומרא דשתויי יין וחביריו אתא ליה שפיר שאסרו ליכנס בין האולם למזבח פן יכנס להיכל [כיון שהחומרא מדרבנן אבל בפרישה] יש להחמיר כמו כן בעזרה כדי שלא יכנס להיכל כיון שהחומרא מן התורה ור"ש פי' כן משום דכתיב וכל אדם לא יהיה באהל מועד משמע דאפרישה דהקטרה לא גמירי מעלה אלא כתיבא בהדיא אך י"ל דגמרא גמירי קאי אבין אולם למזבח כמו שכתוב בפסוק בהדיא גבי פרישה דהיכל ועוד י"ל כי ר"ש פי' כן משום דאמרי' לקמן בסמוך גבי אמר רבא ש"מ קדושת היכל ואולם חדא היא כו' ומנין לו דגזרה גופה גזרה כו' היא הא אמרו ש"מ מעלות דאורייתא ואין נראה דקאי ש"מ דרבא על דיחויא דש"מ דלעיל ע"כ נראה לרבי עתה כפי' ר"ש אך שלא נעמיד מעלות על קדושת עזרת נשים אלא בשל בין אולם למזבח: **כיון** דלא מפסיק מידי לא מינכרא כו'. וא"ת אמאי לא מוכח דמעלות דאורייתא נינהו דאמרן לעיל לא שנו אלא בשעת הקטרה דהיכל אבל בשעת הקטרה דלפני ולפנים לא גזרו כל כך וי"ל כמו שפירש ה"ר יוסף דבעינן שיעמדו שם כדי שיוכלו לראות שלא יתקן מבחוץ ויכניס כדרך הצדוקין ואע"פ שא"א לראות בתוך חלל שני הפרוכת אבל מ"מ מאי לאפשר לתקן מתקנין וגם שם אינו יכול לתקן כל כך א): **גחלים** אילך ואילך וחתה מן המאוכלות הפנימיות כו'. רבינו יעקב לא גרים ליה הכא אלא בפ"ק דתמיד גרים ליה גבי תרומת הדשן אבל גבי קטרת בעינן גחלים לוחשות ורבינו שמואל כתב נמי דבסדר המשנה לא גרים ליה אבל בתמיד תנן ליה גבי קטרת של כל יום ופירש הטעם משום דתניא בת"כ מנין שתהא אש בטלה על גבי גחלים ת"ל גחלי אש הלכך מן הפנימיות שאין בהן להבות אש הוא (אינו) נוטל (וה"ה) [והאי קרא] ביוה"כ [כתיב]: **והיום** חותה בשל זהב. בפ' ג' דראש השנה (דף כו.) אמרינן דחוטא בל יתנאה בלבשו ב) במלבושי זהב קאמרינן דאין קטיגור נעשה סניגור:

נתפזרו

א) עיין בריטב"א בריש סוגיין ד"ה לא שאנו וכדבריו יש להגיה גם כאן. ועי' בש"י. ב) נ"ל בלבושו

שֶׁדּוֹמֶה לְפָז, זָהָב שָׁחוּט – שֶׁנִּטְוֶה כְּחוּט, זָהָב סָגוּר – בְּשָׁעָה שֶׁנִּפְתָּח כָּל הַחֲנוּיוֹת נִסְגָּרוֹת, זָהָב פַּרְוַיִם – שֶׁדּוֹמֶה לְדַם הַפָּרִים. רַב אַשִׁי אָמַר: חֲמִשָּׁה הֵן, וְכָל חַד וְחַד אִית בֵּיהּ זָהָב וְזָהָב טוֹב. תַּנְיָא נַמִי הָכִי: בְּכָל יוֹם הָיָה זְהָבָהּ יָרוֹק וְהַיּוֹם אָדוֹם, וְהַיְינוּ זְהַב פַּרְוַיִם שֶׁדּוֹמֶה לְדַם הַפָּרִים.§ "בְּכָל יוֹם מַקְרִיב פְּרָס שַׁחֲרִית וכו' בְּכָל יוֹם הָיְתָה דַּקָּה וְהַיּוֹם דַּקָּה מִן הַדַּקָּה".§ תָּנוּ רַבָּנַן: 'דַּקָּה' מַה ת"ל? וַהֲלֹא כְּבָר נֶאֱמַר: °"וְשָׁחַקְתָּ מִמֶּנָּה הָדֵק"! אֶלָּא: לְהָבִיא דַּקָּה מִן הַדַּקָּה.§ "בְּכָל יוֹם כֹּהֲנִים עוֹלִין בְּמִזְרָחוֹ שֶׁל כֶּבֶשׁ".§ דְּאָמַר מָר: *כָּל פִּינּוֹת שֶׁאַתָּה פּוֹנֶה לֹא יְהוּ אֶלָּא דֶּרֶךְ יָמִין לַמִּזְרָח.§ "וְהַיּוֹם° (*עוֹלִין) בְּאֶמְצַע (*וְיוֹרְדִין) בְּאֶמְצַע".§ מַאי טַעְמָא – [א]מִשּׁוּם כְּבוֹדוֹ דְּכֹהֵן גָּדוֹל.§ "בְּכָל יוֹם כֹּהֵן [גָּדוֹל] מְקַדֵּשׁ יָדָיו וְרַגְלָיו מִן הַכִּיּוֹר וכו'".§ מַאי טַעְמָא – [ב]מִשּׁוּם כְּבוֹדוֹ שֶׁל כֹּהֵן גָּדוֹל.§ "בְּכָל יוֹם הָיוּ שָׁם אַרְבַּע מַעֲרָכוֹת".§ תָּנוּ רַבָּנַן: *בְּכָל יוֹם הָיוּ שְׁתַּיִם מַעֲרָכוֹת וְהַיּוֹם שָׁלֹשׁ. אַחַת מַעֲרָכָה גְּדוֹלָה, וְאַחַת מַעֲרָכָה שְׁנִיָּה שֶׁל קְטֹרֶת, וְאַחַת שֶׁמּוֹסִיפִין בּוֹ בַּיּוֹם, דִּבְרֵי רַבִּי יְהוּדָה. רַבִּי יוֹסֵי אוֹמֵר: [ג]בְּכָל יוֹם שָׁלֹשׁ וְהַיּוֹם אַרְבַּע; אַחַת שֶׁל מַעֲרָכָה גְּדוֹלָה, וְאַחַת מַעֲרָכָה שְׁנִיָּה שֶׁל קְטֹרֶת, וְאַחַת שֶׁל קִיּוּם הָאֵשׁ, וְאַחַת שֶׁמּוֹסִיפִין בּוֹ בַּיּוֹם. רַבִּי (*מֵאִיר) אוֹמֵר: בְּכָל יוֹם אַרְבַּע וְהַיּוֹם חָמֵשׁ: אַחַת שֶׁל מַעֲרָכָה גְּדוֹלָה, וְאַחַת שֶׁל מַעֲרָכָה שְׁנִיָּה שֶׁל קְטֹרֶת, [ד]וְאַחַת שֶׁל קִיּוּם הָאֵשׁ, וְאַחַת לְאֵיבָרִים וּפְדָרִים שֶׁלֹּא נִתְעַכְּלוּ מִבָּעֶרֶב, וְאַחַת שֶׁמּוֹסִיפִין בּוֹ בַּיּוֹם. דְּכוּלֵּי עָלְמָא מִיהַת תַּרְתֵּי אִית לְהוּ, מְנָלַן? [ה]אָמַר קְרָא: °"הִיא *הָעֹלָה עַל מוֹקְדָה עַל הַמִּזְבֵּחַ כָּל הַלַּיְלָה" – זוֹ מַעֲרָכָה גְּדוֹלָה, "וְאֵשׁ הַמִּזְבֵּחַ תּוּקַד בּוֹ" – זוֹ מַעֲרָכָה שְׁנִיָּה שֶׁל קְטֹרֶת. וְרַבִּי יוֹסֵי, קִיּוּם הָאֵשׁ מְנָא לֵיהּ? נָפְקָא לֵיהּ מִ"וְהָאֵשׁ עַל הַמִּזְבֵּחַ תּוּקַד בּוֹ". וְר' יְהוּדָה? הַהוּא לְהַצָּתַת אֲלִיתָא הוּא דַּאֲתָא. דְּתַנְיָא, הָיָה רַבִּי יְהוּדָה אוֹמֵר: [ו]מִנַּיִן לְהַצָּתַת אֲלִיתָא שֶׁלֹּא תְּהֵא אֶלָּא בְּרֹאשׁוֹ שֶׁל מִזְבֵּחַ – תַּלְמוּד לוֹמַר: °"וְהָאֵשׁ עַל הַמִּזְבֵּחַ תּוּקַד בּוֹ". אָמַר רַבִּי יוֹסֵי: מִנַּיִן שֶׁעוֹשֶׂה מַעֲרָכָה לְקִיּוּם הָאֵשׁ – תַּלְמוּד לוֹמַר: "וְהָאֵשׁ עַל הַמִּזְבֵּחַ תּוּקַד בּוֹ". וְרַבִּי יוֹסֵי, הַצָּתַת אֲלִיתָא מְנָא לֵיהּ? נָפְקָא לֵיהּ מֵהֵיכָא דְּנָפְקָא לֵיהּ לְרַבִּי שִׁמְעוֹן, דְּתַנְיָא: °"וְנָתְנוּ בְּנֵי אַהֲרֹן הַכֹּהֵן אֵשׁ עַל הַמִּזְבֵּחַ" – *לִימֵּד עַל הַצָּתַת אֲלִיתָא שֶׁלֹּא תְּהֵא אֶלָּא בְּכֹהֵן כָּשֵׁר, וּבִכְלֵי שָׁרֵת, דִּבְרֵי ר' יְהוּדָה, אָמַר לוֹ רַבִּי שִׁמְעוֹן: וְכִי תַּעֲלֶה עַל דַּעְתְּךָ *שֶׁזָּר קָרֵב לְגַבֵּי מִזְבֵּחַ? אֶלָּא: לִימֵּד עַל הַצָּתַת אֲלִיתָא שֶׁלֹּא תְּהֵא אֶלָּא בְּרֹאשׁוֹ שֶׁל מִזְבֵּחַ. וְרַבִּי יְהוּדָה – אִי מֵהָתָם הֲוָה אָמֵינָא: קָאֵי אַאַרְעָא וְעָבֵיד בְּמַפּוּחָא, קמ"ל. וְרַבִּי מֵאִיר, אֵיבָרִים וּפְדָרִים שֶׁלֹּא נִתְעַכְּלוּ מִבָּעֶרֶב מְנָא לֵיהּ? נָפְקָא לֵיהּ מִ"וְאֵשׁ" – וְרַבָּנַן, *וָא"ו לָא דָּרְשִׁי. וְרַבָּנַן, אֵיבָרִים וּפְדָרִים שֶׁלֹּא נִתְעַכְּלוּ מִבָּעֶרֶב מַאי עָבֵיד לְהוּ? [ז]מְהַדַּר לְהוּ לְמַעֲרָכָה גְּדוֹלָה. דְּתַנְיָא: מִנַּיִן לְאֵיבָרִים וּפְדָרִים שֶׁלֹּא נִתְעַכְּלוּ מִבָּעֶרֶב שֶׁסּוֹדְרָן

(שמות ל) (נ"ל עולה) (נ"ל ויורד) (ויקרא ו) (שם) (שם א) (לעיל כד:)

רש"י

שדומה לפז. מלהיב כמרגלית: שנטווה כחוט. מפני שהוא רך: כל החנויות נסגרות. שאין מכר לזהב אחר מפני זה: תניא נמי הכי. דעל שם שדומה לדם הפרים נקרא זהב פרוים, בדברי הימים (ב ג): והלא כבר נאמר. בשל כל ימות השנה "ושחקת ממנה הדק": אלא דרך ימין. שהוא למזרח, שהרי הכבש בדרום, לכך עולה במזרחו של כבש שסמוך ליפנות לימין: משום כבודו[א]. להראות חשיבותו, שהוא כבן בית ומקיף לצורך ושלא לצורך: שמוסיפין לבו ביום. ליטול ממנה גחלים לקטורת של לפני ולפנים. אבל קטורת של מזבח הפנימי – הרי הוא כקטורת של כל השנה: של קיום האש. שאם אין אש של מערכה גדולה מתגבר – מוסיפין עליו מזה: שלא נתעכלו. שלא ניתנו על מערכה, או ניתנו ולא הספיקו להתעכל: להצתת האליתא. להצית בהן אור מערכה גדולה: אליתא. קיסמים דקים: ורבי יוסי הצתת אליתא מנא ליה. שתהא בראשו של מזבח ולא יצית על הרצפה ויעלם כשהן דולקין על המזבח: ובכלי שרת. בלבוש בגדי כהונה: וכי תעלה על דעתך. מאחר שאתה למד מן "האש על המזבח תוקד בו" שיהא בראשו של מזבח, כלום הוצרכנו למקרא זה להטעינה כהן? וכי תעלה על לב שזר קרב לגבי מזבח? והלא נאמר (במדבר יח) "אך אל כלי הקדש ואל המזבח לא יקרבו": אלא לימד על הצתת האליתא שלא תהא אלא על ראש המזבח. ואידך קרא לקיום האש אתא כרבי יוסי, וכהונה דכתיב בהאי קרא – לגופא איצטריך ליה, שנתינת אש צריכה כהן, ולא יתלנה זר ויזרקנה למזבח: ורבי יהודה. אמר לך: אי מהתם. מ"האש על המזבח" כו' אע"ג דשמעינן מינה שהצתה בראש המזבח – לא שמעינן דפסולה בזר, הוה אמינא – קאי זר אארעא ועביד במפוחא: מנא ליה. דבעי מערכה: נפקא ליה מואש. וא"ו דריש: אשר

תוספות

רבי יוסי אומר בכל יום ג' והיום ד'. תימה: בפרק שני דתמיד (דף כט.) תנן: ביררו משם עצי תאנה וכו' – ומוקי להיא מתניתין כר' יוסי בפרק "קדשי קדשים" במסכת זבחים (דף נח.). והיכי מתוקמא כרבי יוסי? והא קתני סיפא: והציתו שתי מערכות, ירדו ובאו ללשכת הגזית. ולרבי יוסי, הא קאמר בכל יום היו שם שלש! ודוחק הוא לומר: סבר ליה כוותיה בחדא ופליג עליה בחדא. וי"ל: דאכתי הואי חדא לקיום האש, ולא קא חשיב אלא הנך תרתי דדמיין להדדי ומציתין אותן ביחד, ומחד קרא מפיק להו. והקשה רבי אלחנן: במזבח הנחשת, שלא היה מקום מערכה אלא אמה, כדאמר בפרק "קדשי קדשים" (דף סב:) ואמרינן נמי התם: גיזרין שעשה משה ארכן ורחבן אמה, א"כ כל הני מערכות היכא הוו קיימי? וצריך לומר: באמה של הילוך רגלי הכהנים והיו מסבבין המערכה גדולה עד הני מערכות: **וכי** תעלה על דעתך שזר קרב אצל המזבח. הקשה רש"י: לדידיה נמי תקשי, דמוקי קרא להצתת אליתא, "הכהן" למה לי? וכי תעלה על דעתך שזר קרב כו'. ותירץ: דאיצטריך, משום דדרשינן לעיל בסוף פרק קמא (דף כא:): "ונתנו בני אהרן הכהן אש על המזבח" אע"פ שהאש יורדת מן השמים – מצוה להביא מן ההדיוט, וסד"א שיהא כשר בזר, ואפשר דקאי אארעא וזריק אש של הדיוט למעלה. וקשיא לן: א"כ מנא ליה דאתא קרא להצתת אליתא? דילמא כוליה קרא לנתינת אש דהדיוט? וי"ל: דא"כ לכתוב קרא "ונתנו בני אהרן הכהן אש וערכו עצים על האש" ואנא ידענא דנתינת האש על המזבח הוה, מדכתיב: ויערכו עצים על האש, דמערכה בראש המזבח היא, "על המזבח" למה לי? אלא למידרש: אש על המזבח – להצתת אליתא שמבעירין אותה על המזבח. ותימה לי: והא ר"ש לית ליה סברא דאפשר דקאי אארעא ועביד במפוחא – א"כ לא הוה צריך הכהן לנתינת אש דהדיוט. דליכא למימר כמו שפרש"י דאפשר דקאי אארעא וזריק, דהא ר"ש לית ליה האי סברא! וי"ל: דבאש דהדיוט שפיר אית ליה, דאפשר דקאי אארעא וזריק לה, כיון דשל הדיוט היא. אבל הצתת אליתא שהבערתה על המזבח – לאו אורח ארעא למיעבד במפוחא ברחוק. וקשה לי: לר' יהודה, "והאש על המזבח תוקד בו" להצתת אליתא שהבערתה על המזבח למה לי? תיפוק ליה מ"ונתנו בני אהרן אש על המזבח" דהא רבי יהודה גמר מהתם הצתת אליתא שתהא בכהן כשר וכלי שרת! וי"ל: אי לא כתב "והאש על המזבח תוקד בו" לא הוה דרשינן מ"ונתנו" אלא נתינת האש דהדיוט על המזבח, ושתהא בכהן כשר וכלי שרת, אבל הצתת אליתא – לא דרשינן. אבל השתא, דנפקא מ"והאש על המזבח" הצתת אליתא שתהא בראשו של מזבח, גמרינן שפיר מ"ונתנו" הצתת אליתא ונתינת אש דהדיוט, שלא יהו אלא בכהן כשר וכלי שרת, דמסתמא בני אהרן דנפקא לן מיניה כהן כשר וכלי שרת – קאי אכל מלות שעל המזבח:

סודרן

רבינו חננאל

רב אשי אמר חמשה הן ובכל אחד יש בו זהב וזהב טוב: בכל יום היה מקריב פרס כו' פרס הוא חצי מנה כי בכל יום היה מקטיר במזבח הקטרת מנה חציו בשחרית וחציו בין הערבים דגרסינן בבריתות פרק א' ת"ר קטרת היתה נעשית שס"ח מנה שס"ה מנה כנגד ימות החמה מנה בכל יום. ג' מנין שמהן כ"ג מכנים מלא חפנים ביוה"כ והשאר ניתנין לאומנין בשכרן. ת"ר קטורת היו מכניסין אותה למכתשת פעמים בשנה בימות החמה בזורה כדי שלא תתעפש בימות הגשמים צוברה כדי שלא תפוג ריחה: בכל יום היו שם ד' מערכות והיום ה' דברי ר' מאיר כו'. תנו רבנן בכל יום היו שם ד' מערכות והיום ה' מערכה גדולה ומערכה של קטרת ומערכה של קיום האש ומערכה לאברים ופדרין שלא נתעכלו מבערב ומערכה שמוסיפין בו ביום. כ"ע ר' יהודה ור' יוסי ור' מאיר כלהו שוין בב' מערכות שנא' העולה על מוקדה על המזבח כל הלילה זו מערכה גדולה ואש המזבח תוקד בו זו מערכה שניה של קטרת ור' יוסי ור"מ דאית ליה מערכה שלישית לקיום האש *) מפיק להאי קרא להצתת האליתה והיא הלהבת עצי המערכה שלא תהיה אלא בראשו של מזבח שנאמר והאש על המזבח תוקד בו לא תכבה. פי' קאי ארעא ועביד במפוחא. כגון שעומד אדם בקרקע העזרה ומנפח במפוח ארוך של נחושת וכיוצא בו ממערכה שע"ג המזבח ומשלהבה. ור' מאיר דאית ליה מערכה רביעית לאברים ופדרין שלא נתעכלו מבערב דריש ו' דואש מדהוה ליה למכתב אש וכתיב ו' ורבנן ו' לא דרשי אלא אברים ופדרין

*) נראה לחסר כאן וצ"ל מפקי ליה מקרא דוהאש על המזבח וגו' ור' יהודה מפיק להאי קרא וכו'.

עין משפט נר מצוה

לח א ב מיי' פ"ב מהל' עבודת יוה"כ הל' ה:
לט ג מיי' פ"ב מהלכות תמידין הלכה ד ופ"ב מהל' עבודת יוה"כ הלכה ה:
מ ד מיי' פ"ב מהלכות תמידין הלכה ה:
מא ה מיי' שם:
מב ו שם הלכה ט:
מג ז שם הלכה ה:

עיין לעיל כמתניתין דף מג: מה שנכתב על הגליון

מסורת הש"ס

לעיל טו: יז: זבחים סב: [לקמן נח: סוטה טו:]
[תוספ' פ"ב]
[כתוס' ליתא]
[לעיל לג.]
[זבחים סה. מנחות כ.]
[יבמות סח: סט. עב. סוטה כח. סנהדרין כח. נא: מנחות נא: פז:]

הגהות הב"ח

(א) רש"י ד"ה משום כבודו של כהן גדול להראות חשיבותו:

גליון הש"ס

(א) גמ' זהב שחוט. מ"א י טז: (ב) שם זהב סגור. מ"א י כא: (ג) שם זהב פרוים. דה"ב ג ו:

תוספות ישנים

נתפזרו לו קב גחלים מכבדן לאמה. הקשה רבינו נסים גאון היכי מכבדן לאמה ומפסיד קדש והלא קדשו בכלי שרת ותנן (עדיות פ"ח מ"א) העיד ר"ע על קטרת ולבונה וגחלים שנגע טבול יום במקצתן שפסל את כולן וי"ל שאין כלי שרת מקדשין שלא מדעת כן תירץ רבינו יעקב אבל קשה לה"ר אלחנן דהא פלוגתא דאמוראי היא בסוכה בפ' לולב וערבה (דף נ.) אי כלי שרת מקדשין שלא מדעת אי לא ובפ"ק דמנחות (דף ז.) יש שאומר על ברייתות זאת אומרת כלי שרת מקדשין וזאת אומרת אין מקדשין כו' אבל פלוגתא דתנאי מיהא לא אשכחן בהדיא והמשנה צריך לתרץ אליבא דכולהו מיהו כיון שמחלוקת בברייתות הוא בכך אין לחוש ועוד יש לתרץ דמיירי הכא שהמחתה של כסף אינה כלי שרת כי אם השניה שהיה מערה לתוכה אבל קשה לרבי אלחנן דבפרק בתרא דחגיגה מוקי לה כר"ע בגחלים של יוה"כ שבה היה חותה ומכנים א) ומיהו לא מכבדן לאמה והכי איתא בירושלמי דחגיגה גחלים מאי א"ר אבין תפתר בגחלים של יום הכפורים שבמה שהוא חותה הוא מכניס אבל של כל יום לא כדתנן תמן נתפזר כקב גחלים היה מכבדן לאמה ואיתמר נמי מפני שנזקקה לכליין פירוש מחתה זו של זהב שהיא כליין מגרפתן אבל מחתה של [כסף] שאינה כליין לא מגרפתן ורבי אומר לפרש הירושלמי גחלים מאי למה פוסל את כולם כיון שאין צריכין לכלי דהא מתפזר מהם לארץ א"כ ע"כ שאין קדושין ומוקי לה בשל יוה"כ וה"ה למחתה שניה של כל יום אלא מילתא דפסיקא ליה נקט ואע"ג דאמרי' בפ' בתרא דחגיגה דמדרבנן מגרף אע"פ שא"צ לכלי איכא למימר דהתם מיירי למ"ד ניגוף דאורייתא אבל למ"ד דרבנן יכול להיות דאין מועיל אלא מה שצריך לכלי וקושיא דרבינו נסים אינה קושיא דאין כאן הפסד קדש כיון שאין ההקדש צריך להם וכדי שתהא השניה מלאה יפה תקנו לחתות בגדולה ולערות בקטנה ב): **מכבדן** לאמה. ול"ת והא קא עבר משום לא תכבה ואמרינן בסוף פירקין (דף מו:) המוריד גחלת מע"ג המזבח וכיבה חייב י"ל דלרבא אתי שפיר דפטר לקמן היכא דנתקיה למנותיה ואפי' לאביי דמחייב פטר הכא כיון דנתקיה למנותיה הולך לשופכו ולפזרו על הרצפה א"נ השפיכה אינה כיבוי ולאחר שכבו שמא היה מפזרן לאמה מיהו הא ליכא למימר דא"כ הא דקתני בתמיד (דף לג.) ובשבת טופה עליו פסכתר אפילו בחול נמי כיון שלא יכבם יכוו בהם שהולכים יחופים על הרצפה ועוד אומר ה"ר אלחנן כיון שנעשית כל מצותן אין בהם עוד כלל איסור לא תכבה: **בכל** יום לא היה נשתק. פירש"י כמין טבעת וריב"א פי' כמו נרתק וכן פר"ח והביא ראיה מברא[שי]ת רבה (פ"ו) שחמה יש לה נשתק שנאמר לשמש שם אהל בהם ואמרינן נמי הקב"ה מערטלה חמה מנשתקה וריב"א הביא ראיה מן הירושלמי דגרים בכל יום לא היה נרתק היום היה לה נרתק כדי שלא יכוה נראה פירוש לפי שבית ידה מתחמם מן הגחלים דמתכת אמרינן דחס מקלתו חס כולו ולפיכך עושה נרתק שמובדל מן הכלי ופריך והלא חולץ ומשני קובשו במסמר*): **היום** שולין באמצע. כהן ראש בית אב וסגן שעולין עם כהן גדול או אחר כהגים לסייעו להפך בגורלא או שום טרך: **ואחת** של אברים ופדרים שלא נתעכלו מבערב. והא דאמרי' בפ"ק (דף כ.) דלאחר חצות לא יחזיר משום דחצות מצוה ליה עיכול הייט בנתעכלו ולא נתעכלו לגמרי דמוקי לה בפ' (שני) [ט] דזבחים (דף פו.) בשרירי אבל היכא שלא נתעכלו כלל לא מצוי חצות עיכול ועוד דלעיל מיירי בפקעו מעל המזבח אבל לא פקעו נשרפין שם לגמרי כמו ששנינו בתמיד דהאברים שהן על האש נשרפין למחר: **אלא** לימד על הצתת האליתא שלא תהא אלא בראשו של מזבח. וכהן דכתיב בנתינת אש פירש"י דקמ"ל שלא יזרקם זר על המזבח ואין שייך כאן להקשות לפני מלך ב"ו אין עושין כן כו' ורבי אומר בפ"ב דזבחים (דף יח.) דרשינן

א) נ"ל ומחס: ב) עיין בתוס' חגיגה כג: ד"ה שאם נגע בו' כו' שם הדברים מבוארים. ש"י:
*) ע"כ שייך לדף מד.

מד א מיי' פ"ג מהל' תמידין הלכה ב:
מה ב שם הל' ה ופ"ב הל' ד והלכה ח:
מו ג שם פ"ג הל' יג:

שֶׁסּוֹדְרָן עַל גַּבֵּי מִזְבֵּחַ, וְאִם אֵין מַחֲזִיקָן – שֶׁסּוֹדְרָן עַל הַכֶּבֶשׁ אוֹ ע"ג סוֹבֵב עַד שֶׁיַּעֲשֶׂה מַעֲרָכָה גְּדוֹלָה וְסוֹדְרָן, ת"ל: (ויקרא ו) °"אֲשֶׁר תֹּאכַל הָאֵשׁ אֶת הָעוֹלָה עַל הַמִּזְבֵּחַ". וְר' מֵאִיר: עִיכּוּלֵי עוֹלָה – אַתָּה מַחֲזִיר, אוְאִי אַתָּה מַחֲזִיר עִיכּוּלֵי קְטוֹרֶת. דְּתָנֵי *ר' חֲנַנְיָא בַּר מַנְיוֹמִי בִּדְבֵי ר' אֱלִיעֶזֶר בֶּן יַעֲקֹב: "אֲשֶׁר תֹּאכַל הָאֵשׁ אֶת הָעוֹלָה עַל הַמִּזְבֵּחַ" – עִיכּוּלֵי עוֹלָה אַתָּה מַחֲזִיר וְאִי אַתָּה מַחֲזִיר עִיכּוּלֵי קְטוֹרֶת. דְּכוּלֵּי עָלְמָא מִיהַת מוֹסִיפִין בּוֹ בַּיּוֹם אִית לְהוּ, מְנָא לְהוּ? – נָפְקָא לְהוּ °מִ"וְהָאֵשׁ", (שם) וַאֲפִילּוּ לְמַאן דְּלָא דָּרֵישׁ *'וָא"ו'–"וָא"ו הֵ"א" דָּרֵישׁ. "אֵשׁ תָּמִיד" לְמַאי אֲתָא? – מִבָּעֵי לֵיהּ לְכִדְתַנְיָא:[א] (שם) °"אֵשׁ תָּמִיד תּוּקַד עַל הַמִּזְבֵּחַ לֹא תִכְבֶּה" בלִימֵּד עַל מַעֲרָכָה שְׁנִיָּה שֶׁל קְטוֹרֶת °שֶׁלֹּא תְּהֵא אֶלָּא עַל הַמִּזְבֵּחַ הַחִיצוֹן. אֵשׁ מַחְתָּה וּמְנוֹרָה מִנַּיִן? וְדִין הוּא: נֶאֶמְרָה אֵשׁ בִּקְטוֹרֶת, וְנֶאֶמְרָה אֵשׁ בְּמַחְתָּה וּמְנוֹרָה, מַה לְּהַלָּן עַל מִזְבֵּחַ הַחִיצוֹן – אַף כָּאן עַל הַמִּזְבֵּחַ הַחִיצוֹן. אוֹ כְּלָךְ לְדֶרֶךְ זוֹ: נֶאֶמְרָה אֵשׁ בִּקְטוֹרֶת, וְנֶאֶמְרָה אֵשׁ בְּמַחְתָּה וּמְנוֹרָה, מַה לְּהַלָּן בְּסָמוּךְ לוֹ – אַף מַחְתָּה וּמְנוֹרָה בְּסָמוּךְ לוֹ, ת"ל: "אֵשׁ תָּמִיד תּוּקַד עַל הַמִּזְבֵּחַ לֹא תִכְבֶּה" – גאֵשׁ תָּמִיד שֶׁאָמַרְתִּי לְךָ לֹא תְּהֵא אֶלָּא בְּרֹאשׁוֹ שֶׁל מִזְבֵּחַ הַחִיצוֹן. לָמַדְנוּ אֵשׁ לַמְּנוֹרָה, אֵשׁ לְמַחְתָּה מִנַּיִן? וְדִין הוּא: נֶאֶמְרָה אֵשׁ בְּמַחְתָּה וְנֶאֶמְרָה אֵשׁ בִּמְנוֹרָה, מַה לְּהַלָּן עַל גַּבֵּי מִזְבֵּחַ הַחִיצוֹן – אַף כָּאן עַל מִזְבֵּחַ הַחִיצוֹן, אוֹ כְּלָךְ לְדֶרֶךְ זוֹ: נֶאֶמְרָה אֵשׁ בִּקְטוֹרֶת וְנֶאֶמְרָה אֵשׁ בְּמַחְתָּה, מַה לְּהַלָּן בְּסָמוּךְ לוֹ אַף כָּאן בְּסָמוּךְ לוֹ – תַּלְמוּד לוֹמַר: (שם טז) °"וְלָקַח מְלֹא הַמַּחְתָּה גַּחֲלֵי אֵשׁ מֵעַל הַמִּזְבֵּחַ מִלִּפְנֵי ה'" אֵיזֶהוּ מִזְבֵּחַ שֶׁמִּקְצָתוֹ לִפְנֵי ה' וְאֵין כּוּלּוֹ לִפְנֵי ה' – הֱוֵי אוֹמֵר זֶה מִזְבֵּחַ הַחִיצוֹן. וְאִיצְטְרִיךְ לְמִיכְתַּב "מֵעַל הַמִּזְבֵּחַ" וְאִיצְטְרִיךְ לְמִיכְתַּב "מִלִּפְנֵי ה'"; דְּאִי כָּתַב רַחֲמָנָא "מֵעַל הַמִּזְבֵּחַ" – הֲוָה אָמֵינָא: מַאי מִזְבֵּחַ – מִזְבֵּחַ פְּנִימִי, כָּתַב רַחֲמָנָא "מִלִּפְנֵי ה'" – וְאִי כָּתַב רַחֲמָנָא "מִלִּפְנֵי ה'" – הֲוָה אָמֵינָא: דַּוְקָא מִלִּפְנֵי ה', אֲבָל

תורה אור

אֲשֶׁר תֹּאכַל אֶת הָעוֹלָה. אִם אֵינוֹ עִנְיָן לִתְחִילָּתָהּ, דְּהָא כְּתִיב "הָעוֹלָה עַל מוֹקְדָהּ" תְּנֵהוּ לְעִנְיַן סוֹפָהּ: עִיכּוּלֵי עוֹלָה. פּוֹקְעִין שֶׁפָּקְעוּ מֵעַל הָאֵשׁ, וְקָרֵי בֵּיהּ, "אֲשֶׁר תֹּאכַל אֶת הָעוֹלָה עַל הַמִּזְבֵּחַ": אֵשׁ תָּמִיד תּוּקַד לְמַאי אֲתָא. כֵּיוָן דְּדָרְשַׁתְּ כָּל מוֹקְדוֹת דְּעִנְיָנָא: שֶׁלֹּא תְּהֵא אֶלָּא עַל מִזְבֵּחַ הַחִיצוֹן. דְּהַאי קְרָא בְּמִזְבַּח הָעוֹלָה כְּתִיב: אֵשׁ מַחְתָּה וּמְנוֹרָה. אֵשׁ דְּיוֹה"כ דְּלִפְנַי וְלִפְנִים, וְאֵשׁ דִּמְנוֹרָה דְּהַדְלָקַת נֵרוֹת דְּכָל יוֹמָא, מִנַּיִן שֶׁתְּהֵא נִיטֶּלֶת מֵעַל הַמִּזְבֵּחַ הַחִיצוֹן? הָכִי גָּרְסִינַן: נֶאֱמַר כָּאן אֵשׁ בִּקְטוֹרֶת. דִּכְתִיב 'יַקְטִירֶנָּה', וְאֵין הַקְטָרָה בְּלֹא אֵשׁ: מַה לְּהַלָּן בְּסָמוּךְ לוֹ. בְּמִזְבֵּחַ הַחִיצוֹן הַסָּמוּךְ לַפְּנִימִי, שֶׁעָלָיו הַקְּטוֹרֶת נִקְטָר. אַף מַחְתָּה וּמְנוֹרָה נוֹטֵל מִן הַסָּמוּךְ לוֹ – וְהוּא מִזְבֵּחַ הַפְּנִימִי הַסָּמוּךְ לַמְּנוֹרָה וְלִפְנַי לִפְנִים: אֵשׁ תָּמִיד. אֵשׁ שֶׁאָמַרְתִּי לְךָ בָּהּ תָּמִיד, וְהוּא שֶׁל מְנוֹרָה, שֶׁנֶּאֱמַר בָּהּ "לְהַעֲלוֹת נֵר תָּמִיד": נֶאֱמַר אֵשׁ בִּקְטוֹרֶת. שֶׁל כָּל יוֹם: וְלָקַח מְלֹא הַמַּחְתָּה מֵעַל הַמִּזְבֵּחַ. (ויקרא טז) וּמְהֵיכָן מִלִּפְנֵי ה' – מִצַּד מַעֲרָב: הָכִי גָּרְסִינַן: אֵיזֶהוּ מִזְבֵּחַ שֶׁמִּקְצָתוֹ לִפְנֵי ה' וְאֵין כּוּלּוֹ לִפְנֵי ה' הֱוֵי אוֹמֵר זֶה מִזְבֵּחַ הַחִיצוֹן. אֵיזֶהוּ מִזְבֵּחַ שֶׁיֵּשׁ לְחַלֵּק בּוֹ מַה מִּמֶּנּוּ לִפְנֵי ה', שֶׁהוּזְקַק הַכָּתוּב לוֹמַר מִלִּפְנֵי ה' – הֱוֵי אוֹמֵר זֶה מִזְבֵּחַ הַחִיצוֹן. דְּאִילּוּ פְּנִימִי – כּוּלּוֹ לִפְנֵי ה': דַּוְקָא מִלִּפְנֵי ה'. כְּנֶגֶד הַפֶּתַח מַמָּשׁ: אֲבָל

סודרן על גבי כבש או על גבי סובב. אבל על גבי יסוד – לא, דא"כ היה נפסל בלינה אם ירד, אבל סובב שהוא מחצי המזבח ולמעלה – הרי הוא כמזבח, ואין לינה מועלת בראשו של מזבח, וכן כבש, ריב"א. ועוד אפשר דאיסור יש להורידו מן המזבח, אבל כשסודרן על הסובב והכבש – לא מיקרי ירידה:

נאמרה אש בקטורת. נ"ל, דכתיב גבי קרח: "אתה ואהרן איש מחתתו ותנו בהן אש ושימו עליהן קטורת":

תמיד שאמרתי לך לא תהא אלא על מזבח החיצון. תימה לי: א"כ ניבעי לה מערכה בפני עצמה, כי היכי דמלרכינן מערכה לקטורת בפני עצמה, וא"כ נפישי להו מערכות! וי"ל: כיון דלא היה צריך ליקח שום גחלים למנורה אלא להדליק הפתילות בעלמא – לא מסתבר שיעשו בשביל זה מערכה, ולא מסרן הכתוב אלא לחכמים. ועוד י"ל: מדכתיב 'תמיד' ש"מ שמדליקין אותה מאש הדולקת תמיד – והיינו ממערכה גדולה. דאי עבדינן לה מערכה בפני עצמה – מאי איצטריך שתהא דולקת תמיד? **הוי** אומר זה מזבח החיצון. ואין להקשות: א"כ מאי איצטריך קרא לקטורת דהיכל, שלוקחין לה גחלים ממזבח החיצון? נגמר מקטורת דלפני ולפנים! די"ל: דאיצטריך לאשמועינן דעושין לה מערכה בפני עצמה, דאי הוה גמרינן מהכא – ה"א ביוה"כ סגי בחדא מערכה לקטורת דהיכל ודלפני ולפנים. אי נמי: מהכא לא מצינו למילף, דשאני קטורת דכל יומא כיון דמקטירין אותה על מזבח הפנימי – יעשו לה מערכה כמו כן על מזבח הפנימי, קמ"ל: **הוה** אמינא דוקא מלפני ה'. הקשה ר"י: מאי שנא דהכא אמרינן "לפני ה'"–כנגד הפתח, במערבה. וכן בנר מערבי פרק "שתי הלחם" (מנחות דף לח.) וגבי תנופה פרק "כל המנחות באות מצה" (שם דף סא.) אמרינן: לפני ה' – במזרח, וגבי שחיטה נמי כתיב "לפני ה'" ושרינן בכל מקום בעזרה! ותירץ ר"י: דגבי שחיטת קדשים קלים כתיב, לפני ה' – למעוטי בחוץ, אע"ג דנאכלין בכל העיר – שחיטתן לפני ה' בפנים, במזרח. וכן גבי תנופה. אבל בהני מזבח ומנורה, אי לא אתי לאשמועינן במערב – לפני ה' למה לי? והקשה רבינו יצחק הבחור: מ"מ, מאי שנא דתנופה במזרח ושחיטה בכל מקום בעזרה! ותירץ: דודאי "לפני ה'" במזרח, כדדרשינן בסיפרי בפרשת נשא גבי תנופת איל נזיר לפני ה' במזרח, בכל מקום שנאמר לפני ה' – הוי אומר במזרח, עד שיפרט לך הכתוב. וגבי שחיטת קדשים קלים לא כתיב "לפני ה'" אלא בסמיכה, ושמא סמיכה היא במזרח, ואת"ל שאינה במזרח – דילמא היינו טעמא: דגמרינן מקל וחומר משחיטה, או בהיקישא ד"וסמך ושחט", ושחיטה הויא בכל מקום, כדגמרינן ב"איזהו מקומן" (זבחים דף נה.) מקראי, להכשיר כל הרוחות. ואפשר דאפילו סמיכת עולה היא בכל מקום בעזרה, כיון דשירי מצוה היא – גמרינן קל וחומר משחיטת שלמים. וקרא דלפני ה' דסמיכה לאפוקי חוץ לעזרה. וכ"מ בת"כ: דדריש "לפני ה' וסמך" דגבי עולה, אע"פ שסמך בחוץ – יחזור ויסמוך בפנים. והא דכתיב: "ושחט את בן הבקר לפני ה'" גבי עולה – לא מצי למימר במזרח, דהא פרט לך הכתוב לפון, ודרשינן מיניה: בן בקר לפני ה' ולא שוחט לפני ה', בפרק "כל הפסולין" (שם דף לב:), ו"לפני ה'" דכתיב בפר כהן משיח ובפר העלם – דריש בת"כ לקבוע להם לפון, והיינו עד שיפרט לך הכתוב. והאי דדרשינן ליה לצפון ולא למזרח – משום דאשכחן שאר קדשי קדשים שטעונין לפון, ואע"ג דאמר בפרק "איזהו מקומן" (שם דף מח:): זה בנה אב שכל חטאות טעונות לפון – נראה לי דשמא איצטריך משום דכתיב בפר כהן משיח "כאשר יורם משור זבח השלמים" ולהקטרת אימורים לא איצטריך למילף משלמים, שהרי הכל מפורש בגופיה. וסד"א דאיצטריך לאקושיה לשלמים להכשיר כל הרוחות לשחיטתו, ופר העלם איתקש לפר כהן משיח, ואע"ג דדבר הלמד בהיקש אינו חוזר ומלמד בהיקש – אין זה אלא גילוי מילתא, להכי איצטריך לאהדרינהו לכלל שאר חטאות להטעינן לפון. [אי נמי] סד"א: כיון דמלות שריפתן חוץ לשלש מחנות – לא ליבעו לפון, קמ"ל "לפני ה'". וגבי נר מערבי לא קשה מידי, שכשאתה אומר לפני ה' במזרח – לא אתא לאפוקי אלא לפון ודרום שלא כנגד היכל וכתליו, או שלא יעמוד במזרח ויהפוך פניו לצד לפון ודרום. וגבי גחלים לא שייך למימר הכי, שהרי לפונו ודרומו של מזבח היה כל כך כנגד היכל וכתליו כמו מזרחו. ואם כן "לפני ה'" לאפוקי מאי? אי לאפוקי שלא יעמוד החותה במזרח ויהפוך פניו לצפון ולדרום – א"כ דאגברא קאי, הוה ליה למיכתב לפני ה', מדכתיב מלפני ה' – שמע מינה דאגחלים קאי, ואי גחלים דמזרחו דמזבח קאמר – אמאי קרי לה לפני ה' טפי מדלפונו ודרומו? אלא שמע מינה: במערב קאמר, והיינו כמו פרט הכתוב, כדאיתא בסיפרי. וכן בנרות כולם לפני ה', בין אדם בין נרות, אלא שמע מינה: נר מערבי קאמר:
אבל

רבינו חננאל

ופדרין שלא נתעכלו מבערב סודרן בצידי המזבח עד שיסדר המערכה גדולה ואח"כ מחזירן עליה שנאמר אשר תאכל האש את העולה על המזבח כלו' מחזירם ע"ג המערכה שבמזבח ור' מאיר האי קרא אשר תאכל האש מפיק לה לדרשא אחרינא כדתני רב חנניא בר מניומי בדבי אליעזר בן יעקב אשר תאכל האש את העולה על המזבח עיכולי עולה אתה מחזיר על המזבח ואי אתה מחזיר עיכולי קטורת וכר' ינאי דאמר קטורת שפקעה ממזבח הקטרת אפילו קרטין שבהן אין מחזירין אותה ע"ג המזבח. דכ"ע מיהת שוין שמוסיפין ביוה"כ מערכה יתירה על כל הימים. מנא להו ופרשינן מוהאש היה לו לכתוב אש ולמה כתב והאש אלא לומר שמוסיפין ביוה"כ מערכת אש אחרת. הנה דרשנו הני קראי ואש המזבח תוקד בו. והאש על המזבח תוקד. האי קרא אחרינא אש תמיד תוקד על המזבח לא תכבה למאי אתא לכדתניא ואש המזבח תוקד בו לימד על מערכה שניה של קטרת שתהיה במזבח החיצון. אש מחתה. שנאמר ולקח מלא המחתה גחלי אש. ומנורה דכתיב בה להעלות נר תמיד והיא הדלקת נרות באש. מנא לן שהיא ממזבח החיצון ולמד בהן מן הדין בזה הדרך נאמר תן אש בקטרת ונאמר תן אש במחתה ומנורה כו' ודחינן כלך לדרך זו כו' כלומר כך למוד מהמזבח הקטרת האש שאתה נותן ומקטיר עליה אינך מכניסה אלא מן הסמוך לה דהוא מזבח החיצון כמו שאמרנו במסכת זבחים בפ' קדשי קדשים (נח) ר' יוסי היא דתניא ר' יוסי אומר כל הניטל מבחוץ ליתן בפנים אינו נותן אלא בסמוך שלפנים. וכן אמרו למעלה בענין סידור המערכה כריש לקיש דאמר אין מעבירין על המצות. וכי עייל בהיכל במזבח הקטורת פגע ברישא. כדכתיב שלחן בצפון משוך מן הכותל כו'. וכבר פירשנוהו שם בפרק אמר להם הממונה כן אש מחתה ומנורה לא תהיה אש אלא ממזבח הזהב הסמוך להם לכך בא זה אש תמיד תוקד על המזבח ללמד כי האש אשר כתבתי לך תמיד והיא אש של מנורה כדכתיב להעלות (אש תמיד ובמנורה כתיב להעלות *) נר תמיד אש מחתה מניין ולא אשכחנא בה טעם אלא מגופה שנאמר ולקח מלא המחתה גחלי אש מעל המזבח מלפני ה' ודייקינן מדכתיב לפני ה' שמעינן מינה דבעינן אש ממזבח שאין כולו לפני ה' ואמרינן איזהו מזבח שאין כולו לפני ה' הוי אומר זה מזבח החיצון אבל מזבח הפנימי כולו לפני ה' הוא שנאמר ויצא אל המזבח אשר לפני ה' זה מזבח הזהב לפי שמזבח החיצון יש בו ל"ב ופתח ההיכל אינו רחב אלא י' אמה ומה שהוא כנגד הפתח הוא לפני ה' והשאר לא וכבר אמרו מזבח ממוצע באמצע עזרה וזה דבר ברור הוא ועניין הזה פשוטה תחלת פרק היה מביא מנחתה (דף יד ע"ב) ואצטריך למיכתב מלפני ה' למעט מזבח הפנימי שהוא כולו לפני ה' ואיצטריך למיכתב מעל

*) תי' אלו המוקפין נראין מיותרין ול"ע.

מנחות כו: [זבחים פג:]

[יבמות נד: מנחות נא: פז:]

שם טז

תוספות ישנים

דרשינן מניה כהן בכיהונו וא"ת לרבי יהודה אמאי אצטריך תרי קראי מהאי קרא דונתנו תיפוק כולה מילתא דכתיב ביה כהונה וראשו של מזבח וי"ל דעל המזבח דהאי קרא אתא לדרשה אחריתי: *ורבנן וי"ו לא דרשי. פירש רבי יהודה ורבי יוסי ומה שמקשין דרבי יהודה דריש וי"ו בעלמא והכא לא דריש לה פי' בסנהדרין ובערכין ובתמורה:

*) שייך לע"א

הגהות הגר"א

[א] גמרא לכדתניא. (אש תמיד תוקד על המזבח לא תכבה) תא"מ ונ"ב ואש המזבח תוקד בו (וכ"ה בתורת כהנים וכמ"ש לעיל עמוד א' ובדף לג א'):

גליון הש"ס

גמרא שלא תהא אלא על המזבח החיצון. עיין לעיל דף לג ע"א תוס' ד"ה מכלל:

אֲבָל מֵהַאי גִּיסָא וּמֵהַאי גִּיסָא אֵימָא לָא – צְרִיכָא. א"ר אֶלְעָזָר מִשּׁוּם בַּר קַפָּרָא, אוֹמֵר הָיָה רַבִּי מֵאִיר: אֵיבְרֵי עוֹלָה שֶׁנִּתּוֹתְרוּ – עוֹשֶׂה לָהֶן מַעֲרָכָה בִּפְנֵי עַצְמָהּ וְסוֹדְרָן, *וַאֲפִילּוּ בְּשַׁבָּת. מַאי קמ"ל? תְּנֵינָא: בְּכָל יוֹם הָיוּ שָׁם אַרְבַּע מַעֲרָכוֹת! א"ר אָבִין: לֹא נִצְרְכָה אֶלָּא לִפְסוּלִין. וְדַוְקָא שֶׁמָּשְׁלָה בָּהֶן הָאוּר, אֲבָל לֹא מָשְׁלָה בָּהֶן הָאוּר – לָא. אִיכָּא דְּאָמְרִי: אֶחָד כְּשֵׁירִין וְאֶחָד פְּסוּלִין, אִי מָשְׁלָה בָּהֶן הָאוּר – אִין, וְאִי לָא – לָא. "וַאֲפִילּוּ בְּשַׁבָּת". תָּנֵינָא: וְהַיּוֹם חָמֵשׁ! אָמַר רַב אַחָא בַּר יַעֲקֹב: אִיצְטְרִיךְ, סָלְקָא דַּעְתָּךְ אָמִינָא: הָנֵי מִילֵּי – הֵיכָא דְּחָל יוֹם הַכִּפּוּרִים לִהְיוֹת אַחַר הַשַּׁבָּת, *דְּחֶלְבֵי שַׁבָּת קְרֵבִין בְּיוה"כ. אֲבָל בְּאֶמְצַע שַׁבָּת – לָא, קמ"ל. אָמַר רָבָא: *מַאן הַאי דְּלָא חָיֵישׁ לְקִמְחֵיהּ? הָא "בְּכָל יוֹם" תְּנַן! קַשְׁיָא. וּפְלִיגָא דְּרַב הוּנָא, דְּאָמַר: תְּחִילָּתוֹ – דּוֹחָה, סוֹפוֹ – אֵינוֹ דּוֹחֶה. גּוּפָא, אָמַר רַב הוּנָא: [א]תָּמִיד, תְּחִילָּתוֹ – דּוֹחָה, סוֹפוֹ – אֵינוֹ דּוֹחֶה. מַאי אֵינוֹ דּוֹחֶה? רַב חִסְדָּא אָמַר: דּוֹחֶה אֶת הַשַּׁבָּת וְאֵינוֹ דּוֹחֶה אֶת הַטּוּמְאָה, (*וְרָבָא) אָמַר: [ב]דּוֹחֶה אֶת הַטּוּמְאָה וְאֵינוֹ דּוֹחֶה אֶת הַשַּׁבָּת. אֲמַר לֵיהּ אַבָּיֵי (*לְרָבָא): לְדִידָךְ קַשְׁיָא, וּלְרַב חִסְדָּא קַשְׁיָא. לְדִידָךְ קַשְׁיָא: מַאי שְׁנָא טוּמְאָה – דִּכְתִיב "בְּמוֹעֲדוֹ" *וַאֲפִי' בְּטוּמְאָה, שַׁבָּת נַמִי – "בְּמוֹעֲדוֹ" וַאֲפִי' בְּשַׁבָּת! וּלְרַב חִסְדָּא קַשְׁיָא: מַאי שְׁנָא שַׁבָּת דִּכְתִי' "בְּמוֹעֲדוֹ" אֲפִי' בְּשַׁבָּת, טוּמְאָה נַמִי: "בְּמוֹעֲדוֹ" וַאֲפִי' בְּטוּמְאָה! אָמַר לֵיהּ: לָא לְדִידִי קַשְׁיָא, וְלָא לְרַב חִסְדָּא קַשְׁיָא. לְדִידִי לָא קַשְׁיָא; סוֹפוֹ – כִּתְחִילָּתוֹ, טוּמְאָה

רש"י

אֲבָל מֵהַאי גִּיסָא. דְּפֶתַח, לֹא. וְאע"ג דְּכָל מַעֲרָבִי הוּא: הָכִי גָּרְסִינַן: אוֹמֵר הָיָה ר"מ אֵיבְרֵי עוֹלָה שֶׁנִּיתּוֹתְרוּ כו'. וְלֹא גָּרְסִינַן עוֹלַת [(א)]חוֹל, דְּאִי גָּרְסִי' לֵיהּ – מַאי תְּנֵינָא דְּקָא פָּרֵיךְ לֵיהּ? הָא אֲתָא לְאַשְׁמוֹעִינַן שַׁבָּת. וְאִם תֹּאמַר הָכִי פָּרֵיךְ לֵיהּ: בְּכָל יוֹם תְּנַן, וַאֲפִילּוּ בְּשַׁבָּת. דְּהָא הָדַר פָּרֵיךְ לֵיהּ תּוּ אֲפִילּוּ בְּשַׁבָּת פִּירְכָא אַחֲרִיתִי: מַאי קמ"ל. דְּקָאָמַר עוֹשֶׂה לָהֶן מַעֲרָכָה בַּחוֹל – תָּנֵינָא: בְּכָל יוֹם הָיוּ שָׁם ד' מַעֲרָכוֹת, וַחֲדָא מִינַּיְיהוּ לָאֵיבָרִים שֶׁנִּיתּוֹתְרוּ: לִפְסוּלִין. הָנָךְ דְּאִם עָלוּ לֹא יֵרְדוּ: שֶׁמָּשְׁלָה בָּהֶן הָאוּר. דְּמֵהַהִיא שַׁעְתָּא נַעֲשׂוּ לַחְמוֹ שֶׁל מִזְבֵּחַ: תָּנֵינָא הַיּוֹם חָמֵשׁ. וַהֲרֵי יוה"כ כְּשַׁבָּת, וְקָתָנֵי דְּאֵיבְרֵי תָּמִיד שֶׁל עֶרֶב יוה"כ עוֹשֶׂה לָהֶן מַעֲרָכָה בְּיוה"כ: בְּכָל יוֹם. הָיוּ אַרְבַּע מַעֲרָכוֹת תְּנַן, וַאֲפִילּוּ שַׁבָּת בְּמַשְׁמַע: וּפְלִיגָא דְּרַב הוּנָא. אַדְּבַר קַפָּרָא וְאַדְּרָבָא, דְּאָמַר בְּכָל יוֹם דְּמַתְנִיתִין דַּוְוקָא הוּא, וַאֲפִי' בְּשַׁבָּת. דְּרַב הוּנָא סָבַר: בְּכָל יוֹם – לְבַר מִשַּׁבָּת: תְּחִילָּתוֹ דּוֹחֶה. תָּמִיד שֶׁל שַׁבָּת נִשְׁחָט בְּשַׁבָּת וְקָרֵב בְּשַׁבָּת: סוֹפוֹ אֵינוֹ דּוֹחֶה. תָּמִיד שֶׁל עֶרֶב שַׁבָּת אֵין אֵבָרָיו נִקְטָרִין מִשֶּׁתֶּחְשַׁךְ, אֶלָּא מַעֲלָן מִבְּעוֹד יוֹם: הָכִי גָּרְסִינַן: גּוּפָא אָמַר רַב הוּנָא כו': מַאי אֵינוֹ דּוֹחֶה. אֵינוֹ דּוֹחֶה אֶת הַטּוּמְאָה הֶקְטֵר חֲלָבִים וְאֵימוּרִין אֶלָּא זְרִיקַת דָּמוֹ בִּלְבַד. לִישָּׁנָא אַחֲרִינָא: תְּחִילָּתוֹ – הֶקְטֵר חֲלָבִים, סוֹפוֹ – אֵיבָרִים שֶׁנִּיתּוֹתְרוּ מִבָּעֶרֶב. וְזֶה שָׁמַעְתִּי. וְהָרִאשׁוֹן נִרְאֶה בְּעֵינַי: טוּמְאָה

תוספות

אבל דהאי גיסא ודהאי גיסא אימא לא צריכא. נהי דמסיק הכא דאפי' דהאי גיסא ודהאי גיסא כשר – הני מילי דיעבד, אבל לכתחילה – בעינן כנגד הפתח, כדמשמע בזבחים ריש פרק "קדשי קדשים" (דף נח.). וא"ת: מאי איצטריך קרא למימר דלא מעכב? אי שקיל להו שלא כנגד הפתח – מהיכא תיתי עיכובא, והלא לא שנה עליו הכתוב לעכב? ואי מדכתיב 'חוקה', לרבי יהודה דאמר (לקמן דף ס.): לא קאי חוקה אלא אדברים שנעשים בבגדי לבן בפנים – למה לי קרא? וי"ל: כיון דהוי צורך פנים – כפנים דמי, מידי דהוה אקטורת שחפנה קודם שחיטת הפר, דלא עשה ולא כלום אפי' לר' יהודה, דצורך פנים כפנים דמי: **אבל** לא משלה בהן האור לא. לאו דווקא פסולין, הוא הדין אפי' כשרין, אי לא משלה בהן האור – לא. דקאמר: *"עולת שבת בשבתו" ולא עולת חול בשבת. ומקשים: והאמר בפ"ק דשבת (דף כ.) "בכל מושבותיכם" – למישרי איברים ופדרים הוא דאתא, ועל כרחך היינו איברים ופדרים דחול, דאי של שבת – מעולת שבת בשבתו נפקא. ותירץ הרב רבי יוסף פור"ת זצ"ל: דלמישרי איברים ופדרים – היינו של שבת, דאי מעולת שבת בשבתו – ההיא מיירי בשחיטה וזריקה. ולא נהירא לר"י: דא"כ היכי גמרינן מיניה בפרק "אלו קשרים" (שם דף קיד.) דחלבי שבת קריבין ביו"ט או ביוה"כ? ואי קרא בשחיטה וזריקה איירי – אטו קרבן שבת נשחט בי"ט וביוה"כ? אלא, על כרחך אהקטרת תמיד דשבת דרשינן גופיה מקרא, כדדרשינן בפרק "אלו דברים" (פסחים דף סו.): "עולת שבת על עולת התמיד" – מכלל דתמיד דחי שבת. ומסתמא בכל *קרבנותיו קאמר, ומיתורא ד"בשבתו" דרשינן חלבי שבת קריבין ביו"ט או ביוה"כ, למר כדאית ליה ולמר כדאית ליה, אלא נראה לריב"א ולר"י: דהא דאמר ולא עולת חול בשבת – היינו בלא משלה בהן אור, וההוא דלמישרי איברים ופדרים הוא דאתא – במשלה בהן האור. וא"כ הא דקאמר הכא ללישנא קמא דווקא משלה בהן האור, ודווקא פסולין, אבל כשרין לא – לא בעי למימר אבל כשרין אפילו לא משלה בהן האור, אלא ה"ק: אבל כשרין לא איצטריך למימר דשרי היכא דמשלה בהן האור. ומיהו, אפי' ללישנא קמא לא שרי אפילו בכשרים אלא במשלה בהן האור דווקא. ומיהו, יכולני ליישב שלא יקשה לפירוש הרב פורת: דודאי אי לא הוה כתב קרא ד"לא תבערו" למישרי איברים ופדרים מקרא ד"עולת שבת בשבתו" לא הוה דרשינן אלא שחיטה וזריקה דמעכבי, אבל הקטרה – לא, כיון דיכולין להמתין עד הלילה. והא דכתיב "עולת שבת בשבתו" – הוה דרשינן ליה הכי: אם נאנסו ולא שחטו תמיד של שבת ושחטו אותו ביוה"כ, ולמר ביו"ט, היכא דחל יוה"כ או יו"ט אחר השבת. אבל בתר דנפקא לן מ"לא תבערו" למישרי איברים ופדרים בתמיד של שבת – מהשתא מוקמינא קרא ד"עולת שבת בשבתו" אף לאיברים ופדרים, לומר דחלבי שבת קריבין ביוה"כ או ביו"ט, למר כדאית ליה ולמר כדאית ליה. וצריך לומר לפי' כמו כן דמודה הוא דאפי' דחול שרי בשבת, היכא דמשלה בהן האור, כדמשמע בשמעתין לכ"ע. ולכל הפי' נ"ל דוחק שאנו צריכין לפרש ללישנא קמא דהכא דקאמר לא נצרכה אלא לפסולין – דפסולין דנקט לאו דווקא, וה"ה כשרין, אלא דבכשרין לא איצטריך לאשמועינן. ונראה לי דהא דאמר ולא עולת חול בשבת, ולא עולת חול ביו"ט – היינו בליל שבת או בליל יו"ט, דלא ניתנו שבת ויו"ט לדחות בההיא שעתא אלא שום קרבן, והא דאמר למישרי איברים ופדרים הוא דאתא – איכא לאוקמי קרא לדמיסתבר דהיינו סמוך לבקר, כי מסדר מערכה דיומיה. וכיון דבלאו הכי מבעיר אש המערכה לצורך תמידין דיומא – אמרינן דקרא ד"לא תבערו" אתא למישרי איברים ופדרים דחול שניתותרו, ואפי' לא משלה בהן האור כשרין, ללישנא קמא דהכא ופסול במשלה בהן האור. ולאיכא דאמרי אחד *כשירה ואחד פסולה – דווקא משלה בהן האור. והא דאמר חלבי שבת קריבין ביוה"כ וביו"ט – היינו אפילו בתחילת הלילה מעלן ומקטירן, מה שאין כן בעולת חול ביוה"כ וביו"ט: **תחילתו** דוחה וסופו אינו דוחה רב חסדא אמר דוחה את השבת כו'. פרש"י: תחילתו – תמיד, שחיטה וזריקה – דוחה את הטומאה, סופו – דהיינו הקטרתו – אינו דוחה הטומאה. אבל שבת דוחה אפילו סופו. ורבה אמר: תחילתו דוחה – תמיד של שבת שחיטה וזריקה דוחה את השבת וקרב בשבת, סופו – תמיד של ערב שבת אינו דוחה, דאין איברים נקטרים משתחשך, אלא מעלן מבעוד יום. וזה הפי' תופס עיקר. והקשה ר"י: דהתנן בפרק "כילד צולין" (פסחים דף עו:) חמשה דברים באין בטומאה, ועל כרחך אפילו הקטרת אימורים קאמר, מדקאמר: ואינן נאכלין בטומאה – מכלל דכל השאר בא בטומאה, שחיטה וזריקה והקטרה. ועוד: דהקתני בהדייהו עומר – דהיינו הקטרה. ולעיל נמי בפ"ק (דף ו.) אמרינן: היה מקריב מנחת פרים ואילים וכבשים ונטמאת בידו וכו', עד: אומרים לו הוי פקח ושתוק. אלמא: הקטרה היא בטומאה! מיהו, י"ל: דלא קשה דהקטרת קומץ דמנחה במקום זריקת דם דזבח, וכי היכי דזריקה דוחה טומאה – הכי נמי הקטרת קומץ. כדאמר בזבחים בפ"ק (דף יג:) מקטיר נמי היינו זורק. ומאין נאכלין בטומאה – ניחא, דיש לומר דנקט לישנא דשייך בכולהו, דכולהו אין נאכלין בטומאה אבל לענין הקטרה – יש מהן שנקטרת בטומאה כגון מנחת העומר. ומיהו, קשה: דרב חסדא מפרש למילתא הכל בתמיד דכל יומא ויומא תחילתו שחיטה וזריקה דוחה הטומאה סופו אינו דוחה טומאה – דהיינו הקטרה, ולא מיירי באיברים שניתותרו. ורבה מפרש תחילתו דוחה שבת תמיד דשבת סופו אינו דוחה איברים שניתותרו. ועוד: מאי קאמר תחילתו דוחה שבת שחיטה וזריקה – אפי' סופו נמי דחי שבת הקטרה דתמיד דשבת! ועוד: דלרבה דתחילתו דוחה שבת

רבינו חננאל

מעל המזבח לרבות כל הגחלים שבמזבח ואפי' אותן שבצדדין שאינן מכוונין כנגד פתח ההיכל שהוא לפני ה': א"ר אלעזר משום בר קפרא אומר היה רבי מאיר אברי עולות שנתותרו עושה להן מערכה בפני עצמן ושורפן ואפילו בשבת מאי קמ"ל תנינא כו' אמר רבינא לא נצרכה אלא לפסולין כו' ודברים פשוטין הן ובא רב אחא ואמר אצטריך סד"א הא דתנינן היום ה' מערכות אחת מהן לר' מאיר לאברין ופדרין שלא נתאכלו מבערב היכא דחל יוה"כ להיות אחר השבת דחלבי שבת קרבין ביוה"כ אבל באמצע שבת אם חל יוה"כ אימא לא א"ר מאיר שעושה מערכה לאברים ופדרין קמ"ל ר' אלעזר אפילו בשבת ובא רבא ואמר זה הטעם אין צורך להיאמר דהא בכל יום תנן בין בשבת בין בחול הדין אחד. ואמרינן כי האברין של עולות הנותרין מן החול עושה להן מערכה בפני עצמן ושורפו ואפילו בשבת פליגא עליה הא דרב הונא דאמר תמיד תחילתו דוחה סופו אינו דוחה ואלו האברים שנותרו סופו הן מאי סופו אינו דוחה רב חסדא אמר אינו דוחה טומאה אבל שבת דוחה רבה אמר סופו אינו דוחה שבת אבל טומאה דוחה. ואקשינן עלייהו והא במועדו כתיב ביה בתמיד מ"ש טומאה מ"ש שבת אי דחי הא דחי הא. ופריק רבה לדידי האי דכתיב במועדו בתמיד ל"ק אנא אקישנא סופו לתחלתו מה תחלתו אע"פ שהוא תמיד של חול דוחה טומאה דכתיב ביה במועדו ואפילו בטומאה כך סופו דוחה טומאה ואינו דוחה שבת

מז א ב מיי' פ"ו מהל' תמידין הלכה ז:

[פסחים פג: ע"ש תוס' ד"ה ולא. וכאן כתו"י]

[עי' תוספות מנחות מ: ד"ה תכלת]

[שבת קיז. סוכה נד:]

[פסחים פג. ע"ש פרש"י סוכה נה. ע"ש פרש"י יבמות מב: ע"ש פרש"י]

[נ"ל רבה וכ"א בתוס' הכא ד"ה תחילתו]

[צ"ל לרבה]

[פסחים עז. מנחות עב:]

נ"ל הקרבנותיו

נ"ל כשרין ואחד פסולין

הגהות הב"ח

(א) רש"י ד"ה ה"ג אומר כו' ולא גרסינן עולת שבת דלאו גרסינן ליה:

גליון הש"ס

גמרא אמר ליה אביי לרבה לדידך קשיא. כעין זה עירובין דף מט ע"ב פסחים דף עג ע"ב ב"ב דף קכד ע"ב:

תוספות ישנים

אבל מהאי גיסא ומהאי גיסא לא צריכא. וא"ת מדאמרינן בזבחים פרק קדשי קדשים (דף נח.) [...] עלי תאנה יפין למערכה שניה של קטורת כנגד מערבית דרומית משוך קימעא כלפי צפון כו' ומוכח [...]ן שתהא המערכה מכוונת ממש כנגד פתח של היכל לפני ה' ממש ומגינו למימר דהתם למצוה [...] יפה פי' דס"ד דבההיא מערכה גופה שהיא לפני ה': **אפי'** בשבת. הקשה רבינו יעקב מדתניא [...]ק במה מדליקין (דף כד:) ובפרק (כל כתבי) [ר"א דמילה דף קלג.] ובפסחים פרק כילד צולין (דף [...]) שבת בשבתו ולא עולת חול ביום טוב ועוד קשה על הך ברייתא דכילד צולין מהך דרשא דספ"ק [...] כ.) דמוקמי ליה לקרא דלא תבערו אש בכל מושבותיכם למישרי אברים ופדרים שנתותרו מבערב [...]ת חול בשבת שרי ועל הך קושיא דשבת תירץ ה"ר יוסף דקרא דסוף פ"ק דשבת דבכל מושבותיכם [...]לא למישרי אברים ופדרים של תמיד דשבת עצמו דס"ד כיון שיכול להמתינם עד הלילה של מוצ"ש שלא [...] עצמו ואין נראה דקשה משמעתין דהכא כלפרי' ועוד דפשט עולת שבת בשבתו משמע שיכולין להקטיר [...] התמיד בשבת ולא צריך קרא אחרינא ואפילו רבה ורב חסדא דפליגי לקמן בשמעתין היינו דוקא [...]ה בפני עצמן אבל בדחיית שבת במערכה גדולה לא אשכחן דפליגי ואומר רבי יעקב וכן פירש [...]א קשה מידי דהכא וההיא דספ"ק דשבת מיירי לענין אברים ופדרים שמשלה בהם האור מע"ש [...]ו של מזבח כלאמרינן הכא במשלה בהם האור ואפילו ללישנא דמפליג בין כשרים בין פסולין לענין [...] האור היינו לענין מערכה בפ"ע אבל לא לענין דחיית שבת וא"ת האי דקאמר בסמוך במועדו ואפי' [...] מייתי קרא דבמושבותיכם י"ל דמהתם לא שמעינן עיקר דחיית התמיד אלא מג"ש דבמועדו [...]פינן ליה בפ' אלו דברים (דף סו.) וממושבותיכם שמעינן דכיון שמשלה בהם האור נעשו לחמו של מזבח כתמיד עצמו: **ואפי'** בשבת תנינא. מדקאמר ואפילו בשבת משמע ליה דהרי מילי נינהו א) תנינא ואפי' דתנינן בכשרין ולא בפסולין מ"מ כיון דאשכחן דכי משלה בהם ב) (תנינא): **ופליגא** דרב הונא כו'. אליבא דרבא דמפרש דוחה את הטומאה ולא את השבת קאמר דפליגא אבל לרב חסדא דמפרש דוחה את השבת לא פליגא: **תחילתו** דוחה. פירש"י בשם רבותיו תחילתו הקטרת אבריו סופו אברים שנתותרו וקשה לרש"י מדקאמר לקמן בסמוך תחילתו דעיקר כפרה דחי והיכי קרי עיקר כפרה להקטר אברים הלא אין כפרה אלא בדם ואין נראה לרבי קושיא דהא קרי ליה שפיר עיקר כפרה כיון שהוא מקטיר גוף הקרבן ועיקרו וה"נ אשכחן לעיל ס"פ שני (דף כו:) גבי מנין להפשט וניתוח שכשרין בזר ואכתי איצטריך סד"א כיון דלאו עבודה דמעכבא כפרה היא לא תיבעי כהונה קמ"ל דבעיא כהונה משמע אבל הפשט וניתוח דמעכבא כפרה ודאי בעו כהונה ואפילו לפי' אחר שפירש לעיל שאין משם ראיה מ"מ כיון שהקטרה הוא עיקר גוף הקרבן ודחי גם טומאה קרי ליה שפיר מעכב כפרה אבל רש"י פי' מפי עצמו תחלתו כגון שחיטה וזריקה של תמיד השבת סופו כגון אברים שנתותרו מערב שבת דתמיד של שבת [לא] קאמר דהא אין שום אמורא חולק דפשיטא דדחי כלאמרינן באלו דברים (דף סח:) שהרי הקטרה חלבים ואברים כשרין כל הלילה ואין ממתינים להם עד שתחשך גבי פסח שחל להיות בשבת ועוד [מאי] קאמר שבת דתחילתו לאו כר מידחי שבת כו' אלא בשל ע"ש מיירי אבל קשה לרבי דקאמר סופו דלאו עיקר כפרה הוא לא דחי טומאה והא תנן בפרק כילד צולין (דף עו:) ה' דברים באין בטומאה ואין נאכלין בטומאה אלמא אפילו הקטרה דוחה טומאה ותניא נמי לעיל בפ"ק (דף ז.) היה מקריב מנחת פרים אילים וכבשים ונטמאת בידו כו' אומר לו הוי פיקח ושתוק וע"ק כי לפירש"י לא הוי השתא סופו דלענין טומאה בנתותרו כמו לענין שבת אבל אין להקשות אם אין הקרבתו דוחה טומאה איך יזרק הדם

א) תנינא הוא התחלת דבור בפ"ע: ב) דחי שבת ה"ה פסולין כנ"ל:

מח א ב ג מיי' פ"ב מהל' תמידין הל' ו:

שבת – היינו אפילו סופו הקטרתו. ולרב חסדא תחילתו דוחה טומאה – היינו דווקא שחיטה וזריקה! וליכא למימר דלרבה נמי תמיד דשבת תחילתו דוחה שבת – שחיטה וזריקה, סופו – הקטרתו, אינו דוחה, דהאמר בפרק "אלו דברים" (פסחים דף סח:): בא וראה כמה חביבה מצוה בשעתה, שהרי הקטר חלבים ואימורים כשרים כל הלילה, ואין ממתין להם עד שתחשך. ועוד: מאי קאמר רבה שבת תחילתו לאו בר מידחי שבת הוא – סופו נמי לא דחי, ואי סופו אין דחי דקאמר אפילו בתמיד דשבת מאי קאמר דלאו בר מידחי שבת הוא? הא בר מידחי שבת הוא! על כן נראה לר"י פירוש שני שפירש"י: תחילתו וסופו – הכל על הקטר חלביו קאי, וקאמר רב חסדא: הקטר חלביו שלא ניתותרו – דוחין טומאה, סופו – איברים שניתותרו – אינן דוחין הטומאה, לעשות להם מערכה בפני עצמן ולהקטיר בטומאה, אלא מקטירן בטומאה על המערכה גדולה, דכיון דטמאים הן אינן דוחין הטומאה, דלא חשיב כתמיד דיומיה ודוחה את השבת, כדגמרינן (שבת כ.) מ"בכל מושבותיכם" ועושין להם מערכה בפני עצמן – כיון דכשרים הן. ורבה ס"ל: תחילתו דוחה את השבת – איברים דתמיד דיומיה, סופו – איברים שניתותרו, אינן דוחין שבת לעשות מערכה בפני עצמן, אפילו אם הן טהורין. אבל דוחה את הטומאה, אם ניתותרו בחול עושין להם מערכה בפני עצמן, ומקטירן בטומאה. והיינו פלוגתא, דלעיל קאמר אפילו פסולין עושין להם מערכה בפני עצמן ואפילו בשבת והיינו פלוגתא דרב הונא בין לרבה בין לרב חסדא. ורבה דאמר סופו אינו דוחה שבת לית ליה פירקא *דרבה, דאמר בכל יום תנן, אלא סבירא ליה לבר משבת, ומה שכתב רש"י: הראשון עיקר – נראה כי הוקשה לו על פירוש שני דקאמר תחילתו דעיקר כפרה ואי אאיברים קאמר – הני לאו עיקר כפרה נינהו. ומיהו, לא קשה, דבהקטרה נמי איכא כפרה, ועיקר כפרה קרי לתמיד דיומיה. וגדולה מזו אמרינן לעיל בפ"ב (דף כז.): איצטריך, ס"ד אמינא כיון דעבודה דלא מעכבא כפרה היא כו', אבל הפשט וניתוח דמעכבא כפרה – בעי כהונה, אלמא: אפילו הפשט וניתוח קרי עיקר כפרה לגבי נתינת אש דהדיוט, אף על גב דעיקר כפרה בדם היא. כל שכן בהקטרה דיומיה, ניחא דקרי ליה עיקר כפרה לגבי איברים דניתותרו:

[נ"ל דרבא]

טומאה דתחילתו בר מידחא טומאה הוא – סופו נמי דחי, שבת דתחילתו לאו בר מידחא שבת הוא – סופו נמי לא דחי. לרב חסדא לא קשיא; סופו כתחילתו (תחילתו) לית ליה, שבת דהותרה היא בציבור – סופו נמי דחי. טומאה, דדחויה *היא בציבור, תחלתו דעיקר כפרה – דחי, סופו דלאו עיקר כפרה – לא דחי. איתמר, המכבה אש מחתה ומנורה, אביי אמר: חייב, רבא אמר: פטור. דכבייה בראשו של מזבח – דכולי עלמא לא פליגי דחייב. כי פליגי – דאחתיה אארעא וכבייה. אביי אמר: חייב, אש המזבח הוא. רבא אמר: פטור, כיון דנתקה – נתקה. אלא הא דאמר *רב נחמן אמר רבה בר אבוה: המוריד גחלת מעל גבי המזבח וכיבה – חייב. כמאן – כאביי? אפילו תימא כרבא, התם לא אינתיק למצותה, הכא אינתיקה למצותה. איכא דאמרי: דאחתיה אארעא וכבייה – דכולי עלמא לא פליגי דפטור, כי פליגי – דכבייה בראשו של מזבח. אביי אמר: חייב, אש המזבח הוא. [א]רבא אמר: פטור, כיון דנתקה – נתקה. אלא הא דאמר רב נחמן אמר רבה בר אבוה: [ב]המוריד גחלת מעל גבי המזבח וכבה – חייב, כמאן? לא כאביי ולא כרבא! התם לא אינתיק למצותה, – [ג]הכא אינתיק למצותה.§

הדרן עלך טרף בקלפי

טומאה[(א)] דתחילתו. מה תחילתו בר מדחי טומאה הוא, אם אין כהן טהור לזרוק דמו: שבת דתחילתו. דתמיד, דערב שבת לאו בר מידחא שבת, שהרי בין הערבים נשחט, ודם נפסל בשקיעת החמה: דחויה היא בציבור. בקושי הותרה, וכל כמה דאפשר – מהדרינן אטהורין: המכבה אש מחתה ומנורה. לאחר שחתה גחלים למחתה או למנורה כיבן: חייב. משום "לא תכבה": אינתיק למצותה. לשום[(ב)] למחתה, ותו לא קרינן ביה אש המזבח: דכבייה בראשו של מזבח. לאחר שניתקה ממערכתה:

[לעיל ו: וש"נ]

[זבחים לה:]

הדרן עלך טרף בקלפי

כי פליגי דאחתה אארעא וכבייה אביי אמר חייב. הקשה רבינו שמחה, דאמר לעיל (דף מד:): נתפזר הימנה קב גחלים – מכבדן לאמה, ופרש"י: לאמת המים שבעזרה. וקשה לאביי. ופי': דלאמה דלעיל – אין זה אמת המים אלא מקום הוא. ולי נראה דלא קשיא, דלא מיחייב משום דכיון דבמתכוין חותה בשל ד' קבין ומערה לשל ג', קבין ונתפזר מהן קב, ומה שנתפזר אינו עומד לאוספן – אפי' אביי מודה כיון דאינתיק אינתיק. אבל אש דמחתה ודמנורה מיירי דאחתה אארעא, ובכלי, וחזי למצותה – ולהכי חייב לאביי. ולרבא פטור – דלא מיחייב אלא או בראש המזבח, או אפילו למטה היכא דקאי לאהדוריה, כמו המוריד גחלת וכיבה דחזיא לאהדורה. ושוב מצאתי בתוספ' תמיד של רבי ברוך ברבי יצחק שהקשה הקושיא, ותירץ כמו שתירצתי. עוד תירץ: דמכבדן לאמה – לאחר שכבו. וכתב שרבינו נסים ז"ל הקשה אותה במגילת סתרים, וזהו לשונו: הא גחלים קדושים הן, כדתנן (חגיגה דף כג:): הוסיף ר"ע הסלת והלבונה והגחלים שאם נגע טבול יום במקצתן – פסל את כולן. וא"כ איך מכבדן לאמה? והלא מפסיד קדשים! ותירץ דירושלמי מקשה זאת הקושיא, בפרק בתרא דחגיגה, וה"ג התם: תינח קטורת ולבונה, גחלים מאי? פירוש: אמאי פסל את כולן? והלא אינם קדושים! אמר רבי בון בר רב כהנא: תיפתר בגחלים של יום הכפורים, שבמה שהוא חותה את כולן הוא מכנים, אבל גחלים של כל יום – לא, כההיא דתנינן: נתפזר הימנה קב גחלים – מכבדן לאמה. פי': גחלים של יום הכפורים בכלי שחותה בו הוא מכנים, להכי הכלי מצרפן. אבל מחתה של כסף שאין כליין – לא מצרפן להו, ואינן קדושים, ולכן מכבדן לאמה. ומיהו, רבינו ברוך פירש פירוש הירושלמי בע"א: דבעי למה פסל את כולן. והלא אינו צריך לכלי, שהרי נתפזר מהן קב גחלים. ואפילו למאן דאמר בחגיגה (דף כד.) דכלי מצרף אפילו שאין צריך לכלי – היינו למאן דאמר צירוף דאורייתא, דאז הוסיפו חכמים אפילו שאין צריך לכלי. אבל למ"ד צירוף דרבנן – לא, וכדמוכח בפרק "הקומץ רבה" (מנחות דף כד.) ומשני: בשל יוה"כ, שהיו כולם קדושים. והוא הדין דהוה מצי לתרוצי במחתה שניה של ג' קבין, שמאותה לא נתפזר כלל. ורבינו תם משיב להרב רבי יעקב ישראל בע"א: דלכך מכבדן לאמה – דכלי שרת אין מקדשין אלא מדעת, ולא מיקדשי הנך גחלים. וקשה: דאם כן תקשה מכאן למאן דאמר פרק "לולב וערבה" (סוכה דף מט:): כלי שרת מקדשין שלא מדעת! מיהו, בפרק קמא דמנחות (דף ז.) דייק רבי יוחנן מברייתא: זאת אומרת כלי שרת אין מקדשין אלא מדעת. ושמא סבור כההיא ברייתא. והכי נמי אין לומר דמחתה ראשונה של ד' קבין לא היתה כלי שרת – דהא כתיב "ולקח מלא המחתה גחלי אש" – משמע שהיתה כלי שרת, ולא יתכן לומר דווקא דיום הכפורים קדושה, דביום כפור כתיב קרא, ועוד: כיון דהוו על המזבח – מקדש את הראוי לו, ודוחק לומר דהיינו דווקא בקרבנות*:

[ועי' תוספות חגיגה כג: ד"ה שאם]

הדרן עלך טרף בקלפי

תוספות ישנים

הדם לרבי יהושע דאמר אם אין בשר אין דם דמלינו למימר דנטמא חלב קודם זריקה אז דוחה טומאה אפי' הקרבתו אבל נטמא אחר זריקה שנגמרו עבודות הדם אז לא ידחה טומאה וכפירוש רבותיו של רש"י היא עיקר: **במועדו** ואפילו בשבת. תימה לרבי דהכא ובפרק אלו דברים (דף סו.) מפיק ליה מבמועדו ואילו בפרק כילד צולין (דף עו:) חמשה דברים באין בטומאה מפיק ליה מבמועדיכם ולא ידענא מאי קשה דתמיד ופסח מפקי התם ולאי מבמועדו אבל שאר קרבנות צבור נפקא לן מבמועדיכם: **במועדו** ואפילו בשבת. לאו ממשמעותא דריש הכי אלא מעולת שבת בשבתו נפקא לן בפרק אלו דברים (דף סו:) דתמיד דחי שבת ופסח ילפינן מגזירה שוה מועדו מועדו ושאר קרבנות צבור ילפינן מבמועדיכם*: **המוריד** גחלת מעל המזבח וכיבה חייב. הקשה ה"ר אלחנן מהא דתנן בפ' המזבח מקדש (דף פו.) גחלת שפקעה מעל המזבח לא יחזיר וכיון דלא יחזיר נשלמה מצותה ואיך חייב [משום] מכבה ויש לומר שיש חילוק בין פקעה מעל המזבח להורידה:

הדרן עלך טרף בקלפי

* ע"כ שייך לע"א

רבינו חננאל

כתחלתו מה תחלתו תמיד של ע"ש אם נאנסו ולא הקריבוהו אינו קרב בשבת עם תמיד של שבת כך סופו אינו דוחה שבת לרב חסדא נמי האי דכתיב במועדו ל"ק סופו כתחלתו לית ליה שבת דהותרה בצבור שנאמר וביום השבת שני כבשים סופו נמי דוחה שבת טומאה דדחויה היא בצבור כדאסיקנא בפרק ראשון לרב ששת דדחויה היא תחלתו דעיקר כפרה היא דחי סופו דלאו עיקר כפרה לא דחי: מאחר שנתברר כי לא בא זה הפסוק אש תמיד תוקד על המזבח לא תכבה אלא לאש מחתה ומנורה. אתמר המכבה אש הנלקח מעל המזבח למחתה או להדליק המנורה אביי אמר חייב אע"ג דאחתה לארעא וכביא אש המזבח קרינן ביה. וכתיב לא תכבה רבא אמר כיון דאחתה נעתקה מאש המזבח ופטור. ואקשינן אלא הא דאמר רב נחמן המוריד גחלת מעל המזבח וכיבה חייב. כמאן כאביי כלומר הלכתא כרב נחמן וקי"ל אביי ורבא הלכתא כרבא וקשיא הלכתא אהלכתא ופרקינן התם לגבי רב נחמן אפילו רבא מודה שחייב כיון דשלא לשום מצוה הורידה אש המזבח קרינא ביה וחייב. כי קאמינא דפטור היכא דנתקה למצוה למחתה או למנורה (דכיון דנתקה למצוה למחתה או למנורה) דכיון דנתקה למצותה לאו אש מזבח היא. ובמנורה ובמחתה לא אשכחן לה קרא לא תכבה. איכא דאמרי היכא דאחית גחלת לארעא וכביה דברי הכל פטור כי פליגי במכבה גחלת למזבח אביי אמר חייב אש מזבח היא. רבא אמר פטור כיון דנתקה למחתה או להדלקת המנורה יצאה מתורת אש מזבח ונעשית אש מחתה ומנורה:

הדרן עלך טרף בקלפי

הגהות הב"ח

(א) רש"י ד"ה טומאה סופו כתחילתו מה תחילתו: (ב) ד"ה אינתיק למצותה לשום אותו למחתה:

Koren Talmud Bavli
THE NOÉ EDITION

YOMA

Steinsaltz Center

KOREN

תלמוד בבלי

KOREN TALMUD BAVLI

THE NOÉ EDITION

יומא

YOMA

Daf 28a through Daf 46b

COMMENTARY BY

Rabbi Adin Even-Israel Steinsaltz

EDITOR-IN-CHIEF

Rabbi Dr Tzvi Hersh Weinreb

SENIOR CONTENT EDITOR

Rabbi Dr Shalom Z Berger

EXECUTIVE EDITOR

Rabbi Joshua Schreier

•

STEINSALTZ CENTER
KOREN PUBLISHERS JERUSALEM

Supported by the Matanel Foundation

Koren Talmud Bavli, The Noe Edition
Vol. 6b: Tractate Yoma, Daf 28a through Daf 46b
Paperback, ISBN, 978-965-7765-46-3

First Hebrew/English paperback edition, 2021

Koren Publishers Jerusalem Ltd.
PO Box 4044, Jerusalem 91040, ISRAEL
PO Box 8531, New Milford, CT 06776, USA
www.korenpub.com

Steinsaltz Center

Steinsaltz Center is the parent organization of institutions established by Rabbi Adin Even-Israel Steinsaltz

PO Box 45187, Jerusalem 91450 ISRAEL
Telephone: +972 2 646 0900, Fax +972 2 624 9454
www.steinsaltz-center.org

This book was published in cooperation with the Israel Institute for Talmudic Publications.

הִנֵּה יָמִים בָּאִים, נְאֻם אֲדֹנָי יֱהֹוִה, וְהִשְׁלַחְתִּי רָעָב בָּאָרֶץ,
לֹא־רָעָב לַלֶּחֶם וְלֹא־צָמָא לַמַּיִם, כִּי אִם־לִשְׁמֹעַ אֵת דִּבְרֵי יהוה.

Behold, days are coming – says the Lord God – I will send a hunger to the land, not a hunger for bread nor a thirst for water, but to hear the words of the Lord. (AMOS 8:11)

The Noé edition of the Koren Talmud Bavli
with the commentary of Rabbi Adin Even-Israel Steinsaltz
is dedicated to all those who open its covers
to quench their thirst for Jewish Knowledge,
in our generation of Torah renaissance.

This beautiful edition is for the young, the aged,
the novice and the savant alike,
as it unites the depth of Torah knowledge
with the best of academic scholarship.

Within its exquisite and vibrant pages,
words become worlds.

It will claim its place in the library of classics,
in the bookcases of the Beit Midrash,
the classrooms of our schools,
and in the offices of professionals and business people
who carve out precious time to grapple with its timeless wisdom.

For the Student and the Scholar

DEDICATED BY LEO AND SUE NOÉ

Steinsaltz Center

Executive Director, Steinsaltz Center

Rabbi Meni Even-Israel

Managing Editor

Rabbi Jason Rappoport

Senior Content Editor

Rabbi Dr. Shalom Z. Berger

Editors

Rabbi Joshua Amaru, *Coordinating Editor*
Menucha Chwat
Rabbi Yoel Domb
Rabbi Yonatan Shai Freedman
Raphael Friedman
Nechama Greenberg
Rabbi Alan Haber
Rabbi David Hojda
Rabbi Dov Karoll
Rabbi Tzvi Chaim Kaye
Rabbi Adin Krohn
Catriel Lev
Sholom Licht
Elisha Loewenstern
Adina Luber
Rabbi Avishai Magence, *Content Curator*
Sally Mayer
Sarit Nagus
Yedidya Naveh
Rabbi Eli Ozarowski
Rabbi David Sedley
Shira Shmidman
Rabbi Michael Siev
Avi Steinhart
Rabbi David Strauss
Rabbi Abe Y. Weschler
Rabbi Binyamin Zimmerman

Copy Editors

Aliza Israel, *Coordinator*
Bracha Hermon
Ita Olesker
Debbie Ismailoff
Shira Finson
Ilana Sobel
Deena Nataf

Language Consultants

Dr. Stephanie E. Binder, *Greek & Latin*
Rabbi Yaakov Hoffman, *Arabic*
Dr. Shai Secunda, *Persian*
Shira Shmidman, *Aramaic*

KOREN

Design & Typesetting

Raphaël Freeman, *Design & Typography*
Dena Landowne Bailey, *Typesetting*
Rina Ben Gal, *Typesetting*
Tani Bayer, *Jacket Design*

Images

Eliahu Misgav, *Illustration*
Yehudit Cohen, *Image Acquisition*

Introduction by the Publisher

The Talmud has sustained and inspired Jews for thousands of years. Throughout Jewish history, an elite cadre of scholars has absorbed its learning and passed it on to succeeding generations. The Talmud has been the fundamental text of our people.

Beginning in the 1960s, Rabbi Adin Even-Israel Steinsaltz שליט"א created a revolution in the history of Talmud study. His translation of the Talmud, first into modern Hebrew and then into other languages, as well the practical learning aids he added to the text, have enabled millions of people around the world to access and master the complexity and context of the world of Talmud.

It is thus a privilege to present the *Koren Talmud Bavli*, an English translation of the talmudic text with the brilliant elucidation of Rabbi Steinsaltz. The depth and breadth of his knowledge are unique in our time. His rootedness in the tradition and his reach into the world beyond it are inspirational.

Working with Rabbi Steinsaltz on this remarkable project has been not only an honor, but a great pleasure. Never shy to express an opinion, with wisdom and humor, Rabbi Steinsaltz sparkles in conversation, demonstrating his knowledge (both sacred and worldly), sharing his wide-ranging interests, and, above all, radiating his passion. I am grateful for the unique opportunity to work closely with him, and I wish him many more years of writing and teaching.

Our intentions in publishing this new edition of the Talmud are threefold. First, we seek to fully clarify the talmudic page to the reader – textually, intellectually, and graphically. Second, we seek to utilize today's most sophisticated technologies, both in print and electronic formats, to provide the reader with a comprehensive set of study tools. And third, we seek to help readers advance in their process of Talmud study.

To achieve these goals, the *Koren Talmud Bavli* is unique in a number of ways:

- The classic *tzurat hadaf* of Vilna, used by scholars since the 1800s, has been reset for great clarity, and opens from the Hebrew "front" of the book. Full *nikkud* has been added to both the talmudic text and Rashi's commentary, allowing for a more fluent reading with the correct pronunciation; the commentaries of *Tosafot* have been punctuated. Upon the advice of many English-speaking teachers of Talmud, we have separated these core pages from the translation, thereby enabling the advanced student to approach the text without the distraction of the translation. This also reduces the number of volumes in the set. At the bottom of each *daf*, there is a reference to the corresponding English pages. In addition, the Vilna edition was read against other manuscripts and older print editions, so that texts which had been removed by non-Jewish censors have been restored to their rightful place.
- The English translation, which starts on the English "front" of the book, reproduces the *menukad* Talmud text alongside the English translation (in bold) and commentary and explanation (in a lighter font). The Hebrew and Aramaic text is presented in logical paragraphs. This allows for a fluent reading of the text for the non-Hebrew or non-Aramaic reader. It also allows for the Hebrew reader to refer easily to the text alongside. Where the original text features dialogue or poetry, the English text is laid out in a manner appropriate to the genre. Each page refers to the relevant *daf*.

- Critical contextual tools surround the text and translation: personality notes, providing short biographies of the Sages; language notes, explaining foreign terms borrowed from Greek, Latin, Persian, or Arabic; and background notes, giving information essential to the understanding of the text, including history, geography, botany, archaeology, zoology, astronomy, and aspects of daily life in the talmudic era.
- Halakhic summaries provide references to the authoritative legal decisions made over the centuries by the rabbis. They explain the reasons behind each halakhic decision as well as the ruling's close connection to the Talmud and its various interpreters.
- Photographs, drawings, and other illustrations have been added throughout the text – in full color in the Standard and Electronic editions, and in black and white in the Daf Yomi edition – to visually elucidate the text.

This is not an exhaustive list of features of this edition, it merely presents an overview for the English-speaking reader who may not be familiar with the "total approach" to Talmud pioneered by Rabbi Steinsaltz.

Several professionals have helped bring this vast collaborative project to fruition. My many colleagues are noted on the Acknowledgments page, and the leadership of this project has been exceptional.

RABBI MENACHEM EVEN-ISRAEL, DIRECTOR OF THE STEINSALTZ CENTER, was the driving force behind this enterprise. With enthusiasm and energy, he formed the happy alliance with Koren and established close relationships among all involved in the work.

RABBI DR. TZVI HERSH WEINREB שליט״א, EDITOR-IN-CHIEF, brought to this project his profound knowledge of Torah, intellectual literacy of Talmud, and erudition of Western literature. It is to him that the text owes its very high standard, both in form and content, and the logical manner in which the beauty of the Talmud is presented.

RABBI JOSHUA SCHREIER, EXECUTIVE EDITOR, assembled an outstanding group of scholars, translators, editors, and proofreaders, whose standards and discipline enabled this project to proceed in a timely and highly professional manner.

RABBI MEIR HANEGBI, EDITOR OF THE HEBREW EDITION OF THE STEINSALTZ TALMUD, lent his invaluable assistance throughout the work process, supervising the reproduction of the Vilna pages.

RAPHAËL FREEMAN, EXECUTIVE EDITOR OF KOREN, created this Talmud's unique typographic design which, true to the Koren approach, is both elegant and user friendly.

It has been an enriching experience for all of us at Koren Publishers Jerusalem to work with the Steinsaltz Center to develop and produce the *Koren Talmud Bavli*. We pray that this publication will be a source of great learning and, ultimately, greater *avodat Hashem* for all Jews.

Matthew Miller, Publisher
Koren Publishers Jerusalem
Jerusalem 5772

Contents

For the vocalized Vilna Shas layout, please open as a Hebrew book.

Introduction to **Perek III**

With this shall Aaron come into the Sanctuary: With a young bullock for a sin-offering, and a ram for a burnt-offering. He shall be dressed in a sacred linen tunic, and with linen trousers next to his flesh, and shall be girded with a linen belt, and he shall wear a linen mitre; they are the sacred garments, and he shall wash his flesh in water and then put them on. And he shall take of the congregation of the children of Israel two he-goats for a sin-offering, and one ram for a burnt-offering. And Aaron is to offer his own bull as a sin-offering and atone for himself and for his household. And he shall take the two goats, and set them before the Lord at the door of the tent of meeting. And Aaron shall place lots on the two goats: one lot for God, and one lot for Azazel.

(Leviticus 16:3–8)

Beginning with this chapter, the Yom Kippur service is described in order, from the first immersion of the High Priest until the conclusion of the day's service. This chapter is essentially an introductory chapter, as it does not depict services unique to Yom Kippur; rather, it depicts the preparations and modifications that were undertaken to facilitate the service.

The chapter begins with a depiction of the fixed Temple service, which was performed daily. It is not addressed at length, as the essential elements of this service were treated in the previous chapter, and the only difference on Yom Kippur is that it was performed exclusively by the High Priest.

However, elaboration is required with regard to those matters unique to Yom Kippur, beginning with the immersion of the High Priest. His immersions, which were performed, as mandated by the Torah, in a sacred place, are an integral part of the service of the day, and there is a special tradition pertaining to the number and order of the immersions. These immersions are extremely significant, so much so that, in order to accommodate them, the order of the performance of the service diverges from the order as it appears in the verses.

In addition, this chapter features a depiction of the priestly vestments unique to Yom Kippur: The white linen garments of the High Priest. It explains how the external simplicity of the garments dovetails with both the obligation to show deference to the sanctity of this special day and the Torah's statement that the priestly vestments be "for splendor and for beauty" (Exodus 28:2).

The verse, "And Aaron is to offer his own bull as a sin-offering and atone for himself and for his household" (Leviticus 16:6), marks the beginning of the service of the day. The Sages proved that the Torah is not referring to the sprinkling of blood on the altar, which is typically the manner in which atonement is achieved. Rather, the reference is to spiritual atonement achieved through confession, like the confession mentioned explicitly in the Torah with regard to the scapegoat. The Gemara then explains the formula for the confession and its content.

Another preparatory action that requires special elaboration is performance of the lottery of the goats, which is also unique to Yom Kippur. These and associated topics are addressed in this chapter.

מתני׳ אָמַר לָהֶם הַמְמוּנֶּה: צְאוּ וּרְאוּ אִם הִגִּיעַ זְמַן הַשְּׁחִיטָה! אִם הִגִּיעַ, הָרוֹאֶה אוֹמֵר: בַּרְקַאי! מַתְיָא בֶּן שְׁמוּאֵל אוֹמֵר: הֵאִיר פְּנֵי כָל הַמִּזְרָח עַד שֶׁבְּחֶבְרוֹן? וְהוּא אוֹמֵר: הֵן. וְלָמָּה הוּצְרְכוּ לְכָךְ? שֶׁפַּעַם אַחַת עָלָה מְאוֹר הַלְּבָנָה, וְדִימּוּ שֶׁהֵאִיר מִזְרָח, וְשָׁחֲטוּ אֶת הַתָּמִיד וְהוֹצִיאוּהוּ לְבֵית הַשְּׂרֵיפָה.

MISHNA The appointed priest **said to the** other **priests:**[N] **Go out and observe if** it is day **and the time for slaughter** has **arrived.**[H] **If** the time has **arrived, the observer says: There is light** [*barkai*].[NL] **Matya ben Shmuel says**[N] that the appointed priest phrased his question differently: **Is the entire eastern sky illuminated even to Hebron?**[N] **And the observer says: Yes. And why did they need to** ascertain whether or not it is day, which is typically evident to all? It was necessary, **as once, the light of the moon rose, and they imagined that the eastern sky was illuminated** with sunlight, **and they slaughtered the daily offering** before its appropriate time. The animal was later **taken out to the place** designated for **burning** and burned because it was slaughtered too early. In order to prevent similar errors in the future, the Sages instituted that they would carefully assess the situation until they were certain that it was day.

הוֹרִידוּ כֹּהֵן גָּדוֹל לְבֵית הַטְּבִילָה. זֶה הַכְּלָל הָיָה בַּמִּקְדָּשׁ: כָּל הַמֵּיסֵךְ אֶת רַגְלָיו טָעוּן טְבִילָה, וְכָל הַמַּטִּיל מַיִם – טָעוּן קִידּוּשׁ יָדַיִם וְרַגְלַיִם.

After the priests announced the start of the day, **they led the High Priest down to the Hall of Immersion.** The Gemara comments: **This was the principle in the Temple: Anyone who covers his legs,** a euphemism for defecating, **requires immersion** afterward; **and anyone who urinates**[H] **requires sanctification of the hands and feet** with water from the basin afterward.

HALAKHA

The time for slaughtering the daily morning offering – זְמַן שְׁחִיטַת תָּמִיד שֶׁל שַׁחַר: The time for slaughtering the daily morning offering is after the entire eastern sky is illuminated but before sunrise (Rambam *Sefer Avoda, Hilkhot Temidin UMusafin* 1:2).

Anyone who covers his legs…and anyone who urinates – כָּל הַמֵּיסֵךְ אֶת רַגְלָיו...וְכָל הַמַּטִּיל מַיִם: One who defecates must immerse thereafter before performing the Temple service. One who urinates requires sanctification of the hands and feet (Rambam *Sefer Avoda, Hilkhot Biat HaMikdash* 5:5).

LANGUAGE

Light [*barkai*] – בַּרְקַאי: According to most commentaries, this term means glow or shine. Others maintain that it is the name of a certain star.

NOTES

The appointed priest said to the priests – אָמַר לָהֶם הַמְמוּנֶּה: According to Rashi, Rabbeinu Yehonatan, and others, the appointed priest mentioned throughout is the deputy High Priest. Other commentaries, however, say that an official was appointed specifically for the tasks of performing the lotteries and overseeing the order of the Temple service (*Tosafot Yeshanim*).

The observer says there is light – הָרוֹאֶה אוֹמֵר בַּרְקַאי: The author of the *Me'iri* explains that the individual standing on the roof and observing the sky was Gevini the Crier. He was the one who pronounced: There is light. In the Jerusalem Talmud, the question is raised: How could they rely on a single witness in a matter of ritual law, i.e., whether the time had arrived to slaughter the daily morning offering? The answer there is that in a matter that will ultimately be revealed, the testimony of a single witness is accepted. He knows that if he lies, the lie will be revealed, which ensures that he will tell the truth.

Matya ben Shmuel says – מַתְיָא בֶּן שְׁמוּאֵל אוֹמֵר: There is a dispute with regard to the identity of Matya ben Shmuel. Some explain that Matya ben Shmuel is the name of a *tanna*, who is expressing his opinion with regard to the exchange in the Temple (Rambam; Rashi). Others explain that Matya ben Shmuel was the official in charge of the lotteries in the Temple, as explained in tractate *Shekalim*. According to that explanation, this is not a second opinion cited in the mishna but a continuation of the description of the exchange in the Temple. After the observer said that there is light, Matya ben Shmuel asked whether the eastern sky is illuminated even to Hebron (*Tosafot Yeshanim*).

Even to Hebron – עַד שֶׁבְּחֶבְרוֹן: Rashi explains that the observer had to see the light even in Hebron. The author of the *Me'iri* explains that he was asked whether it was light enough to see Hebron in the distance, which was impossible by moonlight alone. Everyone agrees that the question was posed specifically about Hebron in order to evoke the merit of the Patriarchs buried there in the Cave of Machpelah (Jerusalem Talmud).

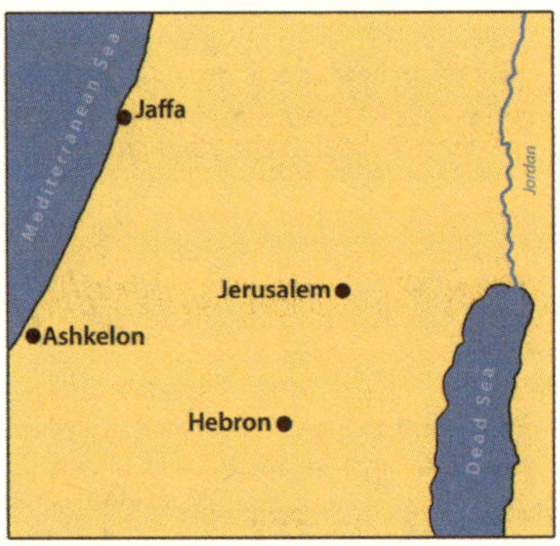

Map of Jerusalem and Hebron

Herodian-era structure at the site of the Cave of Machpelah

גמ׳ תַּנְיָא, רַבִּי יִשְׁמָעֵאל אוֹמֵר: בָּרַק בְּרַקַאי. רַבִּי עֲקִיבָא אוֹמֵר: עָלָה בְּרַקַאי. נַחוּמָא בֶּן אַפַּקְשְׁיוֹן אוֹמֵר: אַף בְּרַקַאי בְּחֶבְרוֹן. מַתְיָא בֶּן שְׁמוּאֵל (אוֹמֵר), הַמְּמוּנֶּה עַל הַפַּיְיסוֹת אוֹמֵר: הֵאִיר פְּנֵי כׇל הַמִּזְרָח עַד שֶׁבְּחֶבְרוֹן. רַבִּי יְהוּדָה בֶּן בְּתֵירָא אוֹמֵר: הֵאִיר פְּנֵי כׇל הַמִּזְרָח עַד בְּחֶבְרוֹן, וְיָצְאוּ כׇּל הָעָם אִישׁ אִישׁ לִמְלַאכְתּוֹ.

GEMARA **It was taught** in a *baraita* that the Sages disputed the precise expression that was employed in the Temple. **Rabbi Yishmael says** that the formula is: **The light flashed; Rabbi Akiva says: The light has risen,** which is brighter than a mere flash. **Naḥuma ben Apakshiyon says:** There is **even light in Hebron. Matya ben Shmuel says** that **the appointed** priest in charge **of the lotteries says: The entire eastern sky is illuminated** all the way **to Hebron. Rabbi Yehuda ben Beteira says** that this is what the appointed priest said: **The entire eastern sky is illuminated** all the way **to Hebron and the entire nation has gone out, each and every person to** engage in **his labor.**

אִי הָכִי נָגַהּ לֵיהּ טוּבָא! לִשְׂכּוֹר פּוֹעֲלִים קָאָמְרִינַן.

The Gemara questions Rabbi Yehuda ben Beteira's version of the formula: **If** it is **so** that the people have gone to work, it has **grown considerably lighter.** People go to work after it is light. Apparently, Rabbi Yehuda ben Beteira is referring to a time after sunrise, not a time adjacent to dawn. The Gemara answers: It is that people have gone out **to hire workers** that **we are saying.** Owners of fields rose early, adjacent to dawn, to hire workers so that they could begin working when it is light.

אָמַר רַב סַפְרָא: צְלוֹתֵיהּ דְּאַבְרָהָם מִכִּי מִשְׁחֲרֵי כּוֹתְלֵי.

§ **Rav Safra said:**[N] The time for the afternoon **prayer of Abraham**[N] begins **from when the walls** begin to **blacken**[N] from shade. When the sun begins to descend from the middle of the sky, producing shadows on the walls, that marks the beginning of the setting of the sun and then the afternoon prayer may be recited.

אָמַר רַב יוֹסֵף: אֲנַן מֵאַבְרָהָם נֵיקוּם וְנִיגְמַר? אָמַר רָבָא: תַּנָּא גָּמַר מֵאַבְרָהָם, וַאֲנַן לָא גָּמְרִינַן מִינֵּיהּ? דְּתַנְיָא. ״וּבַיּוֹם הַשְּׁמִינִי יִמּוֹל בְּשַׂר עׇרְלָתוֹ״ – מְלַמֵּד שֶׁכׇּל הַיּוֹם כָּשֵׁר לְמִילָה, אֶלָּא שֶׁהַזְּרִיזִין מַקְדִּימִין לְמִצְוֹת, שֶׁנֶּאֱמַר: ״וַיַּשְׁכֵּם אַבְרָהָם בַּבֹּקֶר וַיַּחֲבוֹשׁ״ וגו׳.

Rav Yosef said: And will **we arise and derive** a *halakha* **from Abraham?** Didn't Abraham live before the Torah was given to the Jewish people, and therefore *halakhot* cannot be derived from his conduct? **Rava said:** The ***tanna*** **derived** a *halakha* **from Abraham's** conduct, **and we do not derive** a *halakha* **from his** conduct? **As it was taught** in a *baraita* with regard to the verse: **"And on the eighth day the flesh of his foreskin shall be circumcised"** (Leviticus 12:3), this verse **teaches that the entire day is suitable for** performance of the mitzva of **circumcision.**[H] **However, the vigilant are early** in their performance of **mitzvot** and circumcise in the morning, **as it is stated** with regard to the binding of Isaac: **"And Abraham arose early in the morning and saddled** his donkey" (Genesis 22:3). He awakened early to fulfill the mitzva without delay. Apparently, *halakha* is derived from the conduct of Abraham.

אֶלָּא אָמַר רָבָא: רַב יוֹסֵף הָא קָא קַשְׁיָא לֵיהּ; דִּתְנַן: חָל עַרְבֵי פְסָחִים לִהְיוֹת בְּעֶרֶב שַׁבָּת – נִשְׁחָט בְּשֵׁשׁ וּמֶחֱצָה וְקָרֵב בְּשֶׁבַע וּמֶחֱצָה. וְנִשְׁחֲטֵיהּ מִכִּי מִשְׁחֲרֵי כּוֹתְלֵי!

Rather, Rava said: With regard to **Rav Yosef,** it was not the matter of deriving *halakha* from the conduct of Abraham that is difficult. Rather, **this is difficult for him, as we learned** in a mishna: When **Passover eves occur on Shabbat eves,**[H] the daily afternoon offering is slaughtered **at six and a half hours** of the day **and sacrificed** on the altar **at seven and a half hours.** The afternoon offering was slaughtered as early as possible to enable all the Paschal lambs, which were slaughtered after the daily afternoon offering was sacrificed, to be slaughtered and roasted before sunset, so that no labor would be performed on Shabbat. Now, if indeed this *halakha* is derived from the conduct of Abraham, **let us slaughter** the offering even earlier, **from when the walls** begin to **blacken,** just after the end of the sixth hour of the day. Apparently, *halakha* is not derived from the conduct of Abraham.

NOTES

Rav Safra said – אָמַר רַב סָפְרָא: Some commentaries explain that the connection between this statement and the mishna is that although the priests could have waited to slaughter the daily offering until they were certain that it was daytime, obviating the need for an observer, Rav Safra's statement teaches that it is preferable to perform a mitzva as soon as possible (*Siaḥ Yitzḥak*; *Leviyat Ḥen*).

The prayer of Abraham – צְלוֹתֵיהּ דְּאַבְרָהָם: The early commentaries note that traditionally, the afternoon prayer is associated specifically with Isaac rather than Abraham. They explain that when Rav Safra mentions Abraham, he is referring to all of the Patriarchs, as Abraham was the first Patriarch (Rabbeinu Ḥananel). Alternatively, it is possible that Isaac learned the afternoon prayer from his father. Support for Rav Safra's statement comes from the phrase: "Toward evening" (Genesis 24:63), which indicates that that the time for the afternoon prayer begins as soon as the position of the sun in the sky is toward evening, i.e., in the west (see Rabbeinu Ḥananel and *Tosafot Yeshanim*).

When the walls blacken – מִכִּי מִשְׁחֲרֵי כּוֹתְלֵי: Some commentaries assert that this refers to when the walls truly blacken, at the start of the eighth hour. The entire course of the Gemara can be understood according to that explanation as well (*Peirush Kadmon*).

HALAKHA

The time for circumcision – זְמַן מִילָה: The entire day is appropriate for performance of the mitzva of circumcision, but it is preferable to perform it early in the day (*Shulḥan Arukh, Yoreh De'a* 262:1).

When Passover eves occur on Shabbat eve – חָל עַרְבֵי פְסָחִים לִהְיוֹת בְּעֶרֶב שַׁבָּת: When Passover eve occurs on Friday, the daily afternoon offering is slaughtered at six and a half hours of the day and sacrificed at seven and a half hours. This was done to accommodate the great number of Paschal lambs, all of which needed to be slaughtered and roasted before the beginning of Shabbat (Rambam *Sefer Avoda, Hilkhot Temidin UMusafin* 1:5).

מַאי קוּשְׁיָא? וְדִילְמָא כּוֹתְלֵי דְּבֵית הַמִּקְדָּשׁ בְּשֵׁשׁ וּמֶחֱצָה מַשְׁחֲרֵי, מִשּׁוּם דְּלָא מְכַוְּונֵי טוּבָא! אִי נַמִּי: שָׁאנֵי אַבְרָהָם דְּאִיצְטַגְנִינוּת גְּדוֹלָה הָיְתָה בְּלִבּוֹ, אִי נַמִּי: מִשּׁוּם דְּזָקֵן וְיוֹשֵׁב בִּישִׁיבָה הֲוָה. דְּאָמַר רַבִּי חָמָא בְּרַבִּי חֲנִינָא: מִימֵיהֶן שֶׁל אֲבוֹתֵינוּ לֹא פָּרְשָׁה יְשִׁיבָה מֵהֶם.

The Gemara rejects this: **What is the difficulty? Perhaps the walls of the Temple** begin to **blacken** only **at six and a half** hours of the day **because they are not perfectly aligned.**[N] The Temple walls were broad at the bottom and gradually narrowed as they reached the top; therefore, the upper part of the wall did not cast a shadow on the wall opposite it until six and a half hours of the day.

Or, alternatively, it is **different** with regard to **Abraham** because **there was great** knowledge of **astronomy** [*itztagninut*][N] **in his heart.** He was able to precisely calculate the movements of the heavenly bodies and was therefore able to discern immediately after noon that the sun had begun its descent. Others require a half hour to be certain that the descent of the sun has begun.

Or, alternatively Abraham was different **because he was an Elder and sat** and studied Torah **in a yeshiva,**[N] where the Divine Presence rests. There he developed the expertise to determine the precise hour. **As Rabbi Ḥama, son of Rabbi Ḥanina, said: From the days of our ancestors, yeshiva never left them.** Our ancestors were leaders of their generations, who taught Torah to students who came to them.

הָיוּ בְּמִצְרַיִם – יְשִׁיבָה עִמָּהֶם, שֶׁנֶּאֱמַר: ״לֵךְ וְאָסַפְתָּ אֶת זִקְנֵי יִשְׂרָאֵל״, הָיוּ בַּמִּדְבָּר – יְשִׁיבָה עִמָּהֶם, שֶׁנֶּאֱמַר: ״אֶסְפָה לִּי שִׁבְעִים אִישׁ מִזִּקְנֵי יִשְׂרָאֵל״. אַבְרָהָם אָבִינוּ זָקֵן וְיוֹשֵׁב בִּישִׁיבָה, שֶׁנֶּאֱמַר: ״וְאַבְרָהָם זָקֵן בָּא בַּיָּמִים״, יִצְחָק אָבִינוּ זָקֵן וְיוֹשֵׁב בִּישִׁיבָה הָיָה, שֶׁנֶּאֱמַר: ״וַיְהִי כִּי זָקֵן יִצְחָק״, יַעֲקֹב אָבִינוּ זָקֵן וְיוֹשֵׁב בִּישִׁיבָה הָיָה, שֶׁנֶּאֱמַר: ״וְעֵינֵי יִשְׂרָאֵל כָּבְדוּ מִזּוֹקֶן״.

When **they were in Egypt** there was **a yeshiva with them, as it is stated: "Go and gather the Elders of Israel"** (Exodus 3:16), indicating that there were Sages among them who studied Torah. And similarly, when **they were in the desert,** there was **a yeshiva with them, as it is stated: "Gather for me seventy men from the Elders of Israel"** (Numbers 11:16). **Abraham our Patriarch** was himself **an Elder and would sit in yeshiva, as it is stated: "And Abraham was old, advanced in years"** (Genesis 24:1). From the apparent redundancy of the terms old and advanced in years, it is derived that old means that he was a wise Elder and prominent in Torah, and advanced in years means that he was elderly. Similarly, **Isaac our Patriarch was an Elder and sat in yeshiva, as it is stated: "And it came to pass when Isaac was old** and his eyes were dim" (Genesis 27:1). Similarly, **Jacob our Patriarch was an Elder and sat in yeshiva, as it is stated: "And Israel's eyes were heavy with age"** (Genesis 48:10).[N]

אֱלִיעֶזֶר עֶבֶד אַבְרָהָם זָקֵן וְיוֹשֵׁב בִּישִׁיבָה הָיָה, שֶׁנֶּאֱמַר: ״וַיֹּאמֶר אַבְרָהָם אֶל עַבְדּוֹ זְקַן בֵּיתוֹ הַמּוֹשֵׁל בְּכָל אֲשֶׁר לוֹ״, אָמַר רַבִּי אֶלְעָזָר: שֶׁמּוֹשֵׁל בְּתוֹרַת רַבּוֹ. ״הוּא דַּמֶּשֶׂק אֱלִיעֶזֶר״ – אָמַר רַבִּי אֶלְעָזָר: שֶׁדּוֹלֶה וּמַשְׁקֶה מִתּוֹרָתוֹ שֶׁל רַבּוֹ לַאֲחֵרִים.

Eliezer, servant of Abraham, was an Elder and sat in yeshiva, as it is stated: "And Abraham said to his servant, the elder of his household, who ruled over all he had" (Genesis 24:2). **Rabbi Elazar said:** The verse means that **he had mastery over the Torah of his master,** having gained proficiency in all of the Torah of Abraham. That is the meaning of the verse: **"He is Damascus [*Dammesek*] Eliezer"** (Genesis 15:2). **Rabbi Elazar said:** The word *Dammesek* is a contraction of he **who draws [*doleh*] and gives drink [*mashke*] to others from his master's Torah.**

אָמַר רַב: קִיֵּים אַבְרָהָם אָבִינוּ כָּל הַתּוֹרָה כּוּלָּהּ, שֶׁנֶּאֱמַר: ״עֵקֶב אֲשֶׁר שָׁמַע אַבְרָהָם בְּקוֹלִי״ וגו׳. אֲמַר לֵיהּ רַב שִׁימִי בַּר חִיָּיא לְרַב: וְאֵימָא שֶׁבַע מִצְוֹת! הָא אִיכָּא נַמִּי מִילָה. וְאֵימָא שֶׁבַע מִצְוֹת וּמִילָה! אֲמַר לֵיהּ: אִם כֵּן ״מִצְוֹתַי וְתוֹרוֹתָי״ לָמָּה לִי?

Apropos the previous statement, the Gemara cites that **Rav said: Abraham our Patriarch fulfilled the entire Torah** before it was given, **as it is stated: "Because [*ekev*] Abraham hearkened to My voice and kept** My charge, My mitzvot, My statutes and My Torahs" (Genesis 26:5). **Rav Shimi bar Ḥiyya said to Rav: And say** that the verse means that he fulfilled only the **seven** Noahide **mitzvot** and not the entire Torah. The Gemara asks: **But isn't there also circumcision** that Abraham clearly observed, which is not one of the Noahide laws? Apparently, Abraham fulfilled more than just those seven. The Gemara asks: **And say** that he fulfilled only **the seven mitzvot and circumcision.** Rav **said to him: If so, why do I** need the continuation of the verse, that Abraham kept: **My mitzvot and my Torah?** That is a clear indication that he fulfilled mitzvot beyond the seven Noahide mitzvot, and apparently fulfilled the entire Torah.

אָמַר (רַב) וְאִיתֵּימָא רַב אַשִׁי: קִיֵּים אַבְרָהָם אָבִינוּ אֲפִילּוּ עֵירוּבֵי תַבְשִׁילִין, שֶׁנֶּאֱמַר: ״תּוֹרוֹתָי״ – אַחַת תּוֹרָה שֶׁבִּכְתָב וְאַחַת תּוֹרָה שֶׁבְּעַל פֶּה.

Rav said, and some say Rav Ashi said: **Abraham our Patriarch fulfilled** the entire Torah, **even** the mitzva of **the joining of cooked foods,**[N] a rabbinic ordinance instituted later, **as it is stated: My Torahs.** Since the term is in the plural, it indicates that Abraham kept two Torahs; **one, the Written Torah, and one, the Oral Torah.** In the course of fulfilling the Oral Torah, he fulfilled all the details and parameters included therein.

NOTES

Because they are not perfectly aligned – **מִשּׁוּם דְּלָא מְכַוְּונֵי טוּבָא**: In most of the earlier versions of the Talmud, it says: The walls are perfectly aligned, meaning they are aligned directly opposite the sun so the walls blackened only a while after noon (*ge'onim*; Rabbeinu Ḥananel). Rabbeinu Tam explains that the phrase: Not perfectly aligned, written in the version that appears in the Gemara here, does not refer to the walls; rather, due to the preponderance of people in the Temple courtyard sacrificing their Paschal lambs they were unable to concentrate on whether noon had passed. Therefore, they waited a bit to be certain that the time had indeed passed. That is the reason that the Gemara contrasts their practice with that of Abraham, who was an Elder and wise and was able to focus on the position of the sun (*Sefer HaYashar*).

Astronomy [*itztagninut*] – **אִיצְטַגְנִינוּת**: Although the etymology of this term is unclear, it refers to knowledge of the stars and constellations, both in the sense of the science of astronomy and in the sense of astrology, i.e., prediction of the future based on constellations. In this context, it is refers to expertise in the field of astronomy that includes knowledge of the precise times of sunrise and sunset and the ability to determine the times of midday and midnight.

He was an Elder and sat and studied Torah in a yeshiva – **זָקֵן וְיוֹשֵׁב בִּישִׁיבָה**: Abraham was able to calculate times precisely because he sat in the yeshiva undisturbed (Rabbi Elyakim). Others explain that Abraham was worried lest he become preoccupied with his students, and therefore he made certain to pray at the first halakhically permitted opportunity (*Siaḥ Yitzḥak*).

Old…heavy with age – **זָקֵן...כָּבְדוּ מִזּוֹקֶן**: Even though the verses cited here refer to the advanced age of the Patriarchs, clearly these verses do not come to disparage them by asserting that they were frail. The point of these verses is that their eyes were heavy with age from their Torah study (Ritva).

The joining of cooked foods – **עֵירוּבֵי תַבְשִׁילִין**: *Tosafot Yeshanim* raise the question: Why did the Gemara choose to illustrate this point with the example of the joining of cooked foods? The Ritva explains that it was chosen because although it is not obligatory and serves merely as a reminder of the sanctity of Shabbat, Abraham observed that mitzva as well. Others explain that the Gemara is alluding to Abraham's efforts to disseminate the belief in the Creator, to which he devoted his life. Belief in the Creator is the essence of Shabbat. The Vilna Gaon suggests a variant reading: Joining of Shabbat boundaries. He derives this from the word *ekev* in the verse; in this context it means because, but it can also mean heel, alluding to a mitzva connected to walking (*Yefe Einayim*).

BACKGROUND

Rises like a staff – מִתַּמֵּר וְעוֹלֶה כְּמַקֵּל: In the image the moon's reflection on the water illustrates the notion that moonlight does not spread the same way sunlight does.

Moon rising over a body of water

Spreading hides – לְשַׁטּוֹחֵי עוֹרוֹת: The practice of drying hides in the sun still exists in some regions of the world where hides are processed in a similar fashion to the process in talmudic times.

Hides drying in the sun in an African village

HALAKHA

Kneading dough for *matza* – לִישַׁת מַצּוֹת: *Matza* dough may not be kneaded in the sun, and on a cloudy day it is prohibited to knead *matza* dough outside at all because it is difficult to distinguish between sun and shade. This ruling follows the statements of Rava and Rav Pappa. One should refrain from kneading *matza* dough even under an open window, lest he fail to notice that the dough was exposed to diffuse sunlight on a cloudy day..

NOTES

The hazy light of the sun – זוּהֲמָא דְּשִׁמְשָׁא: There is a variant reading of this phrase that has *zihara*, meaning light, instead of *zuhama*, meaning haze. The *ge'onim* explain that the heat from the sun is greater in a place that was warmed by sunlight and now stands in the shade than it is in a spot in direct sunlight.

Dazzling sunlight – שַׁבְרִירֵי דְּשִׁמְשָׁא: The *ge'onim* explain that a person who walks from a sunlit spot into a dark room is blinded more than he would be in direct sunlight.

״מַתְיָא בֶּן שְׁמוּאֵל אוֹמֵר וכו׳ וְהוּא אוֹמֵר הֵן״. מַאן אֲמַר הֵן? אִילֵימָא הַהִיא דְּקָאֵי אַאִיגְּרָא – הוּא חָלֵים וְהוּא מְפַשֵּׁר? אֶלָּא, הַהִיא דְּקָאֵי אַאַרְעָא – מְנָא יָדַע?

§ It was taught in the mishna that **Matya ben Shmuel says** that the appointed priest asks: **Is the entire eastern sky illuminated even to Hebron? And he says: Yes.** The Gemara asks: **Who said yes? If we say** it is **that** person **who is standing on the roof,** does **he dream and** also **interpret** his dream? Is it reasonable that the one asking the question answers it? **Rather,** say that it was **that** person **who is standing on the ground** who said yes. **From where does he know** that the sky is illuminated such that he is able to answer yes?

אִיבָּעֵית אֵימָא: הַהִיא דְּקָאֵי אַאַרְעָא, וְאִיבָּעֵית אֵימָא הַהִיא דְּקָאֵי אַאִיגְּרָא. אִיבָּעֵית אֵימָא הַהִיא דְּקָאֵי אַאִיגְּרָא; אָמַר אִיהוּ: הֵאִיר פְּנֵי כָל הַמִּזְרָח. וְאָמַר לֵיהּ הַהִיא דְּקָאֵי אַאַרְעָא: עַד שֶׁבְּחֶבְרוֹן? וְאָמַר לֵיהּ אִיהוּ: הֵן.

The Gemara suggests two possible solutions: **If you wish, say** it was **that** person **who is standing on the ground** who answered yes, **and if you wish, say** it was **that** person **who is standing on the roof** who answered. **If you wish, say that** the person **who is standing on the roof said: The entire eastern sky is illuminated. And that** person **who is standing on the ground said to him:** Has it illuminated **even to Hebron? And he** who is standing on the roof **said to him: Yes.**

וְאִיבָּעֵית אֵימָא הַהִיא דְּקָאֵי אַאַרְעָא, אָמַר אִיהוּ: הֵאִיר פְּנֵי כָל הַמִּזְרָח? וְאָמַר לֵיהּ: עַד שֶׁבְּחֶבְרוֹן? וְאָמַר לֵיהּ: הֵן.

And if you wish, say instead **that** the person **who is standing on the ground said: Is the entire eastern sky illuminated? And he** who is standing on the roof **said to him:** Do you mean that it is illuminated even **to Hebron? And he** who is standing on the ground **said to him: Yes,** that is what I mean.

״וְלָמָּה הוּצְרְכוּ לְכָךְ״ וכו׳. וּמִי מִיחַלְּפִי? וְהָתַנְיָא, רַבִּי אוֹמֵר: אֵינוֹ דּוֹמֶה תִּימּוּר שֶׁל לְבָנָה לְתִימּוּר שֶׁל חַמָּה, תִּימּוּר שֶׁל לְבָנָה – מִתַּמֵּר וְעוֹלֶה כְּמַקֵּל, תִּימּוּר שֶׁל חַמָּה – מַפְצִיעַ לְכָאן וּלְכָאן. תָּנָא דְּבֵי רַבִּי יִשְׁמָעֵאל: יוֹם הַמְעוּנָּן הָיָה, וּמַפְצִיעַ לְכָאן וּלְכָאן. אָמַר רַב פָּפָּא, שְׁמַע מִינָּהּ: יוֹמָא דְּעֵיבָא – כּוּלֵּיהּ שִׁמְשָׁא.

§ The mishna asks: **And why did they need to** ascertain **this?** The mishna answered that there was an incident where they confused the light of the moon with the light of the rising sun and slaughtered the daily morning offering too early. The Gemara asks: **And are** sunlight and moonlight **mistaken** for one another? **Wasn't it taught** in a *baraita* that **Rabbi** Yehuda HaNasi **says: A column of** the light of the **moon is not similar to a column of** the light of the **sun; a column of** the light of the **moon rises like a staff**[B] in one column while **a column of** the light of the **sun diffuses to here and to there?** The Gemara answers that **the school of Rabbi Yishmael taught:** It **was a cloudy day, and** then even the moonlight **diffuses to here and to there,** which caused them to err and believe that it was the rising sun. **Rav Pappa said: Learn from this** statement of Rabbi Yishmael that **a cloudy day is** similar to **a completely sunny** day because the sunlight is further diffused by the clouds.

לְמַאי נָפְקָא מִינָּהּ – לְשַׁטּוֹחֵי עוֹרוֹת. אִי נַמִי, לְכִדְדָרַשׁ רָבָא: אִשָּׁה לֹא תָּלוּשׁ לֹא בַּחַמָּה וְלֹא בְּחַמֵּי חַמָּה.

The Gemara asks: **What are the** practical **ramifications** of the statement that a cloudy day is similar to a completely sunny day? The Gemara explains: The ramifications are with regard **to spreading hides**[B] to dry them. On a cloudy day, wherever the hides are placed they will be exposed to sunlight. **Alternatively,** the ramifications are according **to that which Rava taught** with regard to *matza*: **A woman** may **neither knead** dough for *matza*[H] for Passover **in** the light of **the sun nor** may she prepare the dough **with hot water** heated **in the sun.** On a cloudy day, one may not knead the dough anywhere outside since the light of the sun is diffused everywhere.

אָמַר רַב נַחְמָן: זוּהֲמָא דְּשִׁימְשָׁא קָשֵׁי מִשִּׁימְשָׁא, וְסִימָנֵיךְ: דְּנָא דְּחַלָּא. שַׁבְרִירֵי דְּשִׁימְשָׁא קָשׁוּ מִשִּׁימְשָׁא, וְסִימָנֵיךְ: דִּילְפָא.

Apropos a cloudy day, the Gemara cites that **Rav Naḥman said: The hazy** light **of the sun**[N] through the clouds **is more damaging than the** light of the **sun** itself. **And your mnemonic** is **the** cover of **a jar of vinegar:** As long as the jar is tightly closed, the odor of the vinegar does not spread and it intensifies. Even the slightest opening in the lid releases an odor more powerful than the odor generated by vinegar that was not sealed in a jar. The same is true with regard to the rays of the sun. With regard to sunlight that is obscured behind clouds, when it escapes through breaks in the clouds it is more powerful than direct sunlight. **Dazzling sunlight,**[N] which shines through cracks in the clouds, **is more harmful** to the eyes **than** direct **sunlight. And your mnemonic is a drip;** water that drips on a person is more bothersome than water in which one completely immerses his body.

הִרְהוּרֵי עֲבֵירָה קָשׁוּ מֵעֲבֵירָה, וְסִימָנֵיךְ: רֵיחָא דְּבִישְׂרָא. שִׁילְהֵי דְקַיְיטָא קַשְׁיָא מִקַּיְיטָא, וְסִימָנֵיךְ: תַּנּוּרָא שְׁגִירָא.

Thoughts of transgression are worse than transgression[N] itself, **and your mnemonic is the odor of meat.** The smell of roasting meat is more appetizing than actually eating the meat. The heat of **the end of summer is more oppressive than the** heat of the **summer** itself, **and your mnemonic is a heated oven.** After an oven has been heated several times in the course of a day, lighting it again, even slightly, will produce powerful heat. So too, at the end of the summer, since everything is hot, the heat is more oppressive.

אִישְׁתָּא דְּסִיתְוָא קַשְׁיָא מִדְּקַיְיטָא, וְסִימָנֵיךְ: תַּנּוּרָא קְרִירָא. מִיגְמַר בְּעַתִּיקְתָּא קַשְׁיָא מֵחַדְתָּא, וְסִימָנֵיךְ: טִינָא בַּר טִינָא.

A fever in the **winter is more powerful than** a fever **in the summer, and your mnemonic is a cold oven.** Heating a cold oven requires greater heat than heating a hot oven. A fever that succeeds in raising the body temperature in the winter must be more powerful than a fever that raises the body temperature in the summer. **Relearning old** material that was known and forgotten **is more difficult than learning from new** material. **And your mnemonic is** mixing **mortar from mortar.**[N] It is harder to take hardened mortar, crush it, and mix new mortar than it is to simply mix new mortar.

אָמַר רַבִּי אַבָּהוּ: מַאי טַעְמָא דְּרַבִּי – דִּכְתִיב: ״לַמְנַצֵּחַ עַל אַיֶּלֶת הַשַּׁחַר״ מָה אַיָּלָה זוֹ קַרְנֶיהָ מַפְצִילוֹת לְכָאן וּלְכָאן – אַף שַׁחַר זֶה מַפְצִיעַ לְכָאן וּלְכָאן.

Apropos moonlight and sunlight discussed previously, **Rabbi Abbahu said: What is the rationale** for the statement of **Rabbi** Yehuda HaNasi[N] that sunlight diffuses and in that sense is dissimilar to moonlight? It is **as it is written: "For the leader, about the morning hind"** (Psalms 22:1); **just as the antlers of a hind**[B] **branch out to here and to there, so too,** the light of **dawn diffuses to here and to there.**

אָמַר רַבִּי זֵירָא: לָמָּה נִמְשְׁלָה אֶסְתֵּר לְאַיָּלָה – לוֹמַר לָךְ: מָה אַיָּלָה רַחְמָהּ צַר, וַחֲבִיבָה עַל בַּעְלָהּ כָּל שָׁעָה וְשָׁעָה כְּשָׁעָה רִאשׁוֹנָה – אַף אֶסְתֵּר הָיְתָה חֲבִיבָה עַל אֲחַשְׁוֵרוֹשׁ כָּל שָׁעָה וְשָׁעָה כְּשָׁעָה רִאשׁוֹנָה. אָמַר רַבִּי אַסִי: לָמָּה נִמְשְׁלָה אֶסְתֵּר לְשַׁחַר? לוֹמַר לָךְ: מַה שַּׁחַר סוֹף כָּל הַלַּיְלָה – אַף אֶסְתֵּר סוֹף כָּל הַנִּסִּים.

In tractate *Megilla*, the Gemara states that Queen Esther prophetically recited this Psalm in reference to her situation as she was about to come before King Ahasuerus without being summoned. **Rabbi Zeira said: Why is Esther likened to a hind?** It is **to tell you: Just as** in the case of **a hind its womb is narrow and it is desirable to its mate at each and every hour like** it is at **the first hour, so too, Esther was desirable to Ahasuerus at each and every hour like** she was at **the first hour. Rabbi Asi said: Why was Esther likened to the dawn?** It is **to tell you: Just as the dawn is the conclusion of the entire night, so too, Esther was the conclusion of all miracles** performed for the entire Jewish people.

וְהָא אִיכָּא חֲנוּכָּה! נִיתְּנָה לִכְתּוֹב קָא אָמְרִינַן. הָנִיחָא לְמַאן דְּאָמַר אֶסְתֵּר נִיתְּנָה לִכְתּוֹב, אֶלָּא לְמַאן דְּאָמַר אֶסְתֵּר לֹא נִיתְּנָה לִכְתּוֹב מַאי אִיכָּא לְמֵימַר?

The Gemara asks: **But isn't there** the miracle of **Hanukkah,** which was performed many years later? The Gemara answers: It is true that additional miracles were performed after the miracle of Purim; however, it is with regard to miracles for which permission **was granted to write** them in the Bible that **we are saying** that the miracle of Purim was the last one. The Gemara asks: **That** works out **well according to the one who said:** Permission **was granted to write** the Scroll of **Esther** in the Bible as a book whose sanctity equals that of the other books of the Bible. **However, according to the one who said:** Permission **was not granted to write** the Scroll of **Esther** in the Bible, and its sanctity does not reach the level of the other books of the Bible, **what can be said?**

מוֹקִים לָהּ כְּרַבִּי בִּנְיָמִין בַּר יֶפֶת אָמַר רַבִּי אֶלְעָזָר. דְּאָמַר רַבִּי בִּנְיָמִין בַּר יֶפֶת אָמַר רַבִּי אֶלְעָזָר: לָמָּה נִמְשְׁלוּ תְּפִלָּתָן שֶׁל צַדִּיקִים כְּאַיֶּלֶת – לוֹמַר לָךְ: מָה אַיָּלָה זוֹ, כָּל זְמַן שֶׁמַּגְדֶּלֶת קַרְנֶיהָ מַפְצִילוֹת, אַף צַדִּיקִים – כָּל זְמַן שֶׁמַּרְבִּין בִּתְפִלָּה תְּפִלָּתָן נִשְׁמַעַת.

The Gemara answers: Actually, Purim was not the conclusion of all miracles performed for the entire Jewish people, and the one who holds that permission was not granted for the Scroll of Esther to be written **establishes** the analogy between Esther and the hind **in accordance with** the statement that **Rabbi Binyamin bar Yefet** said **that Rabbi Elazar said; as Rabbi Binyamin bar Yefet said** that **Rabbi Elazar said: Why are the prayers of the righteous likened to a hind?** It is **to tell you: Just as** with regard to **a hind, as long as it grows its antlers they** continue to **branch out; so too,** with regard to **the righteous, as long as they** engage **more in prayer their prayer is heard.**

NOTES

Thoughts of transgression are worse than transgression – הִרְהוּרֵי עֲבֵירָה קָשׁוּ מֵעֲבֵירָה: Unspecified transgression in the Talmud refers to licentiousness, and thoughts about transgression refers to thoughts of that sort. Rashi and the Rid explain that the reference here is not to the relative severity of thought versus action; rather, it means that the degree of stimulation in anticipating this transgression is greater than it is during its actual performance. Other commentaries explain that the reference is in fact to the relative severity of thought versus action. Some contend that because thoughts of transgression transpire in the mind, the damage that they cause is greater than the damage caused by actually engaging in sin, which merely involves the body (Rambam's Guide for the Perplexed). Some commentaries say that thoughts of transgression are more available and therefore more common than the transgression itself, and therefore they cause greater damage (*Be'er Mayim Ḥayyim*). Another explanation is that after actually performing the transgression the transgressor's desire is satisfied, and therefore he might be open to repentance; however, thoughts of transgression provide no such satisfaction and therefore repentance is less likely (*Or HaḤayyim*). Yet another explanation cites the general distinction between transgressions committed intentionally and those committed unwittingly to underscore the significance of one's thoughts in determining the severity of a transgression (*Ben Yehoyada*).

Mortar from mortar – טִינָא בַּר טִינָא: Some commentaries explain that it is difficult to mix earth that was kneaded into mortar with unkneaded earth. Similarly, it is difficult to integrate knowledge that was forgotten with knowledge that one remembers well (*ge'onim*).

What is the rationale for the statement of Rabbi Yehuda HaNasi – מַאי טַעְמָא דְּרַבִּי: Many commentaries point out that raising this question with regard to facts is rare, as facts can be ascertained through observation. Some explain that support was sought for the opinion of Rabbi Yehuda HaNasi from a verse because the matter is subject to dispute in the *Tosefta* (Rabbi Elazar Moshe Horowitz). Others explain that the Gemara is asking: What is the novelty in the statement of Rabbi Yehuda HaNasi and what can be learned from it? The novelty is in the interpretation of the verses of the Psalm with regard to the morning hind, and why it is interpreted as referring to dawn (Mahari Pik).

BACKGROUND

Antlers of a hind – קַרְנֵי אַיָּלָה: The antlers of deer, typically males, branch out into different segments. Deer typically shed their antlers each year, and when the antlers grow back they include an additional segment.

Red deer stag with newly forming antlers during the spring

NOTES

Is there no alternative to having the service performed by the High Priest – לא סגיא דלאו כהן גדול: Although it is possible that the High Priest was involved in this incident, if there is no significance to his participation, there would be no point to mentioning it (Ritva).

On Yom Kippur – ביום הכפורים: According to Rambam, this error occurred twice; once during the second half of the month, when they were confused by the moonlight because then the moon rises in the east, and once on Yom Kippur for a different reason.

BACKGROUND

The moon on Yom Kippur – ירח ביום הכפורים: There is no fixed time for the rising of the moon; rather, it varies each day of the lunar cycle. During the first half of the month the moon rises in the east between the afternoon and dusk, and it can be seen in the west in the morning. In the latter part of the month the moon rises in the east at the end of the night. Therefore, it would have been impossible for them to have seen the moon rising in the east on the morning of Yom Kippur.

"שחטו את התמיד". אימת? אילימא בשאר ימות השנה – לא סגיא דלאו כהן גדול? אלא ביום הכפורים – מאור הלבנה מי איכא?

§ The mishna relates that as a result of the confusion, **they slaughtered the daily offering** before dawn. The Gemara asks: **When** did this incident occur? **If we say** it occurred **during the rest of the days of the year, is there no alternative** to having the service performed by **the High Priest?**[N] The mishna states that after slaughtering the daily offering, they led the High Priest down to the Hall of Immersion. On all the other days of the year, the High Priest need not perform the service and it may be performed by a common priest. **Rather,** it must be that this incident occurred **on Yom Kippur,**[N] when the service is performed exclusively by the High Priest. However, in that case, **is there moonlight?**[B] According to the lunar cycle, the moon never rises in the east adjacent to dawn on Yom Kippur.

הכי קאמר: וביום הכפורים, כי אמר "ברק ברקאי" הורידו כהן גדול לבית הטבילה.

The Gemara answers that **this is what** the mishna **is saying:** The incident occurred during the rest of the year, at which point they instituted that the appointed priest announce the arrival of dawn in the Temple. **And on Yom Kippur, when** the appointed priest **said: The light flashed, they** immediately **led the High Priest down to the Hall of Immersion.**

תני אבוה דרבי אבין: לא זו בלבד אמרו, אלא אף מליקת העוף וקמיצת מנחה בלילה תשרף. בשלמא עולת העוף – מאי דהוה הוה, אלא קומץ,

Apropos this fundamental *halakha*, **the father of Rabbi Avin taught** a *baraita*: **Not only this,** that a daily offering slaughtered before dawn is disqualified and burned, **did they say; rather, even** in the case of **the pinching of the** neck of **a bird and the taking of the handful of a meal-offering** that are performed **at night,** these items must **be burned.** The Gemara analyzes the *baraita*: **Granted, a bird** sacrificed as **a burnt-offering** is disqualified if pinched before dawn; **what was, was.** The situation can no longer be remedied, and the bird must be burned. **However,** why should **the handful** of a meal-offering be burned?

Perek **III**
Daf **29** Amud **b**

NOTES

Both during the day and at night – בין ביום ובין בלילה: Many variant readings of the Talmud omit this passage. Indeed, according to some commentaries, the phrase: Items sacrificed at night, refers to the oil of the candelabrum, which is kindled at night and is consecrated only at night. Items that are sacrificed both during the day and at night include meal offerings or libations that are sacrificed independently of their offerings and which may be consecrated and sacrificed at any time (*Me'iri*).

Sufficiently consecrated to be disqualified – קדוש ליפסל: There are several aspects to the sanctity that takes effect on an object in the Temple. There is a positive aspect of the sanctity in that the animal, meal-offering, or libation is consecrated to God and may be sacrificed on the altar. The consecrated status of these objects also means that they are subject even to fourth-degree ritual impurity. They can become impure through contact with individuals lacking atonement whose purification process is not yet complete, and they are disqualified if taken out of the confines of the sacred area. This second form of sanctity is sanctity sufficient to be disqualified, unrelated to the positive sanctity that takes effect on the same item.

נהדרה, ונהדר ונקמצה ביממא! הוא תני לה והוא אמר לה: כלי שרת מקדשין אפילו שלא בזמנו.

Let us restore the handful that was removed from the meal-offering at night, **and let us again take a handful during the day.** Why must the meal-offering be burned? The Gemara explains: **He taught** the *baraita* that he received through tradition, **and he said its** explanation. **Service vessels,** which are sacred, **consecrate** their contents **even** when those contents are **not** placed in the vessel **at** the appointed **time** for that service. Once the handful is placed in the sacred vessel, the sanctity of the handful immediately takes effect and the situation can no longer be remedied.

מיתיבי, זה הכלל: כל הקרב ביום – קדוש ביום, וכל הקרב בלילה – קדוש בלילה, וכל הקרב בין ביום ובין בלילה – קדוש בין ביום ובין בלילה. קתני מיהת: כל הקרב ביום – קדוש ביום; ביום – אין, בלילה – לא! דילמא אינו קדוש ליקרב, אבל קדוש ליפסל.

The Gemara **raises an objection** from that which was taught in a *baraita*. **This is the principle: Any** offering **that is sacrificed during the day is consecrated** by being sacrificed **during the day; and any** offering **that is sacrificed at night is consecrated** only **at night; and any** offering **that is sacrificed both during the day and at night is consecrated both during the day and at night.**[N] **In any case, it is teaching** that **any** offering **that is sacrificed during the day is consecrated during the day.** One learns by inference: **During the day, yes,** it is consecrated; **at night, no,** it is not consecrated. Apparently, the handful of the meal-offering is not consecrated before dawn, which poses a difficulty to the explanation of Rabbi Avin's father. The Gemara answers: **Perhaps** the inference from the *baraita* means that when it is not sacrificed at its appointed time **it is not** sufficiently **consecrated to be sacrificed** on the altar; **however, it is** sufficiently **consecrated to be disqualified.**[N]

מְתִיב רַבִּי זֵירָא: סִידֵּר אֶת הַלֶּחֶם וְאֶת הַבָּזִיכִין אַחַר הַשַּׁבָּת, וְהִקְטִיר אֶת הַבָּזִיכִין בַּשַּׁבָּת – פְּסוּלָה.

Rabbi Zeira raised an objection to the principle of the father of Rabbi Avin based on what was taught in a mishna: If a priest **arranged** the **bread and the vessels** of frankincense that accompany the shewbread on the golden table **after Shabbat,**[H] on Sunday instead of on Shabbat, then even though **he burned the** frankincense that was in the **vessels on Shabbat,** they are **disqualified.**[N] That is because the bread was not arranged at its appointed time and therefore will not be arranged on the table for the requisite seven days.

כֵּיצַד יַעֲשֶׂה? יַנִּיחֶנּוּ לַשַּׁבָּת הַבָּאָה, שֶׁאֲפִילּוּ עוֹמֶדֶת עַל הַשֻּׁלְחָן יָמִים רַבִּים אֵין בְּכָךְ כְּלוּם. וְאַמַּאי? תִּקְדּוֹשׁ וְתִיפָּסֵל!

How shall he proceed to prevent its disqualification? **He should** not remove it, but rather he should **leave** the shewbread on the table **to** be removed **the following Shabbat, as even if** the bread **remained on the table for many days, that** does **not matter.** Then, on the following Shabbat, he arranges and places the shewbread in the appropriate manner. **And** according to the opinion of the father of Rabbi Avin, **why** is this remedy effective? If service vessels consecrate their contents even when those contents are not placed there at the appointed time, once the bread was placed on the table after Shabbat **it is consecrated and disqualified.**

אָמַר רָבָא: מַאן דְּקָא מוֹתִיב – שַׁפִּיר קָא מוֹתִיב. וַאֲבוּהּ דְּרַבִּי אָבִין נָמֵי – מַתְנִיתָא קָאָמַר, וְקָסָבַר: לַיְלָה – אֵין מְחוּסַּר זְמַן, יוֹם – מְחוּסַּר זְמַן.

Rava said: Rabbi Zeira, **who raises the objection, raises the objection well. And the father of Rabbi Avin is also stating a *baraita*.** Therefore, his opinion cannot be dismissed. At the same time, the contradiction between the *baraita* and the mishna must be resolved. **And** the *tanna* of the *baraita* **maintains:** A service performed at **night** is **not** considered **premature.** If there is a requirement to perform a certain action during the day but one performed it the night before, it is not considered as though he did not perform it at its appointed time, because the day and the night before it are considered a single unit. Therefore, placing the shewbread on the table before dawn disqualifies it. However, a service performed **a day** earlier is considered **premature.** Therefore, the table does not consecrate shewbread placed on it a day before Shabbat, and all the more so a week before Shabbat.

כִּי מָטֵי בֵּי שִׁמְשֵׁי תִּקְדּוֹשׁ וְתִפְסוֹל! אָמַר רָבִינָא: שֶׁקָּדַם וְסִלְּקוֹ. מָר זוּטְרָא, וְאִיתֵּימָא רַב אָשֵׁי אָמַר: אֲפִילּוּ תֵּימָא בְּשֶׁלֹּא קָדַם וְסִלְּקוֹ, כֵּיוָן שֶׁסִּדְּרוֹ שֶׁלֹּא כְּמִצְוָתוֹ – נַעֲשָׂה כְּמוֹ שֶׁסִּדְּרוֹ הַקּוֹף.

If a service performed at night is not considered premature, **when Shabbat evening** arrives, the arrangement of bread remaining on the table should **be consecrated and disqualified** when morning comes, because it was arranged at night. **Ravina said:** It is referring to a case where **one removed** the shewbread from the table **before** nightfall on Friday night to prevent consecration and disqualification. **Mar Zutra, and some say Rav Ashi, said: Even** if **you say that one did not remove** the shewbread **before** nightfall, **since he arranged** the shewbread **not in accordance with** the procedure dictated by **its mitzva** as it was not at its appointed time, its legal status **becomes as if a monkey**[B] **arranged** the shewbread.[N] At dawn, the priest will remove it from the table and replace it in accordance with the procedure dictated by its mitzva. However, with regard to a meal-offering whose handful was placed into a sacred vessel and shewbread that was placed on the table before dawn, they are not considered premature. They are therefore consecrated and disqualified.

״זֶה הַכְּלָל הָיָה בַּמִּקְדָּשׁ״. בִּשְׁלָמָא רַגְלַיִם – מִשּׁוּם נִיצוֹצוֹת, אֶלָּא יָדַיִם? מַאי טַעְמָא? אָמַר רַבִּי אַבָּא: זֹאת אוֹמֶרֶת

The mishna continues: **This was the principle in the Temple:** Anyone who covers his legs, a euphemism for defecating, must immerse afterward; and anyone who urinates requires sanctification of the hands and feet with water from the basin afterward. The Gemara asks: **Granted,** one who urinates is required to sanctify his **feet, due to drops** of urine that drip on his feet. **However,** with regard to his **hands, what is the reason** that he is required to sanctify them? His hands did not come into contact with anything filthy. **Rabbi Abba said: That is to say** that one learns appropriate conduct from this, namely that

HALAKHA

Bread that was arranged after Shabbat – לֶחֶם שֶׁסִּדֵּר אַחַר הַשַּׁבָּת: Both the shewbread and the accompanying vessels of frankincense that were placed on the table after Shabbat should be left on the table until the next week, at which point the incense should be burned (Rambam *Sefer Avoda, Hilkhot Temidin UMusafin* 5:13).

BACKGROUND

Monkey – קוֹף: Monkeys and apes are the most intelligent animals. Unlike apes, monkeys usually have tails. It seems that the default reference to a monkey in the Talmud refers to one of the tailed species, especially baboons, since these were often reared in ancient times.

Olive baboon

NOTES

He arranged the bread…they are disqualified – סִידֵּר אֶת הַלֶּחֶם...פְּסוּלָה: In a note on Rashi's commentary, apparently by one of his disciples or Rabbeinu Tam, this *halakha* is expunged because the shewbread can still be salvaged, and it is not disqualified when placed at an inappropriate time. However, some commentaries write that disqualified here does not refer to the bread but to the frankincense in the vessels accompanying the bread. Once this incense is burned before its time, it is completely disqualified (*Tosafot Yeshanim*; *Tosefot HaRosh*).

As if a monkey arranged the shewbread – כְּמוֹ שֶׁסִּדְּרוֹ הַקּוֹף: The Gemara is explained as follows: If the arrangement of the shewbread was placed intentionally at an inappropriate time, the placement is significant, and the bread is consecrated and disqualified. However, since when the point of disqualification, Shabbat evening, arrives, the bread was arranged on the table, its status is as if it appeared there on its own rather than being placed there by the priest (Ritva).

NOTES

Rav Pappa said – אָמַר רַב פָּפָּא: Rav Pappa's statement relates primarily to the *halakhot* of reciting *Shema*, but it is cited here to explain why a person who defecates must immerse. The reason is that some excrement might have remained in its place (*Siaḥ Yitzḥak*).

As it was stated…Rav Huna…Rav Ḥisda – דְּאִיתְּמַר...רַב הוּנָא...וְרַב חִסְדָּא: Most commentaries hold that the question raised against the opinion of Rav Pappa is based on Rav Huna's opinion. That is why the *halakha* is ruled in accordance with his opinion. However, according to Rashi, the question is based on the opinions of both Sages and therefore cannot be cited as a determining factor in establishing the *halakha*.

HALAKHA

Excrement in its place – צוֹאָה בִּמְקוֹמָהּ: For one who has excrement in its place, in his anus, it is prohibited to recite *Shema* even if it is not visible when he stands. If he does recite *Shema* in those circumstances, he is required to recite it again (*Mishna Berura*). However, he is permitted to recite *Shema* if the excrement is not visible at all (*Shulḥan Arukh, Oraḥ Ḥayyim* 76:5).

Excrement on his skin – צוֹאָה עַל בְּשָׂרוֹ: Some permit reciting *Shema* for one with excrement on his skin that is covered by his garments, or for one who reaches his hand into a lavatory in which there is no odor, in accordance with the opinion of Rav Huna (Rif; Rosh). However, others prohibit doing so, in accordance with the opinion of Rav Ḥisda (Rabbeinu Ḥananel; *Or Zarua*). Some permit reciting *Shema* when the excrement is covered by his flesh and not when it is covered by garments (Rosh; Rabbeinu Yona). With the exception of exigent circumstances (*Mishna Berura*), one should adopt the stringent ruling in this matter (*Shulḥan Arukh, Oraḥ Ḥayyim* 76:4).

A *halakha* with regard to a meal – הֲלָכָה בִּסְעוּדָה: If a group was sharing a meal and one left to urinate, he is required to wash the hand used to rub the drops away. To avoid suspicion, he should wash his hands before the other participants in the meal. If he neither rubbed away any drops nor touched an unclean place, he need not wash (Rema, citing *Hagahot Oshri*). These *halakhot* apply if the individual reenters with the intention of drinking; however, if he intends to eat he is required to wash both hands. If he left to talk to a friend and was out for some time he should wash both hands upon his return because he was distracted (*Shulḥan Arukh, Oraḥ Ḥayyim* 170:1).

BACKGROUND

Jug – טָפִיחַ: This term refers to a round earthenware jug with an attached lid. This vessel was used both as a container and for washing one's hands.

Ancient earthenware jug from the eighth century BCE

מִצְוָה לְשַׁפְשֵׁף. מְסַיַּיע לֵיהּ לְרַבִּי אַמִי, דְּאָמַר רַבִּי אַמִי: אָסוּר לָאָדָם שֶׁיֵּצֵא בְּנִיצוֹצוֹת שֶׁעַל גַּבֵּי רַגְלָיו, מִפְּנֵי שֶׁנִּרְאֶה כִּכְרוּת שָׁפְכָה, וּמוֹצִיא לַעַז עַל בָּנָיו שֶׁהֵן מַמְזֵרִים.

it is **a mitzva to brush** the drops of urine from one's legs so that they cannot be seen. Since one rubs it with his hands, his hands require sanctification as well. The Gemara comments: This **supports** the opinion of **Rabbi Ami, as Rabbi Ami said: It is prohibited for a man to go out with the drops** of urine **that are on his legs, because he appears as one whose penis has been severed.** A man with that condition is incapable of fathering children. People who see urine on his legs might suspect that he is suffering from that condition **and spread rumors about his children that they are *mamzerim*.** Therefore, one must be certain to brush the drops of urine from his legs.

אָמַר רַב פָּפָּא: צוֹאָה בִּמְקוֹמָהּ – אָסוּר לִקְרוֹת קְרִיאַת שְׁמַע. הֵיכִי דָּמֵי? אִי דְּנִרְאֵית – פְּשִׁיטָא, אִי דְּלֹא נִרְאֵית – לֹא נִיתְּנָה תוֹרָה לְמַלְאֲכֵי הַשָּׁרֵת! לָא צְרִיכָא, דְּיוֹשֵׁב – וְנִרְאֵית, עוֹמֵד – וְאֵינָהּ נִרְאֵית.

Apropos the above discussion the Gemara cites that **Rav Pappa said:**[N] For one with **excrement in its place,**[H] in the anus, **it is prohibited to recite *Shema*** until he removes it. **What are the circumstances? If** it is excrement **that is visible,** it is **obvious** that he cannot recite *Shema*, as there is excrement on his skin.[H] **If** it is excrement **that is not visible,** and it is inside his body, how can Rav Pappa rule that he may not recite *Shema*? **The Torah was not given to the ministering angels,** and one's body cannot be totally free of excrement. The Gemara answers: **No,** it is **necessary** to prohibit the recitation of *Shema* only in a situation **where** when **he is sitting it is visible,** and when **he is standing it is not visible.**

וּמַאי שְׁנָא מִצּוֹאָה עַל בְּשָׂרוֹ? דְּאִיתְּמַר, צוֹאָה עַל בְּשָׂרוֹ אוֹ שֶׁהָיוּ יָדָיו בְּבֵית הַכִּסֵּא, רַב הוּנָא אָמַר: מוּתָּר לִקְרוֹת קְרִיאַת שְׁמַע, וְרַב חִסְדָּא אָמַר: אָסוּר לִקְרוֹת קְרִיאַת שְׁמַע! בִּמְקוֹמָהּ – נָפֵישׁ זוּהֲמָא, שֶׁלֹּא בִּמְקוֹמָהּ – לָא נָפֵישׁ זוּהֲמָא.

The Gemara asks: If so, in **what** way **is** that **different from excrement on his flesh? As it was stated** in a case where one has **excrement on his flesh or that his hands were** placed **into a bathroom** that **Rav Huna said:** It is nevertheless **permitted to recite *Shema*. And Rav Ḥisda**[N] **said:** It is **prohibited to recite *Shema*** in those cases. The Gemara rejects this: The situations are not comparable. There is no dispute that excrement **in its place** is more severe, as in the anus **the filth is great** because it is new and malodorous. **And** if it is **not in its place, its filth is not great,** as it is dried and less malodorous. It is with regard to that situation that there is an amoraic dispute.

תָּנוּ רַבָּנַן, הֲלָכָה בִּסְעוּדָה: אָדָם יוֹצֵא לְהַשְׁתִּין מַיִם – נוֹטֵל יָדוֹ אַחַת וְנִכְנָס. דִּיבֵּר עִם חֲבֵירוֹ וְהִפְלִיג – נוֹטֵל שְׁתֵּי יָדָיו וְנִכְנָס. וּכְשֶׁהוּא נוֹטֵל – לֹא יִטּוֹל מִבַּחוּץ וְיִכָּנֵס, מִפְּנֵי חֲשָׁד, אֶלָּא נִכְנָס וְיוֹשֵׁב בִּמְקוֹמוֹ וְנוֹטֵל שְׁתֵּי יָדָיו, וּמַחֲזִיר הַטָּפִיחַ עַל הָאוֹרְחִין.

The Gemara proceeds to discuss a related topic. **The Sages taught a *halakha* with regard to a meal**[H] in a *baraita*: **A person** who **exits** a meal **to urinate washes one** of **his hands,** the one that he used to brush off drops of urine, **and enters** to resume the meal. If one left, **spoke with another, and lingered** outside, he **washes both of his hands and enters** to resume the meal. Presumably, during the lengthy conversation he was distracted from maintaining the cleanliness of his hands, requiring him to wash his hands again. **And when one washes** his hands for the meal he should **not wash** them **outside and then enter, due to** the concern that doing so will arouse **suspicion** that he did not wash his hands. **Rather, he enters and sits in his place and washes both his hands, and returns the jug**[B] of water **to** pass among **the guests** and ask if anyone requires water, to make certain that everyone is aware that he washed his hands.

אָמַר רַב חִסְדָּא: לָא אֲמַרַן אֶלָּא לִשְׁתּוֹת, אֲבָל לֶאֱכוֹל – נוֹטֵל מִבַּחוּץ וְנִכְנָס, דְּמֵידַע יָדִיעַ דַּאֲנִינָא דַּעְתֵּיהּ. אָמַר רַב נַחְמָן בַּר יִצְחָק: וַאֲנָא אֲפִילּוּ לִשְׁתּוֹת נַמִי, מֵידַע יָדְעִי דַּאֲנִינָא דַּעֲתָאי.

Rav Ḥisda said: We said this principle with regard to making certain that one washes his hands in public **only** when he enters **to drink; however,** if he enters and intends **to eat** he may even **wash** his hands **outside and enter.** Why is this so? It is because **it is well known that he is fastidious** and would not handle food without cleaning urine and the like off his hands. **Rav Naḥman bar Yitzḥak said: And I** can **even** wash my hands outside when I intend only **to drink,** because **they know that I am fastidious** and that I certainly washed my hands before I entered to eat.

מתני׳ אֵין אָדָם נִכְנָס לָעֲזָרָה לַעֲבוֹדָה אֲפִילּוּ טָהוֹר, עַד שֶׁיִּטְבּוֹל. חָמֵשׁ טְבִילוֹת וַעֲשָׂרָה קִדּוּשִׁין טוֹבֵל כֹּהֵן גָּדוֹל וּמְקַדֵּשׁ בּוֹ בַּיּוֹם, וְכוּלָּן בַּקֹּדֶשׁ עַל בֵּית הַפַּרְוָה, חוּץ מִזּוֹ בִּלְבַד. פָּרְסוּ סָדִין שֶׁל בּוּץ בֵּינוֹ לְבֵין הָעָם, (קִידֵּשׁ יָדָיו וְרַגְלָיו).

MISHNA **A person does not enter the** Temple **courtyard for the** Temple **service,**[N] **even** if he is **pure, until he immerses.**[H] **Five immersions**[H] **and ten sanctifications the High Priest immerses and sanctifies** his hands and feet, respectively, **on the day** of Yom Kippur. **And all** of these immersions and sanctifications take place **in the sacred** area,[H] the Temple courtyard, **on the** roof of the **Hall of** ***Parva*****, except for this** first immersion **alone.**[N] As that immersion is not unique to Yom Kippur, it may be performed outside the courtyard. **They spread a sheet of fine linen between him and the people**[B] in the interest of modesty, and then the High Priest immersed and **sanctified his hands and feet.**

גמ׳ שָׁאֲלוּ אֶת בֶּן זוֹמָא: טְבִילָה זוֹ לָמָּה? אָמַר לָהֶם: וּמָה הַמְשַׁנֶּה מִקּוֹדֶשׁ לְקוֹדֶשׁ, וּמִמָּקוֹם שֶׁעָנוּשׁ כָּרֵת לְמָקוֹם שֶׁעָנוּשׁ כָּרֵת – טָעוּן טְבִילָה, הַמְשַׁנֶּה מֵחוֹל לְקוֹדֶשׁ וּמִמָּקוֹם שֶׁאֵין עָנוּשׁ כָּרֵת לְמָקוֹם שֶׁעָנוּשׁ כָּרֵת – אֵינוֹ דִּין שֶׁטָּעוּן טְבִילָה?

GEMARA **They asked ben Zoma** with regard to **this immersion: Why** is it a requirement for anyone who enters to perform the Temple service? **He said to them: Just as one who moves from** service in one **sacred** area **to** service in another **sacred** area,[N] i.e., the High Priest on Yom Kippur, who moves from one service to another in the Temple courtyard and the Sanctuary; and likewise one who moves **from** service in **an area that** one who enters while impure **is punished by** ***karet*****,** the courtyard, **to** service in another **area that** one who enters impure **is punished by** ***karet*****,** the Sanctuary or the Holy of Holies, **requires immersion;** so too, with regard to **one who moves from a non-sacred** area **to a sacred** area, **and from a place that** one who enters while impure **is not punished by** ***karet*** **to a place that** one who enters while impure **is punished by** ***karet*****, is it not right that he require immersion?** This first immersion was instituted for purposes of sanctity rather than purity.

רַבִּי יְהוּדָה אוֹמֵר: סֶרֶךְ טְבִילָה הִיא זוֹ, כְּדֵי שֶׁיִּזָּכוֹר טוּמְאָה יְשָׁנָה שֶׁבְּיָדוֹ וְיִפְרוֹשׁ.

Rabbi Yehuda says: It is an ancillary immersion, which is not a mitzva, instituted **so that one will remember any old impurity that he** contracted **and withdraw.** In the course of immersion, he will remember if he was exposed to a source of seven-day impurity and will refrain from serving in the Temple.

בְּמַאי קָא מִיפַּלְגִי?

The Gemara asks: **With regard to what** principle **do** ben Zoma and Rabbi Yehuda, who provided two different rationales for the immersion, **disagree?**

HALAKHA

Immersion before entering the courtyard – טְבִילָה לִפְנֵי הַכְּנִיסָה לָעֲזָרָה: One may not enter the courtyard for service without first immersing, even if he is pure (Rambam *Sefer Avoda, Hilkhot Biat HaMikdash* 5:4).

Five immersions – חָמֵשׁ טְבִילוֹת: During the Yom Kippur service, the High Priest immerses five times and sanctifies his hands and feet ten times (Rambam *Sefer Avoda, Hilkhot Avodat Yom HaKippurim* 2:2).

All take place in the sacred area – כּוּלָּן בַּקּוֹדֶשׁ: All the immersions that the High Priest performs on Yom Kippur take place in the sacred area. The first immersion is an exception and may be done in a non-sacred area, as it is merely an ancillary immersion so that one will remember any old impurity that he might have contracted and, if relevant, refrain from serving in the Temple, in accordance with the opinion of Rabbi Yehuda (Rambam *Sefer Avoda, Hilkhot Avodat Yom HaKippurim* 2:3).

BACKGROUND

They spread a sheet of fine linen between him and the people – פָּרְסוּ סָדִין שֶׁל בּוּץ בֵּינוֹ לְבֵין הָעָם:

Spreading of the linen sheet

NOTES

Entering the courtyard for service – נִכְנָס לָעֲזָרָה לַעֲבוֹדָה: Rashi's explanation, which appears in the Jerusalem Talmud, is that immersion is required not only as preparation for service; rather, even one who enters the courtyard with no intention of serving must immerse. Other commentaries explain that the plain meaning of the mishna must be observed, and immersion is required only as a prelude to service. Still, even one who enters the courtyard with no intention to serve might be called upon to participate in some sacred act associated with the service, like slaughtering, and therefore must immerse in any case (*Tosafot Yeshanim*).

Except for this alone – חוּץ מִזּוֹ בִּלְבַד: The early commentaries point out that the five immersions of the High Priest on Yom Kippur are a *halakha* transmitted to Moses from Sinai. How, then, could the legal status of the first of the immersions be different from the others and even be considered distinct from the service of the day (Rashi; Rambam)? They answer that although the tradition of five immersions is from Sinai, their location and timing was not mandated. Therefore, the ruling that the first immersion is unlike the others and may be performed in a non-sacred area poses no problem (*Yad Yeuda*; *Katit LaMaor*).

One who moves from one sacred area to another sacred area – הַמְשַׁנֶּה מִקּוֹדֶשׁ לְקוֹדֶשׁ: Some commentaries explain that this is a reference to the High Priest's change of garments, since he removes one set of sacred garments and dons another set of sacred garments. This understanding clearly distinguishes this phrase from the phrase that follows: One who moves from an area punishable by *karet* to an area punishable by *karet*, which refers to places in the Temple. According to the interpretation that appears in the Gemara, the second phrase seems redundant (*Tosefot Rid*; *Tosafot Yeshanim*).

בְּאַחוּלֵי עֲבוֹדָה קָא מִיפַּלְגִי; לְבֶן זוֹמָא מְחִיל עֲבוֹדָה, לְרַבִּי יְהוּדָה לָא מְחִיל עֲבוֹדָה.

It is **with regard to** whether the Temple **service is desecrated** and disqualified if the priest failed to immerse before its performance that **they disagree.** According **to** the opinion of **ben Zoma,** this immersion is for the purpose of sanctification and is an integral part of the service; consequently, if the priest failed to immerse **he desecrates the service.** According **to** the opinion of **Rabbi Yehuda he does not desecrate** the **service,** because the immersion is merely a precautionary measure.

וּלְבֶן זוֹמָא מִי מְחִיל? וְהָתַנְיָא: כֹּהֵן גָּדוֹל שֶׁלֹּא טָבַל וְלֹא קִידֵּשׁ בֵּין בֶּגֶד לְבֶגֶד וּבֵין עֲבוֹדָה לַעֲבוֹדָה – עֲבוֹדָתוֹ כְּשֵׁרָה. אֶחָד כֹּהֵן גָּדוֹל וְאֶחָד כֹּהֵן הֶדְיוֹט, שֶׁלֹּא קִידֵּשׁ יָדָיו וְרַגְלָיו שַׁחֲרִית וְעָבַד עֲבוֹדָה – עֲבוֹדָתוֹ פְּסוּלָה.

The Gemara wonders: **And** according **to ben Zoma, is** the service **desecrated? But wasn't it taught** in a *baraita*: With regard to **a High Priest who did not immerse**[H] **and did not sanctify** his hands and feet[H] **between** donning the golden **garments and** the white linen **garments,** and similarly, with regard to a High Priest who did not immerse **between** performance of one **service and** another **service, his service is valid.** However, **both a High Priest and a common priest who did not sanctify his hands and feet** at all **in the morning and performed the service, his service is disqualified.** If the High Priest's failure to immerse between services does not desecrate the service, all the more so that failure to perform the first immersion would not desecrate the service, as ben Zoma derives the first immersion from the immersion of the High Priest. Apparently, that is not the basis of their dispute.

אֶלָּא לְמֵיקַם בַּעֲשֵׂה קָא מִיפַּלְגִי; לְבֶן זוֹמָא קָאֵי בַּעֲשֵׂה לְרַבִּי יְהוּדָה לָא קָאֵי בַּעֲשֵׂה.

Rather, it is with regard **to** whether one who fails to immerse before service **stands in** violation of **a positive mitzva** that **they disagree.** According **to ben Zoma, he stands in** violation of a **positive mitzva** because there is a special requirement to perform this immersion for the purpose of sanctification. According to **Rabbi Yehuda, he does not stand in** violation of **a positive mitzva.**

וּמִי אִית לֵיהּ לְרַבִּי יְהוּדָה הַאי סְבָרָא? וְהָתַנְיָא: מְצוֹרָע טוֹבֵל וְעוֹמֵד בְּשַׁעַר נִיקָנוֹר, רַבִּי יְהוּדָה אוֹמֵר: אֵינוֹ צָרִיךְ טְבִילָה שֶׁכְּבָר טָבַל מִבָּעֶרֶב.

The Gemara wonders: **And does Rabbi Yehuda hold** in accordance with **this** line of **reasoning? Wasn't it taught** in a *baraita*: **A leper** on the eighth day of his purification, after he has already immersed at the end of the seventh day, **immerses**[H] again **and stands at the Gate of Nicanor**[H] in the Temple to bring his purification offerings and to have the priest sprinkle the blood of the guilt-offering and the oil that accompanies his purification offerings on his thumbs and big toes to complete the purification process. **Rabbi Yehuda says: He does not require** an additional **immersion, as he already immersed the** previous **evening.** Apparently, Rabbi Yehuda does not require a special immersion in the morning to remind the leper of old impurity.

הַהוּא כִּדְתָנֵי טַעְמָא: שֶׁכְּבָר טָבַל מִבָּעֶרֶב.

The Gemara answers: In **that** case of the leper, the reason that no immersion is required in the morning is **as the reason was taught** in the *baraita*: **As he already immersed the** previous **evening.** That immersion purified him and reminded him of any old impurity that he might have. This is in no way connected to the matter of ancillary immersion.

וּדְקָאָרֵי לַהּ מַאי קָאָרֵי לַהּ?! מִשּׁוּם דְּקָא בָּעֵי לְמִרְמָא אַחֲרִיתֵי עֲלֵיהּ: לִשְׁכַּת הַמְּצוֹרָעִין שֶׁשָּׁם מְצוֹרָעִין טוֹבְלִין. רַבִּי יְהוּדָה אוֹמֵר: לֹא מְצוֹרָעִין בִּלְבַד אָמְרוּ, אֶלָּא כׇּל אָדָם.

The Gemara asks: **And** the one **who grasps** this *baraita* as a contradiction to Rabbi Yehuda's opinion, in **what** manner **does he grasp it?**[N] The rationale for the *halakha* is explicit. The Gemara answers: **Because** the Gemara **wants to raise a contradiction** between **another** *baraita* and this *baraita*,[N] and the question will be clarified through combination of the sources. As it was taught: Why was the chamber called **the Chamber of the Lepers?** It is **because the lepers immerse there.**[N] **Rabbi Yehuda says:** It was **not only lepers**[N] that **they said** immerse there; **rather, all people** immersed there. Rabbi Yehuda states that lepers and others immersed in this chamber in the Temple, contradicting his statement in the first *baraita* that a leper does not require immersion in the Temple, as he immersed the evening before.

HALAKHA

A High Priest who did not immerse – כֹּהֵן גָּדוֹל שֶׁלֹּא טָבַל: If a High Priest did not immerse when changing his garments, or did not sanctify his hands and feet when changing his garments, his service is still valid (Rambam *Sefer Avoda, Hilkhot Avodat Yom HaKippurim* 2:3).

A priest who did not sanctify his hands and feet – כֹּהֵן שֶׁלֹּא קִדֵּשׁ יָדָיו וְרַגְלָיו: A priest who served in the Temple without sanctifying his hands and feet at all that day receives the death penalty at the hands of Heaven and his service is invalid. This applies to both a High Priest and a common priest (Rambam *Sefer Avoda, Hilkhot Biat HaMikdash* 5:1).

The immersion of the leper – טְבִילַת מְצוֹרָע: On the eighth day of his purification process, the leper comes to the Temple, where he performs an additional immersion before his offerings are sacrificed. This ruling is in accordance with an unattributed mishna in tractate *Nega'im* and the Gemara here (see *Leḥem Mishne*; Rambam *Sefer Korbanot, Hilkhot Meḥusrei Kappara* 4:1).

The leper at the Gate of Nicanor – מְצוֹרָע בְּשַׁעַר נִיקָנוֹר: The leper concludes his process of purification by standing outside the Israelite courtyard near the eastern entrance, on the threshold of the Gate of Nicanor. He is purified there by having the blood of his guilt-offering and oil smeared on his thumb and big toe (Rambam *Sefer Korbanot, Hilkhot Meḥusrei Kappara* 4:2).

NOTES

And the one who grasps [*ka'arei*] this *baraita* as a contradiction to Rabbi Yehuda's opinion, in what manner does he grasp it – וּדְקָאָרֵי לַהּ מַאי קָאָרֵי לַהּ: In explaining the literal translation of this phrase, the *Arukh* states that the term *ka'arei* should be spelled with an *ayin* instead of an *aleph*, and the phrase means: And the one who mixed these matters together, for what purpose did he do so? Most commentaries explain that the term in this context refers to a particular type of question that challenges another question whose answer is obvious. In that situation the Gemara asks what was the thought process behind the original question.

Because the Gemara wants to raise a contradiction between another *baraita* and this *baraita* – מִשּׁוּם דְּקָא בָּעֵי לְמִרְמָא אַחֲרִיתֵי עֲלֵיהּ: Some commentaries explain that this style of discourse in the Gemara came about in the following manner: One of the Sages in the study hall sought to raise a contradiction between two *baraitot*. However, since that topic was not under discussion in the study hall at that time, that Sage was forced to tie his question to the matter that was under discussion: The dispute between ben Zoma and Rabbi Yehuda. Although the solution to the preliminary question was obvious, it served as a segue to the actual problem that he sought to raise (*Toledot Yitzḥak*).

The purification of the leper – טׇהֳרַת מְצוֹרָע: After the priest determines that a leper is certainly afflicted with leprosy, he is required to reside outside the settled area until he is cured. When he believes that his condition has abated he comes before the priest, who verifies that he is healed. He then counts seven days, during which he remains impure and after which he immerses. On the eighth day he comes to the Temple to bring the offerings that he is required to sacrifice. There the priest places oil that accompanies the purification offerings and blood from his guilt-offering on his ear lobe and on his thumb and big toe. After his offerings are sacrificed, he is completely purified. This process is detailed in the Torah (see Leviticus 14:1–32) and in the *mishnayot* of tractate *Nega'im*.

Not only lepers – לֹא מְצוֹרָעִין בִּלְבַד: Some commentaries explain that in this source, Rabbi Yehuda's opinion is not mentioned at all. The *baraita* states that the leper immerses, as do all others who enter the courtyard (*Peirush Kadmon*).

לָא קַשְׁיָא; הָא דְּטָבֵיל, הָא דְּלָא טָבֵיל. אִי דְּלָא טָבֵיל – הַעֲרֵב שֶׁמֶשׁ בָּעֵי! אֶלָּא, אִידֵי וְאִידֵי דְּטָבֵיל, הָא דְּאַסַּח דַּעְתֵּיהּ, הָא דְּלָא אַסַּח דַּעְתֵּיהּ.

The Gemara answers: This is **not difficult; this** *baraita* is referring to a case **where** the leper **immersed** the evening before and need not immerse again; **that** *baraita* is referring to a case **where** the leper **did not immerse.** In that case, there was a special chamber where lepers could immerse. The Gemara asks: **If** it is a case **where** the leper **did not immerse** at all the previous evening, **he requires the sun to set** after his immersion to be sufficiently purified to enter the Temple. **Rather, both this** *baraita* **and that** *baraita* refer to a case **where** the leper **immersed,** but **this** *baraita* that requires a second immersion is in a case where he **was distracted** from his efforts to avoid impurity imparted by a corpse; **that** *baraita* that does not require a second immersion is in a case where he **was not distracted.**

אִי אַסַּח דַּעְתֵּיהּ, הַזָּאַת שְׁלִישִׁי וּשְׁבִיעִי בָּעֵי! דְּאָמַר רַבִּי דּוֹסְתַּאי בַּר מָתוּן אָמַר רַבִּי יוֹחָנָן: הֶסַּח הַדַּעַת צָרִיךְ הַזָּאָה שְׁלִישִׁי וּשְׁבִיעִי.

The Gemara asks: If he **was distracted** from his efforts to avoid impurity imparted by a corpse, it is **sprinkling** of purification waters on **the third and the seventh** days that **he requires,** not merely immersion. **As Rabbi Dostai bar Matun said** that **Rabbi Yoḥanan said: Distraction** from efforts to avoid impurity **requires sprinkling** of purification waters on **the third and the seventh** days.

אֶלָּא, אִידֵי וְאִידֵי דְּלָא אַסַּח דַּעְתֵּיהּ, וְלָא קַשְׁיָא; הָא – דְּטָבֵיל עַל דַּעַת בִּיאַת מִקְדָּשׁ, הָא – דְּלָא טָבֵיל עַל דַּעַת בִּיאַת מִקְדָּשׁ. וְאִי בָּעֵית אֵימָא, תָּנֵי: לֹא מְצוֹרָעִין אָמְרוּ אֶלָּא כׇּל אָדָם.

Rather, both this *baraita* **and that** *baraita* refer to a case **where** the leper **was not distracted, and** this is **not difficult; this** *baraita* is referring to a case **where** the leper **immersed** the evening before with **the intention of entering the Temple; that** *baraita* is referring to a case **where** the leper **did not immerse** in the evening with **the intention of entering the Temple.** In that case, he requires a second immersion for purification even to enter the sacred area. **And if you wish, say** instead: **Teach** the *baraita* with a slight emendation: It was **not lepers** that **they said** immerse there; **rather, all people** immersed there. Rabbi Yehuda does not qualify the statement of the Rabbis but disputes it. In his opinion, lepers do not require immersion in the morning at all.

רָבִינָא אָמַר: רַבִּי יְהוּדָה לְדִבְרֵיהֶם דְּרַבָּנַן קָאָמַר לְהוּ; לְדִידִי – מְצוֹרָע אֵין צָרִיךְ טְבִילָה, לְדִידְכוּ – אוֹדוּ לִי אִיזִי מִיהַת דְּלֹא מְצוֹרָעִין בִּלְבַד אָמְרוּ, אֶלָּא כׇּל אָדָם. וְרַבָּנַן: מְצוֹרָע דָּיֵישׁ בְּטוּמְאָה, כׇּל אָדָם לָא דָּיְישִׁי בְּטוּמְאָה.

In an alternative resolution of the contradiction between the statements of Rabbi Yehuda, **Ravina said:** In the second *baraita,* **Rabbi Yehuda is stating** his opinion **to them according to the statement of the Rabbis.** His statement does not reflect his opinion. Rather, it is a contention that he raised in the framework of his dispute with the Rabbis. According **to my** opinion, **a leper does not require** a second **immersion** to enter the Temple. However, according **to your** opinion, **concede to me then** [*izi*][L] **that** it was **not only lepers** that **they said** immerse there; **rather, all people** immersed there. The Gemara asks: **And** how do **the Rabbis** explain their opinion? It answers that there is no comparison: **A leper is accustomed to impurity;** therefore, he could overlook other impurities that he may have contracted. The immersion reminds him to purify himself for those as well. However, **all** other **people,** who **are not accustomed to impurity,** will certainly be sensitive to and conscious of any impurity that they may have encountered and do not require a special immersion.

אָמַר לֵיהּ אַבָּיֵי לְרַב יוֹסֵף: נֵימָא רַבָּנַן דִּפְלִיגִי עֲלֵיהּ דְּרַבִּי יְהוּדָה כְּבֶן זוֹמָא סְבִירָא לְהוּ, וְהַאי דְּקָתָנֵי מְצוֹרָע לְהוֹדִיעֲךָ כֹּחוֹ דְּרַבִּי יְהוּדָה. אוֹ דִּילְמָא: שָׁאנֵי מְצוֹרָע דְּדָיֵישׁ בְּטוּמְאָה אָמַר לֵיהּ שָׁאנֵי מְצוֹרָע דְּדָיֵישׁ בְּטוּמְאָה.

Abaye said to Rav Yosef: Let us say that **the Rabbis, who disagree** with **Rabbi Yehuda** with regard to immersions, **hold in accordance with** the opinion of **ben Zoma,** who maintains that this immersion is an obligation by Torah law for anyone entering the courtyard. **And** the fact **that** the dispute in the *baraita* **is taught** with regard to a **leper,** contrary to the opinion of ben Zoma, comes **to convey the far-reaching** nature of the opinion **of Rabbi Yehuda**[N] that even a leper does not require immersion. **Or perhaps** fundamentally the Rabbis agree with Rabbi Yehuda; however, the *halakha* of **a leper is different** because **he is accustomed to impurity,**[H] and that is why a second immersion was instituted for him. Rav Yosef **said to him: A leper is different** because **he is accustomed to impurity.**

אָמַר לֵיהּ אַבָּיֵי לְרַב יוֹסֵף: (לְרַבִּי יְהוּדָה דְּאָמַר סֶרֶךְ) טְבִילָה (הִיא) זוֹ

Abaye said to Rav Yosef: According to **Rabbi Yehuda, who said** the immersion is not an actual obligation but **it is an ancillary immersion** to remind the individual of old impurity,

LANGUAGE

Then [*izi*] – אִיזִי: The origin of this word is unclear. It might stem from the Hebrew *eize*, meaning which, or its etymology may be from Aramaic. Some suggest it is related to the Arabic word إذا, *'idhā*, meaning if so. It is used in the Babylonian Talmud to mean if so or then.

NOTES

To convey the far-reaching nature of the opinion of Rabbi Yehuda – לְהוֹדִיעֲךָ כֹּחוֹ דְּרַבִּי יְהוּדָה: The usage of this phrase here is different from other cases, as typically this phrase would introduce a statement that Rabbi Yehuda exempts lepers from immersion and all the more so exempts others. Here, though, the emphasis of the phrase: The far reaching nature, is to teach that he exempts the leper despite the fact that he obligates others (Rav Shmuel Strashun).

HALAKHA

A leper is different because he is accustomed to impurity – שָׁאנֵי מְצוֹרָע דְּדָיֵישׁ בְּטוּמְאָה: The immersion of the leper on the eighth day is not for purposes of purification. Since the leper is accustomed to impurity, the concern is that he might have become impure after his previous immersion and was distracted from it. The eighth-day immersion was instituted to remind him to consider if he was exposed to impurity (Rambam *Sefer Korbanot, Hilkhot Meḥusrei Kappara* 4:1).

HALAKHA

Partial entry – בִּיאָה בְּמִקְצָת: An impure person who partially enters the Temple, e.g., by reaching his hands into the courtyard, receives lashes for rebelliousness by rabbinic law (Rambam). The Ra'avad disagrees and holds that the prohibition is by Torah law, and it is punishable by forty lashes by Torah law. The Rambam's ruling is based on Rabbi Abbahu's statement in tractate *Zevaḥim*, where the matter is disputed and is deemed prohibited at least by rabbinic law (*Kesef Mishne*; Rambam *Sefer Avoda*, *Hilkhot Biat HaMikdash* 3:18).

חוֹצֵץ אוֹ אֵינוֹ חוֹצֵץ? אָמַר לֵיהּ: כׇּל דְּתַקּוּן רַבָּנַן – כְּעֵין דְּאוֹרָיְיתָא תַּקּוּן.

do items that are generally considered interpositions that invalidate an immersion **interpose** in this immersion, **or** do they **not interpose,** since the immersion is only ancillary and serves as a reminder? Rav Yosef **said to him: All** ordinances **that the Sages instituted,**[N] **they instituted parallel to Torah law.** Therefore, this immersion by rabbinic law has the same basic parameters as immersion by Torah law. There may be no interposition.

אָמַר לֵיהּ אַבָּיֵי לְרַב יוֹסֵף: בִּיאָה בְּמִקְצָת שְׁמָהּ בִּיאָה אוֹ לֹא? אָמַר לֵיהּ: בְּהוֹנוֹת יוֹכִיחוּ, שֶׁהֵן בִּיאָה בְּמִקְצָת, וְתַנְיָא: מְצוֹרָע טוֹבֵל וְעוֹמֵד בְּשַׁעַר נִיקָנוֹר. אִיבַּעְיָא לְהוּ: מַהוּ שֶׁיַּעֲשֶׂה סַכִּין אֲרוּכָּה וְיִשְׁחוֹט?

Abaye said to Rav Yosef: Is **partial entry,**[HN] when one enters a certain place with only part of his body, **considered entry or not?** Rav Yosef **said to him: The thumbs** of the leper **will prove** this point, **as** the leper reaching his thumbs into the Temple **constitutes partial entry, and it was taught** in a *baraita*: **A leper immerses and stands at the Gate of Nicanor,** indicating that immersion is required before even partial entry. **A dilemma was raised before** the Sages: **What is** the *halakha*; may an impure person **craft** a very **long knife**[N] **and slaughter** an animal in the Temple courtyard while remaining outside the courtyard? Is it the essence of the service that requires immersion, or is it entry into the courtyard that requires immersion?

תִּיבָּעֵי לְבֶן זוֹמָא, תִּיבָּעֵי לְרַבָּנַן דִּפְלִיגִי עֲלֵיהּ דְּרַבִּי יְהוּדָה. תִּבָּעֵי לְבֶן זוֹמָא; עַד כָּאן לָא מְחַיֵּיב בֶּן זוֹמָא אֶלָּא לְגוָּאֵי, אֲבָל לְבָרָאֵי – לָא. אוֹ דִּילְמָא אָתֵי לְאִימְשׁוּכֵי?

The Gemara comments: **Raise the dilemma** according **to ben Zoma,** who rules stringently with regard to immersion; and **raise the dilemma** according **to the Rabbis**[N] **who disagree with Rabbi Yehuda** and do not obligate all people in this immersion. The Gemara elaborates: **Raise the dilemma** according **to ben Zoma:** Does **ben Zoma require** immersion **only for** entry **inside** the courtyard; **however, for** standing **outside** the courtyard, **no,** he does not require immersion? **Or perhaps** even for one standing outside the courtyard ben Zoma requires immersion, **lest he** inadvertently **come to be drawn** inside in the course of his service.

תִּיבָּעֵי לְרַבָּנַן דִּפְלִיגִי עֲלֵיהּ דְּרַבִּי יְהוּדָה; עַד כָּאן לָא קָאָמְרִי רַבָּנַן הָתָם – דְּלָא קָא עָבֵיד עֲבוֹדָה, אֲבָל הָכָא דְּקָא עָבֵיד עֲבוֹדָה – לָא. אוֹ דִּילְמָא לָא שְׁנָא? – תֵּיקוּ.

Similarly, **raise the dilemma** according **to the Rabbis, who disagree with Rabbi Yehuda:** How so? Do **the Rabbis say** that there is no requirement of immersion **only there, where he is not performing** any Temple **service; however, here, where he is performing service, no,** they would require immersion? **Or perhaps there is no difference,** and they would not require immersion under any circumstances. The Gemara concludes: The dilemma **shall stand** unresolved.

NOTES

All ordinances that the Sages instituted – כׇּל דְּתַקּוּן רַבָּנַן: The philosophy behind this statement is that the Sages institute only ordinances that have parallels in the Torah, so that their ordinances would not be perceived as completely independent of the Torah. Although the Sages instituted entirely new ordinances, they were based on various Torah regulations. However, the differences between the severity of Torah law and the relative leniency of rabbinic law remain clear. Some commentaries suggest that the need for this distinction existed only with regard to tannaitic ordinances and not those instituted by the *amora'im*, as no one would confuse their ordinances with Torah law (*Yad Malakhi*).

Partial entry – בִּיאָה בְּמִקְצָת: The dilemma with regard to partial entry is not limited to the matter of immersion but is raised in the context of other *halakhot* as well. One example would be with regard to the liability of an impure person who partially enters the Temple grounds. Because the fundamental dilemma is not resolved, it had to be raised in the context of the case here and the Gemara could not rely on the discussion of the principle elsewhere (*Gevurat Ari*).

A long knife – סַכִּין אֲרוּכָּה: The dilemma is posed in this manner even though, practically speaking, it is difficult to imagine effectively slaughtering an animal with a knife of that kind. As is common in talmudic discourse, the Gemara merely cites the example to clarify a principle.

And raise the dilemma according to the Rabbis – תִּיבָּעֵי לְרַבָּנַן: Some explain that the dilemma could be raised according to Rabbi Yehuda as well (*Gevurat Ari*). However, it was unnecessary to raise the dilemma according to Rabbi Yehuda once it was raised according to the Rabbis. Since the Rabbis are more lenient than Rabbi Yehuda with regard to immersion, certainly the dilemma could be raised according to Rabbi Yehuda as well.

"חָמֵשׁ טְבִילוֹת וַעֲשָׂרָה קִידּוּשִׁין טוֹבֵל". תָּנוּ רַבָּנַן: חָמֵשׁ טְבִילוֹת וַעֲשָׂרָה קִידּוּשִׁין טוֹבֵל כֹּהֵן גָּדוֹל וּמְקַדֵּשׁ בּוֹ בַּיּוֹם, וְכוּלָּן בַּקּוֹדֶשׁ בְּבֵית הַפַּרְוָה, חוּץ מֵרִאשׁוֹנָה שֶׁהָיְתָה בַּחוֹל עַל גַּבֵּי שַׁעַר הַמַּיִם, וּבְצַד לִשְׁכָּתוֹ הָיְתָה. אָמַר אַבַּיֵי: שְׁמַע מִינַּהּ עֵין עֵיטָם גָּבוֹהַּ מִקַּרְקַע עֲזָרָה עֶשְׂרִים וְשָׁלֹשׁ אַמּוֹת.

§ It was taught in the mishna: **Five immersions and ten sanctifications** the **High Priest immerses** and sanctifies his hands and feet, respectively. **The Sages taught** in a *baraita*: **Five immersions and ten sanctifications** the **High Priest immerses and sanctifies** his hands and feet, respectively, **on the day** of Yom Kippur. **And all** of these immersions and sanctifications take place **in the** sacred area, the Temple courtyard, **in the Hall of** ***Parva*****, except** for this **first** immersion, **which was in the non-sacred** area **on the roof of Gate of the Water, and** that gate **was alongside his chamber. Abaye said: Conclude from that** which was taught in this *baraita* that ***Ein Eitam*****,**[B] the spring from which water was supplied to the Temple, was **twenty-three cubits**[N] **higher than the ground of the Temple courtyard.**

דִּתְנַן: כָּל הַפְּתָחִים שֶׁהָיוּ שָׁם גּוֹבְהָן עֶשְׂרִים אַמָּה וְרָחְבָּן עֶשֶׂר אַמּוֹת, חוּץ מִשֶּׁל אוּלָם. וְתַנְיָא: "וְרָחַץ בְּשָׂרוֹ בַמַּיִם" – בְּמֵי מִקְוֶה, "כָּל בְּשָׂרוֹ" – מַיִם שֶׁכָּל גּוּפוֹ עוֹלֶה בָּהֶן. וְכַמָּה הֵן – אַמָּה עַל אַמָּה בְּרוּם שָׁלֹשׁ אַמּוֹת. וְשִׁיעֲרוּ חֲכָמִים מֵי מִקְוֶה אַרְבָּעִים סְאָה.

As we **learned** in a mishna: **All the entrances that were there** in the Temple, **their height is twenty cubits and their width is ten cubits, except for** the entrance **to the Entrance Hall** of the Sanctuary, which was twice that, i.e., forty cubits high and twenty cubits wide. **And it was taught** in a *baraita* that it is stated: **"And he shall wash his flesh in water"** (Leviticus 15:13), and it is stated in another verse: "And he shall wash all of his flesh in water" (Leviticus 15:16). This refers to water known as **the waters of a ritual bath.** The verse adds the emphasis: **All of his flesh,** to say that immersion must be **in water that one's entire body enters**[B] at the same time.[H] **And how much** water **is it?** It is **one cubit** length **by one cubit** width **by a height of three cubits.**[N] That is sufficient water to cover a person's height. **And the Sages calculated** that the volume of **the waters of a ritual bath** that fit into that space is **forty** ***se'a*****.**

NOTES

Twenty-three cubits – עֶשְׂרִים וְשָׁלֹשׁ אַמּוֹת: There is no obligation for a ritual bath to be three cubits high, and in fact, even a ritual bath that is three cubits long and one cubit high is acceptable. Nevertheless, since the ritual bath was constructed for the High Priest, who was required to immerse multiple times, it was built to enable him to immerse without exertion, rather than forcing him to immerse lying down (*Tosafot Yeshanim*; *Tosefot HaRosh*).

By a height of three cubits – בְּרוּם שָׁלֹשׁ אַמּוֹת: *Tosafot* and the *ge'onim* dispute whether the height of an average man is indeed three cubits or whether that measure excludes the head. Even if it is the latter, a person entering a ritual bath would displace enough water to cover his head (Ritva).

HALAKHA

Immersion – טְבִילָה: To achieve purification in a ritual bath or a spring, an individual must completely submerge his body all at once. The measure of the water in which this can be accomplished is one cubit by one cubit by three cubits of water (*Shulḥan Arukh, Yoreh De'a* 201:1).

BACKGROUND

Water that one's entire body enters – מַיִם שֶׁכָּל גּוּפוֹ עוֹלֶה בָּהֶן: Some ancient ritual baths found in Israel illustrate how small a ritual bath may be. The image below is of such a ritual bath found at Herodion, which is south of Jerusalem in modern-day Gush Etzion. The stairs are part of the bath itself.

Ritual bath at Herodion

BACKGROUND

Ein Eitam – עֵין עֵיטָם: *Ein Eitam* is identified with the Etan Spring alongside the third of Solomon's pools, approximately three kilometers southwest of Bethlehem. A long aqueduct, the lower aqueduct, flows from this and other springs for roughly twenty kilometers, winding between the mountains and passing through tunnels until it reaches the Temple Mount. The present-day Etan Spring is located at an altitude of 760 meters above sea level, approximately twenty-five meters higher than the Temple Mount. This aqueduct was destroyed at the time of the destruction of the Temple, but it was later restored and carried water to Jerusalem over the course of many generations. The lower aqueduct was Hasmonean while the upper one was built later, during the Roman era.

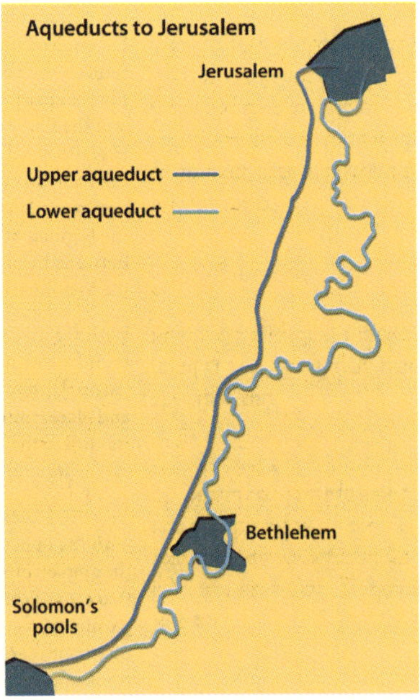

Above: Map of the aqueducts
Left: Section of the lower aqueduct in Armon Hanatziv, Jerusalem

וְהָא אִיכָּא אַמָּה תִּקְרָה וְאַמָּה מְעֲזִיבָה! שַׁעֲרִים דְּבֵית הַמִּקְדָּשׁ, כֵּיוָן דְּשִׁישָׁא נִינְהוּ – בְּמַשֶּׁהוּ עָבְדִי לְהוּ. וְהָא אִיכָּא הָאֵיךְ מַשֶּׁהוּ! כֵּיוָן דְּלָא הֲוַאי אַמְּתָא – לָא חָשֵׁיב לָהּ.

As the gate is twenty cubits high, and the immersion chamber above it is at least three additional cubits high, the water was twenty-three cubits above the ground of the courtyard. The Gemara asks: How could it be only twenty-three cubits higher? **Isn't there the cubit of** the thickness of **the ceiling** over the gate **and the cubit of the** thickness of the **plaster** sealing of the ritual bath floor for a total of at least twenty-five cubits? The Gemara answers: With regard to **the Temple gates, since they were** constructed **of marble, they constructed them with minimal** thickness. Neither the thickness of the ceiling nor the thickness of the plaster was a cubit. The Gemara asks: **But isn't there that minimal** thickness of the ceiling and the plaster that would nevertheless total more than twenty-three cubits? The Gemara answers: Indeed; however, **since** the ceiling **was not** a whole **cubit he does not consider it** in his calculation.

״פִּרְסוּ סָדִין שֶׁל בּוּץ״ וכו׳. מַאי שְׁנָא שֶׁל בּוּץ? כִּדְאָמַר רַב כַּהֲנָא: כְּדֵי שֶׁיַּכִּיר שֶׁעֲבוֹדַת הַיּוֹם בְּבִגְדֵי בּוּץ. הָכָא נַמִי: שֶׁיַּכִּיר שֶׁעֲבוֹדַת הַיּוֹם בְּבִגְדֵי בּוּץ.

§ We learned in the mishna: **They spread a sheet of fine linen**[H] between the High Priest and the people in the interest of modesty. The Gemara asks: **What is different** that they specifically used a sheet **of fine linen?** The Gemara answers: It is **as Rav Kahana said** with regard to a related issue: **So that he will be aware that the service of the day** of Yom Kippur is performed **in fine linen garments.**[N] **Here, too,** a linen sheet was used **so that he will be aware that the service of the day** of Yom Kippur is performed **in fine linen garments.**

מתני׳ פָּשַׁט, יָרַד, וְטָבַל, עָלָה וְנִסְתַּפַּג. הֵבִיאוּ לוֹ בִּגְדֵי זָהָב וְלָבַשׁ וְקִידֵּשׁ יָדָיו וְרַגְלָיו. הֵבִיאוּ לוֹ אֶת הַתָּמִיד, קְרָצוֹ, וּמֵירֵק אַחֵר שְׁחִיטָה עַל יָדוֹ. קִבֵּל אֶת הַדָּם וּזְרָקוֹ.

MISHNA The High Priest **removed** the white garments that he was wearing, **descended** to the ritual bath, **and immersed.**[H] **He ascended and dried himself**[N] with a towel. Then **they brought him** the **golden garments** of the High Priest, **and he dressed** in the garments, and **he sanctified his hands and his feet. They brought him the** sheep for **the daily** morning **offering, which he slaughtered**[H] by cutting most of the way through the gullet and the windpipe. **And a different** priest **completed** the **slaughter on his behalf** so that the High Priest could receive the blood in a vessel and proceed with the order of the Yom Kippur service. As soon as the slaughter was completed, the High Priest **received the blood** in a vessel **and sprinkled it** on the altar.

נִכְנַס לְהַקְטִיר קְטוֹרֶת שֶׁל שַׁחַר, וּלְהֵיטִיב אֶת הַנֵּרוֹת, וּלְהַקְרִיב אֶת הָרֹאשׁ וְאֶת הָאֵבָרִים וְהַחֲבִיתִּין, וְאֶת הַיַּיִן. קְטוֹרֶת שֶׁל שַׁחַר הָיְתָה קְרֵיבָה בֵּין דָּם לְאֵבָרִים, שֶׁל בֵּין הָעַרְבַּיִם בֵּין אֵיבָרִים לִנְסָכִים.

He entered the Sanctuary **to burn the morning incense and to remove** the ashes from **the lamps** of the candelabrum; **and** he left the Sanctuary and returned to the courtyard **to sacrifice the head and the limbs** of the sheep sacrificed for the daily offering **and the** High Priest's daily **griddle-cake** offering,[N] **and the wine** libation of the daily offering. The Mishna comments: **The morning incense was burned between** the receiving and sprinkling of the **blood** and the burning **of the limbs;** and the **afternoon** incense was burned **between** the taking of the **limbs** up to the altar and the pouring of the **libations** that accompanied the offering.

אִם הָיָה כֹּהֵן גָּדוֹל זָקֵן אוֹ אִיסְטְנִיס – מְחַמִּין לוֹ חַמִּין וּמַטִּילִין לְתוֹךְ הַצּוֹנֵן, כְּדֵי שֶׁתָּפִיג צִינָּתָן.

With regard to the immersion, **if the High Priest was old**[H] and found it difficult to immerse in cold water, or if he was **delicate** [*istenis*],[L] **they would heat hot** water **for him** on Yom Kippur eve **and place** it **into the cold** water of the ritual bath **in order to temper its chill** so the High Priest could immerse without discomfort.

גמ׳ אַמְרוּהָ רַבָּנַן קַמֵּיהּ דְּרַב פַּפָּא: הָא דְּלָא כְּרַבִּי מֵאִיר. דְּאִי רַבִּי מֵאִיר, כֵּיוָן דְּאָמַר: תְּרֵי קִידּוּשֵׁי אַלְּבִישָׁה עָבֵיד לְהוּ, הָכָא נַמִי לִיעֲבֵיד תְּרֵי קִידּוּשֵׁי אַלְּבִישָׁה.

GEMARA **The Sages said** this matter **before Rav Pappa: This** mishna is **not in accordance with** the opinion of **Rabbi Meir, as, if** it were in accordance with the opinion of **Rabbi Meir, since he said:** The High Priest **performs two sanctifications** of his hands and his feet **upon** each **change of garments,** once before donning the garments and once after donning them, **here too,** in the mishna, **let him perform two sanctifications upon the change of garments.** However, the description in the mishna indicates that he removes his garments and does not sanctify his hands and feet.

HALAKHA

They spread a sheet of fine linen – פִּרְסוּ סָדִין שֶׁל בּוּץ: Before the daily offering was slaughtered, a linen sheet was spread between the High Priest and the people. The reason that it was specifically a linen sheet was so that the High Priest would be aware that he is to perform the Yom Kippur service wearing linen garments (Rambam *Sefer Avoda, Hilkhot Avodat Yom HaKippurim* 4:1).

He removed the white garments, descended, and immersed – פָּשַׁט, יָרַד, וְטָבַל: The High Priest was required to immerse whenever he changed his garments (Rambam *Sefer Avoda, Hilkhot Avodat Yom HaKippurim* 2:2).

The slaughter of the daily offering – שְׁחִיטַת הַתָּמִיד: On Yom Kippur, the High Priest slaughters the daily offering by cutting the majority of each of the two organs, the windpipe and the gullet, and another person completes the slaughter. The High Priest then receives the blood in a vessel and sprinkles it on the altar (Rambam *Sefer Avoda, Hilkhot Avodat Yom HaKippurim* 4:1).

The immersion of an old High Priest – טְבִילַת כֹּהֵן גָּדוֹל זָקֵן: If the High Priest was old or sick, they heated up chunks of iron in the fire on Yom Kippur eve and the next day put them in the ritual bath to temper the water's chill. Alternatively, they would mix hot water into the cold water of the ritual bath (Rambam *Sefer Avoda, Hilkhot Avodat Yom HaKippurim* 2:4).

NOTES

So that he will be aware that the service of the day of Yom Kippur is performed in fine linen garments – שֶׁיַּכִּיר שֶׁעֲבוֹדַת הַיּוֹם בְּבִגְדֵי בּוּץ: This statement and spreading the linen sheet actually belong elsewhere, with regard to a different immersion: The immersion performed before the High Priest dons the white garments. Spreading the linen sheet is necessary then so that he does not mistakenly don the golden garments instead. However, since the service of the day is performed in white garments, they spread a linen sheet to remind him of that fact and did not distinguish between one immersion and another (*Tosefot HaRosh*).

He ascended and dried himself – עָלָה וְנִסְתַּפַּג: The High Priest did not merely dry himself because that is what one who is wet does; rather, the drying had import in and of itself. Several explanations have been given for it. The author of the *Mishne LeMelekh* suggests that the High Priest needed to dry himself so that the water would not serve as an interposition between his garments and his skin. Another explanation is that if the High Priest enjoyed the cooling effect of the water as it remained on his skin, he would violate the prohibition against bathing on Yom Kippur (Rabbi Meir Arak).

And the daily griddle-cake offering – וְהַחֲבִיתִּין: Many commentaries ask why the mishna does not include the flour brought as a meal-offering accompanying the daily offering among the items brought by the High Priest. Some answer that it is subsumed in the mention of the griddle-cake offering, which is also a meal-offering (*Leḥem Shamayim*; *Melekhet Shlomo*). Alternatively, once the mishna mentions the libation of wine, the meal-offering that accompanies the offering need not be listed, as the meal-offering and the libations are always brought together (*Siaḥ Yitzḥak*).

LANGUAGE

Delicate [*istenis*] – אִסְטְנִיס: From the Greek ἀσθενής, *astenès*, meaning weak or sickly.

אֲמַר לְהוּ רַב פַּפָּא: בֵּין לְרַבָּנַן בֵּין לְרַבִּי מֵאִיר חַד אַפְּשִׁיטָה דְּבִגְדֵי קוֹדֶשׁ, וְחַד אַלְּבִישָׁה. וְהָכָא בְּהָא קָא מִיפַּלְגִי: "וּפָשַׁט וְרָחַץ (וְרָחַץ) וְלָבַשׁ" רַבִּי מֵאִיר סָבַר: מַקִּישׁ פְּשִׁיטָה לִלְבִישָׁה, מַה לְּבִישָׁה – לוֹבֵשׁ וְאַחַר כָּךְ מְקַדֵּשׁ, אַף פְּשִׁיטָה – פּוֹשֵׁט וְאַחַר כָּךְ מְקַדֵּשׁ.

Rav Pappa said to them:[N] Both according to the opinion of **the Rabbis and** according **to** the opinion of **Rabbi Meir,**[N] there is **one** sanctification **upon removal of sacred garments, and one** sanctification **upon donning** other sacred garments. **And here,** it is **with regard to this** issue that **they disagree.** It is written: "**And he shall remove** the linen garments that he put on when he entered the Sanctuary and leave them there. **And he shall wash** his flesh in water in a sacred place **and he shall put on** his garments" (Leviticus 16:23–24). **Rabbi Meir holds:** The Torah **juxtaposes removal** of garments **to donning** of garments for the following reason: **Just** as when **donning** the garments, **he dons the garments and afterward sanctifies** his hands and feet, **so too,** with regard to **removal** of the garments, **he removes** the garments **and afterward sanctifies** his hands and feet.

וְרַבָּנַן סָבְרִי: מַקִּישׁ פְּשִׁיטָה לִלְבִישָׁה: מַה לְּבִישָׁה – כְּשֶׁהוּא לָבוּשׁ מְקַדֵּשׁ, אַף פְּשִׁיטָה – כְּשֶׁהוּא לָבוּשׁ מְקַדֵּשׁ.

And the Rabbis hold that the Torah **juxtaposes removal** of garments **to donning** of garments for the following reason: **Just** as when **donning** the garments, **when he is dressed, he sanctifies** his hands and feet; **so too,** for **removal** of the garments, **he sanctifies** his hands and feet **when he is dressed.** Therefore, when he completes the service he sanctifies his hands and feet and only then removes the garments. However, the first time that the High Priest dons the priestly vestments on Yom Kippur he certainly does not require two sanctifications, since at that point he does not remove any other garments.

אָמְרוּ לֵיהּ רַבָּנַן לְרַב פַּפָּא: וּמִי מָצֵית אָמְרַתְּ הָכִי? וְהָתַנְיָא: פָּרְסוּ סָדִין שֶׁל בּוּץ בֵּינוֹ לְבֵין הָעָם, פָּשַׁט וְיָרַד וְטָבַל, עָלָה וְנִסְתַּפֵּג, הֵבִיאוּ לוֹ בִּגְדֵי זָהָב וְלָבַשׁ, וְקִידֵּשׁ יָדָיו וְרַגְלָיו. רַבִּי מֵאִיר אוֹמֵר: פָּשַׁט וְקִידֵּשׁ יָדָיו וְרַגְלָיו, וְיָרַד וְטָבַל עָלָה וְנִסְתַּפֵּג, הֵבִיאוּ לוֹ בִּגְדֵי זָהָב וְלָבַשׁ, וְקִידֵּשׁ יָדָיו וְרַגְלָיו. אֲמַר לְהוּ: אִי תַּנְיָא – תַּנְיָא.

The Sages said to Rav Pappa: And how can you say that according to Rabbi Meir the first time that the High Priest dons the garments he does not require two sanctifications? **Wasn't it taught** in a *baraita* as follows? **They spread a sheet of fine linen between him and the people, and he removed** his garments **and descended and immersed,** and **he ascended and dried himself. They brought him golden garments, and he donned** them, **and he sanctified his hands and his feet. Rabbi Meir says: He removed** his garments **and sanctified his hands and his feet and descended and immersed. He ascended and dried himself. They brought him golden garments and he donned** them **and sanctified his hands and his feet.** Apparently, Rabbi Meir maintains that there is a special sanctification prior to donning the garments. **He said to them: If it was taught, it was taught.**[N] I will retract my opinion, which was based on logical analysis, in favor of an explicit *baraita* that contradicts that opinion.

בִּשְׁלָמָא לְרַבִּי מֵאִיר – הַיְינוּ דְּמַשְׁכַּחַתְּ לַהּ

The Gemara asks: **Granted,** according to the approach of **Rabbi Meir, that is how you find** that possibility of

---

NOTES

The opinion of Rav Pappa – דַּעַת רַב פַּפָּא: According to Rav Pappa, this is the essence of the dispute between Rabbi Meir and the Rabbis. Rabbi Meir maintains that the sanctification is in honor of the garments that he is donning, so it is logical that he would sanctify his hands and his feet adjacent to donning them and not while he is still wearing other garments. The Rabbis, however, deem it inappropriate to sanctify his hands and feet while he is unclothed (*Tosafot Yeshanim*).

The opinions of Rabbi Meir and the Rabbis – שִׁיטַת רַבִּי מֵאִיר וַחֲכָמִים: According to the Gemara's conclusion, the dispute between Rabbi Meir and the Rabbis centers around the reason for these sanctifications. According to the Rabbis, the High Priest sanctifies his hands and feet once in honor of the garments he is removing, and once in honor the garments that he is donning. According to Rabbi Meir, he sanctifies his hands and his feet twice in honor of the garments he is donning (*Me'iri*; Ritva).

If it was taught, it was taught – אִי תַּנְיָא, תַּנְיָא: Even though the *amora'im* were well versed in the entire Mishna, it is possible that their knowledge of *baraitot* was less extensive. *Baraitot* were collected in different anthologies, and not every Sage was familiar with all the *baraitot* taught in different places.

Perek **III**
Daf **32** Amud **a**

עֲשָׂרָה קִידּוּשִׁין. אֶלָּא לְרַבָּנַן, תִּשְׁעָה הָווּ! אָמְרִי לָךְ רַבָּנַן: קִידּוּשָׁא בַּתְרָא – כִּי פָּשֵׁיט בִּגְדֵי קֹדֶשׁ וְלָבֵישׁ בִּגְדֵי חוֹל עָבֵיד לֵיהּ הָתָם.

ten sanctifications, as according to his opinion each of the five immersions is accompanied by two sanctifications. **However,** according to the opinion of **the Rabbis** who do not require sanctification before donning the garments for the first time, only **nine** sanctifications **are** performed. The Gemara answers that **The Rabbis** could have **said to you:** With regard to **the final sanctification, when he removes the sacred garments and dons non-sacred garments, he performs it there.** According to the Rabbis' opinion, he sanctifies his hands and his feet when he removes the sacred garments. Rabbi Meir holds that sanctification of his hands and feet is performed only before donning sacred garments.

תנו רבנן: ״ובא אהרן אל אהל מועד״ למה הוא בא? אינו בא אלא להוציא את הכף ואת המחתה. (שכל הפרשה כולה נאמרה על הסדר, חוץ מפסוק זה. מאי טעמא?

§ **The Sages taught** the following with regard to the verse: **"And Aaron shall come into the Tent of Meeting"** (Leviticus 16:23). **Why does he come** there? He already completed the service in the Sanctuary. **He comes only to remove the spoon and the coal pan** that he left in the Holy of Holies, **as the entire** Torah **portion** in which the Yom Kippur service is discussed **was stated in the order** in which it is performed in the Temple **except for this verse,** which should have been written after the sacrifice of the burnt-offering in the following verse. The High Priest does not remove the spoon immediately after he places it in the Holy of Holies. Rather, after placing it there, he emerges and performs certain services outside the Sanctuary and changes his garments again. The Gemara asks: **What is the reason** that the High Priest interrupts the inner rite of the incense to offer his ram and the people's ram before removing the spoon and the coal pan?

אמר רב חסדא: גמירי, חמש טבילות ועשרה קידושין טובל כהן גדול ומקדש בו ביום, ואי כסדרן – לא משכחת להו אלא שלש טבילות וששה קידושין.

Rav Ḥisda said: We learned as a tradition that **five immersions**[N] **and ten sanctifications** the **High Priest immerses and sanctifies** his hands and feet, respectively, **on the day** of Yom Kippur; **and if** the service is performed in **the order** that appears in the Torah, **you find only three immersions and six sanctifications.** The first immersion is before sacrifice of the daily morning offering; the second is between the daily offering and the rest of the service of the day, including the removal of the spoon and the coal pan from the Holy of Holies. The High Priest immerses a third time between removal of the ladle and the coal pan from the Holy of Holies and the sacrifice of his ram and the people's ram, which were part of the additional offering and the daily afternoon offering that follow. According to the revised sequence, the High Priest performs a service outside the Sanctuary after placing the spoon and the coal pan in the Holy of Holies, and then he reenters the Holy of Holies to remove those vessels. The High Priest immersed and changed his garments both before entering and after exiting the Holy of Holies, for a total of five immersions.[H]

תניא, אמר רבי יהודה: מנין לחמש טבילות ועשרה קידושין שטובל כהן גדול ומקדש בו ביום – תלמוד לומר: ״ובא אהרן אל אהל מועד ופשט את בגדי הבד... ורחץ בשרו במים במקום קדוש ולבש את בגדיו ויצא ועשה״ הא למדת: שכל המשנה מעבודה לעבודה טעון טבילה.

It was taught in a *baraita* that **Rabbi Yehuda said: From where** are derived the **five immersions and ten sanctifications** that the **High Priest immerses and sanctifies** his hands and feet, respectively, **on the day** of Yom Kippur? They are derived from **the verse** that **states: "And Aaron shall come into the Tent of Meeting and he shall remove the linen garments** that he put on when he entered the Sanctuary and leave them there. **And he shall wash his flesh in water in a sacred place and put on his garments, and he shall go out and perform** his own burnt-offering and the burnt-offering of the people" (Leviticus 16:23–24). From **this you learned: Anyone who moves from** an inner **service,** in the Holy of Holies, **to** an outer **service,** and vice versa, **requires immersion.** According to the order of the services there are a total of five immersions.

אמר רבי: מנין לחמש טבילות ועשרה קידושין שטובל כהן גדול ומקדש בו ביום – שנאמר: ״כתונת בד קודש ילבש ומכנסי בד יהיו על בשרו ובאבנט בד יחגור ובמצנפת בד יצנוף בגדי קדש הם ורחץ במים את בשרו ולבשם״, הא למדת שכל המשנה מעבודה לעבודה – טעון טבילה, ואומר: ״בגדי קדש הם״ – הוקשו כל הבגדים כולן זה לזה.

Rabbi Yehuda HaNasi **said: From where** are derived the **five immersions and ten sanctifications** that the **High Priest immerses and sanctifies** his hands and feet, respectively, **on the day** of Yom Kippur? They are derived from that **which is stated: "He shall be dressed in a sacred linen tunic, and with linen trousers next to his flesh, and he shall be girded with a linen belt, and he shall wear a linen mitre; they are sacred garments, and he shall wash his flesh in water and then put them on"** (Leviticus 16:4). From **this you learned: Anyone who moves from** an inner **service,** in the Holy of Holies, **to** an outer **service requires immersion. And** the verse **says: "They are sacred garments"; all of the garments are equated to one another.** Just as the High Priest immerses when donning the linen garments, so he immerses when donning the golden garments.

NOTES

We learned as a tradition that five immersions – גמירי חמש טבילות: *Tosafot* ask: If this *halakha* was learned as a tradition, why does the Gemara seek biblical proofs for it? Some commentaries answer that occasionally the Gemara seeks additional sources for established *halakhot*. Indeed, at times the Gemara seeks support even for a *halakha* transmitted to Moses from Sinai. In this particular case, *Tosafot* understood that the tradition was to perform five immersions on Yom Kippur. However, according to several authorities, including the Rambam, the first immersion was not related to Yom Kippur at all but was instituted as a measure to make certain that no impurity entered the Temple. According to that opinion, the tradition was to perform four immersions plus an additional immersion instituted for a different reason (*Davar Be'Ito*). *Tosafot Yeshanim* explain that the tradition was with regard to five transitions in the Yom Kippur service, which required five changes of clothes and therefore required a corresponding number of immersions and sanctifications. Others explain that according to Rambam, the Gemara's usage of the term: We learned, in this context does not refer as it typically does to a *halakha* transmitted to Moses from Sinai, with regard to which there can be no dispute, but rather to a *halakha* derived from verses or through hermeneutical principles (*Havot Yair*).

HALAKHA

The end of the day's service – סיום עבודת היום: The High Priest burns the incense in the afternoon, as is the practice every day, and removes the ashes from the lamps. He then sanctifies his hands and feet, removes the golden garments, and dons ordinary clothes before leaving the Temple (Rambam *Sefer Avoda, Hilkhot Avodat Yom HaKippurim* 2:2).

וְחָמֵשׁ עֲבוֹדוֹת הֵן: תָּמִיד שֶׁל שַׁחַר בְּבִגְדֵי זָהָב, עֲבוֹדַת הַיּוֹם בְּבִגְדֵי לָבָן, אֵילוֹ וְאֵיל הָעָם בְּבִגְדֵי זָהָב, כַּף וּמַחְתָּה בְּבִגְדֵי לָבָן, תָּמִיד שֶׁל בֵּין הָעַרְבַּיִם בְּבִגְדֵי זָהָב.

And they are five services: The sacrifice of the **daily morning offering,** performed **in golden garments; the service of the day,** the sacrifice of the bull and the goat, which is performed **in white garments;** the sacrifice of **his ram** guilt-offering and the **ram of the people in golden garments.** After that he removes the **spoon** and the **coal pan** from the Holy of Holies **in white garments.** He emerges from the Holy of Holies and sacrifices the **daily afternoon offering in golden garments.**

וּמִנַּיִן שֶׁכָּל טְבִילָה וּטְבִילָה צְרִיכָה שְׁנֵי קִידּוּשִׁין? תַּלְמוּד לוֹמַר: ״וּפָשַׁט וְרָחַץ״ ״וְרָחַץ וְלָבַשׁ״.

And from where is it derived **that each and every immersion requires two sanctifications**[N] of the hands and the feet? It is derived from **the verse** that **states:** "And Aaron shall come into the Tent of Meeting **and he shall remove** the linen garments that he put on when he entered the Sanctuary and leave them there. **And he shall wash** his flesh in water" (Leviticus 16:23–24). And it says: **"And he shall wash** his flesh in water in a sacred place **and put on** his garments" (Leviticus 16:24). This indicates that one sanctifies his hands and feet when he removes garments, and one likewise sanctifies his hands and feet when he dons garments.

רַבִּי אֶלְעָזָר בְּרַבִּי שִׁמְעוֹן אוֹמֵר: קַל וָחוֹמֶר, וּמָה בְּמָקוֹם שֶׁאֵין טָעוּן טְבִילָה – טָעוּן קִידּוּשׁ, מָקוֹם שֶׁטָּעוּן טְבִילָה – אֵינוֹ דִּין שֶׁטָּעוּן קִידּוּשׁ?

Rabbi Elazar, son of Rabbi Shimon, says that it is derived by means of an ***a fortiori* inference: Just as in a place where** the Torah **does not require immersion,** i.e., for a priest before he enters the Temple to perform service, it nevertheless **requires sanctification** of the hands and feet; **in a place where** the Torah **requires immersion** for all changes of garments, i.e., on Yom Kippur, **is it not right that it requires sanctification** of the hands and feet?

אִי מָה לְהַלָּן קִידּוּשׁ אֶחָד אַף כָּאן קִידּוּשׁ אֶחָד – תַּלְמוּד לוֹמַר: ״וּבָא אַהֲרֹן אֶל אֹהֶל מוֹעֵד וּפָשַׁט אֶת בִּגְדֵי הַבָּד אֲשֶׁר לָבַשׁ״. מַה תַּלְמוּד לוֹמַר ״אֲשֶׁר לָבַשׁ״? כְּלוּם אָדָם פּוֹשֵׁט אֶלָּא מַה שֶּׁלָּבַשׁ! אֶלָּא, לְהַקִּישׁ פְּשִׁיטָה לִלְבִישָׁה: מַה לְּבִישָׁה טָעוּן קִידּוּשׁ – אַף פְּשִׁיטָה טָעוּן קִידּוּשׁ.

If based on that inference the suggestion arises: **Just as there,** in the case of a priest entering to perform the Temple service, only **one sanctification** is required, **so too here,** on Yom Kippur, only **one sanctification** should be required for the changes of garments throughout all the services of the day. Therefore, **the verse states: "And Aaron shall come into the Tent of Meeting and he shall remove the linen garments that he put on"** (Leviticus 16:23). **What** is the meaning when **the verse states: "That he put on"? Does a person remove** any garments **other** than those **that he put on? Rather,** this phrase comes **to equate removal** of garments **to donning** of garments: **Just as donning** garments **requires sanctification,**[N] **so too, removal** of garments **requires sanctification.**

אָמַר רַבִּי יְהוּדָה: מִנַּיִן לְחָמֵשׁ טְבִילוֹת וַעֲשָׂרָה קִידּוּשִׁין שֶׁטּוֹבֵל כֹּהֵן גָּדוֹל וּמְקַדֵּשׁ בּוֹ בַּיּוֹם – תַּלְמוּד לוֹמַר: ״וּבָא אַהֲרֹן אֶל אֹהֶל מוֹעֵד וְרָחַץ אֶת בְּשָׂרוֹ בַּמַּיִם בְּמָקוֹם קָדוֹשׁ״ הָא לָמַדְתָּ שֶׁכָּל הַמְשַׁנֶּה מֵעֲבוֹדָה לַעֲבוֹדָה טָעוּן טְבִילָה, אַשְׁכַּחַן מִבִּגְדֵי לָבָן לְבִגְדֵי זָהָב, מִבִּגְדֵי זָהָב לְבִגְדֵי לָבָן מִנַּיִן?

The Gemara explains the position of Rabbi Yehuda that was mentioned earlier. **Rabbi Yehuda said: From where** are derived the **five immersions and ten sanctifications** that the **High Priest immerses and sanctifies** his hands and feet, respectively, **on the day** of Yom Kippur? They are derived from **the verse** that **states: "And Aaron shall come into the Tent of Meeting** and he shall remove the linen garments that he put on when he entered the Sanctuary and leave them there. **And he shall wash his flesh in water in a sacred place"** (Leviticus 16:23–24). From **this you learned: Anyone who moves from** an inner **service,** in the Holy of Holies, **to** an outer **service,** and vice versa, **requires immersion.** The Gemara asks: **We found** proof that the High Priest requires immersion when he changes **from white garments to golden garments;** however, **from where** is it derived that he requires immersion when he changes **from golden garments to white garments?**

NOTES

Immersion and sanctification – טְבִילָה וְקִדּוּשׁ: The question arises: What purpose is there to sanctify his hands and feet after immersion? Apparently, immersion does not obviate the need for sanctification, as the sanctification is performed with sacred water from the basin while immersion is performed in a ritual bath containing non-sacred water (*Tosafot Yeshanim*).

Just as donning garments requires sanctification – מַה לְּבִישָׁה טָעוּן קִדּוּשׁ: *Tosafot* ask: According to Rashi, the Gemara first derives a *halakha* through an *a fortiori* inference and then derives another *halakha* from that inference by means of a juxtaposition. However, the question is whether or not a juxtaposition can be derived from an *a fortiori* inference in matters of consecrated items. The Rashbam explains here that the *halakha* of removing garments is derived from the matter of sanctification mentioned in the Torah at the start of the service, from which the other matters may be derived (*Tosafot Yeshanim*; *Tosafot*).

תָּנָא דְּבֵי רַבִּי יִשְׁמָעֵאל: קַל וָחוֹמֶר, מַה בִּגְדֵי זָהָב שֶׁאֵין כֹּהֵן נִכְנָס בָּהֶן לִפְנַי וְלִפְנִים – טָעוּן טְבִילָה, בִּגְדֵי לָבָן שֶׁנִּכְנָס בָּהֶן לִפְנַי וְלִפְנִים – אֵינוֹ דִּין שֶׁטָּעוּן טְבִילָה? אִיכָּא לְמִפְרַךְ: מַה לְּבִגְדֵי זָהָב – שֶׁכֵּן כַּפָּרָתָן מְרוּבָּה. אֶלָּא, נָפְקָא לֵיהּ מִדְּרַבִּי.

The school of Rabbi Yishmael taught that it is derived by means of an ***a fortiori* inference:**[N] **Just as** before donning **golden garments, with which** the High **Priest does not enter the innermost sanctum,** the Holy of Holies, the High Priest **requires immersion,** before donning **white garments, with which** the High **Priest enters the innermost sanctum,**[N] **is it not right that** the High Priest **require immersion?** The Gemara asks: The *a fortiori* inference **can be refuted: What** is the comparison **to golden garments, as the atonement** that **they** effect **is extensive?**[N] The High Priest serves in the golden garments throughout the year atoning for the sins of the Jewish people; he wears the white garments on just one Yom Kippur. Therefore, it is reasonable that before donning them, the High Priest would require immersion. **Rather, it is derived** from the verse cited by **Rabbi** Yehuda HaNasi.

אָמַר רַבִּי: מִנַּיִן לְחָמֵשׁ טְבִילוֹת וַעֲשָׂרָה קִידּוּשִׁין שֶׁטּוֹבֵל כֹּהֵן גָּדוֹל וּמְקַדֵּשׁ בּוֹ בַּיּוֹם – תַּלְמוּד לוֹמַר: ״כְּתֹנֶת בַּד קוֹדֶשׁ יִלְבָּשׁ״, הָא לָמַדְתָּ שֶׁכָּל הַמְשַׁנֶּה מֵעֲבוֹדָה לַעֲבוֹדָה שֶׁטָּעוּן טְבִילָה. אַשְׁכַּחַן מִבִּגְדֵי זָהָב לְבִגְדֵי לָבָן, מִבִּגְדֵי לָבָן לְבִגְדֵי זָהָב מִנַּיִן?

The Gemara analyzes an additional clause from the *baraita* cited above. **Rabbi** Yehuda HaNasi **said: From where** are derived the **five immersions and ten sanctifications** that the **High Priest immerses and sanctifies** his hands and feet, respectively, **on the day** of Yom Kippur? They are derived from **the verse** that **states: "He shall be dressed in a sacred linen tunic,** and with linen trousers next to his flesh, and he shall be girded with a linen belt, and he shall wear a linen mitre; they are sacred garments, and he shall wash his flesh in water and then put them on" (Leviticus 16:4). From **this you learned: Anyone who moves from** an inner **service,** in the Holy of Holies, **to** an outer **service,** and vice versa, **requires immersion.** The Gemara asks: **We found** proof that the High Priest requires immersion when he changes **from golden garments to white garments;** however, **from where** is it derived that he requires immersion when he changes **from white garments to golden garments?**

תָּנָא דְּבֵי רַבִּי יִשְׁמָעֵאל: קַל וָחוֹמֶר, מַה בִּגְדֵי לָבָן שֶׁאֵין כַּפָּרָתָן מְרוּבָּה – טְעוּנִין טְבִילָה, בִּגְדֵי זָהָב שֶׁכַּפָּרָתָן מְרוּבָּה – אֵינוֹ דִּין שֶׁטְּעוּנִין טְבִילָה?

The school of Rabbi Yishmael taught that it is derived by means of an ***a fortiori* inference: Just as** before donning **white garments,** with regard to **which** the **atonement** that **they** effect **is minimal** as the priest wears them only on one Yom Kippur, **immersion is required,** before donning **golden garments,** with regard to **which** the **atonement** that **they** effect **is extensive** throughout the year, **is it not right that immersion should be required?**

אִיכָּא לְמִפְרַךְ: מַה לְּבִגְדֵי לָבָן – שֶׁכֵּן נִכְנָס בָּהֶן לִפְנַי וְלִפְנִים. הַיְינוּ דְּקָתָנֵי: וְאוֹמֵר ״בִּגְדֵי קוֹדֶשׁ הֵם וְרָחַץ אֶת בְּשָׂרוֹ בַּמַּיִם וּלְבֵשָׁם״.

The Gemara asks: The *a fortiori* inference **can be refuted: What** is the comparison **to white garments, as he enters with them to the innermost sanctum?** As the High Priest does not enter the Holy of Holies with the golden garments, apparently the sanctity of the white garments is greater. The Gemara comments: The source for the requirement to immerse when changing from white garments to golden garments **is that which is taught** later in the *baraita*: The verse **states: "They are sacred garments, and he shall wash his flesh in water and then put them on"** (Leviticus 16:4), meaning immersion is required before donning all sacred garments.

NOTES

The *a fortiori* inference of Rabbi Yishmael – **קַל וָחוֹמֶר שֶׁל רַבִּי יִשְׁמָעֵאל**: *Tosafot* comment that Rabbi Yishmael himself employs an *a foritiori* inference to draw the opposite conclusion. The explanation is that in both cases the *a fortiori* inference explains the logic upon which the matter is based, but the actual *halakha* is derived from the verses (see *Tosafot Yeshanim* and *Tosefot HaRosh*).

White garments with which the High Priest enters the innermost sanctum – **לִפְנַי וְלִפְנִים בְּבִגְדֵי לָבָן**: The reason that the High Priest wears white clothes is explained in the Gemara: A prosecutor cannot become an advocate, i.e., the golden garments, which evoke the gold used in the sin of the Golden Calf, cannot facilitate atonement on Yom Kippur. Only white linen garments may be worn in the innermost sanctum (Ritva).

As the atonement that they effect is extensive – **שֶׁכֵּן כַּפָּרָתָן מְרוּבָּה**: There are two possible interpretations for this clause, and Rashi's explanation is inconclusive. Some commentaries explain that the golden garments effect extensive atonement since they facilitate atonement throughout the entire year, whereas the white garments are donned only one day a year. Others explain that the white garments atone only for unwitting transgressions involving impurity in the Temple and with regard to consecrated items; however, the golden garments are worn during the sacrifice of offerings that atone for the other transgressions as well (*Tosafot Yeshanim*; Ritva). *Tosafot* rejected that explanation because the High Priest dons the white linen garments when dispatching the scapegoat, which effects atonement for all transgressions.

וְחָמֵשׁ עֲבוֹדוֹת הֵן: תָּמִיד שֶׁל שַׁחַר בְּבִגְדֵי זָהָב, עֲבוֹדַת הַיּוֹם בְּבִגְדֵי לָבָן, אֵילוֹ וְאֵיל הָעָם בְּבִגְדֵי זָהָב, כַּף וּמַחְתָּה בְּבִגְדֵי לָבָן, תָּמִיד שֶׁל בֵּין הָעַרְבַּיִם בְּבִגְדֵי זָהָב.

And they are five services: The sacrifice of the **daily morning offering,** performed **in golden garments; the service of the day,** the bull and the goat, which is performed **in white garments;** the sacrifice of **his ram** guilt-offering and the **ram of the people,** performed **in golden garments.** After that the High Priest places the **spoon and the coal pan** into the Holy of Holies **in white garments.** He emerges from the Holy of Holies and sacrifices the **daily afternoon offering in golden garments** and then removes the spoon and the coal pan in white garments.

וּמִנַּיִן שֶׁכׇּל טְבִילָה וּטְבִילָה צְרִיכָה שְׁנֵי קִידּוּשִׁין – תַּלְמוּד לוֹמַר: "וּפָשַׁט וְרָחַץ" "וְרָחַץ וְלָבַשׁ". הַאי בִּטְבִילָה כְּתִיב! אִם אֵינוֹ עִנְיָן לִטְבִילָה, דְּנָפְקָא לֵיהּ מִ"בִּגְדֵי קֹדֶשׁ הֵם" – תְּנֵהוּ עִנְיָן לְקִידּוּשׁ.

And from where is it derived **that each and every immersion requires two sanctifications** of the hands and the feet? It is derived from **the verse** that **states:** "And Aaron shall come into the Tent of Meeting **and he shall remove** the linen garments that he put on when he entered the Sanctuary and leave them there. **And he shall wash** his flesh in water" (Leviticus 16:23–24).[N] And it says: **"And he shall wash** his flesh in water in a sacred place **and put on** his garments" (Leviticus 16:24). The Gemara asks: **That is written** with regard **to immersion.** The washing mentioned in this verse is not sanctification of the hands and feet but rather immersion. The Gemara answers: **If it is not a matter** relating **to immersion, which is derived from** the phrase: **"They are sacred garments"** (Leviticus 16:4), indicating that every change of clothes requires immersion, then **render it a matter** relating **to sanctification.**

וְלִיכְתְּבֵיהּ רַחֲמָנָא בִּלְשׁוֹן קִידּוּשׁ! הָא קָא מַשְׁמַע לָן דִּטְבִילָה כְּקִידּוּשׁ, מַה קִידּוּשׁ – בְּמָקוֹם קָדוֹשׁ, אַף טְבִילָה – בְּמָקוֹם קָדוֹשׁ.

The Gemara asks: **And let the Merciful One write** the obligation **in the language of sanctification** of the hands and feet rather than the language of immersion. The Gemara answers: **This** language comes to **teach us that** in this case, the legal status of **immersion is like** that of **sanctification. Just as sanctification** of the hands and feet is performed **in a sacred area,** as the basin used for sanctification is situated in the courtyard, **so too,** the **immersion** before donning garments must be performed **in a sacred area,** not outside the Temple.

וְרַבִּי יְהוּדָה, קִידּוּשׁ מְנָא לֵיהּ? נָפְקָא לֵיהּ מִדְּרַבִּי אֶלְעָזָר בְּרַבִּי שִׁמְעוֹן.

The Gemara asks: **And Rabbi Yehuda,** who derives immersion before donning the golden garments from this verse and does not derive anything from the phrase: They are sacred garments, **from where does he** derive the obligation to perform **sanctification** of the hands and feet? The Gemara answers: **He derives it** as an *a fortiori* inference **from** the inference of **Rabbi Elazar, son of Rabbi Shimon:** In a place that the Torah does not require immersion it nevertheless requires sanctification of the hands and feet; therefore, in a place that the Torah requires immersion for all changes of garments, is it not right that it requires sanctification of the hands and feet?

אָמַר רַב חִסְדָּא: הָא דְּרַבִּי, מַפְּקָא מִדְּרַבִּי מֵאִיר וּמַפְּקָא מִדְּרַבָּנַן. מַפְּקָא מִדְּרַבָּנַן – דְּאִילּוּ רַבָּנַן אָמְרִי כְּשֶׁהוּא לָבוּשׁ מְקַדֵּשׁ, וְאִיהוּ אָמַר כְּשֶׁהוּא פּוֹשֵׁט מְקַדֵּשׁ. וּמַפְּקָא מִדְּרַבִּי מֵאִיר, דְּאִילּוּ רַבִּי מֵאִיר אָמַר: הַךְ קִידּוּשׁ בָּתְרָא – כְּשֶׁהוּא לָבוּשׁ מְקַדֵּשׁ, וְאִיהוּ אָמַר – כְּשֶׁהוּא פּוֹשֵׁט מְקַדֵּשׁ.

Rav Ḥisda said: That statement of **Rabbi** Yehuda HaNasi with regard to immersion and sanctification **is** an original opinion **to the exclusion of** the opinion of **Rabbi Meir** with regard to sanctification, **and to the exclusion of** the opinion of **the Rabbis. It is to the exclusion** of the opinion of **the Rabbis, as the Rabbis said** that **he sanctifies** his hands and feet when **he is dressed, and** Rabbi Yehuda HaNasi **said: He sanctifies** them **when he undresses. And it is to the exclusion of** the opinion of **Rabbi Meir, as Rabbi Meir said:** With regard to **this last sanctification** that he performs after each immersion, **he sanctifies** his hands and feet **when he is dressed. And** Rabbi Yehuda HaNasi **said: He sanctifies** them **when he undresses.**

אָמַר רַב אַחָא בַּר יַעֲקֹב: הַכֹּל מוֹדִין בְּקִידּוּשׁ שֵׁנִי שֶׁלּוֹבֵשׁ וְאַחַר כָּךְ מְקַדֵּשׁ, מַאי טַעְמָא – דְּאָמַר קְרָא: "אוֹ בְגִשְׁתָּם אֶל הַמִּזְבֵּחַ" מִי שֶׁאֵינוֹ מְחוּסָּר אֶלָּא גִּישָׁה, יָצָא זֶה שֶׁמְּחוּסָּר לְבִישָׁה וְגִישָׁה.

Rav Aḥa bar Ya'akov said: Everyone agrees with regard to the second sanctification that one dresses, and afterward sanctifies his hands and feet. **What is the reason** for this? It is **as the verse states:** "**Or when they approach the altar** to serve, to burn an offering by fire to God, they shall wash their hands and feet so that they do not die" (Exodus 30:20–21). This teaches that the priest who is obligated to sanctify his hands and feet is one who is **lacking only** the element of **approach** to the altar to begin performing the service, to the **exclusion of that** priest who has not yet donned the priestly vestments, **who is lacking** both the element of **donning** priestly vestments and the element of **approach** to the altar. Sanctification of the hands and feet prior to the service is performed when he is already dressed.

NOTES

And he shall remove the linen garments and he shall wash his flesh in water, etc. – 'וּפָשַׁט וְרָחַץ' וכו׳: One could ask: Why not require two immersions rather than two sanctifications, as the terminology employed by the Torah is that of immersion? Apparently, the reason is that there are no cases where immersion is required following an action; immersion is performed as preparation prior to an action (Ritva).

NOTES

It is a term meaning killing – לִישָּׁנָא דִּקְטָלָא הוּא: In the *Siaḥ Yitzḥak* there is a lengthy explanation contending that the term *keretz* could mean either killing or separation, as in the verse: "I was separated [*koratzti*] from clay" (Job 33:6). That is why it was necessary for the Gemara to explain the term's usage here. In the Jerusalem Talmud, two opinions are cited on the matter. The word *keratzo* is used rather than the standard term for slaughter, *sheḥato*, because the priest does not complete the ritual slaughter; rather, he kills the animal and another completes the act (*Tosafot Yeshanim*).

אמר ליה רב אחא בריה דרבא לרב אשי: לא רב חסדא אית ליה דרב אחא, ולא רב אחא אית ליה דרב חסדא. דאם כן – לרבי הוו ליה חמיסר קידושין.

Rav Aḥa, son of Rava, said to Rav Ashi: Neither does Rav Ḥisda, who said that according to Rabbi Yehuda HaNasi the priest performs the two sanctifications before donning the garments, **agree with Rav Aḥa,** who said that that according to Rabbi Yehuda HaNasi the sanctification is done after donning the garments; **nor does Rav Aḥa,** who said that according to Rabbi Yehuda HaNasi the sanctification must be performed directly prior to the service, **agree with Rav Ḥisda,** who said that according to Rabbi Yehuda HaNasi the two sanctifications are performed before donning the garments. **As, if** they **do** agree, according **to Rabbi** Yehuda HaNasi **there are fifteen sanctifications.** For each change of garments he would require three sanctifications: One when he undresses, one prior to dressing, and one after he is dressed.

"הביאו לו את התמיד קרצו" וכו׳. מאי קרצו? אמר עולא: לישנא דקטלא הוא. אמר רב נחמן בר יצחק: מאי קרא: "עגלה יפהפיה מצרים קרץ מצפון בא בא". מאי משמע? כדמתרגם רב יוסף: מלכא יאי הוה מצרים, עממין קטולין מציפונא ייתון עלה. קרצו בכמה? אמר עולא: ברוב שנים.

§ It was taught in the mishna: **They brought him the** sheep for **the daily** morning **offering, which he slaughtered** [*keratzo*]. The Gemara asks: **What** is the meaning of *keratzo*? **Ulla said: It is a term** meaning **killing.**[N] **Rav Naḥman bar Yitzḥak said: What is the verse** that indicates this meaning? It is stated: **"Egypt is a very fair heifer, but the** *keretz* **out of north is come, it is come"** (Jeremiah 46:20). The Gemara asks: **From where** may it be **inferred** that *keretz* means killing? The Gemara explains: It is **as translated by Rav Yosef: Egypt is a fair kingdom, but murderous nations will come upon it from the north.** The Gemara asks: When he **slaughtered** the sheep, **to what extent** did he do so? **Ulla said:** He slaughtered the animal **with** a cut through **the majority of** each of the **two**[H] organs, the windpipe and the gullet, which is sufficient to render the animal ritually slaughtered.

וכן אמר רבי יוחנן: ברוב שנים. ואף ריש לקיש סבר ברוב שנים. דאמר ריש לקיש, וכי מאחר ששנינו: רובו של אחד כמוהו, למה שנינו: רוב אחד בעוף ורוב שנים בבהמה? לפי ששנינו: הביאו לו את התמיד, קרצו ומירק אחר שחיטה על ידו, וקיבל את הדם וזרקו. יכול לא מירק יהא פסול.

And similarly, Rav Yoḥanan said: With the majority of each of the **two** organs. **And Reish Lakish also held: With the majority of** each of the **two** organs. This is indeed Reish Lakish's opinion, **as Reish Lakish said: Once we learned** in the *halakhot* of ritual slaughter that **the majority of one** organ is **like the whole, why was** it necessary that **we** also **learn** there that in order for the slaughter to be valid it requires **the majority of one** organ **in a bird and the majority** of each of **two** organs[H] **in an animal?** That is clear based on the principle that one organ is required in a bird and two in an animal. Rather, **since we learned: They brought him the** sheep for **the daily** morning **offering, which he slaughtered** by cutting most of the way through the gullet and the windpipe, **and a different** priest **completed** the **slaughter on his behalf** so that the High Priest could receive the blood in a vessel, and the High Priest **received the blood** in a vessel **and sprinkled it** on the altar; one **might** have thought that if the other priest **did not complete** cutting through the two organs, the slaughter **would be invalid.**

יכול לא מירק יהא פסול?! אם כן הויא ליה עבודה באחר, (ותנן:) כל עבודות יום הכפורים אינן כשרות אלא בו! הכי קאמר: יכול יהא פסול מדרבנן,

The Gemara asks: How is it possible that one **might** have thought that if the other priest **did not complete** cutting through the two organs, the slaughter **would be invalid? If** that is **so,** the completion of the slaughter **is** a Temple **service** performed by **another** on Yom Kippur. **And it was taught** in a *baraita*: **All Yom Kippur services are valid only** if performed **by** the High Priest.[H] The Gemara answers that **this is what** Reish Lakish **is saying:** Clearly, there is no requirement by Torah law to complete the slaughter of the two organs. One **might** have thought that **it would be invalid by rabbinic law;**

HALAKHA

He slaughtered the majority of each of the two – שׁוֹחֵט בְּרוֹב שְׁנַיִם: On Yom Kippur, the High Priest slaughters the majority of each of the organs in the neck of the animal for the daily morning offering. A second priest completes the slaughter (Rambam *Sefer Avoda, Hilkhot Avodat Yom HaKippurim* 4:1).

Slaughtering the majority of two organs – שְׁחִיטַת רֻבָּם שֶׁל סִימָנִים: The slaughter of an animal is considered valid if the majority of each of the two organs, the windpipe and the gullet, are cut. In the case of a bird, the majority of one of the two organs must be cut to effect a valid slaughter. As long as the cut exceeds half the diameter of the organ, even by a hair's breadth, it is valid, although one should seek to cut a discernible majority (*Taz*; *Shulḥan Arukh, Yoreh De'a* 21:1).

All Yom Kippur services are valid only if performed by the High Priest – כָּל עֲבוֹדוֹת יוֹם הַכִּפּוּרִים אֵינָן כְּשֵׁרוֹת אֶלָּא בּוֹ: All of the offerings on Yom Kippur, as well as the other services of the day, are valid only if performed by the High Priest. Some commentaries believe that this refers only to the services unique to Yom Kippur, whereas other services may be performed by a common priest. Even according to that opinion, it is a mitzva for the High Priest to perform those services as well *ab initio* (*Kesef Mishne*, citing the Ritva; *Leḥem Mishne*; Rambam *Sefer Avoda, Hilkhot Avodat Yom HaKippurim* 1:2).

לְכָךְ שָׁנִינוּ: רוֹב אֶחָד בָּעוֹף וְרוֹב שְׁנַיִם בַּבְּהֵמָה – וְכִי מֵאַחַר דַּאֲפִילּוּ פְּסוּלָא מִדְּרַבָּנַן לֵיכָּא, לָמָּה לִי לְמֵירַק? מִצְוָה לְמֵירַק.

therefore, we learned again: **The majority of one** organ **in a bird and the majority** of each **of two** organs **in an animal,** to teach that slaughtering the majority of each of the signs is sufficient. The Gemara asks: **And since there is not even an invalidation by rabbinic law, why do I** need another priest **to finish** cutting the organs? Why not suffice with the High Priest's slaughter of the majority of each of the two organs? The Gemara answers: It is nevertheless a **mitzva to complete** the slaughter[N] *ab initio* to cause the blood to flow more freely.

אַבַּיֵי מְסַדֵּר מַעֲרָכָה מִשְּׁמֵיהּ דִּגְמָרָא, וְאַלִּיבָּא דְּאַבָּא שָׁאוּל: מַעֲרָכָה גְּדוֹלָה קוֹדֶמֶת לְמַעֲרָכָה שְׁנִיָּה שֶׁל קְטוֹרֶת, מַעֲרָכָה שְׁנִיָּה שֶׁל קְטוֹרֶת קוֹדֶמֶת לְסִידּוּר שְׁנֵי גִּזְרֵי עֵצִים, וְסִידּוּר שְׁנֵי גִּזְרֵי עֵצִים קוֹדֵם לְדִישּׁוּן מִזְבֵּחַ הַפְּנִימִי, וְדִישּׁוּן מִזְבֵּחַ הַפְּנִימִי קוֹדֵם לַהֲטָבַת חָמֵשׁ נֵרוֹת,

§ **Abaye arranged the sequence** of the daily services[H] in the Temple **based on tradition**[N] **and in accordance with** the opinion **of Abba Shaul:**[P] Setting up the **large arrangement**[N] of wood on the altar on which the offerings were burned **precedes** the **second arrangement** of wood. This second arrangement was arranged separately near the southwest corner of the altar, and twice every day priests raked coals from it and placed them on the inner altar in order to burn the **incense.**[N] The **second arrangement for the incense precedes setting up** the **two logs of wood** above the large arrangement to fulfill the mitzva of bringing wood. **And the setting up** of the **two logs of wood precedes the removal of ashes** from **the inner altar. And the removal of ashes** from **the inner altar precedes the removal of ashes from five** of the seven **lamps** of the candelabrum.

וַהֲטָבַת חָמֵשׁ נֵרוֹת קוֹדֵם לְדַם הַתָּמִיד, וְדַם הַתָּמִיד קוֹדֵם לַהֲטָבַת שְׁתֵּי נֵרוֹת, וַהֲטָבַת שְׁתֵּי נֵרוֹת קוֹדֵם לִקְטוֹרֶת, וּקְטוֹרֶת קוֹדֵם לְאֵבָרִים, וְאֵבָרִים לְמִנְחָה, וּמִנְחָה לַחֲבִיתִּין, וַחֲבִיתִּין לִנְסָכִין,

And removal **of ashes from five lamps precedes** the slaughter and the receiving and sprinkling of the **blood of the daily** morning **offering.** The sprinkling of the **blood of the daily offering precedes the removal of ashes from** the **two** remaining **lamps** of the candelabrum. **And the removal of ashes from two lamps precedes** the burning of the **incense.** The burning of the **incense** on the inner altar **precedes** the burning of the **limbs** of the daily offering on the outer altar. The burning of the **limbs** precedes the sacrifice of the **meal-offering**[H] which accompanies the daily offering. The sacrifice of the **meal-offering** precedes the sacrifice of the High Priest's daily **griddle-cake** offering, half of which he sacrificed in the morning and half in the afternoon. **And the griddle-cake** offering precedes the pouring of the **libations** of the daily offering.

וּנְסָכִין לְמוּסָפִין, וּמוּסָפִין לְבָזִיכִין, וּבָזִיכִין לְתָמִיד שֶׁל בֵּין הָעַרְבַּיִם, שֶׁנֶּאֱמַר: ״וְהִקְטִיר עָלֶיהָ חֶלְבֵי הַשְּׁלָמִים״ – עָלֶיהָ הַשְׁלֵם כׇּל הַקׇּרְבָּנוֹת כּוּלָּן.

And the **libations** precede the sacrifice of the **additional offerings** on days when the additional offerings are sacrificed. **And the additional offerings** precede the **vessels** of frankincense that are offered on Shabbat. **And the vessels** precede the sacrifice of the **daily afternoon offering,**[N] **as it is stated:** "And he shall lay out the burnt-offering on it, **and burn on it the fat parts of the peace-offerings**" (Leviticus 6:5). The term **on it,** means **complete** sacrifice of **all other offerings,**[H] i.e., after the daily morning offering rather than after the daily afternoon offering. In all cases, the daily afternoon offering is the final offering sacrificed.

PERSONALITIES

Abba Shaul – אַבָּא שָׁאוּל: Apparently, Abba Shaul was one of the *tanna'im* who lived during the Second Temple era. Indeed, many of his statements address memories of the Temple and the order of the service there. Abba was an appellation of deference used when addressing prominent Sages in early generations, when the title Rabbi was not yet in use. Abba Shaul was apparently one of the students of Rabban Yoḥanan ben Zakkai and lived through the destruction of the Temple. His statements indicate that he emphasized the mitzva of the burial of the dead. Abba Shaul was said to be: Long [*arokh*] in his generation, referring to both his physical and spiritual stature. Although many *halakhot* attributed to him were stated as individual opinions, they form the basis of practical *halakha* throughout the generations.

Burial cave of Abba Shaul in northern Israel

NOTES

A mitzva to complete the slaughter – מִצְוָה לְמֵירַק: Rashi cites an additional reason for the participation of the second priest: "The king's glory is in the multitude of people" (Proverbs 14:28). Others explain that there is a special obligation to complete the slaughter on Yom Kippur. The High Priest alone is permitted to receive the blood on this day. Were he to complete the slaughter alone a significant amount of blood would spill, leaving insufficient blood in the vessel for sprinkling (Rabbi Meir Arak).

Based on tradition – מִשְּׁמֵיהּ דִּגְמָרָא: *Halakhot* are generally cited in the name of their authors; however, here the Gemara means that this was a matter simply accepted in the study hall and was not cited in the name of a particular Sage. It was instead a universally accepted tradition.

The large arrangement, etc. – מַעֲרָכָה גְּדוֹלָה וכו׳: *Tosafot* ask why the act of removing the ashes from the altar is not on this list. Some explain that Abaye's intention was to list the sequence relating to the daily offering and its accompanying services. The removal of the ashes does not fall into that category (*Tosefot HaRosh*).

The second arrangement in order to burn the incense – מַעֲרָכָה שְׁנִיָּה שֶׁל קְטוֹרֶת: This second arrangement was necessary because the coals in the first arrangement were sullied with oil and pieces of flesh. A second arrangement was therefore prepared for the sole purpose of providing coals to burn the incense (*Peirush Kadmon*).

And the vessels precede the daily afternoon offering – וּבָזִיכִין לְתָמִיד: Abaye does not list the incense of the afternoon or the lighting of the lamps because his intention was to list the sequence of the daily offering, not the services performed elsewhere in the Temple. The services performed elsewhere in the morning are included because Abaye listed the sequence of the services surrounding the daily morning offering; however, services performed after sacrifice of the daily morning offering was completed are not listed (*Gevurat Ari*).

HALAKHA

The sequence of services – סֵדֶר הָעֲבוֹדוֹת: The sequence of services is as follows: The large arrangement of wood is set up first, followed by the second arrangement. Then the two logs are placed on the altar, after which the ashes are removed from the inner altar. The blood of the daily offering is sprinkled on the altar, and then the ashes are removed from the five lamps of the candelabrum. The incense is burned, and the ashes are removed from the other two lamps. This sequence does not correspond to the sequence outlined by Abaye, as the *halakha* is not in accordance with the opinion of Abba Shaul but with the opinion of the Rabbis, who hold that the sequence is slightly different (*Leḥem Mishne*; Rambam *Sefer Avoda*, *Hilkhot Temidin UMusafin* 6:1–4).

The burning of the limbs precedes the sacrifice of the meal-offering – אֵיבָרִים לְמִנְחָה וכו׳: After the incense is burned, the limbs are taken up to the altar. Following that, the meal-offerings that accompany the daily offering are sacrificed, followed by the griddle-cake offering and the libations. On days when there are additional offerings, these follow. On Shabbat the vessels of frankincense accompanying the shewbread are burned, followed by the libations of the additional offerings (Rambam *Sefer Avoda*, *Hilkhot Temidin UMusafin* 6:5–11).

On it means complete sacrifice of all other offerings – עָלֶיהָ הַשְׁלֵם כׇּל הַקׇּרְבָּנוֹת כּוּלָּן: No offerings are sacrificed after the daily afternoon offering except for the Paschal lamb (Rambam *Sefer Avoda*, *Hilkhot Temidin UMusafin* 1:3).

אָמַר מָר: ״מַעֲרָכָה גְּדוֹלָה קוֹדֶמֶת לְמַעֲרָכָה שְׁנִיָּה שֶׁל קְטוֹרֶת״, מְנָא לָן? דְּתַנְיָא: ״הִיא הָעוֹלָה עַל מוֹקְדָה עַל הַמִּזְבֵּחַ כָּל הַלַּיְלָה״ – זוֹ מַעֲרָכָה גְּדוֹלָה, ״וְאֵשׁ הַמִּזְבֵּחַ תּוּקַד בּוֹ״ – זוֹ מַעֲרָכָה שְׁנִיָּה שֶׁל קְטוֹרֶת.

The Gemara proceeds to analyze the items listed by Abaye and seeks biblical or logical sources for each. **The Master said:** Setting up **the large arrangement** of wood on the altar on which the offerings were burned **precedes the second arrangement** of wood **for incense.** The Gemara asks: **From where** do we derive this?[N] The Gemara answers: **As it was taught** in a *baraita*: The verse states: "The burnt-offering **itself shall go up on its bonfire upon the altar all night**" (Leviticus 6:2); **this is** referring to the **large arrangement** of wood. **"And the fire of the altar shall be kept burning on it"** (Leviticus 6:2); **this is** referring to the **second arrangement** of wood near the corner of the altar, from which coals are taken for the **incense.**

וְאֵיפוֹךְ אֲנָא! מִסְתַּבְּרָא, מַעֲרָכָה גְּדוֹלָה עֲדִיפָא – שֶׁכֵּן כַּפָּרָתָהּ מְרוּבָּה.

The Gemara asks: **And** perhaps **I should reverse** them[N] and say that the first verse refers to the arrangement of wood for the incense, and the second verse refers to the large arrangement of wood. The Gemara answers: It is **reasonable** that the **large arrangement** of wood takes **precedence, as** the **atonement** that **it** effects **is extensive.**[N] All of the offerings are sacrificed on the large pile, not just the incense.

אַדְּרַבָּה, מַעֲרָכָה שְׁנִיָּה עֲדִיפָא, שֶׁכֵּן מַכְנִיסִין מִמֶּנָּה לִפְנִים! אֲפִילּוּ הָכִי, כַּפָּרָתָהּ מְרוּבָּה עֲדִיפָא. וְאִיבָּעֵית אֵימָא: אִי לָא מַשְׁכַּח עֵצִים לְמַעֲרָכָה שְׁנִיָּה מִי לָא מְעַיֵּיל מִמַּעֲרָכָה גְּדוֹלָה?

The Gemara rejects this: **On the contrary,** the **second arrangement** takes **precedence, as** unlike the large arrangement in which offerings are burned exclusively on the outer altar, coals **from it are taken inside** the Sanctuary. The Gemara answers: **Even so,** the contention that the **atonement** that **it** effects **is extensive** takes **precedence. And if you wish, say** instead: **If one does not find wood for the second arrangement, wouldn't he take** coals **from the large arrangement into** the Sanctuary to burn the incense? There is no fundamental obligation to bring coals from a special arrangement, and the second arrangement is only an addition to the large arrangement on which all the offerings are burned.

״מַעֲרָכָה שְׁנִיָּה שֶׁל קְטוֹרֶת קוֹדֶמֶת לְסִידּוּר שְׁנֵי גִּזְירֵי עֵצִים״, מְנָא לָן? דִּכְתִיב: ״וּבִעֵר עָלֶיהָ הַכֹּהֵן עֵצִים בַּבֹּקֶר בַּבֹּקֶר״ ״עָלֶיהָ״ – וְלֹא עַל חֲבֶרְתָּהּ, מִכְּלָל דְּאִיתָא לַחֲבֶרְתָּהּ.

Abaye continued and said that the **second arrangement for incense precedes the setting up of the two logs.** The Gemara asks: **From where** do we derive this? **As it is written: "And the priest shall burn wood upon it in the morning, in the morning"** (Leviticus 6:5); there is an obligation to place new logs upon the large arrangement. The term **upon it** underscores that the wood is placed only on the large arrangement, **and not on the other** arrangement from which coals are taken for the incense. From the fact that this exclusionary term is necessary, it can be derived **by inference** that there **is another** pile on the altar, meaning that when the new logs are placed on the altar, the two arrangements are already there.

וְהַאי ״עָלֶיהָ״ מִיבָּעֵי לֵיהּ לְגוּפֵיהּ! תְּרֵי ״עָלֶיהָ״ כְּתִיבִי.

The Gemara asks: **But this** term: **Upon it, is needed for its own sake,** to teach the obligation to place the logs on the altar; therefore, how can the timing of their placement be derived from that term? The Gemara answers: The term: **Upon it, is written twice** in that verse: "And the priest shall burn wood upon it in the morning, in the morning, and he shall place the burnt-offering upon it." From one instance of this term the fundamental obligation to place the logs is derived, and from the other instance the order of their placement is derived.

״סִידּוּר שְׁנֵי גִּזְירֵי עֵצִים קוֹדֵם לְדִישּׁוּן מִזְבֵּחַ הַפְּנִימִי״, אַף עַל גַּב דְּהָכָא כְּתִיב ״בַּבֹּקֶר בַּבֹּקֶר״ וְהָכָא כְּתִיב ״בַּבֹּקֶר בַּבֹּקֶר״ – אֲפִילּוּ הָכִי מַכְשִׁיר עָדִיף. מַכְשִׁיר מַאי נִיהוּ – שְׁנֵי גִּזְירֵי עֵצִים, וְהָא אָמְרַתְּ שְׁנֵי גִּזְירֵי עֵצִים לְמַעֲרָכָה גְּדוֹלָה אָזְלִי!

Abaye continued: **The setting up of the two logs precedes the removal of ashes** from **the inner altar. Although here,** with regard to the two logs, **it is written: In the morning, in the morning,** meaning that the priest must arise early in the morning to perform this act, **and here,** with regard to removal of the ashes from the inner altar, **it is** also **written: "In the morning, in the morning"** (Exodus 30:7), **even so,** an action that **facilitates** another service takes **precedence.** Therefore, setting up the logs, from which coals are taken, facilitating the burning of the incense, precedes removal of ashes from the inner altar. The Gemara asks: **What** is the act that **facilitates?** It is the placement of the **two logs. But didn't you say** that **the two logs go to the large arrangement** of wood and not to the arrangement of wood from which the coals are taken for the incense? These logs in no way facilitate the burning of the incense.

NOTES

Setting up the large arrangement of wood precedes… from where do we derive this – מַעֲרָכָה גְּדוֹלָה קוֹדֶמֶת... מְנָא לָן: Some commentaries assert that the Gemara is not seeking a source for the precedence of the large arrangement; rather it is seeking a source for the very existence of the second arrangement for the incense. The Gemara later provides logical reasons for the precedence of the first arrangement (*Me'il Shlomo; Derekh HaMelekh*).

And perhaps I should reverse them – וְאֵיפוֹךְ אֲנָא: There is a certain logic to this argument: Since the incense precedes the limbs, it is reasonable to assert that everything associated with the incense should precede the large arrangement on which the limbs are burned (*Toledot Yitzḥak*).

The atonement that it effects is extensive – כַּפָּרָתָהּ מְרוּבָּה: Some commentaries explain that the atonement effected by the daily burnt-offering is greater than that effected by the incense, for which the second arrangement is prepared (Ritva).

אָמַר רַבִּי יִרְמְיָה: שׁוּם עֵצִים. רָבִינָא אָמַר: הוֹאִיל וְהִתְחִיל בַּמַּעֲרָכָה – גּוֹמֵר. רַב אַשִׁי אָמַר: אִי לָא מַשְׁכַּח עֵצִים לְמַעֲרָכָה שְׁנִיָּה – מִי לָא מְעַיֵּיל מִמַּעֲרָכָה גְּדוֹלָה?

Rabbi Yirmeya said: The reference is to the **category of wood.** Although these logs do not facilitate the burning of the incense, wood facilitates its burning, and the two logs are wood. Therefore, they take precedence. **Ravina said** a different reason: **Since he began** with the service of setting up the **arrangement, he completes it** by placing two logs. Only then he moves on to perform a different service. **Rav Ashi said: If one does not find wood for the second arrangement, won't he take** coals **from the large arrangement into** the Sanctuary to burn the incense? This demonstrates that there are circumstances in which placing the logs facilitates the burning of the incense. Therefore, it takes precedence.

"וְדִישּׁוּן מִזְבֵּחַ הַפְּנִימִי קוֹדֵם לַהֲטָבַת חָמֵשׁ נֵרוֹת", מַאי טַעְמָא? אָמַר אַבַּיֵי: גְּמָרָא גְּמִירְנָא, סְבָרָא לָא יָדַעְנָא. וְרָבָא אָמַר: כְּרֵישׁ לָקִישׁ. דְּאָמַר רֵישׁ לָקִישׁ: אֵין מַעֲבִירִין עַל הַמִּצְוֹת.

Abaye continued: **And removal of ashes** from **the inner altar precedes the removal of ashes from five** of the seven **lamps** of the candelabrum. **What is the reason** for this? **Abaye said: I learned** this **through tradition;** however, **I do not know the rationale** behind it. **And Rava said:** The reason is **in accordance with** the statement of **Reish Lakish, as Reish Lakish said: One may not forego** performance **of** any of **the mitzvot**[H] in order to perform another mitzva.

HALAKHA

One may not forego performance of any of the mitzvot – אֵין מַעֲבִירִין עַל הַמִּצְוֹת: If one has an opportunity to perform a mitzva, it is prohibited to forego it in order to perform a different mitzva (Rambam *Sefer Ahava, Hilkhot Tefillin UMezuza VeSefer Torah* 4:8).

Perek **III**
Daf **33** Amud **b**

וְכִי עָיֵיל לַהֵיכָל – בַּמִּזְבֵּחַ פָּגַע בְּרֵישָׁא. דְּתַנְיָא: שֻׁלְחָן בַּצָּפוֹן, מָשׁוּךְ מִן הַכּוֹתֶל שְׁתֵּי אַמּוֹת וּמֶחֱצָה, וּמְנוֹרָה בַּדָּרוֹם מְשׁוּכָה מִן הַכּוֹתֶל שְׁתֵּי אַמּוֹת וּמֶחֱצָה, מִזְבֵּחַ מְמוּצָּע וְעוֹמֵד בָּאֶמְצַע וּמָשׁוּךְ כְּלַפֵּי חוּץ קִימְעָא. וְנוֹקְמֵיהּ לַהֲדַיְיהוּ! כֵּיוָן דִּכְתִיב: "וְאֶת הַמְּנוֹרָה נֹכַח הַשֻּׁלְחָן" בָּעֵינַן דְּחָזוּ אַהֲדָדֵי.

And when he **enters the Sanctuary**[B] it is **the altar** that **he encounters first,** before reaching the candelabrum; therefore, he performs the service of the altar before removing the ashes from the lamps, **as it was taught** in a *baraita*: The **table** stood **in the north** of the Sanctuary, **removed two and a half cubits from the wall. And** the **candelabrum** stood **in the south**[H] of the Sanctuary, **removed two and a half cubits from the wall. The altar was centered and standing in the middle** of the Sanctuary, **removed a bit outward.** Therefore, one encounters the altar first. The Gemara questions the essence of the matter: **And let us stand** the altar **alongside** the table and the candelabrum; why was it removed outward? The Gemara answers: It is **because it is written: "And the candelabrum opposite the table"** (Exodus 26:35); **we require that they are visible to each other.** Were the altar aligned with the table and the candelabrum, it would interpose between them.

אָמַר רָבָא, שְׁמַע מִינָּהּ מִדְּרֵישׁ לָקִישׁ: עֲבוֹרֵי דְּרָעָא אַטּוֹטֶפְתָּא – אָסוּר. הֵיכִי עָבֵיד – מִדְּרָעָא לְטוֹטֶפְתָּא.

Rava said: Conclude from the statement **of Reish Lakish** that one may not forego performance of any of the mitzvot, that it is **prohibited to forego** donning the phylacteries **of the arm** in order to don the **phylacteries** of the head,[N] as when donning phylacteries, one encounters the arm first. **How does he conduct** himself? He proceeds **from** the phylacteries **of the arm** to the **phylacteries** of the head.[H]

BACKGROUND

Sanctuary – הֵיכָל: The diagram illustrates the position of the Sanctuary and the objects found in it, as described in the Gemara.

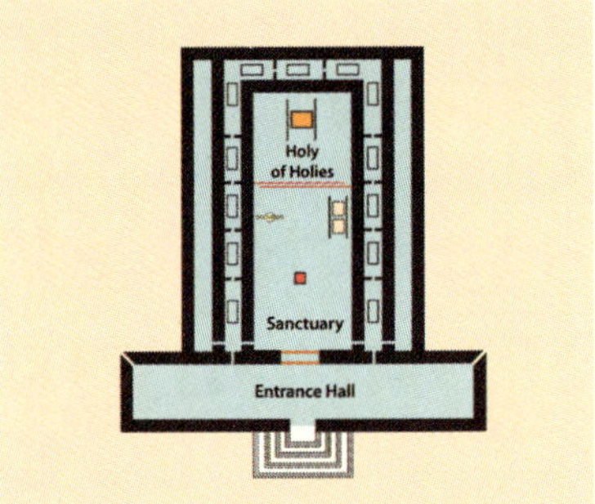

Diagram of the Temple

NOTES

It is prohibited to forego donning the phylacteries of the arm in order to don the phylacteries of the head – עֲבוֹרֵי דְּרָעָא אַטּוֹטֶפְתָּא: See *Tosafot*, who questioned Rashi's interpretation cited in the explanation of the Gemara. The Rid contends that even though there are Sages who derive this from a verse, Rava disagrees and prefers deriving the *halakha* from the statement of Reish Lakish. Some explain that the statement of Reish Lakish is necessary to teach that if one donned the phylacteries of the head first, he did not fulfill his obligation even after the fact (*Siaḥ Yitzḥak*).

HALAKHA

The table stood in the north…and the candelabrum stood in the south – שֻׁלְחָן בַּצָּפוֹן...וּמְנוֹרָה בַּדָּרוֹם: The candelabrum was situated in the southern side of the Sanctuary, to the left of one entering. The shewbread table stood in the northern side of the Sanctuary, to the right of one entering (Rambam *Sefer Avoda, Hilkhot Beit HaBeḥira* 1:7).

Phylacteries of the head and phylacteries of the arm – תְּפִילִּין שֶׁל רֹאשׁ וּתְפִילִּין שֶׁל יָד: One should not store the phylacteries of the head on top of the phylacteries of the arm, because he will thereby encounter the phylacteries of the head first. He will then be required to place the phylacteries of the head aside in order to don the phylacteries of the arm first, and will thereby forego performance of a mitzva to fulfill another mitzva. That is how the *Kesef Mishne* understood opinions of the *ge'onim* and the Rambam in explanation of this passage (Rambam *Sefer Ahava, Hilkhot Tefillin UMezuza VeSefer Torah* 4:8).

״וַהֲטָבַת חָמֵשׁ נֵרוֹת קוֹדֵם לְדַם הַתָּמִיד, וְדַם הַתָּמִיד קוֹדֵם לַהֲטָבַת שְׁתֵּי נֵרוֹת״. מַאי טַעְמָא? אָמַר אַבַּיֵי: הַהוּא ״בַּבֹּקֶר בַּבֹּקֶר״ דִּשְׁנֵי גְּזִירֵי עֵצִים דְּלָא צְרִיכֵי – שַׁדְיֵנְהוּ לְהָכָא, חַד שַׁדְיֵיהּ לַהֲטָבַת חָמֵשׁ נֵרוֹת דְּלִיקַדְּמֵי לְדַם הַתָּמִיד, וְחַד שַׁדְיֵיהּ לְדַם הַתָּמִיד דְּנִקַדְּמֵיהּ לַהֲטָבַת שְׁתֵּי נֵרוֹת,

§ Abaye continued: **And removal of ashes from five lamps precedes** the slaughter and the receiving and sprinkling of the **blood of the daily** morning **offering.** The sprinkling of **the blood of the daily offering precedes the removal of ashes from** the two remaining **lamps** of the candelabrum. The Gemara asks: **What is the reason** for this? **Abaye said:** Take **that** phrase: **In the morning, in the morning,** written with regard to **the two logs, which is unnecessary**[N] to establish the time for performance of that service, as its precedence was explained due to its association with the arrangement of wood. And **cast** that extraneous phrase **to here,**[N] and apply it to other elements of the morning service. If the phrase is superfluous in its context, apply it elsewhere where a *halakha* can be derived. **Cast one** term: In the morning, and apply it **to removal of ashes from five lamps** so **that it** will **precede the blood of the daily offering. And cast one** term: In the morning, and apply it **to the blood of the daily offering,** so **that it** will **precede the removal of ashes from** the **two** additional **lamps.**

חַד שַׁדְיֵיהּ לַהֲטָבַת חָמֵשׁ נֵרוֹת דְּלִיקַדְּמֵי לְדַם הַתָּמִיד, דְּהָכָא תְּלָתָא וְהָכָא תְּרֵי.

The Gemara elaborates: **Cast one** term: In the morning, and apply it **to removal of ashes from five lamps** so **that it** will **precede the blood of the daily offering, as here,** there are **three** instances of: In the morning; two instances are written explicitly with regard to removal of ashes from the lamps (see Exodus 30:7) and one is written with regard to the two logs. **And here,** with regard to the blood of the daily offering, there are **two** instances of the phrase; one explicit mention in the text (see Exodus 29:39) and one written with regard to the two logs.

וְחַד שַׁדְיֵיהּ לְדַם הַתָּמִיד דְּנִקַדְּמֵיהּ לַהֲטָבַת שְׁתֵּי נֵרוֹת. אַף עַל גַּב דְּהָכָא תְּרֵי וְהָכָא תְּרֵי – מְכַפֵּר עָדִיף.

And cast one term: In the morning, **to the blood of the daily offering** so **that it** will **precede the removal of ashes from** the **two** additional **lamps. Although here,** with regard to removal of ashes from the lamps, there are **two** instances of the phrase: In the morning, **and here,** with regard to the blood of the daily offering, there are **two** instances of the phrase: In the morning, one written and one cast from the portion of two logs, the blood of the daily offering takes precedence because an act that **effects atonement,** the sprinkling of blood, takes **precedence.**

אֲמַר לֵיהּ רַב פַּפָּא לְאַבַּיֵי, וְאֵימָא: חַד שַׁדְיֵיהּ לְדִישּׁוּן מִזְבֵּחַ הַפְּנִימִי דְּנִקַדְּמֵיהּ לְדַם הַתָּמִיד, דְּהָכָא תְּלָתָא וְהָכָא תְּרֵי, וְחַד שַׁדְיֵיהּ לְדַם הַתָּמִיד דְּנִקְדּוֹם לַהֲטָבַת חָמֵשׁ נֵרוֹת, דְּאַף עַל גַּב דְּהָכָא תְּרֵי וְהָכָא תְּרֵי, מְכַפֵּר עָדִיף! אִם כֵּן אַפְּסוּקֵי בְּמַאי מַפְסַקְתְּ לְהוּ?

Rav Pappa said to Abaye: And say instead, **cast one** of the extraneous phrases: In the morning, and apply it **to the removal of ashes** from **the inner altar,** so **that it** will **precede the blood of the daily offering, as here** there are **three** instances of the phrase **and there** there are **two. And cast one** of the extraneous phrases: In the morning, and apply it **to the blood of the daily offering** so **that it** will **precede the removal of ashes from five lamps,** and say that **although here** there are **two** instances of the phrase: In the morning, **and here** there are **two** instances of the phrase: In the morning, still an act that **effects atonement,** the sprinkling of blood, takes **precedence.** Abaye dismisses this question by saying: **If** the blood of the daily offering precedes the removal of ashes from five lamps, **with what will you demarcate** between the removal of ashes from five lamps and the removal of ashes from two lamps?

הָנִיחָא לְרֵישׁ לָקִישׁ דְּאָמַר: לָמָּה מְטִיבִין וְחוֹזְרִים וּמְטִיבִין – כְּדֵי לְהַרְגִּישׁ כָּל הָעֲזָרָה כּוּלָּהּ, שַׁפִּיר.

That works out **well** according to the opinion of **Reish Lakish,**[N] who **said: Why does** the priest **remove the ashes from** five lamps of the candelabrum **and** then **return and remove the ashes from** two lamps of the candelabrum rather than arrange all seven lamps at once? It is **in order to enliven** those present in the **entire** Temple **courtyard,** since people are coming and going to fulfill this mitzva with great ceremony. It works out **well** according to the opinion of Reish Lakish, because he says there is no need for any other service to demarcate between removal of ashes from five lamps and removal of ashes from two.

אֶלָּא לְרַבִּי יוֹחָנָן, דְּאָמַר: ״בַּבֹּקֶר בַּבֹּקֶר״ חַלְּקֵהוּ לִשְׁנֵי בְקָרִים, מַאי אִיכָּא לְמֵימַר!

However, according to **Rabbi Yoḥanan, who said** the following based on the verse: "And Aaron shall burn upon it incense of sweet spices; in the morning, in the morning, when he removes the ashes from the lamps" (Exodus 30:7); take the term **in the morning, in the morning,** and **divide** the service of removal of ashes from the lamps **into two mornings,** i.e., into two parts, by performing a service in between, **what can be said?** According to Rabbi Yoḥanan, since the result would be that there is no service demarcating between the five lamps and the two lamps, there is no alternative to interpreting the matter in accordance with the explanation of Abaye.

NOTES

In the morning, in the morning…which is unnecessary – בַּבֹּקֶר בַּבֹּקֶר...דְּלָא צְרִיכֵי: The phrase: In the morning, in the morning, is not necessary even to teach that it is referring to the incense burned during the day rather than the incense burned at night, as the Torah could have said day instead of morning.

Cast that phrase to here – שַׁדְיֵנְהוּ לְהָכָא: This is a hermeneutical principle that operates under the assumption that since certain words seem superfluous in their context, they must come to teach a different matter. They are then applied to that other matter (see Rashi).

That works out well according to Reish Lakish – הָנִיחָא לְרֵישׁ לָקִישׁ: According to Rashi, this represents a continuation of Abaye's argument. The *ge'onim* explain that this is an independent matter, saying that according to Reish Lakish the situation remains as though the phrase: In the morning, appears three times with regard to removing ashes from the lamps, to indicate precedence. According to the opinion of Rabbi Yoḥanan, however, who says that the phrase: In the morning, in the morning, indicates that the service should be divided, there is no proof that removing ashes from the lamps takes precedence (Ritva).

אָמַר לֵיהּ רָבִינָא לְרַב אַשִׁי: הַאי "בַּבֹּקֶר בַּבֹּקֶר" דְּעֵצִים מִי מְיַיתַּר? הָא מִיבְּעֵי לֵיהּ לְגוּפֵיהּ, דְּקָאָמַר רַחֲמָנָא: נִקְדְּמוּ לְמַעֲרָכָה שְׁנִיָּה שֶׁל קְטוֹרֶת! אֲמַר לֵיהּ: וְלָאו מִי אוֹקִימְנָא "עָלֶיהָ" – וְלֹא עַל חֲבֶרְתָּהּ, מִכְּלָל דְּאִיתָא לַחֲבֶרְתָּהּ.

Ravina said to Rav Ashi with regard to the basis for Abaye's argument: **Is this** term: **In the morning, in the morning,** written with regard to the two **logs** actually **superfluous** and therefore available to have other matters derived from it? **Isn't it necessary** to teach **its own** basic *halakha*, **as the Merciful One states** in the Torah: **Have it precede the second arrangement** of wood, from which coals are taken **for the incense?** Rav Ashi **said to him: And did we not establish** that it is written: **Upon it,** underscoring the fact that wood is placed only on the large arrangement **and not on the other** arrangement from which coals are taken for the incense? From the fact that this exclusionary term is necessary, it can be derived **by inference** that there **is another** pile on the altar, meaning that when the new logs are placed on the altar, the two arrangements are already there.

מַאי שְׁנָא דְּעָבֵיד הֲטָבַת חָמֵשׁ נֵרוֹת בְּרֵישָׁא? נַעֲבֵיד הֲטָבַת שְׁתֵּי נֵרוֹת בְּרֵישָׁא! כֵּיוָן דְּאַתְחִיל בְּהוּ – עָבֵיד רוּבָּא. וְנַעֲבֵיד שִׁית! אָמַר קְרָא: "בְּהֵיטִיבוֹ אֶת הַנֵּרוֹת יַקְטִירֶנָּה" וְאֵין נֵרוֹת פְּחוּתוֹת מִשְּׁתַּיִם.

The Gemara asks with regard to the sequence in which the priest removes the ashes from the lamps: **What is different that he performs the removal of ashes from five lamps first? Let us perform the removal of ashes from two lamps first.** The Gemara answers: **Since he begins** the service **with them, he performs** the service on **a majority of the** lamps. The Gemara asks: If so, **let him perform** the service on **six** lamps. The Gemara responds that **the verse states: "When he removes the ashes from the lamps, he shall burn it"** (Exodus 30:7), **and lamps is** plural, meaning **no fewer than two.** Apparently, removal of ashes from lamps must be performed on a minimum of two lamps.

"וַהֲטָבַת שְׁתֵּי נֵרוֹת קוֹדֶמֶת לִקְטוֹרֶת", דְּאָמַר קְרָא: "בְּהֵיטִיבוֹ אֶת הַנֵּרוֹת" וַהֲדַר "יַקְטִירֶנָּה".

Abaye continued: **And the removal of ashes from two lamps precedes** the burning of the **incense, as the verse** first **states: "When he removes the ashes from the lamps,"** and then states: **"He shall burn it."** The removal of the ashes precedes the burning of the incense.

"וּקְטוֹרֶת לְאֵבָרִים", דְּתַנְיָא: יוּקְדַּם דָּבָר שֶׁנֶּאֱמַר בּוֹ "בַּבֹּקֶר בַּבֹּקֶר" לְדָבָר שֶׁלֹּא נֶאֱמַר בּוֹ אֶלָּא "בֹּקֶר" אֶחָד בִּלְבַד.

Abaye continued: **And** the burning of the **incense** on the inner altar **precedes** the burning of the **limbs** of the daily offering on the outer altar, **as it was taught** in a *baraita*: **Let the matter with regard to which it is stated: In the morning, in the morning,** i.e., the burning of the incense, **precede the matter with regard to which only one: In the morning, is stated,** i.e., the daily morning offering, in the verse: "You shall offer one lamb in the morning" (Exodus 29:39).

"וְאֵבָרִים לְמִנְחָה", דְּתַנְיָא: מִנַּיִן שֶׁלֹּא יְהֵא דָּבָר קוֹדֵם לְתָמִיד שֶׁל שַׁחַר,

Abaye continued: The burning of **the limbs** precedes the sacrifice of the **meal-offering** that accompanies the daily offering, **as it was taught** in a *baraita*: **From where** is it derived **that there** may **be no item** placed on the arrangement of wood **prior to the daily morning offering?**

Perek **III**
Daf **34** Amud **a**

תַּלְמוּד לוֹמַר: "וְעָרַךְ עָלֶיהָ הָעוֹלָה", וְאָמַר רָבָא: "הָעוֹלָה" הִיא עוֹלָה רִאשׁוֹנָה.

The verse states: "And the priest shall burn wood upon it in the morning, in the morning, **and he shall place the burnt-offering upon it"** (Leviticus 6:5), **and Rava said:** The verse could have simply said: And he shall place upon it, indicating that everything sacrificed on the altar is placed upon it; but instead, the verse states: "And he shall place **the burnt-offering** upon it," to teach that **it ascends** the altar **first.**[NH]

"וּמִנְחָה לַחֲבִיתִּין" – "עוֹלָה וּמִנְחָה".

Abaye continued: The sacrifice of the **meal-offering** precedes the sacrifice of the High Priest's daily **griddle-cake** offering, half of which he sacrifices in the morning and half in the afternoon, as the verse states: "To bring offerings by fire to the Lord, burnt-offerings, meal-offerings, sacrifices, and libations, on each day what is proper to it" (Leviticus 23:37). Since the Torah states **burnt-offerings and meal-offerings,** apparently the daily burnt-offering precedes the meal-offering. And since the meal-offering is part of the burnt-offering sacrifice, it precedes the griddle-cake offering, which is a meal-offering unrelated to the burnt-offering.

NOTES

The burnt-offering, it ascends the altar first – הָעוֹלָה הִיא עוֹלָה רִאשׁוֹנָה: Rabbeinu Ḥananel explains that this is derived from the term: The burnt-offering, with the definite article. This teaches that the offering is the known burnt-offering that is sacrificed first. From his explanation, as well as that of Rashi, it is necessary to derive only that the burnt-offering precedes other offerings, not specifically that this burnt-offering is the daily morning offering. That is obvious, as the daily offering is the burnt-offering that is a fixed component of the daily service (see *Tosafot*).

HALAKHA

The burnt-offering, it ascends the altar first – הָעוֹלָה הִיא עוֹלָה רִאשׁוֹנָה: It is prohibited to sacrifice any offering before the daily morning offering (Rambam *Sefer Avoda, Hilkhot Temidin UMusafin* 1:3).

"וַחֲבִיתִּין לִנְסָכִים" – שׁוּם מִנְחָה.

Abaye continued: **And the griddle-cake** offering precedes the pouring of the **libations**[N] of the daily offering. This is because it is in the **category** of **meal-offering.** Since it has been established that the meal-offering that accompanies the daily offering is sacrificed after the daily offering, all meal-offerings are sacrificed after the daily-offering prior to any other service.

"וּנְסָכִים לְמוּסָפִין" – "זֶבַח וּנְסָכִים", "וּמוּסָפִין לְבָזִיכִין". וְהָתַנְיָא: בָּזִיכִין קוֹדְמִין לְמוּסָפִין! תַּנָּאֵי הִיא.

Abaye continued: **And** the **libations** precede the sacrifice of the **additional offerings,**[N] as it is written: **Offerings and libations,** from which it is derived that the libations are brought immediately after the daily offering, before any other offering is sacrificed. **And the additional offerings** precede **the vessels**[H] of frankincense that are brought on Shabbat. The Gemara asks: **But wasn't it taught** in a *baraita*: **The vessels** of frankincense **precede the additional offerings?** The Gemara answers: This **is** the subject of a dispute between the *tanna'im* Rabbi Yishmael and Rabbi Akiva (*Pesaḥim* 58a).

אָמַר אַבַּיֵי: מִסְתַּבְּרָא כְּמַאן דְּאָמַר מוּסָפִין קוֹדְמִין לְבָזִיכִין, לָאו מִי אָמְרַתְּ "בַּבֹּקֶר בַּבֹּקֶר" לְהַקְדִּים, הָכָא נַמִּי 'בַּיּוֹם' 'בַּיּוֹם' – לְאַחֵר.

Abaye said: It is **reasonable** that the sequence should be **in accordance with** the opinion of **the one who said the additional offerings** precede **the vessels** of frankincense, as **didn't you say** that the repetition of the term: **In the morning, in the morning,** comes **to prioritize** the daily offering? **Here too,** repetition within the clause: "He shall arrange them **on** Shabbat **day, on** Shabbat **day**" (Leviticus 24:8), with regard to the vessels of frankincense, comes to **postpone** that service until the peak of the day.

מַאי טַעְמָא דְּמַאן דְּאָמַר בָּזִיכִין קוֹדְמִין לְמוּסָפִין? גָּמַר 'חוּקָּה' 'חוּקָּה' מֵחֲבִיתִּין.

The Gemara asks: **What is the rationale** for the opinion **of the one who said:** The **vessels** of frankincense **precede the additional offerings?** The Gemara explains: By means of a verbal analogy **he derives: Statute,** written with regard to the vessels of frankincense: "A statute for all time" (Leviticus 24:9), **from: Statute,** written with regard to the **griddle-cake** offering: "A statute for all time" (Leviticus 6:15). Just as the griddle-cake offering precedes the additional offerings, so too, the vessels of frankincense precede the additional offerings.

אִי מֵהָתָם גָּמַר, לִיגְמְרָהּ כּוּלָּהּ מִילְּתָא מֵהָתָם! לְהָכִי אַהֲנֵי 'בַּיּוֹם' 'בַּיּוֹם' לְאַחֵר.

The Gemara asks: **If he derived it from there, let him derive the entire matter from there,** and let the vessels of frankincense be burned immediately after the griddle-cake offering; why are the libations offered between them? The Gemara answers: It is **to that** end that the verse: "He shall arrange them **on** Shabbat **day, on** Shabbat **day,**" with regard to the vessels of frankincense, **is effective, to postpone** their offering until later.

"קְטוֹרֶת שֶׁל שַׁחַר הָיְתָה קְרֵיבָה בֵּין דָּם לְאֵיבָרִים" וכו׳. מַנִּי? אִי רַבָּנַן – בֵּין דָּם לְנֵרוֹת מִיבָּעֵי לֵיהּ, אִי אַבָּא שָׁאוּל – בֵּין נֵרוֹת לְאֵיבָרִים מִיבָּעֵי לֵיהּ!

§ After analyzing Abaye's tradition with regard to the sequence of the daily service, the Gemara returns to analyzing the passage in the mishna: **The morning incense was burned between** the receiving and sprinkling of the **blood** and the burning **of the limbs.** The Gemara asks: In accordance with **whose** opinion is the mishna? **If** it is in accordance with the opinion of **the Rabbis** elsewhere (15a), the mishna **should** say that the incense was burned **between** the sprinkling of the **blood and** the removal of the ashes from the **lamps. If** it is in accordance with the opinion of **Abba Shaul,** the mishna **should** say that the incense was burned **between** the removal of the ashes from the **lamps and** the burning **of the limbs.**

לְעוֹלָם רַבָּנַן הִיא, וּבְסִידְרָא לָא קָא מַיְירֵי.

The Gemara responds: **Actually,** the mishna **is** in accordance with the opinion of **the Rabbis, but** the mishna **is not speaking of the sequence** of the entire service. The mishna states that the incense was burned between the sprinkling of the blood and the burning of the limbs of the daily offering, although other services were performed then as well, including the removal of ashes from the lamps.

"וְשֶׁל בֵּין הָעַרְבַּיִם הָיְתָה קְרֵיבָה בֵּין אֵיבָרִים לִנְסָכִים" וכו׳. מְנָא הָנֵי מִילֵּי? אָמַר רַבִּי יוֹחָנָן: דְּאָמַר קְרָא "כְּמִנְחַת הַבֹּקֶר וּכְנִסְכּוֹ תַּעֲשֶׂה" מַה מִּנְחַת הַבֹּקֶר – קְטוֹרֶת קוֹדֶמֶת לִנְסָכִים, אַף כָּאן – קְטוֹרֶת קוֹדֶמֶת לִנְסָכִים.

The mishna continues: The **afternoon** incense was burned **between** the taking of the **limbs** up to the altar and the pouring of its **libations.** The Gemara asks: **From where are these matters** derived? **Rabbi Yoḥanan said** that the **verse states:** "And the other lamb you shall present in the afternoon, **as the meal-offering in the morning and its libation, you shall present it,** an offering made by fire, of a sweet fragrance unto the Lord" (Numbers 28:8). **Just as** with regard to **the morning meal-offering incense precedes libations, so too here,** in the afternoon, **incense precedes the libations.**

NOTES

The griddle-cake offering precedes the pouring of the libations – חֲבִיתִּין לִנְסָכִים: This derivation is necessary, as otherwise one could think that since this meal-offering constitutes only half the mitzva, as half is sacrificed in the morning and half in the afternoon, other offerings should precede it (*Siaḥ Yitzḥak*).

The libations precede the additional offerings – נְסָכִים לְמוּסָפִין: In the Jerusalem Talmud the following principle is cited: When a frequent practice and an infrequent practice clash, the frequent practice takes precedence. Therefore, libations which are brought every day precede the additional offerings.

HALAKHA

The additional offerings precede the vessels – מוּסָפִין קוֹדְמִין לְבָזִיכִין: Two vessels of frankincense are burned on Shabbat along with the additional offerings, prior to the libation accompanying the additional offering (*Kesef Mishne*; *Leḥem Mishne*; Rambam *Sefer Avoda*, *Hilkhot Temidin UMusafin* 6:11).

אִי מָה לְהַלָּן קְטוֹרֶת קוֹדֶמֶת לְאֵיבָרִים, אַף כָּאן קְטוֹרֶת קוֹדֶמֶת לְאֵיבָרִים? מִי כְּתִיב "כְּאֵיבְרֵי הַבֹּקֶר"? "כְּמִנְחַת הַבֹּקֶר" כְּתִיב, כְּמִנְחַת הַבֹּקֶר וְלֹא כְּאֵיבְרֵי הַבֹּקֶר.

The Gemara asks: **If so, just as there,** in the morning, **incense** even **precedes limbs, so too here,** in the afternoon, **incense** should **precede limbs.** The Gemara rejects this: **Is it written: As the limbs in the morning? As the meal-offering in the morning, is written,** indicating with regard to the daily afternoon offering that it is **like the meal-offering in the morning, and not like the** burning of the **limbs of the morning.**

תָּנוּ רַבָּנַן: "וְנִסְכּוֹ רְבִיעִית הַהִין". יִלְמַד שֶׁל שַׁחֲרִית מִשֶּׁל עַרְבִית.

The Sages taught in a *baraita* that it is written: **"And its libation shall be a quarter-*hin*** for the one lamb, in the sacred area it shall be poured as an offering of strong drink unto the Lord" (Numbers 28:7). The Sages understand this verse as referring to the daily afternoon offering; therefore, **one will derive** the manner and order **of the** daily **morning** offering **from** the manner and order **of** the daily **afternoon** offering.[N] Just as libations are required for the daily afternoon offering, so too, they are required for the daily morning offering.

NOTES

One will derive the manner and order of the daily morning offering from the manner and order of the daily afternoon offering – יִלְמַד שֶׁל שַׁחֲרִית מִשֶּׁל עַרְבִית: Nearly all of the commentators are troubled by this. Since it is explicitly stated: "And the other lamb you shall present in the afternoon; as the meal-offering of the morning and as its libation, you shall present it" (Numbers 28:8), indicating that libations are poured in the afternoon like in the morning, why is this derivation necessary? Some commentaries explain that the Gemara is not addressing the fundamental obligation to bring libations; rather it is addressing the particulars of the libations, the nature of the wine and the like, which have no other source (*Maskil LeEitan*). Others explain that the verse: "As the meal-offering of the morning and as its libation" (Exodus 29:41) teaches that there is a libation of oil mixed into the meal-offering. It is not a source for the obligation to pour a libation of wine (*Kehillat Ya'akov*).

Perek **III**
Daf **34** Amud **b**

רַבִּי אוֹמֵר: עַרְבִית מִשֶּׁל שַׁחֲרִית.

Rabbi Yehuda HaNasi **says:** The daily **afternoon** offering is derived **from that of the morning.** The phrase: "The one lamb," refers to the lamb of the daily morning offering, and the daily afternoon offering is derived from it.

בִּשְׁלָמָא לְרַבָּנַן – הַאי בְּתָמִיד שֶׁל בֵּין הָעַרְבַּיִם כְּתִיב, אֶלָּא רַבִּי מַאי טַעְמָא? אָמַר רַבָּה בַּר עוּלָּא: אָמַר קְרָא: "לַכֶּבֶשׂ הָאֶחָד" אֵיזֶהוּ כֶּבֶשׂ שֶׁנֶּאֱמַר בּוֹ אֶחָד – הֱוֵי אוֹמֵר זֶה תָּמִיד שֶׁל שַׁחַר.

The Gemara asks: **Granted,** according to the opinion of **the Rabbis** who hold that **this** verse **is written** with regard to the daily **afternoon** offering based on the preceding verses, they can explain that the daily morning offering is derived from the daily afternoon offering. **However, what is the rationale** for the opinion **of Rabbi** Yehuda HaNasi,[N] who holds that the afternoon offering is derived from the morning offering? **Rabba bar Ulla said** that **the verse states: "For the one lamb." Which is the lamb with regard to which it is** previously **stated: One? You must say: That is** the lamb of the **daily morning offering** (see Exodus 29:39).

וְרַבָּנַן: מַאי "אֶחָד" – מְיוּחָד שֶׁבְּעֶדְרוֹ. וְרַבִּי: מִ"וּמִבְחַר נִדְרֵיךָ" נָפְקָא. וְרַבָּנַן: חַד בְּחוֹבָה וְחַד בִּנְדָבָה, וּצְרִיכִי.

And according to **the Rabbis, what** is the meaning of the term: **One?** It means the **special** lamb **that is** one **in his flock.** The lamb for the daily offering should be of the highest quality.

And from where does **Rabbi** Yehuda HaNasi derive that principle? The Gemara answers that in his opinion, the principle **is derived** from that which is written: "And **all the choicest of your** vow-offerings" (Deuteronomy 12:11). One is required to fulfill his vow by offering the animal of the highest quality.

And how do **the Rabbis** interpret this verse? They interpret that **one** verse refers to the requirement to bring the animal of the highest quality for **obligatory** offerings and **one** verse refers to the requirement to bring the animal of the highest quality for gift-offerings. **And** both verses are **necessary,** as otherwise it would not have been clear that this requirement applies to both. On the one hand, one might think it is only with regard to obligatory offerings that the animal of the highest quality must be sacrificed. On the other hand, one might think it is only with regard to a gift-offering that the animal of the highest quality must be sacrificed, as if it is not of the highest quality, it is better not to sacrifice it at all.

NOTES

The opinions of Rabbi Yehuda HaNasi and the Rabbis – שִׁיטַת רַבִּי וַחֲכָמִים: Many commentaries ask what the difference is between these two opinions, as it seems that the dispute is merely with regard to the verse from which the *halakha* is derived. *Tosafot* cite one difference. Some explain that if one failed to pour the libations from the daily morning or afternoon offering, a libation should not be poured over the other, as one is derived from the other. The dispute concerns which daily offering is derived from the other (Ritva). Alternatively, there might be a difference with regard to whether the water libation brought on the festival of *Sukkot* is poured together with the morning or with the afternoon libations (*Tosafot Yeshanim*; *Tosefot HaRosh*).

"אם היה כהן גדול זקן או איסטניס" וכו'. תניא, אמר רבי יהודה: עששיות של ברזל היו מחמין מערב הכפורים, ומטילין לתוך צונן, כדי שתפיג צינתן. – והלא מצרף! אמר רב ביבי: שלא הגיע לצירוף. אביי אמר: אפילו תימא שהגיע לצירוף, דבר שאין מתכוין מותר.

§ The mishna continues: **If the High Priest was old or delicate,** they would heat hot water for him on Yom Kippur eve and place it into the cold water of the ritual bath in order to temper its chill. **It was taught** in a *baraita* that **Rabbi Yehuda said: They would heat blocks of iron**[H] **on Yom Kippur eve and cast them into the cold** water of the ritual bath **to temper its chill.** The Gemara asks: **But** by doing so, **doesn't he harden** the iron, which is a labor prohibited on Yom Kippur? **Rav Beivai said:** The temperature of the blocks of iron **did not reach** the **hardening** point. **Abaye said: Even if you say that** the temperature of the iron **reached** the **hardening** point, the fact that the iron hardened when he placed it in the water is **an unintentional act,**[HN] which is **permitted.** His intention was to temper the chill of the water, not to harden the iron.

ומי אמר אביי הכי? והתניא: "בשר ערלתו" – אפילו במקום שיש שם בהרת יקוץ, דברי רבי יאשיה. והוינן בה: קרא למה ליה? ואמר אביי: לרבי יהודה, דאמר דבר שאין מתכוין אסור!

And did Abaye actually **say that** an unintentional act is permitted? **But wasn't it taught** in a *baraita* that it is written: "And on the eighth day the **flesh of his foreskin** shall be circumcised" (Leviticus 12:3), from which it is derived that **one** may **cut** the foreskin and circumcise the baby **even if there is a white spot** of leprosy[N] **there?**[H] He may do so even though the Torah prohibits excising a white spot of leprosy. This is **the statement of Rabbi Yoshiya. And we discussed** this matter: **Why do I** need **a verse** to permit it? His intention is not to excise the leprosy but to fulfill the mitzva of circumcision. **And Abaye said:** The statement of Rabbi Yoshiya is in accordance with the opinion of **Rabbi Yehuda,** who **said** that performing **an unintentional act is prohibited.** Therefore, a special verse is necessary to permit circumcision in that case. Apparently, Abaye holds that Rabbi Yehuda prohibits even unintentional acts. Why, then, does he explain that Rabbi Yehuda permits placing blocks of iron into the water if his intention is not to harden the iron?

הני מילי בכל התורה כולה, אבל הכא – צירוף דרבנן הוא.

The Gemara answers: When Abaye said that Rabbi Yehuda prohibits unintentional acts, **that applies only to** actions prohibited by Torah law that appear in **the whole Torah in its entirety. However, here, hardening** the blocks of iron is not a labor prohibited by Torah law but is prohibited **by rabbinic law,** as a decree intended to enhance the character of Shabbat as a day of rest. Rabbi Yehuda concedes that unintentional performance of prohibitions by rabbinic law is permitted.

HALAKHA

Blocks of iron – **עששיות של ברזל**: If the High Priest was old or sick, they would heat blocks of iron on the eve of Yom Kippur, which they placed in the ritual bath the next day to temper its chill. This was permitted because rabbinic decrees enacted to enhance the character of Shabbat as a day of rest were not in effect in the Temple. See *Tosafot*, whose variant reading is apparently the source for the Rambam's ruling (*Lehem Mishne*; Rambam *Sefer Avoda, Hilkhot Avodat Yom HaKippurim* 2:2).

An unintentional act – **דבר שאין מתכוין**: It is permitted to perform an action on Shabbat despite the fact that it may lead to a prohibited result, provided that there is no intention to achieve the prohibited result (*Shulḥan Arukh, Oraḥ Ḥayyim* 337:1).

Circumcision where there is leprosy – **מילה בצרעת**: The positive mitzva of circumcision overrides the prohibition against cutting off leprosy from the foreskin whether or not the circumcision is performed at its appointed time (*Shulḥan Arukh, Yoreh De'a* 266:1).

NOTES

An unintentional act – **דבר שאין מתכוין**: In several areas of *halakha*, notably with regard to the *halakhot* of Shabbat, there is discussion of an unintentional act, which is a permitted action that leads inadvertently to a prohibited result. With regard to Shabbat, the Torah prohibited performance of actions when one's intent is to accomplish the objective of the prohibited labor, not merely to perform the action. Therefore, there is good reason to permit an unintentional act. Still, many medieval and later commentaries ask: Even Rabbi Shimon, who rules that it is permitted to perform an unintentional act, concedes that when the prohibited result of the permitted action is inevitable the unintentional act is prohibited. How, then, is it permitted to place the blocks of iron in the water? The reasons for leniency in this case are related to the fact that the prohibition is by rabbinic law. These reasons are either that even unintentional acts whose prohibited result is inevitable are permitted if the prohibition is by rabbinic law, or that the act is permitted since it was performed in the Temple and rabbinic decrees are not in effect in the Temple (see *Tosafot*).

Even if there is a white spot of leprosy there – **אפילו במקום שיש שם בהרת יקוץ**: There is a special *halakha* with regard to leprosy wherein the Torah warns: "Be very careful with skin afflictions" (Deuteronomy 24:8). This expresses the prohibition of cutting off the leprosy. That is why special permission was required to permit its removal in some circumstances. It is permitted in the case of circumcision due to the principle of a positive mitzva overriding a negative mitzva when performance of the mitzva precludes observance of the prohibition.

מתני׳ הביאוהו לבית הפרוה, ובקודש היתה, פרסו סדין של בוץ בינו לבין העם, קידש ידיו ורגליו ופשט. רבי מאיר אומר: פשט, קידש ידיו ורגליו. ירד וטבל, עלה ונסתפג, הביאו לו בגדי לבן, לבש, וקידש ידיו ורגליו.

MISHNA They brought the High Priest to immerse a second time in the **Hall of *Parva*,** which **was in the sacred** area, the Temple courtyard. **They spread a sheet of fine linen between him and the people** in the interest of modesty. **And he sanctified his hands and his feet and removed** his garments. **Rabbi Meir says** that this was the sequence: He first **removed** his garments and then **he sanctified his hands and his feet.**[H] **He descended and immersed** a second time. **He ascended and dried himself.** And **they** immediately **brought him** the **white garments,**[H] in which **he dressed, and he sanctified his hands and his feet.**

בשחר היה לובש פלוסין של שנים עשר מנה, בין הערבים הנדויין של שמונה מאות זוז, דברי רבי מאיר. וחכמים אומרים: בשחר היה לובש של שמונה עשר מנה, ובין הערבים של שנים עשר מנה – הכל שלשים מנה. אלו משל ציבור, ואם רצה להוסיף – מוסיף משלו.

In the morning he would wear linen garments **from** the Egyptian city of **Pelusium worth twelve *maneh*,** 1,200 dinars or *zuz*. These garments were very expensive due to their high quality. And **in the afternoon** he wore linen garments **from India,**[NB] which were slightly less expensive, **worth eight hundred *zuz*.**[N] This is **the statement of Rabbi Meir. And the Rabbis say: In the morning** he would wear garments **worth eighteen *maneh*, and in the afternoon** he would wear garments **worth twelve *maneh*.** In total, the clothes were worth **thirty *maneh*. These** sums for the garments came **from the community, and if** the High Priest **wished to add** money to purchase even finer garments, he would **add** funding **of his own.**

BACKGROUND

From Pelusium and from India – **פילוסין והנדויין**: The first term is apparently a reference to garments of fine linen imported from the city of Pelusium in Egypt, an ancient center of linen production. With regard to garments from India, there was an ancient culture of growing and processing flax there as well. Pelusium was an important city in the eastern extremes of Egypt's Nile Delta, 30 km to the southeast of the modern Port Said.

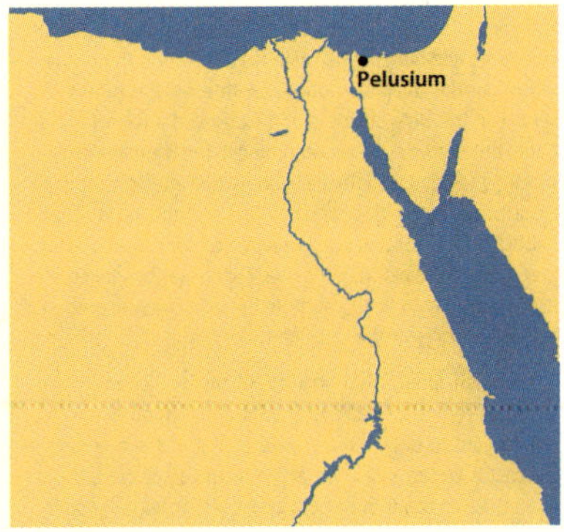

Location of ancient Pelusium

HALAKHA

He sanctified his hands and his feet – **קידש ידיו ורגליו**: The High Priest sanctifies his hands and feet before changing his priestly garments. He washes his hands and feet, removes the garments, immerses, dons the new set of clothes, and washes his hands and feet again, as per the opinion of the first *tanna* in the mishna (Rambam *Sefer Avoda*, *Hilkhot Avodat Yom HaKippurim* 2:2).

The garments of the High Priest – **בגדי כהן גדול**: The High Priest had two tunics for Yom Kippur, one of which he wore in the morning and the other in the afternoon. Together their value was thirty *maneh*. If the High Priest wished to contribute his own money to purchase more expensive garments he was permitted do so as long as he consecrated the addition (Rambam *Sefer Avoda*, *Hilkhot Kelei HaMikdash* 8:3).

NOTES

From Pelusium and from India – **פילוסין והנדויין**: Rabbeinu Ḥananel and some *ge'onim* explain that these are the names of different kinds of garments. The Rambam explains these terms similarly.

Worth eight hundred *zuz* – **של שמונה מאות זוז**: *Tosafot* ask why the Gemara does not use the term: Eight *maneh*, as it did with regard to the other sums. They answer that because the word eight [*shemona*] includes the letters of the word *maneh*, it would sound strange, so they rendered the sum differently (see also *Tosefot Yom Tov*). Others explain that this rendering comes to clarify that the reference is not to the special sacred *maneh* worth more than a hundred dinars, but to a regular *maneh* (see *Siaḥ Yitzḥak*). Since Rabbi Meir did not mention the total cost of the garments in his statement, as the Rabbis did, apparently he insists on both the total sum as well as on the cost of each of the individual sets of garments (*Siaḥ Yitzḥak*; *Yad David*).

גמ׳ מַאי פַּרְוָה? אָמַר רַב יוֹסֵף: פַּרְוָה אַמְגּוּשָׁא.

GEMARA **What is** the meaning of the name ***Parva*****? Rav Yosef said: *Parva*** is the name of a Persian **sorcerer,**[NB] whose name is associated with the chamber due to a particular incident.

״פָּרְסוּ סָדִין שֶׁל בּוּץ״. מַאי שְׁנָא שֶׁל בּוּץ? אָמַר רַב כָּהֲנָא: כְּדֵי שֶׁיַּכִּיר שֶׁעֲבוֹדַת הַיּוֹם בְּבִגְדֵי בּוּץ.

§ It was stated in the mishna: **They spread** there **a sheet of fine linen.** The Gemara asks: **What is different** that the sheet that they spread was made of **fine linen? Rav Kahana said:** It was **so that** the High Priest **will be aware** and remember **that the service of the day** is performed **in fine linen.**

״בַּשַּׁחַר הָיָה לוֹבֵשׁ פְּלוּסִין שֶׁל שְׁמוֹנָה עָשָׂר״ וכו׳. וְתַנָּא מְנַיְינָא אָתָא לְאַשְׁמוֹעִינַן? הָא קָא מַשְׁמַע לַן: דִּבְצִיר מֵהָנֵי לָא נַעֲבִיד. הָא אִי בָּצִיר מֵהָנֵי וְטָפֵי אַהָנֵי – לֵית לַן בַּהּ.

§ The mishna continues: **In the morning, he would wear** garments **worth eighteen** *maneh*, and in the afternoon he would wear garments worth twelve *maneh*. In total, the clothes were worth thirty *maneh*. The Gemara expresses surprise at the total in the mishna: **Does the *tanna* come to tell us the tally** that eighteen and twelve equal thirty? The Gemara answers: **This** comes to **teach us that** one may **not fashion** garments worth **less than** the total of **these** morning and afternoon garments. The Gemara elaborates: **If one decreases** the value **of these** morning garments, and **raises** the value **of those** afternoon garments, **we have no** problem **with it.** One can distribute the total of thirty *maneh* between the two sets of garments in any manner that he chooses.

דְּכוּלֵּי עָלְמָא מִיהַת דְּשַׁחַר עֲדִיפִי, מְנָא לַן? אָמַר רַב הוּנָא בְּרֵיהּ דְּרַב עִילַּאי, אָמַר קְרָא: ׳בַּד׳ ׳בַּד׳ ׳בַּד׳ ׳בַּד׳ – מוּבְחָר בַּבַּד.

The Gemara comments: **However, everyone,** both Rabbi Meir and the Rabbis, **agrees that** the clothes of the **morning are superior** and must be more valuable than those of the afternoon. **From where do we** derive this? **Rav Huna, son of Rav Ilai, said** that with regard to the linen garments donned by the High Priest in the morning, **the verse states:** "He shall be dressed in a sacred **linen** tunic, and with **linen** trousers next to his flesh, and he shall be girded with a **linen** belt, and he shall wear **a linen**[N] mitre" (Leviticus 16:4). From the fact that the verse repeats the term linen four times it is derived that the **choicest linen** should be used for this purpose.

NOTES

Parva is the name of a Persian sorcerer – פַּרְוָה אַמְגּוּשָׁא: This matter has been explained in several different ways. According to Rashi, Parva is the name of the sorcerer who built the hall. The author of the *Me'iri* adds that this sorcerer repented or converted and built the hall with his own funds. The *ge'onim* write that the sorcerer sought to witness the High Priest's service in the Holy of Holies and excavated a tunnel in the courtyard for that purpose. According to the Rambam, he was caught and killed, and the hall was named after him to recall the incident and to discourage others from similar attempts. Rabbi Shimon explains that the name of the hall, *Parva*, was given due to the blood of the bulls [*parim*], as he proceeded from the Hall of *Parva* to slaughter the bulls. The sorcerer was responsible only for the ritual bath atop the hall.

Linen, linen, linen, linen – בַּד, בַּד, בַּד, בַּד: The commentaries note that two of the references to linen teach other matters, with regard to both the material itself and the manner in which it is woven. Only two of the mentions of the word remain to teach that it must be choice linen (*Tosafot Yeshanim*). Others explain that it is from the numerological value of the repeated Hebrew word for linen that the value of the material is derived. The word is spelled *beit, dalet*, which have a numerological value of two and four, respectively, for a total numerological value of six. The term is mentioned five times in the Torah passage. The total numerological value of these five instances is thirty, which is the total value in *maneh* of the two sets of garments (*Neum Yehuda*).

BACKGROUND

Sorcerer – אַמְגּוּשָׁא: The Magi were Zoroastrian priests. They were viewed by some outsiders as sorcerers, leading to the use of this term as a general title for a sorcerer.

מֵיתִיבִי: ״וְלָבְשׁוּ בְּגָדִים אֲחֵרִים וְלֹא יְקַדְּשׁוּ אֶת הָעָם בְּבִגְדֵיהֶם״

The Gemara raises an objection. It is stated: "And it shall be that when they enter in at the gates of the inner court, they shall be clothed with linen garments; and no wool shall come upon them, while they minister in the gates of the inner court, and within" (Ezekiel 44:17). This verse is referring to the Yom Kippur service, as during the year the High Priest performed the service in eight priestly vestments made partially of wool. Two verses later the prophet says: "And when they go forth into the outer court, into the outer court to the people, they shall remove their garments in which they serve, and lay them in the sacred chambers, **and they shall put on other garments, so that they do not sanctify the people with their garments"** (Ezekiel 44:19).

מַאי לָאו ״אֲחֵרִים״ – חֲשׁוּבִין מֵהֶן! לָא, ״אֲחֵרִים״ – פְּחוּתִים מֵהֶן.

The Gemara infers: **What, doesn't "other"** mean **more important than** the first set of linen garments? The Gemara rejects this: **No,** although **"other"** means different garments, it means garments **inferior to them,**[N] the first set of linen garments. The High Priest does not don a second set of garments to effect atonement; rather, he dons them in deference to God to remove the spoon and the coal pan from the Holy of Holies.

NOTES

Other garments inferior to them – אֲחֵרִים פְּחוּתִים מֵהֶן: The author of the *Me'iri* comments that the second set of garments need not necessarily be worth less. Rather, there is no proof whether or not they must be of higher quality.

תָּנֵי רַב הוּנָא בַּר יְהוּדָה, וְאָמְרִי לַהּ רַב שְׁמוּאֵל בַּר יְהוּדָה: אַחַר שֶׁכָּלְתָה עֲבוֹדַת צִיבּוּר, כֹּהֵן שֶׁעָשְׂתָה לוֹ אִמּוֹ כְּתוֹנֶת לוֹבְשָׁהּ וְעוֹבֵד בָּהּ עֲבוֹדַת יָחִיד, וּבִלְבַד שֶׁיִּמְסְרֶנָּה לַצִּיבּוּר. פְּשִׁיטָא!

Rav Huna bar Yehuda, and some say Rav Shmuel bar Yehuda, taught: After the public service concluded, a priest whose mother had made him a priestly **tunic may wear it and perform an individual service** while wearing **it,**[N] such as removal of the spoon and the coal pan, which is not a service in and of itself, **provided he transfers it to** the possession of **public.**[H] All services performed by the priest must be performed while he is wearing sacred garments owned by the public, as all the Temple vessels are. The Gemara asks: This is **obvious;** once he transfers it to the possession of the public, it is Temple property like any other vessel that an individual donates to the Temple. What is novel in this statement?

מַהוּ דְּתֵימָא: נֵיחוּשׁ שֶׁמָּא לֹא יִמְסְרֶנָּה יָפֶה יָפֶה, קָא מַשְׁמַע לַן. אָמְרוּ עָלָיו עַל רַבִּי יִשְׁמָעֵאל בֶּן פָּאבִי שֶׁעָשְׂתָה לוֹ אִמּוֹ כְּתוֹנֶת שֶׁל מֵאָה מָנֶה, וְלוֹבְשָׁהּ, וְעוֹבֵד בָּהּ עֲבוֹדַת יָחִיד, וּמְסָרָהּ לַצִּיבּוּר.

The Gemara answers: **Lest you say** that the concern is that since he is the one wearing it **perhaps** he will intend to retain ownership **and will not transfer it wholeheartedly;** therefore, **it teaches us** that if he transfers possession to the public, that is not a concern. Apropos this *halakha*, the Gemara relates: **They said about** the High Priest **Rabbi Yishmael ben Pabi that his mother made him a tunic worth one hundred *maneh*. He donned it and performed an individual service and transferred** possession of it **to the public.**

אָמְרוּ עָלָיו עַל רַבִּי אֶלְעָזָר בֶּן חַרְסוּם שֶׁעָשְׂתָה לוֹ אִמּוֹ כְּתוֹנֶת מִשְׁתֵּי רִיבּוֹא, וְלֹא הִנִּיחוּהוּ אֶחָיו הַכֹּהֲנִים לְלוֹבְשָׁהּ, מִפְּנֵי שֶׁנִּרְאָה כְּעָרוֹם. וּמִי מִתְחֲזֵי? וְהָאָמַר מָר: חוּטָן כָּפוּל שִׁשָּׁה! אָמַר אַבַּיֵי: כְּחַמְרָא בְּמִזְגָּא.

And similarly, **they said about** the High Priest **Rabbi Elazar ben Ḥarsum**[P] **that his mother made him a tunic** worth **twenty thousand dinars, but his fellow priests did not allow him to wear it because** it was transparent and **he appeared** as one who is **naked.** The Gemara asks: **And could** he **be seen** through a garment made to the specifications of the priestly vestments? **Didn't the Master say: The threads** of the priestly vestments **were six-fold?** Since the clothes were woven from threads that thick, his body could not have been seen through them. **Abaye said: It is like wine in** a thick **glass** cup.[N] His flesh could not actually be seen, but since it was very fine linen, it was somewhat translucent and his skin color was discernible.

תָּנוּ רַבָּנַן: עָנִי וְעָשִׁיר וְרָשָׁע בָּאִין לַדִּין, לֶעָנִי אוֹמְרִים לוֹ: מִפְּנֵי מָה לֹא עָסַקְתָּ בַּתּוֹרָה? אִם אוֹמֵר: עָנִי הָיִיתִי וְטָרוּד בִּמְזוֹנוֹתַי אוֹמְרִים לוֹ: כְּלוּם עָנִי הָיִיתָ יוֹתֵר מֵהִלֵּל?

§ Apropos the great wealth of Rabbi Elazar ben Ḥarsum, the Gemara cites that which **the Sages taught: A poor** person, **and a wealthy** person,[H] **and a wicked** person[N] **come to** face **judgment** before the Heavenly court for their conduct in this world. **To the poor** person, the members of the court **say: Why did you not engage in Torah?**[N] **If he** rationalizes his conduct **and says: I was poor and preoccupied with** earning enough to pay for **my sustenance** and that is why I did not engage in Torah study, **they say to him: Were you any poorer than Hillel,**[N] who was wretchedly poor and nevertheless attempted to study Torah?

HALAKHA

He contributes his own and transfers it to the public – מִתְנַדֵּב מִשֶּׁלּוֹ וּמוֹסֵר לַצִּבּוּר: All the priestly garments are communal property. An individual is permitted to donate his own priestly garments to the community. In the *Kesef Mishne* this *halakha* is attributed to the Gemara here, but in the *Leḥem Mishne* it is attributed to the Jerusalem Talmud (Rambam *Sefer Avoda, Hilkhot Kelei HaMikdash* 8:7).

A poor person and a wealthy person – עָנִי וְעָשִׁיר: All Jews, poor and wealthy, ill and healthy, are obligated to study Torah. Even the poor who depend on charity to survive must devote time to study Torah (Rambam *Sefer HaMadda, Hilkhot Talmud Torah* 1:8).

PERSONALITIES

Rabbi Elazar ben Ḥarsum – רַבִּי אֶלְעָזָר בֶּן חַרְסוּם: Rabbi Elazar ben Ḥarsum was a High Priest, as mentioned elsewhere in tractate *Yoma*, who served for eleven years in that capacity. On several occasions the Talmud describes his enormous wealth, as well as his great humility. It is unclear exactly when he lived and served; some commentaries place him as a contemporary of Antigonus of Sokho (Rambam), one of the early *tanna'im*, while others place him later, during the time of the Temple's destruction.

NOTES

The garments of a priest for performing an individual service – בִּגְדֵי כֹּהֵן בַּעֲבוֹדַת יָחִיד: The author of the *Me'iri* explains the passage differently than Rashi does. In his opinion, the Gemara is not actually discussing the High Priest on Yom Kippur and the service that he performs that day. The individual service mentioned in the Gemara is an actual offering brought by an individual, e.g., a vow-offering or a gift-offering. Those offerings may be sacrificed by a priest wearing his own garments, but communal offerings may not. Clearly, the High Priest could not perform the service on Yom Kippur, which is communal, wearing his own garments. That is why the discussion is with regard to a common priest rather than the High Priest, and is closer to the plain understanding of the verses in the book of Ezekiel.

Wine in a thick glass cup – כְּחַמְרָא בְּמִזְגָּא: Some commentaries explain the analogy as referring to wine poured into water, which has the effect of coloring the water. The priest's skin was not visible through the material, but the linen appeared darker due to his skin beneath it (*Siaḥ Yitzḥak*).

A poor person and a wealthy person and a wicked person – עָנִי וְעָשִׁיר וְרָשָׁע: Despite varying social and financial standings and different temperaments, no one can claim that due to hardship or temptation he has been robbed of his freedom of choice. These incidents illustrate that in all circumstances, one has the freedom to choose to do what is right (*Me'iri*).

Why did you not engage in Torah – מִפְּנֵי מָה לֹא עָסַקְתָּ בַּתּוֹרָה: The Talmud teaches that a person's ultimate judgment begins with the Torah that he studied or failed to study, and continues with the other mitzvot that he performed or neglected to perform (*Tosafot Yeshanim*).

Were you any poorer than Hillel – עָנִי הָיִיתָ יוֹתֵר מֵהִלֵּל: The poor should learn from Hillel to set aside at least a brief period of time to study Torah (*Petaḥ Einayim*).

אָמְרוּ עָלָיו עַל הִלֵּל הַזָּקֵן שֶׁבְּכָל יוֹם וָיוֹם הָיָה עוֹשֶׂה וּמִשְׂתַּכֵּר בִּטְרַפָּעִיק, חֶצְיוֹ הָיָה נוֹתֵן לְשׁוֹמֵר בֵּית הַמִּדְרָשׁ, וְחֶצְיוֹ לְפַרְנָסָתוֹ וּלְפַרְנָסַת אַנְשֵׁי בֵּיתוֹ. פַּעַם אַחַת לֹא מָצָא לְהִשְׂתַּכֵּר, וְלֹא הִנִּיחוֹ שׁוֹמֵר בֵּית הַמִּדְרָשׁ לְהִכָּנֵס. עָלָה וְנִתְלָה וְיָשַׁב עַל פִּי אֲרוּבָּה כְּדֵי שֶׁיִּשְׁמַע דִּבְרֵי אֱלֹהִים חַיִּים מִפִּי שְׁמַעְיָה וְאַבְטַלְיוֹן.

They said about Hillel the Elder that each and every day he would work and earn a half-dinar,[N] **half of which he would give to the guard of the study hall**[B] **and half of which he spent for his sustenance and the sustenance of the members of his family. One time he did not find** employment **to earn** a wage, **and the guard of the study hall did not allow him to enter. He ascended** to the roof, **suspended** himself, **and sat at the edge of the skylight**[B] **in order to hear the words** of the Torah **of the living God from the mouths of Shemaya and Avtalyon,** the spiritual leaders of that generation.

אָמְרוּ: אוֹתוֹ הַיּוֹם עֶרֶב שַׁבָּת הָיָה, וּתְקוּפַת טֵבֵת הָיְתָה, וְיָרַד עָלָיו שֶׁלֶג מִן הַשָּׁמַיִם. כְּשֶׁעָלָה עַמּוּד הַשַּׁחַר אָמַר לוֹ שְׁמַעְיָה לְאַבְטַלְיוֹן: אַבְטַלְיוֹן אָחִי! בְּכָל יוֹם הַבַּיִת מֵאִיר, וְהַיּוֹם אָפֵל, שֶׁמָּא יוֹם הַמְעוּנָּן הוּא? הֵצִיצוּ עֵינֵיהֶן וְרָאוּ דְּמוּת אָדָם בָּאֲרוּבָּה, עָלוּ וּמָצְאוּ עָלָיו רוּם שָׁלֹשׁ אַמּוֹת שֶׁלֶג. פֵּרְקוּהוּ, וְהִרְחִיצוּהוּ, וְסִיכוּהוּ, וְהוֹשִׁיבוּהוּ כְּנֶגֶד הַמְּדוּרָה. אָמְרוּ: רָאוּי זֶה לְחַלֵּל עָלָיו אֶת הַשַּׁבָּת.

The Sages continued and **said: That day was Shabbat eve and it was the** winter **season of Tevet, and snow fell upon him from the sky. When it was dawn, Shemaya said to Avtalyon: Avtalyon, my brother, every day** at this hour **the** study **hall** is already **bright** from the sunlight streaming through the skylight, **and today it is dark; is it perhaps a cloudy day? They focused their eyes and saw the image of a man in the skylight. They ascended and found him** covered with **snow three cubits high.**[B] **They extricated him** from the snow, **and they washed him and smeared** oil **on him, and they sat him opposite the bonfire** to warm him. **They said: This** man **is worthy** for us **to desecrate Shabbat for him.** Saving a life overrides Shabbat in any case; however, this great man is especially deserving. Clearly, poverty is no excuse for the failure to attempt to study Torah.

עָשִׁיר אוֹמְרִים לוֹ: מִפְּנֵי מָה לֹא עָסַקְתָּ בַּתּוֹרָה? אִם אוֹמֵר עָשִׁיר הָיִיתִי וְטָרוּד הָיִיתִי בִּנְכָסַי אוֹמְרִים לוֹ: כְּלוּם עָשִׁיר הָיִיתָ יוֹתֵר מֵרַבִּי אֶלְעָזָר? אָמְרוּ עָלָיו עַל רַבִּי אֶלְעָזָר בֶּן חַרְסוֹם שֶׁהִנִּיחַ לוֹ אָבִיו אֶלֶף עֲיָירוֹת בַּיַּבָּשָׁה, וּכְנֶגְדָּן אֶלֶף סְפִינוֹת בַּיָּם, וּבְכָל יוֹם וָיוֹם נוֹטֵל נֹאד שֶׁל קֶמַח עַל כְּתֵיפוֹ וּמְהַלֵּךְ מֵעִיר לְעִיר וּמִמְּדִינָה לִמְדִינָה לִלְמוֹד תּוֹרָה.

And if a **wealthy** man comes before the heavenly court, the members of the court **say to him: Why did you not engage in Torah? If he says: I was wealthy and preoccupied with** managing **my possessions, they say to him: Were you any wealthier than Rabbi Elazar,** who was exceedingly wealthy and nevertheless studied Torah? **They said about Rabbi Elazar ben Ḥarsum that his father left him** an inheritance of **one thousand villages on land, and corresponding to them, one thousand ships at sea. And each and every day he takes** a leather **jug of flour on his shoulder and walks from city to city and from state to state to study Torah** from the Torah scholars in each of those places.

פַּעַם אַחַת מְצָאוּהוּ עֲבָדָיו וְעָשׂוּ בּוֹ אַנְגַּרְיָא. אָמַר לָהֶן: בְּבַקָּשָׁה מִכֶּם, הַנִּיחוּנִי וְאֵלֵךְ לִלְמוֹד תּוֹרָה! אָמְרוּ לוֹ: חַיֵּי רַבִּי אֶלְעָזָר בֶּן חַרְסוֹם שֶׁאֵין מַנִּיחִין אוֹתָךְ! וּמִיָּמָיו לֹא הָלַךְ וְרָאָה אוֹתָן, אֶלָּא יוֹשֵׁב וְעוֹסֵק בַּתּוֹרָה כָּל הַיּוֹם וְכָל הַלַּיְלָה.

One time as he passed through the villages in his estate and **his servants found him,** did not recognize him, **and,** thinking he was a resident of the town, **they pressed him into service** [*angarya*][L] for the master of the estate. **He said to them: I beseech you; let me be**[N] **and I will go study Torah. They said:** We swear **by the life of Rabbi Elazar ben Ḥarsum that** we will not let you be. The Gemara comments: **And in all his days, he never went and saw**[N] all his possessions and his property; **rather,** he would **sit and engage in** the study of **Torah all day and all night.**

רָשָׁע אוֹמְרִים לוֹ: מִפְּנֵי מָה לֹא עָסַקְתָּ בַּתּוֹרָה? אִם אָמַר: נָאֶה הָיִיתִי וְטָרוּד בְּיִצְרִי (הָיָה) אוֹמְרִים לוֹ: כְּלוּם נָאֶה הָיִיתָ מִיּוֹסֵף? אָמְרוּ עָלָיו עַל יוֹסֵף הַצַּדִּיק: בְּכָל יוֹם וָיוֹם הָיְתָה אֵשֶׁת פּוֹטִיפַר מְשַׁדַּלְתּוֹ בִּדְבָרִים, בְּגָדִים שֶׁלָּבְשָׁה לוֹ שַׁחֲרִית לֹא לָבְשָׁה לוֹ עַרְבִית, בְּגָדִים שֶׁלָּבְשָׁה לוֹ עַרְבִית לֹא לָבְשָׁה לוֹ שַׁחֲרִית.

And if a wicked man comes to judgment, the members of the court **say to him: Why did you not engage in Torah? If he said: I was handsome and preoccupied with my** evil **inclination,** as I had many temptations, **they say to him: Were you any more handsome than Joseph,** who did not neglect Torah despite his beauty? **They said about Joseph the righteous: Each and every day, the wife of Potiphar seduced him with words.** In addition, **the clothes that she wore** to entice **him in the morning, she did not wear** to entice **him in the evening. The clothes that she wore** to entice **him in the evening, she did not wear** to entice **him in the morning** of the next day.

BACKGROUND

Guard of the study hall – **שׁוֹמֵר בֵּית הַמִּדְרָשׁ**: Throughout Jewish history attitudes have varied with regard to payment for Torah study, especially at the highest levels. Apparently, in early generations, the preference was to have students of means who were not financially dependent on the community and were thereby free of the pressure that could accompany such support. Therefore, a fee was charged to enter the study hall. These fees were abolished by Hillel when he assumed his position of *Nasi*. Still, for several additional generations, guards were instructed to restrict entry to the yeshiva to students. Elsewhere the Gemara quotes Rabban Gamliel as saying: Any student whose inside, his thoughts and feelings, are not like his outside, his conduct and character traits, will not enter the study hall, which greatly limited the number of students (*Berakhot* 28a, p. 182). Following severe upheavals, including the temporary impeachment of Rabban Gamliel of Yavne from his position as *Nasi*, this restriction was rescinded and the doors opened to all.

Skylight – **אֲרוּבָּה**:

Roman skylight

Snow three cubits high – **רוּם שָׁלֹשׁ אַמּוֹת שֶׁלֶג**: That accumulation of snow is rare in Jerusalem. However, there have been times when snowstorms yielded great snowdrifts overnight, especially next to fences and the like.

The Old City of Jerusalem in the snow

LANGUAGE

Service [*angarya*] – **אַנְגַּרְיָא**: From the Greek ἀγγαρεία, *angareya*, meaning forced labor for the government.

NOTES

Half-dinar – **טְרַפָּעִיק**: A half-dinar was a very low wage even for unskilled laborers. According to tradition, Hillel the Elder worked part time chopping wood for that negligible payment.

I beseech you let me be – **בְּבַקָּשָׁה מִכֶּם הַנִּיחוּנִי**: He did not reveal his true identity because he feared that they would not believe him, and he did not want to waste time that he could be devoting to Torah study proving his identity to them (Maharsha).

He never went and saw – **מִיָּמָיו לֹא הָלַךְ וְרָאָה**: This explains why his servants did not recognize him (Rav Ya'akov Emden).

אָמְרָה לוֹ: הִשָּׁמַע לִי! אָמַר לָהּ: לָאו. אָמְרָה לוֹ: הֲרֵינִי חוֹבַשְׁתְּךָ בְּבֵית הָאֲסוּרִין. אָמַר לָהּ: ״ה׳ מַתִּיר אֲסוּרִים״ – הֲרֵינִי כּוֹפֶפֶת קוֹמָתְךָ – ״ה׳ זוֹקֵף כְּפוּפִים״ – הֲרֵינִי מְסַמָּא אֶת עֵינֶיךָ – ״ה׳ פּוֹקֵחַ עִוְרִים״. נָתְנָה לוֹ אֶלֶף כִּכְּרֵי כֶסֶף לִשְׁמוֹעַ אֵלֶיהָ ״לִשְׁכַּב אֶצְלָהּ לִהְיוֹת עִמָּהּ״ וְלֹא רָצָה לִשְׁמוֹעַ אֵלֶיהָ.

One day **she said to him: Submit to me** and have relations with me. **He said to her: No.**
She said to him: I will incarcerate you in the prison. He said to her: I do not fear you, as it is stated: **"God releases prisoners"** (Psalms 146:7).
She said to him: I will cause you to be **bent over** with suffering.
He said: **"God straightens those who are bent over"** (Psalms 146:8).
She said **I will blind your eyes.**
He said to her **"God opens the eyes of the blind"** (Psalms 146:8).
She gave him a thousand talents of silver to submit to her, "to lie with her and be with her" (Genesis 39:10), **and he refused.**

״לִשְׁכַּב אֶצְלָהּ״ – בָּעוֹלָם הַזֶּה, ״לִהְיוֹת עִמָּהּ״ – לָעוֹלָם הַבָּא. נִמְצָא, הִלֵּל מְחַיֵּיב אֶת הָעֲנִיִּים, רַבִּי אֶלְעָזָר בֶּן חַרְסוֹם מְחַיֵּיב אֶת הָעֲשִׁירִים, יוֹסֵף מְחַיֵּיב אֶת הָרְשָׁעִים.

The Gemara elaborates: Had he submitted to her **to lie with her in this world,** it would have been decreed in Heaven that he would **be with her in the World-to-Come.** Therefore, he refused. **Consequently, Hillel obligates the poor** to study Torah, **Rabbi Elazar ben Ḥarsum obligates the wealthy,** and **Joseph obligates the wicked.** For each category of people, there is a role model who overcame his preoccupations and temptations to study Torah.

מתני׳ בָּא לוֹ אֵצֶל פָּרוֹ, וּפָרוֹ הָיָה עוֹמֵד בֵּין הָאוּלָם וְלַמִּזְבֵּחַ, רֹאשׁוֹ לַדָּרוֹם וּפָנָיו לַמַּעֲרָב, וְהַכֹּהֵן עוֹמֵד בַּמִּזְרָח וּפָנָיו לַמַּעֲרָב. וְסוֹמֵךְ שְׁתֵּי יָדָיו עָלָיו וּמִתְוַדֶּה.

MISHNA The High Priest **comes** and stands **next to his bull,**[H] **and his bull was standing between the Entrance Hall and the altar** with **its head** facing **to the south and its face to the west. And the priest stands to the east** of the bull, **and his face** points **to the west. And** the priest **places his two hands on** the bull **and confesses.**

וְכָךְ הָיָה אוֹמֵר: אָנָּא הַשֵּׁם! עָוִיתִי, פָּשַׁעְתִּי, חָטָאתִי לְפָנֶיךָ, אֲנִי וּבֵיתִי. אָנָּא הַשֵּׁם! כַּפֶּר נָא לָעֲוֹנוֹת וְלַפְּשָׁעִים וְלַחֲטָאִים שֶׁעָוִיתִי וְשֶׁפָּשַׁעְתִּי וְשֶׁחָטָאתִי לְפָנֶיךָ אֲנִי וּבֵיתִי, כַּכָּתוּב בְּתוֹרַת מֹשֶׁה עַבְדֶּךָ: ״כִּי בַיּוֹם הַזֶּה יְכַפֵּר״ וגו׳. וְהֵן עוֹנִין אַחֲרָיו: בָּרוּךְ שֵׁם כְּבוֹד מַלְכוּתוֹ לְעוֹלָם וָעֶד.

And this is what he would say in his confession: **Please, God, I have sinned, I have done wrong,** and **I have rebelled before You, I and my family. Please, God, grant atonement, please, for the sins, and for the wrongs, and for the rebellions that I have sinned, and done wrong, and rebelled before You, I and my family, as it is written in the Torah of Moses your servant: "For on this day atonement shall be made** for you to cleanse you of all your sins; you shall be clean before the Lord" (Leviticus 16:30). **And** the priests and the people who were in the courtyard **respond after he** recites the name of God: **Blessed be the name of His glorious kingdom forever and all time.**

Perek **III**
Daf **36** Amud **a**

גמ׳ מַאן שָׁמְעַתְּ לֵיהּ דְּאָמַר בֵּין הָאוּלָם וְלַמִּזְבֵּחַ, צָפוֹן?

GEMARA The mishna states that when the High Priest recites his confession, the bull stands between the Entrance Hall to the Sanctuary and the altar, and elsewhere (41b) it is stated that the bull is slaughtered at the place where the confession is recited. Apparently, the place where the confession is recited must be considered north. The Gemara clarifies: About **whom did you learn that he said** that the area **between the Entrance Hall and the altar** is considered **north** and is therefore a valid location for slaughtering offerings of the most sacred order, based on the verse written with regard to the burnt-offering: "On the side of the altar northward" (Leviticus 1:11)?

רַבִּי אֶלְעָזָר בְּרַבִּי שִׁמְעוֹן הִיא. דְּתַנְיָא: אֵיזֶהוּ צָפוֹן – מִקִּיר שֶׁל מִזְבֵּחַ צְפוֹנִי וְעַד כּוֹתֶל הָעֲזָרָה, וּכְנֶגֶד כׇּל הַמִּזְבֵּחַ כּוּלּוֹ צָפוֹן, דִּבְרֵי רַבִּי יוֹסֵי בְּרַבִּי יְהוּדָה. רַבִּי אֶלְעָזָר בְּרַבִּי שִׁמְעוֹן מוֹסִיף אַף בֵּין הָאוּלָם וְלַמִּזְבֵּחַ. רַבִּי מוֹסִיף אַף מְקוֹם דְּרִיסַת רַגְלֵי הַכֹּהֲנִים וְאַף מְקוֹם דְּרִיסַת רַגְלֵי יִשְׂרָאֵל. אֲבָל מִן הַחֲלִיפוֹת וְלִפְנִים – הַכֹּל מוֹדִים שֶׁפָּסוּל.

It is Rabbi Elazar, son of Rabbi Shimon, as it was taught in a *baraita*: **What is the north?**[H] It is the area **from the northern wall of the altar until the wall of the** Temple **courtyard. And opposite the entire altar** is also considered **north;** this is **the statement of Rabbi Yosei, son of Rabbi Yehuda. And Rabbi Elazar, son of Rabbi Shimon, adds even** the area **between the Entrance Hall and the altar** to the area that is considered north. **Rabbi** Yehuda HaNasi **adds** that **even** the areas to the north in **the place where the priests walk, and even** areas to the north in **the place where the Israelites walk,** are considered north in terms of the *halakha* of slaughtering offerings. **However, everyone agrees that** the area **from the** chamber **of the knives**[N] **and inward,** which is an area off to the side, **is unfit** for slaughtering offerings of the most sacred order, as it is not visible from the altar.

HALAKHA

He comes next to his bull – בָּא לוֹ אֵצֶל פָּרוֹ: The High Priest sanctifies his hands and his feet, removes his golden garments, immerses, and dons his white linens garments. He sanctifies his hands and his feet and comes to his bull, which stood between the Entrance Hall and the altar. The bull's head is to the south, with its face turned west. The High Priest places his hands on the bull and recites his confession: Please, God, I have sinned, I have done wrong, and I have rebelled before you, as described in the mishna (Rambam *Sefer Avoda, Hilkhot Avodat Yom HaKippurim* 4:1).

HALAKHA

What is the north – אֵיזֶהוּ צָפוֹן: The following areas are considered north: From the northern wall of the courtyard to the eastern wall, sixty and a half cubits, and from the Entrance Hall to the eastern wall of the courtyard, seventy-six cubits. The offerings of the most sacred order are slaughtered in that area. The Rambam rules in accordance with the opinion of Rabbi Yehuda, as the rulings are in accordance with his opinion in disputes with his colleagues (Rambam *Sefer Avoda, Hilkhot Beit HaBeḥira* 5:16).

NOTES

Chamber of the knives – בֵּית הַחֲלִיפוֹת: This chamber was where the knives for slaughtering were stored. Each priestly watch had its own compartment in which it stored its knives.

לֵימָא רַבִּי אֶלְעָזָר בְּרַבִּי שִׁמְעוֹן הִיא וְלָא רַבִּי? אֲפִילּוּ תֵּימָא רַבִּי; וְרַבִּי, הַשְׁתָּא אַדְּרַבִּי יוֹסֵי בְּרַבִּי יְהוּדָה מוֹסִיף, אַדְּרַבִּי אֶלְעָזָר בְּרַבִּי שִׁמְעוֹן לָא מוֹסִיף?

The Gemara suggests: **Let us say** that the mishna **is** in accordance with the opinion of **Rabbi Elazar, son of Rabbi Shimon, and not** in accordance with the opinion of **Rabbi** Yehuda HaNasi. The Gemara rejects this: **Even** if **you say** that the mishna is in accordance with the opinion of **Rabbi** Yehuda HaNasi, **now,** does **Rabbi** Yehuda HaNasi **add** only to the statement of **Rabbi Yosei, son of Rabbi Yehuda,** but **does not add**[N] to the statement of **Rabbi Elazar, son of Rabbi Shimon?** After all, the area deemed north according to Rabbi Elazar, son of Rabbi Shimon, is included in the area deemed north by Rabbi Yehuda HaNasi. Therefore, the mishna could be in accordance with the opinion of Rabbi Yehuda HaNasi as well.

אֲנַן הָכִי קָא אָמְרִינַן: אִי רַבִּי הִיא – נוֹקְמֵיהּ בְּכוּלָּהּ עֲזָרָה! אֶלָּא מַאי – רַבִּי אֶלְעָזָר בְּרַבִּי שִׁמְעוֹן הִיא, וְנוֹקְמֵיהּ בֵּין מִזְבֵּחַ וְלַכּוֹתֶל!

The Gemara reformulates its suggestion: **This is what we are saying: If** the mishna were in accordance with the opinion of **Rabbi** Yehuda HaNasi, who holds that the entire courtyard is considered north, **let us stand** the bull anywhere **in the entire courtyard** and not necessarily between the Entrance Hall and the altar. The Gemara rejects this: **Rather, what** do you suggest? The mishna **is** only in accordance with the opinion of **Rabbi Elazar, son of Rabbi Shimon?** According to his opinion one could suggest: **And let us stand** the bull **between the altar and the wall,** as everyone agrees that this area is considered north.

אֶלָּא מַאי אִית לָךְ לְמֵימַר – מִשּׁוּם חוּלְשָׁא דְּכֹהֵן גָּדוֹל, לְרַבִּי נָמֵי – מִשּׁוּם חוּלְשָׁא דְּכֹהֵן גָּדוֹל.

Rather, what have you to say to explain why the bull is positioned specifically between the Entrance Hall and the altar? It is **due to the weakness** of the **High Priest,** so that he need not exert himself and walk long distances on Yom Kippur. According to **Rabbi** Yehuda HaNasi **as well,** it is **due to the weakness** of the **High Priest** that the bull is positioned specifically there, although it is permitted to position the bull anywhere in the courtyard.

״רֹאשׁוֹ לַדָּרוֹם וּפָנָיו לַמַּעֲרָב״. הֵיכִי מַשְׁכַּחַתְּ לַהּ? אָמַר רַב: בְּעוֹקֵם אֶת רֹאשׁוֹ. וְנוֹקְמֵיהּ לְהֶדְיָא! אָמַר אַבָּיֵי: גְּזֵירָה שֶׁמָּא יַרְבִּיץ גְּלָלִים.

§ The mishna continues: **The head** of the bull was facing **to the south and its face** was facing **to the west.**[B] The Gemara asks: Under **what circumstances** can a case **be found** where its head is toward one direction and its face is toward another? **Rav said:** It is a case where the animal is standing north-south and **it turns its head** and faces west. The Gemara asks: **And let us stand it straight** east-west with its back to the altar and its head facing the Sanctuary. **Abaye said: It is** prohibited due to **a decree lest** the bull **defecate** opposite the altar, which is a display of contempt for the altar.

תָּנוּ רַבָּנַן: כֵּיצַד סוֹמֵךְ הַזֶּבַח? עוֹמֵד בַּצָּפוֹן וּפָנָיו לַמַּעֲרָב, וְהַסּוֹמֵךְ עוֹמֵד בַּמִּזְרָח וּפָנָיו לַמַּעֲרָב, וּמַנִּיחַ שְׁתֵּי יָדָיו בֵּין שְׁתֵּי קַרְנוֹת שֶׁל זֶבַח, וּבִלְבַד שֶׁלֹּא יְהֵא דָּבָר חוֹצֵץ בֵּינוֹ לְבֵין הַזֶּבַח וּמִתְוַדֶּה; עַל חַטָּאת עֲוֹן חַטָּאת, וְעַל אָשָׁם עֲוֹן אָשָׁם, וְעַל עוֹלָה עֲוֹן לֶקֶט שִׁכְחָה וּפֵאָה וּמַעְשַׂר עָנִי, דִּבְרֵי רַבִּי יוֹסֵי הַגְּלִילִי.

The Sages taught: How does the priest **place his hands** on the **offering?**[N] In the offerings of the most sacred order, the animal **stands in the north** of the courtyard **and its face is to the west, and the one who is placing his hands stands to the east** of the offering **and his face is to the west, and he places his two hands between the two horns of the offering, provided** that **nothing interposes between his** hands **and the offering. And he confesses**[H] his sins. If the confession is **over a sin-offering,** he confesses the **transgression** for which he is bringing the **sin-offering,** i.e., unwitting violation of a prohibition punishable by *karet*. **And over a guilt-offering** he confesses **the transgression** for which he is bringing the **guilt-offering,** e.g., theft or misuse of consecrated property. **And over a burnt-offering,**[N] with regard to which the Torah does not specify for which transgressions it is brought, he confesses **the sin of** not leaving **gleanings,**[N] **forgotten sheaves, and produce of the corners** [*pe'a*], **as well as** not separating **poor man's tithe.** This is **the statement of Rabbi Yosei HaGelili.**

NOTES

Does Rabbi Yehuda HaNasi…not add – וְרַבִּי...לָא מוֹסִיף: If Rabbi Yehuda HaNasi includes in his definition of north an area that is distant from the altar, he certainly includes the area between the Entrance Hall and the altar, which is closer to the altar (Ritva).

Placing hands on the offering – סְמִיכָה עַל הַזֶּבַח: All offerings except for the first-born and the animal-tithe require placing of hands on the animal's head. The one performing this rite places his two hands between the horns of the animal and presses down with all his strength. If it is an offering brought to atone for a transgression, he confesses his transgression while placing his hands. In the case of peace-offerings or thanks-offerings, he recites a statement of gratitude. The animal is slaughtered immediately thereafter, in the same place where the placing of hands was performed.

Burnt-offering – עוֹלָה: As stated here, in addition to burnt-offerings brought on a voluntary basis, burnt-offerings are also brought as atonement for failure to perform positive mitzvot. In his commentary on the Torah, the Ramban explains that burnt-offerings also atone for unwitting transgression of sins with no prescribed avenue for atonement (see Rabbi Eliyahu Mizraḥi and *Tzeida LaDerekh*).

The sin of gleanings, etc. – עֲוֹן לֶקֶט וכו׳: Rabbi Yosei HaGelili means that all prohibitions that after violation are transformed into positive mitzvot require burnt-offerings. He specifically mentions these mitzvot to teach that they fall into this category (*Tosafot Yeshanim*; *Tosefot HaRosh*).

BACKGROUND

The head of the bull was facing to the south and its face was facing to the west – רֹאשׁוֹ לַדָּרוֹם וּפָנָיו לַמַּעֲרָב: The image depicts the High Priest preparing to place his hands on the bull. The head of the bull is toward the south while its face is turned toward the west.

Priest preparing to place his hands on the bull

HALAKHA

How does he place his hands and confess – כֵּיצַד סוֹמֵךְ יָדָיו וּמִתְוַדֶּה: An offering of the most sacred order is positioned in the north with its head to the south and facing the west. The one placing his hands stands to the east of the animal, facing west, and places his two hands between the animal's horns and confesses his sin. He confesses the appropriate sin for the offering that he is sacrificing, i.e., a sin-offering or a guilt-offering. For failure to fulfill a positive mitzva and for violation of prohibitions that after violation are transformed into positive mitzvot, one confesses over a burnt-offering, as per the statement of Rabbi Akiva (Rambam *Sefer Avoda*, *Hilkhot Ma'aseh HaKorbanot* 3:14).

רַבִּי עֲקִיבָא אוֹמֵר: אֵין עוֹלָה בָּאָה אֶלָּא עַל עֲשֵׂה, וְעַל לֹא תַעֲשֶׂה שֶׁנִּיתַּק לַעֲשֵׂה.

Rabbi Akiva says: A burnt-offering is brought only over the failure to fulfill **a positive** mitzva **and over** violation of **a prohibition that** after violation **is transformed into a positive** mitzva.[N] This refers to all prohibitions followed by positive mitzvot intended to rectify them; e.g., the prohibition against robbery is followed in the Torah by a positive mitzva for the robber to return the object that he stole. These transgressions are not punishable by lashes nor does a human court administer any other form of penalty. However, a burnt-offering is required in order to gain divine atonement for the sinner.

בְּמַאי קָא מִיפַּלְגִי? אָמַר רַבִּי יִרְמְיָה:

The Gemara asks: **With regard to what** principle **do they disagree? Rabbi Yirmeya said:**

NOTES

A prohibition that after violation is transformed into a positive mitzva – לֹא תַעֲשֶׂה שֶׁנִּיתַּק לַעֲשֵׂה: Generally speaking, intentional violation of a prohibition is punishable by forty lashes, provided that the transgressor was forewarned and witnesses were present. However, there are circumstances when lashes are not administered for violation of a prohibition. The category of prohibition that after violation is transformed into a positive mitzva refers to situations where there is a positive mitzva that the Torah prescribes to rectify violation of the prohibition, e.g., the prohibition against robbery is followed by the positive mitzva to return the item that was stolen. The prohibition is thereby transformed into a positive mitzva, and it is not classified as a full-fledged prohibition. In that case, there are no lashes.

Perek **III**
Daf **36** Amud **b**

בְּלָאו דִּנְבֵילָה קָא מִיפַּלְגִי,

It is **with regard to** the **prohibition** against eating **an unslaughtered animal carcass,** and similar prohibitions, that **they disagree.** The Torah says: "You shall not eat any unslaughtered animal carcass; give it to the stranger in your community to eat" (Deuteronomy 14:21). The dispute is whether this is a prohibition that after violation is transformed into a positive mitzva or whether it is a standard prohibition punishable by lashes.

רַבִּי עֲקִיבָא סָבַר: לָאו מְעַלְּיָא הוּא, וְרַבִּי יוֹסֵי הַגְּלִילִי סָבַר: לָאו לָאו מְעַלְּיָא הוּא.

Rabbi Akiva holds: It is a full-fledged prohibition,[N] violators of which are flogged, as is the case with regard to violators of standard Torah prohibitions. In his opinion, this is not a case of a prohibition that after violation is transformed into a positive mitzva, as the positive mitzva: "Give it to the stranger in your community to eat," in no way rectifies the prohibition that was violated. If the carcass was eaten, obviously it cannot then be given to the stranger. Apparently, the verse means that due to the prohibition against eating it, one should give it to the stranger. **And Rabbi Yosei HaGelili holds: It is not a full-fledged prohibition;** rather, it is a prohibition that after violation is transformed into a positive mitzva. Because the positive command appears after the prohibition, it is tantamount to a prohibition that can be rectified.

אַבָּיֵי אָמַר: דְּכוּלֵּי עָלְמָא לָאו דִּנְבֵילָה – לָאו מְעַלְּיָא הָוֵי, וְהָכָא בְּ״תַעֲזוֹב״ קָא מִיפַּלְגִי.

Abaye said that everyone agrees that the prohibition of eating an unslaughtered **animal carcass is a full-fledged prohibition,** and it is not a prohibition that after violation is transformed into a positive mitzva, **and here,** it is **with regard to** the positive mitzva written after the prohibitions with regard to gleanings, forgotten sheaves, and *pe'a* that **they disagree.** The verse states: "And when you reap the harvest of your land, you shall not wholly reap the corner of your field, neither shall you gather the gleaning of your harvest. And you shall not glean your vineyard, neither shall you gather the fallen fruit of your vineyard; **you shall leave** them for the poor and for the stranger, I am the Lord your God (Leviticus 19:9–10). After listing the prohibitions: You shall not wholly reap, you shall not glean, and you shall not gather, the Torah commands: You shall leave them.

דְּרַבִּי עֲקִיבָא סָבַר: ״תַעֲזוֹב״ – מֵעִיקָּרָא מַשְׁמַע, וְרַבִּי יוֹסֵי הַגְּלִילִי סָבַר: הַשְׁתָּא מַשְׁמַע.

Rabbi Akiva holds that the positive mitzva: **You shall leave, indicates** that one leaves gleanings, forgotten sheaves, and *pe'a* in the field **from the outset,** and is not in effect after he violates the prohibition of: You shall not wholly reap. If one fails to fulfill that mitzva, he violates full-fledged prohibitions punishable by lashes. However, **Rabbi Yosei HaGelili holds** that the positive mitzva: **You shall leave, indicates now,** after one violated the prohibition. Even if the individual violated the prohibitions and harvested those crops, there is an obligation to rectify his actions by leaving the produce he harvested for the poor. This is not a full-fledged prohibition; rather, it is a prohibition that after violation is transformed into a positive mitzva that rectifies the transgression.

NOTES

It is a full-fledged prohibition – לָאו מְעַלְּיָא הוּא: See *Tosafot*, who contend that everyone agrees that this is not a prohibition that is transformed into a positive mitzva, as the mitzva in no way rectifies the prohibition and in no way removes it from the category of prohibition. Nevertheless, since there is a positive mitzva written there, the prohibition is not like other prohibitions. Specifically, it is not like the prototype from which all prohibitions for which one is flogged are derived, the prohibition against muzzling animals while they work.

תָּנוּ רַבָּנַן: כֵּיצַד מִתְוַדֶּה? ״עָוִיתִי פָּשַׁעְתִּי וְחָטָאתִי״, וְכֵן בְּשָׂעִיר הַמִּשְׁתַּלֵּחַ הוּא אוֹמֵר: ״וְהִתְוַדָּה עָלָיו אֶת כׇּל עֲוֹנֹת בְּנֵי יִשְׂרָאֵל וְאֶת כׇּל פִּשְׁעֵיהֶם לְכׇל חַטֹּאתָם״, וְכֵן בְּמֹשֶׁה הוּא אוֹמֵר: ״נֹשֵׂא עָוֹן וָפֶשַׁע וְחַטָּאָה״ דִּבְרֵי רַבִּי מֵאִיר. וַחֲכָמִים אוֹמְרִים: עֲוֹנוֹת – אֵלּוּ הַזְּדוֹנוֹת, וְכֵן הוּא אוֹמֵר: ״הִכָּרֵת תִּכָּרֵת הַנֶּפֶשׁ הַהִיא עֲוֹנָה בָהּ״,

§ **The Sages taught** in the *Tosefta*: **How does he confess?** What is the formula of the confession?[H] It is: **I have done wrong, I have rebelled, and I have sinned. And likewise, with regard to the scapegoat, it says** that the confession is in that order: **"And he shall confess over it all of the children of Israel's wrongdoings and all their rebellions and all their sins"** (Leviticus 16:21). **And likewise,** when God revealed Himself to **Moses it says: "Forgiving wrongdoing and rebellion and sin"** (Exodus 34:7). This is **the statement of Rabbi Meir. And the Rabbis say** that the meaning of these terms is: **Wrongdoings are intentional** transgressions, **and likewise it says: "That soul shall be cut off, it bears its guilt"** (Numbers 15:31). This refers to sins committed intentionally.

פְּשָׁעִים – אֵלּוּ הַמְּרָדִים, וְכֵן הוּא אוֹמֵר: ״מֶלֶךְ מוֹאָב פָּשַׁע בִּי״ וְאוֹמֵר ״אָז תִּפְשַׁע לִבְנָה בָּעֵת הַהִיא״, לְכׇל חַטֹּאתָם – אֵלּוּ הַשְּׁגָגוֹת, וְכֵן הוּא אוֹמֵר: ״נֶפֶשׁ כִּי תֶחֱטָא בִשְׁגָגָה״. וּמֵאַחַר שֶׁהִתְוַדָּה עַל הַזְּדוֹנוֹת וְעַל הַמְּרָדִים חוֹזֵר וּמִתְוַדֶּה עַל הַשְּׁגָגוֹת?

Rebellions are rebellious transgressions, when one not only intends to violate a prohibition but does so as an act of defiance against God. **And likewise, it says: "The king of Moab rebelled [*pasha*] against me"** (II Kings 3:7). **And it is said: "Then Livna rebelled at that time"** (II Kings 8:22).[N] With regard to the phrase: **All of their sins, these are unwitting sins. And it says: "If a soul should sin unwittingly"** (Leviticus 4:2). In light of these definitions the sequence suggested by Rabbi Meir is unlikely, as **once he confessed the wrongdoings and rebellions,** does **he then confess the unwitting** sins?

אֶלָּא כָּךְ הָיָה מִתְוַדֶּה: חָטָאתִי וְעָוִיתִי וּפָשַׁעְתִּי לְפָנֶיךָ אֲנִי וּבֵיתִי וכו׳. וְכֵן בְּדָוִד הוּא אוֹמֵר: ״חָטָאנוּ עִם אֲבוֹתֵינוּ הֶעֱוִינוּ הִרְשָׁעְנוּ״ וְכֵן בִּשְׁלֹמֹה הוּא אוֹמֵר: ״חָטָאנוּ (וְהִרְשַׁעְנוּ וּמָרָדְנוּ)״ וְכֵן בְּדָנִיֵּאל הוּא אוֹמֵר: ״חָטָאנוּ (וְהֶעֱוִינוּ) וְהִרְשַׁעְנוּ וּמָרָדְנוּ״ אֶלָּא מַהוּ שֶׁאָמַר מֹשֶׁה: ״נֹשֵׂא עָוֹן וָפֶשַׁע וְחַטָּאָה״? אָמַר מֹשֶׁה לִפְנֵי הַקָּדוֹשׁ בָּרוּךְ הוּא: רִבּוֹנוֹ שֶׁל עוֹלָם, בְּשָׁעָה שֶׁיִּשְׂרָאֵל חוֹטְאִין לְפָנֶיךָ וְעוֹשִׂין תְּשׁוּבָה – עֲשֵׂה לָהֶם זְדוֹנוֹת כִּשְׁגָגוֹת.

Rather, this is the manner in which **he confesses: I have sinned, I have done wrong, and I have rebelled before You, I and my household. And likewise, with regard to David it says** in this sequence: **"We have sinned along with our forefathers, we have done wrong, we have performed evil"** (Psalms 106:6). **And likewise, with regard to Solomon it says: "We have sinned, and we have done wrong, we have done evil"** (I Kings 8:47). **And likewise, with regard to Daniel it says: "We have sinned, and we have done wrong, and we have done evil, and we have rebelled"** (Daniel 9:5). **However,** according to this interpretation, **what is** the rationale for the sequence of that **which Moses said:**[N] **Forgiving wrongdoing and rebellion and sin,** where sin appears last? **Moses said before the Holy One, Blessed be He: Master of the Universe, when the Jewish people sin before you and repent, render their intentional sins like unwitting ones,**[N] forgive wrongdoing and rebellion as if they were sin.

אָמַר רַבָּה בַּר שְׁמוּאֵל אָמַר רַב: הֲלָכָה כְּדִבְרֵי חֲכָמִים. פְּשִׁיטָא, יָחִיד וְרַבִּים הֲלָכָה כְּרַבִּים! מַהוּ דְּתֵימָא: מִסְתַּבֵּר טַעְמֵיהּ דְּרַבִּי מֵאִיר, דְּקָמְסַיַּיע לֵיהּ קְרָא דְּמֹשֶׁה, קָא מַשְׁמַע לַן.

Rabba bar Shmuel said that **Rav said:** The ***halakha* is in accordance with the statement of the Rabbis.** The confession begins with the unwitting sins and concludes with the severe rebellions. The Gemara expresses surprise concerning the need for this ruling: It is **obvious** that the *halakha* is in accordance with the opinion of the Rabbis, based on the principle: In a dispute between **an individual and the many,** the ***halakha* is in accordance with** the opinion of **the many.**[N] The Gemara answers: **Lest you say** in this case that **the rationale** for the opinion **of Rabbi Meir is reasonable, as the verse** with regard to **Moses** is written in the order stated by Rabbi Meir and **supports his** opinion, therefore Rabba bar Shmuel **teaches us** that the *halakha* is nevertheless in accordance with the opinion of the Rabbis.

הַהוּא דִּנְחֵית קַמֵּיהּ דְּרַבָּה, וַעֲבַד כְּרַבִּי מֵאִיר. אֲמַר לֵיהּ: שָׁבְקַתְּ רַבָּנַן וַעֲבַדְתְּ כְּרַבִּי מֵאִיר? אֲמַר לֵיהּ: כְּרַבִּי מֵאִיר סְבִירָא לִי כִּדְכְתִיב בְּסֵפֶר אוֹרַיְיתָא דְּמֹשֶׁה.

The Gemara relates that there was **a certain** person **who descended**[N] to lead the prayers **before Rabba, and he performed** the confession sequence in accordance with the opinion of **Rabbi Meir.** Rabba **said to him: Have you forsaken** the opinion of **the Rabbis,** who are the many, **and performed** the confession sequence in accordance with the opinion of **Rabbi Meir?** That person **said to Rabba: I hold in accordance with** the opinion of **Rabbi Meir, as it is written** explicitly **in the Torah of Moses.**

תָּנוּ רַבָּנַן: ״וְכִפֶּר״ – בְּכַפָּרַת דְּבָרִים הַכָּתוּב מְדַבֵּר. אַתָּה אוֹמֵר בְּכַפָּרַת דְּבָרִים, אוֹ אֵינוֹ אֶלָּא כַּפָּרַת דָּמִים?

§ **The Sages taught** in a halakhic midrash that it is written: "And Aaron is to offer his own bull as a sin-offering **and atone** for himself and for his household" (Leviticus 16:6). Apparently, **the verse is speaking of atonement** achieved through **words** of confession. Do **you say** it is **atonement** achieved through **words, or perhaps it is only atonement** achieved through sprinkling **blood,** as each mention of atonement associated with an offering involves the sprinkling of blood on the altar?

HALAKHA

The formula of the confession – לְשׁוֹן הַוִּידּוּי: This is how the High Priest confesses: Please, God, I have sinned, I have done wrong, and I have rebelled before you, in accordance with the opinion of the Rabbis (Rambam *Sefer Avoda, Hilkhot Avodat Yom HaKippurim* 2:6 and 4:1).

NOTES

And it is said: Then Livna rebelled [*pasha*] at that time – וְאוֹמֵר אָז תִּפְשַׁע לִבְנָה בָּעֵת הַהִיא: The Gemara's use of the introductory phrase: And it is said, indicates that this is an addition to the previous citation. The previous verse cited: The king of Moab *pasha* against me, does not necessarily signify rebellion, as the king of Moab was not a subject of the king of Israel. Therefore, the Gemara cites the verse with regard to Livna, a city in Judea, in which the term *pasha* certainly refers to a rebellion against its king (*Gevurat Ari*).

However, what is the rationale for the sequence of that which Moses said – אֶלָּא מַהוּ שֶׁאָמַר מֹשֶׁה: The Gemara does not explain the meaning of the verse written with regard to the scapegoat: "All their rebellions and all their sins" (Leviticus 16:21). It could be explained that the Rabbis understand that the High Priest confesses the wrongdoings and rebellions after he has already confessed the sins (*Me'iri*).

Intentional sins like unwitting ones – זְדוֹנוֹת כִּשְׁגָגוֹת: If it is not possible to pardon the intentional acts without punishment, at least let them be treated as unwitting sins (Rav Ya'akov Emden).

It is obvious that in a dispute between an individual and the many, the *halakha* is in accordance with the opinion of the many – פְּשִׁיטָא, יָחִיד וְרַבִּים הֲלָכָה כְּרַבִּים: Many commentaries (among them the *Siaḥ Yitzḥak*) wonder whether this is indeed obvious. There is another principle: The *halakha* is in accordance with an unattributed mishna, and here there is an unattributed mishna in accordance with the opinion of Rabbi Meir. Some suggest that the *halakha* is not ruled in accordance with an unattributed mishna when the many disagree with the opinion stated there. Others explain that the principle that the *halakha* is ruled in accordance with an unattributed mishna is the opinion of Rabbi Yoḥanan. Rav disagrees (see *Yad Malakhi*, *Maskil LeEitan*, and *Mikhtav LeḤizkiyahu*).

There was a certain person who descended – הַהוּא דִּנְחֵית קַמֵּיהּ דְּרַבָּה: The Gemara cites this episode to emphasize why Rav was forced to issue a definitive ruling; people continued to recite the confession incorrectly even several generations later (*ge'onim*).

הֲרֵי אֲנִי דָּן: נֶאֶמְרָה כָּאן כַּפָּרָה, וְנֶאֶמְרָה לְהַלָּן כַּפָּרָה. מַה כַּפָּרָה הָאֲמוּרָה בְּשָׂעִיר – דְּבָרִים, אַף כַּפָּרָה הָאֲמוּרָה בְּפַר – דְּבָרִים.

I will infer via a verbal analogy: **Atonement is stated here,** with regard to the bull of the sin-offering, **and atonement is stated there,**[N] with regard to the scapegoat: "And the goat designated by the lottery for Azazel shall be left standing alive before God, to atone with it" (Leviticus 16:10). **Just as the atonement that is stated with regard to the goat** is atonement achieved through **words,** as neither is the goat slaughtered nor is its blood sprinkled on the altar, **so too,** the **atonement stated with regard to the bull** refers to atonement achieved through **words.**

וְאִם נַפְשְׁךָ לוֹמַר, הֲרֵי הוּא אוֹמֵר: "וְהִקְרִיב אַהֲרֹן אֶת פַּר הַחַטָּאת אֲשֶׁר לוֹ וְכִפֶּר בַּעֲדוֹ וּבְעַד בֵּיתוֹ" – וַעֲדַיִין לֹא נִשְׁחַט הַפָּר.

And if it is your wish to state a claim rejecting that proof, there is a different proof. **It says: "And Aaron shall then offer his bull of sin-offering and atone for himself and his household.** And he shall slaughter his bull of sin-offering" (Leviticus 16:11). Here, the term atonement is used despite the fact that **the bull has not yet been slaughtered.** Apparently, the atonement of the bull is achieved through confession and not through sprinkling the blood.

מַאי וְאִם נַפְשְׁךָ לוֹמַר? וְכִי תֵּימָא: נֵילַף מִשָּׂעִיר הַנַּעֲשֶׂה בִּפְנִים שֶׁכַּפָּרָתוֹ בְּדָמִים – הֲרֵי הוּא אוֹמֵר "וְכִפֶּר", וַעֲדַיִין לֹא נִשְׁחַט הַפָּר.

The Gemara seeks to clarify the midrash: **What** is the meaning of: **And if it is your wish to say,** which indicates that there is room to undermine the first source? Why is a second source required? The Gemara answers: **And if you say** that instead of deriving the atonement of the bull from the atonement of the scapegoat, **let us derive** it **from the goat that is offered within, whose atonement is** achieved **through** sprinkling its **blood** in the innermost sanctum; therefore, it was taught in the *baraita* that **it says: And atone, and the bull has not yet been slaughtered.**

NOTES

And atonement is stated there – וְנֶאֶמְרָה לְהַלָּן כַּפָּרָה: According to variant readings of the Gemara the verbal analogy is to the case of the heifer whose neck is broken, where atonement is effected without the sprinkling of blood. Another possible analogy is the atonement sought by Moses on Mount Sinai, which was clearly through prayer rather than through sacrifice of an offering (Rabbi Elyakim; *Piskei Rid*; *Sefer Yere'im*).

Perek **III**
Daf **37** Amud **a**

וּמִנַּיִן שֶׁבְּאָנָּא? נֶאֱמַר כָּאן כַּפָּרָה וְנֶאֱמַר לְהַלָּן בְּחוֹרֵב כַּפָּרָה. מַה לְּהַלָּן בְּאָנָּא אַף כָּאן בְּאָנָּא. וּמִנַּיִן שֶׁבַּשֵּׁם? נֶאֱמַר כָּאן כַּפָּרָה וְנֶאֶמְרָה בְּעֶגְלָה עֲרוּפָה כַּפָּרָה, מַה לְּהַלָּן בַּשֵּׁם אַף כָּאן בַּשֵּׁם.

And from where is it derived that the confession must begin with the word **please?**[N] **It is stated here: Atonement, and it is stated there,** just before Moses's plea following the sin of the Golden Calf **at Horeb:** "Perhaps I may secure **atonement** for your sin" (Exodus 32:30). **Just as there,** the prayer includes: **"Please,** this people is guilty of a great sin" (Exodus 32:31), **so too here,** the term **please** should be used. **And from where** is it derived **that** the Yom Kippur confession includes **the name** of God? **It is stated here: Atonement, and it is stated with regard to the heifer whose neck is broken: "Atone,** O God, for Your nation of Israel whom You redeemed, and do not let guilt for the blood of the innocent remain among Your people Israel, and they will be atoned of bloodguilt" (Deuteronomy 21:8). **Just as there,** with regard to the heifer, **the name** of God is mentioned, **so too here, the name** of God is mentioned.

אָמַר אַבַּיֵי: בִּשְׁלָמָא חוֹרֵב מֵעֶגְלָה עֲרוּפָה לָא יָלֵיף מַאי דַּהֲוָה הֲוָה. אֶלָּא עֶגְלָה עֲרוּפָה תֵּילֵיף מֵחוֹרֵב! וְכִי תֵּימָא: הָכִי נַמִי – וְהָתְנַן: הַכֹּהֲנִים אוֹמְרִים: "כַּפֵּר לְעַמְּךָ יִשְׂרָאֵל" וְאִילּוּ בְּאָנָּא לָא קָא אָמַר! קַשְׁיָא.

Abaye said: Granted, the obligation to include the name of God in the confession at **Horeb cannot be derived from the heifer whose neck is broken,** since **what was, was.** The sin of the Golden Calf predated the mitzva of the heifer. **However, you** should **derive** that the confession in the ritual of the **heifer whose neck is broken** requires use of the term: Please, **from Horeb,** where Moses employed that term. **And if you say that is so,** and the term: Please, should be employed, **didn't we learn** in a mishna that **the priests say: "Atone,**[H] O God, **for Your nation, Israel"** (Deuteronomy 21:8), **while** the mishna **does not state** the term **please.** Apparently, the formula of confession during the ritual of the heifer is not derived from Horeb. The Gemara says: It is indeed **difficult** why that is not derived.

NOTES

And from where is it derived that the confession must begin with the word please – וּמִנַּיִן שֶׁבְּאָנָּא: Supplication on Yom Kippur seems extraneous, as it is a day dedicated to forgiveness and atonement. Therefore, the Gemara seeks a source for using a term of supplication even on Yom Kippur (*Siaḥ Yitzḥak*).

HALAKHA

The priests say atone – הַכֹּהֲנִים אוֹמְרִים כַּפֵּר: After the neck of the heifer is broken, the Elders wash their hands and the priests recite in Hebrew as per the mishna (*Sota* 46a): Atone for your nation, Israel, etc. (*Kesef Mishne*; Rambam *Sefer Nezikim*, *Hilkhot Rotze'aḥ UShmirat HaNefesh* 9:3).

״וְהֵן עוֹנִין אַחֲרָיו״. תַּנְיָא, רַבִּי אוֹמֵר: ״כִּי שֵׁם ה׳ אֶקְרָא הָבוּ גוֹדֶל לֵאלֹהֵינוּ״. אָמַר לָהֶם מֹשֶׁה לְיִשְׂרָאֵל: בְּשָׁעָה שֶׁאֲנִי מַזְכִּיר שְׁמוֹ שֶׁל הַקָּדוֹשׁ בָּרוּךְ הוּא אַתֶּם הָבוּ גוֹדֶל. חֲנַנְיָה בֶּן אֲחִי רַבִּי יְהוֹשֻׁעַ אוֹמֵר: ״זֵכֶר צַדִּיק לִבְרָכָה״, אָמַר לָהֶם נָבִיא לְיִשְׂרָאֵל: בְּשָׁעָה שֶׁאֲנִי מַזְכִּיר צַדִּיק עוֹלָמִים – אַתֶּם תְּנוּ בְּרָכָה.

§ The mishna continues: **And** the priests and the people who were in the courtyard **respond after he** recites the name of God: Blessed be the name of His glorious kingdom forever and all time. **It was taught** in a *baraita* that **Rabbi** Yehuda HaNasi **says** the following with regard to the verse: **"When I call out the name of the Lord, give glory to our God"** (Deuteronomy 32:3). **Moses said to the Jewish people: When I mention the name of the Holy One, Blessed be He, you give** Him **glory** and recite praises in his honor. **Ḥananya, son of the brother of Rabbi Yehoshua, says** that proof for the practice is from a different source: **"The memory of the righteous shall be for a blessing"** (Proverbs 10:7). **The prophet,** Solomon, **said to the Jewish people:**[N] **When I mention the Righteous One of all worlds, you accord Him a blessing.**

מתני׳ בָּא לוֹ לְמִזְרַח הָעֲזָרָה לִצְפוֹן הַמִּזְבֵּחַ, הַסְּגַן מִימִינוֹ, וְרֹאשׁ בֵּית אָב מִשְּׂמֹאלוֹ. וְשָׁם שְׁנֵי שְׂעִירִים, וְקַלְפִּי הָיְתָה שָׁם וּבָהּ שְׁנֵי גוֹרָלוֹת. שֶׁל אֶשְׁכְּרוֹעַ הָיוּ, וַעֲשָׂאָן בֶּן גַּמְלָא שֶׁל זָהָב, וְהָיוּ מַזְכִּירִים אוֹתוֹ לְשֶׁבַח.

MISHNA The priest then **came to the eastern** side **of the** Temple **courtyard,** farthest from the Holy of Holies, **to the north of the altar. The deputy** was **to his right, and the head of the patrilineal family** belonging to the priestly watch that was assigned to serve in the Temple that week was **to his left. And** they arranged **two goats there, and there was** a lottery **receptacle there,**[H] **and in it were two lots.**[H] **These were** originally made of **boxwood,**[B] and the High Priest Yehoshua **ben Gamla**[P] **fashioned them of gold,** and the people **would mention him favorably** for what he did.

בֶּן קָטִין עָשָׂה שְׁנֵים עָשָׂר דַּד לַכִּיּוֹר, שֶׁלֹּא הָיָה לוֹ אֶלָּא שְׁנַיִם; וְאַף הוּא עָשָׂה מוּכְנִי לַכִּיּוֹר, שֶׁלֹּא יִהְיוּ מֵימָיו נִפְסָלִין בְּלִינָה.

Since the mishna mentions an item designed to enhance the Temple service, it also lists other such items: The High Priest **ben Katin made twelve spigots for the basin**[H] so that several priests could sanctify their hands and feet at once, **as** previously the basin **had only two. He also made a machine** [*mukheni*][L] **for** sinking **the basin**[NH] into flowing water during the night **so that its water would not be disqualified by remaining overnight.** Had the water remained in the basin overnight, it would have been necessary to pour it out the following morning. By immersing the basin in flowing water, the water inside remained fit for use the next morning.

BACKGROUND

Boxwood – אֶשְׁכְּרוֹעַ: The accepted identification of this plant is the long-leafed boxtree, *Buxus sempervirens longifolia*, a shrub which grows to a height of up to 10 m. An evergreen whose leaves are long and shiny on their upper side, it has thin stems with a circumference of no more than 20 cm. Boxwood, which is bright yellow, has always been considered superior wood in that it is dense, very hard, and flexible, and boards made from it are quite smooth and long-lasting.

Boxwood

PERSONALITIES

Ben Gamla – בֶּן גַּמְלָא: Yehoshua ben Gamla was a High Priest at the end of the Second Temple period. He married the famous and wealthy widow Marta bat Baitus, who used her money and influence to secure his position. Although the Sages disapproved of the method of his election, they nevertheless praised his great deeds, the most important of which was establishing a network of schools for Jewish children throughout Eretz Yisrael. It was said that were it not for Yehoshua ben Gamla, the Torah would have been forgotten from among the Jewish people. Apparently, he was also known as Yehoshua ben Gamliel, who was among the last of the High Priests in the Temple and who was killed during the destruction of the Temple.

LANGUAGE

Machine [*mukheni*] – מוּכְנִי: From the Greek μηχανή, *mekhanè*, meaning machine, wheel, or lever.

NOTES

The prophet said to the Jewish people – אָמַר לָהֶם נָבִיא לְיִשְׂרָאֵל: The question was raised: Why is Solomon described as a prophet? Although he was a prophet, it is inappropriate to refer to him in that manner since the verse cited is from the Writings and not from the Prophets. Perhaps the Gemara here is not referring to the statement of Solomon; rather, it is citing the verse in Proverbs to evoke the statement of the prophet Moses (see Rabbi Tzvi Hirsch Chajes).

A machine for the basin – מוּכְנִי לַכִּיּוֹר: According to most commentaries, the machine was a wheel used to lower the basin into a pit where water flowed. The Rambam explains that the machine described here was a type of barrier surrounding the laver, and the wheel filled the area surrounded by the barrier with water from the pit. In this way the water was not disqualified because it remained contiguous with the water in the pit.

HALAKHA

The location of the lottery – מְקוֹם הַהַגְרָלָה: The receptacle for the lottery is placed in the east of the courtyard to the north of the altar, and the two goats are positioned there with their faces to the west and their tails to the east. The High Priest arrives with his deputy on his right and the head of the patrilineal family on his left, and the two goats stand before him, one to his right and one to his left (Rambam *Sefer Avoda, Hilkhot Avodat Yom HaKippurim* 3:2).

Two lots – שְׁנֵי גוֹרָלוֹת: The term: To God, is written on one of the lots, and: To Azazel, is written on the other one. These lots may be made from any material, wood, stone, or metal, but they must be identical. The lots in the Second Temple were fashioned from gold (Rambam *Sefer Avoda, Hilkhot Avodat Yom HaKippurim* 3:1).

Twelve spigots for the basin – שְׁנֵים עָשָׂר דַּד לַכִּיּוֹר: The basin had twelve spigots so that all the priests participating in the daily offering could sanctify their hands simultaneously (Rambam *Sefer Avoda, Hilkhot Beit HaBeḥira* 3:18).

Machine for the basin – מוּכְנִי לַכִּיּוֹר: A device was made for the basin to prevent a situation where its water would become invalid from being left overnight. The Rambam, the Ra'avad, and others disagree with regard to the nature of this machine (*Tosefot Yom Tov* on *Tamid*, chapter 1; *Kesef Mishne*; Rambam *Sefer Avoda, Hilkhot Beit HaBeḥira* 3:18).

מוּנְבַּז הַמֶּלֶךְ הָיָה עוֹשֶׂה כׇּל יְדוֹת הַכֵּלִים שֶׁל יוֹם הַכִּפּוּרִים שֶׁל זָהָב. הֵילֶנֵי אִמּוֹ עָשְׂתָה נִבְרֶשֶׁת שֶׁל זָהָב עַל פֶּתַח הֵיכָל, וְאַף הִיא עָשְׂתָה טַבְלָא שֶׁל זָהָב שֶׁפָּרָשַׁת סוֹטָה כְּתוּבָה עָלֶיהָ. נִקָּנוֹר נַעֲשׂוּ נִסִּים לְדַלְתוֹתָיו, וְהָיוּ מַזְכִּירִין אוֹתָן לְשֶׁבַח.

King Munbaz would contribute the funds required to **make the handles of all the Yom Kippur vessels of gold.** Queen **Helene, his mother, fashioned a** decorative **gold chandelier**[N] **above the entrance of the Sanctuary. She also fashioned a golden tablet** [*tavla*][L] **on which the** Torah **portion** relating to ***sota* was written.** The tablet could be utilized to copy this Torah portion, so that a Torah scroll need not be taken out for that purpose. With regard to **Nicanor, miracles were performed to his doors,** the doors in the gate of the Temple named for him, the Gate of Nicanor. **And** the people **would mention** all of **those** whose contributions were listed **favorably.**

גמ׳ מִדְּקָאָמַר לִצְפוֹן הַמִּזְבֵּחַ – מִכְּלָל דְּמִזְבֵּחַ לָאו בַּצָּפוֹן קָאֵי, מַנִּי? רַבִּי אֱלִיעֶזֶר בֶּן יַעֲקֹב הִיא, דְּתַנְיָא: ״צָפֹנָה לִפְנֵי ה׳״ – שֶׁיְּהֵא צָפוֹן כּוּלּוֹ פָּנוּי, דִּבְרֵי רַבִּי אֱלִיעֶזֶר בֶּן יַעֲקֹב.

GEMARA From the fact **that it says** in the mishna that the priest comes **to the north of the altar,** it can be learned **by inference that the altar** itself **does not stand in the north** but in the south of the courtyard. The Gemara asks: In accordance with **whose** opinion is the mishna? The Gemara answers: **It is** in accordance with the opinion of **Rabbi Eliezer ben Ya'akov, as it was taught** in a *baraita* that from the verse: "And he shall slaughter it on the side of the altar **northward before God"** (Leviticus 1:11), it is derived **that** the **entire north** side should **be vacant.** The altar is in the south, and the north is vacant. This is **the statement of Rabbi Eliezer ben Ya'akov.**

וְהָא רֵישָׁא אֶלְעָזָר בְּרַבִּי שִׁמְעוֹן הִיא! כּוּלָּהּ רַבִּי אֱלִיעֶזֶר בֶּן יַעֲקֹב הִיא, וְתָנֵי בְּבֵין הָאוּלָם וְלַמִּזְבֵּחַ.

The Gemara asks: **But isn't the first clause,** the previous mishna, as explained above, in accordance with the opinion of **Rabbi Elazar, son of Rabbi Shimon,** who holds that the altar was partially in the north? The Gemara rejects this assertion: The **entire** mishna, including the first clause, **is** in accordance with the opinion of **Rabbi Eliezer ben Ya'akov.** Emend the previous mishna **and teach** it as referring to the space **adjacent to** the area **between the Entrance Hall and the altar** and not actually the space between them, north of the altar, where everyone agrees that it is the north.

״הַסְּגַן בִּימִינוֹ וְרֹאשׁ בֵּית אָב בִּשְׂמֹאלוֹ״. אָמַר רַב יְהוּדָה: הַמְהַלֵּךְ לִימִין רַבּוֹ הֲרֵי זֶה בּוּר. תְּנַן: הַסְּגַן בִּימִינוֹ וְרֹאשׁ בֵּית אָב בִּשְׂמֹאלוֹ.

§ The mishna states that **the deputy** High Priest stands **to the right** of the High Priest, **and the head of the patrilineal family is to his left. Rav Yehuda said** with regard to the laws of etiquette: **One who walks to the right of his teacher is a boor,** in that he hasn't the slightest notion of good manners. The Gemara asks: Didn't **we learn** in the mishna that **the deputy,** who is like a student to the High Priest, **is to the right** of the High Priest, **and the head of the patrilineal** priestly **family** responsible for the Temple service that day **is to his left?**

וְעוֹד תַּנְיָא: שְׁלֹשָׁה שֶׁהָיוּ מְהַלְּכִין בַּדֶּרֶךְ, הָרַב בָּאֶמְצַע, גָּדוֹל בִּימִינוֹ, וְקָטָן מִשְּׂמֹאלוֹ. וְכֵן מָצִינוּ בִּשְׁלֹשָׁה מַלְאֲכֵי הַשָּׁרֵת שֶׁבָּאוּ אֵצֶל אַבְרָהָם: מִיכָאֵל בָּאֶמְצַע, גַּבְרִיאֵל בִּימִינוֹ, וּרְפָאֵל בִּשְׂמֹאלוֹ.

And furthermore, it was taught in a *baraita*: **Three** people **who were walking on the road**[H] should not walk in single file but should walk with **the teacher in the middle, the greater** of the students **on his right, and the lesser** of them **to his left. And so too do we find with the three ministering angels**[N] **who came to Abraham: Michael,** the greatest of the three, was **in the middle, Gabriel was to his right, and Raphael was to his left.** Apparently, a student walks to the right of his teacher.

תַּרְגּוּמָא רַב שְׁמוּאֵל בַּר פַּפָּא קַמֵּיהּ דְּרַב אַדָּא: כְּדֵי שֶׁיִּתְכַּסֶּה בּוֹ רַבּוֹ. וְהָתַנְיָא: הַמְהַלֵּךְ כְּנֶגֶד רַבּוֹ – הֲרֵי זֶה בּוּר, אֲחוֹרֵי רַבּוֹ – הֲרֵי זֶה מִגַּסֵּי הָרוּחַ! דִּמְצַדֵּד אַצְדּוֹדֵי.

Rav Shmuel bar Pappa interpreted it before Rav Adda: He does not walk next to his teacher as an equal, but walks slightly behind him **so that he is** slightly **obscured by his teacher.** The Gemara asks: **But wasn't it taught** in a *baraita*: **One who walks next to his teacher is a boor;** one who walks **behind his teacher,** allowing his teacher to walk before him, **is among the arrogant.** The Gemara answers: He does not walk directly beside him but slightly **to his side**[H] and slightly behind his teacher.

NOTES

Gold chandelier – נִבְרֶשֶׁת שֶׁל זָהָב: Most commentaries explain this to be a chandelier, although the author of the *Me'iri*, citing the Rambam, explains that it is a shimmering golden pane.

And so too do we find with the three ministering angels – וְכֵן מָצִינוּ בִּשְׁלֹשָׁה מַלְאֲכֵי הַשָּׁרֵת: The Gemara does not explain the source of this statement. Rashi explains that the term in the verse: "Stood over him [*nitzavim alav*]" (Genesis 18:2), indicates they all stood together, and did not come before him one at a time, from which proper etiquette can be derived. Some commentaries explain that since Abraham spoke to one of the angels, clearly the greatest of the three, apparently Abraham discerned his stature from the way in which they were standing (see Maharsha and *HaBoneh*).

LANGUAGE

Tablet [*tavla*] – טַבְלָא: From the Latin tabula, meaning board, especially a writing tablet and a wooden board that serves as a cover for a table.

Wax writing tablet

HALAKHA

Three people who were walking on the road – שְׁלֹשָׁה שֶׁהָיוּ מְהַלְּכִין בַּדֶּרֶךְ: When three people walk together on a road, the most prominent walks in the middle, the next most prominent to his right, and the least prominent to his left (*Shulḥan Arukh, Yoreh De'a* 242:17).

To his side – דִּמְצַדֵּד אַצְדּוֹדֵי: It is prohibited for a student to walk alongside his teacher; rather, he should remain slightly to his side and slightly behind him. If there is a distance of four cubits between them, he may walk to his side (*Shulḥan Arukh, Yoreh De'a* 242:16).

BACKGROUND

Frontplate, that the name of God was written upon it – בַּצִּיץ שֶׁהַשֵּׁם כָּתוּב עָלָיו: The image depicts a reconstruction of the frontplate.

Frontplate

״וְקַלְפִּי הָיְתָה שָׁם וּבָהּ שְׁנֵי גוֹרָלוֹת״. תָּנוּ רַבָּנַן: ״וְנָתַן אַהֲרֹן עַל שְׁנֵי הַשְּׂעִירִם גּוֹרָלוֹת״ [גּוֹרָלוֹת] – שֶׁל כָּל דָּבָר.

§ The mishna continues: **And there was** a lottery **receptacle** in the east of the courtyard **there, and in it were two lots. The Sages taught** the following in a *baraita* with regard to the verse: **"And Aaron shall place lots on the two goats,** one lot for God and one lot for Azazel" (Leviticus 16:8). **Lots** is a general term; they may be fashioned **from any material,** as the Torah does not specify the material of which they are made.

יָכוֹל יִתֵּן שְׁנַיִם עַל זֶה וּשְׁנַיִם עַל זֶה – תַּלְמוּד לוֹמַר: ״גּוֹרָל אֶחָד לַה׳ וְגוֹרָל אֶחָד לַעֲזָאזֵל״, אֵין כָּאן לַשֵּׁם אֶלָּא גּוֹרָל אֶחָד וְאֵין כָּאן לַעֲזָאזֵל אֶלָּא אֶחָד. יָכוֹל יִתֵּן שֶׁל שֵׁם וְשֶׁל עֲזָאזֵל עַל זֶה, וְשֶׁל שֵׁם וְשֶׁל עֲזָאזֵל עַל זֶה – תַּלְמוּד לוֹמַר: ״גּוֹרָל אֶחָד [לַה׳״ – אֵין כָּאן לַה׳ אֶלָּא אֶחָד וְאֵין כָּאן לַעֲזָאזֵל אֶלָּא אֶחָד]. אִם כֵּן מָה תַּלְמוּד לוֹמַר גּוֹרָלוֹת? שֶׁיִּהְיוּ שָׁוִין, שֶׁלֹּא יַעֲשֶׂה אֶחָד שֶׁל זָהָב וְאֶחָד שֶׁל כֶּסֶף, אֶחָד גָּדוֹל וְאֶחָד קָטָן.

One **might** have thought that **he** should **place two** lots **on this** goat **and two** lots **on that** goat;[N] therefore, **the verse states: "One lot for God and one lot for Azazel"** (Leviticus 16:8),[N] meaning **there is only one lot here for God, and there is only one lot here for Azazel.** Likewise, one **might** have thought **he** should **place** the lot **of God and** the lot **of Azazel on this** goat, **and** the lot **of God and** the lot **of Azazel on that** goat; therefore, **the verse states: One lot for God,** i.e., **there is only one** lot **here for God, and there is only one** lot **here for Azazel. If so, what** is the meaning when **the verse states lots,** in the plural, since each of the two goats has one lot not two? It is to teach **that** the two lots should **be identical;** that **he should not make one of gold and one of silver,** or **one big and one small.**

״גּוֹרָלוֹת שֶׁל כָּל דָּבָר״ פְּשִׁיטָא! לָא צְרִיכָא לְכִדְתַנְיָא: לְפִי שֶׁמָּצִינוּ בַּצִּיץ שֶׁהַשֵּׁם כָּתוּב עָלָיו וְהוּא שֶׁל זָהָב, יָכוֹל אַף זֶה כֵּן – תַּלְמוּד לוֹמַר: ׳גּוֹרָל׳ ׳גּוֹרָל׳ רִיבָּה. רִיבָּה שֶׁל זַיִת, רִיבָּה שֶׁל אֱגוֹז, רִיבָּה שֶׁל אֶשְׁכְּרוֹעַ.

It was taught in the *baraita* that the **lots** may be fashioned **from any material.** The Gemara asks: This is **obvious,** considering that the Torah does not designate a particular material. The Gemara answers: **No,** it is **necessary** only due to that **which was taught** in a *baraita*: **Because we find with regard to the** High Priest's **frontplate that the name of God was written**[B] **upon it and it was made of gold,** one **might** have thought **that this** lot, **too,** should be made of gold since it has God's name on it. Therefore, **the verse states: Lot, lot,** twice **to include** other materials and not exclusively gold. **It includes** lots made of **olive** wood, and **includes** lots made of **walnut** wood, and **includes** lots made of **boxwood.**

״בֶּן קָטִין עָשָׂה שְׁנֵים עָשָׂר דַּד לַכִּיּוֹר״ וכו׳. תָּנָא: כְּדֵי שֶׁיִּהְיוּ שְׁנֵים עָשָׂר אֶחָיו הַכֹּהֲנִים הָעֲסוּקִין בַּתָּמִיד מְקַדְּשִׁין יְדֵיהֶן וְרַגְלֵיהֶן בְּבַת אַחַת. תָּנָא: שַׁחֲרִית, בְּמִילּוּאוֹ מְקַדֵּשׁ יָדָיו וְרַגְלָיו מִן הָעֶלְיוֹן, עַרְבִית בִּירִידָתוֹ מְקַדֵּשׁ יָדָיו וְרַגְלָיו מִן הַתַּחְתּוֹן.

§ The mishna continues. The High Priest **ben Katin made twelve spigots for the basin.** It was **taught:** Ben Katin did this **so that twelve of his fellow priests, who are occupied with** sacrificing **the daily offering** as explained above, could **sanctify their hands and their feet simultaneously.** It was **taught: In the morning,** when the basin **is full,**[N] **one sanctifies his hands and his feet from** the spigots fixed **at the top** of the basin because the water level is high. And in the **afternoon, when** the water level **is low, he sanctifies his hands and his feet** from the spigots fixed **at the bottom.**

״וְאַף הוּא עָשָׂה מוּכְנִי לַכִּיּוֹר״ וכו׳. מַאי מוּכְנִי? אָמַר אַבַּיֵי: גִּילְגְּלָא דַּהֲוָה מְשַׁקְעָא לֵיהּ.

The mishna continues with regard to ben Katin: **He also made a machine for** sinking **the basin.** The Gemara asks: **What** is this **machine? Abaye said:** It is **a wheel with which he lowered** the basin into the pit.

״מוּנְבַּז הַמֶּלֶךְ עָשָׂה כָּל יְדוֹת הַכֵּלִים״ וכו׳. נַעֲבְדִינְהוּ לְדִידְהוּ דְּזָהָב!

The mishna continues: **King Munbaz would** contribute the funds required to **make the handles of all the** Yom Kippur **vessels** of gold. The Gemara asks: If he wanted to donate money to beautify the Temple, **he should have made** the vessels **themselves of gold,** not just the handles.

NOTES

Two lots on this goat and two lots on that goat – שְׁנַיִם עַל זֶה וּשְׁנַיִם עַל זֶה: One could contend that there were two lots on each goat, for a total of four (*Me'iri*).

For God and for Azazel – שֶׁל שֵׁם וְשֶׁל עֲזָאזֵל: One might have thought that after the two lots determined which goat was for God and which for Azazel, both lots would be placed on each of the goats to fulfill the mitzva of placing the lots based on the verse cited in the Gemara: And Aaron shall place lots on the two goats (see *Tosafot*; *Tosafot Yeshanim*; *Me'iri*).

In the morning when the basin is full – שַׁחֲרִית בְּמִילּוּאוֹ: Some commentaries understand that this description comes to explain why there were initially two spigots rather than one. The top one was used in the morning, and the bottom one in the afternoon (Rav Shmuel Strashun).

אָמַר אַבַּיֵי: בִּידוֹת סַכִּינִין. מֵיתִיבִי: אַף הוּא עָשָׂה כַּנֵּי כֵּלִים, וְאוֹגְנֵי כֵּלִים וִידוֹת כֵּלִים וִידוֹת סַכִּינִין שֶׁל יוֹם הַכִּפּוּרִים שֶׁל זָהָב! תַּרְגּוּמָא אַבַּיֵי בְּקַתְּתָא דְּנַרְגֵּי וַחֲצִינֵי.

Abaye said: Although gold is not suitable for knife blades, as it is too soft for use in slaughter, the mishna is referring to **knife handles.** The Gemara **raises an objection** from a different *baraita*: King Munbaz **also made** the **bases of vessels,** the **grips of vessels,** the **handles of vessels,**[N] **and the handles of knives of Yom Kippur of gold.** Apparently, knives are not categorized as vessels; therefore, the handles of the Yom Kippur vessels that Munbaz donated were not knife handles. The Gemara answers: **Abaye interpreted** that Munbaz donated gold for the **handles of axes and hatchets.** The blades of these implements cannot be made of gold; rather, like knives, they require stronger material.

״הֵילֶנֵי אִמּוֹ עָשְׂתָה נִבְרֶשֶׁת שֶׁל זָהָב״ וכו׳. תָּנָא: בְּשָׁעָה שֶׁהַחַמָּה זוֹרַחַת נִיצוֹצוֹת יוֹצְאִין מִמֶּנָּה, וְהַכֹּל יוֹדְעִין שֶׁהִגִּיעַ זְמַן קְרִיאַת שְׁמַע.

§ The mishna continues: Queen **Helene,**[P] **his mother, fashioned** a decorative **gold chandelier** above the entrance of the Sanctuary. It was **taught** in a mishna: **When the sun rose, sparks** of light would **emanate from** the chandelier,[B] which was polished, **and everyone knew that the time** to recite *Shema* **had arrived.** The ideal time to recite *Shema* is at the moment of sunrise.

מֵיתִיבִי: הַקּוֹרֵא אֶת שְׁמַע שַׁחֲרִית עִם אַנְשֵׁי מִשְׁמָר וְאַנְשֵׁי מַעֲמָד – לֹא יָצָא, מִפְּנֵי שֶׁאַנְשֵׁי מִשְׁמָר מַשְׁכִּימִין וְאַנְשֵׁי מַעֲמָד מְאַחֲרִים. אָמַר אַבַּיֵי: לִשְׁאָר עַמָּא דְּבִירוּשָׁלַיִם.

The Gemara **raises an objection: One who recites** ***Shema*** in the **morning with the men of the priestly watch,** who served in the Temple during a given week, **or with the men of the non-priestly watch,** designated groups of Israelites who accompanied the priestly watch to Jerusalem that week, **did not fulfill** his obligation.[N] That is **because the men of the priestly watch** recite *Shema* too **early**[H] so that they will have sufficient time to perform the Temple service, **and the men of the non-priestly watch,** who recite lengthy prayers and stand over the daily morning offering when it is sacrificed, **postpone** reciting *Shema*. For whom, then, did the emanating sparks signal the time to recite *Shema*? **Abaye said:** It was an indicator **for the rest of the people in Jerusalem,** who recited *Shema* at the appropriate time to recite *Shema*.

PERSONALITIES

Queen Helene and King Munbaz – הֵילֶנֵי וּמוּנְבַּז: Helene was wife of a monarch from Adiabene, a small kingdom in northern Syria, on the Tigris river. Helene lived in the generation prior to the destruction of the Second Temple, and she and her sons Munbaz and Izats, also known as Bezotus, became familiar with the Torah by Jews who passed through their land. They later converted, and apparently many members of their country's nobility converted with them. Queen Helene visited Jerusalem several times and donated many gifts to the Temple and to ordinary people suffering economic hardship. Her sons continued to help the Jewish people and to ply the Temple with gifts. In addition, they sent troops from Adiabene to support the fighters during the great rebellion that culminated in the destruction of the Temple. Queen Helene and her son Munbaz are mentioned several times in the Talmud as paradigms of fear of God and of righteousness.

Sarcophagus of Queen Helene at the Israel Museum, Jerusalem

BACKGROUND

When the sun rose sparks of light would emanate from the chandelier – בְּשָׁעָה שֶׁהַחַמָּה זוֹרַחַת נִיצוֹצוֹת יוֹצְאִין מִמֶּנָּה:

Sun rising over the Temple

HALAKHA

Reciting Shema too early – הַשְׁכָּמָה בִּקְרִיאַת שְׁמַע שַׁחֲרִית: One who recites Shema early, from the time that one recognizes an acquaintance at a distance of four cubits, has fulfilled his obligation even if he finishes before sunrise. In exigent circumstances, one may recite *Shema* at dawn *ab initio*, as per the conclusion of the Gemara in tractate *Berakhot* (Rambam *Sefer Ahava*, *Hilkhot Keriat Shema* 1:12).

NOTES

Grips [*ognei*] of vessels and handles [*yedot*] of vessels – אוֹגְנֵי כֵּלִים וִידוֹת כֵּלִים: Both terms, *yedot* and *ognei*, refer to handles. *Yedot* refers to handles that are an organic part of the vessel; *ognei* refers to handles that attach to metal rings on the vessel (*ge'onim*; *Arukh*).

Did not fulfill his obligation – לֹא יָצָא יְדֵי חוֹבָתוֹ: The Ritva explains that this does not mean that one does not fulfill his obligation at all. It means that his performance of the mitzva is less than ideal because he did not recite *Shema* at the time determined by the Sages.

NOTES

One may write a scroll – כּוֹתְבִין מְגִילָּה: The primary concern is that since the Torah is a single unit, one may not separate it into independent segments. The question is whether it is permitted to do so in order to facilitate fulfillment of a mitzva like the study of Torah (see *Oraḥ HaHalakha*).

Of the *alef-beit* – בְּאָלֶף בֵּית: Rashi explains that the tablet was written with initials. Others suggest that the letters were written out of sequence, or in lines of three words (see *Siaḥ Yitzḥak*). In the Jerusalem Talmud, apparently, the scribe writing the *sota* portion during the *sota* ceremony intended to write letters that were the size and form of the letters on the tablet, but the tablet did not contain the entire text.

HALAKHA

Writing a scroll for a child – מְגִילָּה לַתִּינוֹק: Citing the Rambam, the author of the *Shulḥan Arukh* rules that one does not write scrolls for children even for educational purposes, in accordance with the opinion of Rabba in tractate *Gittin*. The Rif and others disagree and permit it, and in the *Baḥ* it is written that doing so is customary throughout the Jewish people (*Taz*; *Be'er Heitev*; *Shulḥan Arukh, Yoreh De'a* 283:2).

״וְאַף הִיא עָשְׂתָה טַבְלָא״. שְׁמַעַתְּ מִינָּהּ: כּוֹתְבִין מְגִילָּה לַתִּינוֹק לְהִתְלַמֵּד בָּהּ! אָמַר רֵישׁ לָקִישׁ מִשּׁוּם רַבִּי יַנַּאי: בְּאָלֶף בֵּית.

§ The mishna relates: Queen Helene **also fashioned** a golden **tablet** on which the *sota* Torah portion was written. The Gemara comments: **You learn from this** that **one** may **write a scroll**[N] that contains only several portions of the Torah, **from which a child may be taught.**[H] The Sages disputed whether it is permitted to do so even for the purpose of education. **Reish Lakish said in the name of Rabbi Yannai:** There is no proof from this mishna, as the tablet prepared by Queen Helene consisted of the letters **of the** ***alef-beit*,**[N] i.e., only the first letter of each word was written on the tablet, representing the word.

מֵיתִיבִי: כְּשֶׁהוּא כּוֹתֵב – רוֹאֶה וְכוֹתֵב מַה שֶּׁכָּתוּב בַּטַּבְלָא! אֵימָא: רוֹאֶה וְכוֹתֵב כְּמָה שֶׁכָּתוּב בַּטַּבְלָא.

The Gemara **raises an objection** from the *halakhot* of *sota*: **When** the scribe **writes** the *sota* scroll, **he looks and writes that which is written on the tablet.** Apparently, the full text of the passage was written on the tablet. The Gemara rejects this: Emend the *baraita* and **say: He looks and writes like** that **which is written on the tablet.** The tablet aids the scribe in remembering the text that must be written.

מֵיתִיבִי: כְּשֶׁהוּא כּוֹתֵב – רוֹאֶה וְכוֹתֵב מַה שֶּׁכָּתוּב בַּטַּבְלָא, וּמַה כָּתוּב בַּטַּבְלָא – ״אִם שָׁכַב אִישׁ אוֹתָךְ [וְאִם לֹא שָׁכַב]״ ״אִם שָׂטִית״ ״אִם לֹא שָׂטִית״! הָתָם

The Gemara **raises an objection** from a different *baraita*: **When he writes, he looks and writes that which is written on the tablet. And what is written on the tablet? If a man lay with you… and if he did not lay with you; if you strayed… if you did not stray** (see Numbers 5:19–20). Apparently, the full text of the passage was written on the tablet. The Gemara answers: **There,** it was written

Perek **III**
Daf **38** Amud **a**

HALAKHA

Alternating – בְּסֵירוּגִין: It is permitted to write a passage from the Torah on a scroll with three words to a line. That is how the Rambam interprets the term alternating words (see Rabbeinu Yeruḥam; *Shulḥan Arukh, Yoreh De'a* 283:3).

BACKGROUND

Alexandria – אֲלֶכְּסַנְדְּרִיָּא: This port city, which lies west of the Nile delta, was founded by Alexander the Great in 332 BCE. In its glory days, during the Ptolemaic rule in Egypt and until the end of the mishnaic period, Alexandria was one of the largest cities and cultural centers in the world. The greatest scientists, doctors and artisans of the time lived in Alexandria, and Alexandrian doctors were renowned throughout the entire world. The Sages of the Talmud were very familiar with Alexandrian doctors and held them in high regard, often praising the medical accomplishments of this important urban center.

בְּסֵירוּגִין.

with **alternating**[H] complete words and initials. The first words of each verse were written there, but the rest of the words in the verse were represented by initials. Therefore, this contribution of Queen Helene does not resolve the question of whether writing a scroll for a child is permitted.

״נִיקָנוֹר נַעֲשׂוּ נִסִּים לְדַלְתוֹתָיו״. תָּנוּ רַבָּנַן: מַה נִּסִּים נַעֲשׂוּ לְדַלְתוֹתָיו? אָמְרוּ: כְּשֶׁהָלַךְ נִיקָנוֹר לְהָבִיא דְּלָתוֹת מֵאֲלֶכְּסַנְדְּרִיָּא שֶׁל מִצְרַיִם, בַּחֲזִירָתוֹ עָמַד עָלָיו נַחְשׁוֹל שֶׁבַּיָּם לְטַבְּעוֹ. נָטְלוּ אַחַת מֵהֶן וְהִטִּילוּהָ לַיָּם, וַעֲדַיִין לֹא נָח הַיָּם מִזַּעְפּוֹ.

§ The mishna related: For **Nicanor, miracles were performed to his doors. The Sages taught** in the *Tosefta*: **What miracles occurred for his doors? They said: When Nicanor went to bring** copper **doors** for the eastern gate of the Temple **from Alexandria**[B] **in Egypt,** famous for its craftsmanship, **on his return** voyage by ship, **a storm arose in the sea** and threatened **to drown him.** The ship's passengers **took one** of the doors, which were exceedingly heavy, **and cast it into the sea,** fearing that the weight of the doors would sink the ship. **And still the sea did not rest from its rage.**

Panoramic view of Alexandria

בִּקְּשׁוּ לְהָטִיל אֶת חֲבֶרְתָּהּ, עָמַד הוּא וּכְרָכָהּ, אָמַר לָהֶם: הַטִּילוּנִי עִמָּהּ! מִיָּד נָח הַיָּם מִזַּעְפּוֹ. וְהָיָה מִצְטַעֵר עַל חֲבֶרְתָּהּ. כֵּיוָן שֶׁהִגִּיעַ לְנָמֵלָהּ שֶׁל עַכּוֹ – הָיְתָה מְבַצְבֶּצֶת וְיוֹצְאָה מִתַּחַת דּוֹפְנֵי הַסְּפִינָה. וְיֵשׁ אוֹמְרִים: בְּרִיָּה שֶׁבַּיָּם בְּלָעַתָּה וְהֱקִיאַתָּה לַיַּבָּשָׁה.

They sought to cast the other door into the sea, at which point Nicanor **stood and embraced it** and **said to them: Cast me into** the sea **with it. Immediately, the sea rested from its rage,** and it was necessary to cast neither the door nor Nicanor into the sea. The ship continued its journey with one door **and** for the entire voyage, **he regretted** the fate **of the other** door that he allowed them to cast into the sea. **When they arrived at the port of Akko**[B] and prepared to disembark, despite the fact that it was made of copper, the door that was thrown into the sea **was poking out under the sides of the ship. And some say a sea creature swallowed it and spewed it onto the land.**

וְעָלֶיהָ אָמַר שְׁלֹמֹה: ״קֹרוֹת בָּתֵּינוּ אֲרָזִים רָהִיטֵנוּ בְּרוֹתִים״. אַל תִּיקְרֵי ״בְּרוֹתִים״ אֶלָּא בְּרִית יָם. לְפִיכָךְ, כׇּל הַשְּׁעָרִים שֶׁהָיוּ בַּמִּקְדָּשׁ נִשְׁתַּנּוּ לִהְיוֹת שֶׁל זָהָב, חוּץ מִשַּׁעֲרֵי נִיקָנוֹר, מִפְּנֵי שֶׁנַּעֲשׂוּ בּוֹ נִסִּים. וְיֵשׁ אוֹמְרִים: מִפְּנֵי שֶׁנְּחוֹשְׁתָּן מוּצְהֶבֶת הָיְתָה. רַבִּי אֱלִיעֶזֶר בֶּן יַעֲקֹב אוֹמֵר: נְחֹשֶׁת קְלוֹנִיתָא הָיְתָה, וְהָיְתָה מְאִירָה כְּשֶׁל זָהָב.

And with regard to this, Solomon said: "The beams of our houses are cedars, and our doors are cypresses [*berotim*]" (Song of Songs 1:17), and the Sages interpreted it homiletically: **Do not read** it as *berotim* **but** as *berit yam*,[N] covenant of the sea, meaning that the door forged a covenant with the sea for the sea to deliver it to its place. **Therefore,** when the nation prospered and the people replaced the doors made of various metals, the doors in **all the gates in the Temple were altered to become** doors **of gold except** the doors in **the Gates of Nicanor**[H] **because miracles were performed to them. And some say** it was **because their copper was brightly**-colored and high quality. **Rabbi Eliezer ben Ya'akov says it was refined** [*kelonita*][L] **copper, and it illuminated** its surroundings **like gold.**[N]

מתני׳ וְאֵלּוּ לִגְנַאי: שֶׁל בֵּית גַּרְמוּ לֹא רָצוּ לְלַמֵּד עַל מַעֲשֵׂה לֶחֶם הַפָּנִים, שֶׁל בֵּית אַבְטִינָס לֹא רָצוּ לְלַמֵּד עַל מַעֲשֵׂה הַקְּטוֹרֶת,

MISHNA Apropos the mention in the mishna of people who took action in the Temple and were mentioned favorably, the mishna lists **those** who took action in the Temple and were mentioned **unfavorably.** The craftsmen **of the House of Garmu did not want to teach** the secret **of the preparation of the shewbread** and sought to keep the secret within their family. The craftsmen **of the House of Avtinas**[L] **did not want to teach** the secret **of the preparation of the incense.**

הוּגְרַס בֶּן לֵוִי הָיָה יוֹדֵעַ פֶּרֶק בַּשִּׁיר וְלֹא רָצָה לְלַמֵּד, בֶּן קַמְצָר לֹא רָצָה לְלַמֵּד עַל מַעֲשֵׂה הַכְּתָב. עַל הָרִאשׁוֹנִים נֶאֱמַר: ״זֵכֶר צַדִּיק לִבְרָכָה״ וְעַל אֵלּוּ נֶאֱמַר: ״וְשֵׁם רְשָׁעִים יִרְקָב״.

Also, **Hugras**[L] **ben Levi knew a chapter** in the art of **music,**[N] as will be explained, **and he did not want to teach** it to others. And the scribe **ben Kamtzar did not want to teach** a special **act of writing.** He was expert at writing all four letters of a four-letter name simultaneously. **About the first** ones, who were mentioned favorably, **it is stated:**[N] **"The memory of the righteous shall be for a blessing"** (Proverbs 10:7); **and about these** who were concerned only for themselves **it is stated: "But the name of the wicked shall rot"** (Proverbs 10:7).

BACKGROUND

Akko – עַכּוֹ:

Beach and port of Akko

HALAKHA

The Gates of Nicanor – שַׁעֲרֵי נִיקָנוֹר: All the Temple gates were ten cubits wide and twenty cubits high. All the doors were gold-plated except for the eastern gate, which was copper-plated with high-quality copper resembling gold. This was called the Upper Gate or the Gate of Nicanor (Rambam *Sefer Avoda, Hilkhot Beit HaBeḥira* 5:2).

LANGUAGE

Refined [*kelonita*] – קְלוֹנִיתָא: This is apparently a variant form of the Greek κορίνθιος, *Corinthios*, meaning of the city of Corinth. This Greek city was famous for its outstanding craftsmanship. Ancient writers praised the copper vessels produced there as being superior to gold.

Avtinas – אַבְטִינָס: The origin of this Greek name is unclear. Some believe it derives from Avtinus or Otinus, meaning fine sap or resin or a tree of fine fragrance. According to that interpretation, the family was called Avtinas due to their expertise in the area of incense. Others claim that the name is Avtinus, related to the Greek name Euthynos or εὔθυνος, *euthunos*, meaning righteous judge or one who paves the way for the public. This is perhaps related to the Hebrew name Shefatya.

Hugras – הוּגְרַס: From Greek, possibly from the name Εὐάγριος, *Euagrios*, meaning one successful in hunting.

NOTES

Berotim, berit yam – בְּרוֹתִים, בְּרִית יָם: Some commentaries write that the doors were fashioned from copper-plated cypress wood. That is why the Gemara cited the verse: And our doors are cypresses. Ritva, citing the *ge'onim*, has a variant reading: *Biryatim*, meaning that the doors forged a covenant with each other.

It illuminated its surroundings like gold – וְהָיְתָה מְאִירָה כְּשֶׁל זָהָב: In the Jerusalem Talmud the contention is that as the verse states: "And vessels of good shining copper, as precious as gold" (Ezra 8:27), the copper was superior to gold (Rav Ya'akov Emden).

Tubes made of refined copper, their color resembling gold

A chapter in the art of music – פֶּרֶק בַּשִּׁיר: Rabbeinu Yehonatan explains that there were books written about the art of music, and he had access to a chapter unknown to others.

About the first ones it is stated – עַל הָרִאשׁוֹנִים נֶאֱמַר: There is a principle that when a wicked person is disparaged, the righteous should be praised (*Petaḥ Einayim*). The identity of the first ones who are praised in the mishna and the others who are denigrated is unclear. Some explain that the first ones are the individuals praised in the previous mishna, and the phrase: The memory of the righteous shall be for a blessing, relates to them. Some explain that since even those initially criticized in the mishna eventually explained their unwillingness to share their craft, except for ben Kamtzar, the phrase: But the name of the wicked shall rot, applies only to him (see *Me'iri*).

גמ׳ תָּנוּ רַבָּנַן: בֵּית גַּרְמוּ הָיוּ בְּקִיאִין בְּמַעֲשֵׂה לֶחֶם הַפָּנִים וְלֹא רָצוּ לְלַמֵּד. שִׁלְּחוּ חֲכָמִים וְהֵבִיאוּ אוּמָּנִין מֵאֲלֶכְּסַנְדְּרִיָּא שֶׁל מִצְרַיִם, וְהָיוּ יוֹדְעִין לֶאֱפוֹת כְּמוֹתָן וְלֹא הָיוּ יוֹדְעִין לִרְדּוֹת כְּמוֹתָן. שֶׁהַלָּלוּ מַסִּיקִין מִבַּחוּץ וְאוֹפִין מִבַּחוּץ, וְהַלָּלוּ מַסִּיקִין מִבִּפְנִים וְאוֹפִין מִבִּפְנִים. הַלָּלוּ פִּיתָּן מִתְעַפֶּשֶׁת, וְהַלָּלוּ אֵין פִּיתָּן מִתְעַפֶּשֶׁת.

GEMARA **The Sages taught** in a *baraita*: The craftsmen of the **House of Garmu were expert in the preparation of the shewbread, and they did not want to teach** others the secret of its production. **The Sages** dismissed them and **sent for and brought craftsmen from Alexandria in Egypt,** a large city with many experts. **And** those craftsmen **knew** how **to bake like** the members of the House of Garmu did, **but they did not know** how **to remove** the bread from the oven **like they** did. The shewbread was baked in a complex shape, and it was difficult to place it in the oven and remove it without breaking it. The difference was **that these** Alexandrians **light** the fire **outside** the oven **and bake it outside** the oven; **and these** members of the House of Garmu **light** the fire **inside** the oven **and bake** it **inside.** In the case of **these** Alexandrians, **their bread becomes moldy** over the course of the week, **and** in the case of **these** members of the House of Garmu, **their bread does not become moldy.**

כְּשֶׁשָּׁמְעוּ חֲכָמִים בַּדָּבָר אָמְרוּ: כׇּל מַה שֶּׁבָּרָא הַקָּדוֹשׁ בָּרוּךְ הוּא – לִכְבוֹדוֹ בְּרָאוֹ, שֶׁנֶּאֱמַר: ״כֹּל הַנִּקְרָא בִשְׁמִי וְלִכְבוֹדִי בְּרָאתִיו״ וְחָזְרוּ בֵּית גַּרְמוּ לִמְקוֹמָן. שָׁלְחוּ לָהֶם חֲכָמִים וְלֹא בָּאוּ. כָּפְלוּ לָהֶם שְׂכָרָן – וּבָאוּ. בְּכׇל יוֹם הָיוּ נוֹטְלִין שְׁנֵים עָשָׂר מָנֶה, וְהַיּוֹם עֶשְׂרִים וְאַרְבָּעָה. רַבִּי יְהוּדָה אוֹמֵר: בְּכׇל יוֹם עֶשְׂרִים וְאַרְבָּעָה, וְהַיּוֹם אַרְבָּעִים וּשְׁמוֹנָה.

When the Sages heard of the matter that the bread of the imported craftsmen was of lower quality than before, **they said: Whatever the Holy One, Blessed be He, created, He created in His honor, as it is stated: "Everyone who is called by My name, I have created for My glory"** (Isaiah 43:7). In deference to God, the Sages should diminish their honor for the greater glory of God **and** let **the House of Garmu return to their** original **station. The Sages sent for them** to reassume their previous position, **and they did not come. They doubled their wages and they came. Each day** until then **they would take** wages **of twelve *maneh*,**[N] **and today** they take wages **of twenty-four *maneh*. Rabbi Yehuda says: Each day** they took **twenty-four** *maneh*, **and today** they take **forty-eight.**

אָמְרוּ לָהֶם חֲכָמִים: מָה רְאִיתֶם שֶׁלֹּא לְלַמֵּד? אָמְרוּ לָהֶם: יוֹדְעִין הָיוּ שֶׁל בֵּית אַבָּא שֶׁבַּיִת זֶה עָתִיד לֵיחָרֵב, שֶׁמָּא יִלְמוֹד אָדָם שֶׁאֵינוֹ מְהוּגָּן וְיֵלֵךְ וְיַעֲבוֹד עֲבוֹדָה זָרָה בְּכָךְ. וְעַל דָּבָר זֶה מַזְכִּירִין אוֹתָן לְשֶׁבַח: מֵעוֹלָם לֹא נִמְצֵאת פַּת נְקִיָּה בְּיַד בְּנֵיהֶם, שֶׁלֹּא יֹאמְרוּ מִמַּעֲשֵׂה לֶחֶם הַפָּנִים זֶה נִיזּוֹנִין, לְקַיֵּים מַה שֶּׁנֶּאֱמַר: ״וִהְיִיתֶם נְקִיִּם מֵה׳ וּמִיִּשְׂרָאֵל״.

The Sages said to them: What did you see that led **you not to teach** others this craft? **They said:** The members of our **father's house knew that this house,** the Temple, **is destined to be destroyed,** and they were concerned **lest an unworthy man learn** our skill of baking **and go and engage in idol worship with** that skill. Therefore, they attempted to prevent this skill from spreading beyond their family. The Gemara comments: **And for this matter they are mentioned favorably: Never was refined bread** of fine flour **found in the hands of their descendants, so that** people **would not say** that **they are sustained from that** technique of **preparing the shewbread.** They ate only bread made of coarse flour mixed with bran, **to fulfill that which is stated: "And you shall be clear before the Lord and before Israel"** (Numbers 32:22). Not only must one's behavior be beyond reproach, he should also make certain to be beyond suspicion.

״שֶׁל בֵּית אַבְטִינָס לֹא רָצוּ לְלַמֵּד עַל מַעֲשֵׂה הַקְּטוֹרֶת״. תָּנוּ רַבָּנַן: בֵּית אַבְטִינָס הָיוּ בְּקִיאִין בְּמַעֲשֵׂה הַקְּטוֹרֶת וְלֹא רָצוּ לְלַמֵּד. שָׁלְחוּ חֲכָמִים וְהֵבִיאוּ אוּמָּנִין מֵאֲלֶכְּסַנְדְּרִיָּא שֶׁל מִצְרַיִם, וְהָיוּ יוֹדְעִין לְפַטֵּם כְּמוֹתָם וְלֹא הָיוּ יוֹדְעִין לְהַעֲלוֹת עָשָׁן כְּמוֹתָן. שֶׁל הַלָּלוּ מִתַּמֵּר וְעוֹלֶה כְּמַקֵּל, שֶׁל הַלָּלוּ מַפְצִיעַ לְכָאן וּלְכָאן.

§ Similarly, the mishna related: The craftsmen **of the House of Avtinas did not want to teach about the** secret of the **preparation of the incense,** at which they were particularly adept. **The Sages taught** in a *baraita*: **The** members of the **House of Avtinas were expert in the** technique of **preparing the incense, and they did not want to teach** others. **The Sages** dismissed them and **sent for and brought craftsmen from Alexandria in Egypt. And** the Alexandrian craftsmen **knew** how **to blend** the spices **like they** did, **but they did not know** how **to cause the smoke to rise**[N] **like** the House of Avtinas **did.** The smoke **of** the incense blended by **these** members of the House of Avtinas **rises in a column like a stick;** the smoke **of** the incense blended by **these** Alexandrians **branched out to here and to there** and did not rise in a straight line.

וּכְשֶׁשָּׁמְעוּ חֲכָמִים בַּדָּבָר אָמְרוּ: כׇּל מַה שֶּׁבָּרָא הַקָּדוֹשׁ בָּרוּךְ הוּא לִכְבוֹדוֹ בְּרָאוֹ, שֶׁנֶּאֱמַר: ״כֹּל פָּעַל ה׳ לַמַּעֲנֵהוּ״ וְחָזְרוּ בֵּית אַבְטִינָס לִמְקוֹמָן. שָׁלְחוּ לָהֶם חֲכָמִים וְלֹא בָּאוּ, כָּפְלוּ לָהֶם שְׂכָרָן וּבָאוּ. בְּכׇל יוֹם הָיוּ נוֹטְלִין שְׁנֵים עָשָׂר מָנֶה, וְהַיּוֹם עֶשְׂרִים וְאַרְבָּעָה. רַבִּי יְהוּדָה אוֹמֵר: בְּכׇל יוֹם עֶשְׂרִים וְאַרְבָּעָה וְהַיּוֹם אַרְבָּעִים וּשְׁמוֹנָה.

When the Sages heard of the matter, they said: Whatever the Holy One, Blessed be He, created, He created in His honor, as it is stated: "God made everything for His sake" (Proverbs 16:4),[N] **and** they let **the House of Avtinas return to their** original **station. The Sages sent for** the members of the House of Avtinas to reassume their previous position, **and they did not come. They doubled their wages and they came. Each day** until then **they would take** wages **of twelve *maneh*, and today** they take wages of **twenty-four *maneh*. Rabbi Yehuda says: Each day** they took **twenty-four** *maneh*, **and today** they take **forty-eight.**

NOTES

Each day they would take twelve *maneh* – בְּכָל יוֹם הָיוּ נוֹטְלִין שְׁנֵים עָשָׂר מָנֶה: Apparently, that was their annual salary, not their daily wage (see Rashi in tractate *Shevuot*; Rav Shmuel Strashun).

They did not know how to cause the smoke to rise – לֹא הָיוּ יוֹדְעִין לְהַעֲלוֹת עָשָׁן: *Tosafot Yeshanim* explain that they were certainly familiar with the identity of the smoke-raising herb, as the Gemara states that incense in which that herb is absent is invalid. Rather, it must be that they did not know how to blend it properly. Alternatively, there may have been a variety of herbs capable of raising the smoke, and the House of Avtinas could identify the most effective one (see *Tosefot HaRosh*).

God made everything for His sake, and He created in His honor – פָּעַל ה׳ לַמַּעֲנֵהוּ וְלִכְבוֹדוֹ בְּרָאוֹ: The difference between the verses is explained as follows. The phrase: I have created for My glory, refers to the preparation of the shewbread, which was familiar to many and involves the honor of the masses. However, the incense is burned indoors, and few people are aware of it; therefore, the verse: "God made everything for His sake" applies to it (Rabbi Elyakim).

אָמְרוּ לָהֶם חֲכָמִים: מָה רְאִיתֶם שֶׁלֹּא לְלַמֵּד? אָמְרוּ: יוֹדְעִין הָיוּ שֶׁל בֵּית אַבָּא שֶׁבַּיִת זֶה עָתִיד לֵיחָרֵב, אָמְרוּ: שֶׁמָּא יִלְמוֹד אָדָם שֶׁאֵינוֹ מְהוּגָּן, וְיֵלֵךְ וְיַעֲבוֹד עֲבוֹדָה זָרָה בְּכָךְ. וְעַל דָּבָר זֶה מַזְכִּירִין אוֹתָן לְשֶׁבַח: מֵעוֹלָם לֹא יָצָאת כַּלָּה מְבוּשֶּׂמֶת מִבָּתֵּיהֶן, וּכְשֶׁנּוֹשְׂאִין אִשָּׁה מִמָּקוֹם אַחֵר מַתְנִין עִמָּהּ שֶׁלֹּא תִּתְבַּסֵּם, שֶׁלֹּא יֹאמְרוּ מִמַּעֲשֵׂה הַקְּטוֹרֶת מִתְבַּסְּמִין, לְקַיֵּים מַה שֶּׁנֶּאֱמַר: ״וִהְיִיתֶם נְקִיִּים מֵה׳ וּמִיִּשְׂרָאֵל״.

The Sages said to them: What did you see that led you **not to teach** others this craft? **They said:** The members of our **father's house knew that this house,** the Temple, **is destined to be destroyed,** and they were concerned **lest an unworthy man learn** our skill of preparing incense **and go and engage in idol worship with** that skill. Therefore, they attempted to prevent this skill from spreading beyond their family. The Gemara comments: **And for this matter they are mentioned favorably: Never did a perfumed bride**[B] **emerge from their homes. And when they marry a woman from a different place, they stipulate with her that she will not perfume herself, so that** cynics **would not say** that it is **with the work of the incense** that **they perfume themselves, to fulfill that which is stated: "And you shall be clear before the Lord and before Israel"** (Numbers 32:22).

תַּנְיָא, אָמַר רַבִּי יִשְׁמָעֵאל: פַּעַם אַחַת הָיִיתִי מְהַלֵּךְ בַּדֶּרֶךְ, וּמָצָאתִי אֶחָד מִבְּנֵי בְּנֵיהֶם, אָמַרְתִּי לוֹ: אֲבוֹתֶיךָ בִּקְּשׁוּ לְהַרְבּוֹת כְּבוֹדָן, וְרָצוּ לְמַעֵט כְּבוֹד הַמָּקוֹם – עַכְשָׁיו כְּבוֹד מָקוֹם בִּמְקוֹמוֹ, וּמִיעֵט כְּבוֹדָם.

It was taught in a *baraita* that **Rabbi Yishmael said: One time I was walking along the road and I found one of** the **descendants** of the House of Avtinas. **I said to him: Your fathers sought to enhance their honor and sought to diminish God's honor**[N] by not revealing their secret to others. Now, although the Temple was destroyed, **the honor of God remains as it was,** and **He diminished their honor,** as their significance stemmed from their Temple service.

אָמַר רַבִּי עֲקִיבָא: (פַּעַם אַחַת) סָח לִי רַבִּי יִשְׁמָעֵאל בֶּן לוֹגָא: פַּעַם אַחַת יָצָאתִי אֲנִי וְאֶחָד מִבְּנֵי בְנֵיהֶם לַשָּׂדֶה לְלַקֵּט עֲשָׂבִים, וְרָאִיתִי (שֶׁשָּׂחַק וּבָכָה). אָמַרְתִּי לוֹ: מִפְּנֵי מָה בָּכִיתָ? אָמַר לִי: כְּבוֹד אֲבוֹתַי נִזְכַּרְתִּי. וּמִפְּנֵי מָה שָׂחַקְתָּ? אָמַר לִי: שֶׁעָתִיד הַקָּדוֹשׁ בָּרוּךְ הוּא לְהַחֲזִירָהּ לָנוּ. וּמִפְּנֵי מָה נִזְכַּרְתָּ? אָמַר לִי: מַעֲלֶה עָשָׁן כְּנֶגְדִּי. הַרְאֵהוּ לִי! אָמַר לִי: שְׁבוּעָה הִיא בְּיָדֵינוּ שֶׁאֵין מַרְאִין אוֹתוֹ לְכׇל אָדָם.

Rabbi Akiva said: One time Rabbi Yishmael ben Loga related to me: One time I and one of the descendants of the House of Avtinas **went out to the field to collect herbs, and I saw that he laughed and he cried. I said to him: Why did you cry? He said to me: I was reminded of the honor of my forefathers,** how important they were in the Temple. I said to him: **And why did you laugh? He said to me: The Holy One, Blessed be He, is going to restore it to us in the future** and we will be honored again. I said to him: **And why are you reminded** of this now? **He said to me: The smoke-raising herb**[B] **is before me,** here in the field, reminding me of the past. I said to him: **Show it to me;** which one is it? **He said to me: We are bound by oath not to show it to any person** other than the members of our family.

אָמַר רַבִּי יוֹחָנָן בֶּן נוּרִי: פַּעַם אַחַת מָצָאתִי זָקֵן אֶחָד וּמְגִילַּת סַמְמָנִין בְּיָדוֹ, אָמַרְתִּי לוֹ: מֵאַיִן אַתָּה? אָמַר לִי: מִבֵּית אַבְטִינָס אֲנִי. וּמַה בְּיָדְךָ? אָמַר לִי: מְגִילַּת סַמְמָנִין. הַרְאֵהוּ לִי! אָמַר לִי: כׇּל זְמַן שֶׁבֵּית אַבָּא הָיוּ קַיָּימִין – לֹא הָיוּ מוֹסְרִין אוֹתוֹ לְכׇל אָדָם, וְעַכְשָׁיו – הֲרֵי הוּא לְךָ וְהִזָּהֵר בָּהּ. וּכְשֶׁבָּאתִי וְסַחְתִּי דְּבָרַי לִפְנֵי רַבִּי עֲקִיבָא אָמַר לִי: מֵעַתָּה אָסוּר לְסַפֵּר בִּגְנוּתָן שֶׁל אֵלּוּ.

Rabbi Yoḥanan ben Nuri said: One time I found an old man who had in his hand a scroll with the location and formula for blending **of spices. I said to him: Where are you from?** What is your ancestry? **He said to me: I am from the House of Avtinas.** I asked him: **And what is in your hand? He said to me: A scroll of spices.** I said to him: **Show it to me. He said to me: As long as the House** of Avtinas, **my forefathers, was extant, they would not pass it on to anyone. And now, here it is; and be careful with it** not to give it to anyone. **And when I came and related my statement before Rabbi Akiva, he said to me:** And now that they have surrendered the scroll to worthy recipients since they are unable to maintain its sanctity, **it is prohibited to mention them unfavorably,** as even their earlier reticence was apparently for the glory of God.

מִכָּאן אָמַר בֶּן עַזַּאי: בְּשִׁמְךָ יִקְרָאוּךָ, וּבִמְקוֹמְךָ יוֹשִׁיבוּךָ,

From here, with regard to the cases of the Temple's craftsmen whom the Sages restored to their posts, **ben Azzai said:** One should not be concerned that others might usurp his livelihood and success, since at the appropriate moment, **by your name they shall call you**[N] to return to your previous position, **and in your place, they shall seat you,**

NOTES

Sought to diminish God's honor – רָצוּ לְמַעֵט כְּבוֹד הַמָּקוֹם: This is because they refused to return to work unless their wages were doubled (*Toledot Yitzḥak*). The simple understanding of this accusation is that they would not teach others and thereby prevented others from worshipping God in the appropriate manner.

By your name they shall call you – בְּשִׁמְךָ יִקְרָאוּךָ: Rabbi Elyakim explains that even if a person's work is wrongly disparaged, ultimately he will be addressed with the appropriate deference. This is apparent with regard to the houses of Avtinas and Garmu, whose explanations were accepted by the Sages.

BACKGROUND

Perfumed bride – כַּלָּה מְבוּשֶּׂמֶת: Perfume has been produced since ancient times. The word perfume is derived from the Latin words per, meaning thoroughly, and fumare, meaning smoke. In fact, many ancient fragrances were incense based.

Perfume amphora found in Ephesus, Greece

Smoke-raising herb – מַעֲלֶה עָשָׁן: As explained in the Gemara, the secret of the smoke-raising herb was kept by the Avtinas family and was apparently lost with them following the destruction of the Temple. There have been several attempts to identify the plant, with the accepted identification today being the plant known as the desert smoke-raiser, *Leptadenia pyrotechnica*, a broom bush. It has thin green branches and almost no leaves, and can reach a height of approximately 5 m. It is indigenous to the desert in the southern Jordan valley and northern Sinai. Its white-gray flowers are arranged in blossoms that flower in spring. This plant is quite flammable, and in the past Arab inhabitants of the region used it as gunpowder for rifles and cannons. Lighting one branch causes the entire bush to ignite quickly, creating a huge fire, up to 10 m. It is possible that placing branches of this plant into the incense created the pillar of smoke that rose like a staff, as described in the Gemara.

Desert smoke-raiser

וּמִשֶּׁלְּךָ יִתְּנוּ לְךָ. אֵין אָדָם נוֹגֵעַ בַּמּוּכָן לַחֲבֵירוֹ, וְאֵין מַלְכוּת נוֹגַעַת בַּחֲבֶרְתָּהּ אֲפִילּוּ כִּמְלֹא נִימָא.

and from your own **they shall give you.** Everyone has a portion designated for him by God, and the individual is privileged to receive what is coming to him, as was the case with the House of Avtinas. The principle is: **No person** may **touch** that **which is prepared for another** by God; everyone receives what is designated for him. **And one reign does not overlap with another** and deduct from the time allotted it **even a hairbreadth.** When the time comes for one kingdom to fall, its successor takes over immediately, as no king rules during the time designated for another.

״הוּגְרַס בֶּן לֵוִי״ וכו׳. תַּנְיָא: כְּשֶׁהוּא נוֹתֵן קוֹלוֹ בִּנְעִימָה מַכְנִיס גּוּדָלוֹ לְתוֹךְ פִּיו, וּמַנִּיחַ אֶצְבָּעוֹ בֵּין הַנִּימִין, עַד שֶׁהָיוּ אֶחָיו הַכֹּהֲנִים נִזְקָרִים בְּבַת רֹאשׁ לַאֲחוֹרֵיהֶם.

§ The mishna related that **Hugras ben Levi** knew a lesson in the art of music and he did not want to teach it to others. **It was taught** in a *baraita*: **When** Hugras ben Levi **projects his voice in** a sweet **melody,** he **places his thumb into his mouth and places his finger between the strings** of a lyre and sings. This produced a sound **so** sweet **that his brethren the priests were abruptly taken aback.**

תָּנוּ רַבָּנַן: בֶּן קַמְצָר לֹא רָצָה לְלַמֵּד עַל מַעֲשֵׂה הַכְּתָב. אָמְרוּ עָלָיו שֶׁהָיָה נוֹטֵל אַרְבָּעָה קוּלְמוֹסִין בֵּין אֶצְבְּעוֹתָיו, וְאִם הָיְתָה תֵּיבָה שֶׁל אַרְבַּע אוֹתִיּוֹת – הָיָה כּוֹתְבָהּ בְּבַת אַחַת. אָמְרוּ לוֹ: מָה רָאִיתָ שֶׁלֹּא לְלַמֵּד? כּוּלָּן מָצְאוּ תְּשׁוּבָה לְדִבְרֵיהֶם, בֶּן קַמְצָר לֹא מָצָא תְּשׁוּבָה לִדְבָרָיו. עַל הָרִאשׁוֹנִים נֶאֱמַר: ״זֵכֶר צַדִּיק לִבְרָכָה״ וְעַל בֶּן קַמְצָר וַחֲבֵירָיו נֶאֱמַר: ״וְשֵׁם רְשָׁעִים יִרְקָב״.

The Sages taught: Ben Kamtzar[N] **did not want to teach** others a special **technique of writing.** What was that technique? **They said about him that he would take four quills between his fingers, and if there was a word** consisting **of four letters** that he wanted to write, **he could write it simultaneously. They said to him: What did you see that** led you **not to teach** that technique? **All the** others with unique skills **came up** with **a response to** questions about the **matter** of **their** conduct, claiming that they sought to prevent their technique from being used in idol worship. However, **ben Kamtzar did not come up** with **a response to** questions about the **matter** of **his** conduct, and it was clear that his only motivation in preventing his skill from being disseminated was his own personal honor. **With regard to the first** people listed, **it is stated: "The memory of the righteous shall be for a blessing"** (Proverbs 10:7); **and about ben Kamtzar and his counterparts it is stated: "But the name of the wicked shall rot"** (Proverbs 10:7).

מַאי ״וְשֵׁם רְשָׁעִים יִרְקָב״? אָמַר רַבִּי אֶלְעָזָר: רַקְבִיבוּת תַּעֲלֶה בִּשְׁמוֹתָן, דְּלָא מַסְקִינַן בִּשְׁמַיְיהוּ. מְתִיב רָבִינָא: מַעֲשֶׂה בְּדוֹאֵג בֶּן יוֹסֵף שֶׁהִנִּיחוֹ [אָבִיו] בֵּן קָטָן לְאִמּוֹ. בְּכָל יוֹם הָיְתָה אִמּוֹ מוֹדַדְתּוֹ בִּטְפָחִים וְנוֹתֶנֶת מִשְׁקָלוֹ שֶׁל זָהָב לְבֵית הַמִּקְדָּשׁ, וּכְשֶׁגָּבַר אוֹיֵב טְבָחַתּוּ וַאֲכָלַתּוּ,

§ Apropos the verse cited, the Gemara asks: **What** is the meaning of: **But the name of the wicked shall rot?** How does a name rot? **Rabbi Elazar said:** It means that **decay will spread on their names,** meaning **that we do not call** others **by their names,**[N] and the name will sink into oblivion. **Ravina raised an objection** from an incident that transpired during the Second Temple era. There was **an incident involving Doeg ben Yosef, whose father** died and **left him** as **a young child to his mother,** who loved him. **Each day his mother measured** his height **in handbreadths and donated** a measure of **gold** equivalent to **the weight** that **he** gained **to the Temple.** Later, when the **enemy prevailed** and there was a terrible famine in the city, **she slaughtered and ate him.**

וְעָלֶיהָ קוֹנֵן יִרְמְיָה: ״אִם תֹּאכַלְנָה נָשִׁים פִּרְיָם עוֹלְלֵי טִפּוּחִים״, מְשִׁיבָה רוּחַ הַקֹּדֶשׁ וְאוֹמֶרֶת: ״אִם יֵהָרֵג בְּמִקְדַּשׁ ה׳ כֹּהֵן וְנָבִיא״! חֲזֵי מַאי סְלֵיק בֵּיהּ.

And with regard to her and others like her **Jeremiah lamented: "Shall the women eat their fruit, their children in their care [*tipuḥim*]?"** (Lamentations 2:20). The Gemara interprets the term *tipuḥim* homiletically as referring to this baby, who was measured in handbreadths [*tefaḥim*]. Even he was eaten by his mother. **And the Divine Spirit responds and says:** Why did this happen? **"Shall the priest and the prophet be slain in the Temple of the Lord?"** (Lamentations 2:20). It is punishment for the murder of the priest Zechariah ben Jehoiada. This incident involves a boy named Doeg; even though the person with that name was wicked (see I Samuel, chapter 22), the boy was named for him. The Gemara responds: **See what befell him.** Clearly, his name was a bad omen.

אָמַר רַבִּי אֶלְעָזָר: צַדִּיק – מֵעַצְמוֹ, וְרָשָׁע – מֵחֲבֵירוֹ. צַדִּיק מֵעַצְמוֹ, דִּכְתִיב: ״זֵכֶר צַדִּיק לִבְרָכָה״, וְרָשָׁע מֵחֲבֵירוֹ, דִּכְתִיב: ״וְשֵׁם רְשָׁעִים יִרְקָב״.

Rabbi Elazar said: A righteous person is praised **for his own** actions, **and a wicked person** is cursed not only for his own actions but also for the actions **of his** wicked **counterpart. A righteous person** is praised **for his** actions, **as it is written: "The memory of the righteous shall be for a blessing"**; righteous is written in the singular. **A wicked person** is also cursed for the actions **of his** wicked **counterpart, as it is written: "But the name of the wicked shall rot"**; wicked is written in the plural. Once one wicked person is mentioned, his wicked counterparts are cursed as well.

NOTES

Ben Kamtzar – בֶּן קַמְצָר: Apparently, he did not use actual pens in performing this feat; rather, he invented an apparatus similar to a printing press that enabled him to write several letters simultaneously. The Rabbis criticized him for not sharing his invention, which had great potential for promoting Torah study (Rabbi Tzvi Hirsch Chajes).

We do not call others by their names – דְּלָא מַסְקִינַן בִּשְׁמַיְיהוּ: The early commentaries ask: Why were there Sages named Yishmael, the same name as Ishmael, son of Abraham? One approach is to explain that Ishmael repented in his lifetime, rendering him a righteous person. Another claim is that since God gave the name to Abraham's son, it is a worthy name even though the first one who bore the name was wicked (*Tosafot Yeshanim*; Ritva).

אֲמַר לֵיהּ רָבִינָא לְהַהוּא מֵרַבָּנַן דַּהֲוָה מְסַדֵּר אַגַּדְתָּא קַמֵּיהּ: מְנָא הָא מִילְּתָא דְּאָמוּר רַבָּנַן ״זֵכֶר צַדִּיק לִבְרָכָה״? אֲמַר לֵיהּ דְּהָא כְּתִיב: ״זֵכֶר צַדִּיק לִבְרָכָה״ – מִדְּאוֹרַיְיתָא מְנָא לָן? דִּכְתִיב: ״וַה׳ אָמָר הַמְכַסֶּה אֲנִי מֵאַבְרָהָם אֲשֶׁר אֲנִי עוֹשֶׂה״ וּכְתִיב: ״וְאַבְרָהָם הָיוֹ יִהְיֶה לְגוֹי גָּדוֹל וְעָצוּם״.

Ravina said to one of the Sages who would organize aggadic statements **before him: From where is this matter**[N] **that the Sages stated: The memory of the righteous shall be for a blessing,** derived? **He said to him: As it is written** explicitly in the book of Proverbs: **"The memory of the righteous shall be for a blessing."** He then asked him: **From where in the Torah do we** derive this? He said to him: **As it is written: "And God said: Shall I hide from Abraham that which I am doing?"** (Genesis 18:17). **And** as soon as Abraham's name is mentioned, **it is written: "And Abraham shall surely become a great and mighty nation"** (Genesis 18:18), although there is no clear connection to the previous verse. Apparently, once the name of a righteous person is mentioned, it is followed directly by praise of the individual. That is the Torah source for the statement that the mention of the righteous is for blessing.

מְנָא הָא מִילְּתָא דְּאָמוּר רַבָּנַן ״שֵׁם רְשָׁעִים יִרְקָב״? אֲמַר לֵיהּ: דְּהָא כְּתִיב ״וְשֵׁם רְשָׁעִים יִרְקָב״. מִדְּאוֹרַיְיתָא מְנָא לָן? דִּכְתִיב: ״וַיֶּאֱהַל עַד סְדוֹם״, וּכְתִיב ״וְאַנְשֵׁי סְדוֹם רָעִים וְחַטָּאִים לַה׳ מְאֹד״.

Then he asked: **From where is this matter that the Sages said: But the name of the wicked shall rot,** derived? **He said to him: As it is written** explicitly in the book of Proverbs: **"But the name of the wicked shall rot."** He then asked him: **From where in the Torah do we** derive this? He said to him: **As it is written** with regard to Lot: **"And he moved his tent as far as Sodom"** (Genesis 13:12). **And** as soon as Sodom is mentioned, **it is written: "And the men of Sodom were exceedingly wicked and sinful to God"** (Genesis 13:13).

אָמַר רַבִּי אֶלְעָזָר: צַדִּיק דָּר בֵּין שְׁנֵי רְשָׁעִים וְלֹא לָמַד מִמַּעֲשֵׂיהֶם, רָשָׁע דָּר בֵּין שְׁנֵי צַדִּיקִים וְלֹא לָמַד מִמַּעֲשֵׂיהֶם. צַדִּיק דָּר בֵּין שְׁנֵי רְשָׁעִים וְלֹא לָמַד מִמַּעֲשֵׂיהֶם – עוֹבַדְיָה, רָשָׁע דָּר בֵּין שְׁנֵי צַדִּיקִים וְלֹא לָמַד מִמַּעֲשֵׂיהֶם – זֶה עֵשָׂו.

Apropos these statements, the Gemara cites another statement that **Rabbi Elazar said:** There was **a righteous person** who **lived between two wicked people and did not learn from their actions;** there was **a wicked person** who **lived between two righteous people and did not learn from their actions.** How so? **A righteous person lived between two wicked people and did not learn from their actions is Obadiah,** who was a minister for Ahab and Jezebel and nevertheless remained God-fearing (see 1 Kings, chapter 18). **A wicked person who lived between two righteous people and did not learn from their actions is Esau,** who was born and raised in the house of Isaac and Rebecca and nevertheless remained wicked.

(אָמַר) רַבִּי אֶלְעָזָר: מִבִּרְכָתָן שֶׁל צַדִּיקִים אַתָּה לָמֵד קְלָלָה לִרְשָׁעִים, וּמִקִּלְלָתָן שֶׁל רְשָׁעִים אַתָּה לָמֵד בְּרָכָה לְצַדִּיקִים. מִבִּרְכָתָן שֶׁל צַדִּיקִים אַתָּה לָמֵד קְלָלָה לִרְשָׁעִים, דִּכְתִיב: ״כִּי יְדַעְתִּיו לְמַעַן אֲשֶׁר יְצַוֶּה״ וגו׳ וּכְתִיב בַּתְרֵיהּ: ״וַיֹּאמֶר ה׳ זַעֲקַת סְדוֹם וַעֲמוֹרָה כִּי רַבָּה״.

§ **Rabbi Elazar said: From the blessing of the righteous you infer a curse for the wicked;** and conversely, **from the curse of the wicked you infer a blessing for the righteous.** How so? **From the blessing of the righteous you infer a curse for the wicked, as it is written** with regard to Abraham: **"For I have known him to the end that he will command** his children and his household after him" (Genesis 18:19), **and it is written thereafter: "The cry of Sodom and Gomorrah is very great"** (Genesis 18:20). The righteousness of Abraham underscores the relative wickedness of Sodom and Gomorrah, exacerbating their punishment.

וּמִקִּלְלָתָן שֶׁל רְשָׁעִים אַתָּה לָמֵד בְּרָכָה לְצַדִּיקִים, דִּכְתִיב: ״וְאַנְשֵׁי סְדוֹם רָעִים וְחַטָּאִים לַה׳ וַה׳ אָמַר אֶל אַבְרָם אַחֲרֵי הִפָּרֶד לוֹט מֵעִמּוֹ״. (אָמַר) רַבִּי אֶלְעָזָר: אֲפִילּוּ בִּשְׁבִיל צַדִּיק אֶחָד עוֹלָם נִבְרָא, שֶׁנֶּאֱמַר: ״וַיַּרְא אֱלֹהִים אֶת הָאוֹר כִּי טוֹב״ וְאֵין טוֹב אֶלָּא צַדִּיק שֶׁנֶּאֱמַר: ״אִמְרוּ צַדִּיק כִּי טוֹב״.

Conversely, **from the curse of the wicked you infer a blessing for the righteous, as it is written: "And the men of Sodom were** exceedingly **wicked and sinful to God"** (Genesis 13:13), after which it is written: **"And God said to Abram, after that Lot had separated from him"** (Genesis 13:14); God proceeds to bless him. And **Rabbi Elazar said: Even for one righteous** person an entire **world is created, as it is stated: "And God saw the light, that it was good"** (Genesis 1:4), **and good** means **nothing other than righteous, as it is stated: "Say of the righteous that he is good"** (Isaiah 3:10).

(אָמַר) רַבִּי אֶלְעָזָר: כָּל הַמְשַׁכֵּחַ דָּבָר מִתַּלְמוּדוֹ גּוֹרֵם גָּלוּת לְבָנָיו, שֶׁנֶּאֱמַר: ״וַתִּשְׁכַּח תּוֹרַת אֱלֹהֶיךָ אֶשְׁכַּח בָּנֶיךָ גַּם אָנִי״. רַבִּי אַבָּהוּ אָמַר: מוֹרִידִין אוֹתוֹ מִגְּדוּלָּתוֹ, שֶׁנֶּאֱמַר: ״כִּי אַתָּה הַדַּעַת מָאַסְתָּ וְאֶמְאָסְךָ מִכַּהֵן לִי״.

Rabbi Elazar further **said: One who causes himself to forget a matter of his studies** ultimately **causes exile for his children,**[N] **as it is stated: "Because you have forgotten the Torah of your God, I will also forget your children"** (Hosea 4:6). **Rabbi Abbahu said:** With regard to he who causes his studies to be forgotten, **one reduces him from his prominence, as it is stated: "Because you have rejected knowledge, I will also reject you; you shall not serve Me"** (Hosea 4:6).

NOTES

From where is this matter – מְנָא הָא מִילְּתָא: The question of the Gemara is: Since it is known that there are allusions in the Torah to all statements made by the prophets, what is the source in the Torah for this verse in the Writings? (Rabbi Tzvi Hirsch Chajes).

Causes exile for his children – גּוֹרֵם גָּלוּת לְבָנָיו: One explanation is that the knowledge one acquires is considered his spiritual child. If he forgets his Torah knowledge, his spiritual children, God exiles his actual children (*Ben Yehoyada*).

אָמַר רַבִּי חִיָּיא בַּר אַבָּא אָמַר רַבִּי יוֹחָנָן: אֵין צַדִּיק נִפְטָר מִן הָעוֹלָם עַד שֶׁנִּבְרָא צַדִּיק כְּמוֹתוֹ, שֶׁנֶּאֱמַר: "וְזָרַח הַשֶּׁמֶשׁ וּבָא הַשָּׁמֶשׁ" עַד שֶׁלֹּא כָּבְתָה שִׁמְשׁוֹ שֶׁל עֵלִי זָרְחָה שִׁמְשׁוֹ שֶׁל שְׁמוּאֵל הָרָמָתִי, (אָמַר) רַבִּי חִיָּיא בַּר אָמַר רַבִּי יוֹחָנָן: רָאָה הַקָּדוֹשׁ בָּרוּךְ הוּא שֶׁצַּדִּיקִים מוּעָטִין, עָמַד וּשְׁתָלָן בְּכָל דּוֹר וָדוֹר, שֶׁנֶּאֱמַר "כִּי לַה' מְצוּקֵי אֶרֶץ וַיָּשֶׁת עֲלֵיהֶם תֵּבֵל".

Apropos the righteous, **Rabbi Ḥiyya bar Abba said** that **Rabbi Yoḥanan said: No righteous person departs from this world until another comparable righteous person is created, as it is stated: "And the sun rises and the sun sets"** (Ecclesiastes 1:5); before the sun sets the new sun has already risen. **Before the sun of Eli was extinguished, the sun of Samuel of Ramah** had already **shone** (see 1 Samuel, chapter 3), and so on throughout the generations. And **Rabbi Ḥiyya bar Abba said** that **Rabbi Yoḥanan said: The Holy One, Blessed be He, saw that righteous people were few,** so **He arose and planted** some of **them in each and every generation** to ensure the presence of at least one righteous person in each generation. **As it is stated: "For the pillars of the earth are the Lord's, and He has set the world upon them"** (1 Samuel 2:8). Since the world rests upon the righteous, each generation requires the presence of a righteous person to provide that support.

(אָמַר) רַבִּי חִיָּיא בַּר אַבָּא אָמַר רַבִּי יוֹחָנָן: אֲפִילּוּ בִּשְׁבִיל צַדִּיק אֶחָד הָעוֹלָם מִתְקַיֵּים, שֶׁנֶּאֱמַר: "וְצַדִּיק יְסוֹד עוֹלָם". רַבִּי חִיָּיא דִּידֵיהּ אָמַר, מֵהָכָא: "רַגְלֵי חֲסִידָיו יִשְׁמוֹר". "חֲסִידָיו" – טוּבָא מַשְׁמַע! אָמַר, רַב נַחְמָן בַּר יִצְחָק: חֲסִידוֹ כְּתִיב.

Rabbi Ḥiyya bar Abba said that **Rabbi Yoḥanan said: Even for one righteous person the world exists, as it is stated: "But the righteous is the foundation of the world"** (Proverbs 10:25). **Rabbi Ḥiyya himself said:** The proof is **from here,** as it is stated: **"He will keep the feet of His pious ones"** (1 Samuel 2:9),[N] meaning that God maintains the world due to the pious people. The Gemara questions this proof; **"pious ones" indicates many** rather than a single righteous person. **Rav Naḥman bar Yitzḥak said:** Although the text is vocalized in the plural, it **is written** in the singular: **"His pious one"**; God maintains the world even for a single pious individual.

(אָמַר) רַבִּי חִיָּיא בַּר אַבָּא אָמַר רַבִּי יוֹחָנָן: כֵּיוָן שֶׁיָּצְאוּ רוֹב שְׁנוֹתָיו שֶׁל אָדָם וְלֹא חָטָא – שׁוּב אֵינוֹ חוֹטֵא, שֶׁנֶּאֱמַר: "רַגְלֵי חֲסִידָיו יִשְׁמוֹר". דְּבֵי רַבִּי שֵׁילָא אָמְרִי: כֵּיוָן שֶׁבָּאָה לְיָדוֹ דְּבַר עֲבֵירָה פַּעַם רִאשׁוֹנָה וּשְׁנִיָּה וְאֵינוֹ חוֹטֵא – שׁוּב אֵינוֹ חוֹטֵא, שֶׁנֶּאֱמַר: "רַגְלֵי חֲסִידָיו יִשְׁמוֹר".

Rabbi Ḥiyya bar Abba said that **Rabbi Yoḥanan said: Once most of a person's years have passed and he did not sin, he will never sin,**[N] **as it is stated: "He will keep the feet of His pious ones"** (1 Samuel 2:9). Once a person has established himself as righteous, God will keep him from failing thereafter. In **the school of Rabbi Sheila they say: Once** the opportunity to perform **a sinful act presents itself** to a person **a first time and a second, and he does not sin, he will never sin, as it is stated: "He will keep the feet of His pious ones"** (1 Samuel 2:9). Once he has refrained from sin several times, he has established himself as pious and God will protect him thereafter.

אָמַר רֵישׁ לָקִישׁ, מַאי דִּכְתִיב: "אִם לַלֵּצִים הוּא יָלִיץ וְלַעֲנָוִים יִתֵּן חֵן". בָּא לְטַמֵּא – פּוֹתְחִין לוֹ, בָּא לְטַהֵר – מְסַיְּיעִין אוֹתוֹ. תָּנָא דְּבֵי רַבִּי יִשְׁמָעֵאל: מָשָׁל לְאָדָם שֶׁהָיָה מוֹכֵר נֵפְט וַאֲפַרְסְמוֹן,

Reish Lakish said: What is the meaning of that **which is written: "If it concerns the scorners, He scorns them, but to the humble He gives grace"** (Proverbs 3:34)? If one **comes to impurify, they open** before him the opportunity to exercise his free will and do as he pleases. If one **comes to purify, they assist him.** In **the school of Rabbi Yishmael it was taught** with regard to this verse: This is **comparable to** the case of **a man who was selling** both crude **naphtha** [*neft*],[LB] whose odor is vile, and **balsam,** whose fragrance is pleasant.

NOTES

He will keep the feet of His pious ones – רַגְלֵי חֲסִידָיו יִשְׁמוֹר: The Gemara seems to be explaining the term feet [*raglei*] in the sense of becoming accustomed [*hergel*]. God protects those who are accustomed to act righteously (Maharsha).

He will never sin – שׁוּב אֵינוֹ חוֹטֵא: God does not provide opportunities for this person to sin; however, if he seeks to sin, the choice is his. There were several righteous people who sinned later in life (*Tosafot Yeshanim*; Ritva).

LANGUAGE

Naphtha [*neft*] – נֵפְט: Apparently from the Persian naft, via the Greek νάφθας, naftha or νάφθα, nafthas, meaning mineral oil. Some believe that the word has a Semitic root.

BACKGROUND

Naphtha – נֵפְט: In mishanic and talmudic times kerosene had various uses. It was used as fuel for heating, for medicinal purposes, and for warfare in a weapon known as Greek fire. Unrefined crude oil emits a foul odor, which is why it may not be used to light the Shabbat lamps, and Persian crude oil emits a particularly foul odor.

Greek-fire grenades

Perek **III**
Daf **39** Amud **a**

בָּא לִמְדּוֹד נֵפְט, אוֹמֵר לוֹ: מְדוֹד אַתָּה לְעַצְמְךָ. בָּא לִמְדּוֹד אֲפַרְסְמוֹן, אוֹמֵר לוֹ: הַמְתֵּן לִי עַד שֶׁאֶמְדּוֹד עִמְּךָ, כְּדֵי שֶׁנִּתְבַּסֵּם אֲנִי וְאַתָּה.

In the case of one who **comes to measure** and purchase **naphtha,** the merchant **says to him: Measure** it **for yourself,** as I prefer to keep my distance from the foul odor. With regard to one who **comes to measure** and purchase **balsam,**[B] the merchant **says to him: Wait for me until I** can **measure** it **with you, so that you and I** will both **be perfumed.** Similarly, with regard to sin God merely provides an opening, whereas with regard to mitzvot God assists the individual in their performance.

BACKGROUND

Balsam – אֲפַרְסְמוֹן: Balsam is the plant *Commiphora apobalsamum*, a short tree or bush that can reach a height of 3–5 m. Its branches are very thin and its leaves are complex. The fine fragrance seeps from the tips of the pedicels in small drops, but most of the perfume is derived by boiling the branches. Balsam oil is also used medicinally, but its primary purpose is for incense and fragrant oil. Balsam was so valuable that it was sold for its weight in gold.

תָּנָא דְּבֵי רַבִּי יִשְׁמָעֵאל: עֲבֵירָה מְטַמְטֶמֶת לִבּוֹ שֶׁל אָדָם, שֶׁנֶּאֱמַר: ״וְלֹא תִטַּמְּאוּ בָּהֶם וְנִטְמֵתֶם בָּם״ אַל תִּקְרֵי ״וְנִטְמֵאתֶם״ אֶלָּא ״וְנִטַּמְטֶם״.

In the school of Rabbi Yishmael it was taught: Sin stupefies the heart of a person who commits it, as it is stated: "And do not impurify yourselves with them, so that you should not be thereby impurified" (Leviticus 11:43) Do not read that term as: "And be impurified [*venitmetem*]"; rather, read it as: And your hearts will be stupefied [*venitamtem*].

תָּנוּ רַבָּנַן: (״אַל) תִּטַּמְּאוּ בָּהֶם וְנִטְמֵתֶם בָּם״, אָדָם מְטַמֵּא עַצְמוֹ מְעַט – מְטַמְּאִין אוֹתוֹ הַרְבֵּה, מִלְּמַטָּה – מְטַמְּאִין אוֹתוֹ מִלְּמַעְלָה, בָּעוֹלָם הַזֶּה – מְטַמְּאִין אוֹתוֹ לָעוֹלָם הַבָּא.

The Sages taught the following with regard to the verse: **"And do not impurify yourselves with them, so that you should not be thereby impurified"; a person who impurifies himself a bit, they impurify him greatly.** If a person impurifies himself of his own volition **below,** on earth, **they impurify him** even more so **above,**[N] in Heaven. If a person impurifies himself **in this world, they impurify him in the World-to-Come.**

תָּנוּ רַבָּנַן: ״וְהִתְקַדִּשְׁתֶּם וִהְיִיתֶם קְדוֹשִׁים״ – אָדָם מְקַדֵּשׁ עַצְמוֹ מְעַט – מְקַדְּשִׁין אוֹתוֹ הַרְבֵּה, מִלְּמַטָּה – מְקַדְּשִׁין אוֹתוֹ מִלְּמַעְלָה, בָּעוֹלָם הַזֶּה – מְקַדְּשִׁין אוֹתוֹ לָעוֹלָם הַבָּא.

Conversely, **the Sages taught** the following with regard to the verse: **"Sanctify yourselves and you will be sanctified"** (Leviticus 11:44); **a person** who **sanctifies himself a bit, they sanctify him** and assist him **greatly.** If a person sanctifies himself **below, they sanctify him above.** If a person sanctifies himself **in this world, they sanctify him in the World-to-Come.**

הדרן עלך אמר להם הממונה

NOTES

They impurify him above – מְטַמְּאִין אוֹתוֹ מִלְּמַעְלָה: Some commentaries explain that there are angels above who prosecute a person and others who defend him (Ritva).

Summary of **Perek III**

The start of the Temple service was at dawn. The mishna explained why a special ritual was established to announce that this time had arrived.

There is a tradition transmitted by the Sages that the High Priest immerses five immersions on Yom Kippur. The Gemara discussed the essence of these immersions; the difference between these immersions and those of any other person entering and serving in the Temple; and the sanctification of the hands and feet associated with them.

Incidental to the brief depiction of the order of the service on the morning of Yom Kippur, the Gemara cited a significant passage in which all the services performed each day in the Temple were enumerated. Although that order is the individual opinion of one *tanna*, Abba Shaul, and it does not completely correspond to the halakhic ruling, it served as a basis for explaining the procedure of the sacred service. For this reason, it is included in the daily prayer book.

Although the priestly vestments unique to Yom Kippur were white linen garments, the Sages sought an especially high quality material in deference to the Sanctuary and in deference to the priest.

This chapter did not mention the verse that details the mitzva of confession on Yom Kippur, yet the confession recited over the bull of the High Priest is discussed, and the Gemara established the formula for confession: For the sins, and for the wrongs, and for the rebellions. It explained what is being confessed over this and other offerings.

In the course of describing the box used for the lottery on Yom Kippur, the Sages saw fit to mention that ben Gamla, the High Priest, donated large amounts of gold. The Gemara continued and mentioned several personalities associated with the Temple, some of whom made a significant contribution. They were privileged to be praised throughout the generations. This is based on the verse: "The memory of the righteous shall be for a blessing" (Proverbs 10:7). Others did not conduct themselves properly and their ignominy is mentioned in order to teach generations that it is despicable to keep significant knowledge to oneself and not share it with the public.

Introduction to **Perek IV**

And Aaron shall cast lots upon the two goats: One lot for the Lord, and the other lot for Azazel. And Aaron shall present the goat upon which the lot came up for the Lord, and offer it as a sin-offering. But the goat on which the lot came up for Azazel shall be stood alive before the Lord, to make atonement over him, to send him away for Azazel into the wilderness.

And Aaron shall present the bull of the sin-offering, which is for himself, and shall make atonement for himself, and for his house, and shall slaughter the bull of the sin-offering which is for himself.

And he shall take a pan full of coals of fire from upon the altar from before the Lord, and his hands full of finely ground aromatic incense, and bring it within the veil.

(Leviticus 16:8–12)

Come now, and let us reason together, said the Lord; though your sins be as crimson, they shall be white as snow. Though they be red like scarlet, they shall be as wool.

(Isaiah 1:18)

The previous chapter discussed the preparatory stages of the Yom Kippur service. This chapter begins to detail the service itself. The main focus of the chapter is the rite of the two goats, one of which is brought as a sin-offering and the other that will be sent away to Azazel.

The chapter opens with the lottery that is held to designate the two goats for their respective purposes. This unique ritual raises various questions: How exactly is the lottery to be conducted? Is the lottery considered a full part of the sacrificial service, or is it just a preparatory step in order to designate the goats? Is the lottery indispensable, or can the designation be achieved by other means?

A strip of crimson thread is tied to the goats to identify them. The Gemara discusses whether this was done to one or both of the goats, how it was done, and where it was tied. The Gemara also discusses the nature of the strip, its size, and its weight.

The next stage in the service is the High Priest's confession upon the bull offering "for him and his household." This is his second confession of the day; however, this time the term household is understood not only in the more limited sense of his immediate family, but also as referring to the entire priesthood.

The High Priest was involved simultaneously in different stages of different rites. Thus, following the slaughter of the bull and receiving its blood, he was required to collect the coals for the incense and then bring them into the Holy of Holies to burn the incense. During this time, the blood had to be looked after by another priest until the High Priest was ready to sprinkle it. The Gemara discusses how all this was achieved.

While the High Priest is inside the Holy of Holies, it is forbidden for anyone else to be in the Sanctuary. The Gemara addresses the nature and scope of this prohibition.

The collection of the coals for the incense was performed in a unique way on Yom Kippur. The Gemara discusses the reasons for these departures from the norm and then continues to discuss many of the other unique changes to the Temple service that were made on this special day.

מתני׳ טָרַף בְּקַלְפִּי וְהֶעֱלָה שְׁנֵי גוֹרָלוֹת, אֶחָד כָּתוּב עָלָיו ׳לַשֵּׁם׳ וְאֶחָד כָּתוּב עָלָיו ׳לַעֲזָאזֵל׳. הַסְּגַן בִּימִינוֹ וְרֹאשׁ בֵּית אָב מִשְּׂמֹאלוֹ. אִם שֶׁל שֵׁם עָלָה בִּימִינוֹ – הַסְּגַן אוֹמֵר לוֹ: אִישִׁי כֹּהֵן גָּדוֹל הַגְבֵּהַ יְמִינְךָ. וְאִם שֶׁל שֵׁם עָלָה בִּשְׂמֹאלוֹ רֹאשׁ בֵּית אָב אוֹמֵר לוֹ אִישִׁי כֹּהֵן גָּדוֹל הַגְבֵּהַ שְׂמֹאלְךָ.

MISHNA The High Priest **would mix** the lots **in the** lottery **receptacle**[H] used to hold them **and draw** the **two lots** from it, one in each hand. **Upon one was written: For God. And upon** the other **one was written: For Azazel.**[B] **The deputy** High Priest would stand **to the** High Priest's **right, and the head of the patrilineal family** would stand **to his left.** If the lot **for the name** of God **came up in his right** hand, **the Deputy would say to him: My master, High Priest, raise your right** hand so that all can see with which hand the lot for God was selected. **And if** the lot for the **name** of God **came up in his left** hand, **the head of the patrilineal family would say to him: My master, High Priest, raise your left** hand.

נְתָנָן עַל שְׁנֵי הַשְּׂעִירִים, וְאוֹמֵר: ״לַה׳ חַטָּאת״ – רַבִּי יִשְׁמָעֵאל אוֹמֵר: לֹא הָיָה צָרִיךְ לוֹמַר ״חַטָּאת״, אֶלָּא ״לַה׳״. וְהֵן עוֹנִין אַחֲרָיו: בָּרוּךְ שֵׁם כְּבוֹד מַלְכוּתוֹ לְעוֹלָם וָעֶד.

Then **he would place** the two lots **upon the two goats,** the lot that arose in his right hand on the goat standing to his right side and the lot in his left hand on the goat to his left. **And** upon placing the lot for God upon the appropriate goat, **he would say: For God, as a sin-offering.**[NH] **Rabbi Yishmael says: He need not say: As a sin-offering. Rather,** it is sufficient to say: **For God. And** upon saying the name of God, the priests and the people **respond after him: Blessed be the name of His glorious kingdom forever and all time.**

גמ׳ לָמָּה לִי טָרַף בְּקַלְפִּי? כִּי הֵיכִי דְּלָא נִיכַּוֵּין וְלִישְׁקוֹל.

GEMARA **Why do I** need the High Priest to have **mixed** the lots **in a receptacle** before he draws the lots? **In order that he not** be able to **intentionally take**[N] the lot for God specifically with his right hand. Since it is a fortuitous omen for the lot for God to arise in his right hand, there is a concern that he might force the result, in contravention of the requirement that the designation of the goats be made through a random lottery.

אָמַר רָבָא: קַלְפִּי שֶׁל עֵץ הָיְתָה, וְשֶׁל חוֹל הָיְתָה, וְאֵינָהּ מַחֲזֶקֶת אֶלָּא שְׁתֵּי יָדַיִם.

Rava said: The **receptacle**[H] **was** made out **of wood and** did not have the status of a sacred vessel. Rather, it **was unconsecrated, and it had enough** space inside **only for** the High Priest's **two hands.**

מַתְקִיף לָהּ רָבִינָא: בִּשְׁלָמָא אֵינָהּ מַחֲזֶקֶת אֶלָּא שְׁתֵּי יָדַיִם – כִּי הֵיכִי דְּלָא לִיכַּוֵּין וְלִישְׁקוֹל. אֶלָּא שֶׁל חוֹל – נְקַדְּשָׁהּ! אִם כֵּן הֲוָה לָהּ כְּלִי שָׁרֵת שֶׁל עֵץ, וּכְלִי שָׁרֵת דְּעֵץ לָא עָבְדִינַן. וְנַעַבְדָהּ דְּכֶסֶף, וְנַעַבְדָהּ דְּזָהָב! הַתּוֹרָה חָסָה עַל מָמוֹנָן שֶׁל יִשְׂרָאֵל.

Ravina strongly objects to this: Granted, it was constructed so that it **had enough** space inside it **only for** the High Priest's **two hands.** This was done so that he could not maneuver his hands inside the box to feel and examine the lots, **in order that he not** be able to **intentionally take** the lot for God specifically with his right hand. **But** why was the receptacle **unconsecrated? Let it be consecrated** as a sacred vessel. **If so,** if it were to be consecrated, **it would be a sacred vessel** made **of wood, and** the *halakha* is that **we do not make a sacred vessel from wood.**[H] But if this is the only issue, **let it be made** out **of silver** or **let it be made** out **of gold.** However, **the Torah spared the money of the Jewish people**[N] and did not want to burden them with the expense of having to make the receptacle from expensive materials. Therefore, it is made from wood, and as such it is precluded from being a sacred vessel.

HALAKHA

Would mix the lots in the receptacle – טָרַף בְּקַלְפִּי: The High Priest mixes the lots in the receptacle, takes out the two lots with his two hands, and opens his hands. If the lot for God is in his right hand, the Deputy says to him: My master, High Priest, raise your right hand. If it appears in his left hand, the Deputy says to him: My master, High Priest, raise your left hand. The two lots are then placed upon the two goats (Rambam *Sefer Avoda, Hilkhot Avodat Yom HaKippurim* 3:3).

And he would say: For God, as a sin-offering – וְאוֹמֵר לַה׳ חַטָּאת: When the High Priest places the lot upon the goat that will be the sin-offering, he says: For God, as a sin-offering, in accordance with the opinion of the first *tanna* in the mishna (Rambam *Sefer Avoda, Hilkhot Avodat Yom HaKippurim* 2:6).

Receptacle – קַלְפִּי: The two lots are placed in a utensil that has just enough room for two hands, so that the priest can insert both of his hands inside but cannot intentionally take a particular lot with each hand. This box is made from wood and is not sacred (Rambam *Sefer Avoda, Hilkhot Avodat Yom HaKippurim* 3:1).

A sacred vessel from wood – כְּלִי שָׁרֵת שֶׁל עֵץ: The Temple utensils are made only from metal. If they are fashioned from wood, stone, glass, or other materials, they are invalid (Rambam *Sefer Avoda, Hilkhot Beit HaBeḥira* 1:18).

BACKGROUND

Azazel – עֲזָאזֵל: According to some interpretations, Azazel refers to an actual geographic location, identified today as Jabel Muntar in the Judean Desert.

Jabel Muntar

NOTES

For God, as a sin-offering – לַה׳ חַטָּאת: It is stated in the *Tosefta* that the High Priest says only: For God. It is the Deputy who says: As a sin-offering.

That he not be able to intentionally take – דְּלָא נִיכַּוֵּין וְלִישְׁקוֹל: In a true lottery, the result is not forced. Consequently, if the High Priest were to intentionally remove the lot for God with his right hand, the drawing of the lots could not be considered a true lottery and he would have failed to fulfill the mitzva that requires that the designation of the goats be done through a lottery (*Tosafot Yeshanim*).

The Torah spared the money of the Jewish people – הַתּוֹרָה חָסָה עַל מָמוֹנָן שֶׁל יִשְׂרָאֵל: Evidence for this concept is deduced from the laws of the leprous house (Leviticus, chapter 14). A leprous house, along with all its contents, becomes ritually impure only upon the declaration of a priest. The Torah instructs that all the utensils inside the house should be removed before the priest makes this declaration. Why did the Torah stipulate this? Although most utensils can be purified from ritual impurity through immersion, earthenware utensils cannot. Their impurity is removed only when they are destroyed. In order to prevent this eventuality, the Torah instructed that the utensils be removed before the declaration, which demonstrates that the Torah is concerned for the financial losses of the Jewish people.

However, in the case in the Gemara's discussion, the additional and conflicting principle: One is not stingy with regard to Temple matters, meant that only the finest materials were used in the Temple. How are these two principles both to be implemented? Some suggest that for the fulfillment of a mitzva, one should not be stingy. However, when dealing with the design of an object whose existence does not itself constitute a mitzva, it is assumed that the Torah is concerned for the financial losses of the Jewish people.

מַתְנִיתִין דְּלָא כִּי הַאי תַּנָּא; דְּתַנְיָא, רַבִּי יְהוּדָה אוֹמֵר מִשּׁוּם רַבִּי אֱלִיעֶזֶר: הַסְּגַן וְכֹהֵן גָּדוֹל מַכְנִיסִין יָדָן בַּקַּלְפִּי, אִם בִּימִינוֹ שֶׁל כֹּהֵן גָּדוֹל עוֹלֶה – הַסְּגַן אוֹמֵר לוֹ: אִישִׁי כֹּהֵן גָּדוֹל הַגְבֵּהַּ יְמִינְךָ, וְאִם בִּימִינוֹ שֶׁל סְגַן עוֹלֶה – רֹאשׁ בֵּית אָב אוֹמֵר לוֹ לְכֹהֵן גָּדוֹל: דַּבֵּר מִילָּךְ.

The Gemara comments: **The mishna is not in accordance with** the opinion of **this *tanna*** whose opinion **was taught** in a *baraita*: **Rabbi Yehuda says in the name of Rabbi Eliezer: The Deputy and the High Priest insert their hands into the receptacle. If** the lot for God **comes up in the High Priest's right** hand, **the Deputy says to him: My master, High Priest, raise your right** hand. **And if** the lot for God **comes up in the right** hand **of the Deputy, the head of the patrilineal family says to the High Priest: Speak your word** and declare the goat to your left side to be the sin-offering for God.

וְנֵימָא לֵיהּ סְגַן! כֵּיוָן דְּלָא סָלֵיק בִּידֵיהּ – חָלְשָׁא דַּעְתֵּיהּ.

The Gemara asks: Why should the head of the patrilineal family instruct the High Priest to speak? **Let the Deputy say** this **to him.** The Gemara answers: **Since the lot** for God **did not come up in** the High Priest's **hand,** rather in the Deputy's, **he** might **be discouraged** if the Deputy himself instructs him to speak, as it may appear that he is mocking him.

בְּמַאי קָא מִיפַּלְגִי? מָר סָבַר: יְמִינָא דִּסְגַן עֲדִיף מִשְּׂמָאלֵיהּ דְּכֹהֵן גָּדוֹל, וּמָר סָבַר: כִּי הֲדָדֵי נִינְהוּ.

With regard to what do the *tanna'im* of the mishna and *baraita* **disagree?** One **Sage,** the *tanna* of the *baraita*, **holds** that **the Deputy's right** hand **is preferable to the High Priest's left** hand.[N] As such, the ideal way for the lots to be drawn is for both the Deputy and High Priest to use their right hands. **And** the other **Sage,** the *tanna* of the mishna, **holds they are equivalent.** Therefore, there is no reason for the Deputy to be involved, and the entire process is performed by the High Priest.

וּמַאן הַאי תַּנָּא דִּפְלֵיג עֲלֵיהּ דְּרַבִּי יְהוּדָה – רַבִּי חֲנִינָא סְגַן הַכֹּהֲנִים הוּא. דְּתַנְיָא, רַבִּי חֲנִינָא סְגַן הַכֹּהֲנִים אוֹמֵר: לָמָּה סְגַן מִימִינוֹ, שֶׁאִם אֵירַע בּוֹ פְּסוּל בְּכֹהֵן גָּדוֹל – נִכְנָס סְגַן וּמְשַׁמֵּשׁ תַּחְתָּיו.

And who is this *tanna* who argues with Rabbi Yehuda? It is Rabbi Ḥanina, the Deputy of the priests,[P] **as it was taught** in a *baraita*: **Rabbi Ḥanina, the Deputy of the priests, says: Why** did the **Deputy** remain **at the** High Priest's **right** side throughout the day's service? **Because if some disqualification befalls the High Priest, the Deputy can step in and serve in his stead.** It is apparent from Rabbi Ḥanina's statement that as long as the High Priest remains qualified, the Deputy has no role in the day's service, which disputes Rabbi Yehuda's opinion.

תָּנוּ רַבָּנַן: אַרְבָּעִים שָׁנָה שֶׁשִּׁמֵּשׁ שִׁמְעוֹן הַצַּדִּיק הָיָה גּוֹרָל עוֹלֶה בְּיָמִין, מִכָּאן וְאֵילָךְ פְּעָמִים עוֹלֶה בְּיָמִין פְּעָמִים עוֹלֶה בִּשְׂמֹאל. וְהָיָה לָשׁוֹן שֶׁל זְהוֹרִית מַלְבִּין, מִכָּאן וְאֵילָךְ פְּעָמִים מַלְבִּין פְּעָמִים אֵינוֹ מַלְבִּין. וְהָיָה נֵר מַעֲרָבִי דּוֹלֵק, מִכָּאן וְאֵילָךְ פְּעָמִים דּוֹלֵק פְּעָמִים כָּבֶה.

§ **The Sages taught:** During all **forty years that Shimon HaTzaddik**[P] **served** as High Priest, **the lot** for God arose in **the right** hand. **From then onward, sometimes it arose in the right** hand and **sometimes it arose in the left** hand. Furthermore, during his tenure as High Priest, **the strip of crimson** wool that was tied to the head of the goat that was sent to Azazel **turned white,** indicating that the sins of the people had been forgiven, as it is written: "Though your sins be as crimson, they shall be white as snow" (Isaiah 1:18). **From then onward, it sometimes turned white** and **sometimes it did not turn white.** Furthermore, **the western lamp** of the candelabrum **would burn**[N] continuously as a sign that God's presence rested upon the nation. **From then onward, it sometimes burned** and **sometimes it went out.**

NOTES

The High Priest's left hand – שְׂמֹאלוֹ שֶׁל כֹּהֵן גָּדוֹל: Generally, all services are performed using only the right hand. The very fact that the High Priest may use his left hand to remove the second lot demonstrates that it is not a true act of service. Given this conclusion, it is also understandable why, despite that every other part of the day's service is performed by the High Priest himself, the drawing of the second lot could be performed by another (*Tosafot Yeshanim*).

The western lamp would burn – נֵר מַעֲרָבִי דּוֹלֵק: Despite the priests' filling all the lamps of the candelabrum with a quantity of oil that was sufficient to last through the night only, the oil in the westernmost lamp continued to burn throughout the following day. Each evening, the other lamps were kindled using the flame from the western one.

PERSONALITIES

Rabbi Ḥanina the Deputy of the priests – רַבִּי חֲנִינָא סְגַן הַכֹּהֲנִים: Rabbi Ḥanina, who lived during the destruction of the Temple and for many years following, apparently served as Deputy to several High Priests in that era. Many sayings and laws are attributed to him, particularly with regard to the Temple services. It would appear that the *tanna* Rabbi Shimon, son of the Deputy, was his son.

Shimon HaTzaddik – שִׁמְעוֹן הַצַּדִּיק: There were two High Priests, grandfather and grandson, who were both called Shimon ben Ḥonyo. It is unclear which of them is referred to as Shimon HaTzaddik, and it is possible that both shared this epithet, which means Shimon the Righteous. Shimon HaTzaddik was one of the last members of the Great Assembly. Many stories of his righteousness appear throughout the Talmud. A contemporary of his, Shimon ben Sira, uttered unique words in his praise: The greatest of his brothers and the splendor of his people…who is concerned for his people and strengthens them in times of trouble…How splendid he is as he looks out from the Temple, and as he emerges from the inner chamber behind the curtain, like a star of light between trees, like a full moon during a Festival (Ben Sira 49).

וְהָיָה אֵשׁ שֶׁל מַעֲרָכָה מִתְגַּבֵּר, וְלֹא הָיוּ כֹּהֲנִים צְרִיכִין לְהָבִיא עֵצִים לַמַּעֲרָכָה חוּץ מִשְּׁנֵי גְּזִירֵי עֵצִים, כְּדֵי לְקַיֵּים מִצְוַת עֵצִים. מִכָּאן וְאֵילָךְ – פְּעָמִים מִתְגַּבֵּר פְּעָמִים אֵין מִתְגַּבֵּר, וְלֹא הָיוּ כֹּהֲנִים נִמְנָעִין מִלְּהָבִיא עֵצִים לַמַּעֲרָכָה כָּל הַיּוֹם כּוּלּוֹ.

And during the tenure of Shimon HaTzaddik, **the fire on the arrangement** of wood on the altar **kept going strongly,** perpetually by itself, **such that the priests did not need to bring** additional **wood to the arrangement**[N] on a daily basis, **except for the two logs** that were brought **in order to fulfill the mitzva of** placing wood upon the arrangement. **From then onward,** the fire **sometimes kept going** strongly and **sometimes it did not, and so the priests could not avoid bringing wood to the arrangement throughout the entire day.**

וְנִשְׁתַּלְּחָה בְּרָכָה בָּעוֹמֶר וּבִשְׁתֵּי הַלֶּחֶם וּבְלֶחֶם הַפָּנִים, וְכָל כֹּהֵן שֶׁמַּגִּיעוֹ כַּזַּיִת יֵשׁ אוֹכְלוֹ וְשָׂבֵעַ, וְיֵשׁ אוֹכְלוֹ וּמוֹתִיר. מִכָּאן וְאֵילָךְ נִשְׁתַּלְּחָה מְאֵירָה בָּעוֹמֶר וּבִשְׁתֵּי הַלֶּחֶם וּבְלֶחֶם הַפָּנִים, וְכָל כֹּהֵן מַגִּיעוֹ כִּפּוֹל, הַצְּנוּעִין מוֹשְׁכִין אֶת יְדֵיהֶן וְהַגַּרְגְּרָנִין נוֹטְלִין וְאוֹכְלִין. וּמַעֲשֶׂה בְּאֶחָד שֶׁנָּטַל חֶלְקוֹ וְחֵלֶק חֲבֵירוֹ, וְהָיוּ קוֹרִין אוֹתוֹ בֶּן

And a blessing was sent upon the offering of the ***omer*; and to the** offering of **the two loaves** from the new wheat, which was sacrificed on *Shavuot*; **and to the shewbread,** which was placed on the table in the Temple. **And** due to that blessing, **each priest that received an olive-bulk** of them, **there were those** who **ate it and were satisfied, and there were those** who ate only a part **of it and left over** the rest because they were already satisfied from such a small amount. **From then onward, a curse was sent upon the** ***omer*,** and to **the two loaves, and to the shewbread,** that there were not sufficient quantities to give each priest a full measure. Therefore, **each priest received** just an amount the **size of a bean; the discreet,** pious **ones would withdraw their hands,**[N] a bean-bulk being less that the quantity needed to properly fulfill the mitzva, **and** only **the voracious ones would take and eat it. And an incident occurred with one who took his portion and that of his fellow, and they called him: Son of**

NOTES

To bring wood to the arrangement – לְהָבִיא עֵצִים לַמַּעֲרָכָה: Even if, as some assert, there is a mitzva to rearrange the wood each day, there was no need to bring additional wood beyond the fixed arrangements (Ritva).

The discreet, pious ones would withdraw their hands – הַצְּנוּעִין מוֹשְׁכִין אֶת יְדֵיהֶן: One fulfills the mitzva to consume sacrificial foods by eating at least an olive-bulk of them. A bean has a smaller volume than an olive. Therefore, the pious priests withdrew their hands to ensure that enough remained so that the mitzva could be properly fulfilled by others.

In another version of the text, the Gemara writes that even during the tenure of Shimon HaTzaddik there were times when there was only a bean-sized portion of the offerings for each priest. Nevertheless, this small quantity was miraculously able to satiate them. As such, the mitzva could be fulfilled even with the smaller quantity (see *Tosafot Yeshanim*; Ritva; Rabbi Tzvi Hirsch Chajes).

Perek **IV**
Daf **39** Amud **b**

חַמְצָן עַד יוֹם מוֹתוֹ.

a robber [*ḥamtzan*][N] **until the day of his death.**

אָמַר רַבָּה בַּר (בַּר) שֵׁילָא: מַאי קְרָא – "אֱלֹהַי פַּלְּטֵנִי מִיַּד רָשָׁע מִכַּף מְעַוֵּל וְחוֹמֵץ". רָבָא אָמַר: מֵהָכָא – "לִמְדוּ הֵיטֵב דִּרְשׁוּ מִשְׁפָּט אַשְּׁרוּ חָמוֹץ" אַשְּׁרוּ חָמוֹץ וְאַל תְּאַשְּׁרוּ חוֹמֵץ.

Rabba bar bar Sheila said: What is the verse that indicates that a *ḥamtzan* is a robber? The verse states: **"O, my God, rescue me out of the hand of wicked, out of the hand of the unrighteous and robbing man [*ḥometz*]"** (Psalms 71:4). **Rava said: From here: "Learn to do well, seek justice, strengthen the robbed [*ḥamotz*]"** (Isaiah 1:17), which teaches that one should **strengthen the robbed, but not strengthen the robber.**

תָּנוּ רַבָּנַן: אוֹתָהּ שָׁנָה שֶׁמֵּת בָּהּ שִׁמְעוֹן הַצַּדִּיק אָמַר לָהֶם: בְּשָׁנָה זוֹ הוּא מֵת. אָמְרוּ לוֹ: מִנַּיִן אַתָּה יוֹדֵעַ? אָמַר לָהֶם: בְּכָל יוֹם הַכִּפּוּרִים הָיָה מִזְדַּמֵּן לִי זָקֵן אֶחָד לָבוּשׁ לְבָנִים וְעָטוּף לְבָנִים, נִכְנַס עִמִּי וְיָצָא עִמִּי. וְהַיּוֹם נִזְדַּמֵּן לִי זָקֵן אֶחָד לָבוּשׁ שְׁחוֹרִים וְעָטוּף שְׁחוֹרִים, נִכְנַס עִמִּי וְלֹא יָצָא עִמִּי. אַחַר הָרֶגֶל חָלָה שִׁבְעָה יָמִים וָמֵת,

§ **The Sages taught:** During **the year in which Shimon HaTzaddik died, he said to them,** his associates: **In this year, he will die,** euphemistically referring to himself. **They said to him: How do you know? He said to them:** In previous years, **on every Yom Kippur,** upon entering the Holy of Holies, **I was met,** in a prophetic vision, **by an old man who was dressed in white, and** his head was **wrapped up in white,** and **he would enter** the Holy of Holies **with me, and he would leave with me.**[N] **But today, I was met by an old man who was dressed in black, and** his head was **wrapped up in black,** and **he entered** the Holy of Holies **with me,** but **he did not leave with me.** He understood this to be a sign that his death was impending. Indeed, **after the festival** of *Sukkot*, **he was ill for seven days and died.**

וְנִמְנְעוּ אֶחָיו הַכֹּהֲנִים מִלְּבָרֵךְ בַּשֵּׁם.

Without the presence of Shimon HaTzaddik among them, the Jewish people were no longer worthy of the many miracles that had occurred during his lifetime. For this reason, following his death, **his brethren, the priests, refrained from blessing** the Jewish people **with the** explicit **name of God**[N] in the priestly blessing.

תָּנוּ רַבָּנַן: אַרְבָּעִים שָׁנָה קוֹדֶם חוּרְבַּן הַבַּיִת לֹא הָיָה גּוֹרָל עוֹלֶה בְּיָמִין, וְלֹא הָיָה לָשׁוֹן שֶׁל זְהוֹרִית מַלְבִּין, וְלֹא הָיָה נֵר מַעֲרָבִי דּוֹלֵק,

The Sages taught: During the tenure of Shimon HaTzaddik, the lot for God always arose in the High Priest's right hand; after his death, it occurred only occasionally; but during the **forty years prior to the destruction of the** Second **Temple,** the **lot** for God **did not arise in the** High Priest's **right** hand at all. So too, **the strip of crimson** wool that was tied to the head of the goat that was sent to Azazel **did not turn white, and the westernmost lamp** of the candelabrum **did not burn** continually.

NOTES

Son of a robber – בֶּן חַמְצָן: Why was he called specifically the son of a robber, rather than just a robber? Some suggest that since character is shaped by upbringing, one may assume that a person's actions are reflective of those of his parents. Based on this assumption, in a case where the nature of a wicked person's parents is not known, it is permitted to disparage them. In this case, they are referred to as robbers (Rabbi Yoshiya Pinto). Others suggest that the term son of a robber is not a direct reference to a person's parents; rather, it is a term of disparagement concerning the person himself (*Iyyun Ya'akov*).

He would enter with me and he would leave with me – נִכְנַס עִמִּי וְיָצָא עִמִּי: In the Jerusalem Talmud it is explained that this vision was a revelation of the Divine Presence.

His brethren the priests refrained from blessing with the explicit name of God – וְנִמְנְעוּ אֶחָיו הַכֹּהֲנִים מִלְּבָרֵךְ בַּשֵּׁם: The priests feared that on their spiritual level the explicit name of forty two letters was too awesome for them to use. Nevertheless, it would appear they continued to use the Tetragrammaton (*Tosefot Rid*).

וְהָיוּ דַּלְתוֹת הַהֵיכָל נִפְתָּחוֹת מֵאֲלֵיהֶן, עַד שֶׁגָּעַר בָּהֶן רַבָּן יוֹחָנָן בֶּן זַכַּאי. אָמַר לוֹ: הֵיכָל הֵיכָל! מִפְּנֵי מָה אַתָּה מַבְעִית עַצְמְךָ? יוֹדֵעַ אֲנִי בְּךָ שֶׁסּוֹפְךָ עָתִיד לֵיחָרֵב, וּכְבָר נִתְנַבֵּא עָלֶיךָ זְכַרְיָה בֶּן עִדּוֹא ״פְּתַח לְבָנוֹן דְּלָתֶיךָ וְתֹאכַל אֵשׁ בַּאֲרָזֶיךָ״.

And the doors of the Sanctuary opened[B] **by themselves** as a sign that they would soon be opened by enemies, **until Rabban Yoḥanan ben Zakkai scolded them. He said to** the Sanctuary: **Sanctuary, Sanctuary, why do you frighten yourself** with these signs? **I know about you that you will ultimately be destroyed, and Zechariah, son of Ido, has already prophesied concerning you: "Open your doors, O Lebanon, that the fire may devour your cedars"** (Zechariah 11:1),[B] Lebanon being an appellation for the Temple.

אָמַר רַבִּי יִצְחָק בֶּן טַבְלַאי: לָמָּה נִקְרָא שְׁמוֹ לְבָנוֹן – שֶׁמַּלְבִּין עֲוֹנוֹתֵיהֶן שֶׁל יִשְׂרָאֵל.

Rabbi Yitzḥak ben Tavlai said: Why is the Temple **called Lebanon** [*Levanon*]**? Because it whitens** [*malbin*] **the Jewish people's sins,** alluded to by the root *lavan*, meaning white.

אָמַר רַב זוּטְרָא בַּר טוֹבִיָּה: לָמָּה נִקְרָא שְׁמוֹ יַעַר, דִּכְתִיב: ״בֵּית יַעַר הַלְּבָנוֹן״ – לוֹמַר לְךָ: מַה יַּעַר מְלַבְלֵב אַף בֵּית הַמִּקְדָּשׁ מְלַבְלֵב. דְּאָמַר רַב הוֹשַׁעְיָא: בְּשָׁעָה שֶׁבָּנָה שְׁלֹמֹה בֵּית הַמִּקְדָּשׁ נָטַע בּוֹ כָּל מִינֵי מְגָדִים שֶׁל זָהָב, וְהָיוּ מוֹצִיאִין פֵּירוֹת בִּזְמַנֵּיהֶן, וְכֵיוָן שֶׁהָרוּחַ מְנַשֶּׁבֶת בָּהֶן הָיוּ נוֹשְׁרִין פֵּירוֹתֵיהֶן, שֶׁנֶּאֱמַר: ״יִרְעַשׁ כַּלְּבָנוֹן פִּרְיוֹ״ וּמֵהֶן הָיְתָה פַּרְנָסָה לַכְּהוּנָּה.

Rav Zutra bar Toviya said: Why is the Temple **called: Forest, as it is written: "The house of the forest of Lebanon"** (I Kings 10:17)**? To tell you: Just as a forest blooms, so too the Temple blooms. As Rav Hoshaya said: When Solomon built the Temple, he planted in it all kinds of sweet fruit** trees made **of gold,**[N] **and** miraculously these **brought forth fruit in their season. And when the wind blew upon them, their fruit would fall off, as it is stated: "May his fruits rustle like Lebanon"** (Psalms 72:16)**. And through** selling these golden fruits to the public, **there was a source of income for the priesthood.**

וְכֵיוָן שֶׁנִּכְנְסוּ גּוֹיִם לַהֵיכָל – יָבְשׁוּ, שֶׁנֶּאֱמַר: ״וּפֶרַח לְבָנוֹן אוּמְלָל״, וְעָתִיד הַקָּדוֹשׁ בָּרוּךְ הוּא לְהַחֲזִירָהּ לָנוּ שֶׁנֶּאֱמַר: ״פָּרֹחַ תִּפְרַח וְתָגֵל אַף גִּילַת וְרַנֵּן כְּבוֹד הַלְּבָנוֹן נִתַּן לָהּ״.

But once the gentile **nations entered the Sanctuary** the golden trees **withered, as it states "And the blossoms of Lebanon wither"** (Nahum 1:4)**. And in the future** hour of redemption, **the Holy One, Blessed be He, will restore** them **to us as it is stated: "It shall blossom abundantly, it shall also rejoice and shout, the glory of Lebanon will be given to it"** (Isaiah 35:2).

״נְתָנָן עַל שְׁנֵי הַשְּׂעִירִים״. תָּנוּ רַבָּנַן: עֶשֶׂר פְּעָמִים מַזְכִּיר כֹּהֵן גָּדוֹל אֶת הַשֵּׁם בּוֹ בַּיּוֹם: שְׁלֹשָׁה בְּוִידּוּי רִאשׁוֹן, וּשְׁלֹשָׁה בְּוִידּוּי שֵׁנִי, וּשְׁלֹשָׁה בְּשָׂעִיר הַמִּשְׁתַּלֵּחַ, וְאֶחָד בְּגוֹרָלוֹת.

§ The mishna states that after selecting the two lots, the High Priest **places** them **upon the two goats.** Upon placing the lot for God upon the appropriate goat, he says: For God, as a sin-offering. This is just one of the occasions on which he mentions God's name, as **the Sages taught** in the *Tosefta* (*Yoma* 2:2): **The High Priest mentions the name** of God[N] **ten times**[H] **on that day: Three** times **during the first confession; and three** times **during the second confession,** over the bull; **and three** times when he confesses over **the scapegoat** to Azazel; **and one** time **with the lots,** when placing the lot for God upon the goat.

וּכְבָר אָמַר הַשֵּׁם וְנִשְׁמַע קוֹלוֹ בִּירִיחוֹ. אָמַר רַבָּה בַּר בַּר חָנָה: מִירוּשָׁלַיִם לִירִיחוֹ עֲשָׂרָה פַּרְסָאוֹת,

And there already was an incident when the High Priest **said the name** of God **and his voice** was so strong that it **was heard** even **in Jericho. Rabba bar bar Ḥana said:** The distance **from Jerusalem to Jericho**[B] **is ten parasangs.** Despite the great distance, his voice was miraculously heard there.

BACKGROUND

The doors of the Sanctuary opened – דַּלְתוֹת הַהֵיכָל נִפְתָּחוֹת: In Wars of the Jews, Josephus attests that the Temple gates were made of bronze. With great difficulty, it took ten people to lock them. Nevertheless, they once opened by themselves in the middle of the night.

Cedars – אֲרָזִים: The plain meaning of the verse in fact refers to cedars that grow in Lebanon. The species that grows in Lebanon as well as in other places in the Mediterranean region is *Cedrus libani*, also known as the Cedar of Lebanon.

Lebanon cedar

From Jerusalem to Jericho – מִירוּשָׁלַיִם לִירִיחוֹ: Ten parasangs are forty *mil*, somewhat less than 40 km. The distance here is measured based on the length of the road. Obviously, a direct aerial route would be shorter.

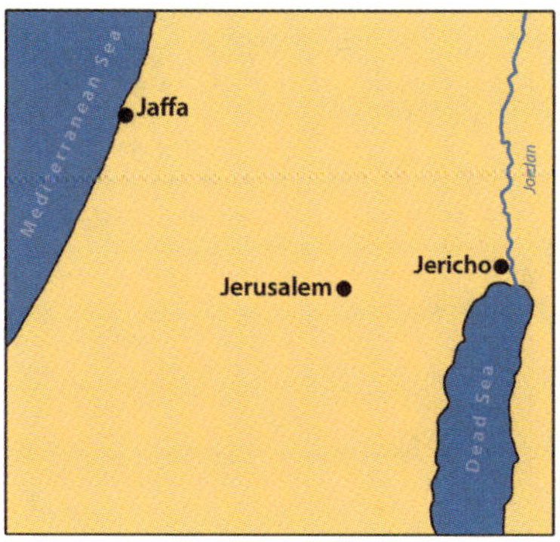

Location of Jericho

NOTES

All kinds of sweet fruit trees of gold – מִינֵי מְגָדִים שֶׁל זָהָב: Some commentators offer a rational explanation of the Gemara. There was a decorative vine formed from gold that hung at the entrance to the Temple. People would donate a cluster or branch to the vine, thereby creating decorative trees of gold. These items could then be sold to support the priesthood (*Eshkol HaKofer*).

Mentions the name of God – מַזְכִּיר...אֶת הַשֵּׁם: The *Tosefta* is referring specifically to the exceptional use of the explicit name of God. Certainly, God's general names were used frequently throughout the day in the High Priest's statements and prayers (*Tosafot Yeshanim*).

HALAKHA

Mention of the name of God ten times – הַזְכָּרַת הַשֵּׁם עֶשֶׂר פְּעָמִים: The High Priest mentions the explicit name of God ten times on Yom Kippur: Three times during each of the three confessions and one time when he places the lot on the goat of the sin-offering (Rambam *Sefer Avoda*, *Hilkhot Avodat Yom HaKippurim* 2:6).

וְצִיר דַּלְתוֹת הַהֵיכָל נִשְׁמָע בִּשְׁמוֹנָה תְּחוּמֵי שַׁבָּת. עִזִּים שֶׁבִּירִיחוֹ הָיוּ מִתְעַטְּשׁוֹת מֵרֵיחַ הַקְּטוֹרֶת, נָשִׁים שֶׁבִּירִיחוֹ אֵינָן צְרִיכוֹת לְהִתְבַּשֵּׂם מֵרֵיחַ קְטוֹרֶת, כַּלָּה שֶׁבִּירוּשָׁלַיִם אֵינָהּ צְרִיכָה לְהִתְקַשֵּׁט מֵרֵיחַ קְטוֹרֶת.

The Gemara describes similar miracles in which events in the Temple were sensed a great distance away. **And** the sound of **the doors of the Sanctuary** opening **was heard** from a distance of **eight Shabbat limits,** which is eight *mil.* Furthermore, **goats that were in Jericho would sneeze from** smelling **the fragrance of the incense**[N] that burned in the Temple; the **women that were in Jericho did not need to perfume themselves,** since they were perfumed by the **fragrance** of the **incense,** which reached there; **a bride that was in Jerusalem did not need to adorn herself** with perfumes, since she was perfumed by the **fragrance** of the **incense,** which filled the air of Jerusalem.

אָמַר רַבִּי (יוֹסֵי בֶּן) דּוֹלְגַאי: עִזִּים הָיוּ לְאַבָּא בְּהָרֵי (מִכְמָר) וְהָיוּ מִתְעַטְּשׁוֹת מֵרֵיחַ הַקְּטוֹרֶת. אָמַר רַבִּי חִיָּיא בַּר אָבִין אָמַר רַבִּי יְהוֹשֻׁעַ בֶּן קָרְחָה: סָח לִי זָקֵן אֶחָד: פַּעַם אַחַת הָלַכְתִּי לְשִׁילֹה, וְהֵרַחְתִּי רֵיחַ קְטוֹרֶת מִבֵּין כּוֹתָלֶיהָ.

Rabbi Yosei ben Dolgai said: Father had goats in the hills of Mikhmar,[B] a district some distance from Jerusalem, **and they would sneeze from** smelling **the fragrance of the incense.** Similarly, **Rabbi Ḥiyya bar Avin said** that **Rabbi Yehoshua ben Korḥa said: An old man reported to me: One time I went to** the ruins of the Tabernacle in **Shiloh, and I smelled the smell of the incense from between its walls.** The Tabernacle stood there during the period of the Judges, and more than a thousand years had passed since its destruction.

אָמַר רַבִּי יַנַּאי: עֲלִיַּית גּוֹרָל מִתּוֹךְ קַלְפִּי – מְעַכֶּבֶת, הַנָּחָה – אֵינָהּ מְעַכֶּבֶת. וְרַבִּי יוֹחָנָן אָמַר: אַף עֲלִיָּיה אֵינָהּ מְעַכֶּבֶת.

§ **Rabbi Yannai said:** The **drawing of the lot from inside the receptacle is an indispensable** part of the service, as it determines which goat will be for God and which for Azazel. However, the actual **placing** of the lots upon the goats **is not indispensable.**[H] **And Rabbi Yoḥanan said: Even** the **drawing of the lots** from inside the receptacle **is not indispensable,** since the High Priest may designate the goats himself, without employing the lottery.

אַלִּיבָּא דְּרַבִּי יְהוּדָה, דְּאָמַר: דְּבָרִים הַנַּעֲשִׂין בְּבִגְדֵי לָבָן מִבַּחוּץ לָא מְעַכְּבָא – כּוּלֵּי עָלְמָא לָא פְּלִיגִי דְּלָא מְעַכְּבָא. כִּי פְּלִיגִי – אַלִּיבָּא דְּרַבִּי נְחֶמְיָה. מַאן דְּאָמַר מְעַכְּבָא – כְּרַבִּי נְחֶמְיָה, וּמַאן דְּאָמַר לָא מְעַכְּבָא – הָנֵי מִילֵּי עֲבוֹדָה, הַגְרָלָה לָאו עֲבוֹדָה הִיא.

The Gemara explains the dispute: **In accordance with** the opinion **of Rabbi Yehuda, who said** that **matters that are performed in** the **white garments outside** of the Holy of Holies **are not indispensable, everyone agrees that** the drawing of the lots **is not indispensable,** since it is held outside the Holy of Holies. **When they disagree, it is in accordance with** the opinion of **Rabbi Neḥemya.** He holds that all matters performed in the white garments, even those performed outside the Holy of Holies, are indispensable. **The one who said** the drawing of the lots **is indispensable** holds **in accordance with** the straightforward application of the principle of **Rabbi Neḥemya. And the one who said** the drawing of the lots **is not indispensable** claims that **this** principle **applies** only with regard **to** matters that are classified as a Temple **service.** The **drawing of the lots is not** a Temple **service,** therefore it is indispensable, even according to Rabbi Neḥemya's principle.

אִיכָּא דְּאָמְרִי:

Some say a different version of the dispute:

אַלִּיבָּא דְּרַבִּי נְחֶמְיָה דְּאָמַר מְעַכְּבָא – כּוּלֵּי עָלְמָא לָא פְּלִיגִי דִּמְעַכְּבָא,

In accordance with the opinion of **Rabbi Neḥemya, who said** that all matters performed in the white garments, even those performed outside the Holy of Holies, are **indispensable, everyone agrees that** the drawing of the lots **is indispensable.**

כִּי פְּלִיגִי – אַלִּיבָּא דְּרַבִּי יְהוּדָה. מַאן דְּאָמַר לָא מְעַכְּבָא – כְּרַבִּי יְהוּדָה, וּמַאן דְּאָמַר מְעַכְּבָא – שָׁאנֵי הָכָא דִּתְנָא בֵּיהּ קְרָא "אֲשֶׁר עָלָה" "אֲשֶׁר עָלָה" תְּרֵי זִימְנֵי.

When they disagree, it is in accordance with the opinion of **Rabbi Yehuda,** who holds that matters that are performed in the white garments outside of the Holy of Holies are not indispensable. **The one who said** that the drawing of the lots **is not indispensable** holds **in accordance with** the straightforward application of the principle of **Rabbi Yehuda. And the one who said** that the drawing of the lots **is indispensable** claims that although Rabbi Yehuda's principle is generally true, **it is different here,** in the case of the lottery, **because the verse repeated** the phrase[N] **"which came up"** (Leviticus 16:9) **"which came up"** (Leviticus 16:10) **two times.** In the laws of sacrifices, a repeated phrase indicates the matter is indispensable.

מֵיתִיבִי: מִצְוָה לְהַגְרִיל, וְאִם לֹא הִגְרִיל – כָּשֵׁר.

The Gemara **raises an objection** from that which was taught in a *baraita*: **It is a mitzva to draw** the lots, **and if** the High Priest **did not draw the lots** but instead designated the goats without using the lots, the designation **is valid.**

NOTES

The fragrance of the incense – רֵיחַ הַקְּטוֹרֶת: Why is it permitted to derive benefit from the fragrance of the incense? Surely the incense is sacred, and benefitting from it should be prohibited. Some explain that whenever the benefit is inadvertent and not gained by the actions of those involved, there is no prohibition to benefit from it (see *Tosafot Yeshanim*).

The verse repeated the phrase – תְּנָא בֵּיהּ קְרָא: In matters relating to sacrificial services, the repetition of a law serves to establish it as indispensable; neglect of such a law disqualifies the service.

BACKGROUND

Hills of Mikhmar – הָרֵי מִכְמָר: Mikhmar is a hill upon which Alexander Yannai erected a fortress, which was often used as a national Jewish center in subsequent centuries. The hill has been identified as Machaerus, about 8 km east of the Dead Sea and about 40 km from Jerusalem as the crow flies.

Machaerus

HALAKHA

Drawing and placing of the lots – הַעֲלָאָתוֹ וְהַנָּחָתוֹ שֶׁל הַגּוֹרָל: The drawing of the lots is indispensable, and consequently it may not be performed by a non-priest. However, placing the lots upon the goats is not indispensable and may be done by a non-priest. This ruling is in accordance with the opinion of Rabbi Yannai (Rambam *Sefer Avoda, Hilkhot Avodat Yom HaKippurim* 3:3).

בִּשְׁלָמָא לְהַךְ לִישָּׁנָא דְּאָמְרַתְּ: אַלִּיבָּא דְּרַבִּי יְהוּדָה כּוּלֵּי עָלְמָא לָא פְּלִיגִי דְּלָא מְעַכְּבָא – הָא מַנִּי רַבִּי יְהוּדָה הִיא.

The Gemara considers the opinion presented in the *baraita*: **Granted, according to that** first **version** of the dispute, **in which you said: In accordance with** the opinion of **Rabbi Yehuda everyone,** i.e., Rabbi Yannai and Rabbi Yoḥanan, **agrees that** the drawing of the lots **is not indispensable,** in accordance with **whose** opinion **is this** *baraita* taught? **It is** in accordance with the opinion of **Rabbi Yehuda,** according to all opinions.

Perek **IV**
Daf **40** Amud **a**

NOTES

A new goat is brought to be the counterpart without drawing lots – מֵבִיא חֲבֵירוֹ שֶׁלֹּא בְּהַגְרָלָה: If the drawing of lots is not indispensable, a counterpart can be brought without it. Although everyone agrees that it is a mitzva to draw lots, in this case it is not necessary to do it again, since it was done already with the first pair of goats (Ritva).

אֶלָּא לְהַךְ לִישָּׁנָא דְּאָמְרַתְּ: פְּלִיגִי, בִּשְׁלָמָא לְמַאן דְּאָמַר לָא מְעַכְּבָא, הָא מַנִּי – רַבִּי יְהוּדָה הִיא.

But according to that second **version** of the dispute, **in which you said** that Rabbi Yannai and Rabbi Yoḥanan **disagree** whether the drawing of the lots is indispensable according to Rabbi Yehuda, but according to Rabbi Neḥemya it certainly is indispensable, then **granted, according to the one,** i.e., Rabbi Yoḥanan, **who said** that the drawing of the lots **is not indispensable,** in accordance with **whose** opinion **is this** *baraita* taught? **It is** in accordance with the opinion of **Rabbi Yehuda.**

אֶלָּא לְמַאן דְּאָמַר מְעַכְּבָא הָא מַנִּי? תָּנֵי: מִצְוָה לְהַנִּיחַ.

However, according to the one, i.e., Rabbi Yannai, **who said** that both according to Rabbi Yehuda and Rabbi Neḥemya the drawing of the lots **is indispensable,** then in accordance with **whose** opinion could **this** *baraita* be taught? It would appear that, according to Rabbi Yannai, the *baraita* does not reflect anyone's opinion. Perforce, the *baraita* cannot be referring to drawing the lots, and one must emend and **teach** the *baraita* as saying that **it is a mitzva to place** the lots on the goats.

תָּא שְׁמַע: מִצְוָה לְהַגְרִיל וּלְהִתְוַדּוֹת, לֹא הִגְרִיל וְלֹא הִתְוַדָּה – כָּשֵׁר. וְכִי תֵּימָא הָכִי נַמִי לְהַנִּיחַ – אֵימָא סֵיפָא ״רַבִּי שִׁמְעוֹן אוֹמֵר: לֹא הִגְרִיל כָּשֵׁר, לֹא הִתְוַדָּה – פָּסוּל״.

Come and **hear** another challenge to Rabbi Yannai's opinion, as presented in the second version of the dispute, which maintains that both Rabbi Yehuda and Rabbi Neḥemya hold that drawing of the lots is indispensable. A *baraita* teaches: **It is a mitzva** for the High Priest **to draw the lots and to confess** upon the goat to be sent to Azazel. **If he did not draw the lots** or **did not confess,** the service is still **valid.** This *baraita* also appears to say that the drawing of the lots is not indispensable, in contradiction to Rabbi Yannai's opinion. **And if you say: So too,** the *baraita* should be emended to say it is a mitzva **to place** the lots on the goats, this is problematic. How will you then **say,** i.e., explain, **the latter clause** of that *baraita*, which teaches: **Rabbi Shimon says: If he does not draw the lots, it is valid. If he does not confess, it is invalid?**

מַאי לֹא הִגְרִיל? אִילֵימָא לֹא הִנִּיחַ – מִכְּלָל דְּרַבִּי שִׁמְעוֹן סָבַר הַגְרָלָה מְעַכְּבָא? וְהָתַנְיָא: מֵת אֶחָד מֵהֶן – מֵבִיא חֲבֵירוֹ שֶׁלֹּא בְּהַגְרָלָה, דִּבְרֵי רַבִּי שִׁמְעוֹן!

The Gemara clarifies the challenge from the latter clause: In this *baraita,* **what** is the meaning of: **He did not draw the lots? If we say** it means **he did not place** the lots on the goats, then **by inference Rabbi Shimon holds** that while the placing is not indispensable, the **drawing** of the lots **is indispensable.** But this is incorrect, since **wasn't it taught** in a *baraita*: If, following the designation of the goats, **one of them died,** a new goat **is brought** to be the **counterpart** of the surviving goat and is designated **without drawing lots;**[N] **this is the statement of Rabbi Shimon.** It would therefore appear that the *baraita* should not be understood as referring to the mitzva to place the lots, but as referring to the drawing of the lots themselves. Therefore, the challenge to Rabbi Yannai's opinion remains.

רַבִּי שִׁמְעוֹן לֹא יָדַע מַאי קָאָמְרִי רַבָּנַן, וְהָכִי קָאָמַר לְהוּ: אִי הַגְרָלָה הַגְרָלָה מַמָּשׁ קָא אָמְרִיתוּ – פְּלֵיגְנָא עֲלַיְיכוּ בַּחֲדָא, אִי הַגְרָלָה דְּקָאָמְרִיתוּ הַיְינוּ הַנָּחָה – פְּלֵיגְנָא עֲלַיְיכוּ בִּתְרְתֵּי.

The Gemara responds: Rabbi Yannai's opinion can still be defended by claiming that **Rabbi Shimon did not know** precisely **what the Sages were saying,** i.e., whether they were referring to the drawing or the placing of the lots. Therefore, in his response to them, **this is** what **he is saying: If** when you say: **Drawing of the lots, you are saying** that the **actual drawing of the lots** is not indispensable, as I also hold, then **I disagree with you** only **with regard to one** *halakha*, namely with regard to the indispensability of the confession. But **if,** when you say: **Drawing of the lots, you are saying** only that the **placing** of the lots is not indispensable, but you assume that the drawing of the lots is indispensable, then **I disagree with you with regard to two** *halakhot*, i.e., with regard to the indispensability of both the drawing of the lots and of the confession.

תָּא שְׁמַע: פַּר מְעַכֵּב אֶת הַשָּׂעִיר,

Come and **hear** another challenge to Rabbi Yannai's opinion that all agree that the drawing of the lots is indispensable, from a *baraita*: Various services are performed with the bull and the goat and their blood. These services must be performed in a specific sequence, often alternating between the bull and the goat. If one service is neglected and a later service is advanced to be before it, the *halakha* is as follows: Failure to perform a service of **the bull** that was to precede a service of the goat **disqualifies** the service of **the goat,** if it was performed without that service of the bull preceding it.[N]

וְשָׂעִיר אֵין מְעַכֵּב אֶת הַפָּר בְּמַתָּנוֹת שֶׁבִּפְנִים.

However, failure to perform a service of **the goat** that was to precede a service of the bull **does not disqualify** the service of **the bull;** rather, it is valid after the fact. This last rule **applies to the applications** of blood performed **inside** the Holy of Holies.

בִּשְׁלָמָא פַּר מְעַכֵּב אֶת הַשָּׂעִיר – דְּאִי אַקְדְּמֵיהּ לְשָׂעִיר מִקַּמֵּי פַּר לָא עֲבַד וְלֹא כְּלוּם, אֶלָּא שָׂעִיר אֵין מְעַכֵּב אֶת הַפָּר מַאי נִיהוּ?

The Gemara explains the challenge from the *baraita*: **Granted,** failure to perform the service of **the bull disqualifies** the service of **the goat** that is advanced ahead of it. This can be understood to mean **that if he advanced** the service **of the goat ahead** of the service **of the bull,** it is considered as though **he has not performed anything at all.** Once the service of the bull has been performed, the service of the goat must be repeated. **However,** the rule in the *baraita* that failure to perform a service of **the goat does not disqualify** the service of **the bull** that was advanced ahead of it. To **what** case **is it** referring?

אִילֵימָא דְּאִי אַקְדֵּים מַתָּנוֹת דְּפַר בַּהֵיכָל מִקַּמֵּי מַתָּנוֹת דְּשָׂעִיר בִּפְנִים – חוּקָּה כְּתִיב בְּהוּ.

If we say that that the *baraita* means **that if one advanced** the **applications** of the blood **of the bull in the Sanctuary** made toward the curtain **ahead of the applications** of the blood **of the goat inside** the Holy of Holies, then the *baraita* should not rule that it is valid. The term **"statute"** (Leviticus 16:29) **is written concerning** the applications of the blood of the goat inside the Holy of Holies, which implies that their performance is indispensable to any subsequent services.

אֶלָּא לָאו – דְּאַקְדֵּים מַתָּנוֹת דְּפַר בִּפְנִים מִקַּמֵּי הַגְרָלָה, וּמִדְּסִדְרָא לָא מְעַכְּבָא – עִיקָּרָא הַגְרָלָה נַמִּי לָא מְעַכְּבָא!

Rather, is it not that the *baraita* must be referring to a case in which **one advanced** the **applications** of the blood **of the bull inside** the Holy of Holies **ahead of** the **drawing** of the lots? If so, **from** the fact that the **sequencing** of drawing the lots **is not indispensable,** one may infer that the **drawing** of the lots **itself is also not indispensable.**[N] This would then refute Rabbi Yannai's opinion.

לָא, דְּאַקְדֵּים מַתָּנוֹת דְּפַר בַּמִּזְבֵּחַ מִקַּמֵּי מַתָּנוֹת דְּשָׂעִיר בַּהֵיכָל. וְרַבִּי יְהוּדָה הִיא, דְּאָמַר: דְּבָרִים הַנַּעֲשִׂין בְּבִגְדֵי לָבָן בַּחוּץ, לָא מְעַכְּבִי.

The Gemara questions whether this is the only possible interpretation of the *baraita*: **No,** the *baraita* could be referring to a case in which **one advanced** the **applications** of the blood **of the bull upon the altar ahead of the applications** of the blood **of the goat in the Sanctuary** made toward the curtain. **And** as such, ruling in the *baraita* that this is valid after the fact **is** in accordance with the opinion of **Rabbi Yehuda, who said: Matters that are performed in** the **white garments outside** of the Holy of Holies **are not indispensable.** Therefore, the applications of the bull's blood upon the altar cannot disqualify a different service.

וְהָא בְּמַתָּנוֹת שֶׁבִּפְנִים קָתָנֵי!

The Gemara rejects this as a possible interpretation of the *baraita*: **But didn't** the conclusion of the *baraita* **teach** that the rule **applies to** the **applications** of blood performed **inside** the Holy of Holies? If so, the *baraita* cannot be referring to application of blood made upon the altar.

אֶלָּא, הָא מַנִּי – רַבִּי שִׁמְעוֹן הִיא, דְּאָמַר: הַגְרָלָה לָא מְעַכְּבָא.

Rather, the *baraita* must understood in the way suggested by the Gemara previously, which implies that the drawing of the lots is not indispensable. However, this is not necessarily a refutation of the opinion of Rabbi Yannai. One could say: In accordance with **whose** opinion **is this** *baraita*? **It is** in accordance with the opinion of **Rabbi Shimon, who said:** The **drawing** of the lots **is not indispensable.** Rabbi Yannai claimed only that Rabbi Yehuda and Rabbi Neḥemya agreed that it is indispensable.

וְאִיבָּעֵית אֵימָא: לְעוֹלָם רַבִּי יְהוּדָה הִיא, וּנְהִי דְּבְסִדְרָא לָא מְעַכְּבָא – הַגְרָלָה מִיהָא מְעַכְּבָא.

And if you wish, say: Actually, the *baraita* **is** in accordance with the opinion of **Rabbi Yehuda.** Nevertheless, Rabbi Yannai's opinion may still be defended: **Granted,** the *baraita* teaches **that** the **sequencing** of the drawing of the lots **is not indispensable;**[N] however it may still be true that the **drawing** itself is **nevertheless indispensable.** This contradicts what was suggested previously, that one may infer from the indispensability of the sequencing to the indispensability of the drawing itself.

וְאָזְדוּ לְטַעְמַיְיהוּ; דְּתַנְיָא:

And Rabbi Yehuda and Rabbi Shimon **follow their** lines of **reasoning,**[N] **as it was taught** in a *baraita*:

NOTES

The services of the bull and the goat – עֲבוֹדוֹת הַפָּר וְהַשָּׂעִיר: The High Priest's first confession over the bull precedes the drawing of lots over the goats (Leviticus 16). The High Priest then performs a second confession over the bull, slaughters it, and eventually applies its blood inside the Holy of Holies. He then slaughters the goat sin-offering and applies its blood inside the Holy of Holies. Following this, he returns to the Sanctuary, where he sprinkles the blood of the bull and then the blood of the goat toward the curtain. Ultimately he mixes together the blood from both animals and applies the mixture to the inner altar.

From the fact that the sequencing of drawing the lots is not indispensable – וּמִדְּסִדְרָא לָא מְעַכְּבָא: The logic of this inference is as follows. The term "statute" does not appear in reference to the drawing of lots. As such, the only reason to assume it is indispensable is if one views it as a preparatory step to the applications of blood that follow. If one does, then it must be performed before the applications, and thus its correct sequencing is also indispensable. If it is proved that the sequencing is not indispensable, it is clearly not to be considered as a preparatory step to the applications of blood that follow. If so, then there is no reason to assume that even the drawing of lots is indispensable (*Tosafot Yeshanim*).

The sequencing is not indispensable – נְהִי דְּבְסִדְרָא לָא מְעַכְּבָא: Although the term "statute" (Leviticus 16:29) does not appear in reference to the drawing of lots, the phrase "which came up" (Leviticus 16:9) is repeated. The repetition of the latter phrase indicates that the drawing of lots itself is indispensable, while the lack of the term "statute" suggest that the details surrounding the drawing of lots, specifically its sequencing, are not indispensable (*Tosafot Yeshanim*; Ritva).

Rabbi Yehuda and Rabbi Shimon follow their lines of reasoning – אָזְדוּ לְטַעְמַיְיהוּ: Rashi explains that the Gemara here is referring to the dispute between Rabbi Yehuda and Rabbi Shimon, just as the *baraita* explicitly refers to it. However, if so, this is an unusual use of the phrase: They follow their lines of reasoning. This phrase usually reveals the underlying logic of their opinions, whereas here it is merely a restatement of their opinions. See *Tosafot*, who explain that the Gemara here is referring to the current dispute concerning the drawing of lots. By doing so, the Gemara is logically linking the two disputes (see Rav Shmuel Strashun and Rabbi Tzvi Hirsch Chajes).

"יָעֳמַד חַי לִפְנֵי ה׳ לְכַפֵּר עָלָיו" עַד מָתַי יְהֵא זָקוּק לַעֲמוֹד חַי – עַד שְׁעַת מַתַּן דָּמוֹ שֶׁל חֲבֵירוֹ, דִּבְרֵי רַבִּי יְהוּדָה. רַבִּי שִׁמְעוֹן אוֹמֵר: עַד שְׁעַת וִידּוּי דְּבָרִים.

The verse states: "But the goat on which the lot came up for Azazel **shall be stood alive before the Lord, to make atonement over him,** to send him away for Azazel into the wilderness" (Leviticus 16:10). The verse indicates that the goat must remain alive until a certain time. Were it to die beforehand, it would have to be replaced. **Until when** is the goat for Azazel **required to stand alive? Until the time of the application of the blood of its counterpart,** i.e., the goat for God; **this is the statement of Rabbi Yehuda. Rabbi Shimon says:** It must remain alive **until the time of the verbal confession** over it.

בְּמַאי קָא מִיפַּלְגִי? כִּדְתַנְיָא: "לְכַפֵּר" – בְּכַפָּרַת דָּמִים הַכָּתוּב מְדַבֵּר, וְכֵן הוּא אוֹמֵר: "וְכִלָּה מִכַּפֵּר אֶת הַקֹּדֶשׁ", מַה לְּהַלָּן בְּכַפָּרַת דָּמִים – אַף כָּאן בְּכַפָּרַת דָּמִים, דִּבְרֵי רַבִּי יְהוּדָה.

With regard to what do they disagree?[N] **As it was taught** in a *baraita*: The verse states that the goat should remain alive **"to make atonement"** (Leviticus 16:10). This indicates that it must remain alive until it effects atonement. Rabbi Yehuda and Rabbi Shimon dispute which atonement the verse is referring to. **The verse speaks of atonement through** the application of the **blood** of the sin-offering goat. **And similarly it states: "When he has made an end of atoning for the Sanctuary,** and the Tent of Meeting, and the altar, he shall present the live goat" (Leviticus 16:20). **Just as there** the reference is **to atonement through blood, so too here** the verse is referring to **atonement through blood. This is the statement of Rabbi Yehuda.**

רַבִּי שִׁמְעוֹן אוֹמֵר: "לְכַפֵּר עָלָיו" – בְּכַפָּרַת דְּבָרִים הַכָּתוּב מְדַבֵּר.

Rabbi Shimon says: "To make atonement over it"; the verse speaks of atonement through speech,[H] i.e., the verbal confession that is recited over it.

תָּא שְׁמַע, שָׁאֲלוּ תַּלְמִידָיו אֶת רַבִּי עֲקִיבָא: עָלָה בִּשְׂמֹאל מַהוּ שֶׁיַּחֲזוֹר לְיָמִין? אָמַר לָהֶן: אַל תִּתְּנוּ מָקוֹם לַמִּינִים לִרְדּוֹת.

Come and hear a proof that the drawing of lots is not indispensable. A *baraita* teaches: **Rabbi Akiva's students asked him:** If the lot for God **was drawn by** the High Priest's **left** hand, **what is** the *halakha* with regard to whether **he may transfer** the lot **to** his **right** hand?[N] **He said to them: Do not give the heretic**[B] **an opportunity**[N] **to dominate.** If it is allowed, they will adduce this as proof of their claim that the *halakhot* are not absolute, and the Sages have the power to change them as they see fit.

טַעְמָא – דְּאַל תִּתְּנוּ מָקוֹם לַצְּדוֹקִים לִרְדּוֹת, הָא לָאו הָכִי – מְהַדְרִינַן לֵיהּ, וְהָא אָמְרַתְּ הַגְרָלָה מְעַכְּבָא, וְכֵיוָן דִּקְבַעְתֵּיהּ שְׂמֹאל הֵיכִי מְהַדְרִינַן לֵיהּ?

The Gemara infers: **The** only **reason** Rabbi Akiva provided to disallow it was **so as not to give Sadducees an opportunity to dominate,** which implies that if **not for this** reason, it would be permitted to **transfer** the lot to the right hand. How could this be true? **Didn't you say** that **the drawing** of the lots **is indispensable? And,** consequently, **once** the designation of the goat has been defined by the drawing of the **left** hand, **how** then **could we transfer** the lot to the right hand? Perforce, the designation is not created by the actual drawing, and as such it is not indispensable.

אָמַר רָבָא: הָכִי קָאָמְרִי, עָלָה הַגּוֹרָל בִּשְׂמֹאל מַהוּ שֶׁיַּחֲזִירוּ לוֹ וְלִשְׂעִירוֹ לְיָמִין? אָמַר לָהֶם: אַל תִּתְּנוּ מָקוֹם לַמִּינִים לִרְדּוֹת.

The Gemara explains the *baraita* can be understood in a way in which it does not provide a proof: **Rava said: This is** what Rabbi Akiva's students **are saying:** If **the lot was drawn by** his **left** hand, **what is** the *halakha* with regard to whether **he may transfer it,** the lot, **and its** associated **goat to** his **right** side. **He said to them: Do not give the heretic an opportunity to dominate.** Accordingly, there was never any suggestion of changing the designation of the goats. Therefore, no proof can be brought concerning the indispensability of the drawing of the lots.

NOTES

The dispute between Rabbi Yehuda and Rabbi Shimon – מַחְלוֹקֶת רַבִּי יְהוּדָה וְרַבִּי שִׁמְעוֹן: Ostensibly, the dispute between Rabbi Yehuda and Rabbi Shimon is a product of their understanding of the term "to make atonement." However, if so, it is not clear how that serves to illuminate the previous dispute. Rather, the point of the *baraita* here is that they interpret the verse in accordance with their already firm opinions as to whether the confession is indispensable or not (Ritva).

What is the *halakha* with regard to whether he may transfer the lot to his right hand – מַהוּ שֶׁיַּחֲזוֹר לְיָמִין: Assuming that there is no fundamental problem with switching hands, the question is whether it is a good or bad practice to switch them. If the lot is passed to the right hand, it will suggest to all those who see that it is a time of divine favor. However, perhaps it is better to leave it in the left hand so that people understand that their atonement will not be easily accepted, and they will be encouraged to work harder to repent (*Siaḥ Yitzḥak*).

Do not give the heretic an opportunity – אַל תִּתְּנוּ מָקוֹם לַמִּינִים: In censored versions of the text, the term heretics is replaced with Sadducees. Rabbeinu Ḥananel explains that if the Sages were careful to always force the lot for God to come up in the right hand, the heretics, who believe in two divine powers, might use this as support for their beliefs. They believed that Azazel is an independent deity, albeit one that is less respected and powerful than God. They would claim that, for this reason, it is always the lot for God that arises in the right hand. Therefore, the fact that the lot for God is sometimes taken by the left hand publically dispels this belief. Others suggest that if the lot for God always arises in the right hand, some might accuse the Sages of witchcraft. Therefore, it is better to leave the lottery to its natural course (*Me'iri*).

This is not the only practice that is eschewed due to the mistakes of the heretics. Other ordinances were instituted and various decrees were annulled to avoid giving a forum to their ideas. Therefore, the *Shulḥan Arukh* (*Yoreh De'a* 242:6) rules that a halakhic authority must be careful not to make statements that will appear surprising to the people and perhaps lead to heretical thoughts among those ignorant of the workings of the *halakha* (Rabbi Tzvi Hirsch Chajes).

HALAKHA

The verse speaks of atonement through speech – בְּכַפָּרַת דְּבָרִים הַכָּתוּב מְדַבֵּר: The Torah states: "until he comes out, and have made atonement for himself, and for his household, and for all the assembly of Israel" (Leviticus 16:17). The oral tradition teaches that this is referring to a verbal confession by the High Priest (Rambam *Sefer Avoda, Hilkhot Avodat Yom HaKippurim* 2:6).

BACKGROUND

Sadducees – צְדוֹקִים: The use of the term Sadducee is from a censor's revision of the Gemara. The original manuscripts have the term *minim*, heretics. At the end of the Second Temple period and subsequent to it, different groups of Jews strayed from the path of the Sages to varying degrees. The first Christians were among these sects (see Rashi), which were by and large populated by Gnostics of various types. Although these groups differed from one another, they all deviated from the accepted *halakha*. They also leveled accusations against the Sages, often claiming that the Sages themselves did not observe the *halakha* as absolute, rather that they interpreted the *halakha* as they saw fit.

תָּא שְׁמַע: אִילּוּ נֶאֱמַר אֶת הַשָּׂעִיר אֲשֶׁר עָלָיו – הָיִיתִי אוֹמֵר: יַנִּיחֶנּוּ עָלָיו, תַּלְמוּד לוֹמַר: "עָלָה" כֵּיוָן שֶׁעָלָה – שׁוּב אֵינוֹ צָרִיךְ.

Come and hear a proof that the drawing of lots is indispensable. A *baraita* teaches (*Sifra, Aharei Mot* 2:4): **If** the verse **had stated** only: **"The goat upon which** the lot" (Leviticus 16:9), **I would have said** the intention is that **he** must physically **place** the lot **upon it.** Therefore, **the verse** also **states:** "On which **it came up**" (Leviticus 16:9), indicating that **once** the lot **has come up** from the receptacle, **it is not necessary** to do **more,** i.e., the lot does not have to be physically placed upon the goat.

לְמַאי? אִילֵימָא לְמִצְוָה – מִכְּלָל דְּהַנָּחָה מִצְוָה נַמִּי לָא? אֶלָּא לָאו – לְעַכֵּב, וּשְׁמַע מִינָּהּ: הַגְרָלָה – מְעַכְּבָא, הַנָּחָה – לָא מְעַכְּבָא.

The Gemara clarifies: **To what** does the *baraita* refer when it says it is not necessary to actually place the lot upon the goat? **If we say** it means that it is no longer necessary to do so even **as a mitzva,** then, **by inference,** one must conclude that **the placement** of the lot upon the goat is **not even a mitzva.** This is problematic. Since it is clearly part of the Yom Kippur service, it must at least be a mitzva. **Rather, is it not** that when the *baraita* teaches that the placing of the lot is not necessary, it means only that the placing of the lot is not **indispensable? And conclude from it** that the **drawing** of lots **is indispensable,** but **the placement** of the lot upon the goat **is not indispensable.**

אָמַר רָבָא, הָכִי קָאָמַר: אִילּוּ נֶאֱמַר "אֲשֶׁר עָלָיו" הָיִיתִי אוֹמֵר יַנִּיחֶנּוּ עָלָיו עַד שְׁעַת שְׁחִיטָה, תַּלְמוּד לוֹמַר: "אֲשֶׁר עָלָה", כֵּיוָן שֶׁעָלָה שׁוּב אֵינוֹ צָרִיךְ.

Rava rejects the proof: **Rava said:** This cannot serve as a proof, since **this is what** the *baraita* **is saying: If** the verse **had stated** only: **"The goat upon which** the lot," **I would have said** that the intention is that **he should** physically **place** the lot **upon** the goat, and the lot should remain upon it **until the time of its slaughter.** Therefore, **the verse** also **states:** "On which **it came up,**" indicating that **once** the lot **has come up** from the receptacle and been placed upon the goat for even one moment, **it is not necessary** to do **more,** i.e., the lot does not have to remain on the goat anymore. Understood in this way, it cannot be determined from this *baraita* whether or not the placement is indispensable.

תָּא שְׁמַע: "וְעָשָׂהוּ חַטָּאת" – הַגּוֹרָל עוֹשֵׂהוּ חַטָּאת, וְאֵין הַשֵּׁם עוֹשֵׂהוּ חַטָּאת.

Come and **hear** a proof that Rabbi Yehuda holds that the drawing of the lots is indispensable. A *baraita* in the *Sifra* teaches: The verse states: "Aaron shall bring forward the goat upon which the lot came up for the Lord, **and he shall offer it for a sin-offering**" (Leviticus 16:9). The verse indicates that **the lottery makes it a sin-offering,** but verbally designating the goat with **the status** of a sin-offering **does not make it a sin-offering.**

שֶׁיָּכוֹל, וַהֲלֹא דִּין הוּא: וּמַה בְּמָקוֹם שֶׁלֹּא קִידֵּשׁ הַגּוֹרָל – קִידֵּשׁ הַשֵּׁם, מָקוֹם שֶׁקִּידֵּשׁ הַגּוֹרָל – אֵינוֹ דִּין שֶׁיְּקַדֵּשׁ הַשֵּׁם?

The *baraita* continues: A verse is needed to teach this *halakha*, as I **might** have thought to come to the opposite conclusion. **Is there not an *a fortiori* inference** as follows: **Just as in a case in which** the use of **a lottery does not consecrate**[N] the animals with a specific designation, e.g., a woman who has given birth and must bring two birds, one as a sin-offering and one as a burnt-offering, nevertheless a verbal designation of the animals with **the required status does consecrate them,** so too, in **a case in which** the use of **a lottery does consecrate** the animals, **is it not** logically **right that** verbally designating the animals with **the required status should consecrate them?**

תַּלְמוּד לוֹמַר: "וְעָשָׂהוּ חַטָּאת" – הַגּוֹרָל עוֹשֶׂה חַטָּאת, וְאֵין הַשֵּׁם עוֹשֶׂה חַטָּאת.

In contradiction of this reasoning, **the verse states,** with regard to the goat: "He shall offer it for a sin-offering" to indicate that the lottery makes it a sin-offering; verbally designating the goat with the status of a sin-offering does not make it a sin-offering.

NOTES

In a case in which the use of a lottery does not consecrate – בְּמָקוֹם שֶׁלֹּא קִידֵּשׁ הַגּוֹרָל: The Gemara could have raised the opposite argument, i.e., that if the lottery is effective in the case of the goats where verbal designation is ineffective, then logically the lottery should also be effective in a case where mere verbal designation is effective. This argument would also countered by the verse cited. Since the Gemara was aware of the implication of the verse, it was sufficient to raise one logical argument for which the verse is necessary in order to counter it, and it was not necessary for the Gemara to consider all other possible logical arguments that would also be rejected by the verse (see *Tosafot Yeshanim*).

סְתָם סִיפְרָא מַנִּי – רַבִּי יְהוּדָה, וְקָא תָּנֵי: הַגּוֹרָל עוֹשֶׂה חַטָּאת וְאֵין הַשֵּׁם עוֹשֶׂה חַטָּאת, אַלְמָא: הַגְרָלָה מְעַכְּבָא. תְּיוּבְתָּא דְּמַאן דְּאָמַר הַגְרָלָה לָא מְעַכְּבָא! תְּיוּבְתָּא.

The Gemara now formulates the proof: **Who is** the author of **anonymous** halakhic statements made in the ***Sifra*****?**[N] **Rabbi Yehuda. And** this *baraita* from the *Sifra* **teaches: The lottery makes it a sin-offering,** but verbally designating the goat with **the status** of a sin-offering **does not make it a sin-offering. Apparently,** according to Rabbi Yehuda, **the lottery is indispensable.** This **refutation of** the opinion of **the one who says that the lottery is not indispensable,** i.e., Rabbi Yannai, according to the second version of his dispute, **is** indeed **a conclusive refutation.**

אָמַר רַב חִסְדָּא: אֵין הַקִּינִּין מִתְפָּרְשׁוֹת אֶלָּא אוֹ בִּלְקִיחַת בְּעָלִים אוֹ בַּעֲשִׂיַּית כֹּהֵן.

§ The Gemara addresses a similar case of designating offerings: **Rav Ḥisda said: Nests,**[HN] a pair of birds of which one bird must be sacrificed as a sin-offering and the other as a burnt-offering **become designated** for the specific type of offering **only**[N] at one of two distinct points: **Either upon the owner's taking** of them, when he initially purchases and consecrates them for his offering, **or upon the priest's** actual **performance** of the sacrificial rite upon them.

אָמַר רַב שִׁימִי בַּר אַשִׁי: מַאי טַעְמָא דְּרַב חִסְדָּא – דִּכְתִיב: "וְלָקְחָה" "וְעָשָׂה" אוֹ בִּלְקִיחָה אוֹ בַּעֲשִׂיָּיה.

Rav Shimi bar Ashi said: What is the reason of Rav Ḥisda? As it is written in one verse: **"And she shall take** two turtledoves or two young pigeons, the one for a burnt-offering and the other for a sin-offering" (Leviticus 12:8). In another verse, it is also written: **"And** the priest shall **offer** them, the one for a sin-offering and the other for a burnt-offering" (Leviticus 15:15). The verses mention only the possibility of designating the offering **either upon taking** them **or upon** the **performance** of the sacrificial rite.

מֵיתִיבִי: "וְעָשָׂהוּ חַטָּאת" – הַגּוֹרָל עוֹשֶׂה חַטָּאת וְאֵין הַשֵּׁם עוֹשֶׂה חַטָּאת.

The Gemara **raises an objection** to Rav Ḥisda's ruling from the *baraita* cited above: The verse states, with regard to the goat of Yom Kippur: **"And** Aaron shall… **offer it for a sin-offering"** (Leviticus 16:9). This indicates that **the lottery makes it a sin-offering,** but verbally designating the goat with **the status** of a sin-offering **does not make it a sin-offering.**

שֶׁיָּכוֹל, וַהֲלֹא דִּין הוּא: וּמָה בְּמָקוֹם שֶׁלֹּא קִידֵּשׁ הַגּוֹרָל – קִידֵּשׁ הַשֵּׁם, מָקוֹם שֶׁקִּידֵּשׁ הַגּוֹרָל – אֵינוֹ דִּין שֶׁיְּקַדֵּשׁ הַשֵּׁם?

A verse is needed to teach this *halakha*, **as** I **might** have come to the opposite conclusion: **Is there not an *a fortiori* inference: Just as in a case in which** the use of **a lottery does not consecrate** the animals with a specific designation, nevertheless verbally designating the animals with **the required status does consecrate them,** so too, **in a case in which** the use of **a lottery does consecrate** the animals, **is it not** logically **right that** verbally designating the animals with **the required status should consecrate them?**

תַּלְמוּד לוֹמַר "וְעָשָׂהוּ חַטָּאת" – הַגּוֹרָל עוֹשֶׂה חַטָּאת, וְאֵין הַשֵּׁם עוֹשֶׂה חַטָּאת.

To counter this reasoning, **the verse states: "He shall make it a sin-offering"** to indicate that **the lottery makes it a sin-offering, but** verbally designating the goat with **the status** of a sin-offering **does not make it a sin-offering.**

וְהָא הָכָא, דְּלָאו שְׁעַת לְקִיחָה וְלָאו שְׁעַת עֲשִׂיָּיה הִיא, וְקָתָנֵי דְּקָבַע!

The Gemara explains the challenge to Rav Ḥisda's ruling: **But here,** in the case of designating the goats, the *baraita* is focusing on the moment at which the lottery is held, **which is neither the time of taking** the goats **nor the time of performing** the sacrificial rite. Yet the *baraita* **teaches** that were it not for a verse that teaches otherwise, it would be possible to permanently **establish** the animals' designation through a verbal designation at that time. This contradicts Rav Ḥisda's ruling.

HALAKHA

Nests – **קִינִּין**: The birds in a pair are designated as either a burnt-offering or a sin-offering by the owner at the moment they are originally taken, or by the priest when they are sacrificed (Rambam *Sefer Avoda, Hilkhot Pesulei HaMukdashin* 5:11).

NOTES

Anonymous statements in the *Sifra* – **סְתָם סִיפְרָא**: The compendiums of halakhic midrash are composed of collections of exegetical derivations from the verses of the Torah. The *Sifra*, which means literally the book, is composed of halakhic midrash on the book of Leviticus. The *Sifrei*, or literally, the books, is composed of halakhic midrash on the books of Numbers and Deuteronomy. These compendiums, along with the Mishna, are considered part of the tannaitic literature, although their final editing took place during the time of the *amora'im*; consequently, a halakhic midrash is often referred to as a *baraita*. Each compendium generally reflects the opinion of a single *tanna*. Anonymous statements in the Mishna are presumed to be in accordance with the opinion of Rabbi Meir. Anonymous statements in the *Sifra* are in accordance with the opinion of Rabbi Yehuda. In the *Sifrei*, they are in accordance with the opinion of Rabbi Shimon.

Nests – **קִינִּין**: There are various circumstances in which a person is required to sacrifice two birds, either turtledoves or pigeons. One is always sacrificed as a burnt-offering and the other as a sin-offering. For example, a poor person who is required to bring a sliding-scale offering brings a bird pair (Leviticus 5:7–10), as does a poor woman after giving birth (Leviticus 12:8), a poor leper (Leviticus 14:22), and a *zav* or *zava* following their purification (Leviticus 15:29–30).

Nests become designated only – **אֵין הַקִּינִּין מִתְפָּרְשׁוֹת אֶלָּא**: Some say that this rule also applies to the offering of a nazirite. He is obligated to bring two animals, one as a burnt-offering and one as a sin-offering. Here, too, the law is that the designation can take place either at the moment of purchase or when the animals are sacrificed (*Tosafot Yeshanim*).

אָמַר רָבָא, הָכִי קָאָמַר: מַה בְּמָקוֹם שֶׁלֹּא קִידֵּשׁ הַגּוֹרָל, וַאֲפִילּוּ בִּשְׁעַת לְקִיחָה, וַאֲפִילּוּ בִּשְׁעַת עֲשִׂיָּיה – קִידֵּשׁ הַשֵּׁם בִּשְׁעַת לְקִיחָה וּבִשְׁעַת עֲשִׂיָּיה, מְקוֹם שֶׁקִּידֵּשׁ הַגּוֹרָל שֶׁלֹּא בִּשְׁעַת לְקִיחָה וְשֶׁלֹּא בִּשְׁעַת עֲשִׂיָּיה – אֵינוֹ דִּין שֶׁיְּקַדֵּשׁ הַשֵּׁם בִּשְׁעַת לְקִיחָה וּבִשְׁעַת עֲשִׂיָּיה?

The Gemara rejects the challenge: **Rava said:** The *baraita* does not contradict Rav Ḥisda's ruling. **This is what** the *baraita* **is saying: Just as in a case in which** the use of **a lottery does not consecrate** the animals with a specific designation, **even** if it is held **at the time of taking** the animals **or at the time of performing** the sacrificial rite, nevertheless verbally designating the animals with **the required status does consecrate them** if that is done **at the time of taking** the animals **or at the time of performing** the sacrificial rite; so too, in **a case in which** the use of **a lottery does consecrate** the animals, although it is held **neither at the time of taking** the animals **nor at the time of performing** the sacrificial rite, **is it not** logically **right that** verbally designating the animals with **the required status should consecrate them,** if it is done **at the time of taking** the animals **or at the time of performing** the sacrificial rite?

תַּלְמוּד לוֹמַר: ״וְעָשָׂהוּ חַטָּאת״ – הַגּוֹרָל עוֹשֶׂה חַטָּאת, וְאֵין הַשֵּׁם עוֹשֶׂה חַטָּאת.

To counter this reasoning, **the verse states: "He shall make it a sin-offering"** to indicate that **the lottery makes it a sin-offering, but** verbally designating the goat with **the status** of a sin-offering **does not make it a sin-offering.** Rava has thereby explained the reasoning of the *baraita* in accordance with Rav Ḥisda's ruling.

תָּא שְׁמַע: מְטַמֵּא מִקְדָּשׁ עָנִי וְהִפְרִישׁ מָעוֹת לְקִינּוֹ, וְהֶעֱשִׁיר, וְאַחַר כָּךְ אָמַר: אֵלּוּ לְחַטָּאתוֹ וְאֵלּוּ לְעוֹלָתוֹ –

Come and hear another challenge to Rav Ḥisda's ruling: One who inadvertently enters the Temple while ritually impure is required to bring a sliding-scale offering to achieve atonement. This offering is unique in that the specific offering one is required to bring depends upon his financial situation.[N] With regard to this offering, a *baraita* teaches about the case of **a poor person who ritually impurified the Temple,** i.e., entered the Temple while ritually impure; **and he set aside money for his nests,** his bird pair, as he is required, as a poor person, to bring one bird as a sin-offering and one bird as a burnt-offering for atonement; **and then he became wealthy,** and he is consequently required to bring an animal sin-offering;[H] **and afterward,** unaware of the *halakha* that he is no longer required to bring a bird pair, he separates his money into two portions and **said** that **these** coins **are for his sin-offering and those** coins **are for his burnt-offering.**

מוֹסִיף וּמֵבִיא חוֹבָתוֹ מִדְּמֵי חַטָּאתוֹ, וְאֵין מוֹסִיף וּמֵבִיא חוֹבָתוֹ מִדְּמֵי עוֹלָתוֹ.

Then, in such a case, he **adds** more money **and brings his obligation** of an animal sin-offering **from the money** set aside **for his sin-offering,**[N] but **he may not add** more money **and bring his obligation** of an animal offering **from the money** set aside **for his burnt-offering.**

וְהָא הָכָא, דְּלָאו שְׁעַת לְקִיחָה וְלָאו שְׁעַת עֲשִׂיָּיה הִיא, וְקָתָנֵי דְּקָבַע!

The Gemara explains the challenge to Rav Ḥisda's ruling: **But here,** in the case of designating the money, the *baraita* is focusing on a moment **which is neither the time of taking** the money **nor the time of performing** the sacrificial rite with the birds. **And** yet the *baraita* **teaches** that through a verbal designation one can permanently **establish** the status of the money, as is apparent from the fact that the money set aside for the burnt-offering may not be used toward the sin-offering. This contradicts Rav Ḥisda's ruling.

אָמַר רַב שֵׁשֶׁת: וְתִסְבְּרָא?! וְהָאָמַר רַבִּי אֶלְעָזָר אָמַר רַבִּי הוֹשַׁעְיָא: מְטַמֵּא מִקְדָּשׁ עָשִׁיר וְהֵבִיא קָרְבַּן עָנִי – לֹא יָצָא. וְכֵיוָן דְּלֹא יָצָא – הֵיכִי קָבַע?

Rav Sheshet said: But how **can you understand** the *baraita* that way? **Didn't Rabbi Elazar say that Rabbi Hoshaya said: A wealthy person who ritually impurifies the Temple and brings** the **offering** that a **poor** person is required to bring **does not fulfill** his obligation. **Since he does not** and cannot **fulfill** his obligation with that offering, **how** can that designation permanently **establish** the status of the money?

אֶלָּא מַאי אִית לָךְ לְמֵימַר – שֶׁכְּבָר אָמַר מֵעֲנִיּוּתוֹ, הָכָא נַמִי – שֶׁכְּבָר אָמַר מִשְּׁעַת הַפְרָשָׁה.

Rather, what have you to say in order for the *baraita* to make sense? **That he had already said** his designation of the money **while in his impoverished state. Here also,** in order for the *baraita* not to contradict Rav Ḥisda's ruling, it may be explained in a similar vein, **that he had already said at the time of** taking and **setting aside** his money, which monies were for his sin-offering and which were for his burnt-offering.

וּלְרַבִּי חַגָּא אָמַר רַבִּי יֹאשִׁיָּה, דְּאָמַר: יָצָא,

The Gemara asks: **But according to Rabbi Ḥaga,** who **said** that **Rabbi Yoshiya**[N] **said** that a wealthy person who brings the offering that a poor person is required to bring **does fulfill** his obligation,

NOTES

A sliding-scale offering – קָרְבַּן עוֹלֶה וְיוֹרֵד: This offering is unique in that the type of offering required depends on the financial status of the sinner. A person with sufficient means is required to bring a sin-offering of a female lamb or goat. A poor person who is unable to afford such an offering brings a pair of birds instead, one as a burnt-offering and one as a sin-offering. A person who cannot afford even a pair of birds brings a meal-offering.

A sliding-scale-offering is brought for the inadvertent violation of three sins: (1) Violating an oath; (2) taking a false oath to avoid giving testimony; (3) entering the Temple or partaking of sacrificial foods while ritually impure. The Gemara here demonstrates its point using the case of one who entered the Temple while ritually impure, as this is the most common case, but the point could have been made with the other cases as well (*Tosafot*).

He adds and brings his obligation from the money for his sin-offering – מוֹסִיף וּמֵבִיא חוֹבָתוֹ מִדְּמֵי חַטָּאתוֹ: The Gemara in tractate *Keritot* derives from verses in the Torah that money designated for a bird sin-offering may be used toward an animal sin-offering.

Rabbi Yoshiya – רַבִּי יֹאשִׁיָּה: The Rashash emends the Gemara here to state: Rabbi Ḥaga said that Rabbi Hoshaya said. This is in line with the Gemara on the next amud, in which Rabbi Ḥaga cites Rabbi Hoshaya and not Rabbi Yoshiya. According to this, Rabbi Elazar in the Gemara here and Rabbi Ḥaga are in dispute over what Rabbi Hoshaya actually said.

HALAKHA

The offering of a poor or wealthy person – עָנִי וְעָשִׁיר בְּקָרְבַּן: If a poor person sacrifices the offering of the wealthy, the offering is valid. If a wealthy person sacrifices the offering of the poor, the offering is not valid, in accordance with the opinion of Rabbi Hoshaya (Rambam *Sefer Korbanot*, *Hilkhot Shegagot* 10:13).

NOTES

There is no redemption for a bird – אֵין פִּדְיוֹן לָעוֹף: In many cases, when an animal consecrated as an offering becomes disqualified, it is redeemed for money. A fifth of its value is then added to that money and used toward purchasing new animals, fit for offering. Through its redemption, it is deconsecrated and becomes non-sacred. The possibility of redemption is mentioned in the Torah only with respect to animals, but not with respect to bird-offerings. As such, bird-offerings can never be redeemed.

A poor leper who brings the offering that a wealthy person is required to bring – עָנִי שֶׁהֵבִיא קָרְבַּן עָשִׁיר: The Gemara's use here of the expression: Fulfills his obligation, suggests that the offering is acceptable only after the fact. However, this is inaccurate. The *halakha* is that if a poor person wishes to extend himself, he may do so *ab initio*. The Gemara uses this expression only to parallel the language of the opposite case, in which one does not fulfill his obligation even after the fact (Rabbi Shlomo HaKohen).

HALAKHA

There is no redemption for a bird – אֵין פִּדְיוֹן לָעוֹף: If one sets aside a bird for an offering and it is disqualified, it cannot be redeemed for the purpose of purchasing a new bird with the money used to redeem it. This is because there is no redemption for a bird (Rambam *Sefer Avoda*, *Hilkhot Pesulei HaMukdashin* 5:10).

מַאי אִיכָּא לְמֵימַר? לָא תֵּימָא: וְאַחַר כָּךְ אָמַר, אֶלָּא אֵימָא: וְאַחַר כָּךְ לָקַח וְאָמַר.

what can be said? According to this opinion, there is no inherent difficulty in the *baraita* that requires interpreting it as Rav Sheshet explained; read simply, it appears to contradict Rav Ḥisda's ruling. The Gemara answers: The *baraita* should be emended: **Do not say** that the *baraita* says: If **afterward he said. Rather, say** that the *baraita* says: If **afterward he took,** i.e., purchased and consecrated the bird pair, **and said.**

לָקַח, מוֹסִיף וּמֵבִיא חוֹבָתוֹ מַאי נִיהוּ –

The Gemara asks: How can the *baraita* be referring to a case where he had **taken** the birds for his offering? If so, the next statement in the *baraita*: He **adds** more money **and brings his obligation** of an animal sin-offering from the money set aside for his sin-offering, **what does it** mean? If he had **taken** them, then clearly he is not holding onto money with which to purchase them.

דְּפָרֵיק לֵיהּ, וְהָא אֵין פִּדְיוֹן לָעוֹף!

The Gemara suggests a solution: That statement in the *baraita* is referring to a case in **which he redeemed** the bird by transferring its sanctity to money that can then be used toward the purchase of an animal. The Gemara rejects this possibility: **But there is no redemption for a bird,**[NH] so this could not possibly be the case of the *baraita*.

אָמַר רַב פָּפָּא: כְּגוֹן שֶׁלָּקַח פְּרֵידָה אַחַת. אִי עוֹלָה זָבַן – מוֹסִיף וּמֵבִיא חוֹבָתוֹ מִדְּמֵי חַטָּאתוֹ, וְהַאי עוֹלָה אָזְלָא לִנְדָבָה. אִי חַטָּאת זָבַן – אֵין מוֹסִיף וּמֵבִיא חוֹבָתוֹ מִדְּמֵי עוֹלָתוֹ, וְהַאי חַטָּאת אָזְלָא לְמִיתָה.

Rav Pappa said: That statement in the *baraita* is referring to a case **where he took** only **one bird.** As such, the *baraita* means: **If he purchased** the bird for his **burnt-offering,** then he should **add** more money **and bring his obligation** of an animal sin-offering **from the money** he had intended to use to purchase the second bird **for his sin-offering. And this** bird, which was purchased for his **burnt-offering, goes toward a free-will offering.** However, **if he purchased** the bird for his **sin-offering,** then he **cannot add** more money **and bring his obligation** of an animal sin-offering **from the money** he had intended to use to purchase the second bird **for his burnt-offering. And this** bird, which was purchased for his **sin-offering, goes to** its **death,** i.e., it is left to die, as is the *halakha* of a sin-offering whose owner has achieved atonement with another offering.

גּוּפָא, אָמַר רַבִּי אֶלְעָזָר אָמַר רַבִּי הוֹשַׁעְיָא: מְטַמֵּא מִקְדָּשׁ עָשִׁיר וְהֵבִיא קָרְבַּן עָנִי – לֹא יָצָא, וְרַבִּי חַגָּא אָמַר רַבִּי הוֹשַׁעְיָא: יָצָא.

The Gemara proceeds to examine the dispute cited above. Returning to **the** matter **itself, Rabbi Elazar said** that **Rabbi Hoshaya said: A wealthy person who ritually impurifies the Temple, and brings** the **offering** that **a poor** person is required to bring, i.e., a bird pair, **he does not fulfill** his obligation. **Rabbi Ḥaga said** that **Rabbi Hoshaya said: He does fulfill** his obligation.

מֵיתִיבִי: מְצוֹרָע עָנִי שֶׁהֵבִיא קָרְבַּן עָשִׁיר – יָצָא, עָשִׁיר שֶׁהֵבִיא קָרְבַּן עָנִי – לֹא יָצָא! שָׁאנֵי הָתָם דִּכְתִיב: ״זֹאת״.

The Gemara **raises an objection** from a mishna: **A poor leper who brings** the **offering** that **a wealthy person** is required to bring[N] **fulfills** his obligation. **A wealthy person who brings** the **offering** that **a poor person** is required to bring **does not fulfill** his obligation. The Gemara answers: **It is different there,** in the case of leper, **as it is written: "This** shall be the law of the leper on the day of his purification" (Leviticus 14:2). The word "this" serves to emphasize that the details of the purification process must be carried out without any deviation.

אִי הָכִי רֵישָׁא נָמֵי! הָא רַבִּי רַחֲמָנָא ״תּוֹרַת״. וְהָתַנְיָא: ״תּוֹרַת״ – לְרַבּוֹת מְצוֹרָע עָנִי שֶׁהֵבִיא קָרְבַּן עָשִׁיר, יָכוֹל אֲפִילּוּ עָשִׁיר שֶׁהֵבִיא קָרְבַּן עָנִי – תַּלְמוּד לוֹמַר: ״זֹאת״.

The Gemara asks: **If so,** if any deviation is unacceptable, then in the case of **the first clause,** in which a poor leper brings the offering that a wealthy person is required to bring, he should **also** not fulfill his obligation. The Gemara answers: **The Merciful One includes** that case by stating: **"The law of"** (Leviticus 14:2). **As it was taught** in a *baraita*: **"The law of"** was stated **in order to include a poor leper who brought** the **offering** that **a wealthy** person is required to bring. One **might** have thought that **even a wealthy** person **who brought** the **offering** that **a poor person** is required to bring also fulfills his obligation. Therefore, **the verse states "this"** to indicate that the wealthy person may not deviate from what is required of him.

וְנֵילַף מִינַּהּ! מִיעֵט רַחֲמָנָא ״וְאִם דַּל הוּא״.

The Gemara asks: **And let us derive** the *halakha* for the parallel case of a sliding-scale offering **from** the *halakha* with regard to the offering of leper. Consequently, in the case of a sliding-scale offering, if a wealthy person brings the offering that a poor person is required to bring, he does fulfill his obligation, contrary to Rabbi Ḥaga's opinion. The Gemara answers: With regard to a sliding-scale offering, **the Merciful One excludes** the validity of such an offering by stating: **"If he be poor"** (Leviticus 14:21). The word "he" serves to emphasize that the offering required for a poor person is valid only for him.

מתני׳ קָשַׁר לָשׁוֹן שֶׁל זְהוֹרִית בְּרֹאשׁ שְׂעִיר הַמִּשְׁתַּלֵּחַ, וְהֶעֱמִידוֹ כְּנֶגֶד בֵּית שִׁילּוּחוֹ, וְלַנִּשְׁחָט כְּנֶגֶד בֵּית שְׁחִיטָתוֹ.

MISHNA The High Priest **tied a strip of crimson**[BH] wool **upon the head of the scapegoat**[N] **and positioned** the goat **opposite the place from which it was dispatched,** i.e., near the gate through which it was taken; **and** the same was done to **the** goat that was to be **slaughtered, opposite the place of its slaughter.**

בָּא לוֹ אֵצֶל פָּרוֹ שְׁנִיָּה, וְסוֹמֵךְ שְׁתֵּי יָדָיו עָלָיו וּמִתְוַדֶּה. וְכָךְ הָיָה אוֹמֵר: אָנָּא הַשֵּׁם! (חָטָאתִי עָוִיתִי וּפָשַׁעְתִּי) לְפָנֶיךָ אֲנִי וּבֵיתִי, וּבְנֵי אַהֲרֹן עַם קְדוֹשֶׁךָ. אָנָּא הַשֵּׁם! כַּפֶּר נָא לָעֲוֹנוֹת וְלַפְּשָׁעִים וְלַחֲטָאִים שֶׁעָוִיתִי וְשֶׁפָּשַׁעְתִּי וְשֶׁחָטָאתִי לְפָנֶיךָ אֲנִי וּבֵיתִי וּבְנֵי אַהֲרֹן עַם קְדוֹשֶׁךָ! כַּכָּתוּב בְּתוֹרַת מֹשֶׁה עַבְדֶּךָ: ״כִּי בַיּוֹם הַזֶּה יְכַפֵּר עֲלֵיכֶם לְטַהֵר אֶתְכֶם מִכֹּל חַטֹּאתֵיכֶם לִפְנֵי ה׳ תִּטְהָרוּ״. וְהֵן עוֹנִין אַחֲרָיו: בָּרוּךְ שֵׁם כְּבוֹד מַלְכוּתוֹ לְעוֹלָם וָעֶד.

He comes and stands **next to his bull a second** time, **and places his two hands upon it, and confesses. And this is what he would say: Please God, I have sinned, I have done wrong,** and **I have rebelled before You, I and my family and the children of Aaron, your sacred people. Please God, grant atonement, please, for the sins, and for the wrongs, and for the rebellions that I have sinned, and done wrong, and rebelled before You, I, and my family, and the children of Aaron, your sacred people, as it is written in the Torah of Moses, your servant: "For on this day atonement shall be made for you to cleanse you** of all your sins; you shall be clean before the Lord" (Leviticus 16:30). **And they,** the priests and the people in the Temple courtyard, **respond after him** upon hearing the name of God: **Blessed be the name of His glorious kingdom forever and all time.**

גמ׳ אִיבַּעְיָא לְהוּ: ״וְלַנִּשְׁחָט״ אַקְּשִׁירָה קָאֵי אוֹ אַהַעֲמָדָה קָאֵי?

GEMARA **A dilemma was raised before them:** The mishna teaches two *halakhot* with regard to the scapegoat: A strip of crimson is tied to it, and it is positioned opposite the place from which it will be dispatched. When the mishna continues: **And** the same is done to **the slaughtered one** opposite its place of slaughter, is it **referring to** the **tying** of a strip of crimson, and it is teaching that a strip is also tied on the goat being sacrificed around the place of its slaughter, i.e., its neck? **Or,** is it **referring to** the **positioning** of the goat, and it is teaching that the goat being sacrificed should be stood opposite the place where it will be slaughtered?[N]

תָּא שְׁמַע, דְּתָנֵי רַב יוֹסֵף: קָשַׁר לָשׁוֹן שֶׁל זְהוֹרִית בְּרֹאשׁ שְׂעִיר הַמִּשְׁתַּלֵּחַ וְהֶעֱמִידוֹ כְּנֶגֶד בֵּית שִׁילּוּחוֹ, וְלַנִּשְׁחָט כְּנֶגֶד בֵּית שְׁחִיטָתוֹ שֶׁלֹּא יִתְעָרֵב זֶה בָּזֶה, וְלֹא יִתְעָרֵב בַּאֲחֵרִים.

Come and **hear** a resolution from a *baraita* **that Rav Yosef taught: He ties a strip of crimson to the head of the scapegoat and positions it opposite the place from which it will be sent;** and the same is done **to the slaughtered one, opposite its place of slaughter.** This is done for two reasons: **So that** each goat, i.e., the goat for God and the goat for Azazel, **cannot become mixed up with the other** one, **and** so that the goats **cannot become mixed up with other** goats.[N]

NOTES

Tied a strip of crimson wool upon the head of the scapegoat – קָשַׁר לָשׁוֹן שֶׁל זְהוֹרִית בְּרֹאשׁ שְׂעִיר הַמִּשְׁתַּלֵּחַ: The commentators ask: Elsewhere, the Gemara establishes that having an animal offering carry any sort of burden is considered an act of labor, which is prohibited. If so, why is it permitted to tie a strip of crimson on the goat's head? Some suggest that since this is done for the benefit of the Jewish people and isn't an outright act of labor, it is permitted (*Gevurat Ari*; *Neum Yehuda*).

Tying or positioning – קְשִׁירָה אוֹ הַעֲמָדָה: The Gemara's conclusion is that the mishna is teaching that a strip of crimson should also be tied to the goat that is to be sacrificed to God. However, while the other interpretation is not accepted as the correct understanding of the mishna, nevertheless, it is not dismissed. The goat is in fact positioned near the north, where it will be slaughtered (Rosh; *Siaḥ Yitzḥak*; *Gevurat Ari*).

Cannot become mixed up with other goats – לֹא יִתְעָרֵב בַּאֲחֵרִים: In addition to the goat for God whose blood was to be applied inside the Holy of Holies and Sanctuary, there is an additional goat sin-offering which is sacrificed as part of the additional service and whose blood is applied to the outer alter. It was necessary to have a way to tell these goats apart in the event they became intermingled.

BACKGROUND

Strip [*lashon*] of crimson – לָשׁוֹן שֶׁל זְהוֹרִית: This strip was a bundle of combed wool shaped somewhat like a tongue, or in Hebrew, *lashon*. It was dyed a shade of red called carmine, and was produced from the blood of the *tola'at shani*, a type of insect. Current research suggests that the *tola'at shani* is the scale insect *Kermes echinatus*, which feeds on the sap of evergreen trees and is found in Israel. Its color is generally referred to in the Bible as *shani* or *tola'at shani*.

Kermes echinatus gravid females on tree trunk

Female *Kermes echinatus* with eggs

Left: Dried female *Kermes echinatus* with eggs
Center and right: dyed wool

Left: Boiled solution after wool has been added (orange)
Right: Boiled solution with *Kermes echinatus* (red)

HALAKHA

Tied a strip of crimson – קָשַׁר לָשׁוֹן שֶׁל זְהוֹרִית: The High Priest ties a crimson strip to the head of the scapegoat. The goat is then positioned in the place from which it will be sent off, while the goat that is slaughtered is positioned in the place where it will be slaughtered (Rambam *Sefer Avoda*, *Hilkhot Avodat Yom HaKippurim* 4:1).

NOTES

Requires division – בָּעֵי חֲלוּקָה: Some explain that the strips of crimson of both goats are divided into two (Rabbeinu Yehonatan; see *Tosafot Yeshanim*; see Ritva).

Blazes high and blazes low – קוֹלַחַת וְנִכְפֶּפֶת: The commentary here follows the explanation of Rashi. Other commentators provide a different explanation. If the fire blazes upward, then it is valid, since the required items burned directly above and presumably in close proximity to the heifer. If the flame is low, it means it spreads out along the ground, and therefore the strip burned some distance from the heifer itself (*Tosafot Yeshanim*; Ritva).

HALAKHA

He wraps the cedar wood and the hyssop with the remnants of the strip of crimson – כּוֹרְכָן בִּשְׁיָרֵי לָשׁוֹן: When the red heifer is being burned, the hyssop is bound to the cedar wood with a strip of crimson. The bundle is then cast into the fire (Rambam *Sefer Tahara*, *Hilkhot Para Aduma* 3:2).

אִי אָמְרַתְּ בִּשְׁלָמָא אַקְּשִׁירָה קָאֵי – שַׁפִּיר, אֶלָּא אִי אָמְרַתְּ אַהַעֲמָדָה קָאֵי – נְהִי דִּבְחַבְרֵיהּ לָא מִיעָרַב, דְּהַאי קָטִיר בֵּיהּ וְהַאי לָא קָטִיר בֵּיהּ – בְּאַחֲרִינֵי מִיהַת מִיעָרַב! אֶלָּא לָאו שְׁמַע מִינָּהּ – אַקְּשִׁירָה קָאֵי, שְׁמַע מִינָּהּ.

The Gemara explains the proof from the *baraita*. **Granted, if you say** that the *baraita* **is referring** to **tying,** it works out **well.** Since both goats have a strip tied to them and to different places upon them, they will always be distinguishable both from one another and also from any other animals. **But, if you say** that **it is referring** to **positioning** the goat being sacrificed, but no strip of crimson is tied to it, **granted,** each one **cannot be mixed up with its counterpart, since this one,** the goat to be sent away, **has** a strip of crimson **tied to it, and that one,** the goat being sacrificed, **does not have** a strip of crimson **tied to it. However,** the goat being sacrificed **could** still **be mixed up with other** animals, since it has no strip tied to it. **Rather,** must one **not conclude from** the *baraita* that **it is referring to tying?** The Gemara confirms: Indeed, **learn from it** that it is so.

אָמַר רַבִּי יִצְחָק: שְׁתֵּי לְשׁוֹנוֹת שָׁמַעְתִּי, אַחַת שֶׁל פָּרָה וְאַחַת שֶׁל שָׂעִיר הַמִּשְׁתַּלֵּחַ. אַחַת צְרִיכָה שִׁיעוּר, וְאַחַת אֵינָהּ צְרִיכָה שִׁיעוּר, וְלָא יָדַעְנָא הֵי מִינַּיְיהוּ.

The Gemara discusses *halakhot* pertaining to the strip of crimson wool: **Rabbi Yitzḥak said: I heard** a teaching that there is a distinction between **two** strips of crimson, **one of the** red **heifer and one of the scapegoat. One** of them **requires** a minimum **amount, and one does not require** a minimum **amount. But I do not know** to **which of them** the requirement to have a minimum amount pertains.

אָמַר רַב יוֹסֵף: נִיחֲזֵי אֲנַן; שֶׁל שָׂעִיר הַמִּשְׁתַּלֵּחַ דְּבָעֵי חֲלוּקָה – בָּעֵי שִׁיעוּר, וְשֶׁל פָּרָה דְּלָא בָּעֵי חֲלוּקָה – לָא בָּעֵי שִׁיעוּר.

Rav Yosef said: Let us see and examine the matter. It is logical that since the strip **of the scapegoat, which requires division,**[N] it **requires** a minimum **amount** to be able to achieve this. Before the goat descends into Azazel, the strip is cut into two; half of it is tied between the goat's horns and half of it is tied to a nearby rock. However, the crimson strip **of the heifer does not require division,** therefore it **does not require** a minimum **amount.**

מַתְקִיף לַהּ רָמִי בַּר חָמָא: דְּפָרָה נַמִּי בָּעֵי כּוֹבֶד! אָמַר לֵיהּ רָבָא: כּוֹבֶד – תַּנָּאֵי הִיא.

Rami bar Ḥama strongly objects to this: The strip **of the heifer also requires** a minimum amount because it needs to have **weight,** in order to be heavy enough to fall into the heart of the fire in which the heifer is being burned (see Numbers 19:6). **Rava said to him:** The requirement for the strip to have weight **is** the subject of a dispute between ***tanna'im***, and Rav Yosef holds in accordance with the opinion that it does not need to have weight.

וּדְפָרָה לָא בָּעֵי חֲלוּקָה? אֵיתִיבֵיהּ אַבָּיֵי: כֵּיצַד הוּא עוֹשֶׂה, כּוֹרְכָן בִּשְׁיָרֵי לָשׁוֹן! אֵימָא: בִּזְנַב לָשׁוֹן.

The Gemara asks: Is it true that the strip **of the red heifer does not require division? Abaye raised an objection to** this from a mishna in tractate *Para*: **How does he perform** the burning of the items that are burned together with the red heifer? **He wraps** the cedar wood and the hyssop **with the remnants of the strip** of crimson[H] and casts them into the fire in which the heifer is being burnt. The reference to the remnant of the strip of crimson indicates that only part is burned. This suggests that it also requires division. The Gemara answers: Emend the mishna in tractate *Para*. Instead of saying: The remnants of the strip, **say:** It was done **with the tail end** of the strip of crimson.

אָמַר רַבִּי חָנִין אָמַר רַב: עֵץ אֶרֶז, וּשְׁנִי תוֹלַעַת שֶׁקְּלָטָתַן שַׁלְהֶבֶת – כְּשֵׁרָה. מֵיתִיבִי: נִתְהַבְהֵב הַלָּשׁוֹן – מֵבִיא לָשׁוֹן אַחֵר וּמְקַדֵּשׁ!

The Torah requires that as part of the preparation of the ashes of the red heifer, cedar wood, hyssop, and a strip of crimson be cast "into the midst of the burning of the heifer" (Number 19:6). The Gemara discusses what happens if these items burn before actually reaching the burning mass of the heifer: **Rabbi Ḥanin said** that **Rav said:** If **the cedar wood and the strip of crimson were caught by the flame** of the burning heifer, and they burned in the air before coming into contact with the mass of the heifer itself, **it is valid.** The Gemara **raises an objection** from a *baraita*: If the strip of crimson **was singed** before reaching the heart of fire, **he brings another strip and sanctifies it** by ensuring it burns together with the mass of the heifer.

אָמַר אַבָּיֵי: לָא קַשְׁיָא; כָּאן – בְּקוֹלַחַת, כָּאן – בְּנִכְפֶּפֶת.

Abaye said: This is not difficult: Here, the *baraita* is dealing **with** a case in which the flame **blazes high.** Since the strip was still a significant distance from the burning mass, its burning is invalid. **There,** Rabbi Ḥanin is dealing **with** a case in which the flame **blazes low,**[N] in close proximity to the mass of the heifer. Therefore, it is considered to have been burned together with it and is valid.

רָבָא אוֹמֵר: ׳כּוֹבֶד׳ תַּנָּאֵי הִיא; דְּתַנְיָא: לָמָּה כּוֹרְכָן, כְּדֵי שֶׁיִּהְיוּ כּוּלָּן בַּאֲגוּדָּה אַחַת, דִּבְרֵי רַבִּי. רַבִּי אֶלְעָזָר בְּרַבִּי שִׁמְעוֹן אוֹמֵר: כְּדֵי שֶׁיְּהֵא בָּהֶן כּוֹבֶד, וְיִפְּלוּ לְתוֹךְ שְׂרֵיפַת הַפָּרָה.

Rava said: The *baraita* and Rabbi Ḥanin's ruling follow different opinions with regard to whether the strip of crimson needs to have weight. The *baraita* assumes the items must reach the heart of the fire; therefore, they must have weight. Rabbi Ḥanin assumes the items don't need to reach the heart of the fire; therefore, they do not need to have weight. The issue of whether the strip of crimson needs to have **weight is** a dispute between ***tanna'im*****, as it was taught** in a *baraita*: **Why** does **he wrap** the cedar wood and the hyssop together using the strip of crimson? **So that they will all be in a single bundle**[N] and burn simultaneously, as implied by the fact the Torah mentions all three together; **this is the statement of Rabbi** Yehuda HaNasi. **Rabbi Elazar, son of Rabbi Shimon, says: So that they will have weight and fall into the burning heifer.**

כִּי אֲתָא רַב דִּימִי אֲמַר רַבִּי יוֹחָנָן: שָׁלֹשׁ לְשׁוֹנוֹת שָׁמַעְתִּי, אַחַת שֶׁל פָּרָה, וְאַחַת שֶׁל שָׂעִיר הַמִּשְׁתַּלֵּחַ, וְאַחַת שֶׁל מְצוֹרָע. אַחַת מִשְׁקַל עֲשָׂרָה זוּז, וְאַחַת מִשְׁקַל שְׁנֵי סְלָעִים, וְאַחַת מִשְׁקַל שֶׁקֶל, וְאֵין לִי לְפָרֵשׁ.

When Rav Dimi came from Eretz Yisrael to Babylonia **he said** in the name of **Rabbi Yoḥanan: I heard** a teaching that there is a distinction between **three** strips of crimson: **One of the red heifer, and one of the scapegoat, and one of the leper.**[N] **One** of them must have the **weight of ten** ***zuz*****; and one** of them must have the **weight of two** ***sela*****,** which is eight *zuz*; **and one** of them must have the **weight of a shekel,** which is two *zuz*, **but I cannot explain** which is which.[B]

כִּי אֲתָא רָבִין פֵּירְשָׁהּ מִשְּׁמֵיהּ דְּרַבִּי יוֹנָתָן:

When Ravin came from Eretz Yisrael to Babylonia **he explained in the name of Rabbi Yonatan** which weight each item requires, as follows:

NOTES

So that they will all be in a single bundle – שֶׁיִּהְיוּ כּוּלָּן בַּאֲגוּדָּה אַחַת: Rashi explains that the purpose is to be able to carry them all together. Rabbeinu Yosef writes that bundling the items makes them look better. The Riva connects the binding to the ritual of the Paschal lamb in Egypt, when the objects were tied together. He claims that here too, it is a requirement from the Torah to do so.

Strip of crimson for the red heifer and the leper – לָשׁוֹן זְהוֹרִית בְּפָרָה וּמְצוֹרָע: With regard to the leper, the Torah states: "And the priest shall take for the one who is to be purified two live pure birds, cedar wood, a strip of crimson, and hyssop" (Leviticus 14:4). The text describing the red heifer states: "And the priest shall take cedar wood, hyssop, and a strip of crimson and cast it into the midst of the burning of the heifer" (Numbers 19:6).

BACKGROUND

Weights – מִשְׁקָלוֹת: The methods of measures and weights in ancient times were not uniform, and sometimes different systems were used together. There are therefore many opinions with regard to the value of the weights mentioned by the Sages. The following are the range of estimates in grams for the various weights mentioned here: One shekel, 7.2–9.6 g; Two *sela*, 28.8–38.4 g; ten *zuz*, 36–48 g.

Perek **IV**
Daf **42** Amud **a**

שֶׁל פָּרָה – מִשְׁקַל עֲשָׂרָה זוּז, וְשֶׁל שָׂעִיר הַמִּשְׁתַּלֵּחַ – מִשְׁקַל שְׁנֵי סְלָעִים, וְשֶׁל מְצוֹרָע – מִשְׁקַל שֶׁקֶל.

The strip of crimson **of the red heifer**[H] has the **weight of ten** ***zuz*****; and** the strip **of the scapegoat**[H] has the **weight of two** ***sela*****,** which is eight *zuz*; **and** the strip **of the leper**[H] has the **weight of a shekel,** which is two *zuz*.

אָמַר רַבִּי יוֹחָנָן: פְּלִיגִי בָּהּ רַבִּי שִׁמְעוֹן בֶּן חֲלַפְתָּא וְרַבָּנַן בְּפָרָה; חַד אָמַר: מִשְׁקַל עֲשָׂרָה, וְחַד אָמַר: מִשְׁקַל שֶׁקֶל. וְסִימָנִיךְ: אֶחָד הַמַּרְבֶּה וְאֶחָד הַמַּמְעִיט.

And **Rabbi Yoḥanan** further said: **Rabbi Shimon ben Ḥalafta and the Rabbis disagree** with regard to the strip of crimson **of the red heifer. One said:** It has the **weight of ten** ***zuz*****. And one said:** It has the **weight of one shekel. And your mnemonic** for remembering that while both assume that only one of the extreme values was required no one suggests the middle value of two *sela* is required, is the aphorism from a mishna: God equally values **both the one who gives much and the one who gives little** as long as his intention is to Heaven.

אָמַר לֵיהּ רַבִּי יִרְמְיָה מִדִּיפְתִּי לְרָבִינָא: לֹא בְּפָרָה פְּלִיגִי, אֶלָּא בְּשָׂעִיר הַמִּשְׁתַּלֵּחַ פְּלִיגִי. וְהַהוּא יוֹמָא נָח נַפְשֵׁיהּ דְּרַבְיָא בַּר קִיסִי, וַאֲנַחוּ בָּהּ סִימָנָא: רַבְיָא [בַּר] קִיסִי מְכַפֵּר כְּשָׂעִיר הַמִּשְׁתַּלֵּחַ.

Rabbi Yirmeya of Difti said to Ravina: It is **not with regard to the** strip of the red **heifer that they disagree; rather, it is with regard to the** strip of **the scapegoat that they disagree.**[N] **And on that** very **day** that they disputed this issue, **Ravya bar Kisi** died, **and they made a mnemonic out of it,** associating the *halakha* with his name: The death of **Ravya bar Kisi atones like the scapegoat,** since the death of the righteous person atones for his generation.

אָמַר רַבִּי יִצְחָק: שְׁתֵּי שְׁחִיטוֹת שָׁמַעְתִּי, אַחַת שֶׁל פָּרָה וְאַחַת שֶׁל פָּרוֹ, אַחַת כְּשֵׁרָה בְּזָר וְאַחַת פְּסוּלָה בְּזָר, וְלָא יָדַעְנָא הֵי מִינַּיְיהוּ.

Rabbi Yitzḥak said: I heard a teaching that there is a distinction between **two slaughters: One of the red heifer, and one of the bull** of the High Priest on Yom Kippur. The slaughter of **one of them is valid** even if done **by a non-priest,** and the slaughter of the other **one is invalid** if done **by a non-priest. But I do not know which of them** is which.

אִיתְּמַר, שְׁחִיטַת פָּרָה וּפָרוֹ, רַב וּשְׁמוּאֵל; חַד אָמַר: פָּרָה – פְּסוּלָה, פָּרוֹ – כְּשֵׁרָה. וְחַד אָמַר: פָּרוֹ – פְּסוּלָה, פָּרָה – כְּשֵׁרָה.

An amoraic dispute **was stated:** With regard to the **slaughter of the** red **heifer and the bull** of the High Priest on Yom Kippur, there is a dispute between **Rav and Shmuel: One said:** A red **heifer** slaughtered by a non-priest **is invalid,** whereas the **bull** of the High Priest slaughtered by a non-priest **is valid. And** the other **one said: His bull is invalid,** but the red **heifer is valid.**

HALAKHA

The strip of crimson of the heifer – לָשׁוֹן זְהוֹרִית שֶׁל פָּרָה: The strip of crimson of the red heifer weighed five *sela*, which is twenty *zuz* (*Kesef Mishne*; Rambam *Sefer Tahara, Hilkhot Para Aduma* 3:2).

The strip of the scapegoat – לָשׁוֹן שֶׁל שָׂעִיר הַמִּשְׁתַּלֵּחַ: The strip of crimson that was tied to the head of the scapegoat weighed two *sela*, in accordance with Ravin's statement (Rambam *Sefer Avoda, Hilkhot Avodat Yom HaKippurim* 3:4).

The strip of the leper – לָשׁוֹן שֶׁל מְצוֹרָע: The strip of crimson of the leper weighed one shekel, in accordance with Ravin's statement (Rambam *Sefer Tahara, Hilkhot Tumat Tzara'at* 11:1).

NOTES

With regard to the scapegoat they disagree – בְּשָׂעִיר הַמִּשְׁתַּלֵּחַ פְּלִיגִי: The reason to require the larger size strip of ten *zuz* is to ensure that even after it is divided it will still be a significant size, so that people can see it from a distance and know whether it has turned white (*Tosafot Yeshanim*).

תִּסְתַּיֵּים דְּרַב הוּא דְּאָמַר פָּרָה פְּסוּלָה, דְּאָמַר רַבִּי זֵירָא: שְׁחִיטַת פָּרָה בְּזָר פְּסוּלָה. וְאָמַר רַב עֲלַהּ: אֶלְעָזָר וְחוּקָּה שָׁנִינוּ בָּהּ.

The Gemara comments: **Conclude** that **it is Rav who said** that if **the heifer** is slaughtered by a non-priest it **is invalid, as Rabbi Zeira said: The slaughter of the heifer by a non-priest is invalid. And Rav said concerning this** statement of Rabbi Zeira: This is because **we learned in** the Torah's description of the slaughter of the red heifer both **"Elazar** the priest" (Numbers 19:3) and **"statute"** (Numbers 19:2). Because Elazar is mentioned, it indicates the slaughter should be performed by a priest, and the use of the term "statute" teaches that one may not deviate from any of the details of the service as delineated in the verses; if one does deviate, the service is invalid. Clearly then, Rav held that if the heifer is slaughtered by a non-priest it is invalid.

וְרַב, מַאי שְׁנָא פָּרָה – דִּכְתִיב אֶלְעָזָר וְחוּקָּה, פָּרוֹ נַמִי – הָא כְּתִיב אַהֲרֹן וְחוּקָּה!

The Gemara analyzes Rav's opinion: **And** according to **Rav, what is different** with regard to the red **heifer,** that if it is slaughtered by a non-priest it is invalid? As Rav explained, it is different in **that,** with regard to it, **it is written "Elazar" and "statute."** But with regard to **the bull** of the High Priest **it is also written "Aaron"** the High Priest (Leviticus 16:11) and **"statute"** (Leviticus 16:34). Based on Rav's logic, that indicates that the priest is indispensable.

שְׁחִיטָה לָאו עֲבוֹדָה הִיא. אִי הָכִי, פָּרָה נַמִי! שָׁאנֵי פָּרָה דְּקָדְשֵׁי בֶּדֶק הַבַּיִת הִיא.

The Gemara explains: The slaughter of the bull by a non-priest is valid because **slaughtering is not** classified as a sacrificial **service;** therefore, it does not have to be done by a priest. The Gemara challenges this answer: **If so,** by the same logic, the red **heifer** should **also** be valid when slaughtered by a non-priest. The Gemara concludes: The logic that slaughtering is not classified as a sacrificial service does not apply in the case of the red heifer because the red **heifer is different.** It has the sanctity **of** items **consecrated for Temple maintenance,**[N] and therefore the principles that apply to other offerings do not necessarily apply to it.

וְלָאו כׇּל דְּכֵן הוּא? אָמַר רַב שִׁישָׁא בְּרֵיהּ דְּרַב אִידִי: מִידֵּי דַּהֲוָה אַמַּרְאוֹת נְגָעִים, דְּלָאו עֲבוֹדָה הִיא וּבָעְיָא כְּהוּנָּה.

But **is it not** arguable, by **an** ***a fortiori*** **inference,** that the slaughter of the red heifer by a non-priest is valid? If the slaughter of the bull of the High Priest, which is an actual offering, is valid when performed by a non-priest, then all the more so the slaughter of the red heifer, which is not an offering, should be valid when similarly performed by a non-priest. **Rav Shisha, son of Rav Idi, said:** The slaughter by of the red heifer a non-priest is invalid. The *halakha* is **just as in** the case of **appearances of leprosy,**[N] **which,** despite their **not** being a sacrificial **service,** still **require the priesthood.** Only a priest may declare the signs of leprosy to be pure or impure. It is apparent from this case that the logic of the *a fortiori* inference does not hold.

וְלִשְׁמוּאֵל דְּאָמַר פָּרוֹ פְּסוּלָה, מַאי שְׁנָא פָּרוֹ – דִּכְתִיב אַהֲרֹן וְחוּקָּה, פָּרָה נַמִי הָא כְּתִיב אֶלְעָזָר וְחוּקָּה – שָׁאנֵי הָתָם, דִּכְתִיב: "וְשָׁחַט אוֹתָהּ לְפָנָיו" – שֶׁיְּהֵא זָר שׁוֹחֵט וְאֶלְעָזָר רוֹאֶה.

The Gemara analyzes Shmuel's opinion: **And** according **to Shmuel, who said** that if a non-priest slaughters **the bull** of the High Priest it **is invalid, what is different** with regard to **his bull** that this is the *halakha*? It is different in **that,** with regard to it, **it is written "Aaron,"** indicating that a priest is required, **and "statute,"** indicating that the requirements of the Yom Kippur service are indispensable. But with regard to the red **heifer it is also written: "Elazar" and "statute"** which by the same logic should indicate the need for a priest is indispensable. The Gemara concludes: **It is different there as it is written: "And he shall slaughter it before him"** (Numbers 19:3), i.e., in front of Elazar, which suggests **that it could be** that **a non-priest slaughters and Elazar watches.**

וְרַב: שֶׁלֹּא יַסִּיחַ דַּעְתּוֹ מִמֶּנָּה, וּשְׁמוּאֵל, שֶׁלֹּא יַסִּיחַ דַּעְתּוֹ מְנָא לֵיהּ? נָפְקָא לֵיהּ מִ"וְשָׂרַף אֶת הַפָּרָה לְעֵינָיו".

And Rav, who assumes the slaughter is performed by the priest himself, how does he interpret the phrase: "Before him"? He understands it to mean **that he should not divert his attention from** the heifer from the moment of slaughtering until the completion of the process. As with other matters of purification, one is required to maintain his attention on the matter; any distraction can invalidate the process. **And from where does Shmuel,** who already derived something from this verse, derive **that he should not divert his attention** from it? **He derives it** from the verse: **"And he shall burn the heifer in his sight"** (Numbers 19:5).[N]

NOTES

The red heifer…has the sanctity of items consecrated for Temple maintenance – פָּרָה דְּקָדְשֵׁי בֶּדֶק הַבַּיִת: The red heifer is not considered an offering. This is evidenced by it not being slaughtered upon the altar in the Temple, but rather on the Mount of Olives. As such, the distinction that generally applies to offerings, between rites that are considered services and must be performed by a priest and those that are not considered services and may be performed by a non-priest, does not exist. Rather, all of the stages of the rite of the red heifer are similar in this regard and must be performed by a priest.

Since the red heifer was consecrated, it certainly has sanctity and a status no lower than that of items consecrated for Temple maintenance. Despite this, unlike other items consecrated for Temple maintenance, it is slaughtered for a sacred purpose, and therefore many of the laws of offerings also apply to it (see *Me'iri*).

Appearances of leprosy – מַרְאוֹת נְגָעִים: When one is afflicted with apparent symptoms of leprosy, a priest examines the change in his skin and declares him to be either ritually pure or impure. The requirement that this declaration be made by a priest is indispensable. Therefore, even in a case in which the priests lacked the expertise to identify leprosy and a non-priest scholar had to be called upon to provide a diagnosis, ultimately, the priest was still required to make the formal declaration. Although the laws of leprosy are not directly associated with the Temple and sacrificial service, they still require the priesthood.

And he shall burn the heifer in his sight – וְשָׂרַף אֶת הַפָּרָה לְעֵינָיו: The Ritva asks: Why does Shmuel not derive from the phrase "in his sight" that a priest does not need to do the actual burning in the same way in which the Gemara above derived the phrase "before him," to indicate that a priest does not need to do the actual slaughtering, just observe it. See the Ritva who provides an answer for Shmuel. However, of note is that in the *Sifrei* the phrase is indeed expounded on in this way.

וְרַב: חַד בִּשְׁחִיטָה וְחַד בִּשְׂרֵיפָה.

And what does **Rav** learn from this verse? He holds that **one** verse is needed to teach the requirement to maintain one's attention **with regard to slaughtering, and one** verse is needed to teach the requirement **with regard to burning.**

וּצְרִיכָא; דְּאִי כְּתַב רַחֲמָנָא בִּשְׁחִיטָה – מִשּׁוּם דִּתְחִילַּת עֲבוֹדָה הִיא, אֲבָל שְׂרֵיפָה אֵימָא לָא – צְרִיכָא. וְאִי כְּתַב רַחֲמָנָא בִּשְׂרֵיפָה – מִשּׁוּם דְּהַשְׁתָּא הוּא דְּמִתְכַּשְׁרָא פָּרָה, אֲבָל שְׁחִיטָה אֵימָא לָא – צְרִיכָא.

And it is **necessary** to have the requirement stated in both cases **since, if the Merciful One had written it** only **with regard to slaughtering,** I might have limited the requirement to that case **because it is the start of the** Temple **service; but** with regard to **burning, I could say** that **no,** there is no requirement. Therefore, it is **necessary** to teach the requirement also in the case of burning. **And if the Merciful One had written** the requirement only **with regard to burning,** I might have limited it to that case, **because it is now that** the **heifer is** actually **being made ready** to be used; **but** with regard to **slaughtering, I could say** that **no,** there is no requirement. Therefore, it is **necessary** to teach the requirement also in that case.

לְמַעוֹטֵי מַאי? אִילֵימָא לְמַעוֹטֵי אֲסִיפַת אֶפְרָהּ וּמִילּוּי מַיִם לְקִידּוּשׁ,

As the requirement is mentioned with regard to two stages of the rite of the red heifer, this suggests that it does not exist for every stage. Therefore, the Gemara asks: It is written this way in order **to exclude what** stage? **If we say, to exclude** from the requirement the stages of **gathering its ashes and filling the water for sanctification,** i.e., taking the water in order to pour it on the ashes and mix them together,

Perek **IV**
Daf **42** Amud **b**

״לְמִשְׁמֶרֶת לְמֵי נִדָּה״ כְּתִיב. אֶלָּא לְמַעוֹטֵי הַשְׁלָכַת עֵץ אֶרֶז וְאֵזוֹב וּשְׁנִי תוֹלַעַת דְּלָאו גּוּפָהּ דְּפָרָה נִינְהוּ.

this is mistaken because: "And it **shall be kept** for the congregation of the children of Israel **for a water of sprinkling**" (Numbers 19:9) **was written,** and the use of the term "shall be kept" indicates that one must maintain attention even during these stages. **Rather,** it is **to exclude** from the requirement the stage of **casting the cedar wood, and the hyssop, and the strip of crimson** into the fire. The requirement does not apply to this stage, **as they do not** pertain to **the heifer itself.**

אִיתְּמַר, שְׁחִיטַת פָּרָה בְּזָר, רַבִּי אַמִּי אָמַר: כְּשֵׁרָה, וְרַבִּי יִצְחָק נַפָּחָא אָמַר: פְּסוּלָה. עוּלָּא אָמַר: כְּשֵׁרָה, וְאָמְרִי לַהּ: פְּסוּלָה.

An amoraic dispute **was stated** with regard to **the slaughter of the** red **heifer by a non-priest: Rabbi Ami said:** It is valid. **And Rabbi Yitzhak Nappaha said: It is invalid. Ulla said: It is valid,** but **some** say that he said: **It is invalid.**

מְתִיב רַבִּי יְהוֹשֻׁעַ בַּר אַבָּא לְסַיּוּעֵיהּ לְרַב: אֵין לִי אֶלָּא הַזָּאַת מֵימֶיהָ שֶׁאֵין כְּשֵׁרִין בְּאִשָּׁה כְּבְאִישׁ, וְאֵין כְּשֵׁרִין אֶלָּא בַּיּוֹם,

Rabbi Yehoshua bar Abba raised an objection to the opinion of Shmuel that the slaughter is valid, thereby **providing a support** for opinion of **Rav,** who holds that it is invalid: **I have** a derivation **only** with regard to **the sprinkling of** the red heifer's **waters, that they are not valid** if sprinkled **by a woman** as opposed to **when** sprinkled **by a man, and that** the sprinkling **is valid only during the day.** The verse states: "And the pure one shall sprinkle upon the impure on the third day" (Numbers 19:19). The use of the terms "pure one," in the masculine form, and "day," indicate that the sprinkling is valid only if performed by a man during the day.

מִנַּיִין לְרַבּוֹת שְׁחִיטָתָהּ, וְקַבָּלַת דָּמָהּ, וְהַזָּאַת דָּמָהּ, וּשְׂרֵיפָתָהּ, וְהַשְׁלָכַת עֵץ אֶרֶז וְאֵזוֹב וּשְׁנִי תוֹלַעַת – תַּלְמוּד לוֹמַר: ״תּוֹרָה״. יָכוֹל שֶׁאֲנִי מַרְבֶּה אַף אֲסִיפַת אֶפְרָהּ וּמִילּוּי מַיִם וְקִידּוּשׁ – תַּלְמוּד לוֹמַר: ״זֹאת״. יָכוֹל שֶׁאֲנִי מַרְבֶּה אַף אֲסִיפַת אֶפְרָהּ וּמִילּוּי מַיִם וְקִידּוּשׁ – תַּלְמוּד לוֹמַר: ״זֹאת״.

From where is it derived **to include** the following stages among those stages that must be performed by a man during the day in order to be valid: **Its slaughter; and the collection of its blood; and** the **sprinkling of its blood; and its burning; and the casting of** the **cedar wood, and** the **hyssop, and** the **strip of crimson** into the fire? **The verse states: "Law"** (Numbers 19:2), at the beginning of the section on the red heifer, to indicate that the same rules govern all stages of the rite.[H] As such, I **might** have thought that **I should include even the collection of its ashes, and the filling of waters,**[H] **and the sanctification.** Therefore, **the verse states:** "This is the law" (Numbers 19:2). The word **this** limits the scope of the requirement that the rite must be performed by a man and during the day from applying to these stages.

HALAKHA

The preparation of the red heifer – מַעֲשֵׂה הַפָּרָה: The preparation of the ashes of the red heifer, from the initial slaughter until its burning, must be performed by a male priest in order to be valid; participation of a woman invalidates it. This ruling is in accordance with the *baraita* and the opinion of Rav, as the *halakha* is ruled in accordance with his opinion in ritual matters (Rambam *Sefer Tahara, Hilkhot Para Aduma* 4:17, and in the comment of the *Kesef Mishne*).

Collection of its ashes and the filling of waters – אֲסִיפַת אֶפְרָהּ וּמִילּוּי מַיִם: Collection of the ashes and filling of water may be performed even by a non-priest or a woman. However, a deaf-mute, an imbecile, and a minor are unfit to perform the rite (Rambam *Sefer Tahara, Hilkhot Para Aduma* 6:2).

וּמָה רָאִיתָ לְרַבּוֹת אֶת אֵלּוּ וּלְהוֹצִיא אֶת אֵלּוּ? אַחַר שֶׁרִיבָּה הַכָּתוּב וּמִיעֵט, אָמַרְתָּ: הֲרֵי אָנוּ לְמֵידִין כּוּלָּן מֵהַזָּאַת מֵימֶיהָ. מָה הַזָּאַת מֵימֶיהָ – אֵינָן כְּשֵׁרִין בְּאִשָּׁה כְּבְאִישׁ וְאֵין כְּשֵׁרִין אֶלָּא בַּיּוֹם, אַף אֲנִי אָבִיא שְׁחִיטָתָהּ וְקַבָּלַת דָּמָהּ וְהַזָּאַת דָּמָהּ וּשְׂרֵיפָתָהּ וְהַשְׁלָכַת עֵץ אֶרֶז וְאֵזוֹב וּשְׁנִי תוֹלַעַת,

And if the word "statute" serves to include all stages in the *halakha* and the word "this" serves to exclude some stages, **what did you see to include these** stages **and to exclude those? After** noting **that the verse includes** some stages **and excludes** others, **you should say** the following logical argument: **Indeed, we learn all** the stages **from the sprinkling of its waters: Just as the sprinkling of its waters is not valid** if done **by a woman** as opposed to **when** done **by a man, and it is valid only during the day, so too I will include** in the same requirement **its slaughter; and the collection of its blood; and the sprinkling of its blood; and its burning; and the casting** of the **cedar wood, and** the **hyssop, and** the **strip of crimson.**

הוֹאִיל וְאֵין כְּשֵׁרִין בְּאִשָּׁה כִּבְאִישׁ – אֵין כְּשֵׁרִין אֶלָּא בַּיּוֹם, וּמוֹצִיא אֲנִי אֲסֵיפַת אֶפְרָהּ וּמִילּוּי מַיִם וְקִידּוּשׁ, הוֹאִיל וּכְשֵׁרִין בְּאִשָּׁה כִּבְאִישׁ – כְּשֵׁרִין נַמִי בַּיּוֹם וּבַלַּיְלָה.

Since these stages **are not valid** if done **by a woman** as opposed to **when** done **by a man,** as indicated by the verses that state that they are to be done by a serving priest, who by definition is a man, then it is logical to also include these cases in the *halakha* that **they are valid only during the day. And I exclude the collection of its ashes, and the filling of water, and the sanctification, since these** stages **are valid** when done **by a woman as** they are **when** done **by a man,** as the verses never suggest a requirement that they be done by a man. Therefore, it is logical that these stages **are valid both during the day and during the night.**

וְהַאי מַאי תְּיוּבְתָּא? אִילֵימָא מִדִּפְסוּלִין בְּאִשָּׁה פְּסוּלִין נַמִי בְּזָר – הַזָּאַת מֵימֶיהָ תּוֹכִיחַ, שֶׁפְּסוּלִין בְּאִשָּׁה וּכְשֵׁרִין בְּזָר!

Rabbi Yehoshua bar Abba originally cited the *baraita* to challenge Shmuel's opinion that the slaughter of the red heifer by a non-priest is valid. The Gemara asks: **And what is the challenge from this** *baraita*? **If we say that** since **that** these stages **are invalid** if done **by a woman** one should conclude that **they are also invalid** if done **by a non-priest,** then **let** the stage of **sprinkling the waters serve as a proof** that one should not necessarily connect these two *halakhot*, **because** the sprinkling is **invalid** if done **by a woman and** yet **valid** if done **by a non-priest.**[H] If so, what was the basis for the challenge?

אָמַר אַבָּיֵי, הַיְינוּ תְּיוּבְתֵּיהּ: אִשָּׁה מַאי טַעְמָא – אֶלְעָזָר וְלֹא אִשָּׁה, זָר נַמִי – אֶלְעָזָר וְלֹא זָר.

Abaye said: This is the challenge: With regard to **a woman, what is the reason** she may not perform these stages? The verse states **"Elazar,"** indicating the requirement for a man **and not a woman.** The same logic should **also** apply to **a non-priest:** The verse states: **"Elazar,"** indicating the requirement for a priest **and not a non-priest.**

אָמַר עוּלָּא: כׇּל הַפָּרָשָׁה כּוּלָּהּ, מַשְׁמַע מוֹצִיא מִיַּד מַשְׁמַע, וּמַשְׁמַע מִמֵּילָא:

The Gemara considers other aspects of the rite of the red heifer: **Ulla said:** Throughout **the entire passage** of the red heifer, certain conditions apply to some stages of the rite, but not to others. These conditions are derived from the phrasing of the verses. In some stages, the conditions **implied** by the phrasing of the verse **preclude** the application of conditions that are **implied** by a previous verse describing a previous stage. A verse describing one stage may imply the existence of a certain condition which applies to that stage but a verse describing a subsequent stage indicates that that condition does not apply to the subsequent stage. However, in other stages, the conditions **implied** by the phrasing of the verse stand **on their own** and continue to apply in subsequent stages,[N] i.e., the verses in subsequent stages do not exclude the application of the condition derived from the verses in a previous stage.

״וּנְתַתֶּם אוֹתָהּ אֶל אֶלְעָזָר הַכֹּהֵן״ – אוֹתָהּ לְאֶלְעָזָר וְלֹא לְדוֹרוֹת לְאֶלְעָזָר. אִיכָּא דְּאָמְרִי: לְדוֹרוֹת בְּכֹהֵן גָּדוֹל, וְאִיכָּא דְּאָמְרִי לְדוֹרוֹת בְּכֹהֵן הֶדְיוֹט.

The Gemara proceeds to demonstrate Ulla's claim by expounding the verses throughout the passage of the red heifer: The verse states with regard to the red heifer: **"And you shall give it to Elazar the priest** and he shall take it out to the outside of the camp, and he shall slaughter it before him" (Numbers 19:3). The word "it" implies that only **that** red heifer, i.e., the first one, was to be given **to Elazar,** who was the deputy High Priest, to perform its rite, but that the red heifer in future **generations** does **not** need to be given **to Elazar,** i.e., to a priest of similar rank. If so, who does perform the rite of the red heifer? **Some say: In** future **generations,** it should be done **by** the **High Priest. And some say: In** future **generations,** it can be done even **by a common priest.**[H]

HALAKHA

Sprinkling the purification waters – הַזָּאַת מֵי חַטָּאת: The sprinkling of the purification waters of the red heifer may be performed by any male, even a non-priest or minor. However, it may not be done by a woman, a person whose sexual organs are concealed, a hermaphrodite, a deaf-mute, an imbecile, or a minor who is still unaware of his actions (Rambam *Sefer Tahara, Hilkhot Para Aduma* 10:6).

The slaughter of the red heifer – שְׁחִיטַת פָּרָה אֲדוּמָּה: A common priest may slaughter the red heifer. This is also the opinion of Rabbi Yehuda in a mishna in *Para*. Although the Rabbis dispute Rabbi Yehuda's opinion in the mishna there, it appears from the Gemara here, as well as from the *Sifrei* and the *Tosefta*, that this is the accepted *halakha* (Rambam *Sefer Tahara, Hilkhot Para Aduma* 1:11, and in the comment of the *Kesef Mishne*).

NOTES

The conditions implied preclude conditions implied by a previous verse, and in other stages the conditions implied stand on their own – מַשְׁמַע מוֹצִיא מִיַּד מַשְׁמַע, וּמַשְׁמַע מִמֵּילָא: Various techniques are employed in biblical hermeneutics. Although usually a particular section employs a consistent approach, in some cases, such as this one, different methods are used for different verses within the same section. In such cases, one must rely on the transmitted tradition of how to understand the text rather than attempt to derive new *halakhot* based on applying a standard method.

בִּשְׁלָמָא לְמַאן דְּאָמַר לְדוֹרוֹת בְּכֹהֵן הֶדְיוֹט – שַׁפִּיר, אֶלָּא לְמַאן דְּאָמַר לְדוֹרוֹת בְּכֹהֵן גָּדוֹל – מְנָא לֵיהּ? גָּמַר ׳חוּקָּה׳ ׳חוּקָּה׳ מִיּוֹם הַכִּפּוּרִים.

Granted, according to the one who says that **in future generations** it can be done even **by a common priest, it works out well,** since there is no indication to the contrary. **But according to the one who** says that **in future generations** it should be done **by the High Priest, from where** does he derive this requirement? **He derives** the *halakha* **from** the service of **Yom Kippur** through a verbal analogy between the word **"statute"** (Numbers 19:2) written with regard to the red heifer and the word **"statute"** (Leviticus 16:34)[N] written with regard to the Yom Kippur service: Just as on Yom Kippur the entire service is performed by the High Priest, so too, in future generations the rite of the red heifer must be done entirely by the High Priest.

״וְהוֹצִיא אוֹתָהּ״ – שֶׁלֹּא יוֹצִיא אַחֶרֶת עִמָּהּ, כִּדְתְנַן: לֹא הָיְתָה פָּרָה רוֹצָה לָצֵאת – אֵין מוֹצִיאִין עִמָּהּ שְׁחוֹרָה, שֶׁלֹּא יֹאמְרוּ שְׁחוֹרָה שָׁחֲטוּ. וְאֵין מוֹצִיאִין עִמָּהּ אֲדוּמָּה – שֶׁלֹּא יֹאמְרוּ שְׁתַּיִם שָׁחֲטוּ. רַבִּי אוֹמֵר: לֹא מִן הַשֵּׁם הוּא זֶה אֶלָּא מִשּׁוּם שֶׁנֶּאֱמַר: ״אוֹתָהּ״ – לְבַדָּהּ.

The Gemara expounds the next phrase in the verse: **"And he shall take it out** to the outside of the camp" (Numbers 19:3). The use of the word "it" implies that only it should be taken out, but **he should not take out another** heifer **with it. As we learned** in a mishna: If **the heifer did not want to go out**[H] by itself, **we do not take out a black cow with it** in order to encourage it to leave, **so that people will not** mistakenly **say that they slaughtered the black** cow. **And we do not take out** an additional **red** heifer **with it, so that people will not** mistakenly **say** that **they slaughtered two** heifers. Slaughtering an additional heifer would invalidate the rite, since performing any additional labor during the rite of the red heifer disqualifies it. Rabbi Yehuda HaNasi **says: This is not for** that **reason, rather it is due to** the fact **that it is stated "It,"** which implies only one heifer may be taken out.

וְתַנָּא קַמָּא, הָא כְּתִיב ״אוֹתָהּ״! מַאן תַּנָּא קַמָּא – רַבִּי שִׁמְעוֹן הִיא, דְּדָרֵישׁ טַעְמֵיהּ דִּקְרָא. מַאי בֵּינַיְיהוּ? אִיכָּא בֵּינַיְיהוּ

And even according to **the first** ***tanna*****, is it** not **written "it"?**[N] Why does he not derive the *halakha* from the word "it"? The Gemara explains: **Who is the first** ***tanna*****? It is Rabbi Shimon, who interprets the rationale** for the mitzva **in the verse**[N] and draws halakhic conclusions based on that interpretation. Therefore, he accepts that the *halakha* is derived from the word "it," but he also provides a rationale for the *halakha*. If so, **what** is the practical difference **between them?** The practical difference **between them is** in a case

Perek **IV**
Daf **43** Amud **a**

דְּאַפֵּיק חֲמוֹר בַּהֲדָהּ.

where one took out a donkey with it. According to the first *tanna*, this would be permitted, since there is no concern that people would think that the wrong cow or cows were slaughtered. However, according to Rabbi Yehuda HaNasi, who maintains that this rationale is irrelevant, even this case would be excluded by the word "it."

״וְשָׁחַט אוֹתָהּ״ – שֶׁלֹּא יִשְׁחוֹט אַחֶרֶת עִמָּהּ. ״לְפָנָיו״, לְרַב – שֶׁלֹּא יַסִּיחַ דַּעְתּוֹ מִמֶּנָּה, לִשְׁמוּאֵל – שֶׁיְּהֵא זָר שׁוֹחֵט וְאֶלְעָזָר רוֹאֶה.

The Gemara expounds the next phrase in the verse: **"And he shall slaughter it,"** means that "it," the red heifer, should be slaughtered and **that no other should be slaughtered with it.**[N] And the next phrase: **"Before him"; according to Rav,** it means **that he should not divert his attention from it. According to Shmuel,** it indicates **that a non-priest can slaughter** it **and Elazar** the priest **observes.**

NOTES

He derives…a verbal analogy between statute and statute – גָּמַר חוקה חוקה: It would appear that everyone accepts the existence of this verbal analogy. The only dispute is which *halakhot* should be expounded from it. Therefore, the *Sifrei* teaches that the rite should be performed in the white priestly vestments that the High Priest wears on Yom Kippur (see Ritva).

Is it not written "it" – הָא כְּתִיב אוֹתָהּ: Since the first *tanna* provides a rationale for the *halakha*, the Gemara initially understands that he holds that the *halakha* is a rabbinic decree. However, the Gemara concludes: Since the implication of the word "it" is so compelling, everyone certainly agrees with this derivation, and therefore even the first *tanna* must assume the *halakha* is a Torah law. He simply offers a rationale for it (*Tosafot*).

Who interprets the rationale for the mitzva in the verse – דְּדָרֵישׁ טַעְמֵיהּ דִּקְרָא: Certainly, even those who disagree with this approach of Rabbi Shimon agree that one should interpret the rationale of mitzvot. The dispute lies in the issue of whether one may draw halakhic conclusions based on these interpretations. Those who disagree with Rabbi Shimon assume that the *halakha* consistently follows the strict interpretation of the verse and not the suggested rationale for it.

HALAKHA

If the heifer did not want to go out – לֹא הָיְתָה פָּרָה רוֹצָה לָצֵאת: If the red heifer refuses to go out on its own, neither a black cow nor another red cow is taken out with it. This is so that people do not say that the second cow was slaughtered with it (Rambam *Sefer Tahara*, *Hilkhot Para Aduma* 4:2).

NOTES

That no other should be slaughtered with it – שֶׁלֹּא יִשְׁחוֹט אַחֶרֶת עִמָּהּ: *Tosafot Yeshanim* suggest that this *halakha* excludes only a case in which both animals are slaughtered simultaneously with one long knife, but not a case in which one is slaughtered after the other. Some also suggest that this *halakha* is necessary only in a case in which two red heifers are slaughtered together; but if a heifer of a different color is slaughtered together with it, it is invalid due to the unrelated labor involved (*Gevurat Ari*).

HALAKHA

A priest in his priestly state – **כֹּהֵן בְּבִיהוּנוֹ**: The priest who performs the rite of the red heifer wears the four priestly garments of the common priest, even if he is himself performing the actions of a High Priest. This is based on the mishna in tractate *Para* and is brought in the Gemara here (Rambam *Sefer Tahara*, *Hilkhot Para Aduma* 1:12).

״וְלָקַח אֶלְעָזָר הַכֹּהֵן מִדָּמָהּ בְּאֶצְבָּעוֹ״ לִשְׁמוּאֵל – לְאַהֲדוּרֵיהּ לְאֶלְעָזָר, לְרַב – הָוֵי מִיעוּט אַחַר מִיעוּט, וְאֵין מִיעוּט אַחַר מִיעוּט אֶלָּא לְרַבּוֹת, דַּאֲפִילּוּ כֹּהֵן הֶדְיוֹט.

The Gemara proceeds to expound the next verse: **"And Elazar the priest shall take some of its blood with his finger"** (Numbers 19:4). What is indicated by specifying Elazar? **According to Shmuel,** since the phrase "before him" in the previous verse indicates that Elazar himself did not need to slaughter the red heifer but that rather a non-priest could, it is necessary in this stage **to return it to Elazar,** to indicate that he must himself take the blood with his finger. **According to Rav, this is** an example of **a restrictive expression following a restrictive expression,** as both verses indicate that the rite may be performed only by a priest. **And** there is a hermeneutical principle that **a restrictive expression following a restrictive expression** comes **only to amplify**[N] the *halakha* and include additional cases. In this case, it serves to teach **that even a common** priest may perform the rite.

״וְלָקַח הַכֹּהֵן עֵץ אֶרֶז וְאֵזוֹב וּשְׁנִי תוֹלַעַת״, לִשְׁמוּאֵל – דַּאֲפִילּוּ בְּכֹהֵן הֶדְיוֹט, לְרַב – אִצְטְרִיךְ, סָלְקָא דַּעְתָּךְ אָמִינָא: כֵּיוָן דְּלָאו גּוּפָהּ דְּפָרָה נִינְהוּ – לָא לִיבָּעֵי כֹּהֵן, קָא מַשְׁמַע לַן.

The Gemara expounds another verse in the same passage: **"And the priest shall take cedar wood, and hyssop, and a strip of crimson"** (Numbers 19:6). What is indicated by specifying that this is done by the priest? **According to Shmuel,** who holds that in the previous stage the verse stated: "And Elazar the priest" to indicate that Elazar, i.e., a deputy High Priest, was required to perform that stage, the use of the term "the priest" in this stage indicates that a deputy High Priest is no longer required for this stage; rather, **even a common priest** may perform this stage. **According to Rav,** who holds that even in the previous stage a common priest may perform the rite, the term "and the priest" **is necessary** here, as it could **enter your mind to say** that **since** these stages **do not** involve **the heifer itself, they do not require a priest** at all. Therefore, the verse **teaches us** that this is not correct.

״וְכִבֶּס בְּגָדָיו הַכֹּהֵן״ – בְּבִיהוּנוֹ. ״וְטָמֵא הַכֹּהֵן עַד הָעָרֶב״ – כֹּהֵן בְּבִיהוּנוֹ, לְדוֹרוֹת.

The Gemara expounds the next verse: **"Then the priest shall wash his clothes"** (Numbers 19:7). Why is there a need to restate the involvement of the priest? To teach that he should be **in his priestly** state, i.e., wearing his priestly garments and fit for service. In the next phrase of the verse, the involvement of the priest is restated: **"And the priest shall be impure until evening"** (Numbers 19:7). This repetition is to teach that even **in** future **generations** the rite is to be performed only by a priest **in his priestly** state.[H]

הָנִיחָא לְמַאן דְּאָמַר לְדוֹרוֹת בְּכֹהֵן הֶדְיוֹט – שַׁפִּיר, אֶלָּא לְמַאן דְּאָמַר לְדוֹרוֹת בְּכֹהֵן גָּדוֹל, הָשְׁתָּא כֹּהֵן גָּדוֹל בָּעֵינַן – בְּבִיהוּנוֹ מִיבַּעְיָא?! אִין, מִילְּתָא דְּאָתְיָא בְּקַל וָחוֹמֶר טָרַח וְכָתַב לָהּ קְרָא.

The Gemara analyzes this derivation according to the two sides of the dispute the Gemara cited previously: It works out **well according to the one who said** that **for** future **generations** the rite of the red heifer may be performed **by a common priest.** It is therefore understandable that the verse emphasizes that the priest has to perform the rite in his priestly state. **But according to the one who said** that **for** future **generations** it must be performed **by a High Priest, now that we require the High Priest, is** it **necessary** to mention that he must be **in his priestly** state? **Yes,** sometimes there is **a matter that** could **be derived by** means of an ***a fortiori* inference,** and **the verse** nevertheless **unnecessarily writes it** explicitly.[N]

NOTES

A restrictive expression following a restrictive expression comes only to amplify – **אֵין מִיעוּט אַחַר מִיעוּט אֶלָּא לְרַבּוֹת**: This hermeneutic principle is unrelated to the phenomenon that occurs in many languages that a double negative indicates a positive. In fact, the principle does not relate specifically to negative terms such as "but" or "only"; rather, it relates to restrictive phrases that limit the scope of the *halakha*.

In fact, it would appear that this principle is more closely related to the principle: Two verses that come for the same purpose do not teach. This principle states that if a *halakha* is expressed by the Torah in one specific case, it may be assumed that the case was just an example, and one should therefore apply the *halakha* to other cases as well. However, if the *halakha* is expressed with regard to two different cases, the assumption is that it applies only in those two specific cases and should not be applied elsewhere. Therefore, the principle: Two verses that come for the same purpose do not teach, means that if two verses teach the same *halakha*, that *halakha* is not applied to additional cases.

The principle: A restrictive expression following a restrictive expression comes only to amplify the *halakha*, follows a similar logic. If the Torah states a *halakha* and then writes a single restrictive expression that concerns that *halakha*, it is assumed that the expression was written to limit the scope of the *halakha*. However, once there are two restrictive expressions, it seems that the expressions are not written to limit the scope, as one such expression would suffice for this. Rather, the fact that there are two such expressions indicates that they are just examples of the *halakha* and so should not be understood as coming to limit the scope of the *halakha*. As such, there is no reason not to apply the *halakha* to additional cases that would have otherwise been excluded had the restrictive expressions been understood as coming to limit the scope of the *halakha*.

Based on this understanding, the principle applies only when the two restrictive expressions do not themselves teach two distinct things. In such a case, both expressions would be necessary, and the logic of the principle would fall away (*Yad Malakhi*).

The verse nevertheless unnecessarily writes it explicitly – **טָרַח וְכָתַב לָהּ קְרָא**: Some commentators claim that this rule holds true with other hermeneutic principles as well, such as verbal analogy, juxtaposition, and analogy. With regard to the use of this principle for an *a fortiori* inference, the commentators further suggest that there is certainly a good reason for the Torah to explicitly state the *halakha*, either because the logic of the *a fortiori* inference is refutable or because when something is written explicitly it carries a certain stringency beyond a *halakha* derived purely by inference (*Yad Malakhi*). Some note that the principle is never applied in a case where the text seems repetitive or verbose. In such a case, it is clear that there is something to be derived from it (Ritva).

״וְאָסַף אִישׁ טָהוֹר אֵת אֵפֶר הַפָּרָה וְהִנִּיחַ״; ״אִישׁ״ – לְהַכְשִׁיר אֶת הַזָּר, ״טָהוֹר״ – לְהַכְשִׁיר אֶת הָאִשָּׁה, ״וְהִנִּיחַ״ – מִי שֶׁיֵּשׁ בּוֹ דַּעַת לְהַנִּיחַ, יָצְאוּ חֵרֵשׁ שׁוֹטֶה וְקָטָן, שֶׁאֵין בָּהֶן דַּעַת לְהַנִּיחַ.

The Gemara expounds another verse in the passage: **"And a man who is pure shall gather up the ashes of the heifer and place them"** (Numbers 19:9). The verse states **"a man" to qualify a non-priest** to perform this stage of the rite. The verse states **"pure" to qualify** even **a woman** to perform this stage. The verse states **"and place"** to indicate that only **one who has** the basic level of **intelligence to** be able **to** intentionally **place** the ashes in their place is qualified to do so, thereby **excluding a deaf-mute, an imbecile, and a minor,**[N] since **they do not have** the basic level of **intelligence to** be able to intentionally **place** the ashes in their place.

תְּנַן הָתָם: הַכֹּל כְּשֵׁרִין לְקַדֵּשׁ, חוּץ מֵחֵרֵשׁ שׁוֹטֶה וְקָטָן. רַבִּי יְהוּדָה מַכְשִׁיר בְּקָטָן, וּפוֹסֵל בְּאִשָּׁה וּבְאַנְדְּרוֹגִינוֹס.

The Gemara prefaces its exposition of another verse in the passage, which details the sanctification of the ashes of the red heifer, by citing a dispute concerning that stage: **We learned** in a mishna **there,** in tractate *Para*: **Everyone is qualified to sanctify**[H] the ashes of the red heifer, i.e., to pour the water over them, **except for a deaf-mute, an imbecile, and a minor. Rabbi Yehuda qualifies a minor, but disqualifies a woman and a hermaphrodite.**

מַאי טַעְמָא דְּרַבָּנַן? דִּכְתִיב: ״וְלָקְחוּ לַטָּמֵא מֵעֲפַר שְׂרֵיפַת הַחַטָּאת״ הָנָךְ דִּפְסָלִי לָךְ בַּאֲסִיפָה – פְּסָלִי לָךְ בְּקִידּוּשׁ, וְהָנָךְ דְּאַכְשְׁרִי לָךְ בַּאֲסִיפָה – אַכְשְׁרִי לָךְ בְּקִידּוּשׁ.

What is the reason of the Rabbis, i.e., the first *tanna*? **As it is written: "And they shall take for the impure of the ashes of the burning of the purification from sin,** and he shall put running water thereto in a vessel" (Numbers 19:17). The word "they" is understood as referring to those who perform the previous stage of gathering the ashes. The verse therefore indicates: **Those whom I disqualified for you for gathering** the ashes, **I have disqualified for you** also **for sanctification; and those whom I have qualified for you for gathering** the ashes, **I have qualified for you** for **sanctification.**

וְרַבִּי יְהוּדָה: אִם כֵּן לֵימָא קְרָא ׳וְלָקַח׳ מַאי ׳וְלָקְחוּ׳ דַּאֲפִילּוּ קָטָן דִּפְסָלִי לָךְ הָתָם, הָכָא כָּשֵׁר.

And why does **Rabbi Yehuda** not accept this reasoning? **If so, let the verse say: And he shall take. What** is the meaning of **"and they shall take"?** The use of the plural serves to qualify additional people who were excluded from the previous stage. It means **that** with regard to **even a minor, who I disqualified there** with regard to collecting the ash, **here,** with regard to sanctification, **he is qualified.**

אִשָּׁה מְנָא לֵיהּ? ״וְנָתַן״ וְלֹא וְנָתְנָה. וְרַבָּנַן, אִי כְּתַב רַחֲמָנָא ׳וְלָקַח׳ ׳וְנָתַן׳, הֲוָה אָמִינָא: עַד דְּשָׁקֵיל חַד וְיָהֵיב חַד, כְּתַב רַחֲמָנָא ״וְלָקְחוּ״.

From where does Rabbi Yehuda derive that **a woman** is unfit? The verse states **"and he shall put" and not: And she shall put.**[N] How do **the Rabbis** interpret this verse? They assume that **if the Merciful One had written: And he shall take… and he shall put, I would have said** the rite is not valid **unless one** person **takes and** the same **one puts**[N] the ashes in the water. Therefore, **the Merciful One writes "and they shall take"** to indicate that the taking and the putting need not necessarily be executed by the same individual.

וְאִי כְּתַב רַחֲמָנָא ׳וְלָקְחוּ׳ ׳וְנָתְנוּ׳ – הֲוָה אָמִינָא: עַד דְּשָׁקְלֵי תְּרֵי וְיָהֲבֵי תְּרֵי, כְּתַב רַחֲמָנָא: ׳וְלָקְחוּ׳ ׳וְנָתַן׳, דַּאֲפִילּוּ שָׁקְלֵי תְּרֵי וְיָהֵיב חַד.

And if the Merciful One had written two plural forms such as: **And they shall take… and they shall put,**[H] **I would have said** the rite is not valid **unless two** people **take and two** people **put.** Therefore, **the Merciful One writes "and they shall take"** and **"and he shall put"** (Numbers 19:17), to indicate **that even** if **two take and one puts** the rite is nevertheless valid.

״וְלָקַח אֵזוֹב וְטָבַל בַּמַּיִם אִישׁ טָהוֹר״ לְרַבָּנַן: אִישׁ וְלֹא אִשָּׁה, טָהוֹר – לְהַכְשִׁיר אֶת הַקָּטָן. וּלְרַבִּי יְהוּדָה: אִישׁ וְלֹא קָטָן, טָהוֹר לְהַכְשִׁיר אֶת הָאִשָּׁה.

The Gemara continues to expound the verses: **"And a man who is pure shall take hyssop and dip it into the water"** (Numbers 19:18). **According to the Rabbis,** who hold that the sanctification of the ashes in the previous stage may be performed by woman but not a minor, the word **"man"** indicates that for this stage, the taking and dipping of hyssop, only a man is qualified **but not a woman,** and the word **"pure"** is written **to qualify** even **a minor** for this stage. **And according to Rabbi Yehuda,** who holds the previous stage may be performed by a minor but not by a woman, the word **man** indicates that for this stage only an adult is qualified **but not a minor,** and the word **pure** is written **to qualify** even **a woman** for this stage.

מֵיתִיבִי: הַכֹּל כְּשֵׁרִין לְהַזּוֹת חוּץ מִטּוּמְטוּם, וְאַנְדְּרוֹגִינוֹס, וְאִשָּׁה. וְקָטָן (שֶׁיֵּשׁ) בּוֹ דַּעַת – אִשָּׁה מְסַיַּעְתּוֹ וּמַזֶּה.

The Gemara **raises an objection** from a mishna in tractate *Para*: **Everyone is qualified to sprinkle**[H] the purification waters, except for **a person whose sexual organs are concealed** [*tumtum*], **and a hermaphrodite** [*androginus*],[LB] **and a woman. And** concerning **a minor who has** a basic level of **intelligence, a woman** may **assist him and he sprinkles** the purification waters. The mishna disqualifies a woman for the sprinkling but qualifies a minor.

NOTES

A deaf-mute, an imbecile, and a minor – חֵרֵשׁ שׁוֹטֶה וְקָטָן: A minor differs from the imbecile and deaf-mute. His disqualification is by definition temporary; when he achieves majority, he will become qualified. However, the disqualification of an imbecile and a deaf-mute is by nature absolute. If they were to be cured of their afflictions, their situation would be considered entirely new and not naturally born out of their previous one (*Tosafot Yeshanim*).

The verse states, and he shall put, and not, and she shall put – וְנָתַן וְלֹא וְנָתְנָה: The inference is not based on the use of the masculine form of the verb, since the entire Torah is written using masculine forms and women are certainly included in many of those instances. The inference here is based on the shift in language from the plural to the singular, which serves to emphasize the masculine form (see *Tosafot*; *Tosafot Yeshanim*; *Gevurat Ari*).

Unless one person takes and the same one puts – עַד דְּשָׁקֵיל חַד וְיָהֵיב חַד: Some suggest that this teaching indicates that it is sufficient for one to do both. However, unlike many other cases, if these actions are performed by two people together, they are not invalidated (see *Gevurat Ari*; Rav Shmuel Strashun).

HALAKHA

Everyone is qualified to sanctify – הַכֹּל כְּשֵׁרִין לְקַדֵּשׁ: Everyone is qualified to sanctify the purification waters except for a deaf-mute, an imbecile and a minor (Rambam *Sefer Tahara, Hilkhot Para Aduma* 6:2).

And they shall take…and they shall put – וְלָקְחוּ...וְנָתְנוּ: The one who fills the water to sanctify the heifer's ashes need not be the same individual who sanctifies the water or who sprinkles it. Each step may be performed by a different individual (Rambam *Sefer Tahara, Hilkhot Para Aduma* 10:1).

Everyone is qualified to sprinkle – הַכֹּל כְּשֵׁרִין לְהַזּוֹת: Everyone is qualified to sprinkle the purification waters except for the following: A woman, a person whose sexual organs are concealed, a hermaphrodite, a deaf-mute, an imbecile, and a minor who does not have a basic level intelligence. A minor who has intelligence is qualified to sprinkle the waters if a woman assists him, as long as she does not grasp his hand during the actual sprinkling (Rambam *Sefer Tahara, Hilkhot Para Aduma* 10:6).

LANGUAGE

Hermaphrodite [*androginus*] – אַנְדְּרוֹגִינוֹס: From the Greek ἀνδρόγυνος, *androgunos*, a composite expression meaning man-woman.

BACKGROUND

A person whose sexual organs are concealed [*tumtum*] and a hermaphrodite – טוּמְטוּם וְאַנְדְּרוֹגִינוֹס: These are two instances in which the primary and secondary gender signs of an individual are found in irregular forms, and it is not clear biologically or halakhically what their gender is. A *tumtum* has no external signs of gender at all, although whether the individual is male or female might become apparent later in life when certain developmental changes take place. A hermaphrodite on the other hand, has both male and female sexual organs.

וְלָא פָּלֵיג רַבִּי יְהוּדָה!

And Rabbi Yehuda does not disagree. The mishna implies that even he agrees with the mishna's ruling.

אָמַר אַבַּיֵי: כֵּיוָן דְּאָמַר מָר מַשְׁמָע מוֹצִיא מִיַּד מַשְׁמָע וּמַשְׁמָע מִמֵּילָא – פָּלֵיג.

Abaye said: Since the Master, i.e., Ulla, **said:** In some stages, the conditions **implied** by the phrasing of the verse **precludes** the application of conditions that are **implied** by a previous verse describing a previous stage, whereas in other stages, the conditions **implied** by the phrasing of the verse stand **on their own** and also apply in subsequent stages. Since it is clear from the opinion of the Rabbis that the verse describing the taking and dipping of hyssop is to be understood as indicating a change of conditions, perforce Rabbi Yehuda must also assume that there is a change in conditions, as explained above. Therefore, he certainly **disagrees** with the mishna's ruling, even though his dissenting opinion is not recorded in the mishna.

״וְהִזָּה הַטָּהוֹר עַל הַטָּמֵא״ ״טָהוֹר״ – מִכְּלַל שֶׁהוּא טָמֵא, לִימֵּד עַל טְבוּל יוֹם שֶׁכָּשֵׁר בְּפָרָה.

The Gemara expounds the next verse: **"And the pure one shall sprinkle upon the impure"** (Numbers 19:19). The previous verse already states that the one who sprinkles must be ritually pure. This requirement is repeated here to make the following inference: He is **pure,** which **by inference** suggests that initially **he was ritually impure**[N] and has now removed that impurity. This fact is significant only if the reference is to a person who has still not completed his purification process. As such, the repetition of the requirement that the one who sprinkles be pure **teaches about one who immersed that day, that he is qualified** to sprinkle the waters **in** the rite of the red **heifer.**[H] This is one who was rendered ritually impure with a type of ritual impurity from which he will become fully ritually pure only upon nightfall.

אָמַר רַבִּי אַסִי: כִּי הָווּ בָּהּ רַבִּי יוֹחָנָן וְרֵישׁ לָקִישׁ בְּפָרָה, לָא מַסְּקִי מִינַּהּ אֶלָּא כְּמַאי דְּמַסִּיק תַּעֲלָא מִבֵּי כְּרָבָא, אֶלָּא אָמְרִי: מַשְׁמָע מוֹצִיא מִיַּד מַשְׁמָע, וּמַשְׁמָע מִמֵּילָא.

Rabbi Asi said: When Rabbi Yoḥanan and Reish Lakish analyzed the passage **of the** red **heifer** to try to identify a consistent pattern in the way the implied conditions should be understood, i.e., when they exist to preclude conditions implied in previous stages, and when they imply conditions that remain in force in subsequent stages. **They brought up from it only as the amount** of earth **that the fox brings up**[B] **from a plowed field,** meaning that they reached few conclusions. **Rather, they said** in conclusion **that** in some verses the conditions **implied** by the phrasing of the verse **preclude** the application of conditions that are **implied** by a previous verse; whereas in other verses, the conditions **implied** by the phrasing of the verse stand **on their own** and apply also in subsequent verses. However, there is no obvious pattern of how to determine which verse employs which style.

תָּנֵי תַּנָּא קַמֵּיהּ דְּרַבִּי יוֹחָנָן: כׇּל הַשְּׁחִיטוֹת כְּשֵׁירוֹת בְּזָר, חוּץ מִשֶּׁל פָּרָה. אֲמַר לֵיהּ רַבִּי יוֹחָנָן: פּוֹק תְּנִי לְבָרָא! לֹא מָצִינוּ שְׁחִיטָה בְּזָר פְּסוּלָה.

A *tanna*[N] who would recite *baraitot* in the study hall **recited a** *baraita* **before Rabbi Yoḥanan: All slaughterings are valid** if performed **by a non-priest, except that of** the red **heifer. Rabbi Yoḥanan said to him: Go out and teach** that *baraita* **outside** the house of study, but not inside, as it is incorrect. **We have not found** any case of **a slaughtering by a non-priest** that is **invalid.**

NOTES

Pure, which by inference suggests that initially he was ritually impure – טָהוֹר מִכְּלָל שֶׁהוּא טָמֵא: This halakhic midrash has been interpreted in several ways. According to Rashi, the Torah's identification of the individual as pure suggests that he had only just emerged from his state of impurity. The Ritva takes a similar approach and claims that he was impure until this moment but is now pure. The *Sifrei* employs a verbal analogy from other cases, such as tithes, where the term pure is expounded to indicate a case where one has immersed that day. The Rashba argues that identifying him as pure implies that he is pure only to the slightest degree and may not be completely pure. This is the status of one who has immersed that day. Others explain that this is a case of one restrictive expression after another. Because the Torah uses the term pure twice, it includes people who are in fact not thoroughly pure, e.g., those who have begun the purification process.

***Tanna* – תַּנָּא:** The *tanna* referred to here is not a Sage from the tannaitic period. Rather, the term is referring to those who memorized large numbers of *mishnayot* and *baraitot* to be able to quote them for the Sages who were engaged in analysis. Occasionally, the Sage had to emend the versions of these *baraitot* that had become corrupted or that represented minority opinions that had been rejected.

HALAKHA

One who immersed that day with regard to the red heifer – טְבוּל יוֹם בְּפָרָה: One who immersed that day is qualified to participate in any step of the rite of the red heifer, including sanctifying the water and sprinkling it (Rambam *Sefer Tahara, Hilkhot Para Aduma* 1:13).

BACKGROUND

As the amount of earth that the fox brings up – כְּמַאי דְּמַסִּיק תַּעֲלָא: The fox's footprints are small, since it walks on the ends of its toes, and because it is a light animal with swift movements, the prints it leaves are faint. Therefore, as a fox walks it unearths only a small amount of soil.

Fox pacing

וְרַבִּי יוֹחָנָן, לָא מִיבַּעְיָא לְתַנָּא דְּלָא צָיֵית – אֶלָּא אֲפִילּוּ לְרַבֵּיהּ לָא צָיֵית. דְּאָמַר רַבִּי יוֹחָנָן מִשּׁוּם רַבִּי שִׁמְעוֹן בֶּן יְהוֹצָדָק: שְׁחִיטַת פָּרָה בְּזָר – פְּסוּלָה. וַאֲנִי אוֹמֵר: כְּשֵׁירָה. לֹא מָצִינוּ שְׁחִיטָה שֶׁפְּסוּלָה בְּזָר.

The Gemara comments: **And Rabbi Yoḥanan** was very convinced of this. **Needless to say that he did not listen to that** *tanna*, **but he did not even listen to his own teacher,** who maintained the same opinion as cited by the *tanna*, **as Rabbi Yoḥanan said in the name of Rabbi Shimon ben Yehotzadak: The slaughtering of the red heifer by a non-priest is invalid.** Rabbi Yoḥanan added: **And I say it is valid,** for **we have not found** any case of a **slaughtering by a non-priest** that is **invalid.**

״בָּא לוֹ אֵצֶל פָּרוֹ שְׁנִיָּה״. מַאי שְׁנָא בְּוִידּוּי רִאשׁוֹן דְּלָא אָמַר ״וּבְנֵי אַהֲרֹן עַם קְדוֹשֶׁךָ״ וּמַאי שְׁנָא בְּוִידּוּי שֵׁנִי דְּאָמַר ״וּבְנֵי אַהֲרֹן עַם קְדוֹשֶׁךָ״?

The mishna states: The High Priest **comes** and stands **next to his bull a second** time and confesses: Please God, I have sinned… I and my family and the children of Aaron, your sacred people. The Gemara asks: **What is different about the first confession** that he made over the bull, in **which he did not say: And the children of Aaron, your sacred people, and what is different about the second confession** in **which he said: And the children of Aaron, your sacred people?**

תָּנָא דְּבֵי רַבִּי יִשְׁמָעֵאל: כָּךְ הִיא מִדַּת הַדִּין נוֹתֶנֶת, מוּטָב יָבֹא זַכַּאי וִיכַפֵּר עַל הַחַיָּיב. וְאַל יָבֹא חַיָּיב וִיכַפֵּר עַל הַחַיָּיב.

The school of Rabbi Yishmael taught: That is the method to which **the attribute of justice lends itself: Better that an innocent person should come and gain atonement on behalf of the guilty, and a guilty person should not come and gain atonement on behalf of** another **guilty person.** At the first confession, the High Priest has still not achieved atonement for himself. Therefore, it is more appropriate for him to wait until the second confession to seek atonement for the priesthood.

מתני׳ שְׁחָטוֹ וְקִיבֵּל בַּמִּזְרָק אֶת דָּמוֹ, וְנוֹתְנוֹ לְמִי שֶׁהוּא מְמָרֵס בּוֹ עַל הָרוֹבֶד הָרְבִיעִי שֶׁבַּהֵיכָל כְּדֵי שֶׁלֹּא יִקְרוֹשׁ. נָטַל מַחְתָּה וְעָלָה לְרֹאשׁ הַמִּזְבֵּחַ, וּפִנָּה גֶּחָלִים אֵילָךְ וְאֵילָךְ, וְחוֹתֶה מִן הַמְעוּכָּלוֹת הַפְּנִימִיּוֹת, וְיָרַד וְהִנִּיחָהּ עַל הָרוֹבֶד הָרְבִיעִי שֶׁבָּעֲזָרָה.

MISHNA The High Priest **would slaughter** the bull[NH] **and receive its blood in a bowl, and give it to the one who stirs it.**[N] The stirrer would stand **on the fourth row**[N] of tiles **in the Sanctuary** and stir the blood **lest it coagulate** while the High Priest sacrificed the incense. **He would take a coal pan and ascend to the top of the altar and clear** the upper layer of coals **to this side and to that side** and with the coal pan **scoop up** coals **from** among **the inner, consumed** coals. **And he would** then **descend and place** the coal pan with the coals **on the fourth row** of tiles **in the** Temple **courtyard.**

בְּכׇל יוֹם הָיָה חוֹתֶה בְּשֶׁל כֶּסֶף וּמְעָרֶה בְּתוֹךְ שֶׁל זָהָב, וְהַיּוֹם חוֹתֶה בְּשֶׁל זָהָב וּבָהּ הָיָה מַכְנִיס.

The mishna comments on some of the contrasts between the service and protocols followed on Yom Kippur and those followed throughout the rest of the year: **On every** other **day,** a priest **would scoop up** the coals with a coal pan made **of silver and pour** the coals from there **into** a coal pan **of gold. But** on **this day,** on Yom Kippur, the High Priest **scoops up with** a coal pan **of gold, and with** that coal pan **he would bring** the coals **into** the Holy of Holies.[N]

בְּכׇל יוֹם חוֹתֶה בְּשֶׁל אַרְבַּעַת קַבִּין וּמְעָרֶה לְתוֹךְ שְׁלֹשֶׁת קַבִּין, וְהַיּוֹם חוֹתֶה בִּשְׁלֹשֶׁת קַבִּין, וּבָהּ הָיָה מַכְנִיס. רַבִּי יוֹסֵי אוֹמֵר: בְּכׇל יוֹם חוֹתֶה בְּשֶׁל סְאָה וּמְעָרֶה בְּתוֹךְ שְׁלֹשֶׁת קַבִּין, וְהַיּוֹם חוֹתֶה בִּשְׁלֹשֶׁת קַבִּין וּבָהּ הָיָה מַכְנִיס.

On every other **day,** a priest scoops up the coals with a coal pan **of four** *kav* **and pours** the coals **into** a coal pan of **three** *kav*. **But** on **this day,** the High Priest **scoops with** one of **three** *kav*, **and with it he would bring** the coals **into** the Holy of Holies. **Rabbi Yosei says** a variation of this distinction: **On every** other **day,** a priest scoops up the coals with a coal pan **of a** *se'a*, which is six *kav* **and** then **pours** the coals **into** a coal pan of **three** *kav*. **But** on **this day,** the High Priest **scoops with** a coal pan of **three** *kav*, **and with it he would bring** the coals **into** the Holy of Holies.

בְּכׇל יוֹם הָיְתָה כְּבֵדָה וְהַיּוֹם קַלָּה, בְּכׇל יוֹם הָיְתָה יָדָהּ קְצָרָה וְהַיּוֹם אֲרוּכָּה, בְּכׇל יוֹם הָיְתָה זְהָבָהּ יָרוֹק וְהַיּוֹם אָדוֹם, דִּבְרֵי רַבִּי מְנַחֵם.

On every other **day,** the coal pan **was heavy.**[N] **But** on **this day** it was **light,** so as not to tire the High Priest. **On every** other **day, its handle was short, but** on **this day it was long** so that he could also use his arm to support its weight. **On every** other **day, it was** of **greenish gold, but** on **this day** it was of **a red** gold. **These are the statements of Rabbi Menaḥem.**

בְּכׇל יוֹם מַקְרִיב פְּרָס בְּשַׁחֲרִית וּפְרָס בֵּין הָעַרְבַּיִם, וְהַיּוֹם מוֹסִיף מְלֹא חׇפְנָיו. בְּכׇל יוֹם הָיְתָה דַּקָּה וְהַיּוֹם דַּקָּה מִן הַדַּקָּה,

On every other **day,** a priest **sacrificed a** *peras*, half a *maneh*, of incense **in the morning, and a** *peras* **in the afternoon, but** on **this** day the High Priest **adds** an additional **handful** of incense and burns it in the Holy of Holies. **On every** other **day,** the incense **was** ground **fine** as prescribed by the Torah, **but** on **this day it was superfine.**

NOTES

The High Priest would slaughter the bull – שְׁחָטוֹ: The High Priest acts in the same way as he does with the daily offering, in that he only begins the slaughter and a second priest completes it. Although this is not mentioned explicitly here, it is obvious: If such a procedure is followed for the daily offering, which is a sheep and whose slaughter takes little exertion, then certainly for the bull on Yom Kippur, when the High Priest must be careful not to overly exert himself, he will also follow the same procedure (*Rid*; see *Tosefot Yom Tov*).

Stirs it – מְמָרֵס בּוֹ: The Rambam explains that this is achieved by swishing the bowl around so that the blood spins around but the bowl does not, in order that the blood not coagulate. The bowl was constructed in such a way that it would tip if it were put down by the priest, which would make the blood spill. This was done to ensure it would not be placed in a stationary position, which would cause the blood to clot.

Bowl for receiving blood

The fourth row – הָרוֹבֶד הָרְבִיעִי: Rabbi Elyakim suggests this is the fourth step leading to the Sanctuary.

And with that coal pan he would bring the coals into the Holy of Holies – וּבָהּ הָיָה מַכְנִיס: Generally, the High Priest does not bring anything gold into the Holy of Holies. This is due to the principle: The prosecutor cannot be counsel for defense. The children of Israel used their gold in order to sin in the incident of the Golden Calf. Gold therefore became associated with that sin and its presence, so to speak, recalls their sin. Therefore, it is inappropriate to use it in order to achieve atonement. However, this principle applies only to the garments of the High Priest, which themselves effect atonement. It does not preclude the use of a gold coal pan or other gold items used inside the Holy of Holies.

On every other day, the coal pan was heavy – בְּכׇל יוֹם הָיְתָה כְּבֵידָה: The coal pan was heavy because it was made from thick metal, so that it would not wear away through constant use.

HALAKHA

The slaughter of the bull – שְׁחִיטַת הַפָּר: The High Priest slaughters the bull and collects its blood. He gives the blood to a priest, who stirs it to prevent it from coagulating. He hands the bowl in which he received the blood to a priest standing onto the fourth row of tiles outside the Sanctuary. The High Priest then takes the coal pan and scoops coals off the altar from the western side. He descends and places the coal pan on the row that is in the Temple courtyard (Rambam *Sefer Avoda*, *Hilkhot Avodat Yom HaKippurim* 4:1).

בְּכָל יוֹם כֹּהֲנִים עוֹלִין בְּמִזְרָחוֹ שֶׁל כֶּבֶשׁ וְיוֹרְדִין בְּמַעֲרָבוֹ וְהַיּוֹם כֹּהֵן גָּדוֹל עוֹלֶה בָּאֶמְצַע וְיוֹרֵד בָּאֶמְצַע. רַבִּי יְהוּדָה אוֹמֵר: לְעוֹלָם כֹּהֵן גָּדוֹל עוֹלֶה בָּאֶמְצַע וְיוֹרֵד בָּאֶמְצַע.

On every other **day, priests ascend on the eastern side of the ramp and descend on its western side, but** on **this day the High Priest ascends in the middle** of the ramp **and descends in the middle. Rabbi Yehuda says:** There was no difference in this regard. Even during the rest of the year, **the High Priest always ascends in the middle** of the ramp **and descends in the middle,** due to his eminence.

בְּכָל יוֹם כֹּהֵן גָּדוֹל מְקַדֵּשׁ יָדָיו וְרַגְלָיו מִן הַכִּיּוֹר וְהַיּוֹם מִן הַקִּיתוֹן שֶׁל זָהָב, רַבִּי יְהוּדָה אוֹמֵר: לְעוֹלָם כֹּהֵן גָּדוֹל מְקַדֵּשׁ יָדָיו וְרַגְלָיו מִן הַקִּיתוֹן שֶׁל זָהָב.

On every other **day, the High Priest sanctifies his hands and his feet from the laver** like the other priests, **and on this day** he sanctifies them **from the golden flask,** due to the eminence of the High Priest. **Rabbi Yehuda says** there was no difference in this regard. Even during the rest of the year, **the High Priest always sanctifies his hands and his feet from the golden flask.**[H]

בְּכָל יוֹם הָיוּ שָׁם אַרְבַּע מַעֲרָכוֹת וְהַיּוֹם חָמֵשׁ, דִּבְרֵי רַבִּי מֵאִיר. רַבִּי יוֹסֵי אוֹמֵר: בְּכָל יוֹם שָׁלֹשׁ, וְהַיּוֹם אַרְבַּע. רַבִּי יְהוּדָה אוֹמֵר: בְּכָל יוֹם שְׁתַּיִם וְהַיּוֹם שָׁלֹשׁ.

On every other **day there were four arrangements** of wood **there,** upon the altar, **but on this day there were five;** this is **the statement of Rabbi Meir. Rabbi Yosei says: On every** other **day** there were **three, but** on **this day** there were **four. Rabbi Yehuda says: On every** other **day** there were **two, but** on **this day** there were **three.**[H]

גמ׳ וְהָכְתִיב ״וְכָל אָדָם לֹא יִהְיֶה בְּאֹהֶל מוֹעֵד״! אָמַר רַב יְהוּדָה: תְּנֵי שֶׁל הֵיכָל.

GEMARA The mishna states that the blood of the bull is stirred by a priest standing on the fourth row of tiles in the Sanctuary, while the High Priest sacrifices the incense in the Holy of Holies. The Gemara asks: **But is it** not **written "And there shall be no man in the Tent of Meeting** when he goes in to make atonement in the Sanctuary, until he comes out" (Leviticus 16:17). How then could the stirrer be standing in the Sanctuary? **Rav Yehuda said:** Emend and **teach** the mishna as saying: The fourth row of tiles **of the Sanctuary,** i.e., outside the Sanctuary on the fourth row from its entrance.

תָּנוּ רַבָּנַן: ״וְכָל אָדָם לֹא יִהְיֶה בְּאֹהֶל מוֹעֵד״.

The Sages taught in a *baraita*: The verse states: **"And there shall be no man in the Tent of Meeting** when he goes in to make atonement in the Sanctuary, until he comes out." The verse prohibits anyone to be inside the Tent of Meeting during the burning of the incense.

Perek **IV**
Daf **44** Amud **a**

יָכוֹל אֲפִילּוּ בָּעֲזָרָה – תַּלְמוּד לוֹמַר: ״בְּאֹהֶל מוֹעֵד״. אֵין לִי אֶלָּא בְּאֹהֶל מוֹעֵד שֶׁבַּמִּדְבָּר, שִׁילֹה וּבֵית עוֹלָמִים מִנַּיִן? תַּלְמוּד לוֹמַר: ״בַּקּוֹדֶשׁ״.

I might have thought nobody should be present, **even in the** Temple **courtyard.** Therefore, **the verse states "in the Tent of Meeting,"** limiting the prohibition to the Temple itself. **I have** derived **only** that a prohibition exists **in the Tent of Meeting** of the Tabernacle **that was in the desert, from where** do I derive that the prohibition applies also to the Tabernacle that stood in **Shiloh, and** that it applies also to **the Eternal House,**[N] i.e., the Temple in Jerusalem? **The verse states "in the Sanctuary,"** indicating that the prohibition applies to any Sanctuary.

אֵין לִי אֶלָּא בִּשְׁעַת הַקְטָרָה, בִּשְׁעַת מַתַּן דָּמִים מִנַּיִן – תַּלְמוּד לוֹמַר: ״בְּבֹאוֹ לְכַפֵּר״. אֵין לִי אֶלָּא בִּכְנִיסָתוֹ, בִּיצִיאָתוֹ מִנַּיִן – תַּלְמוּד לוֹמַר: ״עַד צֵאתוֹ״.

I have derived **only** that a prohibition exists **during the burning** of the incense; **from where** do I derive that the prohibition applies also **during the presentations of the** bull's **blood** in the Holy of Holies? **The verse states: "When he goes in to make atonement,"** and atonement is achieved through the presentations of blood. **I have** derived **only** that a prohibition exists from the time of **his entrance** into the Holy of Holies; **from where** is it derived that the prohibition remains in force until **his exit? The verse states: "Until he comes out."**[H]

HALAKHA

Changes in the Yom Kippur service – שִׁנּוּיִים בַּעֲבוֹדַת יוֹם הַכִּפּוּרִים: On every other day, the High Priest sanctifies his hands and feet from the laver; on Yom Kippur he uses a golden flask. On every other day the priests ascend the altar on the eastern side of the ramp and descend on the western side; on Yom Kippur they ascend and descend in the middle of the ramp. On every other day the priest who is privileged to scoop the coals uses a silver coal pan and pours the coals into one made of gold; on Yom Kippur the High Priest scoops the coals with a golden coal pan. The silver coal pan was heavy, but the gold pan was light. The silver coal pan had a short handle, but the gold one had a long handle (Rambam *Sefer Avoda, Hilkhot Avodat Yom HaKippurim* 2:5).

The arrangements of wood on the altar – הַמַּעֲרָכוֹת עַל הַמִּזְבֵּחַ: On every other day there were three arrangements of wood on the altar, but on Yom Kippur there were four, in accordance with the opinion of Rabbi Yosei in his dispute with Rabbi Meir and Rabbi Yehuda (Rambam *Sefer Avoda, Hilkhot Avodat Yom HaKippurim* 2:5).

NOTES

From where do I derive Shiloh and the Eternal House – שִׁילֹה וּבֵית עוֹלָמִים מִנַּיִן: *Tosafot* note that usually the Gemara does not seek an independent source to demonstrate that *halakhot* that applied to the Tabernacle apply equally to the Temple. Indeed, in many places in the Bible, the Temple is itself referred to as a Tabernacle and vice versa. It is generally assumed that what holds true for one holds true for the other. Nevertheless, when dealing with *halakhot* based on the sanctity of a specific place, an independent source is needed to demonstrate that a given *halakha* applies to the various holy places. In this respect, the Temple is distinct from the Tabernacle in Shiloh and all the more so from the Tabernacle in the desert (see *Tosafot Yeshanim*).

HALAKHA

Removing oneself during the inner service – פְּרִישָׁה בִּשְׁעַת עֲבוֹדוֹת פְּנִים: Every day, during the burning of the incense, all priests vacated the entire Sanctuary area as well as the area between the Entrance Hall and the altar, until the priest burning the incense exited. Similarly on Yom Kippur, those same areas were empty of people when the High Priest went into the Sanctuary to sprinkle blood of the sin-offering there. However, only the Sanctuary itself had to be empty when the High Priest entered the Holy of Holies to burn incense; the area between the Entrance Hall and altar was not off limits then. This follows the details presented in the *mishnayot* and *baraitot* cited in the Gemara here (Rambam *Sefer Avoda, Hilkhot Temidin UMusafin* 3:3, *Hilkhot Avodat Yom HaKippurim* 4:2).

״וְכִפֶּר בַּעֲדוֹ וּבְעַד בֵּיתוֹ וּבְעַד כָּל קְהַל יִשְׂרָאֵל״ – כַּפָּרָתוֹ קוֹדֶמֶת לְכַפָּרַת בֵּיתוֹ, כַּפָּרַת בֵּיתוֹ קוֹדֶמֶת לְכַפָּרַת אֶחָיו הַכֹּהֲנִים, וְכַפָּרַת אֶחָיו הַכֹּהֲנִים קוֹדֶמֶת לְכַפָּרַת כָּל קְהַל יִשְׂרָאֵל.

The *baraita* concludes by expounding the final part of the verse: **"And have made atonement for himself, and for his household, and for all the assembly of Israel"** (Leviticus 16:17). This teaches that **his atonement precedes the atonement of his household;**[N] **the atonement of his household precedes that atonement of his brethren, the priests; the atonement of his brethren, the priests, precedes the atonement of the entire community of Israel.**

אָמַר מָר: אֵין לִי אֶלָּא בִּשְׁעַת הַקְטָרָה. מַאי מַשְׁמַע? אָמַר רָבָא, וְכֵן אָמַר רַבִּי יִצְחָק בַּר אַבְדִּימִי, וְכֵן אָמַר רַבִּי אֶלְעָזָר: אָמַר קְרָא: ״וְכִפֶּר בַּעֲדוֹ וּבְעַד בֵּיתוֹ וּבְעַד כָּל קְהַל יִשְׂרָאֵל״ אֵיזֶהוּ כַּפָּרָה שֶׁשָּׁוָה לוֹ וּלְבֵיתוֹ וּלְאֶחָיו הַכֹּהֲנִים וּלְכָל קְהַל יִשְׂרָאֵל – הֱוֵי אוֹמֵר זֶה הַקְטָרַת הַקְּטוֹרֶת.

The Gemara analyzes the *baraita*: **The Master said** in the *baraita*: I have derived **only** that a prohibition exists **during the burning** of the incense. From **where** in the verse could this have **been inferred? Rava said, and similarly Rabbi Yitzḥak bar Avdimi said, and similarly Rabbi Elazar said:** The conclusion of that **verse states: "And have made atonement for himself, and for his household, and for all the assembly of Israel." Which** act of **atonement is the same for him, and for his household, and for his brethren, the priests, and for the entire community of Israel? You must say this is the burning of the incense.**

וּקְטוֹרֶת מְכַפֶּרֶת?! אִין, דְּהָא תָּנֵי רַבִּי חֲנַנְיָא: לָמַדְנוּ לַקְּטוֹרֶת שֶׁמְּכַפֶּרֶת, שֶׁנֶּאֱמַר ״וַיִּתֵּן אֶת הַקְּטוֹרֶת וַיְכַפֵּר עַל הָעָם״. וְתָנָא דְּבֵי רַבִּי יִשְׁמָעֵאל: עַל מָה קְטוֹרֶת מְכַפֶּרֶת – עַל לָשׁוֹן הָרַע, יָבֹא דָּבָר שֶׁבַּחֲשַׁאי וִיכַפֵּר עַל מַעֲשֵׂה חֲשַׁאי.

Does **incense effect atonement?** The Torah mentions the concept of atonement only with regard to offerings. **Yes, as Rabbi Ḥananya teaches** in a *baraita*: **We learned of the incense that it effects atonement,** as **it is stated: "And he put on the incense and made atonement for the people"** (Numbers 17:12). **And the school of Rabbi Yishmael taught: For what does incense effect atonement? For slander.** And why is that? **Let something that** is done **in secret,**[N] i.e., the incense, which is burned in seclusion within the Sanctuary, **come and effect atonement for an act done in secret,** i.e., slander, which is generally said in private.

תְּנַן הָתָם: פּוֹרְשִׁין מִבֵּין הָאוּלָם וְלַמִּזְבֵּחַ בִּשְׁעַת הַקְטָרָה. אָמַר רַבִּי אֶלְעָזָר: לֹא שָׁנוּ אֶלָּא בִּשְׁעַת הַקְטָרָה דְּהֵיכָל, אֲבָל בִּשְׁעַת הַקְטָרָה דְּלִפְנַי לִפְנִים, מֵהֵיכָל – פָּרְשִׁי, מִבֵּין הָאוּלָם וְלַמִּזְבֵּחַ – לָא פָּרְשִׁי.

We learned in a mishna **there: They remove** themselves **from** the area **between the Entrance Hall and the altar during the burning** of the incense. **Rabbi Elazar said: They taught** that this is true **only during the burning** of the incense **of the Sanctuary, but during the burning** of the incense **in the innermost** chamber, i.e., the Holy of Holies, people are required to **remove** themselves only **from the Sanctuary. They do not need to remove themselves** from the area **between the Entrance Hall and the altar.**[N]

מְתִיב רַב אַדָּא בַּר אַהֲבָה וְאָמְרִי לַהּ כְּדִי: רַבִּי יוֹסֵי אוֹמֵר כְּשֵׁם שֶׁפּוֹרְשִׁין מִבֵּין הָאוּלָם וְלַמִּזְבֵּחַ בִּשְׁעַת הַקְטָרָה כָּךְ פּוֹרְשִׁין בִּשְׁעַת מַתַּן פַּר כֹּהֵן מָשִׁיחַ וּפַר הֶעְלֵם דָּבָר שֶׁל צִיבּוּר, וּשְׂעִירֵי עֲבוֹדָה זָרָה.

Rav Adda bar Ahava raised an objection to Rabbi Elazar's opinion from a *baraita*, **and some say it unattributed:**[N] **Rabbi Yosei says: Just as they remove** themselves **from** the area **between the Entrance Hall and the altar during the burning** of the incense, **they similarly remove** themselves **during the** blood **presentations of the bull of the anointed priest,** i.e., of the High Priest, which he brings if he issues an erroneous halakhic ruling and acts upon it; and also during the blood presentations **of the bull for an unwitting** communal **sin** brought if the Sanhedrin issues an erroneous halakhic ruling and the community acts upon it; and also during the blood presentations **of the goats of idol worship** brought for an inadvertent communal transgression of idol worship.

הָא מַה מַּעֲלָה יֵשׁ בֵּין הַהֵיכָל לְבֵין הָאוּלָם וְלַמִּזְבֵּחַ? אֶלָּא, שֶׁבַּהֵיכָל פּוֹרְשִׁין בֵּין בִּשְׁעַת הַקְטָרָה וּבֵין שֶׁלֹּא בִּשְׁעַת הַקְטָרָה, וּמִבֵּין הָאוּלָם וְלַמִּזְבֵּחַ – אֵין פּוֹרְשִׁין אֶלָּא בִּשְׁעַת הַקְטָרָה.

The *baraita* continues: If so, **what higher standard is** applicable **to the Sanctuary relative to** the area **between the Entrance Hall and the altar? Only that** those **in the Sanctuary remove** themselves **both during the** incense **burning and also** during the blood presentations, which is **not during the** incense **burning.** Those who are in the area **between the Entrance Hall and the altar remove** themselves **only during the** incense **burning** but not during the blood presentations.

בִּשְׁעַת הַקְטָרָה מִיהָא פָּרְשִׁי, מַאי לָאו – בִּשְׁעַת הַקְטָרָה דְּלִפְנַי לִפְנִים!

The Gemara explains the challenge: **In any case,** it is evident from the *baraita* that **during the** incense **burning they do remove** themselves. **What, is it not** referring to **during the burning** of the incense **of the innermost** chamber, i.e., the Holy of Holies? This would contradict Rabbi Elazar's opinion.

NOTES

His atonement precedes the atonement of his household – כַּפָּרָתוֹ קוֹדֶמֶת לְכַפָּרַת בֵּיתוֹ: This is true only of the confession but not of the offerings, as there was no unique offering that was brought to atone just for the High Priest, or his household, or the priesthood; however, he did make three discrete confessions (*Tosafot Yeshanim*).

Something that is done in secret – דָּבָר שֶׁבַּחֲשַׁאי: Although the sprinkling of the blood inside the Sanctuary was also done in secret, it was accompanied by the counting. The priest said: One, one and one, etc. The incense was burned in silence (*Tosafot Yeshanim*; Ritva). Other sources suggest that it was the tunic that atoned for slander because it made noise, as does slander. It is possible that the different sources discuss different types of slander, slander exchanged privately and slander spoken publicly (see *Gevurat Ari*).

The burning of the incense of the innermost chamber – הַקְטָרָה דְּלִפְנַי לִפְנִים: What is the rationale for Rabbi Elazar's distinction? Why did the Sages not decree that it should also be prohibited to be present in the area between the Entrance Hall and the altar during the burning of the incense inside the Holy of Holies, as is indeed prohibited during the burning of the incense in the Sanctuary? Surely, the burning of incense in the Holy of Holies has greater sanctity and should be treated more seriously. Some suggest that it is in fact desirable to have priests in close proximity to the High Priest when he burns the incense, lest he behave like a Sadducee during the service (Ritva). Another possibility maintains that there is no need to extend the prohibition because the reverence the priests accord to Yom Kippur as well as to the Holy of Holies will certainly prevent them from moving any closer (*Siaḥ Yitzḥak*). Others point out that burning incense on the golden altar was a daily occurrence and hence subject to a decree. However, burning the incense inside on Yom Kippur was too infrequent to justify issuing an independent decree (*Gevurat Ari*).

And some say it unattributed [*kedi*] – וְאָמְרִי לַהּ כְּדִי: This phrase appears in several places in the Gemara. Rashi in some places explains that some people believe that *Kadi* was the name of a Sage. However, it seems that the term generally indicates a lack, as in the phrase *bikhdi*, meaning in vain. Its usage here therefore indicates that the teaching is being reported anonymously (*Tosafot Yeshanim*; *Me'iri*).

לָא, בִּשְׁעַת הַקְטָרָה דְּהֵיכָל. אִי הָכִי, הָא מַה מַּעֲלָה וְתוּ לָא? הָא אִיכָּא הָא מַעֲלָה: דְּאִילּוּ מֵהֵיכָל פָּרְשִׁי בֵּין בִּשְׁעַת הַקְטָרָה דִּידֵיהּ בֵּין בִּשְׁעַת הַקְטָרָה דְּלִפְנַי לִפְנִים, וְאִילּוּ מִבֵּין הָאוּלָם וְלַמִּזְבֵּחַ לָא פָּרְשִׁי אֶלָּא בִּשְׁעַת הַקְטָרָה דְּהֵיכָל!

The Gemara defends his opinion: **No,** it is referring to **during the burning of the** incense **of the Sanctuary.** The Gemara asks: **If so,** how can the *baraita* say: **What higher standard** is applicable to the Sanctuary? This implies that it is superior only with respect to one higher standard. **Are there not more? Surely, there is this higher standard, that whereas** the people **in the Sanctuary remove** themselves **both during its own,** i.e., the Sanctuary's, incense **burning and during the** incense **burning of the innermost** chamber, i.e., the Holy of Holies, **but in** the area **between the Entrance Hall and the altar they remove** themselves **only during the burning** of the incense **of the Sanctuary.**

הָא קָתָנֵי: אֶלָּא שֶׁבַּהֵיכָל פּוֹרְשִׁין בֵּין בִּשְׁעַת הַקְטָרָה וּבֵין שֶׁלֹּא בִּשְׁעַת הַקְטָרָה, וּמִבֵּין הָאוּלָם וְלַמִּזְבֵּחַ אֵין פּוֹרְשִׁין,

The Gemara explains: **This is** in fact what the *baraita* **is teaching:** It is teaching **only that** those **in the Sanctuary remove** themselves **both during the burning** of the incense **and also** during the blood presentations, which is **not during the burning** of the incense; **from** the area **between the Entrance Hall and the altar they do not remove** themselves,

Perek **IV**
Daf **44** Amud **b**

אֶלָּא בִּשְׁעַת הַקְטָרָה.

except during the **burning** of the incense.

וְהָא אִיכָּא הָא מַעֲלָה: דְּאִילּוּ מֵהֵיכָל פָּרְשִׁי בֵּין בִּקְדוּשָּׁה דִּידֵיהּ בֵּין בִּקְדוּשָּׁה דְּלִפְנַי וְלִפְנִים, וְאִילּוּ מִבֵּין הָאוּלָם וְלַמִּזְבֵּחַ לָא פָּרְשִׁי אֶלָּא בִּקְדוּשָּׁה דְּהֵיכָל! אָמַר רָבָא: שֵׁם פְּרִישָׁה אַחַת הִיא.

But there is also **this higher standard, that whereas from the Sanctuary they remove** themselves **both during its own sanctification,** i.e., the blood presentations in the Sanctuary, **and during the sanctification of the innermost** chamber, i.e., the Holy of Holies, **but from** the area **between the Entrance Hall and the altar, they remove** themselves **only during the sanctification of the Sanctuary. Rava said:** Indeed, there are numerous distinctions, but the *baraita* teaches only one because all the distinctions fit into **one category of removal.**

אָמַר מָר: כָּךְ פּוֹרְשִׁין בִּשְׁעַת מַתַּן פַּר כֹּהֵן מָשִׁיחַ, וּפַר הֶעְלֵם דָּבָר שֶׁל צִבּוּר, וּשְׂעִירֵי עֲבוֹדָה זָרָה. מְנָא לָן? אָמַר רַבִּי פְּדָת: אָתְיָא כַּפָּרָה כַּפָּרָה מִיּוֹם הַכִּפּוּרִים.

The Gemara continues to analyze the *baraita*: **The Master said** in the *baraita*: Just as they remove themselves from the area between the Entrance Hall and the altar during the burning of the incense, **they similarly remove** themselves **during the** blood **presentations of the bull of the anointed priest; of the bull for an unwitting** communal **sin; and of the goats of idol worship. From where do we** derive this? **Rabbi Pedat said:** It is derived by a verbal analogy between the word **atonement** said in connection with those offerings and the word **atonement from** the prohibition on **Yom Kippur.**

אָמַר רַב אַחָא בַּר אַהֲבָה: שְׁמַע מִינָּהּ מַעֲלוֹת דְּאוֹרָיְיתָא, וְהָכִי גְּמִירִי לְהוּ.

Rav Aḥa bar Ahava said: Learn from this that there is a prohibition in the area between the Entrance Hall and the altar. The **higher standards** applied to the various areas in the Temple are defined **by Torah law,**[N] **and** the Sages **learned them** as a tradition.

דְּאִי סָלְקָא דַּעְתָּךְ דְּרַבָּנַן – מַאי שְׁנָא בֵּין הָאוּלָם וְלַמִּזְבֵּחַ – דִּילְמָא מִיקְרוּ וְעָיְילִי, מִכּוּלָּהּ עֲזָרָה נַמִי נִפְרְשׁוּ דִּילְמָא מִיקְרוּ וְעָיְילִי!

As if it could enter your mind that these standards are defined **by rabbinic law, what is different** about the area **between the Entrance Hall and the altar** that the prohibition applies only there? **Perhaps** other priests would accidentally **happen to enter** the Sanctuary while incense is burning there. But if that is the reason, then the rabbinic decree should require that **they remove** themselves **also from the entire Temple courtyard,** since **perhaps they** would accidentally **happen to enter.** The fact that the prohibition does not extend to the Temple courtyard suggests that the standards are defined by Torah law.

בֵּין הָאוּלָם וְלַמִּזְבֵּחַ, כֵּיוָן דְּלָא מַפְסִיק מִידֵּי – לָא מִינְכְּרָא מִילְּתָא, עֲזָרָה כֵּיוָן דְּאִיכָּא מִזְבֵּחַ הַחִיצוֹן דְּמַפְסִיק – מִינְכְּרָא מִילְּתָא.

The Gemara rejects Rav Aḥa bar Ahava's reasoning: The prohibition could indeed be rabbinic. Nevertheless, it is reasonable to limit it to the area **between the Entrance Hall and the altar,** as follows: **Since there is nothing that separates it** from the Sanctuary, the distinction between the two areas **is not conspicuous,** and therefore people may err and enter. But with regard to the **Temple courtyard, since there is the outer altar that separates** the rest of the Temple courtyard from the Sanctuary, the distinction between the areas **is conspicuous,** and therefore there is no need to extend the prohibition throughout the Temple courtyard.

NOTES

The higher standards are defined by Torah law – מַעֲלוֹת דְּאוֹרָיְיתָא: The mishna in *Kelim* 1:8 delineates the different areas of the Temple, their increasing degrees of sanctity, and the people and items of different levels of purity that may enter or be brought into each area. According to some authorities, some of the areas are defined by the Torah while others were transmitted to Moses from Sinai; still others were defined by the Sages. Some suggest that the division between the areas is defined by the Torah, but the rules of which levels of purity may enter are rabbinic (Ramban). Others suggest the opposite is true; the levels of purity are from the Torah but the distinctions governing the different areas are not (*Megillat Esther*, a commentary on the Rambam's *Sefer HaMitzvot*).

אָמַר רָבָא: שְׁמַע מִינָּהּ קְדוּשַּׁת אוּלָם וְהֵיכָל חֲדָא מִילְּתָא הִיא, דְּאִי סָלְקָא דַּעֲתָךְ שְׁתֵּי קְדוּשּׁוֹת נִינְהוּ – אוּלָם גּוּפֵיהּ גְּזֵירָה, וְנֵיקוּם וְנִגְזוֹר גְּזֵירָה לִגְזֵירָה?

Rava said: Learn from this fact that there is a rabbinic prohibition in the area between the Entrance Hall and the altar. **The sanctity of the Entrance Hall** and the sanctity of the **Sanctuary is one matter,** i.e., there they share the same sanctity, and therefore the Torah prohibition applies to the Entrance Hall as well. **For if it could enter your mind** to say that **these** areas **have two** distinct levels **of sanctity,** it would emerge that the prohibition to be in the **Entrance Hall is itself** a rabbinic **decree. But will we arise and issue** one **decree to** prevent violation of another **decree** by prohibiting being present in the area between the Entrance Hall and the altar, lest one enter the Entrance Hall itself?

לֹא, אוּלָם וּבֵין הָאוּלָם וְלַמִּזְבֵּחַ חֲדָא קְדוּשָּׁה הִיא, הֵיכָל וְאוּלָם שְׁתֵּי קְדוּשּׁוֹת.

The Gemara rejects Rava's reasoning: **No,** this would not be a case of issuing one decree to prevent violation of another decree, because **the Entrance Hall and the** area **between the Entrance Hall and the altar** share **one sanctity.** Consequently, any prohibition applied to one will certainly also apply to the other. However, **the Sanctuary and the Entrance Hall have two** distinct **sanctities.**

״בְּכָל יוֹם הָיָה חוֹתֶה בְּשֶׁל כֶּסֶף״ וכו׳. מַאי טַעְמָא? הַתּוֹרָה חָסָה עַל מָמוֹנָן שֶׁל יִשְׂרָאֵל.

§ The mishna states: **On every** other **day,** a priest **would scoop up** the coals with a coal pan made **of silver and pour** the coals from there **into** a coal pan **of gold.** The Gemara asks: **What is the reason** the gold pan was not used to scoop the coals? The Gemara answers: Because **the Torah spared the money of the Jewish people.**[N] Since the pan is worn away with use, it is preferable to use a less expensive silver pan.

״וְהַיּוֹם חוֹתֶה בְּשֶׁל זָהָב וּבָהּ הָיָה מַכְנִיס״. מַאי טַעְמָא? מִשּׁוּם חוּלְשָׁא דְּכֹהֵן גָּדוֹל.

§ The mishna continues: **But on this day,** on Yom Kippur, the High Priest **scoops up with** a coal pan **of gold, and with** that coal pan, **he would bring** the coals **into** the Holy of Holies. The Gemara asks: **What is the reason** that on Yom Kippur only one pan is used? **Due to the weakness** of the **High Priest.**[H] He has to perform the entire service by himself while fasting; using only one pan minimizes his exertion.

״בְּכָל יוֹם בְּשֶׁל אַרְבַּעַת קַבִּין״ וכו׳. תָּנָא: נִתְפַּזְּרוּ לוֹ קַב גֶּחָלִים – מְכַבְּדָן לָאַמָּה.

§ The mishna states: **On every** other **day,** a priest scoops up the coals with a coal pan **of four** ***kav*** and pours the coals into a coal pan of three *kav*. Rabbi Yosei says: On every other day, a priest scoops with a coal pan of a *se'a*, which is six *kav*, and then pours the coals into a coal pan of three *kav*. **It was taught** in a mishna (*Tamid* 33a): As he poured from a pan of four *kav* to a pan of three *kav*, **a** ***kav*** **of coals**[H] **became scattered, and he swept them into the canal**[N] that passed through the Temple and ran to the Kidron brook.

תָּנֵי חֲדָא: קַב, וְתַנְיָא אִידָךְ: קַבַּיִים. בִּשְׁלָמָא הַךְ דְּתָנֵי קַב – רַבָּנַן, אֶלָּא הַךְ דְּתָנֵי קַבַּיִים מַנִּי? לָא רַבָּנַן וְלָא רַבִּי יוֹסֵי!

It **was taught** in **one** ***baraita***: **A** ***kav*** of coals was scattered. **And it was taught in another** ***baraita***: **Two** ***kav*** were scattered. The Gemara comments: **Granted, this** ***baraita***, which **teaches that** a single ***kav*** was scattered, is understandable. It is in accordance with the opinion of **the Rabbis,** the first *tanna* of the mishna, who maintain that coals are poured from a coal pan of four *kav* to one of three. **But that** ***baraita***, which **teaches** that **two** ***kav*** of coals were scattered, in accordance **with whose** opinion is it? **It is not** in accordance with the opinion of **the Rabbis and not** in accordance with the opinion of **Rabbi Yosei.** According to Rabbi Yosei, three *kav* of coals would have been scattered.

אָמַר רַב חִסְדָּא: רַבִּי יִשְׁמָעֵאל בְּנוֹ שֶׁל רַבִּי יוֹחָנָן בֶּן בְּרוֹקָה הִיא. דְּתַנְיָא, רַבִּי יִשְׁמָעֵאל בְּנוֹ שֶׁל רַבִּי יוֹחָנָן בֶּן בְּרוֹקָה אוֹמֵר: בְּשֶׁל קַבַּיִים הָיָה מַכְנִיס.

Rav Ḥisda said: It is in accordance with the opinion of **Rabbi Yishmael, son of Rabbi Yoḥanan ben Beroka, as it was taught** in a *baraita*: **Rabbi Yishmael, son of Rabbi Yoḥanan ben Beroka, says: With** a coal pan **of two** ***kav*** **he would bring** the coals **into** the Holy of Holies. If one accepts the opinion of the Rabbis that the coals were scooped with a coal pan of four *kav*, two *kav* were scattered.

רַב אַשִׁי אָמַר: אֲפִילּוּ תֵּימָא רַבִּי יוֹסֵי, וְהָכִי קָאָמַר: בְּכָל יוֹם הָיָה חוֹתֶה בְּשֶׁל סְאָה מִדְבָּרִית, וּמְעָרֶה לְתוֹךְ שְׁלֹשֶׁת קַבִּין יְרוּשַׁלְמִיּוֹת.

Rav Ashi said: You can even **say** that this *baraita* is in accordance with the opinion of **Rabbi Yosei, and this is what he is saying: On every** other **day,** a priest **scooped with** a coal pan **of a desert** ***se'a***, **which is** five Jerusalem *kav*, **and** then **he poured** the coals **into a coal pan of three Jerusalem** ***kav***. Therefore, two *kav* would be scattered.[B]

NOTES

The Torah spared the money of the Jewish people – הַתּוֹרָה חָסָה עַל מָמוֹנָן שֶׁל יִשְׂרָאֵל: This principle did not prevent the use of a gold coal pan on Yom Kippur. Since the gold pan was used only once a year, it did not get worn out quickly and was not frequently replaced. Therefore, its cost was considered negligible (Rabbeinu Yehonatan).

He swept them into the canal – מְכַבְּדָן לָאַמָּה: Rav Nissim Gaon asks how the coals could be treated so disrespectfully. After all, surely they were sanctified in a sacred vessel. Rabbeinu Tam suggests that the extra coals did not achieve a level of sanctity because the priest did not intend to sanctify more than he needed. Rav Nissim Gaon himself posits that the first vessel did not sanctify the coals because it was not a service utensil; the coals became sanctified only in the second coal pan (see *Tosefot HaRosh*; Ritva).

HALAKHA

Due to the weakness of the High Priest – מִשּׁוּם חוּלְשָׁא דְּכֹהֵן גָּדוֹל: On every other day, the priest who is privileged to scoop the coals uses a coal pan made of silver. He then pours the coals into a second coal pan made of gold. On Yom Kippur, the High Priest scoops the coals with a gold coal pan, which he then takes inside. This helps the High Priest avoid overexertion during the day (Rambam *Sefer Avoda, Hilkhot Avodat Yom HaKippurim* 2:5).

A ***kav*** **of coals – קַב גֶּחָלִים:** If a *kav* or less of the coals that were scooped scatter onto the floor, they are swept into the water canal in the Temple. However, it is prohibited to do this on Shabbat, since the coals might be extinguished. They are instead covered with a utensil called a *pesakhter*. If more than a *kav* of coals is scattered, the priest scoops the coals again (Rambam *Sefer Avoda, Hilkhot Temidin UMusafin* 3:5).

BACKGROUND

Desert and Jerusalem units – מִדּוֹת מִדְבָּרִיּוֹת וִירוּשַׁלְמִיּוֹת: The measurements mentioned in the writings of the Sages are based on more than one basic measurement. Practically speaking, there are three base measurements: The first is the desert unit, which is the smallest. This was used by the Jewish people when traveling through the desert. The second, the Jerusalem unit, was introduced when Jerusalem was settled and one-sixth was added to the desert units. Consequently, five Jerusalem *kav* are approximately six desert *kav*. The third, the Tzippori unit, also known as the Galilean, is bigger than the Jerusalem units by a sixth.

HALAKHA

His arm…could assist him – שֶׁתְּהֵא זְרוֹעוֹ...מְסַיַּיעְתּוֹ: On every other day of the year, the handle of the coal pan is short. On Yom Kippur it is longer to make the job of carrying the coal pan easier, lest the High Priest overexert himself and become weak (Rambam *Sefer Avoda, Hilkhot Avodat Yom HaKippurim* 3:2).

״בְּכָל יוֹם הָיְתָה כְּבֵידָה וְהַיּוֹם קַלָּה״. תָּנָא: בְּכָל יוֹם הָיְתָה גְּלְדָהּ עָבָה, וְהַיּוֹם רַךְ. בְּכָל יוֹם הָיְתָה קְצָרָה וְהַיּוֹם אֲרוּכָּה. מַאי טַעְמָא – כְּדֵי שֶׁתְּהֵא זְרוֹעוֹ שֶׁל כֹּהֵן גָּדוֹל מְסַיַּיעְתּוֹ.

§ The mishna states: **On every** other **day,** the coal pan **was heavy, but** on **this day** it was **light. It was taught** in a *baraita*: **On every** other **day its side was thick but** on **this day** it was **soft** and thin.[N] **On every** other **day** its **handle was short but** on **this day it was long. What is the reason? So that the arm of the High Priest could assist him**[NH] in carrying the coal pan, i.e., he could support the coal pan by resting it against his arm rather than bear the entire weight in his hand.

תָּנָא: בְּכָל יוֹם לֹא הָיָה לָהּ נִיאַשְׁתִּיק, וְהַיּוֹם הָיָה לָהּ נִיאַשְׁתִּיק, דִּבְרֵי בֶּן הַסְּגָן.

It was **taught** in a *baraita*: **On every** other **day it did not have a ring, but** on **this day it has a ring** on the end of the handle, which clatters against it and makes a noise in fulfillment of the verse "And the sound thereof shall be heard when he goes in to the Sanctuary" (Exodus 28:35); this is **the statement of the son of the Deputy.**

״בְּכָל יוֹם הָיָה זְהָבָהּ יָרוֹק״. אָמַר רַב חִסְדָּא: שִׁבְעָה זְהָבִים הֵן: זָהָב, וְזָהָב טוֹב, וּזְהַב אוֹפִיר, וְזָהָב מוּפָּז, וְזָהָב שָׁחוּט, וְזָהָב סָגוּר, וּזְהַב פַּרְוַיִם. זָהָב וְזָהָב טוֹב – דִּכְתִיב: ״וּזֲהַב הָאָרֶץ הַהִוא טוֹב״, זְהַב אוֹפִיר – דְּאָתֵי מֵאוֹפִיר, זָהָב מוּפָּז –

§ The mishna states: **On every** other **day, it was of greenish gold** but on this day it was of a red gold.[N] **Rav Ḥisda said: There are seven** types **of gold** mentioned in the Bible: **Gold, and good gold, and gold of Ophir** (I Kings 10:11), **and glistering gold** (I Kings 10:18), **and *shaḥut* gold** (I Kings 10:17), **and closed gold** (I Kings 10:21), **and *parvayim* gold** (II Chronicles 3:6). The Gemara explains the reason for these names: There is a distinction between **gold and good gold, as it is written** in the verse: **"And the gold of that land is good"** (Genesis 2:12), which indicates the existence of gold of a higher quality. **Gold of Ophir** is gold **that comes from Ophir. Glistering [*mufaz*] gold** is so named

NOTES

But on this day it was soft and thin – וְהַיּוֹם רַךְ: Since the coal pan used on Yom Kippur had a longer handle, had it not been made of thinner material it would have been heavier than the coal pan used throughout the year (*Siaḥ Yitzḥak*).

The arm of the High Priest could assist him – זְרוֹעוֹ שֶׁל כֹּהֵן גָּדוֹל מְסַיַּיעְתּוֹ: The handle extended to his underarm. He could therefore support it with his hands and the full length of his arm (*Me'iri*).

Ring [*niashtik*] – נִיאַשְׁתִּיק: There are many suggested interpretations for this. Rashi and several *ge'onim* explain that there were two rings on it that clattered together when moved. The *Me'iri* suggests that the *niashtik* was a base upon which the coal pan was placed. Others suggest that the *niashtik* was a type of sheath that was placed over the coal pan's handle. Because the coals sat on the coal pan for a time, the handle naturally became very hot and the sheath protected the priest's hand (*Tosafot*; *Tosafot Yeshanim*). Some *ge'onim* explain that the sheath covered the entire coal pan to prevent the coals from becoming extinguished.

Red gold – וּזְהָבָהּ אָדוֹם: Some suggest the red gold was used because it was the most esteemed of the various types of gold, which is why it appears last in Rav Ḥisda's list (*Me'iri*). Others write that red gold was used because it was reminiscent of the sprinkling of the bull's blood (*Gevurat Ari*; see *Siaḥ Yitzḥak*).

Perek **IV**
Daf **45** Amud **a**

NOTES

Resembles the luster of pearls [*paz*] – שֶׁדּוֹמֶה לְפָז: Rashi explains the reference is to the luster of pearls. The Jerusalem Talmud explains that it looks like the flame of a burning splint. According to another interpretation, *mofaz* is an abbreviation of *zahav mi'ofaz*, meaning gold from a place called Ofaz.

BACKGROUND

Types of gold – מִינֵי זָהָב: Pure gold has a dark yellow color and is soft and malleable. For practical purposes, such as the fashioning of vessels and the like, silver, bronze, and other substances must be added to create harder alloys. Even the addition of a small amount of a secondary metal has a great effect on the color and physical attributes of the gold, giving it a range of appearance from silvery white to blood red to bright green.

שֶׁדּוֹמֶה לְפָז, זָהָב שָׁחוּט – שֶׁנִּטְוֶה כְּחוּט, זָהָב סָגוּר – בְּשָׁעָה שֶׁנִּפְתָּח כָּל הַחֲנוּיוֹת נִסְגָּרוֹת, זְהַב פַּרְוַיִם – שֶׁדּוֹמֶה לְדַם הַפָּרִים.

because it resembles the luster of pearls [*paz*][N] in the way it glistens. ***Shaḥut* gold** is named as such **because** it is very malleable and **is spun like thread [*shenitve keḥut*].** *Shaḥut* is a contraction of the words *shenitve keḥut*. **Closed gold** is so called **because when** a shop **opens** to sell it, **all the other shops close,** as no one is interested in purchasing any other type of gold. ***Parvayim* gold** is so called **because** its redness **resembles the blood of bulls [*parim*].**

רַב אַשִׁי אָמַר: חֲמִשָּׁה הֵן, וְכָל חַד וְחַד אִית בֵּיהּ זָהָב וְזָהָב טוֹב. תַּנְיָא נַמִּי הָכִי: בְּכָל יוֹם הָיָה זְהָבָהּ יָרוֹק וְהַיּוֹם אָדוֹם, וְהַיְינוּ זְהַב פַּרְוַיִם שֶׁדּוֹמֶה לְדַם הַפָּרִים.

Rav Ashi said: There are in fact only **five** types of gold, the last five in Rav Ḥisda's list. Gold and good gold are not independent categories; rather, **each and every one** of the types of gold has two varieties: Regular **gold and** a superior variety called **good gold. That was also taught** in a *baraita* with regard to *parvayim* gold: **On every** other **day** the coal pan was made **of greenish gold, but** on **this day** it was made of **a red** gold, **and this is the *parvayim* gold which resembles the blood of bulls.**[B]

"בְּכָל יוֹם מַקְרִיב פְּרָס שַׁחֲרִית וכו׳ בְּכָל יוֹם הָיְתָה דַּקָּה וְהַיּוֹם דַּקָּה מִן הַדַּקָּה". תָּנוּ רַבָּנַן: 'דַּקָּה' מָה תַּלְמוּד לוֹמַר? וַהֲלֹא כְּבָר נֶאֱמַר: "וְשָׁחַקְתָּ מִמֶּנָּה הָדֵק"! אֶלָּא: לְהָבִיא דַּקָּה מִן הַדַּקָּה.

§ The mishna states: **On every** other **day,** a priest **sacrificed a** *peras*, half of a *maneh*, of incense **in the morning,** and a *peras* in the afternoon, but on this day the High Priest adds an additional handful of incense and burns it in the Holy of Holies. **On every** other **day,** the incense **was** ground **fine** as prescribed by the Torah, **but on this day it was superfine. The Sages taught** in a *baraita*: The verse states with regard to the incense on Yom Kippur that it is "**finely ground** aromatic incense" (Leviticus 16:12). **What** does the **verse** mean to **teach** by this? **Has it not already been stated: "And you shall grind some of it finely"** (Exodus 30:36)? **Rather, it teaches** that on Yom Kippur the incense has to be **superfine.**

"בְּכָל יוֹם כֹּהֲנִים עוֹלִין בְּמִזְרָחוֹ שֶׁל כֶּבֶשׁ". דְּאָמַר מָר: כׇּל פִּינּוֹת שֶׁאַתָּה פּוֹנֶה לֹא יְהוּ אֶלָּא דֶּרֶךְ יָמִין לַמִּזְרָח.

§ The mishna states: **On every** other **day, priests ascend on the eastern side of the ramp.** A *baraita* explains the reason for this: **As the Master said: All the turns that you turn should be only to the right,** which, after ascending the altar, means one will turn **to the east** and will mean one will circulate the altar in a counterclockwise fashion. When they descended, they again turned to the right, which is to the west of the ramp.[H]

"וְהַיּוֹם (עוֹלִין) בְּאֶמְצַע (וְיוֹרְדִין) בְּאֶמְצַע". מַאי טַעְמָא – מִשּׁוּם כְּבוֹדוֹ דְּכֹהֵן גָּדוֹל.

§ The mishna continues: **But on this day** the priests **ascend in the middle** of the ramp[N] **and descend in the middle. What is the reason? Due to the eminence** of the **High Priest** he should not walk on the side but in the middle.

"בְּכָל יוֹם כֹּהֵן [גָּדוֹל] מְקַדֵּשׁ יָדָיו וְרַגְלָיו מִן הַכִּיּוֹר" וכו׳. מַאי טַעְמָא – מִשּׁוּם כְּבוֹדוֹ שֶׁל כֹּהֵן גָּדוֹל.

§ We learned in the mishna that **every** other **day the High Priest sanctifies his hands and his feet from the laver** like the other priests, and on this day he sanctifies them from the golden flask. **What is the reason? Due to the eminence** of the **High Priest.**[H]

"בְּכָל יוֹם הָיוּ שָׁם אַרְבַּע מַעֲרָכוֹת". תָּנוּ רַבָּנַן: בְּכָל יוֹם הָיוּ שְׁתַּיִם מַעֲרָכוֹת וְהַיּוֹם שָׁלֹשׁ. אַחַת מַעֲרָכָה גְּדוֹלָה, וְאַחַת מַעֲרָכָה שְׁנִיָּה שֶׁל קְטוֹרֶת, וְאַחַת שֶׁמּוֹסִיפִין בּוֹ בַּיּוֹם, דִּבְרֵי רַבִּי יְהוּדָה.

§ The mishna states: **On every** other **day, there were four arrangements** of wood **there,** upon the altar, but on this day there were five. **The Sages taught** in the *Tosefta*: **On every** other **day there were two arrangements** of wood on the altar, **but on this day** there were **three: One,** the **large arrangement; and one,** the **second arrangement** for coals **for the incense; and one,** the additional arrangement of wood, **which they add on that day** for the incense that is burned in the Holy of Holies. This is **the statement of Rabbi Yehuda.**

רַבִּי יוֹסֵי אוֹמֵר: בְּכָל יוֹם שָׁלֹשׁ וְהַיּוֹם אַרְבַּע; אַחַת שֶׁל מַעֲרָכָה גְּדוֹלָה, וְאַחַת מַעֲרָכָה שְׁנִיָּה שֶׁל קְטוֹרֶת, וְאַחַת שֶׁל קִיּוּם הָאֵשׁ, וְאַחַת שֶׁמּוֹסִיפִין בּוֹ בַּיּוֹם.

Rabbi Yosei says: On every other **day** there were **three** arrangements, **but on this day** there were **four:**[H] **One, the large arrangement; and one,** the **second arrangement for the incense; and one, for the upkeep of the fire,**[NH] so that if the fire of the large arrangement begins to die down, wood from this arrangement may be added to it to raise the flames; **and one,** the additional arrangement of wood **that they add on that day** for the incense that is burned in the Holy of Holies.

רַבִּי (מֵאִיר) אוֹמֵר: בְּכָל יוֹם אַרְבַּע וְהַיּוֹם חָמֵשׁ: אַחַת שֶׁל מַעֲרָכָה גְּדוֹלָה, וְאַחַת שֶׁל מַעֲרָכָה שְׁנִיָּה שֶׁל קְטוֹרֶת, וְאַחַת שֶׁל קִיּוּם הָאֵשׁ, וְאַחַת לְאֵיבָרִים וּפְדָרִים שֶׁלֹּא נִתְעַכְּלוּ מִבָּעֶרֶב, וְאַחַת שֶׁמּוֹסִיפִין בּוֹ בַּיּוֹם.

Rabbi Meir says: On every other **day there were four** arrangements of wood on the altar **but on this day** there were **five: One,** the **large arrangement; and one,** the **second arrangement for the incense; and one, for the upkeep of the fire;** and **one, for** burning **the limbs and fats that were not** fully **consumed** on the altar **the** previous **evening; and one,** the additional arrangement of wood **that they add on that day** for the incense that is burned in the Holy of Holies.

דְּכוּלֵּי עָלְמָא מִיהַת תַּרְתֵּי אִית לְהוּ, מְנָלַן? אָמַר קְרָא: "הִיא הָעֹלָה עַל מוֹקְדָה עַל הַמִּזְבֵּחַ כׇּל הַלַּיְלָה" – זוֹ מַעֲרָכָה גְּדוֹלָה, "וְאֵשׁ הַמִּזְבֵּחַ תּוּקַד בּוֹ" – זוֹ מַעֲרָכָה שְׁנִיָּה שֶׁל קְטוֹרֶת. וְרַבִּי יוֹסֵי, קִיּוּם הָאֵשׁ מְנָא לֵיהּ? נָפְקָא לֵיהּ מִ"וְּהָאֵשׁ עַל הַמִּזְבֵּחַ תּוּקַד בּוֹ".

The Gemara analyzes the different opinions: **At any rate, everyone** has at least **two** arrangements in their calculations. **From where** do we derive this? **The verse states: "It is the burnt-offering on the flame on the altar all night"** (Leviticus 6:2); **this** is referring to **the large arrangement.** It states further: **"And the fire of the altar shall be kept burning thereby"** (Leviticus 6:2), **this** additional mention of a fire is referring to **the second arrangement,** which is **for the incense. And from where does Rabbi Yosei** learn about the additional arrangement **for the upkeep of the fire? He derives it** from the verse: **"And the fire upon the altar shall be kept burning thereby"** (Leviticus 6:5), which mentions fire for the third time.

HALAKHA

Ascending the ramp – עֲלִיָּה לַמִּזְבֵּחַ: Every day, the priests ascend the altar on its eastern side and descend on its western side. On Yom Kippur, they ascend and descend in the middle of the altar, out of respect for the eminence for the High Priest (Rambam *Sefer Avoda, Hilkhot Avodat Yom HaKippurim* 2:5).

Sanctifying the hands and feet – קִדּוּשׁ יָדַיִם וְרַגְלַיִם: Every day, the High Priest sanctifies his hands and feet using the laver, in the same way the rest of the priests do. On Yom Kippur, due to his eminence, he sanctifies himself using a golden flask (Rambam *Sefer Avoda, Hilkhot Avodat Yom HaKippurim* 2:5).

The arrangements on the altar – הַמַּעֲרָכוֹת עַל הַמִּזְבֵּחַ: Every day, there were three arrangements of wood on the altar, but on Yom Kippur, there were four arrangements. This is in accordance with the ruling of Rabbi Yosei, as the *halakha* follows his opinion in disputes with his colleagues (Rambam *Sefer Avoda, Hilkhot Avodat Yom HaKippurim* 2:5).

One for the upkeep of the fire – אַחַת שֶׁל קִיּוּם הָאֵשׁ: There was a large arrangement on the altar on which the limbs and the fats were burned. A second arrangement supplied the coals for the incense, while a third arrangement served to maintain the fire of the main arrangement (Rambam *Sefer Avoda, Hilkhot Temidin UMusafin* 2:4).

NOTES

The priests ascend in the middle of the ramp – עוֹלִין בְּאֶמְצַע: The present text of the Gemara states: They ascend, which implies more than one person ascended the ramp, even on Yom Kippur. This is a reference to the two additional priests, the deputy High Priest and the head of the patrilineal family, who would accompany the High Priest and assist him with various tasks. Since their presence was only for the sake of the High Priest, it was befitting that, on account of his eminence, they too were afforded the privilege of ascending in the middle of the ramp (*Tosafot Yeshanim*; *Me'iri*).

One for the upkeep [*kiyyum*] of the fire – אַחַת שֶׁל קִיּוּם הָאֵשׁ: Some interpret the word *kiyyum* as referring to the maintenance of the fire on the large arrangement. If it began to die down, wood was added to it from this arrangement (Rashi; Rabbi Elyakim; *Me'iri*). Others interpret the word *kiyyum* as referring to the very existence of fire, i.e., it was made to fulfill the requirement of having a fire constantly burning upon the altar (Rambam; *Me'iri*).

HALAKHA

Thin wood chips – הַצָּתַת אֲלִיתָא: The flame for keeping up the fire of the large arrangement is not lit below but upon the top of the altar itself (Rambam *Sefer Avoda, Hilkhot Temidin UMusafin* 2:9).

NOTES

That a non-priest could approach the altar – שֶׁזָּר קָרֵב לְגַבֵּי מִזְבֵּחַ: The Torah states: "But they must not draw near to the sacred utensils, nor to the altar, that they not die, neither they, nor you" (Numbers 18:3). This applies even to the Levites who serve in the Temple. Since a non-priest is prohibited to approach the altar, any service that is performed on the altar is necessarily executed by priests.

Do not expound the word and – וא״ו לָא דָּרְשִׁי: The word "and," indicated by the single-letter prefix *vav*, usually functions as a conjunction. However, sometimes it has no obvious purpose. Furthermore, even when it does serve as a conjunction of two clauses, since in many cases the Torah presents a similar construction without the use of the *vav*, whenever it is used it can be deemed to be superfluous. Therefore the Sages often expound a *vav* to include additional *halakhot* that are not mentioned explicitly in the verse.

וְרַבִּי יְהוּדָה? הַהוּא לְהַצָּתַת אֲלִיתָא הוּא דַּאֲתָא. דְּתַנְיָא, הָיָה רַבִּי יְהוּדָה אוֹמֵר: מִנַּיִן לְהַצָּתַת אֲלִיתָא שֶׁלֹּא תְּהֵא אֶלָּא בְּרֹאשׁוֹ שֶׁל מִזְבֵּחַ – תַּלְמוּד לוֹמַר: "וְהָאֵשׁ עַל הַמִּזְבֵּחַ תּוּקַד בּוֹ". אָמַר רַבִּי יוֹסֵי: מִנַּיִן שֶׁעוֹשֶׂה מַעֲרָכָה לְקִיּוּם הָאֵשׁ – תַּלְמוּד לוֹמַר: "וְהָאֵשׁ עַל הַמִּזְבֵּחַ תּוּקַד בּוֹ".

And how does **Rabbi Yehuda,** who holds that normally there are only two arrangements, explain this third mention of a fire? **That** additional mention **comes to** teach about **the kindling** of the **thin wood chips,**[H] which were used to ignite the fires on the altar, **as it was taught** in a *baraita*: **Rabbi Yehuda would say: From where** is it derived **that the kindling of the wood chips should** be done **only at the top of the altar,** rather than setting them alight at the bottom of the altar and carrying them up? **The verse states: "And the fire upon the altar shall be kept burning thereby"** (Leviticus 6:5), which indicates that the fire that is brought there has to be lit on the altar itself. **Rabbi Yosei said: From where** is it derived **that an arrangement for the upkeep of the fire is made? The verse states: "And the fire upon the altar shall be kept burning thereby"** (Leviticus 6:5).

וְרַבִּי יוֹסֵי, הַצָּתַת אֲלִיתָא מְנָא לֵיהּ? נָפְקָא לֵיהּ מֵהֵיכָא דְּנָפְקָא לֵיהּ לְרַבִּי שִׁמְעוֹן, דְּתַנְיָא: "וְנָתְנוּ בְּנֵי אַהֲרֹן הַכֹּהֵן אֵשׁ עַל הַמִּזְבֵּחַ" – לִימֵּד עַל הַצָּתַת אֲלִיתָא שֶׁלֹּא תְּהֵא אֶלָּא בְּכֹהֵן כָּשֵׁר, וּבִכְלֵי שָׁרֵת, דִּבְרֵי רַבִּי יְהוּדָה, אָמַר לוֹ רַבִּי שִׁמְעוֹן: וְכִי תַּעֲלֶה עַל דַּעְתְּךָ שֶׁזָּר קָרֵב לְגַבֵּי מִזְבֵּחַ? אֶלָּא: לִימֵּד עַל הַצָּתַת אֲלִיתָא שֶׁלֹּא תְּהֵא אֶלָּא בְּרֹאשׁוֹ שֶׁל מִזְבֵּחַ.

And from where does **Rabbi Yosei** derive that the **kindling of the wood chips** should be at the top of the altar? **He derives it from the** same **place** that **Rabbi Shimon derives it. As it was taught** in a *baraita*: The verse states: **"And the sons of Aaron the priest shall put fire upon the altar"** (Leviticus 1:7), which **teaches about the kindling of** the **wood chips that it may be** done **only by a fit priest and** one who is robed **in** the priestly **vestments of service;** this is **the statement of Rabbi Yehuda. Rabbi Shimon said to him:** There is no need for a verse to teach that a priest must kindle the chips, **for could it enter your mind that a non-priest could approach the altar?**[N] **Rather,** this verse **teaches** about the **kindling of the wood chips, that they may be lit only at the top of the altar.**

וְרַבִּי יְהוּדָה – אִי מֵהָתָם הֲוָה אָמִינָא: קָאֵי אַאַרְעָא וְעָבֵיד בְּמַפּוּחָא, קָא מַשְׁמַע לָן.

And what would **Rabbi Yehuda** respond to Rabbi Shimon's reasoning? **If** this *halakha* was derived **from there, I would have said** a non-priest could light the fire on the altar by **standing on the ground** below **and using a bellows** to fan the flames on the top of the altar. Therefore, this verse **teaches us** that in all circumstances the person kindling the fire must be a priest.

וְרַבִּי מֵאִיר, אֵיבָרִים וּפְדָרִים שֶׁלֹּא נִתְעַכְּלוּ מִבָּעֶרֶב מְנָא לֵיהּ? נָפְקָא לֵיהּ מִ"וְאֵשׁ" – וְרַבָּנַן, וא״ו לָא דָּרְשִׁי.

And from where does Rabbi Meir learn about an additional arrangement for the **limbs and the fats that were not** fully **consumed** on the altar **the** previous **evening? He derives it** from the phrase **"and the fire."** The apparently superfluous word "and" alludes to the existence of an additional arrangement. **And the Rabbis,** i.e., Rabbi Yosei and Rabbi Yehuda, who disagree, **do not expound** the word **"and."**[N]

וְרַבָּנַן, אֵיבָרִים וּפְדָרִים שֶׁלֹּא נִתְעַכְּלוּ מִבָּעֶרֶב מַאי עָבֵיד לְהוּ? מְהַדַּר לְהוּ לְמַעֲרָכָה גְּדוֹלָה. דְּתַנְיָא: מִנַּיִן לְאֵיבָרִים וּפְדָרִים שֶׁלֹּא נִתְעַכְּלוּ מִבָּעֶרֶב

And according to **the Rabbis, what do they do with the limbs and the fats that were not** fully **consumed** on the altar **the** previous **evening?** Where are they burned? A priest **returns them to the large arrangement,** where the process of their burning is completed. **As it was taught** in a *baraita*: **From where** is it derived that **for limbs and fats that were not** fully **consumed** on the altar **the** previous **evening,**

Perek **IV**
Daf **45** Amud **b**

שֶׁסּוֹדְרָן עַל גַּבֵּי מִזְבֵּחַ, וְאִם אֵין מַחֲזִיקָן – שֶׁסּוֹדְרָן עַל הַכֶּבֶשׁ אוֹ עַל גַּבֵּי סוֹבֵב עַד שֶׁיֵּעָשֶׂה מַעֲרָכָה גְּדוֹלָה וְסוֹדְרָן, תַּלְמוּד לוֹמַר: "אֲשֶׁר תֹּאכַל הָאֵשׁ אֶת הָעֹלָה עַל הַמִּזְבֵּחַ".

that they are arranged upon the altar, and if the space on the altar **cannot hold them, that they are arranged upon the ramp or upon the ledge** that protrudes from the altar, **until the large arrangement is made** the following day **and** then **they are arranged** upon it? **The verse states: "That which the fire will consume of the burnt-offering, on the altar"** (Leviticus 6:3). This is taken to mean that those items that the fire already consumed are once again placed upon the altar.

וְרַבִּי מֵאִיר: עִיכּוּלֵי עוֹלָה – אַתָּה מַחֲזִיר, וְאִי אַתָּה מַחֲזִיר עִיכּוּלֵי קְטוֹרֶת. דְּתָנֵי רַבִּי חֲנַנְיָא בַּר מִנְיוֹמִי בִּדְבֵי רַבִּי אֱלִיעֶזֶר בֶּן יַעֲקֹב: ״אֲשֶׁר תֹּאכַל הָאֵשׁ אֶת הָעוֹלָה עַל הַמִּזְבֵּחַ״ – עִיכּוּלֵי עוֹלָה אַתָּה מַחֲזִיר וְאִי אַתָּה מַחֲזִיר עִיכּוּלֵי קְטוֹרֶת.

And how does **Rabbi Meir** expound this verse? He derives from it that if **parts of a burnt-offering** that were already partially **consumed** on the altar fell off the altar, **you should return them** to continue burning; **but you do not return incense** that was **consumed** and fell off of the inner incense altar. **As Rabbi Ḥananya bar Minyomi from the school of Rabbi Eliezer ben Ya'akov taught** in a *baraita*: The verse states: **"That which the fire will consume of the burnt-offering on the altar"** (Leviticus 6:3). This teaches that if **parts of a burnt-offering** that were partially **consumed** fell off the altar, **you should return them; but you do not return incense** that was partially **consumed** and fell off the altar.[H]

דְּכוּלֵּי עָלְמָא מִיהַת מוֹסִיפִין בּוֹ בַּיּוֹם אִית לְהוּ, מְנָא לְהוּ? נָפְקָא לְהוּ מִ״וְהָאֵשׁ״, וַאֲפִילּוּ לְמַאן דְּלָא דָּרֵישׁ ׳וא״ו׳ – ׳וא״ו ה״א׳ דָּרֵישׁ.

At any rate, everyone assumes there is an additional arrangement of wood **that they add on that day,** i.e., Yom Kippur, for the incense that is burned in the Holy of Holies. **From where do** they derive this? **They derive it** from the verse **"And the fire** upon the altar" (Leviticus 6:5). The apparently superfluous words "and the" allude to an additional fire. **And even one who does not** generally **expound** the word **"and" does expound** the phrase **"and the."**[N]

״אֵשׁ תָּמִיד״ לְמַאי אֲתָא? מִבָּעֵי לֵיהּ לְכִדְתַנְיָא: ״אֵשׁ תָּמִיד תּוּקַד עַל הַמִּזְבֵּחַ לֹא תִכְבֶּה״ לִימֵּד עַל מַעֲרָכָה שְׁנִיָּה שֶׁל קְטוֹרֶת שֶׁלֹּא תְּהֵא אֶלָּא עַל הַמִּזְבֵּחַ הַחִיצוֹן.

The Gemara notes that there is an additional mention of the altar fire, which has not yet been explained: The phrase **"a perpetual fire"** (Leviticus 6:6), **for what** *halakha* **does** it **come** to teach? **It is required** for the *halakha* **that was taught** in the following *baraita*: The verse states: **"A perpetual fire shall be kept burning[N] on the altar, it shall not go out"** (Leviticus 6:6). This **teaches about the second arrangement** of wood to produce coals **for the incense, that it is** set up **only on the outer altar.**

אֵשׁ מַחְתָּה וּמְנוֹרָה מִנַּיִין? וְדִין הוּא: נֶאֶמְרָה אֵשׁ בִּקְטוֹרֶת, וְנֶאֶמְרָה אֵשׁ בְּמַחְתָּה וּמְנוֹרָה, מַה לְּהַלָּן עַל מִזְבֵּחַ הַחִיצוֹן – אַף כָּאן עַל הַמִּזְבֵּחַ הַחִיצוֹן.

From where is it derived that coals of **fire** that are taken with **a coal pan**[N] for the incense on Yom Kippur **and** for the fire **for** lighting **the candelabrum**[H] must also be from the outer altar? **It is a logical derivation. "Fire" is stated**[N] **with regard to the** daily **incense** offering, **and "fire" is stated with regard to the** incense **coal pan and the candelabrum. Just as there,** in the case of the daily incense offering, the fire is taken from **upon the outer altar, so too** here, in the case of the incense coal pan and the candelabrum, the fire should be taken from **upon the outer altar.**[H]

אוֹ כְּלָךְ לְדֶרֶךְ זוֹ: נֶאֶמְרָה אֵשׁ בִּקְטוֹרֶת, וְנֶאֶמְרָה אֵשׁ בְּמַחְתָּה וּמְנוֹרָה, מַה לְּהַלָּן בְּסָמוּךְ לוֹ – אַף מַחְתָּה וּמְנוֹרָה בְּסָמוּךְ לוֹ,

If the matter is derived through reasoning, it is also possible to posit an alternative argument: **Or,** alternatively, one could **go this way. "Fire" is stated with regard to the** daily **incense** offering, **and "fire" is stated with regard to the** incense **coal pan and the candelabrum. Just as there,** in the case of the daily incense offering, the fire is taken from a place **near to it,** i.e., the outer altar, **so too,** in the case of the incense **coal pan and the candelabrum,** the fire should be taken from a place **near to it,** i.e., the inner altar.

תַּלְמוּד לוֹמַר: ״אֵשׁ תָּמִיד תּוּקַד עַל הַמִּזְבֵּחַ לֹא תִכְבֶּה״ – אֵשׁ תָּמִיד שֶׁאָמַרְתִּי לְךָ לֹא תְּהֵא אֶלָּא בְּרֹאשׁוֹ שֶׁל מִזְבֵּחַ הַחִיצוֹן.

Since there are two equally logical derivations, a verse is required to teach the *halakha*. **The verse states: "A perpetual fire shall be kept burning on the altar, it shall not go out"** (Leviticus 6:6). **The "perpetual fire" that I told you,** i.e., the fire of the candelabrum, about which the Torah states "a lamp to burn continually" (Exodus 27:20), **should** be lit **only** from a fire that is **upon the top of the outer altar.**

לָמַדְנוּ אֵשׁ לִמְנוֹרָה, אֵשׁ לְמַחְתָּה מִנַּיִין? וְדִין הוּא: נֶאֶמְרָה אֵשׁ בְּמַחְתָּה וְנֶאֶמְרָה אֵשׁ בִּמְנוֹרָה, מַה לְּהַלָּן עַל גַּבֵּי מִזְבֵּחַ הַחִיצוֹן – אַף כָּאן עַל מִזְבֵּחַ הַחִיצוֹן,

We have therefore **learned** the source for the **fire for the candelabrum. From where** do we derive the same *halakha* for the **fire for the** incense **coal pan** on Yom Kippur? **It is a logical derivation. "Fire" is stated with regard to the** incense **coal pan** on Yom Kippur, **and "fire" is stated with regard to the candelabrum. Just as there,** in the case of the candelabrum, the fire is taken from **upon the outer altar, so too, here,** in the case of the incense coal pan, the fire should be taken from **upon the outer altar.**

אוֹ כְּלָךְ לְדֶרֶךְ זוֹ: נֶאֶמְרָה אֵשׁ בִּקְטוֹרֶת וְנֶאֶמְרָה אֵשׁ בְּמַחְתָּה, מַה לְּהַלָּן בְּסָמוּךְ לוֹ אַף כָּאן בְּסָמוּךְ לוֹ –

If the matter is derived through reasoning, it is also possible to posit an alternative argument: **Or,** alternatively, one could **go this way: "Fire" is stated with regard to the** daily **incense** offering, **and "fire" is stated with regard to the** incense **coal pan** on Yom Kippur. **Just as there,** in the case of the daily incense offering, the fire is taken from a place **near to it,** i.e., the outer altar, **so too, here,** in the case of fire for the incense coal pan, the fire should be taken from a place **near to it,** i.e., the inner altar.

HALAKHA

Incense that fell off the altar – קְטֹרֶת שֶׁפָּקְעָה: Incense that falls off the altar is not returned to it, even whole pieces that were not burned (Rambam *Sefer Avoda, Hilkhot Temidin UMusafin* 3:2).

Fire for lighting the candelabrum – אֵשׁ מְנוֹרָה: The Rambam rules that if the westernmost lamp of the candelabrum goes out, it is relit only from the fire of the outer altar. The other lamps, however, are lit from each other. The Ra'avad challenges and rejects this approach. He claims that there is no distinction between the westernmost lamp and the other lamps and that as long as there is a single lamp burning in the candelabrum, the other lamps may be lit from it. Otherwise, fire is taken from the outer altar (Rambam *Sefer Avoda, Hilkhot Temidin UMusafin* 3:13, and in the comments of *Kesef Mishne* and *Leḥem Mishne*).

An arrangement for the incense – מַעֲרָכָה שְׁנִיָּה שֶׁל קְטֹרֶת: A second arrangement of wood from which coals were taken for the incense sat next to the large arrangement on the outer altar (Rambam *Sefer Avoda, Hilkhot Temidin UMusafin* 2:4).

NOTES

Expound the phrase "and the" – ״וא״ו ה״א״ דָּרֵישׁ: The combination of the letters *vav* and *heh* cannot be explained as merely a conjunction without further significance. The *vav* must therefore teach that something additional should be expounded.

A perpetual fire shall be kept burning – אֵשׁ תָּמִיד תּוּקַד: Several commentators point out that this verse is used elsewhere for a different derivation. They suggest that this *halakha* is actually derived from the verse: "And the fire upon the altar shall be kept burning" (Leviticus 6:5), and this is indeed how the *Sifrei* derives the *halakha* (*Givat Shaul*).

From where is derived fire with the coal pan – אֵשׁ לְמַחְתָּה...מִנַּיִין: The additional fire for the incense coal pan is derived from the phrase "and the fire," which is referring to the outer altar. However, since the verse also teaches that there is an additional special arrangement for a particular day, i.e., Yom Kippur, it makes sense that that arrangement could be located in a different place. Therefore, another derivation is required to teach otherwise (*Tosefot HaRosh*).

Fire is stated – נֶאֶמְרָה אֵשׁ: The Gemara derivation that the fire used both for the coal pan for the Yom Kippur incense offering and for the candelabrum must come from the outer altar is apparently based on the common use of the word fire in relation to those vessels and in relation to the daily incense offering. However, this is problematic. While the word fire does explicitly appear with regard to the coals taken for the Yom Kippur incense offering (see Leviticus 16:12), it does not appear either with regard to the daily incense offering or with regard to the candelabrum. Rashi therefore explains that the Gemara does not mean to expound from the actual word fire but from the obvious fact that fire was required in all three contexts.

NOTES

Only partially before the Lord – שֶׁמִּקְצָתוֹ לִפְנֵי ה׳: According to the present text of the Gemara, the reference is to the position of the altar vis-à-vis the Sanctuary and the Holy of Holies. According to other versions of the text, the reference is not to the location but to the purpose: The offerings brought upon the inner altar are always burned entirely, and therefore this altar may be described as entirely for God. In contrast, offerings brought on the outer alter are sometimes eaten by the priesthood and those who brought the offerings. This alter is therefore only partially for God (Rabbi Elyakim).

תַּלְמוּד לוֹמַר: ״וְלָקַח מְלֹא הַמַּחְתָּה גַּחֲלֵי אֵשׁ מֵעַל הַמִּזְבֵּחַ מִלִּפְנֵי ה׳״, אֵיזֶהוּ מִזְבֵּחַ שֶׁמִּקְצָתוֹ לִפְנֵי ה׳ וְאֵין כּוּלּוֹ לִפְנֵי ה׳ – הֱוֵי אוֹמֵר זֶה מִזְבֵּחַ הַחִיצוֹן.

Since there are two equally logical derivations, a verse is required to teach the *halakha*: **The verse states: "And he shall take a pan full of coals of fire from upon the altar from before the Lord"** (Leviticus 16:12). The description of the altar being "from before the Lord" suggests it is not entirely before the Lord. **Which altar** is only **partially before the Lord,**[N] **but not all of it is before the Lord,** i.e., part of it lies directly parallel to the Sanctuary, but part of it does not? **You must say** that **this is the outer altar.** Only the western side of it lies parallel to the entrance to the Sanctuary. In contrast, the inner altar is entirely within the Sanctuary and so is considered entirely before the Lord.

וְאִיצְטְרִיךְ לְמִיכְתַּב ״מֵעַל הַמִּזְבֵּחַ״ וְאִיצְטְרִיךְ לְמִיכְתַּב ״מִלִּפְנֵי ה׳״; דְּאִי כְּתַב רַחֲמָנָא ״מֵעַל הַמִּזְבֵּחַ״ – הֲוָה אָמִינָא: מַאי מִזְבֵּחַ – מִזְבֵּחַ פְּנִימִי, כְּתַב רַחֲמָנָא ״מִלִּפְנֵי ה׳״ – וְאִי כְּתַב רַחֲמָנָא ״מִלִּפְנֵי ה׳״ – הֲוָה אָמִינָא: דַּוְקָא מִלִּפְנֵי ה׳,

And it is necessary to write "from upon the altar" and it is necessary to write "from before God" because if the Merciful One had written only **"from upon the altar" I would have said: What altar** is the verse referring to? The **inner altar.** Therefore, **the Merciful One writes "from before God." And if the Merciful One had written** only **"from before God," I would have said** it means **specifically from** the part of the altar that lies **before God,** i.e., from the northwestern corner, which lies directly parallel to the entrance of the Sanctuary;

NOTES

Even on Shabbat – וַאֲפִילּוּ בְּשַׁבָּת: Bar Kappara's statement concerning the Shabbat is actually an independent, novel ruling beyond the first ruling, as indicated by the inclusion of the word "and." The novelty of the first ruling relates to the status of offerings that are initially invalid, as the Gemara continues to explain. The second ruling, however, provides an additional novel element to the laws of Shabbat: Burning even invalid offerings may override Shabbat (*Eshkol HaKofer*).

אֲבָל מֵהַאי גִּיסָא וּמֵהַאי גִּיסָא אֵימָא לָא – צְרִיכָא.

but from this side or from that side of the altar, both of which are not directly in front of the Sanctuary's entrance, I would **say** that **no,** the fire may not be taken from there. Therefore, it is **necessary** to write both terms in order to teach this *halakha*.

אָמַר רַבִּי אֶלְעָזָר מִשּׁוּם בַּר קַפָּרָא, אוֹמֵר הָיָה רַבִּי מֵאִיר: אֵיבְרֵי עוֹלָה שֶׁנִּתְוֹתְרוּ – עוֹשֶׂה לָהֶן מַעֲרָכָה בִּפְנֵי עַצְמָהּ וְסוֹדְרָן, וַאֲפִילּוּ בְּשַׁבָּת.

Rabbi Elazar said in the name of bar Kappara: Rabbi Meir would say: With regard to **limbs of a burnt-offering that remained** on the altar from the previous night and which were not fully consumed, **one should make a separate arrangement** of wood **for them and arrange them** upon it to be burned. **And** this is done **even on Shabbat.**[N]

מַאי קָא מַשְׁמַע לָן? תְּנֵינָא: בְּכָל יוֹם הָיוּ שָׁם אַרְבַּע מַעֲרָכוֹת! אָמַר רַבִּי אָבִין: לֹא נִצְרְכָה אֶלָּא לִפְסוּלִין.

What is bar Kappara **teaching us** when he informs us that Rabbi Meir requires a separate arrangement to be made? Surely, **we** already **learned** this in the mishna that cites Rabbi Meir as saying: **On every** other **day, there were four arrangements** of wood **there,** upon the altar. The Gemara answers: **Rabbi Avin said:** Bar Kappara's teaching **is needed only** in order to teach the requirement to set up a fourth arrangement, even though it is only for limbs of **disqualified** offerings. As certain disqualifications apply only *ab initio*, if the offering is nevertheless brought upon the altar it should not then be removed. Bar Kappara teaches that Rabbi Meir's ruling applies in the event that limbs of such an offering were not fully consumed.

וְדַוְקָא שֶׁמָּשְׁלָה בָּהֶן הָאוּר, אֲבָל לֹא מָשְׁלָה בָּהֶן הָאוּר – לָא.

The Gemara qualifies this: **But** this applies **specifically** when **the fire has** already **taken hold of them** and they have begun to burn. **But** if **the fire** has not yet **taken hold of them, no,** a separate arrangement is not made in order to burn them.

אִיכָּא דְּאָמְרִי: אֶחָד כְּשֵׁרִין וְאֶחָד פְּסוּלִין, אִי מָשְׁלָה בָּהֶן הָאוּר – אִין, וְאִי לָא – לָא.

There are those **who say** a different version of this qualification: **Both** with regard to the limbs of **valid** offerings **and** of **disqualified** offerings, **if the fire has** already **taken hold of them** and they have begun to burn, **yes,** a separate arrangement is made to burn them, **but if** the fire did not take hold of them, **no,** a separate arrangement is not made in order to burn them.

״וַאֲפִילּוּ בְּשַׁבָּת״. תְּנֵינָא: וְהַיּוֹם חָמֵשׁ!

Bar Kappara concluded: **And** this is done **even on Shabbat.** But surely, **we** already **learned** this in the mishna that cites Rabbi Meir as saying: **But** on **this day,** on Yom Kippur, there are **five.** This means that the arrangement for burning any remaining limbs is made also on Yom Kippur, despite the fact that all the Shabbat prohibitions apply.

אָמַר רַב אַחָא בַּר יַעֲקֹב: אִיצְטְרִיךְ, סָלְקָא דַּעְתָּךְ אָמֵינָא: הָנֵי מִילֵּי – הֵיכָא דְּחָל יוֹם הַכִּפּוּרִים לִהְיוֹת אַחַר הַשַּׁבָּת, דְּחֶלְבֵּי שַׁבָּת קְרֵבִין בְּיוֹם הַכִּפּוּרִים. אֲבָל בְּאֶמְצַע שַׁבָּת – לֹא, קָא מַשְׁמַע לָן.

The Gemara answers: **Rav Aḥa bar Ya'akov said:** Nevertheless, bar Kappara's teaching **is necessary,** for **it could enter your mind to say** that **this applies** only **when Yom Kippur occurs after Shabbat,** i.e., on Sunday. Perhaps only in such a case is a separate arrangement made, based on the accepted law **that** leftover **fats of Shabbat** offerings **are sacrificed** and burned **on Yom Kippur. However,** if Yom Kippur occurs **in the middle of the week,** then perhaps **no,** a separate arrangement is not made in order to burn them. Therefore, bar Kappara **teaches us** that Rabbi Meir's ruling applies in all cases.

אָמַר רָבָא: מַאן הַאי דְּלָא חָיֵישׁ לְקִמְחֵיהּ? הָא ״בְּכָל יוֹם״ תְּנַן! קַשְׁיָא.

Rava said: Who is this that does not care about his flour,[N] i.e., he does not truly care about what he says and speaks imprecisely? **Did we** not **learn** in the mishna: **On every** other **day.** This clearly implies that Rabbi Meir's ruling applies equally to all days of the week. As such, Rav Aḥa bar Ya'akov's justification for bar Kappara's teaching is already implied in Rabbi Meir's words in the mishna. The Gemara comments: Indeed, it is **difficult.**[N]

וּפְלִיגָא דְּרַב הוּנָא, דְּאָמַר: תְּחִילָּתוֹ – דּוֹחָה, סוֹפוֹ – אֵינוֹ דּוֹחֶה.

The Gemara comments: Both Rava and bar Kappara hold that a separate arrangement is made even on Shabbat. This **disagrees with** the opinion of **Rav Huna, who said: The beginning** of the sacrificial service of the daily offering, i.e., its slaughter, the sprinkling of its blood, and its burning **overrides** Shabbat; **the end** of its service, i.e., the burning of its sacrificial parts, **does not override** Shabbat.[H]

גּוּפָא, אָמַר רַב הוּנָא: תָּמִיד, תְּחִילָּתוֹ – דּוֹחָה, סוֹפוֹ – אֵינוֹ דּוֹחֶה.

The Gemara analyzes Rav Huna's statement: Returning to **the** matter **itself: Rav Huna said: The beginning** of the sacrificial service of the **daily offering overrides** a *halakha,* whereas **the end** of its service **does not override** a *halakha.*

מַאי אֵינוֹ דּוֹחֶה? רַב חִסְדָּא אָמַר: דּוֹחֶה אֶת הַשַּׁבָּת וְאֵינוֹ דּוֹחֶה אֶת הַטּוּמְאָה, (וְרָבָא) אָמַר: דּוֹחֶה אֶת הַטּוּמְאָה וְאֵינוֹ דּוֹחֶה אֶת הַשַּׁבָּת.

Previously, the Gemara assumed that Rav Huna was discussing the possibility that the sacrifice of the daily offering overrides Shabbat. The Gemara now clarifies if this was his intention: **What** is meant by saying that the end of its service **does not override** the *halakha*? **Rav Ḥisda said:** Although the end of its service **does override Shabbat, it does not override** the *halakha* that it should not be brought in a state of **ritual impurity.** This is true although the beginning of the sacrificial service of the daily offering may, if necessary, be brought in a state of ritual impurity. **And Rabba**[N] **said:** The end of its service **overrides** only the *halakha* that it should not be brought in a state of **ritual impurity, but it does not override Shabbat.**

אֲמַר לֵיהּ אַבַּיֵי (לְרָבָא): לְדִידָךְ קַשְׁיָא, וּלְרַב חִסְדָּא קַשְׁיָא. לְדִידָךְ קַשְׁיָא: מַאי שְׁנָא טוּמְאָה – דִּכְתִיב ״בְּמוֹעֲדוֹ״ וַאֲפִילּוּ בְּטוּמְאָה, שַׁבָּת נַמִי – ״בְּמוֹעֲדוֹ״ וַאֲפִילּוּ בְּשַׁבָּת!

Abaye said to Rabba: **It** poses **a difficulty to your** opinion, **and it** poses **a difficulty to** the opinion **of Rav Ḥisda. It is difficult to your opinion** as follows: **What is different** about the prohibition of bringing an offering in a state of **ritual impurity** that the daily offering overrides it? **Because it is written** with regard to the daily offering **"in its season"** (Numbers 28:2), to emphasize that it should be brought under all circumstances, even if that means that it will be brought **in** a state of **ritual impurity.** But, by that logic, the daily offering should **also** override **Shabbat.** Because the term **"in its season"** emphasizes that it should be brought under all circumstances, this means **even on Shabbat.**[N]

וּלְרַב חִסְדָּא קַשְׁיָא: מַאי שְׁנָא שַׁבָּת דִּכְתִיב ״בְּמוֹעֲדוֹ״ אֲפִילּוּ בְּשַׁבָּת, טוּמְאָה נַמִי: ״בְּמוֹעֲדוֹ״ וַאֲפִילּוּ בְּטוּמְאָה!

And it is **difficult to** the opinion of **Rav Ḥisda: What is different** about **Shabbat** that the daily offering overrides it? **Because it is written "in its season,"** to emphasize that it should be brought under all circumstances, **even on Shabbat.** But by that logic, the daily offering should **also** override the prohibition of bringing an offering in a state of **ritual impurity.** Because the term **"in its season"** emphasizes that it should be brought under all circumstances, this means **even in** a state of **ritual impurity.**

אָמַר לֵיהּ: לָא לְדִידִי קַשְׁיָא, וְלָא לְרַב חִסְדָּא קַשְׁיָא. לְדִידִי לָא קַשְׁיָא; סוֹפוֹ – כִּתְחִילָּתוֹ.

Rabba **said to him: It is not difficult to my** opinion **and it does not** pose **a difficulty to** the opinion of **Rav Ḥisda. It is not difficult to my** opinion, because I hold that **the end of** its sacrificial rite **is like its beginning.**

NOTES

That does not care about his flour – דְּלָא חָיֵישׁ לְקִמְחֵיהּ: There are several different explanations of this aphorism. Some suggest that the individual in question is not concerned with the flour he eats. He wastes the energy he gains from eating by not thoroughly using it for the study of Torah (*Arukh*). Others explain that he pays no attention to whether he eats flour or barley, meaning he is careless in his speech (Rabbi Elyakim). Finally, a different version of the text reads *likame,* in front of him, rather than *lekimḥei,* his flour. According to this, the intention is that he does not notice even an obvious difficulty (*ge'onim*; Rabbi Elyakim).

It is difficult [*kashya*] – קַשְׁיָא: The commentators point out that the term *kashya* suggests there is a strong question but that there may be a solution to it, as opposed to the term *teyuvta,* it is a refutation, which indicates a position is indefensible. The Ritva suggests that despite the simple reading of: On every other day, as applying even to Shabbat, one could have interpreted it as referring only to weekdays. This is apparently how Rav Huna and Rabba understood it.

Some commentators understand the word *kashya* as referring all the way back to the first question, which tried to justify the need for bar Kappara's statement. Since all the subsequent stages of reasoning have now been refuted, the original question remains (*Kashot Meyushav*).

Rabba – רַבָּא: In the standard Vilna edition of the Gemara, the Sage who disagreed with Rav Ḥisda is rendered as Rav. The *Mesoret HaShas* changes the text to Rabba. Rabba was active in the same generation as Rav Ḥisda, and was in fact one of his disciples. Rava, however, was active only in the following generation. The change from Rava to Rabba applies also to the next lines in the Gemara, in which Abaye, in the following generation, began to analyze the opinions of Rabba and Rav Ḥisda.

In its season, even on Shabbat – בְּמוֹעֲדוֹ וַאֲפִילּוּ בְּשַׁבָּת: *Tosafot Yeshanim* comment that this law is not derived from the cited text but from an explicit verse: "This is the burnt-offering of every Shabbat, beside the continual burnt-offering and its libation" (Numbers 28:10). It is clear from that verse that burnt-offerings are sacrificed on Shabbat. They explain that the words "in its time" are required to serve a verbal analogy on a different issue. However, *Siaḥ Yitzḥak* notes that from the analysis of *Tosafot* on tractate *Shabbat,* it seems that there is tannaitic dispute concerning which of these verses is the source of this *halakha.*

HALAKHA

The beginning overrides, the end does not override – תְּחִילָּתוֹ דּוֹחָה, סוֹפוֹ אֵינוֹ דּוֹחֶה: The burning of the limbs of the daily offering overrides the prohibition to sacrifice it in a state of impurity, but does not override the prohibitions of Shabbat. Therefore, the limbs of the Friday offering must be burned on that day, as the beginning stages of the daily offering overrides Shabbat but the end stages don't override it. This ruling is in accordance with the opinion of Rabba (*Kesef Mishne* and *Leḥem Mishne,* Rambam *Sefer Avoda, Hilkhot Temidin UMusafin* 1:7).

טוּמְאָה דִּתְחִילָּתוֹ בַּר מִידְחָא טוּמְאָה הוּא – סוֹפוֹ נַמִי דָּחֵי, שַׁבָּת דִּתְחִילָּתוֹ לָאו בַּר מִידְחָא שַׁבָּת הוּא – סוֹפוֹ נַמִי לָא דָּחֵי.

Therefore, with regard to overriding the prohibition to bring an offering in a state of **ritual impurity,** since **the beginning** of the sacrifice of the daily offering **is fit to override** the prohibition of offering it in a state of **ritual impurity,** so too, **its end also overrides** the prohibition. However, in the case of **Shabbat, the beginning** of a daily offering of the weekday **is not fit to override** Shabbat, since by definition it must be brought on its appropriate day. Therefore, **its end also does not override** Shabbat in the event that limbs remain from Friday's daily offering.

לְרַב חִסְדָּא לָא קַשְׁיָא; סוֹפוֹ כִּתְחִילָּתוֹ (תְּחִילָּתוֹ) לֵית לֵיהּ, שַׁבָּת דְּהוּתְּרָה הִיא בְּצִיבּוּר – סוֹפוֹ נַמִי דָּחֵי.

And it is also **not difficult to the** opinion of **Rav Ḥisda,** because **he does not hold** that **its end is like its beginning.** Rather, he has the following reasoning: The prohibitions of **Shabbat** are not merely overridden **in** the case of **a communal** offering, but they are actually **permitted,** such that there is no need to try to avoid performing the necessary labors when sacrificing it. Therefore, **its end also overrides** Shabbat.

טוּמְאָה, דִּדְחוּיָה הִיא בַּצִּיבּוּר, תְּחִלָּתוֹ דְּעִיקַּר כַּפָּרָה – דָּחֵי, סוֹפוֹ דְּלָאו עִיקַּר כַּפָּרָה – לָא דָּחֵי.

However, in the case of the prohibition to bring an offering in a state of **ritual impurity, which is** merely **overridden in** the case of **a communal** offering, it is preferable to avoid doing so. Therefore, **the beginning of** its sacrifice, i.e., its slaughter and the sprinkling of its blood, and its burning, **which is the essential** stage that provides **atonement, overrides** the prohibition and should be done even in a state of ritual impurity. However, **its end,** i.e., the burning of the sacrificial parts, **which is not the essential** stage that provides **atonement, does not override** the prohibitions.

אִיתְּמַר, הַמְכַבֶּה אֵשׁ מַחְתָּה וּמְנוֹרָה, אַבַּיֵּי אָמַר: חַיָּיב, רָבָא אָמַר: פָּטוּר.

The Torah prohibits the fire on the altar to be extinguished: "A perpetual fire shall be kept burning on the altar, it shall not go out" (Leviticus 6:6). With regard to this prohibition, an amoraic dispute **was stated:** With regard to **one who extinguishes the fire of** the coals that are taken with **the coal pan** for the incense on Yom Kippur **or** the fire **of** the coals that are taken in order to light **the candelabrum, Abaye said: He is liable. Rava said: He is not liable.**[H]

דְּכַבְיֵיהּ בְּרֹאשׁוֹ שֶׁל מִזְבֵּחַ – דְּכוּלֵּי עָלְמָא לָא פְּלִיגִי דְּחַיָּיב. כִּי פְּלִיגִי – דְּאַחְתֵּיהּ אַאַרְעָא וְכַבְיֵיהּ. אַבַּיֵּי אָמַר: חַיָּיב, אֵשׁ הַמִּזְבֵּחַ הוּא. רָבָא אָמַר: פָּטוּר, כֵּיוָן דְּנִתְּקָה – נִתְּקָה.

The Gemara elaborates on the dispute: In a case **where one extinguished** a coal while still standing **upon the top of the altar, everyone agrees that he is liable.** This is because the verse explicitly is referring to extinguishing a flame "upon the altar." **When they disagree,** it is in a case **where he brought** the coals **down to ground** level **and extinguished** a coal there. **Abaye said: He is liable,** since it is still considered **fire of the altar. Rava said: He is not liable,** because **once it has been removed** from the altar **it is** considered **removed** and no longer part of the altar's fire. Therefore, the prohibition does not apply to it.

אֶלָּא הָא דְּאָמַר רַב נַחְמָן אָמַר רַבָּה בַּר אֲבוּהּ: הַמּוֹרִיד גַּחֶלֶת מֵעַל גַּבֵּי הַמִּזְבֵּחַ וְכִיבָּה – חַיָּיב. כְּמַאן – כְּאַבַּיֵּי?

The Gemara asks: **But** if so, with regard to **this** ruling **that Rav Naḥman said** that **Rabba bar Avuh said: One who takes down a coal from upon the altar and extinguishes it is liable, in accordance with whose** opinion is he ruling? Could he possibly be ruling **in accordance with** the opinion of **Abaye?** Certainly not. In disputes between Abaye and Rava, the *halakha* follows Rava.

אֲפִילּוּ תֵּימָא כְּרָבָא, הָתָם לָא אִינְתִּיק לְמִצְוָתָהּ, הָכָא אִינְתִּיקָה לְמִצְוָתָהּ.

The Gemara explains: **You can even say** his ruling **is in accordance with** the opinion of **Rava** by making the following distinction: **There,** in the ruling of Rav Naḥman, the coal **was not removed to fulfill its mitzva.** Therefore, it is still considered to be part of the fire of the altar and the prohibition still applies. Whereas, **here,** in the dispute between Abaye and Rava, this is a case of coal that **was removed to fulfill its mitzva.**[N] Therefore, it is associated with its mitzva and no longer considered the fire of the altar.

HALAKHA

Extinguishing the fire of the altar – כִּיבּוּי אֵשׁ מִזְבֵּחַ: One who extinguishes the fire of the altar transgresses a negative commandment and receives lashes for doing so. He is similarly punished for extinguishing even a single coal or for removing a coal from the altar and then extinguishing it. But one does not receive lashes for extinguishing the fire for the incense coal pan or the candelabrum, even if he does so upon the top of the altar. This is because these fires are removed from their original designated purpose for other mitzvot. This is in accordance with the opinion of Rava in the second version of his dispute with Abaye (Rambam *Sefer Avoda, Hilkhot Temidin UMusafin* 2:6).

NOTES

Removed to fulfill its mitzva – אִינְתִּיקָה לְמִצְוָתָהּ: With regard to the fulfillment of mitzvot in general, Rabbeinu Nissim says that even those who assert that one who performs a mitzva without intention does fulfill his obligation, even they admit that if one actively intends to perform a different mitzva, he does not fulfill his obligation. Some adduce proof for his claim from the principle laid out in this Gemara: Removing a coal from the altar's fire for another mitzva breaks its association with the first mitzva, i.e., having a fire on the altar (Rabbi Tzvi Hirsch Chajes).

אִיכָּא דְּאָמְרִי:

There are those **who say** a different version of the dispute:

דְּאַחְתֵּיהּ אַאַרְעָא וְכַבְיֵיהּ – דְּכוּלֵּי עָלְמָא לָא פְּלִיגִי דְּפָטוּר, כִּי פְּלִיגִי – דְּכַבְיֵיהּ בְּרֹאשׁוֹ שֶׁל מִזְבֵּחַ. אַבַּיֵי אָמַר: חַיָּיב, אֵשׁ הַמִּזְבֵּחַ הוּא. רָבָא אָמַר: פָּטוּר, כֵּיוָן דְּנִתְּקָה – נִתְּקָה.

In a case **where he brought** the coals **down to the ground and extinguished** a coal there, **everyone agrees that he is not liable. When they disagree** it is in a case **where one extinguished** a coal while still standing **upon the top of the altar. Abaye said: He is liable,** since it is still considered **fire of the altar. Rava said: He is not liable,** because **once it has been removed** from the altar **it is** considered **removed** and no longer part of the altar's fire. Therefore, the prohibition does not apply to it.

אֶלָּא הָא דְּאָמַר רַב נַחְמָן אָמַר רַבָּה בַּר אֲבוּהּ: הַמּוֹרִיד גַּחֶלֶת מֵעַל גַּבֵּי הַמִּזְבֵּחַ וְכִבָּה – חַיָּיב, כְּמַאן? לָא כְּאַבַּיֵי וְלָא כְּרָבָא! הָתָם לָא אִינְתִּיק לְמִצְוָתָהּ, הָכָא אִינְתִּיק לְמִצְוָתָהּ.

The Gemara asks: **But** if so, with regard to **this** ruling **that Rav Naḥman said** that **Rabba bar Avuh said: He who takes down a coal from upon the altar and extinguishes it is liable, in accordance with whose** opinion is his ruling? It would appear that it is **neither in accordance with** the opinion of **Abaye, nor in accordance** with the opinion of **Rava.** The Gemara explains: You can even say that his ruling is in accordance with the opinion of Rava by making the following distinction: **There,** in the ruling of Rav Naḥman, the coal **was not removed to fulfill its mitzva;** it is therefore still considered to be part of the fire of the altar and the prohibition applies. Whereas, **here,** in the dispute between Abaye and Rava, this is a case of coal that **was removed to fulfill its mitzva,** and it is therefore associated with its mitzva and no longer considered the fire of the altar.

הדרן עלך טרף בקלפי

Summary of **Perek IV**

The chapter began with a lengthy discussion of the lottery with which the two goats were designated. The Gemara concluded that while the lottery is not to be classified as part of the sacrificial service, it is indispensable in designating the goats, and no other method can achieve that end. However, besides the drawing of the lots themselves, all the other *halakhot* of the lottery, such as placing the lots upon the goats, the nature of the lots and the lottery box, and how the lots are to be drawn, are not indispensable. Nevertheless, there is certainly a mitzva to fulfill all those *halakhot* correctly, and the Gemara considered the various details.

Since the goats were not slaughtered and sent away immediately, a strip of crimson thread was tied to them in order that they be clearly identifiable and not be confused with each other or with other goats that might be around. On the goat sin-offering the strip was tied to the neck, symbolic of the fact that it was to be slaughtered there, and the second strip was tied around the horns of the goat to be sent to Azazel.

Apropos the discussion concerning the crimson strip of the goats, the Gemara turned its attention to the crimson strip used in the rite of the red heifer and then proceeded to analyze many of the other details pertaining to the rite. The Gemara expounded many of the verses in the Torah passage of the red heifer and specifically considered a number of *halakhot* that are common to both the red heifer and the goats on Yom Kippur.

The next stage in the day's service was the confession of the High Priest upon the bull. After the confession, the High Priest slaughtered the bull and collected its blood. However, the blood was not used immediately. The High Priest first went to collect the coals for the burning of the incense in the Holy of Holies, and the blood of the bull was sprinkled only later. Therefore, in the meantime, the blood was given to a priest to hold and stir to ensure that it did not congeal.

The burning of the incense in the Holy of Holies was the high point of the Yom Kippur service. As such, there were many unique parts of the service and preparations for it that were performed only on Yom Kippur. For example, the coals were scooped in a way that was different from the normal manner, a special arrangement of wood was made to provide the coals with which to burn the incense, and the incense was ground much more finely that it normally was. The Gemara considered these and many other distinctions between how the service was performed on Yom Kippur and how it was performed during the rest of the year, with regard to both the incense and the other rites of the day.

The chapter also expanded on various *halakhot* that are mentioned concerning the Yom Kippur service but are in fact applicable throughout the year. This included a discussion of the various arrangements of wood and the prohibition against extinguishing coals from the fire on the altar.

Image **Credits**

p137 2nd image © Djampa; **p139** © courtesy of the Temple Institute; **p141** © Mehmet Karatay; **p143** © Nevit Dilmen; **p144** © Der-Hexer; **p145** © courtesy of the Temple Institute; **p149** left and right images © Deror Avi; **p157** © Ariel Palmon; **p159** © HaRav Menachem Makover, courtesy of *Harenu Bevinyano*; **p168** 1st image © Herb Neufeld; **p168** 2nd image © Boris Diakovsky, www.shutterstock.com; **p170** © courtesy of the Temple Institute; **p174** © Didier Descouens; **p175** © Sippel2707; **p176** © courtesy of the Temple Institute; **p177** 1st image © Hanay; **p177** 2nd image © courtesy of the Temple Institute; **p178** © Wing; **p179** 1st image © Dr. Avishai Teicher; **p181** 1st image © Sandstein; **p181** 2nd image © Marco Schmidt; **p184** © Badseed; **p191** © Deror Avi; **p194** 1st image © Patche99z; **p195** © Thomas Bantle; **p203** all images © Professor Zohar Amar, Bar Ilan University; **p212** © Eric Isselee, www.shutterstock.com; **p214** © courtesy of the Temple Institute, with Koren Publishers Jerusalem Ltd..